本书列入2012年度陕西出版资金精品项目、2011年度陕西出版集团重大出版项目

林通雁
中央美术学院美术史系研究生毕业
陕西人民美术出版社编审

西都

The Western Capital

Discovery and Research on the Art Remains in Chang'an City of the Han Dynasty

汉长安城美术史迹的发现与研究

林通雁 著

陕西出版传媒集团
陕西人民美术出版社

图1 未央宫椒房殿遗址

图2 甘泉宫遗址

图3 汉长安城南城墙李上壕村段

图4 长陵

图5 阳陵帝陵与南阙门遗址

图6 白虎纹画像砖 咸阳任家嘴附近汉墓

图7 朱雀纹画像砖 茂陵陵区

图8 “长生无极”瓦当 阳陵“罗经石”遗址

图9
四神纹瓦当
汉长安城南郊礼制建筑遗址

图10
兵马俑群
长陵4、5号陪葬墓

图11 武士俑头　阳陵南区从葬坑

图12
女拱手俑
阳陵陪葬墓

图13 跃马 卧马　霍去病墓

图14 天象图　西安交通大学西汉壁画墓

图15
女骑者 射猎者
西安理工大学西汉壁画墓

图17
彩绘车马人物镜（摹图）
岳钰摹绘

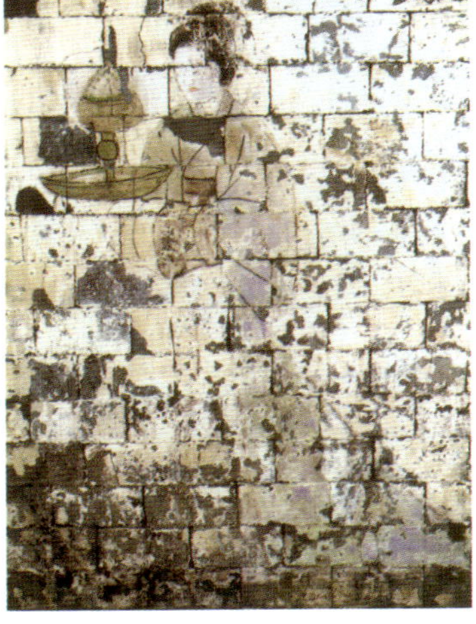

图16
佩剑者　仕女
西安曲江翠竹园西汉壁画墓

图18 鎏金铜马 茂陵阳信冢从葬坑

图19 鎏金凤鸟铜锺 西安北郊枣园村汉墓

图20 铜羽人 汉长安城遗址

图21 四神纹青玉铺首 茂陵“瓦渣沟”遗址

图22 玉羽人驭天马 渭陵礼制建筑遗址

图23 玉舞人 杜陵陵区

目　录

绪论：中国美术史上的汉长安城美术

将一个王朝的都城美术作为专题讨论的对象，有助于我们从更多的细节入手，去捕捉其中的艺术闪光点，丰富中国美术史的内涵。本书结合文献记载、考古发现及国内外的学术研究成果，分列都城（宫殿、城池和园林）、陵园、画像砖和瓦当、宫苑雕塑、陵墓雕塑、宫廷绘画和墓室壁画、青铜器和玉器等七个门类，重新梳理、总结和讨论汉长安城美术史迹。

一、在继承和发展中崛起的都城

西汉王朝在秦都咸阳的渭南旧址上建都，秦宫汉葺是长安宫殿的一个重要特征，建筑样式和风格无不打上秦的印记。长乐宫由秦兴乐宫改建，未央宫前殿利用了秦章台故址，桂宫在秦甘泉宫基础上建成，而北宫可能与秦信宫（极庙）有一定关系。长安城郊的上林苑以及苑中的离宫别馆，如长杨宫、萯阳宫、宜春宫、黄山宫等，都始建于秦。但汉长安城不是秦都咸阳的“翻版”，也没有完全照搬典籍记载的周代的营国制度，新时代赋予它青春的风采。

“览秦制，跨周法”（《西京赋》）是长安城建制的基本特征。“秦制”脱胎于“周法”，但在秦始皇执政时期却发生了突变，已与“周法”相去甚远。而记载“周法”的《考工记·匠人营国》，未必是周代营国制度的实录，字里行间浸透着儒学之士对理想制度的追求。“览秦制”是现实的需求，包括选择在秦都咸阳基础上建都，充分利用和改造秦之旧宫，沿袭其“殊形诡制”的建筑样式和风格等。“跨周法”是现实需求与政治大计的结合，主要表现在择取周代王城的规划蓝图，吸收春秋战国时期宫殿建筑的艺术成就。

长安城的建设主要集中在高祖、惠帝、武帝、王莽执政时的四个阶段，形成初、中、晚三个时期的建筑高潮。高祖时在“非令壮丽亡以重威，且无令后世有以加也”的建筑思想指导下，由丞相萧何主持，先是在秦兴乐宫旧址上建成长乐宫，后又在秦章台宫的基础上建成未央宫。惠帝时修筑城池，先后征调关内外吏民数十万人，历时5年完成了这项规模浩大、前所未有的筑城工程，城池的布局合乎《考工记·匠人营国》

中王城的规制。“象天设都”是以城池的整体布局，以及宫殿建筑、河流、桥梁的点位及方位对应天上星宿的，秦都咸阳可谓集大成者，并且影响了汉长安城的建设。但由长安城池南北垣墙曲折而引发的“斗城说”，则属于后来者的附会，与当初城池规划并无多少关系。

高祖、惠帝时还先后设立了东市、西市，营建武库、太仓，初创北宫，建立太上皇庙、高庙等。汉初的都城建设，显示了新兴政治力量的迅速聚集和刘氏集团改朝换代的雄心，同时也意味着一个新王朝政治制度和社会秩序的确立。

武帝执政时期，掀起了长安城建设的新高潮。他先是在长安北域的甘泉山下营建了具有郊祀、求仙、军事、朝会和避暑等多重功能的甘泉宫，在长安城内增饰未央宫，修建北宫、桂宫和明光宫，后又在城池的西侧建造了包括前殿、宫阙、用于祀神的高台和楼阁，以及山水园林在内的建章宫。在天人合一和君权神授观念构筑的政治框架下，武帝的个人欲望极度膨胀，他的祀神求仙行为成为当时国家政治与造型艺术中的重要内容，并主导着长安城宫殿建筑的发展方向。

西汉晚期，王莽在他摄政和以新朝代汉的过程中，先是弘扬儒学，后来又托古改制，并在长安城南郊修建起了由明堂（辟雍）、社稷和多座宗庙构成的大型礼制性建筑群，其目的是对先前庞大繁芜的祭祖制度进行改革，同时向天下表明他遵从天命和对西汉皇权的合法取代。长安明堂可视为泰山下奉高明堂“通水，圜宫垣”做法与汉帝宗庙的结合，而“王莽九庙”直接沿袭了汉帝宗庙的建筑传统。它们的整体布局呈“回”字形，垣墙内的主体建筑皆为四面厅堂、中间台室的形制。

广袤的上林苑包括山地、黄土台塬、河流阶地和漫滩等多样化的地貌类型。发源于秦岭北坡的灞、浐、沣、潦（涝）、潏（泬）、滈等多条河流纵贯苑区。武帝时对秦上林苑进行大规模的扩建和改造，通过修葺或新建离宫别馆，开发水利及大量引进动植物，统筹安排并灵活变通苑内的空间组织，创建了湖泊、山地，以及动物和植物等功能性景区。这些景区自成一体，苑中有苑，苑中建离宫别馆，形成“大分散，小聚合”的态势和格局。

在继承和发展中崛起的汉长安城，以其超乎寻常的规模和气势，合乎周礼的建制，成为后代都城建设的典范，在中国古代都城建筑史上具有继往开来的重要意义。

二、改制创新的陵园建制

汉长安城北垣墙以北约1500米处是渭水，北渡渭水之后是关中平原的第一道台地——咸阳原，西汉王朝十一代皇帝有九代皇帝的陵园坐落在这里。它东起泾渭交汇处的咸阳正阳乡张家湾，西至兴平豆马村，绵延30多千米，其间依次排列着景帝刘启阳陵、高祖刘邦长陵、惠帝刘盈安陵、哀帝刘欣义陵、元帝刘奭渭陵、平帝刘衎康陵、成帝刘骜延陵、昭帝刘弗陵平陵、武帝刘彻茂陵。另外两位皇帝的陵园，文帝刘恒霸陵建在长安城东南郊的白鹿原，“凿山为藏”，不起坟；宣帝刘询杜陵位于长安城南的杜东原，平地起坟，建制与渭北陵园相同。西汉诸陵可分前、中、后三期：高祖长陵、惠帝安陵、文帝霸陵为前期，景帝阳陵、武帝茂陵、昭帝平陵、宣帝杜陵为中期，元帝渭陵以下诸陵为后期。

长陵坐西面东朝向，四周垣墙呈南北略长的长方形，帝、后同茔不同穴，共处一个大陵园之中。陵园内设置有寝殿和便殿等礼制性建筑，从葬坑集中布局帝陵封土以东，陵区中建立统一的陪葬墓园并设置陵邑。长陵的营建，在借鉴秦及秦代陵墓建制的基础上适当进行调整，奠定了汉帝陵园的发展方向。霸陵以山为陵，独树一帜，带着薄葬思想的光环，实为防止盗掘及借助高山象征陵主永垂不朽。它直接影响了西汉诸侯王陵墓的建造，在中国古代陵墓美术史上具有开创性的意义。

阳陵将长陵建制发扬光大，整个陵区以东西轴线为主，南北轴线为辅，陵园作为中心，帝陵位居大陵园的核心位置，陪葬墓园和陵邑沿东西轴线的东部展开。陵区内的寝庙建筑、陪葬墓园以及陵邑内里坊皆为方形，布局讲究择中和对称。阳陵不仅对先前诸陵进行整合并扩大规模，更重要的是它将秦陵的影响完全消化在改制创新之中。汉帝陵园建制的确立，阳陵具有标志性的意义。

茂陵沿用阳陵模式不变，愈加追求宏大和奢华，布局形制也有一些新的变化。它突破先前诸陵的昭穆排序，开拓了陵园的发展空间，使“独立陵园制”得以强化；帝陵封土构筑得异常高大，在陵园中的核心位置更加突出；地面建筑增加，除寝殿、便殿和陵庙外，还有池沼禽鸟景观的园林，以及宫女居住的馆所；从葬坑数量增加得特别多，密集有序地排列在帝陵封土四周及陵园的西南、西北及东北部。集大成的茂陵，代表着汉帝陵园建设的最高峰，并且深刻地影响着其后诸陵的规划和建设。

以帝陵为中心，是陵园规划与建设的基本点。汉帝诸陵大都呈东西向的长方形，以协调陵区内陪葬墓园和陵邑的布局；帝、后陵园四面辟门，帝陵门阙与大陵园门阙相对；后陵、寝殿、便殿、陵庙等建筑布局在帝陵周围。帝陵与后陵（包括嫔妃墓）在大陵园中的位置关系，存在所谓“帝西后东”和“帝东后西”两种格局。但由于入葬者是皇帝与他妻妾的关系，而不是母亲与皇子或祖母与皇孙的关系，它们象征的是长安城未央宫前殿与椒房殿，以及北宫、桂宫和明光宫等后妃居所，表达的是前朝后寝关系，以及朝宫与后宫制度。

杜陵帝、后寝园的考古发掘及研究，成为我们了解西汉中期寝园建制的重要依据。而阳陵“罗经石”遗址的发现和试掘，对于我们认识西汉前期的京庙、陵庙，乃至晚期长安城南郊的礼制建筑——明堂（辟雍）和“王莽九庙”建筑形制，都具有重要的学术价值。阳陵陵庙的建筑形制不会是景帝时新创，应当延续了之前高祖庙（包括原庙）、惠帝庙、文帝顾城庙及霸陵陵庙的传统。西汉之前的秦始皇极庙，集战国礼制建筑之大成，它对汉帝宗庙乃至长安明堂及“王莽九庙”也应该有一定的影响。

西汉陵寝制度日臻完善，日、月、四时祭祀活动兴盛不衰。汉明帝在雒阳开创的上陵礼，也滥觞于西汉长安。汉帝陵园建筑体系的确立，直接带动了陵墓美术的兴盛。

三、整饬典雅的画像砖和瓦当

随着汉代考古发掘及研究工作的展开，在长安城遗址及周边墓葬、汉帝陵园发现的画像砖日渐增多。长乐宫、未央宫、桂宫和甘泉宫遗址出土的几何纹方形和长方形砖，有方格纹、回纹及菱形纹等，基本延续了秦砖的装饰风格。在长安城、甘泉宫遗址和汉帝陵园出土的画像砖多为残件，砖面纹饰由好多种几何图案组成，有的边沿纹饰出现了龙、虎、狮、有翼神兽、羽人等形象。阳陵、茂陵、平陵和杜陵出土的四神纹画像砖，主要用于装饰陵庙踏步，题材和造型风格无不带着浓郁的帝王思想及气派。四神图像为模具捺印而成，可分采用阳线造型的阳陵样式和具有浅浮雕效果的茂陵样式两种，改变了秦宫龙、凤纹画像砖那种刻绘阴线的造型手法。传出自陕西凤翔彪角镇的秦侍卫宴饮、宴饮、狩猎纹三种画像砖，可能是汉代中小型墓葬中的建筑构件。

汉瓦当直接沿袭秦瓦当的作风，当面纹饰以动物纹、云气纹、字纹等具有代表性。动物纹瓦当盛于战国时的秦国，至秦代及西汉式微。长安城南郊礼制建筑遗址批量出土的四神纹瓦当，成组配套，风格统一，充满律动感，堪称动物纹瓦当的典范之作。云气纹为秦汉瓦当纹饰之大宗。秦瓦当的云气纹主要有羊角形纹、反云纹、云朵纹（卷云纹）和蘑菇形云纹四种，母题纹饰变化由繁到简。长安瓦当的云气纹、云朵纹和蘑菇形云纹多见，羊角形纹、反云纹少见，秦时出现的“S”形纹几乎不见。长安云气纹瓦当具有更加整饬典雅的艺术特点，当心纹饰可归纳为玉璧式和铜镜式两大类，它们的设计理念一致，皆表现的是天道模式。

关于文字瓦当出现的年代，学术界尚存争议。持文字瓦当始于秦时意见者，所依据的差不多都是秦宫汉葺的宫殿名，如羽阳、蕲年、橐泉、来谷、竹泉、棫阳、兰池、黄山、成山、梁山宫等。这些宫殿大多与雍四畤及其他祭神礼仪有关，且都远离长安城。而在长安城中的长乐宫、未央宫、桂宫和北宫等遗址，却从未发现有秦兴乐宫、章台宫、甘泉宫及信宫（极庙）等宫殿名的文字瓦当。从掌控神权角度审视这一现象，汉时将宫殿名模印于瓦当的动机，旨在向世人宣告秦之祀神权力的终结，而秦宫汉葺的建筑活动的展开，恰好为文字瓦当的问世提供了一个契机。

按照功能意义划分，长安的瓦当文字可分标识和吉语两大类。标识类中的宫殿、官署名瓦当为研究者和收藏家所重视，考释和论述最多。瓦当吉语注重辞藻修饰，措辞雅丽，抒发人们对个体生命、社会生活、国家昌盛及民族团结的美好祝愿，带有强烈的感情色彩，它们的出现有着特殊的文学历史背景。武帝、宣帝时因“润色鸿业”的需要，文学受到最高统治者的青睐，辞赋兴盛，赋家辈出，瓦当吉语必然受此影响。其范例可举茂陵陵区、武库及甘泉宫遗址出土的“加气始降”“屯泽流施”“光曧宇”“道德顺序”“泱莽无垠”“流远屯美”“与民世世天地相方永安中正”“维天降临延元万年天下康宁”等。在长安宫殿、陵园建筑遗址出土的吉语瓦当中，最流行的吉语有“千秋万岁”“与天无极”“长生未央”“长乐未央”“长生无极”“延年益寿”等。

瓦当文字的书体大多采用篆书，当面布局饱满，字体方圆并举，随形就势，长于结构处理，讲究笔画的工整及宽博疏朗，使文字意蕴、书法之美与建筑载体融为一体，因而获得很高的艺术成就。

四、风神激扬的宫苑雕塑

从宏观美术史的角度观察，古代大型雕塑艺术的兴起与宫殿、园林建筑的活动同步，而秦汉王朝正处在这样一个开创性的历史时代。长安城宫殿宏伟，城郊皇家园林风光旖旎，一批大型雕塑作品配置其中，从而使这座都城更具艺术魅力。按物质材料分类，它们有青铜雕塑和石雕两种，在造型题材方面，涉及人物、神禽、瑞兽及水族动物。作为当时全国政治和文化中心，长安不仅是宫苑雕塑最大的展场，同时又成为雕塑新样式和新风格的孕育地。

秦统一中国后，秦始皇诏令收缴天下兵器，聚之咸阳销毁，并铸造“重各千石”的十二钟虡铜人，创造了中国古代雕塑史上的奇迹。汉时长乐宫、未央宫、建章宫、甘泉宫中皆列置钟虡铜人，但它们都失去了秦代那种纪念碑式的意义，成为纯粹的礼仪性装饰物。

元狩二年（前121年）霍去病率军出陇西大破匈奴右地，所缴获的休屠王部祭天金人，武帝诏令安置在云阳甘泉山下立祠祭祀。此举既是对匈奴部族祭天习俗的尊重，又起到夸耀汉威的作用。休屠王部的祭天金人可能是替代祭主的祭器，造型样式大概受到亚欧草原民族艺术风格的熏陶。

武帝时在未央宫柏梁台、建章宫神明台和甘泉宫通天台铸立有大型捧露盘仙人铜像。仙人铜像装置在高大的铜柱上，作跽坐姿势，舒掌捧承露盘，盘中置玉杯。它们的问世，凝聚着武帝长生不死的欲望和雕塑匠师艺术创造激情，标志着铸铜雕塑新时代的到来。

伴随着长安城建筑高潮的到来，宫殿、园林装饰雕塑应运而生。建章宫的多处建筑物，如南宫门、东阙和北阙上都装置了大型铜凤，营造出天上宫阙的奇幻景象。南宫门的殿屋及东阙上的大型铜凤下面设有转枢，兼有测风功能，而北阙铜凤被赋予五谷丰饶的象征意义。武帝时还铸造大型铜马列置在金马门旁。铜马可能因获得大宛马而铸，范本则出自长安相马名家东门京所献铜马法（式）。据考证，金马门即未央宫的北宫门。

飞廉观位于上林苑，观上列有大型铜飞廉。在山东滕州和苍山发现的有石翼兽和画像石皆有“龙爵”（飞廉）题铭，成为我们认识长安铜飞廉的重要依据。西汉中期，通往西域的交通打开，外来文化与传统文化再度出现互动，传统有翼神兽吸收域外格里芬（griffin）的造型元素成为可能，铜飞廉应是其中具有典范意义的作品。后来汉明帝将之东迁雒阳，安置在上西门外平乐观，东汉流行的石翼兽或受它的影响。

将星宿形象化是当时图解天象的流行做法，象征云汉无涯的昆明池牵牛、织女石像，兼有观测水位的功能，堪称早期园林雕塑的代表作。将其处理为跽坐姿势，是西汉石雕人像的普遍做法。位于昆明池遗址西边的斗门镇马营寨，至今尚存一件石鲸残体，可证文献记载并非虚语。

秦之兰池开创的“一池三山”及设置石鲸的园林艺术模式，为西汉时所继承并发扬光大。武帝在建章宫的西北部开凿太液池，池中构筑渐台并堆垒假山，象征海上三神山，池边设置“龟鱼之属”石雕，对海上神山的环境做进一步的提示和说明。在太液池遗址发现一件石鱼，体量巨大，外形如橄榄，系用砂石雕成。

在长安城以北150千米的甘泉宫遗址，有汉代石熊和石鼓遗存至今。石熊作蹲踞姿势，造型风格古拙雄浑；石鼓大约是文献中所说的“石坛”。它们与通天台下的附属建筑有一定关系，可能属于泰一坛的饰物。

五、细致生动的墓俑和纪念碑式的墓上石雕

汉俑之前的秦俑不仅是一种新的墓俑样式，而且还有一整套全新的设置方式，开创了中国古代陵墓雕塑的新时代。汉帝陵园受秦陵的影响，从葬坑制度、制俑理念及技艺皆得益于秦。但在西汉王朝统治集团中，楚人占绝对优势，楚风西渐长安，从葬的墓俑发生变化并改样出新。

阳陵和茂陵的从葬坑集中并分区布局，不像秦陵从葬坑那样呈散布

状态。考古发掘材料表明，阳陵从葬坑重在表现出行仪仗、厨中家畜、府藏及宫官机构等。从阳陵南区和帝陵封土四周出土的着衣式木臂陶俑，是一种崭新的最高等级的墓俑样式。它吸收楚木俑元素，陶、木、织物等多种材料结合，雕刻、模制、手塑、彩绘、装置等多种造型手法兼施，力求对象的逼真与精致，但其体量却只有秦俑的三分之一。汉俑摆脱秦俑模式并实行“缩微”，旨在与从葬坑创设的场景协调，同时便于案头制作和大批量的产出。

阳陵1号建筑遗址和窦后陵附近从葬坑出土的彩绘乐舞俑和侍从俑，塑工严谨，造型端庄，属于皇室丧葬专用品。长陵、安陵、阳陵陪葬墓出土的彩绘陶俑不尽相同，折射出时代习尚的变幻。秦陵兵马俑的传统在长陵4、5号陪葬墓从葬坑中改头换面，大量骑兵俑涌现，步、骑兵种分列并作方阵式布局，以及重视军队中不同职能军士形象的刻画，如指挥俑、簿书俑及赍人兵俑等，都为以前所未见。安陵陪葬墓不见骑兵俑，只出土了步兵俑，但它们当中不乏精彩之作，如立射俑、舞蹈俑、递物俑等形神兼备，充满军旅生活的气息。阳陵陪葬墓出土的彩绘陶俑表现的都是家居生活中的侍从形象，男女立俑衣饰华贵，形体端庄，神情矜持；跽坐女俑面容秀雅，动作轻快，打破了先前墓俑的呆板和沉闷。汉俑的个体艺术特征，主要表现在突出静穆中的内省精神，表达温顺亲近的感情和捕捉细致的动态等方面，为陵墓雕塑艺术带来一股富有生活情趣的新风。

备受学术界关注的长安陶翼兽，出自西安市北郊的多个西汉早期墓葬，同时伴出的还有陶编钟和陶磬。这批陶翼兽都是供丧葬使用的礼乐器支架——笋虡的座子，遵循着传统礼乐器“饰跌以飞廉”的装饰理念。它们兼有“羽属”和“臝属”两种造型特征，可能保留着早期创作有翼神兽的最初动机。

霍去病墓石雕是中国古代最早的一组具有纪念碑性质的大型群雕。它纪念抗击匈奴的年轻将领霍去病，彰显汉武帝的政治抱负，同时寄寓着人们希冀国家强盛和社会安定的理想。列置在墓地上的立马、跃马、卧马等，代表着英雄率领的骑兵军团，象征国家强大的军事力量；人与熊和石人表现校猎活动中猛士搏兽情景，旨在向戎狄炫耀武功，表达战争与和平的主题思想。解读这组石雕作品的关键在于“去自然化”地理解“以冢象祁连山”的含义。列置于墓顶的石鱼（鲸）、石蛙（龟），属于战国秦汉时期海上神山图像系统中的内容，它们所表达的含义十分明确：霍去病墓冢象征的祁连山是一座神山。在汉代流行的祥瑞图像中，动物为其主要内容，它们当中有“四面而至”的“殊方异物”，以及其他珍禽异兽，并通过山地或狩猎场景展现出来。霍去病墓封土斜坡上列置的石雕动物，如伏虎、野猪、卧象等，用意不出其外。这组大型石雕群是由国家职能部门“左司空”领导下的石作工匠完成的，造型风格与同时期长安园林中的装饰石雕一致。其中，少数复合体类型作品，借鉴了北方草原的动物纹风格，而大多数单体类型动物造型及其呈现的蹲踞姿势，与大型石雕初兴时的创作经验积累及雕刻工具等因素有直接关系。虽然它们属于特例，但其中的若干要素，诸如多重性的主题思想表达，人物与动物题材的组合，以及对称性的列置方式等，都对后来墓上石雕艺术产生了重要影响。

六、走向成熟和繁盛的绘画艺术

张彦远《历代名画记》云：“图画之妙，爰自秦汉，可得而记。”长安宫殿的壁画创作，有寓意性质的动植物和器物（承明殿），当代名臣（麒麟阁），历史故事和人物（明光殿及西阁），以及天、地、泰一诸鬼神（甘泉宫）等，主要用以整肃朝纲，表彰勋烈，纪念圣贤以及人与神沟通。武帝时活跃在长安宫中的方士文成，有较高的绘画技艺，他策划并装饰了云气车，主持绘制了甘泉宫台室中泰一诸鬼神题材壁画。长安宫中还有专门从事绘画创作的黄门画者，著名的周公负成王朝诸侯图、李夫人和休屠王阏氏画像等，都出自他们之手。元帝时的宫廷画工如杜陵邑的毛延寿、安陵邑的陈敞、新丰的刘白和龚宽、下杜的阳望及樊育等，都是长安人，他们各怀丹青绝技，或擅长各类人物写真、牛马飞鸟众势，或善于布色。

现已发现西汉晚期（含新莽时期）墓室壁画，主要分布在洛阳和西安两地。20世纪80年代之前所发现的遗迹多集中在洛阳一带，而过去对汉代墓室壁画的讨论，也只能以此作为标本，学术研究受到一定的局限。后来在西安地区陆续发现数座西汉晚期墓室壁画，拓宽了美术史研究者的视野，改变了以前对西汉墓室壁画的认识，并成为西汉时期长安绘画艺术走向成熟和繁盛的有力见证。

长安汉墓壁画的艺术特点主要表现在：（1）反映传统敬天意识和天文学成就的天象图引人注目。西安交通大学壁画墓券顶绘制的天象图，为迄今所见年代最早的一幅圆形式二十八宿星图。它的绘制受传统盖天说影响，内容丰富，形象生动，画面完整，一些图像尚保留着先民赋予星宿的古老含义。（2）墓室顶部的天象图与后壁上部的画面，如手擎灵芝腾踏向上的羽人、羽人飞升戏龙、大团云气纹等呼应交接，营造出升仙主题及氛围，表达墓主对神仙世界的向往。（3）出现了表现长安贵族现实生活的画面。西安理工大学壁画墓的东西两壁，分别绘出车马出行、狩猎、宴乐舞蹈、斗鸡娱乐等贵族生活场景。曲江翠竹园壁画墓的四壁，绘出象征贵族府邸的帷幔，以及众吏属及男女侍者，场面宏大壮观。它们从一个局部或侧面反映出生活在首都的官僚贵族的生活状况，而这类题材在洛阳出土的同期墓壁画中未曾发现。（4）墓壁中出现的大型人物肖像画引人入胜。曲江翠竹园汉墓的四壁绘制的人物，高者达2米，一般也在1.4米左右，为已发现的汉代绘画遗迹所罕见。它们皆作四分之三侧面造型，个别的还有榜题。长安宫内绘制纪念性人物肖像画盛行，宫外墓室壁画必然受其影响。

七、时尚的青铜器和创意的玉器

与先秦时期青铜器相比，汉代青铜器失去了礼仪中的主要地位，但仍有属于自己时代的艺术风采。西汉前期，秦文化的继承与山东六国文化的复苏交织在一起，青铜器品种及形态呈现出多种多样的面貌。传统礼器中的许多种类消失，只有鼎、壶、钫等流行，而且在墓葬中它们又常与铜制日用器具混杂在一起，传统礼器使用制度已不复存在。到西汉中期以后，大量的铜料用于制造室内摆设品和生活器具，品种繁多，花样翻新。长安宫中使用的器物大都是在宫廷少府机构和地方工官直接掌控中生产的，产量大得惊人。器表的装饰工艺也日益考究，在素面器物流行的同时，鎏金及镶错装饰的器物备受皇室贵族喜爱。

在长安地区发现的青铜器，以茂陵阳信冢从葬坑和西安三桥镇高窑村窖藏的具有代表性。前一地点出土的青铜器，为武帝时的皇室用器。其中，鎏金铜马可能是文献中所说的“金马”，属于国家对外交往中的馈赠礼品；鎏金银竹节熏炉兼有实用和摆设功能，引领博山熏炉风气之先。三桥镇高窑村窖藏出土的鉴、鼎、锺、钫、铜等，大多系西汉晚期制品，为上林苑宫馆专属之物。这批铜器具有相当的典型性，是华丽与朴素两种风格并存中朴素风格的集中体现。

在茂陵陵区发现的错金银云纹铜犀尊，东周青铜鸟兽尊遗风犹存。长安城遗址出土的铜羽人，应是一件器座，羽人捧抱的大约是盛装仙药的药箱。西安东郊出土的鎏金铜沐缶和征集的铜连鼎，都是刘氏皇室成员用器。其他如成山宫鼎、奇华宫五足炉、鎏金凤鸟锺、错金云纹钫及彩绘车马人物镜等，皆为汉代青铜器中的珍品。另外，在河北满城陵山汉墓出土的青铜器中，发现有长安宫中用器，如长乐宫乳丁纹铜壶、长信宫灯等。

在汉长安城遗址内发现的皇家玉器很少，重要的有动物纹玉佩饰和新朝的封禅玉牒。在长陵陵区发现的皇后玉玺，为迄今所发现年代最早、等级最高的玉玺。汉帝祭陵多使用传统“六器”中的玉璧和玉圭，已发现的有高祖父亲万年陵玉圭，景帝阳陵“罗经石”遗址石璧、石圭，武帝茂陵10号建筑遗址玉圭及李夫人墓旁石圭，昭帝平陵玉璧、玉圭，宣帝杜陵祭祀建筑遗址的石璧、石圭，成帝延陵的玉圭等。

玉衣制度是神仙思想与传统玉文化结合下的产物，为汉帝倡导并率先使用。在长陵陪葬墓，长安周边地区多处贵族墓葬中发现有玉衣散片。制作玉衣要耗费大量人力和物力，只能由朝廷管理的玉器作坊担当。在茂陵10号建筑遗址附近“瓦渣沟”出土的大型四神纹青玉铺首，用于陵庙大门的装饰，琢工精致，造型厚重，代表着汉代装饰玉器的最高工艺水平。它不仅成为迄今所发现组合性四神纹年代最早的作品，也是我们考订西汉时四神纹定型及风格化的一件重要标本。

在杜陵陵区出土的玉杯和玉舞人，渭陵礼制建筑遗址出土的玉羽人驭天马、玉辟邪、玉熊、玉鹰和玉人头像等，可能是陵庙中的陈设品。它们大多采用和田上等美玉雕琢而成，构思与创意出人意表，堪称中国古代玉器的旷世杰作。

杜陵玉杯发现三件，腹壁琢磨多道弦纹，口沿、杯身、圈足采用金扣装饰，可能是盛天露的专用杯具。玉舞人刻画的是一对风姿绰约的宫廷舞女形象，面部琢磨细致，身上衣褶变化自然，线条优美流畅，毫无生涩之感，为同类体裁和题材中罕见的圆雕作品。

渭陵玉羽人驭天马，采用加底座的方式，使得天马凿空的四足及长尾五个支点牢固地连接一体，展现出西汉时琢玉工艺达到很高的水平。玉辟邪出土两件，造型样式完全风格化。其中，独角玉辟邪出土时，与两件鎏金微型编钟同置于带盖鎏金的微型铜鼎内，证明该器与微型编钟之间存在着配饰关系。玉人头像堪称玉雕人物肖像中的杰作，大概刻画的是元帝刘奭的形象，象征神主已得道成仙，长寿延年。

“大风起兮云飞扬”（《汉书·高帝纪下》）。汉长安城美术在中国美术史上抒写了灿烂辉煌的篇章。

第一章　长安城

在今天西安市西北郊、渭水以南约4千米的地方，至今还保留着汉长安城的一些建筑基址和城池残垣（图1-1）。昔日那些宏伟壮观的宫殿、高耸入云的楼阁和规模浩大的城墙，都在朝代更替的战火中荡毁了。而2000多年的风雨侵蚀和人们争取生存环境的行为，又促使它们迅速走向消亡。

汉长安城的建设工程主要集中于高祖、惠帝、武帝、王莽执政时的四个阶段，形成初、中、晚三个建筑高潮。西汉初期，高祖定都长安，在“非令壮丽亡以重威”建筑思想的指导下，丞相萧何领导改建了秦在渭南的宫殿。长乐宫和未央宫的竣工，显示了新兴政治力量的迅速聚集和刘氏集团改朝换代的雄心。紧接着惠帝修筑长安城池，前后征调关内吏民近30万人，在将作少府阳城延的主持下，历时五年完成了这项规模浩大、前所未有的筑城工程。城池的形制合乎《周礼•考工记》中的王城规划蓝图，“周法”在西汉王朝都城建设中得以实现。在此期间高祖和惠帝还设立东市、西市，构筑太仓，初创北宫，修建太上皇庙和高庙。到西汉中期武帝执政以后，揭开都城建设的辉煌篇章。随着对匈奴战争取得胜利和社会经济的迅速发展，他先在长安城郊外扩建了占地上千平方千米、内有离宫别馆和池沼的皇家园林——上林苑，城内增修和增饰诸多宫殿，后在城池的西侧建造了包括神殿、迎仙高楼和山水园林在内的建章宫建筑群。除此之外，他还在距长安城150千米的甘泉山下，建造了具有祭天、军事、朝会和避暑等多重功能的甘泉宫。在天人合一和君权神授观念构筑起来的政治框架下，武帝的个人欲望极度膨胀，他的一系列祀神求仙、希冀长生不老的活动成为当时国家政治与艺术行

图1-1
汉长安城霸城门
北侧城墙遗址

为的重要内容，直接主导了长安城宫殿建筑工程的发展方向。西汉晚期，王莽在摄政和以新朝代汉的过程中，先是弘扬儒学，后来又托古改制，几经波折之后，终于在长安城南郊修建起了由明堂（辟雍）、社稷和多座宗庙构成的大型礼制性建筑群，其目的是对之前庞大繁芜的祭祀制度进行改革，同时向天下表明他遵从天命和对西汉皇权的合法继承。历时200年建设的汉长安城（图1-2），以其超乎寻常的规模和气势，合乎周礼的建制，为后代都城建设提供了一个新的典范。

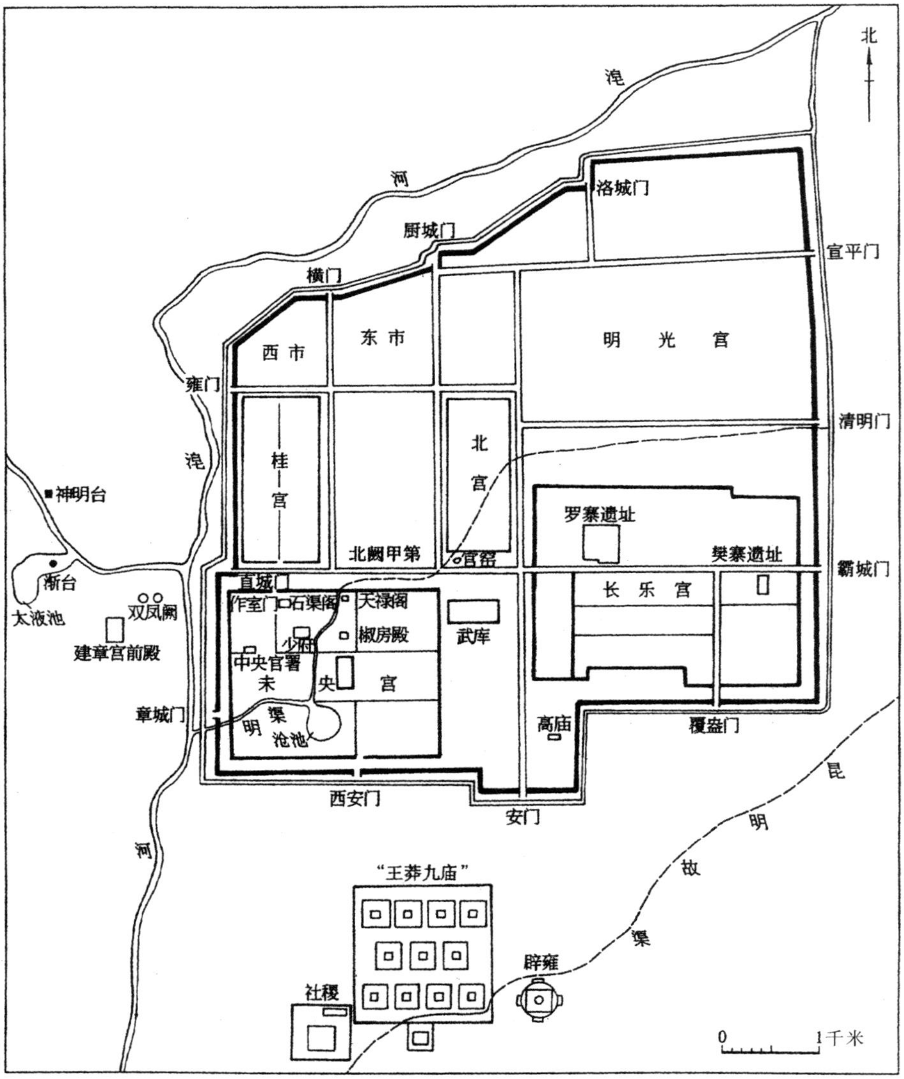

图1-2
汉长安城遗址平面图
采自《中国考古学·秦汉卷》

第一节 西汉初期的都城营建

诗人杜甫《秋兴八首》云："秦中自古帝王州。"关中自然环境和地缘政治的优越，曾造就过西周及秦国走向强盛，进而统一天下。战国时期策士苏秦曾主张连横，他对秦惠王说："大王之国，西有巴蜀、汉中之利，北有胡貉、代马之用，南有巫山、黔中之限，东有崤函之固。田肥美，民殷富，战车万乘，奋击百万，沃野千里，蓄积饶多，地势形便，此所谓天府，天下之雄国也。"[1]西汉建朝后，高祖五年（前202年）五月在雒阳南宫召开的以建都选址为议题的御前会议上，先有刘敬建言，后是军师张良发表补充意见。[2]其曰：

> 且夫秦地被山带河，四塞以为固，卒然有急，百万之众可具也。因秦之故，资甚美膏腴之地，此所谓天府者也。陛下入关而都之，山东虽乱，秦之故地可全而有也。夫与人斗，不搤其亢，拊其背，未能全其胜也。今陛下入关而都，案秦之故地，此亦搤天下之亢而拊其背也（刘敬语）。

> 夫关中左崤函，右陇蜀，沃野千里，南有巴蜀之饶，北有胡苑之利，阻三面而守，独以一面东制诸侯。诸侯安定，河渭漕挽天下，西给京师；诸侯有变，顺流而下，足以委输。此所谓金城千里，天府之国也。刘敬说是也（张良语）。

又据《史记•高祖本纪》记载：

> 六年……田肯贺，因说高祖曰："陛下得韩信，又治秦中。秦，形势之国，带河山之险，县隔千里，持戟百万，秦得百二焉。地势便利，其以下兵于诸侯，譬犹居高屋之上建瓴水也。"

刘敬、张良、田肯之言皆源自前代贤哲的军事战略和军事地理思想，"刘邦以征战建国，深知其中的厉害，故能一说即了然于心怀之中"。[3]而促成刘邦下决心定鼎关中并建都长安，固然汲取了西周特别是秦国迁都强国的历史经验，更重要的是"汉高于东方非有根柢，关中则用之已数年，自

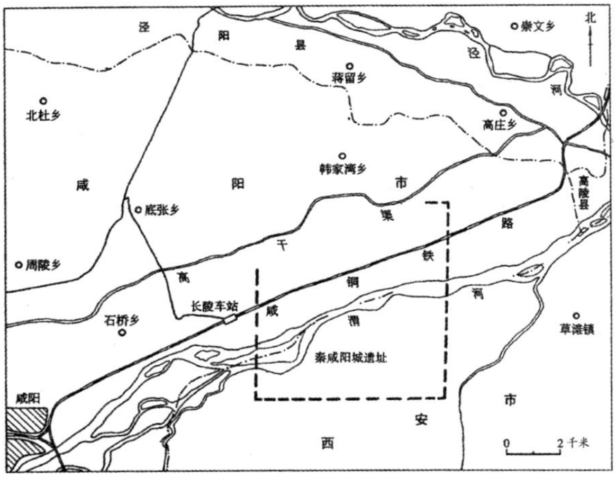

图1-3
秦咸阳城遗址位置图
采自《中国考古学·秦汉卷》

欲因循旧业，亦非尽因地理形势”。[4]将关中作为刘氏集团的政治和军事大本营，是西汉开国皇帝面对现实的必然选择。

汉长安城建于秦都咸阳故址（图1-3）。《史记》说“长安，故咸阳也”（韩信卢绾列传），又云“更名咸阳曰长安”（汉兴以来将相名臣年表）。秦都咸阳分渭水南、北两个区域，大型建筑主要分布在渭北的咸阳北坂（今咸阳市东部）和渭南的龙首原（今西安市西北部）。建于咸阳北坂之上的有冀阙、咸阳宫、仿六国宫殿、兰池宫等；建于渭南龙首原上有章台宫、兴乐宫、甘泉宫（南宫）、阿房宫、昭王庙、信宫（极庙）等。另外还有横跨渭水的苑囿——上林苑。这些大型宫殿建筑及苑囿，分别为秦孝公、惠文王、昭王，以及秦王政和始皇帝时期所营建，历时140年，形成“咸阳之旁二百里内宫观”的宏大规模，“渭水贯都”“横桥南渡”的自然和人文形胜，以及被史家称誉“法天象地”的布局和态势。在此期间，秦的政治活动重心逐步由渭北向渭南转移。秦末，项羽入关后西屠咸阳，北坂宫殿尽毁，而幸存的渭南宫殿及其所在区域，就成为西汉王朝营建长安都城的首选。

一、长乐宫

长乐宫位于长安城的东南，未央宫的东部。宫名“长乐”是长久安乐的意思，如《韩非子•功名》：“以尊主御忠臣，则长乐生而功名成。”它又与未央宫名合为“长乐未央”双关语，既表东西两宫二元政治制度，又喻刘氏集团江山永固。

西汉王朝刚刚建立，百废待兴，借助秦代积累下来的丰富建筑经验，改造秦旧宫作为自己的大本营，无疑是刘氏集团的明智之举。在雒阳御前会议召开后的四个月，建都方案开始实施。建都工程由丞相萧何领导，将作少府阳城延指挥施工，首先对秦在渭南的兴乐宫进行修葺与扩建。

1. 从秦离宫到西汉朝宫

秦兴乐宫是颇具规模的宫殿建筑群，包括许多小宫及辅助建筑设施，秦昭王时已建成。《三辅旧事》云：“秦于渭南有兴乐宫，渭北有咸阳宫，秦昭王欲通二宫之间，造横桥长三百八十步。”秦始皇在兴乐宫修建大夏殿，并在殿前列置大型钟虡铜人，另外还有鸿台、鱼池、鱼池台和酒池、酒池台等，皆为秦始皇执政时增筑。[5]鱼池、酒池为人工湖泊，鱼池台、酒池台应是池边的台榭建筑。

改造秦兴乐宫工程历时一年半，高祖七年（前200年）二月竣工后，遂将宫名更为长乐宫。竣工当月，刘邦率众由栎阳（今西安市阎良区一带）迁都长安。《史记•高祖本纪》记载：

> 七年……二月，高祖自平城过赵、雒阳，至长安。长乐宫成，丞相已下徙治长安。

长乐宫有宫墙，四面辟宫门，东司马门与霸城门相对，西司马门与未央宫东阙相对。《汉书•宣帝纪》《汉书•刘屈氂传》分别有“鸾凤又集长乐宫东阙中树上”“至长乐宫西阙下”语，可知东、西司马门外建有高大的宫阙。《三辅黄图》（卷二）记载，长乐宫中有前殿，“前殿东西四十九丈七尺，两序中三十五丈，深十二丈”，另外还有临华、长信、长秋、永寿、永宁、永昌殿等。同书（卷三）又云：“临华殿，在长乐宫前殿后。”“长信宫，汉太后常居之。按《通灵记》：‘后宫在西，秋之象也。秋主信，故宫殿皆以长信、长秋为名。’又永寿、永宁殿，皆太后所处也。”《水经注•渭水下》记载：“殿西长信、长秋、永寿、永昌诸殿。殿之东北有池，池北有层台，俗谓是池为酒池，非也。”[6]见于文献记载的殿或室还有温室、钟室、月室、神仙、宣德、高明、通光、建始、广阳等，但其所处位置不明。

在高祖执政期间，长乐宫一直是西汉王朝的朝宫。高祖七年十月，岁首朝会在长乐宫前殿隆重举行。司马迁在《史记》中记载了那场盛大而庄严朝会中的诸多重要程序和细节。文曰：

> 汉七年，长乐宫成，诸侯群臣皆朝十月。仪：先平明，谒者治礼，引以次入殿门，廷中陈车骑步卒卫宫，设兵张旗志。传言：“趋”。殿下郎中侠陛，陛数百人。功臣列侯诸将军军吏以次陈西方，东向；文官臣相以下陈东方，西向。大行九宾，胪传。于是皇帝辇出房，百官执职传警，引诸侯王以下至吏六百石以次奉贺。自诸侯王以下莫不振恐肃敬。至礼毕，复罢法酒。诸侍坐殿上皆伏仰首，以尊卑次起上寿。殇九行，谒者言“罢酒”。御史执法举不如仪者辄引去。竟朝置酒，无敢欢哗失礼者。于是高帝曰：“吾乃今日知为皇帝之贵也。”乃拜叔孙通为太常，赐金五百斤。[7]

在刘氏集团建朝定都后的第一个新年朝会中，由叔孙通导演的朝仪大典与新修葺的长乐宫建筑完美融合——先是前殿下的诸侯及文武百官分列东西两序，后在礼仪官的导引下依次向汉帝刘邦行奉贺礼，再后登殿跽坐，不断叩首。群臣置身于巨大的建筑“场”和严肃的朝仪活动氛围中，心灵受到强烈震撼，顶礼膜拜之感油然而生。与此同时，端坐于前殿中央的汉帝刘邦居高临下，不断接受着属下的朝拜与恭贺，他作为西汉开国皇帝的至尊地位与至高无上的政治权力得以最完美的展现。

改造亡秦兴乐宫作为刘氏王朝的临时朝宫，当属权宜之计。两年后萧何领导修建的未央宫前殿及其附属建筑竣工，未央宫才成为新兴政权的表征。高祖去世后，惠帝刘盈“避尊”而西居未央宫，长乐宫遂成为皇太后之宫。自惠帝起“东朝长乐宫”（《史记•叔孙通列传》），西汉两宫制度由此形成。

新朝始建国元年（9年），王莽改长乐宫名为常乐室。此后的长乐宫，作为刘玄更始和刘盆子建世政权的朝宫，有过短暂的两三年时间。《后汉书•刘玄刘盆子列传》记载：“初，王莽败，唯未央宫被焚而已，其馀宫馆一无所毁。”更始二年（24年）二月，刘玄入长安，“居长乐宫，升前殿，郎吏以次列庭中”。到建武元年（25年）九月，樊崇率赤眉部众拥刘盆子继帝位，“盆子居长乐宫……至腊日，崇等乃设乐大会，盆子坐正殿，中黄门持兵在后，公卿皆列坐殿上”。

2. 长乐宫遗址的发现与研究

根据20世纪60年代以来中国社会科学院考古研究所对汉长安城勘探与发掘所获取的材料，确定长乐宫在长安城池的东南部，总面积约6平方千米，占长安城总面积的六分之一。长乐宫四周筑有宽厚高大的宫墙，墙基一般宽5～9米，有的宽达12米；复原的东西直线距离约3000米，南北约2044米，周长约10000米。四面司马门，现已勘探出东、西、南三处。宫城中有东西向和南北向主道各一条，东西向主道偏北并横贯全宫，探到的路土宽约30～50米，东通霸城门，西与安门大街连接；南北向主道偏东，北与东西主道交汇，南与覆盎门相通。[8]

依据考古研究人员在2006年披露的材料：“长乐宫内的建筑遗址比较集中地分布在三个区域（图1-4），一个是西北区，今罗家寨周围，是在东西主道以北；一个是西南区，今讲武殿村东南、张家巷村西南一带，是在东西主道以南、南北主道以西；另一个是东南区，今樊家寨村南一带，是在东西主道以南、南北主道紧东边。”他们初步推断：“三个区域中以西北区范围较大，遗址数量较多（有近20处）、分布较密集，单个遗址规模较大、结构较复杂；其他两个区域范围相对较小，遗址数量较少（各有近10处），单个遗址规模较小。因此，位于今罗家寨周围的长乐宫西北区域应是长乐宫的中心宫殿区。”[9]

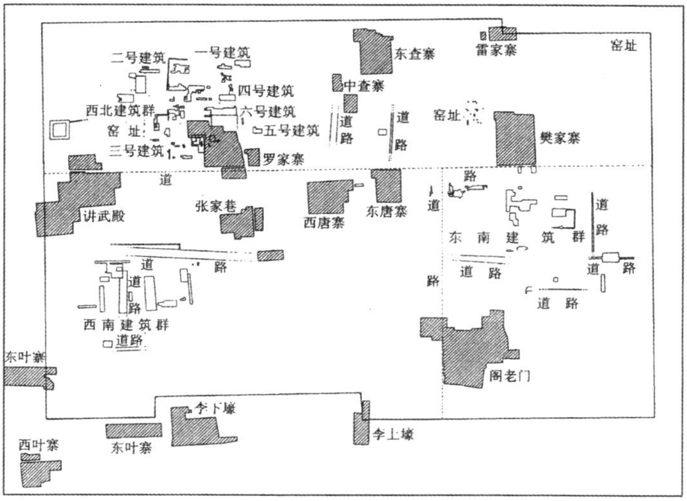

图1–4
长乐宫钻探平面示意图
采自《考古》2006年第10期

1978年和2001年以来，考古研究人员在长乐宫西北区域宫殿遗址试掘、发掘建筑遗址共有6处（编号1～6号遗址），另外还发掘了一处地下排水管道。其中，1号建筑遗址位于该东北部，为一处大型建筑基址。夯土台基呈长方形，东西长76.2米，南北宽29.5米，其南、北壁各有一踏道，壁外各有一方砖铺地的廊道。李遇春先生说：“据它的位置、布局，结合文献记载可能是长乐宫的长信宫。”[10]

2、3号建筑遗址位于西部，均为大型建筑基址。前者夯土台基东西45.3米，南北96米，后者夯土台基东西38～66.8米，南北54.48～88.45米。这两处基址的“台基之上建筑半地下房屋，将台基分割成多个较小的区划，有的台基形状不甚规整，有多处曲折。这些建筑的布局较为松散、自由，应属长乐宫前殿附近主要用于生活起居或休闲飨宴之所”。[11]

4号建筑遗址位于1号建筑遗址的南部，亦为大型建筑基址。主殿夯土台基大致呈东西长方形，长79.4米，南北已发掘的宽度27.4米。台基北面和西面有铺砖廊道、散水及铺砖庭院，台基的中部和东部发现有两处半地下建筑（编号F1、F2）。F1由北门道、北通道、门房、主室及南部东、西通道组成（图1-5）；F2由附室、北通道、楼梯间、主室和侧室五部分组成，主室之南室和楼梯间地面涂朱，并在前一处出土几何花纹式的彩色壁画残块。[12]考古研究人员认为，4号建筑遗址的建筑曾在西汉晚期遭受火灾，这与《汉书•成帝纪》中“长乐临华殿灾”记载相吻合，故推测

图1–5
长乐宫4号建筑遗址
F1发掘现场

此处可能是临华殿的故址。而涂朱踏步及彩色壁画的出现，表明这座建筑具有很高等级。[13]借助考古材料，有研究者对4号建筑遗址还进行了复原研究，认为原台基高1.2米，F1为一座二层楼阁式建筑，殿面宽11间，进深5间，四阿式屋顶等。[14]

5号建筑遗址位于东南部，主体建筑形制比较独特，为浅地下式，墙体很厚，房内地面由南北两侧向中间倾斜，形成一条东西向排水沟，并与东墙排水管道连接。“根据其建筑特征结合文献记载，推定为长乐宫中一处藏冰的凌室遗址，凌室内的藏冰，可能是就近提供给以前殿、临华殿为主的诸殿使用”。[15]

6号建筑遗址与北部4号建筑遗址相距30米，东南5号建筑遗址相距50米，西北和西南分别是2、3号建筑遗址。现在完成发掘的是遗址主殿北部的附属建筑基址（图1-6），但经勘探获知，主殿夯土台基东西长约160米，已探明南北宽约50米。虽然基址的主体部分尚未发掘，但考古研究人员还是做出了该遗址为长乐宫前殿故址的初步推测。[16]主要理由可归纳为三点：（1）建筑基址规模为特大型，远远超过2、4号遗址，是长乐宫核心宫殿区域内最重要的主体建筑，具备作为大朝正殿——前殿的形制特征；（2）《三辅黄图》（卷三）记载：“临华殿，在长乐宫前殿后。”北部的院墙将之与4号建筑（临华殿）隔开，形成前后排列建筑群关系，符合当时前朝后寝的宫殿布局；（3）遗址内F2叠压在西汉基址之下，并出土了可能属于秦代或战国秦时期的筒瓦和板瓦，而在西汉遗址层出土则有秦汉之际或西汉中期以前流行的砖瓦，故西汉建筑的兴建时间应在前期。在此基础上，考古研究人员还就长乐宫中心宫殿区的布局问题提出了新的见解：“长乐宫的中心宫殿区之所以规划在西北区域，原因大概有以下几点：秦兴乐宫于此地可能有一些建筑，汉初加以利用；离未央宫较近，便于帝、后东朝太后；前殿坐北朝南，南临宫内东西主道，交通便利；离东宫墙和

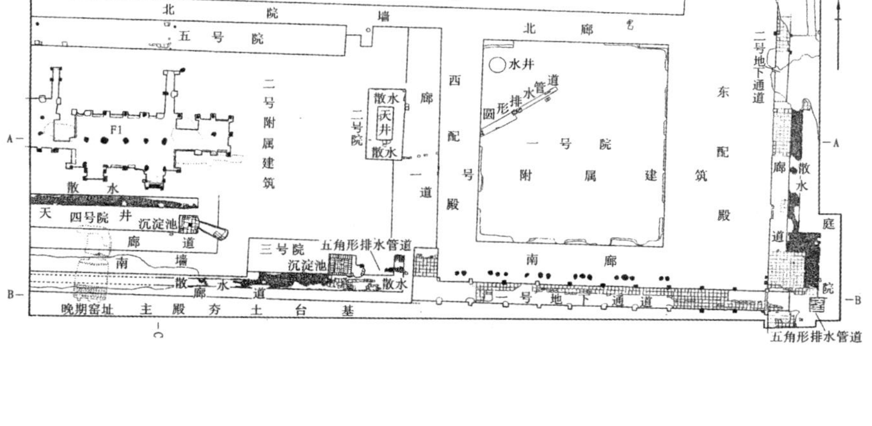

图1-6
长乐宫6号建筑遗址
主殿北部附属建筑平面图
采自《考古》2011年第6期

南宫墙较远，相对比较安全。”[17]

刘庆柱、李毓芳先生在长乐宫布局形制、遗址发现和分布状况、部分建筑的性质、出土的建筑材料的年代等问题上，持有不同于前者的意见和看法。关于遗址内勘探出的主要道路，他们在多处文章中强调：“长乐宫内现已勘探发现的汉代道路主要有五条，东西向三条，南北向两条。”除一条南北向主道外，还有“一条南北向路，北至横贯宫城的东西大道，南到南宫墙西部，再向南通至长乐宫外的高庙遗址”；两条东西路位于东西大道以南，“其西端都至长乐宫西部的南北路为止”。[18]根据目前对长乐宫遗址的考古勘探，“主要发现四组建筑遗址群，即东南部建筑遗址群、中南部建筑遗址群、西南部建筑遗址群和西北部建筑遗址群”。[19]对于已经发掘的西北部（罗家寨村北）几处建筑遗址性质的推测，他们则持有异议，认为2、3、4、6号建筑遗址，“多为生活起居建筑遗址，这些建筑遗址的全貌有待进一步说明，根据面前考古资料看，还没有迹象说明那些建筑遗址具有大朝正殿一类的建筑规模与性质”；[20]“从出土的砖、瓦、瓦当等建筑材料看，没有战国秦、秦代和秦汉之际的砖瓦等遗存。这与西汉初年由秦兴乐宫改建的长乐宫之时代似不一致”。[21]他们更关注长乐宫内东西主道以南的东南部（樊家寨村东南，南北主道以东）宫殿遗址群，“考古勘探发现的夯土基址东西宽116米，南北长197米，基址南边东西并列‘三阶’，基址之上南北排列三组宫殿基址。每座宫殿基址平面均为长方形，南殿址东西100米，南北56米；中殿址东西43米，南北35米；北殿址东西97米，南北58米。如果上述考古勘探资料基本上反映了建筑遗址全貌的话，这将是长乐宫中最为重要的宫殿建筑遗址”[22]。此前他们就认为，“从这些殿址的规模和布局结构来看，它们很可能属于长乐宫前殿遗址”。长乐宫东西主道的北面部分是汉时扩展出去的，秦时兴乐宫规模可能较小，范围不出干道南部，与“周回二十里”（8280米）大致相当。[23]后来又补充说：“就目前长乐宫遗址范围的地形观察，其地势南高北低，长乐宫的主要宫殿建筑应该首先置于南部。”[24]

曲英杰先生的看法与刘庆柱、李毓芳先生的有些相同，如说“将长乐宫的范围推定在霸城门大街以南似较为妥切”，“推测最初的长乐宫当不包括此道路以北部分”及“汉惠帝以后又扩筑霸城门大街以北部分”等。但关于长乐宫前殿的位置，他则持不同意见，认为它“当于中部两条东西向道路与南北向道路之间”，而今“在霸城门大街以南所发现的东部建筑群呈台阶状，当即层台，南临水池”。他还引用《三辅黄图》引《庙记》中“酒池北起台”语，推定“则此台即鸿台”，“其酒池，当即指原层台之南所存水池”。[25]

刘瑞先生对长乐宫大于未央宫的问题提出质疑，并以长乐宫内东西向主道形制以及刘庆柱、李毓芳先生推测东南部宫殿遗址群“很可能属于长乐宫前殿遗址”为由，认为现在考古勘探认定的长乐宫宫城范围，实际上被霸城门内的东西向大街分为南北两部分，即“大街南侧是汉初在秦代兴乐宫基础上修葺成的长乐宫，而其北侧是汉代建设的明光宫”。[26]

上述意见都是非常重要的学术课题，需要做更深入的研究，也有待于将来的考古新发现。

3. 两宫制度下的长乐宫

西汉的两宫制度是君权与后权并存的二元政治框架下的产物。《汉书·外戚传上》曰：“汉兴，因秦之称号，帝母称皇太后，祖母称太皇太后，適称皇后。”皇太后、太皇太后不仅干预朝政，并以长辈身份管教皇帝，从而形成“人主未央，长乐奉母”的东、西两宫制度。终西汉一代，入主长乐宫的皇太后共有10人：惠帝吕太后、文帝薄太后、景帝窦太后、武帝王太后、昭帝上官太后、元帝邛成王太后、成帝王太后和赵太后、哀帝傅太后和丁太后等，她们当中又有6人位至太皇太后。在长达200年的时间内，太后位置空缺时间约50年，可谓持续长久而影响至深。

西汉的政治历史是由皇族、军功贵族和外戚权贵写成的，强大的外戚势力，成为维系皇权的一支重要政治力量。“‘太后临朝’是‘维护皇帝统治体制’的一种强有力的政治监督和支柱。”[27]但也对皇权构成强大的约束力，乃至分庭抗礼。尤其是前期吕太后称制、窦太后干政，后期王太后专权，其决策行为涉及意识形态掌控、朝政事务管理、太子立废、皇后册封、嫔妃选配、臣属升迁及其生死夺杀等。昭、宣政权更替，上官太后虽名存实亡，辅政的霍光立废昌邑王，按照“群臣奏事东宫”（《汉书•眭两夏侯京翼李传》）制度，依然要向她奏请同意。总之，长乐宫作为太后之宫，并未失去朝宫的性质和功能，它与北宫、桂宫及明光宫有区别，不是所谓的“亚宫城”。

二元政治框架下的两宫制度，决定了长乐宫的特质和建制，及其与未央宫在都城中形成东西并列的格局。“由于外戚势力在西汉王朝政治中起着重要作用，因而太后所居的长乐宫往往与皇帝大朝的未央宫相提并论，所以反映在建筑布局上，长乐宫也具有皇宫不少特点，这是与其他后妃之宫所不同的。”[28]这是我们认识长乐宫乃至长安城内诸宫布局形制的一个基本前提。

马先醒先生说：“长安汉宫，以其规模及重要性，可大别三级，长乐、未央、建章属一级大宫；桂宫、北宫等属次级；至于长信宫、钩弋宫等，则等而下之，属三级小宫。”[29]他的这个分类是有一定道理的。

长安宫殿出现灾祸或祥瑞迹象，被视为西汉王朝兴与衰的一种征兆，并且都要记入宫廷档案。与未央宫、建章宫同属“一级大宫”的长乐宫亦在其中，后来的《汉书》收录了这些档案记载。如灾异类有惠帝四年（前191年）“长乐宫鸿台灾”（惠帝纪）；永始四年（前13年）四月癸未，“长乐临华殿及未央宫东司马门皆灾”（五行志上）。祥瑞类有元康四年（前62年）三月，“神爵五采以万数集长乐、未央、北宫、高寝、甘泉泰畤殿及上林苑”（宣帝纪）；五凤三年（前55年）三月辛丑，“鸾凤以又集长乐宫东阙中树上”（宣帝纪）；甘露元年（前53年）夏，“黄龙见新丰。建章、未央、长乐宫钟虡铜人皆生毛，长一寸所，时以为美祥”（郊祀志下）等。

长乐、未央、建章三座宫殿皆筑有宫墙，宫墙“四面皆有公车司马门”（《三辅黄图》卷二）。主要宫门之外建双阙，长乐宫有东、西阙；未央宫建东、北阙，前者西阙与后者东阙相向而立；武帝时营造建章宫，于东门、北门分别立凤阙、圆阙。三座宫殿中又都有称作“前殿”的大朝正殿，坐北朝南，殿前立置大型钟虡铜人。二元政治框架维系的是一个皇权，这就决定了皇宫与太后宫有着相同的建筑布局及设施。

关于长乐宫的占地面积，文献记载中有“周回二十馀里”与“周回二十里”两种。前者如《三辅黄图》和《太平寰宇记》引《关中记》，后者有《三辅旧事》《宫殿疏》等，现在研究者多采后者说。考古勘探结果，长乐宫周长10760米，以西汉一里417.53米计算，合二十五里多，比“周回二十里”超出五里多。有研究者推测，长乐宫的面积不会比未央宫的大，或者相当；长乐宫的北墙可能与未央宫的北墙平行，宫城限于东西向主道以南，而此范围周长8280米，与“周回二十里”记载基本一致。但问题是，在长乐宫东西向主道（霸城门大街）的南北两边，至今尚未勘探出宫墙的建筑基址，而且在长乐宫范围内迄今没有发现原来秦兴乐宫的宫墙基址。我们可否转换另外一种思路：如果考古勘探长乐宫周长10760米就是当初的范围，而史籍中将之（二十五里多）表述为约数“周回二十馀里”，并非不妥当。

二、未央宫

未央宫位于长安城的西南，长乐宫的西部。宫名“未央”，有未尽、没有结束之意，如《诗经·小雅·庭燎》：“夜如何其？夜未央。”《离骚》：“及年岁之未宴兮，时亦犹其未央。”一说因其所处西南方位而得宫名，天地对应，未央宫就是紫微宫的意思。[30]

1. 萧何领导营建

在修葺长乐宫同时，丞相萧何还领导未央宫的建设工程，筑宫墙，立东阙、北阙，建前殿、武库、太仓、石渠及天禄阁，[31]此外还初创北宫、西市[32]等。当时东方战事正酣，而未央宫营建活动却进入了高潮阶段。高祖八年（前199年）刘邦率军东击韩信余寇后返回长安，面对浩大的建设工程，遂向萧何发出责问。《史记•高祖本纪》云：

> 高祖还，见宫阙壮甚，怒，谓萧何曰："天下匈匈苦战数岁，成败未可知，是何治宫室过度也？"萧何曰："天下方未定，故可因遂就宫室。且夫天子以四海为家，非壮丽无以重威，且无令后世有以加也。"高祖乃说。

刘邦的责问是有道理的，治宫室过度而靡费人力和财力，将危及刚刚建立起的新政权。而萧何从社会现状和宫殿建筑思想两方面作阐释，使刘邦欣然接受他的主张及行为。

萧何所说"天下方未定，故可因遂就宫室"，即在社会安定的前夕，正是营建宫殿的大好时机。他的这句话隐藏着两层含义：一是饱受秦代苛政之苦的民众对新政权寄予厚望，而在这个时候兴劳役而治宫室，能够得到他们的大力支持；二是楚汉战争尚未结束，刘氏集团迫切需要建立永久性的统治大本营，尽早树立起自己的新形象。《易•系辞下》云："上古穴居而野处，后世圣人易之以宫室，上栋下宇，以待风雨，盖取诸大壮。"《荀子•富国》曰："知夫为人主上者，不美不饰不足以一民也，不富不厚不足以管下也；不威强不足以禁暴胜悍也。"萧何提出的"非壮丽无以重威，且无令后世有以加也"这一建筑理念，概括了"壮丽"与"重威"的因果关系——天下是天子的家园，树立统治者的政治威信和形象，就要建造壮丽的宫殿并且使后代不可企及。它既是刘氏集团"霸王道杂之"政治取向的最初表现，同时也道出了先前的帝王营造宫室所遵循的法则和规律。"未央宫的营造，既是春秋战国时期诸侯在宫殿建造上竞相奢靡之风的余绪，又为后世以雄伟壮丽为造型基本取向的宫室营造提供了新的范例。中国古代的统治者们越来越明白，建筑不仅是享乐和实力显示的手段，更重要的是确立新秩序的手段。"[33]从长乐宫到未央宫，宏伟的宫殿建筑塑造了西汉王朝崇高与威严的形象，同时也意味着新的政治制度和社会秩序开始确立。

未央宫的主体工程不足两年时间便竣工。高祖九年（前198年）冬十月，刘邦在新落成的朝宫前殿隆重举行新年朝会。司马迁记下这次朝会的盛况：

> 未央宫成。高祖大朝诸侯群臣，置酒未央前殿。高祖奉玉卮，起为太上皇寿，曰："始大人常以臣无赖，不能治产业，不如仲力。今某之业所就孰与仲多？"殿上群臣皆称万岁，大笑而乐。[34]

在大殿上，宏阔的建筑空间里回荡着群臣的赞祝声和钟磬乐声，刘邦手捧玉卮向父亲进酒献寿，不断炫耀着自己建朝称帝的伟业。据《汉书•高帝纪》记载，淮南王、梁王、赵王、楚王等登上前殿，参加了这次新年朝会。

《史记•萧相国世家》记载：萧何"守关中，侍太子，治栎阳"时，"关中事计户口转漕给军，汉王数失军遁去，何常兴关中卒，辄补缺。上以此专属任何关中事"。萧何经营的关中，人力和财力充足，也为建都工程提供了强有力的物质保障。在此之前，"沛公至咸阳，诸将皆争走金帛财物之府分之"，而萧何"独先入收秦丞相御史律令图书藏之"。秦王朝的这些图书档案，内容十分丰富，"写放"咸阳都城及宫殿（包括六国宫室）的图本当在其中，成为他日后领导改造渭南秦宫，修建长乐宫、未央宫，乃至规划长安城的重要参考依据。《汉书•艺文志》记载："汉兴，改秦之败，大收篇籍，广开献书之路。"当时秘府藏有"形法家"的专门著作，如《国朝》七卷、《宫宅地形》二十卷等，"大举九州之势以立城郭室舍形"。萧何和他营建长安城的班子成员，可能浏览过这些建筑档案及图籍，吸收了当中的都城规划思想及建筑经验。

惠帝即位，由萧何举荐的丞相曹参，"举事无所变更，一遵萧何约束"（《史记•曹相国世家》）。萧规曹随，长安城的营建活动并未中断，萧何生前制定的都城规划蓝图终于得以实现。

萧何是汉初营建长安城的总指挥，也是总设计师。

2. 未央宫前殿

未央宫前殿是一处高台式的建筑群。所谓高台式建筑，即在夯土版筑的台上建造房屋。它起于商，兴于西周末至春秋之际列国筑城蜂起之时，盛于战国、秦及西汉。初为防御和瞭望之用，后来发展为"高台层榭，楼屋连阁"（《淮南子》）的新建筑样式，并成为国家与王权的象征。见于史籍记载的，如齐国路寝台、楚国章华台、燕国展台、韩国鸿台、赵国丛台、魏国文台和秦国章台等。出土的战国铜器上，可见用精细线条表现当时高台建筑的画像。在诸侯国都城故址中，"如春秋时晋故都新田（今山西侯马）、战国时齐故都临淄（今山东临淄）、赵故都邯郸（今河北

图1-7
秦咸阳宫1号宫殿遗址

邯郸）、燕下都（今河北易县）、秦咸阳（今陕西咸阳）等，都留有四五米至十多米不等的高台宫室遗址”。[35]考古发现的有齐临淄的桓公台遗址（高14米）、燕下都的武阳台遗址（高11米）和老姆台遗址（高约12米）、赵邯郸的龙台遗址（1号夯土台，高16.3米）等，[36]这些高台建筑在宫城内大多沿中轴线顺序布局。再如秦咸阳宫1号宫殿遗址（图1-7），高6米，呈曲尺形，是一座南北向、有上下两层布局的高台式宫室建筑，并与沟对面被夷毁的高台建筑之间有长廊连接，构成一组东西对称、形似双阙的建筑体。[37]秦代未建成的阿房宫前殿为大朝正殿，基址尚存，东西长1270米，南北宽426米，台基用夯土构筑而成，夯层5～15厘米，台基北高南低，现存最大高度12米左右，[38]可以想象当初规划建造的这座大型建筑群之恢弘气势。

萧何主持营建未央宫前殿时可能利用了秦章台的旧址。考古研究人员“在未央宫前殿遗址的考古试掘中，曾于西汉建筑基址之下发现了被叠压着的秦砖、瓦、瓦当等建筑材料，这或许即章台之遗物”。[39]章台宫大约建于战国时期，是秦在渭南的一处大型宫殿建筑群，秦国的一些重大政治活动曾在此处举行。如秦昭王坐章台，接见蔺相如奉和氏璧谒秦（《史记•蔺相如列传》）；楚怀王“遂与西至咸阳，朝章台，如番臣，不与亢礼”（《史记•楚世家》）。章台宫作为秦国在渭南的一处重要宫殿，宫城的范围应不止于西汉未央宫前殿遗址所在的台地，其周边可能还有垣墙、门阙和其他附属建筑。

班固《西都赋》云：“疏龙首以抗殿。”《水经注•渭水下》云：“斩龙首山而营之。”“山即基，阙不假筑。”所谓 “龙首山”即龙首原，北端高，为首，起于渭水北岸，南端低，为尾，至樊川，长约30千米，未央宫前殿就坐落在原北的一块高隆的台地上。未央宫前殿建成以后，至武帝时又重新对它进行了装修，使这座雄伟的宫殿变得更加华丽壮观。《西都赋》云：

> 于是左墄右平，重轩三阶，闺房周通，门闼洞开；列钟虡于中庭，立金人于端闱。

《三辅黄图》（卷二）云：

图1-8
未央宫前殿遗址

> 营未央宫因龙首山以制前殿。至孝武以木兰为棼橑，文杏为梁柱，金铺玉户，华榱璧珰，雕楹玉碣，重轩镂槛，青锁丹墀，左墄右平。黄金为璧带，间以和氏珍玉，风至其声玲珑然也。

未央宫前殿遗址（1号建筑遗址）是目前保存的中国古代最完整、规模最大、最具代表性且年代较早的高台宫殿建筑遗址（图1-8）。秦建造章台宫时，充分利用了原生台地，仅对四周和表面作夯筑处理，汉初时做再处理。据考古勘探、试掘报告和相关的研究论著披露的材料，[40] 基址平面为长方形，南北长400米，东西宽200米，其上共有南、中、北三个台面，并由南向北渐次升高，南端高出今地面0.6米，北端最高处15米。台面之间高差较大，中部台面比南部台面高3.3米，北部台面比中部台面高8.1米。三个台面上各有一座大型宫殿建筑基址（图1-9），长方形，面积分别为2680平方米、8280平方米和4230平方米。宫殿前有庭，南部宫殿前的庭最大，东西约150米，南北约50米；南部和中部宫殿之间的庭有东西向长廊将前殿分为前后两大部分。中部和北部宫殿的东西两侧，分别设置了厢房或廊房。在第三台基以北，还有一处东西长143米、南北宽16米的基址，高于第三台基3米，很可能是“后阁”遗址。在前殿基址南边居中的位置，发现一处东西宽46米、现南北进深约26米的门址，即文献记载中的前殿端门。另外，对台基西侧南部建筑遗址（A区）进行发掘，发现有房址数十间，为守卫和杂役居所。对东北隅建筑遗址（B区）进行发掘，发现夯土台基及配房，为上殿时休息处及守卫人员办公处；在台基东侧还有一条登殿的坡道。未央宫前殿形制严谨、整饬，以南北中轴线作纵深布局，体量巨大的下、中、上三座宫殿渐次递上，气势恢弘，景象十分壮观。

图1-9
未央宫前殿遗址
勘探平面图
采自《汉长安城未央宫》

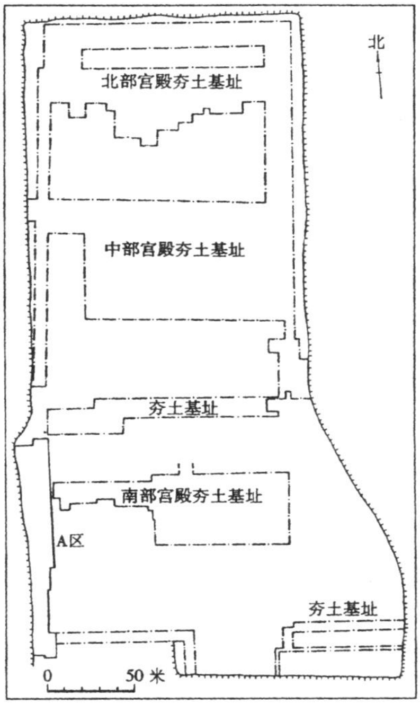

南北纵列三座大型宫殿是前殿的主体，关于它们的性质及功能，考古学家和建筑史家各有理解与表述。刘庆柱、

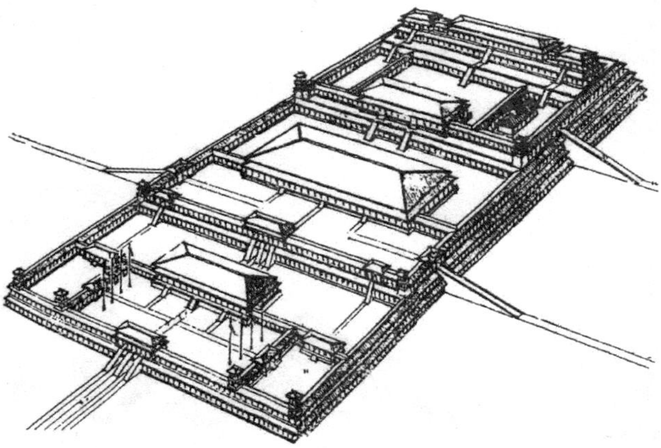

图1-10
未央宫前殿复原设想图
采自《杨鸿勋建筑考古学论文集》（增订版）

李毓芳先生说："未央宫前殿应包括南、中、北三座宫殿，其间并有宏大的庭。庭和南部宫殿当为举行大朝、婚丧、即位等大典之用，或为'外朝'之地。中部和北部宫殿可能为'内朝''正寝'。……中部宫殿面积最大，推测此殿为'宣室'之故址，北部宫殿和附属建筑可能为皇帝之'后寝'。"[41]"前殿由北向南分布着'广庭'、南殿、中殿、北殿、后阁及东、西厢建筑。如果前殿的'广庭'、南殿和中殿作为'朝'，前殿的北殿、后阁等则可视为'寝'。那么前殿这种布局配置就应为'前朝后寝'。"[42]

杨鸿勋先生说："文献记载，汉时的大朝——皇帝即位、颁诏、大婚、寿诞、接受觐谒以及驾崩入殓等重大典礼，都在'前殿'这座台榭式宫殿的最前面一座殿中举行；日朝，或称常朝，则在中间体量最大的殿堂里举行。上述台榭上的三殿遗址，其前方一层台上的殿堂为大朝所用的前殿本身，它也便是这整座台榭的总称，当时'未央宫'匾额应即悬于该殿之上。其后部的中殿体量最大，应即文献所载的'宣室殿'或称'宣室'，是这一群组的主体，它相对前方朝堂来说，乃是皇帝的后部寝室，所以称'室'，当时称'正室'或'正处'，即先秦所谓'正寝'或'路寝'。""中殿——路寝、宣室殿，为常朝，是皇帝退朝后生活起居的地方，它既有寝室也有办理政务以及宴会、娱乐等的厅堂，其巨大的空间组织也是按照'前堂后室'的原则设计的。其中央大堂，仍然作为视朝之用，而且是相当重要的朝堂——内朝（日朝、常朝）场所，它也是一个发布政令之处。这里另有一些堂、室，也可供单独召见奏对及内宴使用。""后殿——宣室殿后又一殿堂，现在还不了解殿的名称和功能。"[43]为此，他还专门绘制了未央宫前殿复原设想图（图1-10）。

他们的这些解释不尽相同，但都受到东汉特别是隋唐以来诠释周制三朝之说的影响。所谓周制三朝，即外朝一，内朝二，分别承担不同的功能。外朝即大朝，是商议国事、颁布法令、举行大典的场所。内朝又分治朝和燕朝，其中，治朝又称中朝，用于日常朝会治事、处理诸臣奏章；燕朝是与群臣接晤议事及举行宴饮活动之处。

根据《史记》《汉书》等典籍记载，刘庆柱先生列举汉时在未央宫前殿举行的重大活动有“皇帝登基、发布诏书、天子结婚、接受朝谒、寿诞庆贺、皇帝入殡等”六种，除此之外，“日常的国家事务，皇帝也大多安排在前殿活动”。[44]他和李毓芳先生还就未央宫前殿在中国古代宫殿建筑史上的地位和意义进行了总结：“未央宫前殿的三殿布局形制在后代宫城三殿之制方面有着清楚的反映。如唐长安城中的太极殿、两仪殿、甘露殿，大明宫中的含元殿、宣政殿、紫宸殿，北宋开封城宫城的大庆殿、文德殿、紫辰殿，明南京城的奉天殿、华盖殿、谨身殿，明北京城的皇极殿、中极殿、建极殿，清代更名为太和殿、中和殿、保和殿。由此不难看出，未央宫前殿的‘三大殿’制度对后世影响之深远。”[45]

前殿是宫殿建筑群中的大朝正殿，君王处理政务的场所。前殿之名来自秦，但典籍无注解。从字面上看，它应与“前朝后寝”制度有关，意为用于大朝的宫殿，并区别居后的寝宫。秦之前殿皆在渭南，都是高台建筑，如《史记•秦始皇本纪》记载，“作甘泉前殿”及“营作朝宫渭南上林苑中，先作前殿阿房”等。章台宫有前殿，甘泉宫有前殿，建设中的阿房宫也有前殿。汉长乐宫的前身是秦兴乐宫，想来长乐宫前殿系秦兴乐宫前殿改造而成。考古研究人员推测，长乐宫西北区域6号建筑遗址可能是长乐宫前殿旧址，遗憾的是该遗址的主殿夯土台尚未发掘，情况不明。战国时期，章台宫是秦国的形象工程。《史记•苏秦列传》记载：“苏秦说楚威王曰：今欲西面而事秦，则诸侯莫不西面而朝于章台之下矣。”当初的章台宫应建有前殿。而萧何领导营建未央宫前殿时，就利用了秦章台宫前殿的故址。秦阿房宫前殿虽未建成，但其设计图样应为萧何他们所获，故也不能排除汉初建造未央宫前殿时，参照过秦阿房宫前殿的可能性。总之，汉时实行的前殿制度可追溯到秦。

刘敦桢先生说：“汉诸宫皆有前殿，一如《史记》载阿房前殿之例，独无《礼经》外朝、治朝、燕朝之法，其事尤为怪异。……窃意楚、汉之际，天下汹汹未定，萧何营前殿，已遭高祖责难，必无余力一一追模旧法。且高祖素恶儒生，其时仅一叔孙通依违其间，而六经未出，古制荒湮。萧何故秦吏也，长安故秦离宫也，西匠目玩阿房也，当时经营，或以秦宫为范，故未央有前殿，如阿房前殿、甘泉前殿之称。”[46]秦尤其是秦王政及始皇时代，在宫殿建筑领域大有作为，采用当时流行的高台建筑形式，创建了新式大朝正殿——前殿。汉初在秦宫旧址上建造新宫，必然沿袭秦的前殿制度及建筑理念，未央宫前殿就是一个显著体现。

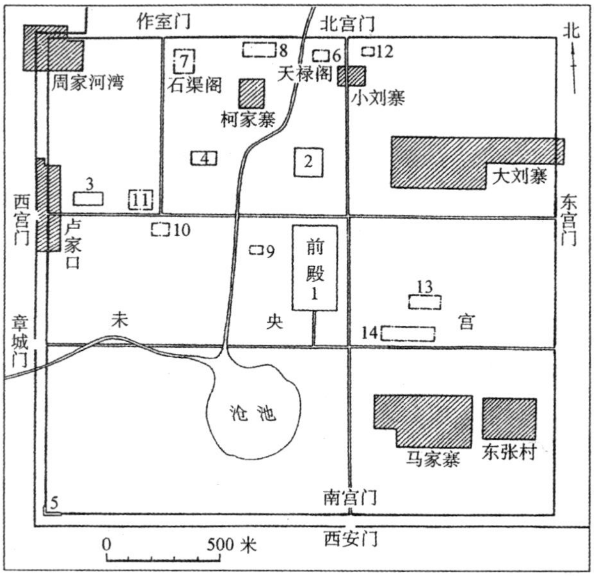

图1-11
未央宫遗址勘探平面图
采自《汉长安城未央宫》
1.前殿建筑遗址
2.椒房殿建筑遗址
3.中央官署建筑遗址
4.少府建筑遗址
5.宫城西南角楼建筑遗址
6.天禄阁遗址
7.石渠阁遗址
8～14.未定名建筑遗址

3. 宫城与宫殿的布局形制

由考古勘探得知，未央宫平面为一规整的方形（图1-11），东墙和西墙各为2150米，南墙和北墙各为2250米，全宫面积约5平方千米，占长安城总面积的七分之一。关于未央宫占地面积，史籍中有“周匝二十二里九十五步五尺”（《西京杂记》卷一）、“周回二十八里”（《三辅黄图》卷二）和“周旋三十一里”（《长安志》卷三未央宫条引《关中记》）等三种记载。现已探知宫墙周长8800米，约合二十一里，与《西京杂记》的记载相近，而与《三辅黄图》《长安志》的记载有相差较大。我们以为《三辅黄图》《长安志》所记载的“周回”数据，可能包括未央宫垣墙外的其他建筑。如《三辅黄图》（卷六）所说，“武库，在未央宫，萧何造，以藏兵器”，即将武库列进未央宫内。再如《史记•高祖本纪》记载，“萧丞相营作未央宫，立东阙、北阙、前殿、武库、太仓”，未央宫不仅包括武库，而且太仓也纳入其中。若将直城门大街以南、安门大街以西的部分区域视为未央宫的范围，与长乐宫的“周回”作比较，那么未央宫大于长乐宫，或者大致相当。

未央宫的宫城四面有宫门，但只有东宫门和北宫门外建有高大的宫阙。东宫门是未央宫的正门，为天子出行之门，也是诸侯朝拜天子之门，东与兴乐宫西阙相对。北宫门介于皇宫与“后市”之间，官吏谒见皇帝时都要在此等候，地位也很重要。西宫门和南宫门之外与后来惠帝时所筑的城池西、南墙接近，其中南宫门与南墙西部的西安门相对。除四座宫门外，未央宫四面还辟有十几座专用的“掖门”。

在萧何之后未央宫不断得到扩建和增修，到武帝时达到极盛，宫殿、台室、苑囿，以及官署和文化建筑设施，可谓完备齐全。据《西京杂记》（卷一）记载：“(未央宫)台殿四十三，其三十二处在外，其十一在后宫。宫池十三，山六，池一、山一亦在后宫。门闼凡九十五。”见于文献著录的殿、堂、阁、室，名目繁多，七十有余。如《三辅黄图》（卷三）记载：“宣室、温室、清凉，皆在未央宫殿北。宣明、广明，皆在未央殿东。昆德、玉堂，皆在未央殿西。”又有麒麟殿、金华殿、承明殿、掖庭殿、高门殿等。后宫正殿为椒房殿，“武帝时后宫八区，有昭阳、飞翔、增城、合欢、兰林、披香、凤皇、鸳鸾等殿。后又增修安处、常宁、茝若、椒风、发越、惠草等殿，为十四位。”阁有“石渠阁，萧何造，……所藏入关所得秦之图籍；至于成帝，又于此藏秘书焉”；“天禄阁，藏典籍之所。《汉宫殿疏》云：‘天禄、麒麟阁，萧何造，以藏秘书、处贤才也。’”池沼有“沧池，在长安城中。《旧图》云：‘未央宫有沧池，言池水苍色，故曰沧池’”。另外还有非常室、织室、暴室、内谒者署、金马门（宦者署）等。

未央宫四座宫门均有道路通至宫城中央的前殿。前殿东侧有一条连接南、北宫门的干道。前殿南、北邻处各有一条横贯宫城的东西向干道，将未央宫分成南、中、北三部分。“南部西边为沧池，东边分布有大量建筑遗址，但每个单位建筑的规模并不大。中部以居中的前殿为主体建筑，在其东西两侧勘探出不少规模较大的建筑遗址，未央宫中的不少‘殿’大概就分布在这一区域。北部是皇宫中的后宫区，后宫以北为文化设施区，北部西北侧似为少府署区，北部东北侧当有不少的礼制建筑。”[47]

考古研究人员对沧池、明渠、天禄阁、石渠阁及其他建筑遗址等进行了勘探。[48]沧池在未央宫西南部，现为一片洼地，平面呈不规整的圆形，南北长约510米，东西宽约400米。池水由飞渠导引城外纳入揭水陂水的泬水进入导流明渠，从章城门附近向东注入。沧池出水口在其东北，通过导流明渠向北经前殿、椒房殿和天禄阁西边，流出未央宫。天禄阁（6号建筑遗址）是一座高台建筑，位于北宫门西南，夯土基址尚存。石渠阁（7号建筑遗址）也是一座高台建筑，在天禄阁以西，作室门东南，遗址上有夯土台基。8号建筑遗址在天禄阁以西，有夯土基址，推测是承明庐遗址。承明庐又称承明殿，是当时的“著述之庭”及延纳儒士、学士之处。经考古勘探的其他建筑遗址，还有前殿遗址以西和西北的9、10号建筑遗址，前殿遗址以东和东南的13、14号建筑遗址，以及中央官署遗址以东的11号建筑遗址，天禄阁以东的12号建筑遗址等。

除前述前殿A、B区建筑遗址外，经过考古发掘的还有椒房殿建筑遗址（2号建筑遗址）、中央官署建筑遗址（3号建筑遗址）、少府（或所辖官署）建筑遗址（4号建筑遗址）和宫城西南角楼建筑遗址（5号建筑遗址）。[49]这些建筑遗址也十分重要，加深了我们对未央宫的整体布局情况，以及各宫殿的建筑形制和使用功能的认识。

椒房殿是后宫之首殿，建筑遗址位于未央宫前殿遗址北330米处，由正殿、配殿和附属建筑三部分组成（图1-12）。正殿位于建筑群之南，基址呈长方形，坐北朝南，内有庭院、回廊、踏道。正殿南面有双阙，反映

图1-12
未央宫椒房殿遗址

出后宫在皇宫中的显赫地位。配殿和厢房居正殿之北，分列东西两侧。这些建筑物之间的关系，是按照皇帝的前朝后寝格局来设置的。殿室装饰华丽高贵，室内地面全部用砖铺就，上殿踏步砌空心砖，白灰粉刷的墙壁平细而有光泽。另外，配殿中构筑巷道（暗道）数条。

中央官署是一座封闭式的大型院落建筑（图1-13），东距未央宫前殿850米，遗址内房屋基址排列整齐，从中出土了大量的刻字骨签。根据骨签上面的文字，考古研究人员判断该建筑为中央政府或皇室管辖有关郡国工官的官署。少府（或所辖官署）东南距未央宫前殿430米，东距后宫椒房殿350米，遗址包括主体建筑——南殿和北殿、两侧的附属建筑，以及通道、廊道、院落、水池等，是一组规模大而考究的、多功能的宫殿建筑群。宫城西南角楼与未央宫南宫墙西端和西宫墙南端连接，遗址破坏较甚，但可见曲尺形台基，以及檐柱柱础、散水、慢道、水井、砖池遗迹等。从出土的“卫”字瓦当和兵器看，这里长驻守卫士兵。

关于未央宫的布局形制及其影响，考古研究人员和建筑史家做过深入细致的分析和总结。[50]概括他们意见并稍加补充几点如下：（1）宫城选址在地势最高处，体现君临天下、至高无上的地位。（2）前殿是未央宫的核心及建筑规划的基点。按照传统的“前朝后寝”规制布局宫殿，前殿位前、择中、居高，后宫位北、居后，中心突出，皇权至上，主从秩序分明、井然。（3）皇室与其服务机构关系密切。皇家文化设施、中央官署和总管皇室事务的处所，集中布局在前殿和后宫之北或西北；礼制性建筑位

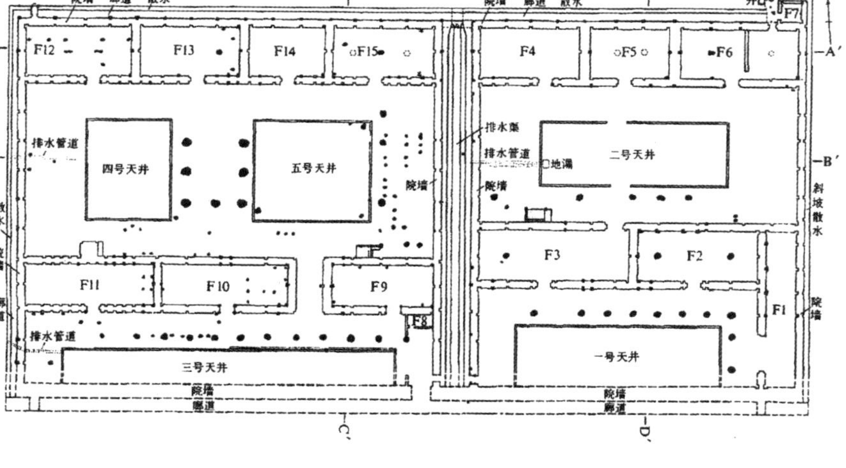

图1-13
中央官署遗址平面图
采自《汉长安城未央宫》

于东北。（4）前殿坐北朝南，全宫的总体布局方向随之，对后代宫城的朝向产生重大影响。（5）继承先秦时期王城建筑的崇方传统，宫城平面呈方形格局，并为长安城南北郊的汉帝陵园、宗庙及明堂等建筑所遵从。（6）宫殿建筑与苑囿相结合，实现了宫城园林式化。宫城中坡丘起伏变化，道路纵横，树木成林，弄田布于其间，又有明渠绕宫殿而过，造成自由灵动的态势。在前殿的西南部开凿沧池，池中有渐台及台阁，为朝宫中建造山水式园林之开端。

未央宫是长安城的中心式宫城，自惠帝起，始以其为皇宫，终西汉一代未改。后来的前赵、前秦、后秦、西魏和北周等王朝的皇宫都设置于此处。未央宫历时长久，声名及影响巨大。

三、构筑城池

《汉书• 惠帝纪》记载：惠帝元年 （前194年） “春正月，城长安”， 长安城大规模的筑城工程就此拉开序幕。惠帝二年 （前193年）萧何去世，曹参接班，萧规曹随，筑城工程依照萧何领导制定的规划继续施行。《汉书•惠帝纪》云：

> 三年春，发长安六百里内男女十四万六千人城长安，三十日罢。
>
> （三年）六月，发诸侯王、列侯徒隶二万人城长安。
>
> （五年）春正月，复发长安六百里内男女十四万五千人城长安，三十日罢。
>
> （五年）九月，长安城成。赐民爵，户一级。

又据《史记•吕太后本纪》记载：“三年方筑城，四年就半，五年六年城就。请侯来会。十月朝贺。”《史记索隐》按：“《汉宫阙疏》曰‘四年筑东面，五年筑北面’。”

长安城筑城工程浩大，堪称划时代壮举。它不仅需要大量的人力和物力，更需要皇权的力量和威严，以及强有力的职能部门进行组织和领导。所以筑城不仅是刘氏集团霸业意志的表达，也是统治者运用强硬手段重新建构政治秩序的一次实践。在丞相萧何、曹参的主持下，筑城工程由阳城延具体负责实施。《史记•惠景间侯者年表》记载：梧侯阳城延“以军匠从起郏，入汉，后为少府，作长乐、未央宫，筑长安城，先就，功侯，五百户”。长安城池的筑就，阳城延功不可没。

《汉书•惠帝纪》记载：惠帝六年（前189年）夏六月，“起长安西市，修敖仓”。所谓的西市，相对前期创建的“大市”而言。西市和敖仓的竣工，宣告初期建设工程结束，萧何领导规划的长安城蓝图得以实现。在秦都咸阳渭南宫殿的旧址上，一座崭新雄伟的都城拔地而起。

1. 城墙、城门和道路

班固《西都赋》云：“建金城而万雉，呀周池而成渊。披三条之广路，立十二之通门。内则街衢洞达，闾阎且千。九市开场，货别遂分。”张衡《西京赋》云：“徒观其城郭之制，则旁开三门，参涂夷庭。方轨十二，街衢相经。廛里端直，甍宇齐平。”赋文充满了作者对西都（京）的怀念与礼赞，同时也记录了城池、城门、市场、街道及里居的基本规制。

长安城的平面基本呈方形，根据测绘部门测量的最新数据：东墙长5916.95米，西墙长4766.46米，南墙长7453.03米，北墙长6878.39米，四面墙总长25014.83米，城池总面积约34.4平方千米（图1-14）。[51]城墙全部采用黄土夯筑，“赤如火，坚如石”（《关中记》），夯层清晰，一般厚7～8厘米。现存城墙最高处10米左右，纵剖面呈梯形，基部宽度约16米。城墙外有壕沟，宽40～50米，深约3米。[52]在城门处的壕沟上架有木桥。城墙的东南、西南、西北和东北建有角楼。城墙每面开三门，平均分布，全城共12座城门。东城墙有宣平门、清明门、霸城门，西城墙有章城门、直城门、雍门，南城门有覆盎门、安门、西安门，北城墙有横门、厨城门、洛城门。在这12座城门中，除了与长乐宫和未央宫宫门相对的4座城门之外，其余8座城门各与城中一条大街相连，它们可能就是文献中所说的“八街”。

《三辅旧事》云：“长安城中八街九陌。”《汉宫殿疏》亦云：“长安有八街。”据《长安志•宫室三》（卷五）所列举，“八街”是华阳街、香室街、章台街、夕阴街、尚冠街、太常街、藁街和前街。或说无前街，有城门街。这些大街有的通至城门，如香室街可能是清明门大街，华阳街可能是横门大街，西阴街可能是雍门大街等。[53]再如章台街，可能是未央宫内的街道，其他如尚冠街、太常街和城门街，属于官署、宗庙区的重要街道。[54]关于藁街，据《汉书•陈汤传》记载，陈汤在西域斩郅支王，上书要求将郅支王等“悬首藁街蛮夷邸间”。何清谷先生说：“藁街既有周边民族和邻国官员的宾馆——蛮夷邸，又是悬首示众的地方，应当是

图1–14
汉长安城遗址数字化地图
采自《考古与文物》
2000年第5期

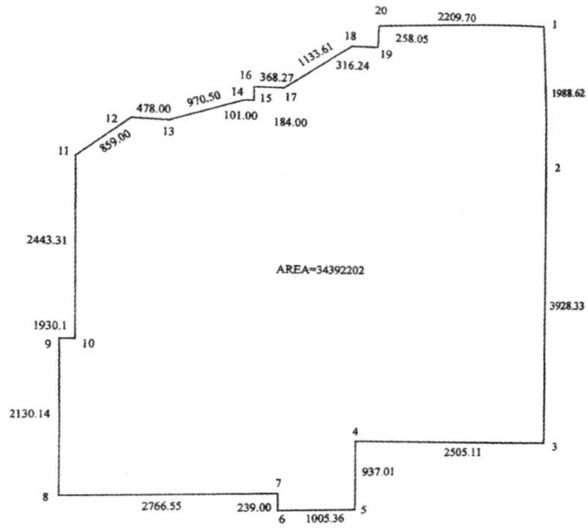

长安城中一条重要的街道。但究竟是哪条街？不能确指。”[55]关于“九陌”，目下无定论。一说为多条横街，一说为三门三道之九道，还有一说为都城通往郊外的九条道路。

在通至城门的八条大街中，最长的是安门内大街，全长5500米，街东是长乐宫，街西是未央宫和北宫，北与宣平门内大街相接，基本贯通南北，为全城南北向的中央大道。其次是宣平门内大街，全长3800米，洛城门内大街最短，约800米，其余的在3000米左右。它们的宽度在45～56米左右，街面分三道，两条排水沟相隔，中宽边窄，中道即专供皇帝使用的“驰道”。这些八条大街在城中纵横交会，形成八个丁字路口和两个十字路口。在城墙内侧，还有一条环城道路，宽约35米，为守卫巡逻之用，称作“环涂”。[56]

未央宫北墙外的直城门内大街与后来探出的长乐宫内东西向主道相接，它东起霸城门，西至直城门，横贯全城，值得我们特别关注。刘瑞先生就认为，长乐宫内的这条东西向主道，路面分三道，“无论从规格还是位置，都应该属于城内的骨干大街，而不是一般的宫内道路”；“从长安城内建筑布局看，这条霸城门——直城门大街对城内建筑布局有非常重要的影响”[57]。

霸城门为长安十二门之首，故其名霸。直城门本名直门，与霸城门相对，故名。据《三辅黄图》（卷一）记载：“长安城西出第二门曰直城门。……本名直门，王莽更曰直道门端路亭。”其中的“直道”“端路”都是对通达此处大街之性质特征的一种表述。我们以为,现在称名的直城门内大街与长乐宫内东西向主道，可能原为一条大道，它既是一条皇家专用大道，也是西汉王朝威临天下的象征。这条大道贯通东西两座城门，连接长乐、未央两宫，全长约6000米。它由霸城门向西，先经过长乐宫的东阙、西阙，其后横穿安门内大街，在未央宫北墙中段，又有未央宫北阙列于大道的南侧，然后与厨城门内大街和横门内大街南端交会，最后到直城门为止，堪称长安城第一大道。

长安城的四角有角楼，属于城防建筑设施。角楼外侧凸出城墙，登临角楼的踏道设置在角楼的内侧。城墙西南角的墙体尚存（图1-15）。考古人员对该遗址进行了钻探和试掘，出土了大量陶质建筑材料，如砖、瓦和瓦当等，说明原来的角楼建筑具有一定规模。[58]关于城墙的高度，张建锋先生有推论。他认为《周礼》规定天子王城的城墙高度为七雉，

图1-15
汉长安城城墙西南角遗址

图1–16
直城门遗址

除去女墙部分的高度一雉，当为六雉，合今11.02米，而“这一制度在西汉以后的隋唐长安城、元大都和明清北京城的建设中都得到较好的执行”。所以“西汉长安城按天子王城的规格进行规划也在情理之中”[59]。

在长安城的12座城门中，经过考古发掘有东城墙的宣平门、霸城门，南城墙的西安门和西城墙的直城门（图1-16）。[60]城门的设计与建造，有严格的规制。每个城门都有3个门道（图1-17），每个门道各宽8米，减去两侧立柱宽2米，实际宽度都为6米。霸城门内发现有当时的车轨痕迹，宽1.5米，可见每个门道可容纳4个车轨，城门内3个门道可容纳12个车轨。门道之间有隔墙，宣平门和直城门门道之间的隔墙为4米，霸城门和西安门门道之间的间隔为14米。[61]隔墙有宽窄两种，城门面阔亦有两种，窄者城门面阔32米，宽者城门面阔约52米。王仲殊先生指出：“门道之间的间隔愈大，整个城门也就显得愈为广阔、雄伟。这可能是由于霸城门和西安门分别对着长乐宫的东门和未央宫的南门之故。”[62]

在东面宣平门和霸城门的南北两侧，城墙各向外（东）突出。宣平门南、北门道两边17米处，城墙向外突出，突出部分高8.2米，宽约25米，南边长约35米，北边仅存14米，推测原来北边的长度与北边同；霸城门向外突出部分宽10米，长40米（图1-18）。[63]宣平门门址面阔52米，加上南北两边向外突出部分，其面阔应在136米左右，规模堪称宏大。何清谷先生认为，它们“有可能是阙门或瓮城的遗迹。瓮城是大城门外的月城，用以增强城池的防御力量”。[64]王仲殊先生则说：“由于这种突出部分仅存在于宣平门、霸城门等长安城东面城门，故可认为其设置是为了增强城门的壮观。”[65]我们以为，这种向外突出部分可能就是城阙，它是庄严雄伟都城的外观形象，也是一个标志。长安城东西南北四面12座城门，带有城阙的城门只为东面的3座城门所有，这也是我们判断长安城整体朝向为东的一个重要依据。

图1–17
霸城门南门道遗迹

2. 长安城与“周法”

据文献记载和考古发现秦始皇陵园有双重夯土垣墙，推测秦都咸阳有郭城。但它与长安城有何关系，却无线索可觅。长安城最初的设计规划，不会是凭空想象出来的，应当有所参

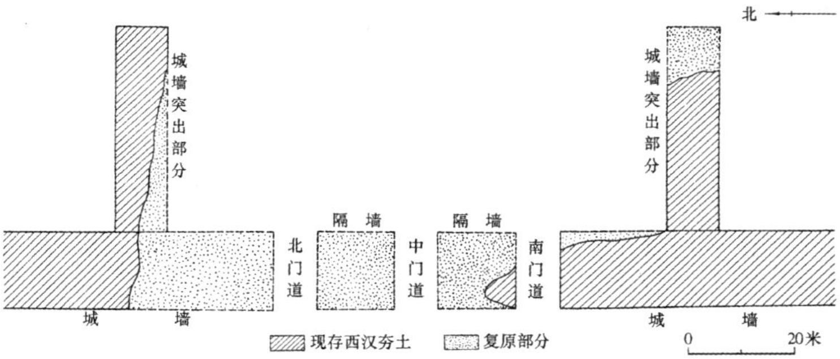

图1-18
霸城门总平面复原图
采自《考古学集刊》第17集

照或师法的。张衡《两京赋》云：

> 于是量径轮，考广袤，经城洫，管郭郛，取殊裁于八都，岂启度于往旧？乃览秦制，跨周法，狭百堵之侧陋，增九筵之迫胁（《西京赋》）。
>
> 因秦宫室，据其府库。作雒之制，我则未暇。是以西匠营宫，目玩阿房。规摹逾溢，不度不臧。损之又损，然尚过于周堂。观者狭而谓之陋，帝已讥其泰而弗康（《东京赋》）。

长安城池的构筑经过了精心的测量和设计规划，采取八方不同的规制，弃旧创新，增广宫室，因“秦制”并超越“周法”。城内的宫殿建筑，利用改造了秦的宫室、府库。建造雒邑的制度，本朝未敢改作。曾经修建过阿房宫的秦之匠师，现在领导了长安城的营建活动。设计规划过于庞大，是不合时宜的。曾数次减损其制度，还是超过了周代宫殿制度。宫殿看起来狭小，皆以为太简陋，而高祖却责难其宏大并感到不安。张衡笔下的赋文虽有夸饰，但解析事理真切，有助于我们了解长安城规划与设计所遵循的制度和指导思想，以及其营建初期的一些活动情况。

在汉初，“秦制”与“周法”是萧何和他的建都班子所面临的两种不同的营国制度。所谓的“秦制”，虽脱胎于“周法”，但在秦始皇执政时却发生了巨大的突变，已与“周法”相去甚远。而“周法”未必是西周营国制度的实录，字里行间浸透着儒学之士的社会理想。“览秦制”是现实需求，包括选择在秦都咸阳的渭南旧址上建都，充分改造和利用秦之旧宫，沿袭其“殊形诡制”的建筑风格等；“跨周法”是现实需求与政治理想的结合，主要表现在择取带有理想色彩的西周营国制度，吸收春秋战国时期都城建设的创新精神及其建筑艺术成就。在此前提下，丞相萧何和他的建都班子精心设计规划，因地制宜并恰当变通。长安城的营建正值西汉王朝取代秦王朝的历史转折之时，它不会是秦都咸阳的“翻版”，也不可

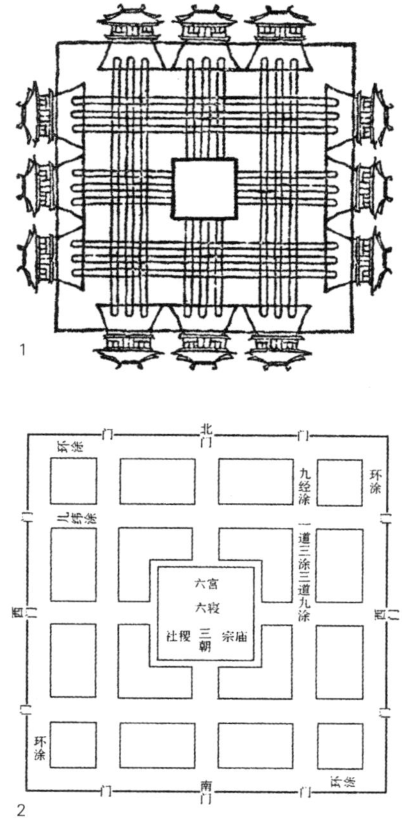

图1-19 王城图
1.聂崇义绘王城图
2.戴震绘王城图

能完全照搬昔日周代营国制度，新的时代给予它青春的风采。简言之，长安城是一座新兴都城，“秦制”的宫殿建筑群坐落在超越“周法”的城池之中。

《考工记•匠人营国》记述了西周王朝营建都城及宫室的制度（图1-19），也就是所谓的“周法”。全文共262字，内容涉及城池的规模，城门、垣墙、道路的设置与礼制等级，宫、朝、市、祖、社的布局，以及夏商周三代宫室的建筑标准等。如下：

> 匠人营国。方九里，旁三门。国中九经九纬，经涂九轨。左祖右社，面朝后市，市朝一夫。夏后氏世室，堂修二七，广四修一。五室三四步，四三尺。九阶。四旁两夹窗，白盛。门堂三之二，室三之一。殷人重屋，堂修七寻，堂崇三尺，四阿重屋。周人明堂，度九尺之筵，东西九筵，南北七筵，堂崇一筵。五室，凡室二筵。室中度以几，堂上度以筵，宫中度以寻，野度以步，涂度以轨。庙门容大扃七个，闱门容小扃参个，路门不容乘车之五个，应门二彻参个。内有九室，九嫔居之；外有九室，九卿朝焉。九分其国，以为九分，九卿治之。王宫门阿之制五雉，宫隅之制七雉，城隅之制九雉。经涂九轨，环涂七轨，野涂五轨。门阿之制，以为都城之制。宫隅之制，以为诸侯之城制。环涂以为诸侯经涂，野涂以为都经涂。

如前所述，长安城平面基本呈方形，未央宫近方形；城池垣墙高大，可比九雉，其四面各开三门，一门辟三道；城中大道端直,正方向，经纬相等，垣墙内侧有环城道路；未央宫位于城南，横门大街两侧的东市和西市位居于城北，形成“面朝后市”的格局。据刘庆柱、李毓芳先生的研究，“西汉初年汉长安城的‘祖’‘社’已经营建。相对宫城——未央宫而言，已形成‘左祖右社’的格局”[66]。长安城的基本形制，除“方九里”和“九经”“九纬”略有违异外，其他方面与《考工记》记述的王城制度大致吻合。史念海先生指出：“汉长安城是在秦咸阳城渭水之南部分遗址的基础上营建的，但并未因循秦咸阳城的旧规。窥其实际，似与《周礼•考工记》有关。当时殆承受《考工记》的遗意，而稍事变通。”[67]承受遗意而稍事变通，就是在吸收先秦营国制度的基础上进行创新和发展。

《考工记》记述的是西周时期的营国制度，同时也寄予了著述者“反违制”的复古思想，以及追求都城规范化和模式化的愿望。自春秋时期开始，营国“违制”活动不断，“从城市建设体制、建制数量、分布布局，直到城市规模、规划格局，乃至具体营建措施，都发生了突破宗周旧制约束的现象”[68]。这场一直延续至战国末期的“违制”活动，其实质是突破“周法”，实行社会变革和鼎新。为此曹胜高先生做了深入分析，他说：“这种‘违制’，具有两方面的含义：一是在不断探索新的都城建造思想，以适应经济形态更新、社会结构调整、政治格局变化和军事纷争频仍等形势，对‘周法’中不适应现实的内容进行变革；二是仍保留了‘周法’中的一些都城建造思路，如都城的分区布局、城门道路的局部设计等，这些也是从远古时代逐渐积累下来的城池建造经验。”[69]这当然是很有见地的看法。

《考工记》复出于武帝时期，到西汉晚期被补入《周礼·冬官》后，始为学者所重视。萧何主持规划和营建长安城时，可能没有《考工记》文本可参照。但该文本所涉及的都城和宫室的基本制度、数据及图样，在建筑业及领导建筑活动的官署内传播则是可能的。秦的图籍档案汉时藏于石渠阁内，秦在进行统一战争时“写放”六国宫室的档案当在其中，包括反映“周法”营国制度的资料。具体领导长安城建筑工程的将作少府阳城延，系军匠出身，他应当谙熟这方面的专业知识。据考古报告披露的材料，在春秋战国时期的部分都城遗址中，“周法”营国制度依稀可见。如楚国纪南城（郢都），城址平面近方形，颇为规整。西面垣墙北门现存缺口宽约40米，其形制为两垛三门道，并有城门附属建筑；南面垣墙西边水门，现存缺口40米，水门建筑系4排40根木柱直立而成，排与排之间形成门道。又如鲁国都城曲阜（图1-20），在其城墙遗址共发现城门11座，其中东、西、北三面各3座，南面2座，各城门均有道路贯通。另外，城墙内外两侧皆有沿城墙走向的“环涂”，在南城门之东门发现阙址。[70]根据该遗址的考古勘探材料，李如森先生举出多项例证，除上述诸项外，还有城池接近方形、宫城位置居中、中轴线确立等，推定鲁国都城曲阜为《考工记·匠人营国》的著述依据。[71]周长山先生的意见与之相近，认为《考工记·匠人营国》“很可能是以忠实体现周礼的邻国——鲁国都城曲阜为蓝本，进而糅入著者构思所描绘出的一幅王权礼制之下的理想城市设计图”[72]。

总之，我们不应当因为《考工记·匠人营

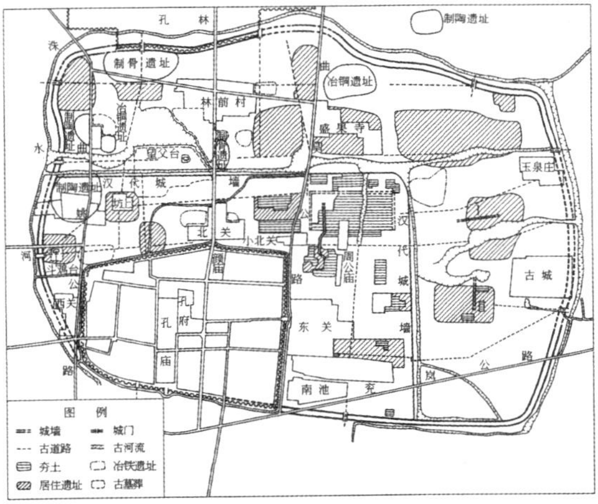

图1-20
鲁国都城曲阜遗迹
分布示意图
采自《中国考古学·两周卷》

国》文本晚出，从而否认“周法”给予汉长安城的影响。汉长安城的布局形制与《考工记•匠人营国》记述存在相似之处，但那种就此认为西汉儒生依据长安城的实际情况，修改增补该文本或完全附会而成的观点，[73]有待再讨论。

3. 长安城与“斗城说”

长安城池的四面垣墙，东墙直，西墙北段回折，南墙东段回折而中段凸出，北墙西段回折、曲斜最甚，计有六处之多。此中，由于南、北墙的回折、凸出、曲斜的形状，引发出所谓的“斗城说”。如《三辅黄图》（卷一）云：“城南为南斗形，北为北斗形，至今人呼汉京城为斗城也。”据考证，此说最早见于大约成书于六朝中期的《三辅旧事》，[74]文曰：“长安城方六十三里，经纬各二十里，形似北斗也。”又曰：“长安城南为南斗形，城北为北斗形。”但该文所说的南斗形、北斗形或斗城，都是后来人对汉长安城及其南、北垣墙形状的一个形象化的表述，并没有涉及其中的原因或动机。最早解释这个问题的是元代文人李好文，他在《长安志图》（卷中）中说：

> 北斗城，《三辅旧事》及《周地图记》曰：长安城南为南斗形，北为北斗形，今观城形，信然。然《汉志》及班张二赋皆无此说。予尝以事理考之，恐非有意为也。盖长乐、未央酂侯所作，皆据岗阜之势，周二十馀里，宫殿数十馀区。惠帝始筑都城，酂侯已没。当时经营，必须包二宫在内。今南城及西城两方凸出，正当二宫之地，不得不曲屈以避之也。其西二门以北，渭水向西南而来，其流北据高原，千古无改，若取东城正方，不惟太宽，又当渭之中流。人有至其北城者，言其委曲迂回之状盖是顺河之势，不尽类斗之形。以是言之，岂后人偶以近似而目之也欤？

应当说，李好文的解释抓住了事情的本质，并首次将长安城的形状与其所处的地理环境联系起来，因而具有一定的说服力。今天的学术界持有三种不同的观点：[75]一种观点倾向于人从自然，对“斗城说”持否定意见；另一种观点倾向于人法自然，坚持“斗城说”；再一种观点倾向于人从自然与人法自然结合，有些折中意味。摘要说明如下：

倾向于人从自然，赞同李好文的质疑并认为“斗城说”为后人附会的学者居多。他们特别重视长安城城址的地势，垣墙的不规则形状与其所处的地貌、邻近的河流的直接关系，以及事先建成的长乐、未央两宫的影响。如马正林先生说：“汉长安城的城址是经过精心选择的，充分发挥了地理上的优势，同时也受到地形的制约。”“汉长安城形状的不规则，完全受到地理环境和宫殿与城墙建筑先后的影响，受到龙首原、渭河、潏河和宫殿的制约，同时也证明，早在2100年前，中国的建筑师已能因地制宜，巧用地形，不拘泥于方形、圆形、长方形的限制，灵活规划设计出当时世界上最宏伟的城市，实在是一件非常了不起的大事情。”[76]王社教先生以长安城所处的微地貌形态（图1-21），作为解决垣墙不规则问题的突破口。指出南城墙除考虑紧邻已建成的长乐宫和未央宫的外围宫墙因素外，还受到东南处古河道形成的洼地影响；西城墙北段东移，主要受古泬水支津制约；北城墙曲折偏斜多处，与筑城时充分利用渭河一级阶地的地质与地形有直接关系，但与渭水向北移动并无多大关系。他否定“斗城说”，但又认为“也不能断然否认在汉长安城建立之初就已有了‘斗城’的说法”[77]。

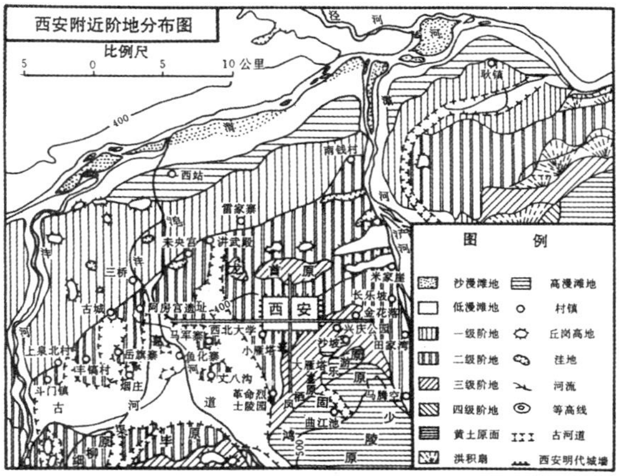

图1-21
西安附近阶地分布图
采自《考古与文物》
2001年第4期

1994年夏始，陕西省测绘局在考古专家的支持和帮助下，利用现代测绘技术首次精确地测出长安城四面垣墙，特别是现在多无遗存的北墙及西墙北段的位置，并通过海拔高度来探寻当初汉代建筑师的设计意图。测绘结果表明，在东墙北段有一处转折点，城墙向西偏行。究其原因，这个转折点正北处与凹地，与东北城角有3米落差。可见东墙不是笔直的，过去的考古调查有误。西墙为了避开河道，在直城门出东折300米，但两段墙体的南北指向非常端直，显然是经过方位和地形测量后规划建筑的。南墙东高西底，首尾高差10米上下，在7000多米长的垣墙，坡降仅有1.7%；中段向南凸出，是由于未央、长乐两宫之南有一类似希腊字母“Ω”倒置的垄状带形高地，设计师充分利用这一地形，确定了一条坡降平缓的墙基线所致。北墙由10个墙段组成，航拍和遥感资料表明，整个北墙坐落在海拔380米的等高线附近，而2000多年前渭水的高水位线的高程在370米左右。渭水的高水位线与北墙基脚距离有2500米，两者走势相依相伴，完全一致。[78]这次测绘获得数据及初步研究成果，使我们对长安城的设计规划有了更深入的了解和认识。汉初的建筑匠师不拘成规，因地制宜，灵活变通，他们用自己的智慧和力量，构筑起高大坚固的垣墙，使长安城更加雄伟壮观。

倾向人法自然观点的又可分天文星图说和天文术数说两类。前者认为长安城的形制，与北斗七星、勾陈、北极、紫微垣星座的星图吻合；后者认为长安城的宫殿和城门，与天干地支对应。在早一些时候，何汉南先生

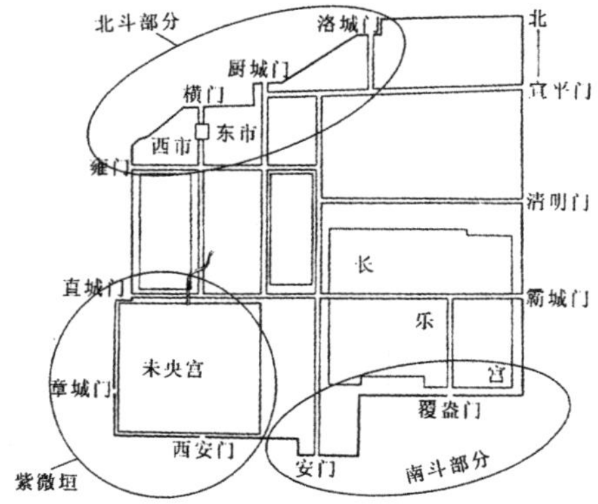

图1-22
“斗城说”示意图一
采自《考古与文物》2007年第1期

讨论过汉长安城效法天象的建筑设计思想，如紫微垣与未央宫，天极与城墙西南角作圆形，斗星及斗柄建时与城墙西北作为北斗形，南面相应作为南斗形等。[79]

持天文星图说者，以陈喜波、李小波先生具有代表性。如陈喜波和韩光辉先生的文章认为，汉长安城继承了秦咸阳都城法天象地的设计思想，南、北垣墙形状类似南斗、北斗，未央宫是作为天空中的紫微垣来设计的（图1-22），它们的组合是对宇宙的模仿。[80]又如李小波先生的文章认为，在星图上，将北斗七星、勾陈、北极、紫微右垣星座连接起来，与长安城形状惊人的相似。几个特殊的关键部位，正是星座的位置，如南城墙突出处为天玑所在，西北曲折城墙与太子、勾陈连线吻合，天璇、天枢与勾陈一（北极星）三点一线，和东墙的平直完整相一致（图1-23）。[81]他们还对否定“斗城说”者提出质疑，认为惠帝筑城时有较大选择空间，完全可以将城墙南移，北部避开渭水，使南部长乐和未央两宫居于城中。[82]

陈江风先生倾向从天文术数说方面讨论问题，他在著文中除论述长安城作北斗、南斗二星之象所蕴含的“斗建”指导思想外，还阐释了未央宫所在方位与宫名的文化含义。他说：“按十二支顺序类推则西南为‘未’，故汉宫主体首以‘未’字命名。”而“‘未’所在的西南为坤，为地。地之中央，因而可以名之‘未央’。所以，命名汉宫主体建筑为‘未央宫’的文化含义是：建筑于地之中央，感通于天之中央的宫廷建筑”[83]。其他还可举梁云先生的意见，他认为长安城十二门合乎地支之数，位于东北的宣平门当居寅位，“从它开始顺时针方向旋转，洛城门居丑位，厨城门居子位，安门居午位”。[84]

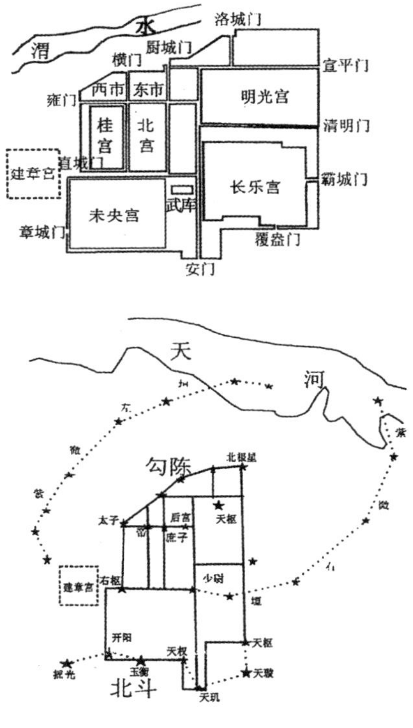

图1-23
“斗城说”示意图二
采自《北京大学学报》（哲学社会科学版）2000年第2期

韩国河和徐卫民先生的观点带有些折中的意味。前者说：“汉长安城的北墙和南墙呈‘北斗’‘南斗’之势，既有迁就地势和宫墙的客观原因，也含有阴阳天文术数的主观条件。”[85]后者认为，“汉长安城的形状是‘天人合一’思想的形象体现，当时的设计者在修筑时既考虑到自然与地形因素，又以‘法天’为依据，把都城建造与‘君权神授’思想结合起来。这里的‘法天’，就是要求人们效法自然，上具天文，下具地理，即在照顾地形环境的情况下，做成模仿天象的形状，这就是后人所说的‘斗城’。”[86]

我们倾向于人从自然的观点，不赞同“斗城说”，同时认为“象天设都”对长安城规划与营建有一定的影响及指导作用。

先讨论陈喜波、李小波先生对长安城的南、北垣墙不能南移的质疑。要回答这个问题，有四个方面的因素需要考虑。其一，如前文所述长乐宫是利用秦兴乐宫改造而成的，文献中有明确记载；未央宫前殿则是在秦章台宫旧址上建造的，并得到考古勘探及发掘初步证实。作为西汉王朝政治权力中心的长乐、未央两宫，毫无疑义成为当初规划设计长安城时要遵循的基本点，以维持其原本居高（南）临下（北）的整体态势。其二，古代都城建设“因天材，就地利”（《管子•乘马》），即选择地理环境尤为重要。如马正林先生所说“西汉霸业的形成，与长安城城址选择得当、自然地形有利，关系极为密切”。[87]长安城位于龙首原北部，这一带的地势平坦开阔，向西、向北展开，南高北低，直抵渭水南岸。这种地形不仅为城区的供水、排水提供了方便，而且也利于渭水漕运。所以，城区建筑只能向北部延展，以接近渭北的陵园和陵邑，使得地形对建筑的制约向有利方面转化。其三，规划设计长安城，还有个建造规模与消耗人力和财力的关系问题。新测量出城池总面积约34.4平方千米，这个规模应是当时丞相萧何所说“无令后世有以加”所能够达到的极限。而城区建筑向北布局，还可以充分利用和改造秦在渭南的其他建筑设施，以节省人力和财力。其四，受微型地貌影响而进行灵活变通处理。如马正林、王社教先生的调查和论述，以及现代测绘所提供的数据。总之，在以上四方面的因素的共同作用下，决定了长安城的南、北垣墙不能向南移，而且它们的突出曲折形状与天文星图并不相关。

其次是“象天设都”观念对汉长安城规划与营建的影响及指导问题。“象天设都”是法天象思想的一个组成部分，在中国古代建筑史上，将远古以来逐渐形成并发展起来的“象天设都”观念付诸实践，秦可谓集大成者。《三辅黄图》（卷一）云：

> 始皇穷极奢侈，筑咸阳宫，因北陵营殿，端门四达，以则紫宫，象帝居。渭水贯都，以象天汉，横桥南渡，以法牵牛。

《史记•秦始皇本纪》记载：

> 二十七年，始皇巡陇西、北地，出鸡头山，过回中。焉作信宫渭

南，已更命信宫为极庙，象天极。自极庙道郦山，作甘泉前殿。

……

三十五年，……乃营作朝宫渭南上林苑中，先作前殿阿房，东西五百步，南北五十丈，上可以坐万人，下可以建五丈旗。周驰为阁道，自殿下直抵南山。表山南之巅以为阙。为复道，自阿房渡渭，属之咸阳，以象天极阁道绝汉抵营室也。

值得注意的是，秦时“象天设都”的表达方式都是以咸阳城的布局，以及宫殿、道路、河流、桥梁的点位或方位来对应天上星宿的。如咸阳宫对应紫微宫，信宫（极庙）对应天极（北极星），阿房宫对应营室，渭水对应天河（银河），横桥对应阁道及牵牛、织女相聚等。

“象天设都”观念对汉长安城的规划与建设也有一定影响，但其表达方式与秦代有些差异。班固《西都赋》中“体象乎天地，经纬乎阴阳，据坤灵之正位，仿太紫之圆方”，是从总体上阐释都城象征天象的，并未涉及具体建筑物与某个星宿的对应关系。概括汉时“象天设都”的表达方式有三：一是点位或方位，二是数字，三是运用具象的动物或人物作为与天上星宿的对应关系的提示和说明。前一种表现形式，如未央宫前殿及周边宫殿对应紫微垣、沧池中的渐台以星名为台名，再如建章宫之正门曰阊阖，即人们想象中天上紫微宫的宫门。后两种表现形式，如城池设置十二道城门，可能与天文术数中的十二地支有关；阳陵德阳庙、长安城南郊礼制性建筑的四神纹空心砖和瓦当，象征四象二十八宿拱卫中宫天极；昆明池的东西两岸刻立牵牛、织女石像，象征天河等。

西汉以前人们对天文星象的认识，集中表现在天极、北斗、四象二十八宿等方面。到西汉时期，北斗崇拜及斗建思想盛行。在西安交通大学出土的西汉晚期壁画墓的墓顶，绘有北斗和南斗（参见第六章第二节），[88]是我们目前所见到西汉时期较早的斗星图像。“斗城说”用突出和曲折的南、北墙垣，来说明长安城池与斗宿的对应关系，并不合乎当时“象天设都”的表达方式，而且先前和后来皆无旁证可循。

曹胜高先生举证南城墙东部的覆盎门名为倒覆的盆的意思，推定西汉时人们已经认同了长安城南面的形制，而这种形制的截面正和北斗类似。[89]盎，盆也，腹大口小。盆与槃（盘）相类，覆盎一词，大约取意《周髀》（卷下）“天象盖笠，地法覆槃”中“覆槃”，即倒覆的盘、盆。我们以为，覆盎门的命名可能有法天象地的含义，但它不能作为南城墙象征斗宿的依据。

虽然“斗城说 ”是后来人的附会，但也并非空穴来风。究其原因有二：一是受盖天说“天如圆盘，地方如覆斗”的观念影响。长安城平面近方形，所以《三辅旧事》说“形似北斗也”。二是因城南有高庙、惠帝及南城墙向外突出之故。在安门大街以东、长乐宫西南发现一处东西69米、南北34米的汉代夯土建筑基址，考古研究人员认为此处就是高庙遗址。[90]后来又有王莽“九庙”设置在安门外的西部。[91]《史记•天官书》曰：“南斗为庙。”《晋书•天文志》曰：“北方南斗六星，天庙也。”加之南城墙中段突出处最为显著，其形若覆斗，故有城南为南斗形之说。但北城墙西段回折、曲斜最甚，不若斗状，称其为北斗形，实在令人费解。

第二节　武帝时期的建筑高潮

从高祖五年（前202年）改造秦兴乐宫，到惠帝六年（前189年）起西市、建敖仓，为长安城的第一个建设高潮时期，历时14年。到武帝执政时，长安城进入第二个建设高潮时期。《三辅黄图•序》曰：

> 至孝武皇帝，承文、景菲薄之馀，恃邦国阜繁之资，土木之役，倍秦越旧，斤斧之声，畚锸之劳，岁月不息，盖骋其邪心以夸天下也。

据《汉书•武帝纪》记载：元鼎二年（前115年）“春，起柏梁台”。《汉书•食货志》云：“作柏梁台，高数十丈，宫室之修，由此日丽。”武帝时期长安城的建筑工程以其为界，划分前、后两个阶段。前一阶段的工程重点是，在秦上林苑的旧址上扩建皇家苑囿，穿凿昆明池，修造离宫别馆；增修和增饰长乐宫、未央宫和北宫的殿室馆阁。后一阶段主要是大型建筑工程，如在城中起柏梁台，新建桂宫和明光宫；在城池西墙外开辟新地，建起象征人间天堂的建章宫。此外，他还在长安城以北150千米的甘泉山下，修建了具有郊祀、朝会、避暑等多重功能的甘泉宫。武帝将他极度膨胀的个人欲望，不断地付之于国家政治与艺术行为之中，主导着长安城建设的发展方向。在大约40年的时间中，城外苑囿生机盎然，与城内园林式宫城交相呼应，高台、巨阙、重楼、大殿、离宫别馆拔地而起，雄伟的长安城由此披上瑰丽多彩的盛装。

一、北宫、明光宫、桂宫

武帝改革后宫制度，增加嫔妃等级，宫女数量猛增，超越前任汉帝。

《汉书•外戚传上》云："汉兴，因秦之称号，帝母称皇太后，祖母称太皇太后，適称皇后，妾皆称夫人。又有美人、良人、八子、七子、长使、少使之号焉。至武帝制倢伃（婕妤）、娙娥、傛华、充依，各有爵位，而元帝加昭仪之号，凡十四等云。"其中，昭仪位视丞相，爵比诸侯王；婕妤视上卿，比列侯；娙娥视中二千石，比关内侯；傛华视真二千石，比大上造；充依视千石，比左更。在改革嫔妃（女官）制度的背景之下，未央宫中设置了"后宫八区，有昭阳、飞翔、增城、合欢、兰林、披香、凤皇、鸳鸾等殿。后又增修安处、常宁、茝若、椒风、发越、蕙草等殿，为十四位"（《三辅黄图》卷三）。在未央宫以北，武帝先后增建、新建了桂宫、北宫及明光宫。西汉中期的大型建筑工程，半数为后妃宫殿，规模可谓空前绝后。

1. 北宫、明光宫

北宫为高祖创建，因其位于未央宫及长乐宫以北而得名，并有相当规模。初为嫔妃居所，其后一度成为废黜皇后之地。《汉书•外戚传上》记载，在吕氏政变被粉碎后，"独置孝惠皇后，废处北宫"。武帝时增修北宫，使之成为奉神之宫。《史记•孝武本纪》记载：

> 文成死明年，天子病鼎湖甚，巫医无所不致，不愈。……于是病愈，遂幸甘泉，病良已。大赦天下，置寿宫神君。寿宫神君最贵者太一，其左曰大禁、司命之属，皆从之。……又置寿宫、北宫，张羽旗，设供具，以礼神君。
>
> 〔正义〕《括地志》云："寿宫、北宫皆在雍州长安县西北三十里长安故城中。《汉书》云武帝寿宫以处神君。"

文成即齐人少翁，卒于元狩五年（前118年），"明年"即元狩六年（前117年）。"又置寿宫、北宫"应在是年。寿宫大约在北宫之中，《三辅黄图》（卷三）云："寿宫，北宫有神仙宫、寿宫，张羽旗，设供具，以礼神君。神君来，则肃然风生，帷帐皆动。"何清谷先生按："查遍文献，北宫确无神仙宫。即如本文，虽有神仙宫之名，其下皆为解释寿宫的文字。我以为神仙宫是寿宫前的定语，说明寿宫的性质是奉祀神仙的宫殿。"[92]此说甚是，可从。

除祭祀神君的寿宫外，北宫中的重要宫殿还有前殿、丙殿、太子宫、甲观（馆）和画堂。前殿"广五十步，珠簾玉户如桂宫"（《三辅黄图》卷二）。太子宫，用以教化储君，"（宣帝）诏使褒等皆之太子宫虞侍太子，朝夕诵读奇文及所自造作”（《汉书•王褒传》）。太子宫中的丙殿，为太子的居所，“皇后使侍中杜辅、掖庭令浊贤交送政君太子宫，见丙殿”（《汉书•元后传》）。又有甲观，甲观中有画堂。《汉书•成帝纪》云：“孝成皇帝，元帝太子也。母曰王皇后，元帝在太子宫生甲观画堂。”应劭曰：“甲观在太子宫甲地，主用乳生也。画堂画九子母。”颜师古曰：甲观，“应氏以为在宫之甲地，谬矣。画堂，但画饰耳，岂必九子母乎？霍光止画室中，是则宫殿中通有彩画之堂也”。

北宫还开辟有游戏燕乐场所。董偃幸贵，常陪侍武帝在北宫游戏、置酒作乐（《汉书•东方朔传》）；昭帝驾崩，昌邑王刘贺即位，“驾法驾，皮轩鸾旗，驱驰北宫、桂宫，弄彘斗虎”（《汉书•霍光传》）。哀帝、平帝时，北宫则成为废黜皇太后之宫。据《汉书•孔光传》记载，成帝母太皇太后自居长乐宫，哀帝听从何武建言，安置祖母定陶傅太后居北宫。而“北宫有紫房复道通未央宫，傅太后果从复道朝夕至帝所”。《汉书•平帝纪》记载：“元寿二年（前1年）六月，……辛卯，贬皇太后赵氏为孝成皇后，退居北宫；哀帝皇后傅氏退居桂宫。”西汉晚期外戚间的争斗愈演愈烈，北宫见证了这一特殊的政治现象。

北宫的用途可归纳四种：祭祀神以求延寿；安置废退的皇后及皇太后；太子居住和教习；游戏燕乐。

多年来，由于北宫的地望和范围一直不甚清晰，以至于研究者在汉长安城平面图上标出该宫的位置常常游移不定。直到1994年的考古勘探，在武库以北、长乐宫以西、桂宫以东，今西安市未央区未央宫乡和六村堡乡的讲武村、施家寨、周家堡和曹家堡一带，发现一座汉代宫城遗址，初步确定是北宫遗址。该遗址平面呈规整长方形，南北长1710米，东西宽620米，部分宫墙墙基保存较好。已发现南、北相对的两座宫门，南宫门至直城门大街有一条宽9米的道路。[93]

有考古专家推测，北宫可能是在秦始皇极庙的废墟上建立起来的。这个推测是有一定道理的。现在初步确定的北宫遗址所在，其东的长乐宫原是秦兴乐宫；其南是未央宫，而未央宫前殿大约利用了秦章台宫旧址；其西的桂宫可能在秦甘泉宫故址内修建的；其北隔渭河长陵，陵址与秦咸阳宫东部遗址重合。秦始皇将极庙建于此处，有兴乐、章台、甘泉及咸阳宫环卫，正符合古代帝王“择宫之中而立庙”的原则。北宫也是奉神之宫，何清谷先生认为：“这与极庙的功能相近，在极庙废墟上建北宫也是‘汉承秦制’的一部分。”[94]若再作进一步推测，武帝在北宫置寿宫，很可能利用了极庙主体建筑的故址。

先前马先醒先生就北宫的位置问题就进行了讨论，他认为“北宫即明光，明光即北宫。其位置，自然也只一处，但既不在诸家所图绘之北宫诸处，也不在诸家所图绘之明光宫诸处，当别处于今施家寨一带，因其近于长乐宫，是或谓其与长乐相连；因其处长乐宫西北方，是或谓其在长乐宫北；因其处未央东北方，是可谓其在未央宫北；因其位于桂宫东方不远处，是可谓其近桂宫。高帝既居长乐，正筑未央，更起小宫名之为'北'，究系独对长乐或未央而言？抑兼对二者而言？只有位处施家寨一带，才于长乐、未央均为'北'"。北宫与明光宫是一非二。"理由有四，即（一）筑修时间相同，（二）所述关系位置相近，（三）宫内陈设及作用相类，（四）四部丛刊本《三辅黄图》未录明光宫"。[95]马先醒先生对北宫位置的推测，八年后得到考古勘探的初步证实。他提出北宫与明光宫为一处的意见，也应当给予关注。

文献中关于明光宫的记载很少。《三辅黄图》（卷三）将明光宫列入"北宫"条中，视为北宫的宫室。云："明光宫，武帝太初四年（前101年）秋起，在长乐宫后，南与长乐宫相连属。《汉书•元后传》曰：'成都侯商尝疾，欲避暑，从上借明光宫。'盖即此。始建国元年（9年），改明光宫为安定馆，安定太后居之。"王先谦《汉书补注》（武帝纪）"太初四年春"条引周寿昌曰："《黄图》明光宫在长乐宫后，南与长乐宫相属。武帝求仙起明光宫，发燕、赵美女二千人充之，即此宫也。"平帝元始元年（1年）六月，明光宫被罢，成为废宫。王莽时改明光宫为安定馆，并安置孝平皇后于馆中。

采纳马先醒先生明光宫与北宫位置只一处的意见，而武帝建造明光宫的动机在于祭祀神仙，北宫中又有"以礼神君"的寿宫，那么明光宫或许是北宫中寿宫的附属建筑。但现在学术界多把武帝建造的明光宫视为另一处宫城，其地望初定于安门大街北段以东，宣平门大街以南，清明门大街以北处。曲英杰先生认为这个方案并无实据，但若"将明光宫所在方位确定在安门大街以西、直城门大街以北，在各方面都可以讲通"。[96]他的这个推测与现在初步确定的北宫位置有重合。后来刘瑞先生根据新发现的长乐宫东西主干道，结合文献中关于明光宫与长乐宫连属的记载，判断明光宫极可能在长乐宫东西主干道以北的范围内。[97]然而，在长乐宫东西主干道的南北两边，至今尚未发现长乐、明光两宫的宫墙遗址。明光宫的问题尚有待日后的考古勘探和再讨论。

2. 桂宫

文献中关于桂宫的记载也不多。《汉书•武帝纪》记载，太初四年（前101年）秋起明光宫，但却没有桂宫。研究者认为桂宫建于此年。[98]《汉书•郊祀志下》记载，武帝“于是上令长安则作飞廉、桂馆”。[99]颜师古注：“飞廉馆及桂馆二名也。”据《汉书•武帝纪》记载，建飞廉馆其时在元封二年（前109年）夏四月之后。飞廉馆在上林苑，《三辅黄图》（卷五）有记载，但桂馆未见文献著录，或许桂馆是桂宫中的主体建筑，桂宫因桂馆而得名。若这个判断成立，桂宫亦建于是年。

《汉书•成帝纪》云：“宣帝崩，元帝即位，帝为太子。壮好经书，宽博谨慎。初居桂宫，上尝急召，太子出龙楼门，不敢绝驰道，西至直城门，得绝乃度，还入作室门。”文中所说的龙楼门是桂宫的南宫门。《汉书•五行志上》云：“哀帝建平三年（前4年）正月癸卯，桂宫鸿宁殿灾，帝祖母傅太后之居所。”又见《汉书•哀帝纪》记载，是年春正月“癸卯，帝太太后所居桂宫正殿火”，可知鸿宁殿为桂宫正殿。

桂宫又名四宝宫。《西京杂记》（卷二）云：“武帝为七宝床，杂宝案，厕宝屏风，列宝帐，设于桂宫，时人谓之四宝宫。”桂宫中有明光殿，《三辅黄图》（卷二）引《三秦记》：“未央宫渐台西（北）有桂宫，中有明光殿，皆金玉珠玑为簾箔，处处明月珠。金陛玉阶，昼夜光明。”有走狗台，《水经注•渭水下》：“未央宫北，即桂宫也，周十余里，内有明光殿、走狗台。”有飞阁复道，《三辅黄图》（卷二）引《关辅记》云：“桂宫在未央北，中有明光殿土山，复道从宫中西上城，至建章神明台、蓬莱山。”《文选•西京赋》云：“属长乐与明光，径北通乎桂宫。”薛综注：“长乐、桂宫，皆宫名。明光，殿名也。”李善注引《汉武帝故事》：“上起明光宫、桂宫、长乐宫，皆辇道相属，悬栋飞阁，北度从宫中西上城，至神明台。”

经过考古勘探与发掘，现已确定桂宫位于未央宫以北，横门大街以西、雍门大街以南，紧邻长安城西墙北段的区域。在该区域的北部即今相家巷一带，多次出土了内容丰富、数以几千计的秦封泥，[100]这是汉长安城建于秦都咸阳渭南宫殿故址的又一证明。东汉魏晋时，多将桂宫称作甘泉宫。《太平寰宇记》（卷二十五）引《三秦记》曰：“桂宫一名甘泉，武帝作引风台以避暑。”类似的文字还见于《初学记》注引《关中记》。刘庆柱先生指出：“所谓桂宫一名甘泉宫，当为秦之甘泉宫故名。桂宫可能在秦甘泉宫故址内修建。”[101]徐卫民先生撰文专门讨论了秦甘泉宫的问题，认为它“应在与咸阳宫相对的渭南一带。具体位置就在长安城中的西北角桂宫遗址之下”。[102]

《三辅黄图》（卷二）云：桂宫“周回十馀里”。据考古勘探与发掘可知，桂宫宫城的平面为长方形，东西宽900米，南北长1840米，面积1.66平方千米。已发现并试掘了南宫门、南北路和东西路。南宫门即《汉书•成

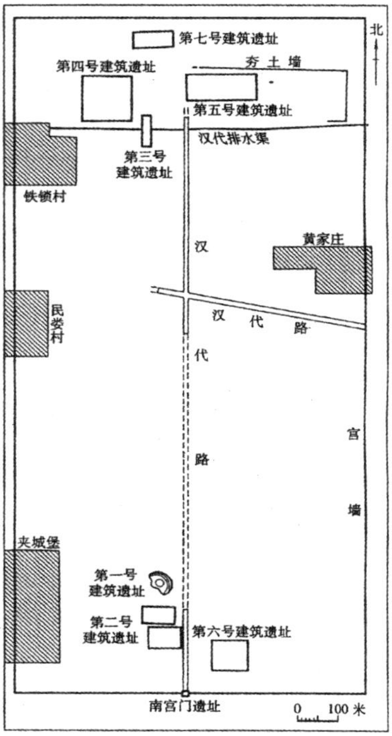

图1-24
桂宫遗址平面图
采自《中国考古学·秦汉卷》

帝纪》记载的“龙楼门”，为宫城正门；南北路自南宫门起，近乎贯通桂宫南北。宫城坐北朝南，大型建筑遗址大多分布在宫城南部，部分建筑遗址位于宫城北部（图1-24）。经考古勘探、试掘的有1号建筑遗址，正式发掘的为2、3、4号建筑遗址。[103]其中，与南宫门基本南北相对的1、2号建筑遗址，为桂宫大型宫殿建筑群中的主体建筑。2号建筑遗址的南院遗址中的殿堂，应为文献记载中的桂宫正殿——鸿宁殿。作为正殿的殿堂，在南院居南、居中，寝居在殿堂之后的北院。由此也可看出后妃宫城之中的正殿建筑群宫室的前堂后室，以及前朝后寝的布局。与2号建筑遗址南北相连的1号建筑遗址，属于台苑一类建筑，也就是文献记载桂宫之中的“土山”，3号建筑遗址性质为仓储建筑，4号建筑遗址是后妃在宫中进行宫事活动的辅助地点及主要生活区。另外，2号建筑遗址南院中的正殿东部、北部有地下通道、地下建筑或地下房屋，4号建筑遗址有地下房屋。[104]

杨鸿勋先生对桂宫2号宫殿建筑遗址做复原研究，认为此处即《三辅黄图》中所说的桂宫中的明光殿，并由前殿也就是皇帝正寝（A区）与嫔妃后宫（B区）所组成。前殿建于高台之上，为一座用于皇帝朝寝、有前堂后室的大殿。大殿的做法和形制应是砖石包砌台基、左右阶、方柱、抬梁屋架、叠置栾栌昂、木构施以彩绘，屋盖为四阿、折面反宇。后宫亦为台榭式建筑，高台长度大于前殿高台。根据南北向中通道考虑，设定通道左右设置两座宫殿，其内部空间作前堂后室划分；方柱、抬梁、施以栾栌；屋盖可作并厦两头造。[105]

桂宫是嫔妃的居所，皇帝临幸驻跸之处，太子和废黜太后曾居住于此。它又是跨越长安城西墙、出入建章宫的中转地点。考古发掘的桂宫前殿、“土山”、地下通道与地下房屋、仓储建筑、宫事活动的辅助地点及主要生活区等，为我们揭示出西汉中期以后尤其是武帝执政时期后妃宫城的布局形制，以及皇室成员生活的一些情况。

二、建章宫

《汉书•武帝纪》：太初元年（前104年）“二月，起建章宫”。宫名中的“建”，作倾倒、居高临下解，“章”指秦章台。长安城南有章台街，城西有章城门，未央宫前殿利用了秦章台旧址，故建章宫名有胜服秦章台宫的含义。[106]《史记•孝武本纪》记载：

> 上还，以柏梁栽故，朝受计甘泉。公孙卿曰：“黄帝就青灵台，十二日烧，黄帝乃治明庭。明庭，甘泉也。”方士多言古帝王有都甘泉者。其后天子又朝诸侯甘泉，甘泉作诸侯邸。勇之乃曰：“越俗有火栽，复起屋必以大，用胜服之。”于是作建章宫，度为千门万户。

武帝采纳越巫建言，采用厌胜之法复起大殿，赋予建章宫巫术宗教的光环。《汉书•东方朔传》云：“今陛下以城中为小，图起建章，左凤阙，右神明，号称千门万户。”在长安城西墙外再筑新宫城，扩大都城规模，是为建造建章宫的根本原因。

《长安志》（卷三）引《关中记》云：“建章宫其制度事兼未央宫。”清代学者绘制的建章宫图（图1-25），略表其意，可资参考。从太初元年（前104年）后数年建成建章宫，到元凤二年（前79年）昭帝“自建章宫徙未央宫”，建章宫用作朝宫仅有20余年的时间。《汉书•王莽传下》记载：地皇元年（20年）九月，王莽“坏彻城西苑中建章、承光、包阳、大台、储元宫及平乐、当路、阳禄馆，凡十馀所，取其材瓦，以起九庙”。建章宫毁于王莽之手，存世120余年。关于建章宫内的殿室、台楼、苑囿及其布局和规模，《史记•孝武本纪》记载颇详：

> 前殿度高未央。其东则凤阙，高二十馀丈。其西则唐中，数十里虎圈。其北治大池，渐台高二十馀丈，命曰泰液池，中有蓬莱、方丈、瀛洲、壶梁，象海中神山龟鱼之属。其南有玉堂、璧门、大鸟之属。乃立神明台、井幹楼，度五十馀丈，辇道相属焉。

《三辅黄图》（卷二）引《三辅旧事》云：“建章宫周回三十里。”经考古调查和勘探，确定建章宫遗址范围在西安市三桥镇以北的高堡子、低堡子、双凤村、太液池苗圃、柏梁村和孟村一带。宫城为东西长、南北短的长方形，东西2130米、南北1240米，宫城内前殿、双凤阙、太液池及神明台遗址尚存，[107]遗址分布与文献记载的建筑布局基本相符。

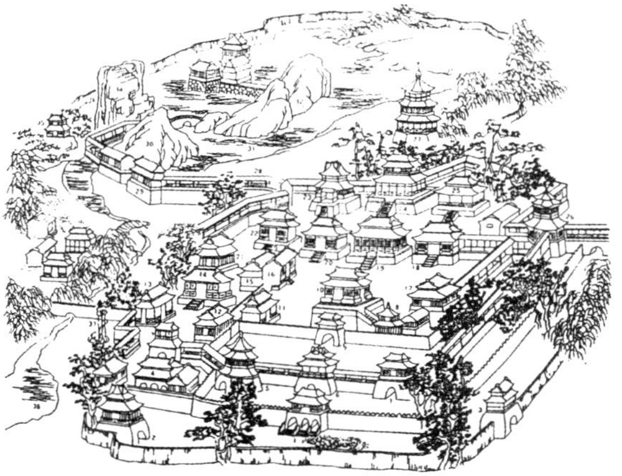

图1–25
建章宫图
采自《关中胜迹图》

1. 建章宫前殿和南宫门

前殿是建章宫的主体建筑，位于全宫中部偏西，遗址在今西安三桥镇高、低堡子一带。前殿基址南北320米，东西200米，南低北高，北部高出地面10米有余，[108]中心建筑大约坐落在台基的北部。文献记载未央宫前殿高三十五丈。据《汉书•郊祀志下》记载："于是作建章宫，度为千门万户。前殿度比未央。" 班固《西都赋》云："尔乃正殿崔巍，层楼阙高，临乎未央。"《三辅黄图》（卷二）又云："前殿下视未央。"可见建章宫前殿高大宏伟无比。

《汉书•武帝纪》云：太始四年（前93年）夏五月，武帝"还幸建章宫，大置酒，赦天下"；《汉书•昭帝纪》云："始元元年（前86年）春二月，黄鹤下建章宫太液池中。公卿上寿。赐诸侯王、列侯、宗室金钱各有差。"《汉书•宣帝纪》云：甘露三年（前51年）春正月，匈奴呼韩邪单于稽侯狦来朝，宣帝"置酒建章宫，飨赐单于，观以珍宝"；黄龙元年（前49年）春正月，"匈奴呼韩邪单于来朝，礼赐如初"。武帝、昭帝和宣帝在建章宫中举行大型朝会活动，地点非前殿莫属。

建章宫四面皆有宫门，前殿以南的南宫门为宫城正门。今西安市三桥镇高、低堡子以南的雁雀门村是南宫门遗址所在。南宫门属于殿门式，高大华贵，一派金碧辉煌的景象。《汉书•郊祀志下》记载："（前殿）其南有玉堂、璧门、大鸟之属。"《史记索隐》（孝武本纪）云："其南则玉堂。《汉武故事》'玉堂基与未央前殿等，去地十二丈'。" 何清谷先生认为："玉堂与璧门似为两座建筑，璧门是南宫门，玉堂是璧门内的玉堂殿。"[109] 可从。关于璧门，《水经注•渭水下》云：

> 南有璧门三层，高三十馀丈，中殿十二间，阶陛咸以玉为之。铸铜凤，高五丈，饰以黄金，栖屋上。椽首，薄以玉璧，因曰玉璧门也。

说南宫门椽首装饰玉璧，恐有不确。我们以为，璧门之名可能因宫门上安装玉铺首，镶嵌琉璃璧或绘制玉璧纹而得。在武帝茂陵封土的东南处，一个叫"瓦渣沟"的地方，曾出土四神纹青玉铺首和蒲纹琉璃璧各一件。后者直径23.4厘米，呈深蓝色，半透明体，经光谱分析，其成分是以金属铅为主的铅玻璃。[110]"瓦渣沟"遗址可能是武帝陵庙——龙渊宫所在，四神纹青玉铺首用于装饰陵庙大门，想来蒲纹琉璃璧不会例外。璧门又称阊阖。《三辅黄图》（卷二）云：

> 宫之正门曰阊阖，阊阖，天门也。宫门名阊阖者，以象天门也。高二十五丈，亦曰璧门。

在古代天象图中，紫微垣位于北天中央，称之为中宫，也叫紫微宫。在这一天区中，最显著的标志是象征皇宫宫墙的左右垣，其正面开口处为南门，又叫阊阖。它是紫微宫的宫门，由天阍把守，可开合。《楚辞•远游》云："命天阍其关兮，排阊阖而望予。"司马相如《大人赋》云："排阊阖而入帝宫兮，载玉女而与之归。"《汉书•礼乐志》收录《郊祀歌•天马十》有句："天马徕，龙之媒，游阊阖，观玉台。"应劭注："阊阖，天门。玉台，上帝之所居。"南宫门象征天门阊阖，前殿比若天帝的玉台，它们是"象天设都"观念在长安城建筑中的又一具体表现。

图1–26
东汉石棺上的天门图像
四川简阳鬼头山

天门图像在汉代丧葬美术作品中比较多见。山东临沂金雀山周氏墓群14号墓的年代，初定为西汉中期。该墓出土一具漆棺的头挡板上绘有双阙夹峙厅堂的图像，[111]厅堂的屋脊上立有一只展翅欲飞的大鸟。又如四川简阳鬼头山出土一具东汉石棺（3号棺），棺身左侧刻有天门及太仓建筑图像（图1-26），天门为双阙式，阙顶各立一只凤鸟，门上方榜题"天门"；太仓为一干栏式建筑，左上方榜题"大仓"。重庆巫山东江嘴干沟子汉墓出土的木棺上的鎏金铜牌饰，上面铸有西王母天庭图像，图中双阙之间有门楼，顶上停立一只凤凰，门楼中部刻出"天门"二字。[112]虽然这些图像表现的是神仙世界，而且画面简单，建筑物具有图案化和概念化的特征，但它们的基本造型元素则来自长安城的建筑——建章宫的璧门、凤阙以及太仓等。过去的研究者在考释这些图像时，找出大量的文字材料作为依据，却忽略了美术匠师从帝王居住的都城建筑中寻求创作"灵感"的事实。长安城宫殿建筑是当时主流文化的一个重要内容，建章宫的门阙就自然成为美术匠师描制天门图像所遵从的"范本"。

2. 东阙和北阙

建章宫是作为朝宫来建造的，并按照长乐宫和未央宫的规制，分别在东宫门和北宫门外建造宫阙。建章宫高大的宫阙，带给文学家最为深刻的记忆。东汉繁欣《建章凤阙赋序》云："秦汉规模，廓然泯毁，惟建章凤阙，耸然独存，虽非象魏之制，亦一代之巨观。"建章宫东阙又叫左凤阙。《三辅黄图》（卷二）云：

> 左凤阙，阙上有金凤，高丈馀。《汉书集注》曰：今长安故城西，俗呼贞女楼，即建章阙也。高二十五丈。

何清谷先生对该阙的考证颇详，他说，引文中的"左凤阙"是以建章宫前

图1–27
建章宫凤阙遗址
西安三桥镇双凤村

殿为中心来划分左右的。《汉书•东方朔传》说“左凤阙，右神明”。左即东，左凤阙也可称东凤阙。《史记•孝武本纪》记载：“其东则凤阙，高二十馀丈。”《汉书•郊祀志》同。张澍辑《三辅故事》注引《宫殿疏》亦云：“建章宫东有凤阙高二十馀丈。”《水经注•渭水下》云：泬水“北迳凤阙东，《三辅黄图》曰：建章宫汉武帝造，周二十馀里，千门万户，其东凤阙，高七丈五尺，俗称贞女楼，非也。《汉武故事》云：阙高二十丈”。泬水又讹称沈水，即今潏河，从汉长安城西章城门外侧城北流，又绕城北面东北流注入渭河。泬水从凤阙东流过，也就是凤阙在泬水之西。在今前殿遗址以东700米、今潏河之西的双凤村，有两座高大的夯土堆（图1-27），当地居民叫双凤台，当是凤阙遗址。[113]据考古研究人员披露的勘探材料，凤阙的二基址间距53米，西阙基址保存较好，底径17米，现存高11米；东阙基地保存较差，现高6米、底径5米。由二阙址东西并立情况来看，东宫门不是坐西朝东，而是坐南朝北。阙址间有一条南北路，宽50米，由阙址向南500米，这条南北路与通往建章宫前殿的东西路相交。[114]

《三辅黄图》（卷二）云：

> 右神明。门内北起别风阙，在阊阖门内，以其出宫垣识风从何处来，以为阙名也。高五十丈；对峙井幹楼，高五十丈。
>
> 《三辅旧事》云:“建章宫周回三十里。东起别风阙，高二十五丈，乘高以望远……”
>
> 《庙记》云：“……又有凤凰阙，汉武帝造，高七丈五尺。凤凰阙，一名别风阙。”

《艺文类聚•居处部》引《关中记》云：

> 阊阖门内东出有折风阙，一名别风阙。

杨宽先生判断，东阙或称别风阙、折风阙，上面装置的铜凤用以观测风向，[115]但也有研究者将别风阙视为东阙以外的另一处宫阙，如说：“别风阙在建章宫南宫门之内的东边。”“凤凰阙系因阙上置铜凤凰而得名。别风阙则是以阙上置大鸟，以其能‘别四方之风’而得名。”[116]我们以为，既然别风阙位于南宫门以北的东部出口，那么它应当是东阙，亦即凤阙。而所谓“折风”，取随风转折之义。传世有“折风阙当”文字瓦当，应是东阙遗物。

建章宫的东阙、北阙都设置有铜凤，故皆有凤阙之称。如《水经注•渭水下》引《关中记》云：

建章宫圆阙，临北道，有金凤在阙，上高丈馀，故号凤阙也。

但在其他文献中，一般把东阙称凤阙，北阙称圆阙。东阙如前所述，北阙临近建章宫以北的主干道，建筑形制及规模与东阙基本相同。《三辅黄图》（卷二）曰：

《三辅旧事》云：建章宫周回三十里。……又于宫门北起圆阙，高二十五丈，上有铜凤，赤眉贼坏之。

《庙记》云：建章宫北门高二十五丈，建章北阙门也。

北阙毁于西汉末兵火，后来又受到风雨侵蚀，大约因其基址呈圆锥状而得名圆阙。《西京赋》曰：“圆阙耸以造天，若双碣之相望。”碣，圆顶石碑也，当年张衡在长安看到的应是被毁坏后的北阙。北阙基址至今尚未发现。

嶕峣阙一名，见于《三辅黄图》（卷二）引《庙记》语：“嶕峣阙，在圆阙内二百步。”引文亦见《长安志》（卷三）“建章宫”条下《庙记》引薛综注。刘庆柱先生说：“圆阙系建章宫北宫门之阙，若以薛综注，则嶕峣阙当为北门之内的阙了。阙置门内，或为北宫门内又一门之阙，其意待考。”[117]我们怀疑《庙记》引薛综注时，误将形容词“嶕峣”当作建章宫之阙名。《文选•西都赋》云：

内则别风之嶕峣，眇丽巧而耸擢。

李善注：《三辅故事》曰：“建章宫东有折风阙。”《关中记》曰：“折风，一名别风。”《广雅》曰：“嶕峣，高也。嶕，兹焦切。”

从句意分析，这里的“嶕峣”是形容别风阙（东阙）的，不是阙名。《文选•西京赋》亦云：

阊阖之内，别风嶕峣。

李善曰：别风，已见《西都赋》。

此句有李善注，但无薛综注。总之，建章宫内没有嶕峣阙。

3. 神明台和井幹楼

神明台和井幹楼，皆高五十丈，合今约115米。这两座摩天大楼式建筑的高度相等，祭祀功能相近，故将它们列为一组祀神求仙的大型建筑设施来讨论。

神明台、井幹楼，“度五十馀丈，辇道相属焉”。[118]前述《三辅黄图》（卷二）引《关辅记》记载，桂宫中“有明光殿土山，复道从宫中西上城，至建章神明台、蓬莱山”。蓬莱山是太液池中的假山，可见神明台距太液池不会太远。考古调查和勘探证实，神明台位于建章宫前殿西北、太液池之北部，临近泬水下游（今滈河）枝津。在今西安市三桥镇孟庄村北有一个方形夯土基址，高10米，底部东西长52米，南北宽50米，可能是神明台遗址。台基侧的断面可见红烧土，地表散布有条砖、绳纹板瓦、筒瓦等。[119]班固《西都赋》云：

> 神明郁其特起，遂偃蹇而上跻。轶云雨于太半，虹霓回带于棼楣。虽轻迅与僄狡，犹愕眙而不能阶。

《汉书•郊祀志下》颜师古注：“《汉宫阁疏》云神明台高五十丈，上有九屋，恒置九天道士百人。”《三辅黄图》（卷三）云：

> 《庙记》曰：“神明台，武帝造，祭仙人处。上有呈露盘，有铜仙人，舒掌捧铜盘玉杯，以承云表之露。以露和玉屑服之，以求仙道。”

高耸的神明台拔地而起，台上建有象征九天的“九屋”，常置九天道士百人及胡巫参与祭祀活动，“张羽旗，设共具”（《史记•封禅书》），以接引神君降临。设置在“九屋”旁边的捧露盘仙人铜像，用以接纳天降甘露。

关于井幹楼，《汉书•郊祀志下》颜师古注：

> 然则神明、井幹俱高五十丈也。井幹楼积木而高，为楼若井幹之形也。井者，井上木栏也，其形或四角，或八角。

井幹楼一名井幹台。《史记索隐》（孝武本纪）曰：“《关中记》‘宫北有井幹台，高五十丈，积木为楼’。言筑累万木，转相交架，如井幹。”《三辅黄图》（卷二）云：

> 右神明，言台高神明可居其上。……高五十丈；对峙井幹楼，高五十丈。辇道相属焉，连阁皆有罘罳。连阁，曲阁也。以复重刻垣墉屏翳

之处，画以云气鸟兽，其形罘罳然。

何清谷先生说："所谓'宫北'，就是井幹楼在建章宫北，神明台附近，与建章宫南门内的别风阙形成南北对峙。"[120]此说可能不确。我们以为，引文中的"对峙"指井幹楼对峙神明台，而不是别风阙。神明台位于太液池以北，井幹楼距其不会太远，而且楼台间还有飞阁辇道连属，故呈南北对峙状态。又《三辅黄图》（卷五）云："凉风台，在长安故城西，建章宫北。《关辅记》曰：'建章宫北作凉风台，积木为楼。'"这座位于建章宫北部，称名"凉风台"的木构建筑，可能就是井幹楼。在《西京赋》中，张衡对井幹楼的外形特征有描述：

神明崛其特起，井幹叠而百增。跱游极于浮柱，结重栾以相承。累层构而遂隮，望北辰而高兴。

在《西都赋》中，班固通过登楼者攀登过程的感受，写井幹楼之高及其结构之复杂：

攀井幹而未半，目眴转而意迷。舍櫺槛而却倚，若颠坠而复稽。魂怳怳以失度，巡回涂而下低。既惩惧于登望，降周流以彷徨。步甬道以萦纡，又杳窱而不见阳。排飞闼而上出，若游目于天表，似无依而洋洋。

虽然井幹楼与神明台都采用夯土台基，但二者还是有区别的。神明台夯土台基宽而大，象征九天的"九屋"建于台基之上，旁边还有捧露盘仙人铜像；井幹楼或以夯土台基为芯，且窄而高，井幹木围绕土芯四周搭建出井幹，榫卯相接，形成层楼。武帝把井幹楼建造得特别高大，目的在于满足"仙人好楼居"的需求，为降临的神君提供一处清静居住场所。张驭寰先生专门对井幹楼的原状做了研究和推测，[121]可资参考。

《史记•封禅书》云："今天子初即位，犹敬鬼神之祀。"武帝时崇拜天地鬼神、迷信祥瑞和灾异、招纳方士求仙等活动层出不穷，并且愈演愈烈。神明台和井幹楼就是为接纳神君降临而建造的一组大型宗教建筑设施，也是武帝笃信神仙，希冀生命长久延续行为的具体表现。这两座建筑的最高点都在一个水平线上，形成高空对接之势，以便迎纳神君的降临。《汉书•郊祀志上》云：

（神君）非可得见，闻其言，言与人音等。时去时来，来则风肃然。居室帷中，时昼言，然常以夜。天子祓，然后入。因巫为主人，关饮食，所欲言，行下。

可以想象当初在神明台、井幹楼举行“以礼神君”活动时的情形：千里之外“肃然”之风到来，神明台上羽旗飘举，九天道士或胡巫的神情愈加肃穆庄重；对峙的井幹楼上帷帐皆动，神君降临楼屋，斋戒室中的人主仰首拜望……

吴郁芳先生说：建章宫“是一座规模宏大的宫苑，又是一座别具风格的建筑，它是越巫勇之按照东南建筑风格而设计的，汉武帝此举本就是为了在关中领略到海滨景观。因此，我们认定建章宫是一座具有东南文化色彩的建筑，是毫无疑义的”。[122]这些意见虽有些偏颇，但说两越建筑风格影响长安建章宫，还是有一定道理的。太初年时西汉政府统一东越、南越事已毕，中原与东南地区文化再次出现大融合。武帝发起建造建章宫，又得以越巫的建言，在一些工程项目中很可能吸收了两越建筑的造型理念及形式。

4. 园林式的宫城

虽然建章宫“营宇之制，事兼未央”（《西京赋》），但它却是一座宫殿与园林结合一体的离宫别苑。从整体上看，其“大体呈东宫西苑的廷掖式布局”，[123]即东部为朝会宫殿区，“前朝后寝”，建筑组群沿南北轴线展开；西部为园林区，开凿人工湖泊并堆筑假山，营造园中园，宫观散置其间，可游可居。祀神求仙的大型建筑设施全部都安排在西北部，使园林区兼有敬天通神的功能。

建章宫内有许多座宫观台殿，号称“千门万户”。《三辅黄图》（卷三）“建章宫”条下列有骀荡宫、馺娑宫、天梁宫、枍诣宫、奇华殿、鼓簧宫等宫殿。这些宫殿为游居所用，大约布局在前殿西部和北部。骀荡宫，“春时景物骀荡满宫中也”，以季节景物见长。馺娑宫，“马行迅疾，一日遍宫中”，规模之大超乎寻常。枍诣宫，“枍诣，木名，宫中美木茂盛也”，具有林木葱郁的特色。天梁宫，“梁木至于天”，以高称著，犹如冲天梁木。《西京赋》赞美骀荡、馺娑、枍诣、承光诸宫殿，“櫓桴重棼，锷锷列列。反宇业业，飞檐辙辙。流景内照，引曜日月”。它们不仅呈现出高耸并立之姿，还有四阿式屋顶和飞檐翘角，便于通风、采光。奇华殿，“四海夷狄器服珍宝、火烷布、切玉刀、巨象、大雀、狮子、宛马充塞其中”，堪称一座收藏域外珍宝奇物的国家博物馆。鼓簧宫，《汉宫阙疏》云：“鼓簧宫周匝一百三十步，在建章宫西北。”

建章宫前殿西侧有唐中殿和唐中池。唐中殿建在唐中池畔，《三辅黄图》（卷二）说此殿可“受万人”，可见其建筑规模超乎寻常。《三辅黄图》（卷四）又云：“唐中池，周回十二里，在建章宫太液池之南。”

《西京赋》云："前开唐中，弥望广潒。"言池水浩瀚，观之极目。唐中池遗址至今未能确定。

《三辅黄图》（卷四）云："太液者，言其津润所及广大也。"太液池位于建章宫的西北部，关于它的情况，《汉书•郊祀志下》有记载：

其北治大池，渐台高二十馀丈，名曰泰液，池中有蓬莱、方丈、瀛洲、壶梁，象海中神山龟鱼之属。

宛如仙境的太液池，不仅可游可观，也为邻近处的神明台和井幹楼营造出神秘奇幻的环境氛围。经考古调查与勘探，确定池址"在前殿西北450米处，池平面呈曲尺形，东西510米，南北450米，面积151600平方米，池东北的渐台基址尚存"。[124]

太液池水来自昆明池水和泬（潏）水。昆明池北出之水，经揭水陂分为二，一支东出，叫揭水陂水，入泬水，接入揭水陂水的泬水东部开口，采用架空渠道即"飞渠"，[125]从章城门进长安城后注入未央宫沧池；另一支北出，叫昆明池水，在建章宫东、凤阙南入泬水，而注入昆明池水之泬水，流至凤阙东北处又分为二，其一北流入渭，其一西折入建章宫注太液池。

在人工湖泊中构筑海上神山，始于秦代。秦始皇在咸阳都城东部，引渭水为兰池，池中筑垒蓬、瀛，池边设置石鲸。[126]汉初萧何建未央宫，在前殿西南处开凿沧池，池中筑土山渐台，上面建有亭榭楼屋，可能象征仙山琼阁。昆明池东岸建造有三面环水的豫章观，池边设置石鲸，池中几处非人工构筑的高地。[127]建章宫太液池中不仅有人工构筑的渐台及三神山，而且还设置了大型石龟和石鱼，[128]将秦代所开创的"一池三山"园林模式发扬光大。建章宫太液池对后来皇家园林制度影响很大，如唐长安城大明宫北部开凿太液池，又称蓬莱池，池中置蓬莱岛。在元大都宫城西侧的太液池，中有琼华岛（万岁山）、圆坻及犀山台，延续了"一池三山"的传统。明清时期的西苑，即北海、中海、南海三海园林，就是在元代太液池基础上扩建、改建而成的。

三、甘泉宫

未央宫、长乐宫、建章宫和甘泉宫为京畿地区四大宫城。甘泉宫在长安城以北150千米的甘泉山南麓，今陕西淳化县梁武帝村、城前头村和董家村一带。甘泉又称明廷，传说黄帝以来于此处置圜丘接引万灵。战国时期甘泉一带有云阳宫，秦始皇时又建有林光宫。[129]这里也是秦王朝北控

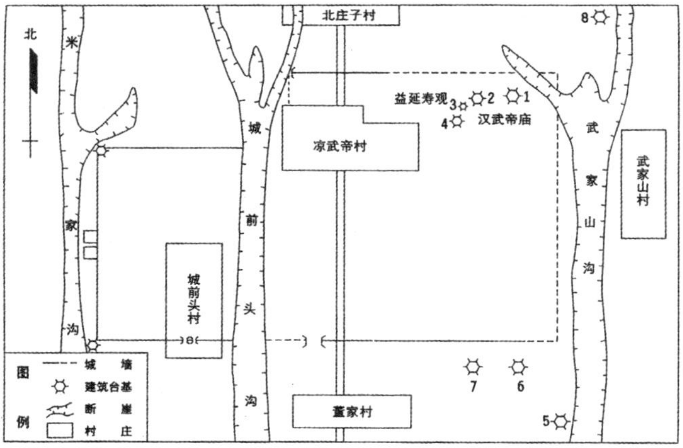

图1-28
甘泉宫遗址示意图
采自《甘泉宫志》

匈奴的战略要道——直道的起始点，由此往北直抵九原郡，深入至大漠草原，政治和军事地位十分重要。武帝时在秦林光宫旁营建离宫，[130]以甘泉山取宫名，在这里祭天求仙，朝会各地诸侯，接待北方、西域一带的外族首领和使者，安置从匈奴处缴获来的祭天金人等。甘泉山一带地势高畅，夏季凉爽，所以甘泉宫又成为汉帝的夏宫。《长安志》（卷四）引《关中记》云："武帝常以五月避暑于此，八月乃还。"从武帝至成帝，甘泉宫成为西汉王朝在长安之外进行政治、军事、宗教活动的重要场所。宋代唐仲友《甘泉宫记》[131]云：

> 盖自孝文，迄于元、成，尝于此整军经武，祀神考政，行庆朝会之礼，非止为清暑也。

经考古研究人员调查和勘探，甘泉宫遗址的基本情况逐渐清晰（图1-28）。宫城如长乐、未央、建章宫制度，平面呈长方形，四周筑有高大的宫墙（图1-29），四面建有角楼。其中，西南、西北角楼基址尚存。宫墙基址也基本探明，南宫墙长1948米，北宫墙长2150米，东宫墙长880米，西宫墙长890米，宫墙周长5668米，面积约148.6万平方米。北墙和西墙有曲折，西北部方形缺失。宫墙内外建筑基址已经编号的共有8处。另外，在甘泉宫遗址内还发现了一批下水管道、窖藏、陶窑等遗迹，并不断有砖瓦等建筑材料出土。[132]

图1-29
甘泉宫城墙遗迹

1. 武帝时的营建活动

甘泉宫始建于武帝建元年间（前140年至前135年）。《三辅黄图》（卷二）引《关辅记》云：

> 林光宫，一曰甘泉宫，秦所造，在今池阳县西，故甘泉宫以山为名。

宫周匝十余里。汉武帝建元中增广之，周十九里。

《长安志》（卷四）引《关中记》所记修建年代相同。又据《上林赋》张辑注："此四观（石阙、封峦、鳷鹊、露寒）武帝建元中作，在云阳甘泉宫外。"

元狩四年（前119年）作甘泉宫，中为台室。《史记•孝武本纪》记载：

其明年，齐人少翁以鬼神方见上。……又作甘泉宫，中为台室，画天地太一诸鬼神，而置祭具以致天神。

《史记•封禅书》记载同。《资治通鉴•汉纪十一》将其系于元狩四年。《玉海》（卷一五五）将其定于建元三年（前138年），可能有误。

甘泉山下建有休屠金人及径路神祠三所。休屠王祭天金人为霍去病于元狩二年（前121年）所获，《史记•卫将军骠骑列传》记载："（元狩二年）春，……（骠骑将军霍去病）过焉耆山千有馀里，合短兵，杀折兰王，斩卢胡王，诛全甲，执浑邪王子及相国、都尉，首虏八千馀级，收休屠王祭天金人，益封去病二千户。"《汉书•地理志上》左冯翊云阳县注："有休屠金人及径路神祠三所。"

元鼎五年（前112年）在甘泉宫建泰一祠坛。《汉书•武帝纪》记载：

五年冬十月，行幸雍，祠五畤。遂逾陇，登空同，西临祖厉河而还。

十一月辛巳朔旦，冬至。立泰畤于甘泉。

《汉书•郊祀志上》亦云："上遂郊雍，至陇西，祭空桐，幸甘泉。令祠官宽舒等具泰一祠坛。"

元封二年（前109年）在甘泉建益延寿馆、通天台，更置前殿，大规模增建宫室。《史记•封禅书》记载：

公孙卿曰："仙人可见，而上往常遽，以故不见。今陛下可为观，如缑城，置脯枣，神人宜可致也。且仙人好楼居。"于是上令长安则作蜚廉桂观，甘泉则作益延寿观，使卿持节设具而候神人。乃作通天茎台，置祠具其下，将招来仙神人之属。于是甘泉更置前殿，始广诸宫室。夏，有芝生殿房中。天子为塞河，兴通天台，若见有光云，乃下诏："甘泉房中生芝九茎，赦天下，毋有复作。"

《汉书•郊祀志下》记载同。建通天台之事又见《汉书•武帝纪》记载：元封二年（前109年）“夏四月，还祠泰山。至瓠子，临决河，命从臣将军以下皆负薪塞河堤，作《瓠子之歌》。赦所过徒，赐孤独高年米，人四石。还，作甘泉通天台、长安飞廉馆”。

太初元年（前104年）在甘泉建诸侯邸，此事在是年十一月柏梁台火灾之后至夏时汉改历之前。《史记•孝武本纪》记载：

> 上还，以柏梁裁故，朝受计甘泉。公孙卿曰：“黄帝就青灵台，十二日烧，黄帝乃治明庭。明庭，甘泉也。”方士多言古帝王有都甘泉者。其后天子又朝诸侯甘泉，甘泉作诸侯邸。

从建元年间到太初元年，武帝营建甘泉宫的活动持续了30年左右的时间。其中，元狩和元封年间可谓营建活动的两个高潮阶段。元狩年间，武帝先后发动了河西、漠北之战，取得了抗击匈奴战争的胜利，困扰西汉王朝数十年的边患问题得以解决。在此阶段，他诏令在甘泉山下建祠所，供奉休屠王祭天金人，纪念对匈奴作战的胜利，安抚归汉的匈奴部族；“作甘泉宫，中有台室”。其中，元狩四年（前119年）的营建活动最为重要，甘泉宫城墙及宫中的主体性建筑始建于是年。到元封二年时，战后经济得以恢复，诸侯力量削弱，中央集权空前巩固；通西域并平定两越及西南夷，“外事四夷”的战略构想得以实现；重视祭祀和礼仪大典，海上求仙，并招纳燕、齐方士及越巫等，武帝的政治激情和求仙欲望升至最高点。这一年他不仅建益延寿馆，筑通天台，而且还重新修造了大朝正殿——前殿。至此，甘泉宫规模空前，宫室制度完善，其作用和地位仅次于长安城中的未央宫。

2. 宫中的殿馆祠所

甘泉宫与未央、长乐宫同制，城垣四面都设置有宫门。《三辅黄图》（卷二）云：“汉未央、长乐、甘泉宫，四面皆有公车。”公车即公车署，卫尉下属机构，设于宫门附近。在甘泉宫遗址发现西宫墙中部辟一门，门道宽9.5米。扬雄《甘泉赋》：“前熛阙而后应门。”晋灼曰：“熛阙，赤色之阙也。南方之帝曰赤熛怒。应门正在熛阙之内也。”甘泉宫南宫门遗址未发现，但在位于南墙外东段约150米处有门阙遗址，编号分别为6号和7号基址。这两处基址的东西间距约50米，呈南北向条形，残高约5米，[133]或许就是“熛阙”所在。

甘泉宫宏伟而壮丽，“大厦云谲波诡，摧嗺而成观”（《甘泉赋》），“宫殿台观略与建章相比”（《雍录》卷二），颇具规模，并且多数与宗教祭祀有关。《长安志》（卷四）引《关中记》说甘泉宫“有宫十二，台十一”。《三辅黄图》（卷二）云：

> 甘泉有高光宫，又有林光宫，有长定宫、竹宫、通天台、通灵台。武帝作迎风馆于甘泉山，后加寒露、储胥二馆，皆在云阳。甘泉中西厢起彷徨观，筑甘泉苑。建元中作石关、封峦、鳷鹊观于苑垣内。宫南有昆明池，苑南有棠梨宫。

这些宫馆、台观及池沼可考者不多。其中一部分在宫城内，另一部分在宫城外的甘泉苑中。

前殿是甘泉宫城内的主体建筑，始建于元狩四年（前119年）。但一般认为它建于元封二年（前109年），不确。《史记•封禅书》记载是年“甘泉更置前殿”，“更置”是重新或变动、变更设置的意思。这就是说，在此之前甘泉宫建有前殿，元封二年重建前殿，更换了早年的旧殿。《史记•孝武本纪》记载：元狩四年“又作甘泉宫，中为台室，画天地太（泰）一诸鬼神，而置祭具以致天神”。所谓“又作甘泉宫”，可理解为构筑宫城和营建宫城中的标志性建筑——甘泉殿，而该殿应是甘泉宫中的前殿。“中为台室”即言甘泉前殿中有高台式的建筑，内中辟有专属的殿室，用以祭祀天神泰一。

《汉书•成帝纪》：永始四年（前13年）“春正月，行幸甘泉，郊泰畤，神光降集紫殿”。刘庆柱、李毓芳先生说：“甘泉宫的主体宫殿是前殿，亦称甘泉殿，或称紫殿。紫殿得名于紫微星，其位于天上群星中央。前殿亦位于甘泉宫的中心。”[134]扬雄跟随成帝到甘泉宫参加祭祀活动，曾亲眼目睹了武帝元封二年“更置”后的前殿雄姿，作《甘泉赋》云：“前殿崔巍兮，和氏玲珑。炕浮柱之飞榱兮，神莫莫而扶倾。闶阆阆其寥廓兮，似紫宫之峥嵘。”在文学家的笔下，甘泉前殿庄严宏伟，屋宇高峻，装饰典雅，犹如天上的紫微宫。

甘泉宫中的竹宫是汉帝祭神求仙时的斋戒处所。《三辅黄图》（卷三）云：“竹宫，甘泉祠宫也。”据《汉书•礼乐志》记载：

> （武帝）以正月上辛用事甘泉圜丘，使童男女七十人俱歌，昏祠至明。夜常有神光如流星止集于祠坛，天子自竹宫而拜望，百官侍祠者数百人皆肃然动心焉。
>
> 韦昭曰：“以竹为宫，天子居中。”
>
> 师古曰：“《汉旧仪》云竹宫去坛三里。”

成帝时竹宫被大风所毁。《汉书•郊祀志下》云：“（成帝）又初罢甘泉泰畤作南郊日，大风坏甘泉竹宫，折拔畤中树木十围以上百馀。”陈直先生著录“狼干万延”和“王干”文字瓦当两种，指“狼干”“王干”各为“琅玕”（按：比喻珍贵、美好之物，亦形容竹之青翠或指青竹）假借字和省文，“皆疑为甘泉宫竹宫之物”。[135]竹宫遗址尚未发现。

长定宫为皇后的居所，可能在甘泉宫旁边秦之林光宫内。《三辅黄图》（卷三）云：

> 长定宫，林光宫中有长定宫。《三辅决录》曰:“后从帝行幸于甘泉宫，居长定宫。孝成帝许皇后废处昭台宫，岁馀徙长定宫。”

何清谷先生注：“林光宫中的长定宫即下文甘泉宫中的长定宫。长乐宫有长定殿，疑即宣帝许皇后所居的长定宫。”[136]我们以为，甘泉宫可能无长定宫，皇后至甘泉所居之处可能在甘泉宫旁的林光宫，林光宫中或有长定宫。成帝时林光宫尚在，《汉书•郊祀志下》记载：永始四年（前13年）“三月甲子，震电灾林光宫门。”

益延寿馆，《汉书•郊祀志下》又称益寿延寿馆。但颜师古说：“益寿、延寿，亦二馆名。”《史记索隐》（封禅书）纠其误，云：“小颜以为作益寿、延寿二馆。”北宋黄伯思《东观余论•二馆辨》（卷二）从此说，并以瓦文证之。《扩地志》（卷一）记载：“（益）延寿馆在雍州云阳县西北八十一里，通天台西八十步。”据当地文博部门研究人员调查，益延寿馆的建筑遗址尚存，在通天台西台基址（2号基址）西南40余米处，旧迹为较规整的覆斗形，全为夯土筑成。姚生民先生曾在通天台遗址以西约100米处和董家村，各采得“益延寿”文字瓦当残件，认为是此处建造益延寿馆的物证。[137]陈直先生说：“余在西安亦见有两面，一完整，一残缺，与《东观汉纪》记载均合，各瓦均出一范。又见有‘益延寿宫瓦’，盖观、馆、宫三字名异实同。又见有益延寿大方砖，旁分四虎画像，亦极雄伟。”[138]它们“同为武帝时甘泉宫益延寿馆中之物”。[139]益延寿馆可能是一座高层建筑，《史记索隐》（封禅书）云：“《汉武故事》云‘作延寿观，高三十丈’。”

《汉书•地理志上》左冯翔云阳县注：“有休屠金人及径路神祠三所。”其中的“三所”指建筑规模，同注所云“有越巫䢺鄹祠三所”可证。所以不宜将注文理解为休屠、金人、径路神三处或三座祠所。[140]“休屠金人”系休屠王祭天金人省文，“休屠”与“金人”之间不是并列关系。

休屠王祭天金人及径路神祠设立，是西汉王朝建立多民族统一国家的重大政治举措。它们可能同在一处，但分别为武帝和宣帝两个时期所立。元狩二年（前121年），武帝发动了对匈奴的河西之战，年轻将领霍去病率汉军夺休屠王祭天金人。《史记索引》（匈奴列传）曰：“韦昭云：‘作金人以为祭天主。'崔浩云：'胡祭以金人为主，今浮图金人也。'又《汉书音义》称'匈奴祭天处本在云阳甘泉山下，秦夺其地，后徙之休屠王右地，故休屠王有祭天金人，象祭天人也'。事恐不然。按：得休屠金人，后置之于甘泉也。"吴卓信《汉书地理志补注》（卷二）云："休屠已降，而为浑邪王所杀，武帝嘉其向已，遂并与金像而尊之也。"早年匈奴义渠部族在云阳甘泉山下祭天，武帝将霍去病收缴的休屠王祭天金人安置于此处，一举两得，既夸耀汉威，又恢复了匈奴部族的祭天习俗。

《汉书·郊祀志下》将径路神祠列于宣帝时甘泉祭祀项目之内，云："云阳有径路神祠，祭休屠王也。"说径路神祠祭休屠王，有误。"径路"为匈奴语，指一种短剑，匈奴人相信它有一种神秘的力量，故立祠祭之。[141]宣帝执政时期，郅支单于遣子入侍汉朝，呼韩邪单于向汉朝称臣。甘露三年（前51年）"（呼韩邪）单于正月朝天子于甘泉宫，汉宠以殊礼，位在诸侯王上，赞谒称臣而不名"。"是岁郅支单于亦遣使奉献，汉遇之甚厚。明年，两单于俱遣使朝献，汉待呼韩邪使有加。明年，呼韩邪单于复入朝，礼赐如初"（《汉书·匈奴传下》）。宣帝在甘泉设立径路神祠，通过对匈奴宗教习俗的认同和尊重，以维护汉匈民族间长久友好的关系。

设置甘泉诸侯邸的意义在于行神权而宣教化、明君臣尊卑之礼，以强化中央政府的统治。汉初分封诸侯，导致分裂势力迅速滋长并威胁到刘氏皇权。《汉书·诸侯王表》云：

> 汉兴之初，海内新定，同姓寡少，惩戒亡秦孤立之败，于是剖裂疆土，立二等之爵。功臣侯者百有馀邑，尊王子弟，大启九国。……诸侯比境，周币三垂，外接胡越。天子自有三河、东郡、颍川、南阳，自江陵以西至巴蜀，北自云中至陇西，与京师内史凡十五郡，公主、列侯颇邑其中。而藩国大者跨州兼郡，连城数十，宫室百官同制京师，可谓挢枉过其正矣。

在武帝之前，文帝听取贾谊"众建诸侯而少其力"的建议，景帝采纳晁错削藩策并平定吴楚七国之乱，都为巩固中央集权付出了巨大的努力。武帝时平定淮南王、衡山王、江都王等谋反事件，同时改革分封制度，实施推恩分封，推行"左官之律、附益之发"和"酎金律"，使诸侯王对中央政府小心翼翼，唯命是从。而甘泉传说是黄帝以来圜丘祭天处，自元鼎五年（前112年）武帝立泰畤，此处成为西汉的郊祀圣地。太初元年（前104年）武帝诏令营建诸侯邸于甘泉，此后诸侯王及宗室到甘泉宫朝觐天子成为一种常态或制度。例如，天汉四年（前97年）"春正月，朝诸侯王于甘泉宫”；后元二年（前87年）“春正月，朝诸侯王、宗室于甘泉宫，赐宗室”（《汉纪•孝武皇帝纪》）。据姚生民先生考证，诸侯邸位于宫城西北的卜家乡侯家村，“俗称诸侯驻地，在甘泉山南麓，当为诸侯邸所在”。[142]

甘泉宫外还有越祝祠。两越归顺西汉政府之后，越巫鸡卜术为武帝采信重视，始在京畿地区流行。《汉书•地理志上》左冯翊云阳县注：“有越巫䑜鄹祠三所。”

宫外的甘泉苑中还分布着号称有百余所的宫殿台阁。《汉书•扬雄传上》云：“甘泉本因秦离宫，既奢泰，而武帝复增通天、高光、迎风。宫外近则洼厓、旁皇、储胥、弩陆，远则石关、封峦、䳌鹊、寒露、棠梨、师得，游观屈奇瑰玮。”

3. 泰一坛和通天台

甘泉山一带是首都长安的北部屏障，抵御匈奴入侵的战略要地。这里自古就是宗教圣地，有传说黄帝以来的祭天圜丘，后来匈奴义渠部族在此祭天。西汉帝皇多次临幸甘泉祭天，其中以武帝临幸最为频繁，《汉书•郊祀志下》云：

> 高帝五来，文帝二十六来，武帝七十五来，宣帝二十五来，（元帝）初元元年以来，亦二十来。

天神中泰一最贵，[143]祭祀泰一的主要目的在于向臣民昭示君权神授，张扬汉帝统治的神圣。甘泉泰一坛建于元鼎五年（前112年），是西汉中后期最重要的郊祀场所。《史记•封禅书》记载，元光二年（前133年），亳人薄忌（缪忌）向武帝进言，确立泰一为天神最贵者，五帝为泰一神之佐神而作配享。武帝采纳薄忌意见，诏令太祝在长安城东南郊修建了一座泰一坛，并按照薄忌所提供的祭祀方式进行祭祀，是为西汉祭祀泰一之始。后来武帝又采纳他人意见，在坛上祠“三一”（天一、地一和泰一），坛旁祠冥羊、马行、泽山君、武夷君、阴阳使者等。元鼎四年（前113年），有人建议在雍地建泰一坛，因武帝疑惑而未定。第二年即元鼎五年，武帝诏令祠官宽舒等在甘泉宫建泰一坛，其形制仿效薄忌泰一坛。关于甘泉泰一坛及祭祀方式，《史记•孝武本纪》记载颇详：

> 坛三陔。五帝坛环居其下，各如其方，黄帝西南，除八通鬼道。泰一所用，如雍一畤物，而加醴枣脯之属，杀一犛牛以为俎豆牢具。而五帝独有俎豆醴进。其下四方地，为醊食群神从者及北斗云。

《史记·封禅书》记载同。又据《汉书·郊祀志下》记载：

甘泉泰畤紫坛，八觚宣通八方。五帝坛周环其下，又有群神之坛。

其中的关键词依次是“三陔”“五帝坛还居其下”“黄帝西南”“八通鬼道”“四方地”“紫坛”“八觚”“群神之坛”等。依据这些文字记载，李零先生对泰一坛进行解析，并绘出复原图（图1-30）。他说：“坛分三层，最高一层列具‘太一’之象，叫紫坛；中层是以青、赤、白、黑四帝居东、南、西、北，而将黄帝置于西南，叫‘五帝坛’；下层作‘四方地’，配有‘群神从者及北斗云’，则为‘群神之坛’。《郊祀志》说此坛亦‘八觚’，当指坛的主体即上中两层是作八边形；它的最下一层‘四方地’，则是方形。前者趋近于圆形，应象征‘天圆’；后者则是象征‘地方’。其‘紫坛’是象征宇宙的天顶部分，即‘紫微垣’或‘紫微宫’。‘五帝坛’把黄帝置于西南。黄帝于五行方位属土，本来应在中央，但现在既然中央已被‘太一’占据，所以只好屈居西南，这和《礼记·月令》把土行配于季夏（位西南）是一个道理。‘群神之坛’所记的‘群神从者’或即亳忌太一坛兼祭的‘三一’‘冥羊’‘马行’之属，而北斗属土行，配地也是合理的。”[144]他的这些研究，有助于我们了解甘泉泰一坛的基本状况及形制。

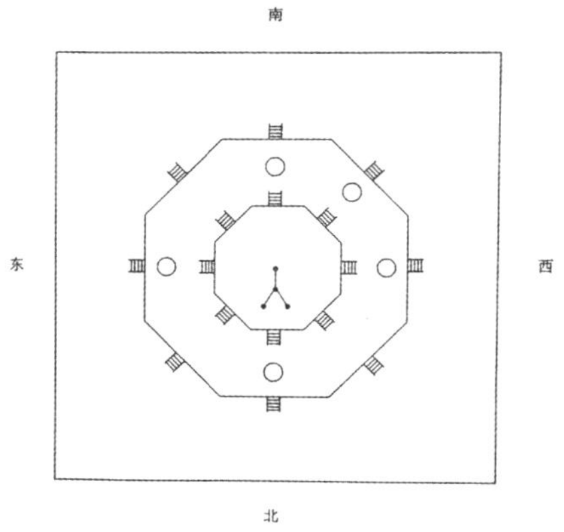

图1–30
甘泉宫泰一坛复原图
采自《中国方术续考》

甘泉泰一坛将泰一、五帝与群神按等级依次布列，可谓是历史上第一座综合性的祭坛。太史公司马谈曾与祠官宽舒受命拟定过国家郊祀方案，关于甘泉郊祀活动的一些情况，他在《史记·乐书》有记载：

汉家常以正月上辛祠太一甘泉，以昏时夜祠，到明而终。常有流星经于祠坛上，使僮男僮女七十人具歌。

又见《史记·孝武本纪》记载：

其祠烈火满坛，坛旁烹炊具。有司云“祠上有光焉”。公卿言“皇帝始郊见泰一云阳，有司奉瑄玉嘉牲荐飨，是夜有美光，及昼，黄气上属天”。

在甘泉宫2号建筑基址正南250米处，有一回廊建筑遗址。早年文物部门调查时，在该遗址内发现有方形棕色石4块，石边长1米，厚0.45米，中有圆窝，窝边有刻槽，被定为门枢石。[145]林梅村先生认为：“这处棕色石遗址疑为甘泉宫紫坛殿遗址，武帝太一坛设在紫坛殿。”又说《续汉书•祭祀上》记载东汉光武帝曾派有司考察武帝泰山坛形制，可知泰山祭坛上有“皆方五尺，厚一尺，用玉牒书藏方石”。“它与甘泉宫遗址的棕色方石是同类器物，也即祭天坛，甘泉宫紫坛显然得名于这种棕色方石垒砌的祭坛”。[146]甘泉宫有紫殿，却无紫坛殿一说。如成帝于永始四年（前13年）郊泰畤，“神光降集紫殿”；《三辅黄图》（卷二）说武帝“又起紫殿，雕文刻镂黼黻，以玉饰之”。这里所说的“紫殿”即紫微殿，也就是泰一坛的顶层——紫坛。将泰一坛称名紫殿、紫坛，取喻紫微垣，与垒砌棕色方石似无关系。关于甘泉宫遗址中回廊建筑遗址的性质，我们寄希望于将来的考古勘察与发掘。

甘泉泰畤初罢于成帝永始三年（前14年），同年冬十月复。成帝绥和二年（前7年）罢，哀帝建平三年（前4年）再复。平帝元始五年（5年）春正月，王莽奏复长安郊祀，甘泉泰畤罢。几经周折和反复，至平帝时汉帝在都城南郊祭天的制度才得以确立。

在甘泉泰一坛建成后的第三年，即元封二年（前109年），受到方士的不断鼓噪，武帝诏令在甘泉宫构筑通天台，用以“招来仙神人之属”。这项大型工程由少府王温舒率数万“脱卒”建造完成。《汉书•酷吏传》记载：“是时上方欲作通天台而未有人，温舒请覆中尉脱卒，得数万人作。上说，拜为少府。”通天台，《史记•封禅书》中称之为“通天茎台”。“茎”或指“金茎”，铜柱也；或为“茎擢”，特别、独出貌也。《三辅黄图》（卷五）云：

> 《汉旧仪》云：“通天者，言此台高通于天也。”《汉武故事》：“筑通天台于甘泉，去地百馀丈，望云雨悉在其下，望见长安城。”“武帝时祭泰乙，上通天台，舞八岁童女三百人，祠祀招仙人。祭泰乙，云令人升通天台，以候天神，天神既下祭所，若大流星，乃举烽火而就竹宫望拜。上有承露盘，仙人掌檠玉杯，以承云表之露。元凤间，自毁，椽桷皆化为龙凤，从风雨飞去。”……亦曰候神台，又曰望仙台，以候神明、望神仙也。

通天台由两座并立的建筑体组成，高耸参天，汉代文学家的笔下对其有生动的描述。如扬雄《甘泉赋》（颜师古注）云：

> 是时未臻夫甘泉也。乃望通天绎绎（言虽未至甘泉宫，则遥望见通天台也。绎绎，相连貌）。下阴潜以惨廪兮，上洪纷而相错（惨廪，亦寒凉之意也。洪，大也。纷，乱杂也。错，互也）；直峣峣以造天，厥高庆而不可虖疆度（言此台至天，其高不可究竟而度量也）。

图1-31
甘泉宫通天台遗址

张衡《西京赋》云：

通天訬以竦峙，径百常而茎擢，上辩华以交纷，下刻陗其若削。

赋文皆形容通天台独出地表，高不可及，而且台体笔直陡立，台上木构建筑的斗拱纷繁。把通天台建造成并列的双台，其功能似与后来建章宫西北部的神明台和井幹楼仿佛，一处为举行祭祀活动及接受天降甘露所用，另一处接引神仙降临。但据叶大松先生《中国建筑史》分析，通天台分为两部分，另一部分也叫通天台，即为金茎之铜管、铜人、呈露盘，另外在甘泉山上建立的。[147]此说有待商榷。

在甘泉宫遗址的东北部，尚存两处东西相距70米的圆锥体形的夯土台基（图1-31），分别编号1号和2号基址，现初步确定为通天台遗址。1号建筑基址居东，底径225米，残高约16米。2号建筑基址居西，底径200米，残高约15米。[148]在2号基址西南侧，还有一圆一方两处夯土台基，分别编号3号和4号基址。3号基址呈圆锥体形，高6米，底围60米，其基部与2号基址相连；4号基址位于3号基址以南36米处，覆斗形，高5米，底围64米。在这两处台基处出土有础石、瓦砾及花纹铺地砖，或是通天台及其附属建筑的遗物。[149]张驭寰先生对甘泉宫通天台进行过复原设计研究，并绘制有外观及平面图，[150]可参看。

四、上林苑

上林苑是西汉皇家园林，它不仅拓展了皇室成员的活动空间，同时还维系着首都长安居民生活的正常运转。

秦时上林苑的范围，西到沣河，东抵宜春苑，北起渭河，南至秦岭北麓。[151]大型宫殿如甘泉宫（南宫）、兴乐宫、章台宫、信宫（极庙），以及正在建设中的阿房宫，分布于苑北。诸宫筑有宫墙，其间有辇道相属，成为秦都咸阳的组成部分。汉初上林苑荒废，尚未开发。高祖二年（前205年），“诸故秦苑囿园地，皆令人得田之”。[152]直到建元三年

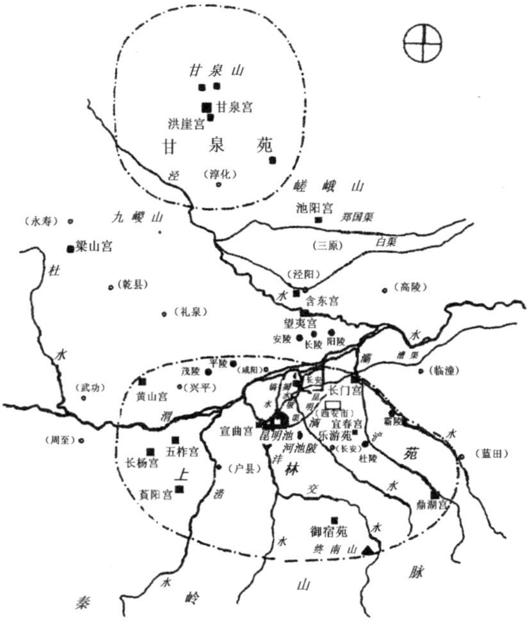

图1–32
上林苑示意图
采自《建筑师》第72期

（前138年）武帝诏令复起上林苑，才使秦之苑囿重新获得生机。《汉书•东方朔传》云：

> 于是上以为道远劳苦，又为百姓所患，乃使太中大夫吾丘寿王与待诏能用算者二人，举籍阿城以南，盩厔以东，宜春以西，提封顷亩，及其贾直，欲除以为上林苑，属之南山。又诏中尉、左右内史表属县草田，欲以偿鄠杜之民。吾丘寿王奏事，上大说称善。

武帝复起上林苑涉及盩厔（周至）、鄠（户）、杜三县，恢复了原来秦时旧苑的规模，并在此基础上有所拓展（图1-32）。复起后的上林苑继续向东、北部扩建，苑内不断修葺、增建宫观，至武帝晚年时形成最大规模。其功能也由汉初单一的狩猎，发展到游乐、生产、水利、朝政、外交、驻军、校猎、祀神求仙等多种，长安园林由此进入鼎盛时期。文学家扬雄常跟随成帝游猎苑中，他在《羽猎赋•序》中对上林苑的范围有描述：

> 武帝广开上林，南至宜春、鼎胡、御宿、昆吾，旁南山而西，至长杨、五柞，北绕黄山，濒渭而东，周袤数百里。

张衡在《西京赋》中描述得更具体些：

> 上林禁苑，跨谷弥皋。东至鼎湖，邪界细柳。掩长杨而联五柞，绕黄山而款牛首。缭垣绵联，四百馀里。

上林苑边界的今地点：东南到蓝田县焦岱镇，东北至西安市东郊灞河、浐河；西南至周至县终南镇，西北到兴平田阜乡；南抵秦岭北麓；北部到渭河南岸（西段延伸至渭河北岸）。其地跨蓝田、长安、户县、周至、兴平五区县和咸阳、西安市区，面积约2460平方千米[153]。但上述所言及上林苑范围，未将位于陕西淳化县一带的甘泉苑列入。甘泉苑全称甘泉上林苑，当地出土的瓦当上有“甘林”“上林”文字，皆为苑名之省文。甘泉苑亦由水衡都尉负责管理，《汉书•百官公卿表上》记载，水衡都尉“又甘泉上林、都水七官长丞皆属焉”。

1. 园林中的动植物景观

广袤的上林苑包括山地、黄土台塬、河流阶地和漫滩等多样化的地貌类型。其中，黄土台塬和河流阶地分布最广，形成了平衍坦荡、开敞高爽的地形特征。[154]汉时关中地区气候温暖，降雨量充沛，适合多种类动植物在此繁衍生息。

上林苑南部为山地，林木参天，北部是台塬和河流阶地，植被茂密。《三辅黄图》（卷四）说上林苑有“名果异卉三千馀种植其中”。《西京杂记》（卷一）记载：武帝“初修上林苑，群臣远方，各献名果异树，亦有制为美名，以标奇丽”。其中有梨10种、枣7种、栗4种、桃10种、李15种、柰3种、查3种、椑3种、棠4种、梅7种、杏2种、桐3种，以及林檎、枇杷、橙、楟、白银树、黄银树、槐、千年长生树、万年长生树、扶老木、守宫槐、金明树、摇风树、鸣风树、琉璃树、池离树、离娄树、柟、枞、白俞、梼杜、梼桂、蜀漆树、栝、楔、枫等，少者数株，多者数百株。《上林赋》中列举的果木有“卢橘夏孰，黄甘橙楱，枇杷橪柿，亭柰厚朴，梬枣杨梅，樱桃蒲陶，隐夫薁棣，荅遝离支”。它们“罗乎后宫，列乎北园，貤丘陵，下平原”。另外还有来自西域的葡萄、安石榴、核桃、芝麻、蚕豆、苜蓿等。这些植物由水衡都尉下属的禁圃官署负责种植和管理。它们不仅可以观赏，而且成为宫廷生活中所需时鲜水果、坚果、油料、香料、药材，以及饲养马匹的饲料、建筑用材的重要来源，具有很高的经济和实用价值。上林苑洋溢着林园、田园、果园、花园风光，堪称中国古代最大最美的植物园。

上林苑也是中国古代最为壮观的动物园，多种飞禽走兽及水族动物给苑中带来勃勃生机与活力。据李健超先生统计，《上林赋》中记载的兽类有30种，《长杨赋》《西都赋》《西京赋》等分别记载有11种，其中包括至今仍繁衍的珍稀动物大熊猫、金丝猴、羚牛等。上述汉赋中记载的鸟类有20余种，水生动物有10余种。[155]据《汉书•西域传下》记载，上林苑中还有来自域外的珍禽异兽：

> 自是之后，明珠、文甲、通犀、翠羽之珍盈于后宫，蒲梢、龙文、鱼目、汗血之马充于黄门，钜象、师子、猛犬、大雀之群食于外囿。殊方异物，四面而至。于是广开上林……

班固《西都赋》云：

> 西郊则有上囿禁苑，……其中乃有九真之麟，大宛之马，黄支之犀，条支之鸟。逾昆仑，越巨海，殊方异类，至于三万里。

另外，在上林苑中还专门建有彘圈、虎圈、马圈、熊圈等。《三辅黄图》（卷四）引《汉旧仪》云："苑中养百兽，天子秋冬射猎取之。"除用于校猎外，蓄养的野生动物还可供娱乐观赏。水衡都尉是上林苑的管理机构，下属上林苑令，主苑中禽兽；上林丞，上林苑令之辅佐；虎圈蔷夫，管理苑中虎圈事务。

2. 苑中池沼及昆明池的开发

从秦岭北坡到渭河阶地，呈东南高西北低的地形，决定了上林苑内河流的流向。在长安八水中，从秦岭北部峪口流出的灞、浐、沣、潦（涝）、潏（泬）、滈等多条河流从苑内流过，有的在流经的洼地形成深沼大泽。河流、池沼及其之间开凿的导流明渠和漕渠，构成上林苑发达的水利系统。《上林赋》云："终始灞浐，出入泾渭，酆镐潦潏，纡馀委蛇，经营乎其内。荡荡乎八川分流，相背异态。"《西都赋》云："上囿禁苑，林麓薮泽，陂池连乎蜀、汉。缭以周墙，四百馀里。离宫别馆，三十六所。神池灵沼，往往而在。"遍布上林苑内的池沼，犹如一颗颗散发着璀璨光彩的明珠。《三辅黄图》（卷四）云：

> 十池，上林苑有初池、麋池、牛首池、蒯池、积草池、东陂池、当路池、大壹池、郎池。牛首池在上林苑中西头。蒯池生蒯草以织席。西陂池、郎池，皆在古城南上林苑中。陂、郎，二水名，因为池。积草池中有珊瑚树，高一丈二尺，一本三柯，上有四百六十二条，南越王赵佗所献，号为烽火树，至夜光景常焕然。

在《初学记•地部下•昆明池》所说"汉上林有池十五所"中，除已见"上林十池"中的外，有承露池、昆灵池、天泉池、戟子池、龙池、鱼池、牟首池、菌鹤池、太一池、含利池、百子池等。其中，鱼池在长乐宫，太乙池即大壹池，而牟首池可能是牛首池，系转抄重复。[156]还有沧池、滮池、镐池、曲池、皇子陂、河池陂、揭水陂、唐中池、太液池等。又据《汉书•百官公卿表上》记载，少府属官有上林十池监，可知苑内池沼有专门机构进行管理。

在上林苑的众多池沼中，最重要的是位于长安城西南的昆明池。《汉书•武帝纪》记载，元狩三年（前120年）"减陇西、北地、上郡戍卒半。发谪吏穿昆明池"。元鼎元年（前116年）冬至二年（前115年）春之间，武帝对昆明池进行二次修建。[157]第一次修建主要在于"穿"，形成昆明池的水利系统；第二次修建重在"大修"，即增建和完善建筑设施，不仅"治楼船"，而且岸边"列观环之"，进一步拓展昆明池的水体园林功能。

《三辅黄图》（卷四）云：昆明池“在长安西南，周回四十里”。池址位于今西安市长安区斗门、细柳镇一带洼地（图1-33），洼地中的地势较周围低2～4米。据2005年考古钻探和试掘所获的最新数据，其范围东西约4.25千米，南北约5.69千米，面积约16.6平方千米。池岸一周长约17.6千米，约合汉代四十二里。这次考古钻探和试掘，还探明了池东岸的2条进水渠、池西岸和北岸的4条出水渠、池内的4处高地、池南岸和东岸的3处建筑遗址，以及遗址北部的古水池——镐池和彪池的基本情况（图1-34）。通过大规模的勘探，考古研究人员还得出汉唐昆明池的范围基本相同，或唐代重修昆明池的规模较汉代略有扩大的结论。[158]

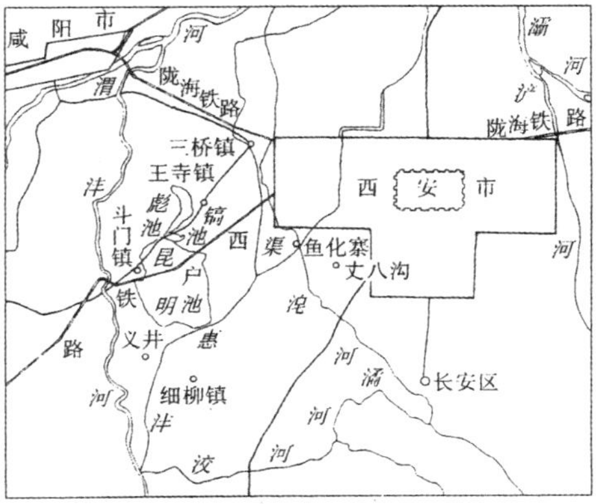

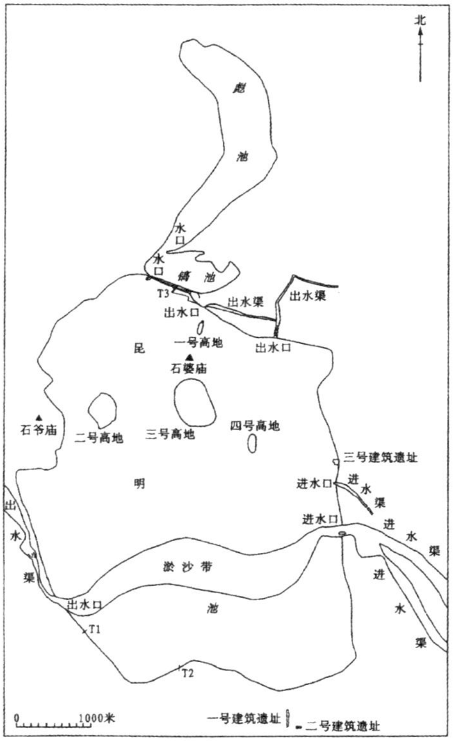

长安城建设的快速发展，要求有一个水源充足和稳定的供水系统。昆明池“是长安城西南的总蓄水库，足以有效的供应汉城内外各宫殿区的用水，还可以接济漕渠的水量，当然又是上林苑内的重要游览区”。[159]昆明池的开凿首先解决的是用水问题，《汉书•五行志上》有记载：

> 元狩三年夏，大旱。是岁发天下故吏伐棘上林，穿昆明池。

其次才是训练水军。《史记•平准书》记载：

> 是时越欲与汉用船战逐，乃大修昆明池，列观环之。治楼船，高十馀丈，旗帜加其上，甚壮。于是天子感之，乃作柏梁台，高数十丈。宫室之修，由此日丽。
>
> 〔索隐〕盖始穿昆明池，欲与滇王战，今乃更大修之，将与南越吕嘉战逐，故作楼船，于是杨仆有将军之号。又下云“因南方楼船卒二十馀万击南越”也。昆明池有豫章馆。豫章，地名，以言将出军于豫章也。

图1-33（上）
昆明池遗址位置示意图
采自《考古》2006年第10期

图1-34（下）
昆明池遗址钻探试掘平面图
采自《考古》2006年第10期

《汉书•食货志》记载相同。关于昆明池象征昆明国滇池，又见《汉书•武帝纪》臣赞注：

《西南夷传》有越巂、昆明国，有滇池，方三百里。汉使求身毒，而为昆明所闭。今欲伐之，故作昆明池象之，以习水战。

西汉疆土辽阔，找一处适合训练水军的大型水域并非难事。比照昆明国之滇池而营造出一个训练水军的内陆湖海，则是昆明池的后来功能。

西汉水军即楼船军，在两越战争中发挥了决定性作用。元鼎五年(前112年)，武帝遣伏波将军路博德、楼船将军杨仆等率十万楼船军平定南越九郡；元封二年(前109年)，又遣楼船将军杨仆率楼船军与陆上合军征朝鲜，同时以会稽郡舟师救援东瓯，平定闽越。而在首都长安开辟昆明池，作为该军兵种的一处基地，除训练“用船战逐”的水上战法外，可能还有研制并建造适合与敌方“战逐”的多种战船之用。[160]《三辅黄图》（卷四）云：

《三辅旧事》曰：“昆明池地三百三十二顷，中有戈船各数十，楼船百艘，船上建戈矛，四角悉垂幡旄葆麾盖，照烛涯涘”。

其中，戈船是流行于吴越地区的一种战船，注释史书者言船下置戈或载干戈以得名。[161]但据曹锦炎先生考证，所谓“戈船”实为“弋船”之讹。而“弋”“翼”古音相同，可以互为通假，故后来称“翼船”，而本名“弋船”反而湮没无闻。[162]关于楼船，《史记集解》（南越列传）引应劭语：“时欲击越，非水不至，故作大船。船上施楼，故号曰楼船也。”《释名•释船》云：“船上屋曰庐，象舍也；其上重室曰飞庐，在上故曰飞也；又在其上曰雀室，于中候望，若鸟雀之惊视也。”可见当时楼船已有多层。考古研究人员调查昆明池时，“在池内一些砖厂取土形成的断崖上观察到一道道‘U’形沟槽，沟槽内填满淤泥。这些沟槽有一定的宽度和走向，深度也较一般池底深得多，它们应是专门为像‘楼船’这些吃水较深的大船修建的航道”。[163]

一般认为，昆明池水源来自经过整理后的交水，通过石闼堰（石碣）使其枝津北流入昆明池，进水口在昆明池南岸的石匣口村东约500米处。[164]但据新的考古简报披露，新发现的进水口则在池东岸3号建筑遗址以南，“虽为两个，实为一渠分岔所致，汉唐时期应变化不大。从进水渠的走向看，其水源来自古沈水（按：即泬水，讹称沈水[165]）的可能性较大。经在石闸口村至蒲阳村一线的昆明池南岸反复钻探，没有发现任何渠道的痕迹”。[166]而“昆明池南岸为地势高亢的细柳原，现今原面仍然十分完整，所以，昆明池进水口不在南面”。[167]

昆明池北出之水，经揭水陂分为二，东出一支叫揭水陂水，在长安城西南入泬水，泬水东部开口，通过“飞渠”入导流明渠，由章城门附近进长安城内后，先入未央宫沧池，导流明渠再从沧池东北岸引水，出未央宫北流再东折，穿过北宫南，入长乐宫北部，然后由清明门附近出城。此后明渠分两支，一支泄入王渠（城壕），另一支东流注入漕渠。由揭水陂北出一支叫昆明池水，在建章宫东、凤阙南入泬水，泬水流至凤阙东北处又分为二，其一北流入渭，其一西折到建章宫，注入太液池。

在整个昆明池水利系统中，泬水犹如一条大型人工渠道，自南向北依次将交水枝津、昆明池、漕渠、揭水陂、“飞渠”串联起来，它南北贯通上林苑，西连建章宫，东接长安城内未央宫、北阙甲第、北宫和长乐宫，从而使昆明池水利系统的蓄水、供水、防洪、漕运、灌溉和美化环境等功能得到充分发挥。

昆明池水利系统是都城建设的重要组成部分。这个系统的基本功能在于保障城市、园林及水运交通用水，解除水害对京畿地区构成的威胁，可谓是长安城居民生活的命脉。它凝聚着西汉时代营造水利工程的智慧，雄伟壮丽的长安城因它更具有魅力。

3. 苑中苑——功能性景区及宫观（上）

发端于商周之际的中国园林艺术，到秦及西汉时期已积累起相当多的造园经验。在广袤的原野中，划分功能性景区与营造苑中苑是最有效的造园手段，也成为这一时期园林艺术的特点。继秦及秦代之后，汉武帝扩建的上林苑堪称典范。

秦时“咸阳之旁二百里内，宫观二百七十，复道甬道相连”（《史记·秦始皇本纪》），上林苑亦在其中。西汉时进行大规模的扩建和改造，通过开发水体和引进动植物，统筹安排苑内的空间组织，创建了湖泊、动物、植物、山地等功能性景区（图1-35）。这些功能性景区自成一体，形成苑中有苑、苑中离宫别馆的格局，使上林苑焕发出勃勃生机。苑中苑就是在大园林中造小园林，在小园林里面建离宫别馆，形成“大分散，小聚合”的态势。这种态势既灵活变通，又保持整体上的有机联系。建筑史家经过测算得出这样的结论：散布在上林苑中的众多景点与帝王园林生活的行为模式密切相关，它们是按照车骑“休息结点”来规划

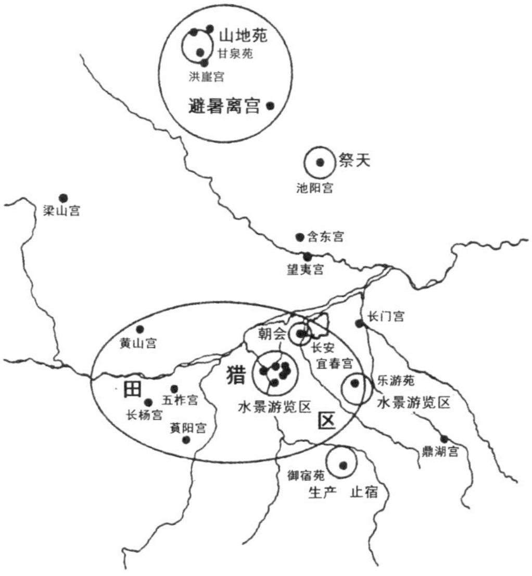

图1-35
上林苑功能分区示意图
采自《建筑师》第72期

布局的（图1-36）。[168]

上林苑的各功能性景区是长安城的向外延伸和扩展。建章宫集朝会、祀神求仙和休闲游览于一体，堪称长安园林的经典之作——象征阊阖的南宫门和比作天帝玉台的前殿，是朝会觐见的重要场所；散布于宫中的骀荡、驭娑、天梁、枍旨、奇华、鼓簧诸宫殿，为休闲游乐的止宿休息点；位于西北部摩天大楼式的神明台、井幹楼对峙，形成祀神求仙活动的核心区；浩瀚的太液池及渐台上的假山合为一体，营造出海上神山仙境。

图1-36
上林苑离宫别馆与
“休息结点”布局
采自《建筑师》第72期

昆明池景区显示出大型水体的优势。池岸“周以金堤，树以柳杞”，四周“列观环之”，还有“豫章珍馆，揭焉中峙，牵牛立其左，织女处其右”，[169]浩瀚的池水与之融为一体，营造出天河的奇幻景象。在昆明池周围的宫观，西有宣曲宫，南有细柳观，东有豫章观。《汉书•东方朔传》记载：建元三年（前138年）武帝微服出行，“从宣曲以南十二所，中休更衣，投宿诸宫，长杨、五柞、倍阳、宣曲尤幸”。可知宣曲宫在穿池之前就已建成。细柳观因细柳原而得名，早年胡谦盈先生在池南岸一带发现汉代建筑遗址，地面散布大量西汉瓦片和一些大卵石柱础，疑为细柳观所在地。[170]豫章观是昆明池景区的核心建筑。《三辅黄图》（卷四）引《三辅故事》云：“池中有龙首船，常令宫女泛舟池中，张凤盖，建华旗，作棹歌，杂以鼓吹，帝御豫章观临观焉。”《西都赋》云：“集乎豫章之宇，临乎昆明之池。”豫章观即豫章台，因池名及所在东岸位置又称昆明观或昆明东观。刘庆柱、李毓芳先生认为，池岸建豫章观的这种做法，“与未央宫沧池之渐台、建章宫太液池之蓬莱山意义相同，亦喻神山仙境”。[171]经考古研究人员钻探，在昆明池东岸发现的3号建筑遗址，即当时豫章观所在。遗址现为一片高地，平面呈曲尺形，东面连岸，其他三面环水，经试掘发现有上下两层夯土台基。[172]李令福先生说：“昆明池面广大，观赏的范围广阔，视点的要求就很高，欲广瞻而眺远，需筑台而登高，豫章台建设的原因或在于此。”又说：“昆明池周回20千米，池中筑台，就显得孤峙无依，台与浩渺的水面难以协调。”[173]在昆明池景区遗址的北部存有牵牛、织女石像，在池西岸的马营寨，还发现了石鲸。这些大型石雕作品的设置，无疑对昆明池的象征意义起到了升华作用（参见第四章第二节）。《雍录》

（卷六）“兰池宫”条云：“武帝之凿昆明池，刻石为鲸鱼及牵牛、织女，正以秦之兰池为则也。”这就是说，昆明池景区沿袭的是秦之兰池以大型水体为依托建造园林的模式。

上林苑的其他重要的景区还有东部宜春苑，东南的鼎湖宫，南部御宿苑，西南的长杨宫、五柞宫和萯阳宫，东北的黄山宫，以及紧邻长安城的平乐观等。

宜春苑位于上林苑的东部，初建于秦。《汉书•东方朔传》云：建元三年（前138年）武帝微服出行，“东游宜春”。颜师古注：“宜春宫也，在长安城东南。”又据《汉书•元帝纪》记载，初元二年（前47年）三月诏罢“宜春下苑”。孟康曰：“宫名也，在杜县东。”晋灼曰：“《史记》云葬二世杜南宜春苑中。”颜师古注：“宜春下苑即今京城东南隅曲江池是也。”宜春下苑称名，可能与苑之属地下杜或宜春宫在下杜苑有一定关系。[174]苑中的曲江池，“其水曲折有似广陵之江，故名之”。有专门的机构管理苑中园艺，《善斋吉金录•玺印录》著录“宜春禁丞”印，“禁”当为水衡都尉属官“禁圃令”之省文。[175]“宜春苑中最大的特点就是由一处天然的湖泊——曲江及‘隑洲’构成的风景区。”[176]司马相如《哀秦二世赋》云：

> 登陂陁之长阪兮，坌入曾宫之嵯峨。临曲江之隑洲兮，望南山之参差。岩岩深山之谾谾兮，通谷豁乎谽谺。汩淢靸以永逝兮，注平皋之广衍。观众树之蓊薆兮，览竹林之榛榛。东驰土山兮，北揭石濑。

有宫殿、湖泊、隑洲，还有山岩、树木、竹林、急流、长谷、远山等，宜春苑景区风光旖旎醉人。

上林苑的平面形状犹如一把打开的折扇，扇轴为长安城，扇面的右端为西南的长杨宫，左端是东南的鼎湖宫。扬雄《羽猎赋•序》云：“武帝广开上林，南至宜春、鼎胡、御宿、昆吾。”其中的“鼎胡”即鼎湖宫。鼎湖宫一带有丰富的地热资源，是汉时皇家的疗养胜地。“汉武帝当年建造鼎湖宫，定在两水（按：浐河上源的岱峪河及其支流祥峪河）之间的高地上，确实是个绝妙的选择。在这里，终南碧峰直插云天，地近玉川，又有温泉之便，风光秀丽，气候温润，更能体现出人与自然的融合。”[177]

《史记•孝武本纪》记载，方士公孙卿对武帝说：黄帝采首山铜，铸鼎于荆山下，[178]鼎成，有龙迎黄帝升天，“故后世因名其处曰鼎湖”。鼎湖宫中的宫观无记载，具体情况不得而知。《羽猎赋•序》说上林苑东南所至处有“昆吾”。晋灼注：“昆吾，地名也，有亭。”研究者据此认为鼎湖宫中有昆吾亭，[179]恐不确。晋灼所说的昆吾亭大概是亭驿或亭寺，但它不会设置在汉帝离宫之中。鼎湖宫遗址在西安市蓝田县焦岱镇南侧，“面积约30000平方米，发现宫殿基址7处及宫墙遗址。遗址内出土了汉代素面和几何纹铺地砖，大量绳纹板瓦片和筒瓦片、瓦当等建筑材料。瓦当分云纹瓦当和文字瓦当两种，而文字瓦当7件，铭文全部为‘鼎胡延寿宫’”。[180]

除用于休闲疗养外，鼎湖宫可能还是国家的重要祀神场所。《史记•封禅书》记载：

> 文成死明年，天子病鼎湖甚，巫医无所不致，不愈。游水发根言上郡有巫，病而鬼神下之。上诏置祠之甘泉。及病，使人问神君，神君言曰：“天子无忧病。病少愈，强与我会甘泉。”于是病愈，遂起，幸甘泉，病良已。大赦，置寿宫神君。神君最贵者曰太一，其佐曰大禁、司命之属，皆从之。

文成即齐人少翁，卒于元狩五年（前118年），“明年”即元狩六年（前117年）。从这段文字记载看，武帝养病于鼎湖宫，然后幸甘泉，病愈。大赦天下，并建寿宫以礼神君。我们推测是年建造的寿宫，不在甘泉宫而在鼎湖宫。《汉书•郊祀志上》“置寿宫神君”孟康注：“更立此宫也。”臣瓒注：“寿宫，奉神之宫也。《楚辞》曰‘蹇将澹兮寿宫’也。”祀神以求得延年益寿，故称寿宫。换言之，前面带“寿”或“延寿”“益延寿”“益寿延寿”的宫馆名，都与祀神建筑有关。今在鼎湖宫遗址出土的“鼎胡延寿宫”瓦当，就是鼎湖宫建造祀神宫殿一个重要佐证（参见第三章第二节）。此后的元封二年（前109年），武帝在甘泉宫建益延寿馆，若元狩六年在甘泉宫建寿宫，九年之后就不会在同一个地点重复建造功能相同的益延寿馆。

西安市北郊相家巷一带出土的秦封泥中有“鼎胡苑丞”“鼎胡禁印”，可知秦时鼎湖一带已有禁苑。[181]有禁苑必有与之相配套的建筑设施，推想秦时在鼎胡苑中建有馆舍，而汉时的鼎湖宫不会出秦苑范围之外。鼎湖宫的建筑设施大约始建于建元三年（前138年）武帝诏令复起上林苑时。

以山川、果木景观而享有盛名的御宿苑，位于上林苑的南端，地处秦岭终南山北麓。《三辅黄图》（卷四）云：

> 御宿苑，在长安城南御宿川中。汉武帝为离宫别馆，禁御人不得入。来往游观，止宿其中，故曰御宿。

据《汉书•扬雄传上》颜师古注：“御宿在樊川西也。”《汉书•元后传》云：太后四时车架巡狩四郊，“夏游籞宿、鄠、杜之间”。颜师古注：

“籞宿苑在长安城南，今之御宿川是也。”当地的地名普查人员判断，御宿苑应在今西安市长安区王曲川，不在樊川。何清谷先生认为此说有理，“王曲川在终南山下，离汉长安城较远，皇帝后妃游当日不得归，必在苑中住宿，因取此名，而樊川较近，不必夜宿”。[182]又据《三秦记》记载，御宿苑中有园，“出梨，十五枚一胜（升）”。

4. 苑中苑——功能性景区及宫观（下）

班固《西都赋》说上林苑有离宫别馆“三十六所”，后来的《三辅黄图》（卷四）说有“离宫七十所，皆容千乘万骑”，又有昆明观、茧观、平乐观等21座。《关中记》说“上林苑门十二，中有苑三十六，宫十二，观二十五”。据王社教先生综合文献记载和今人的研究所做的统计分析，上林苑的宫观共81处，其中宫有25处，观有56座。但能够判断确实位于上林苑范围内的宫观大概不到60座。[183]对于其中一些主要宫观，何清谷、徐卫民先生考证颇详，可资参考。[184]

坐落在上林苑西南的三座著名宫观，自西向东依次为长杨宫、五柞宫、萯阳宫。这一带地近秦岭北麓，峰峦叠翠，草木茂密，山谷溪水常流，加之温润的气候，既适合多种野生动物生息繁衍，又利于就地畜养之。所以这里一直是秦汉时期皇家理想的游猎区，同时也是整军练兵的重要基地。《文选•西都赋》云：

> 尔乃盛娱游之壮观，奋泰武乎上囿。因兹以威戎夸狄，耀威灵而讲武事。……于是天子乃登属玉之馆，历长杨之榭，览山川之体势，观三军之杀获。原野萧条，目极四裔。禽相镇压，兽相枕藉。然后收禽会众，论功赐胙。
>
> 李善注：“《史记》：‘相如《封禅书》曰：斯事天下之壮观。’《礼记》曰：‘西方曰戎，北方曰狄。’又曰：‘孟冬之月，天子乃命将帅讲武，习射御。’《毛诗序》曰：‘有常德以立武事。’”

赋文的后两句说汉帝登临属玉馆和长杨榭，检阅校猎军队并论功行赏。其中，属玉馆在萯阳宫，长杨榭在长杨宫。

《汉书•地理志上》右扶风盩厔县注：“有长杨宫，有射熊馆，秦昭王起。”长杨宫中有长杨榭，属于高台建筑，犹如朝宫中的前殿。射熊馆即射熊观，是长杨宫门前双阙，可登临。《三辅黄图》（卷一）云：

> 长杨宫，在今盩厔县东南三十里，本秦旧宫，至汉修饰之以备行幸。宫中有垂杨数亩，因为宫名，门曰射熊观，秦、汉游猎之所。

《汉书•东方朔传》记载，建元三年（前138年）八九月中，武帝南猎长杨，“旦明，入山下驰射鹿豕狐兔，手格熊罴”。他在上林苑多次举行校猎活动，地点都设在长杨宫。司马相如在《上林赋》中对当时的活动情况有大篇幅的描写。后来元帝、成帝举行校猎活动的地点，也多在此处。《汉书•元帝纪》记载：永光五年（前39年）“冬，上幸长杨射熊馆，布车骑，大猎”。《汉书•成帝纪》记载：元延二年（前11年）“冬，行幸长杨宫，从胡客大校猎”。关于成帝时的大校猎活动，扬雄的《长杨赋•序》记述甚详：

> 明年，上将大夸胡人以多禽兽。秋，命右扶风发民入南山，西至褒斜，东至弘农，南驱汉中，张罗罔罝罘，捕熊、罴、豪、猪、虎、豹、狖、玃、狐、兔、麋、鹿，载以槛车，输之长杨射熊馆。以网为周阹，纵禽兽其中，令胡人手博之，自取其获，上亲临观焉。

举行“从胡客大校猎”活动，固然与帝王个人的娱乐嗜好有关，但也有讲武事、“威戎夸狄”，以昭示汉朝强盛之目的。汉赋中描述上林苑校猎活动的篇章不少，内容涉及校猎之性质、时间、地点和参与者，以及校猎之程序、作用等。为此，曹胜高先生做过细致深入的分析研究。[185]他认为：“两汉举行校猎，固然有天子奢侈、纵欲等原因，但主要还在于校猎所采取的军事演习的形式有助于训练士卒，检阅军队，以达到彰显汉朝军事实力，威服四夷的目的。”[186]这当然是很有见地的看法。

据何清谷先生考证，长杨宫位于今西安市周至县终南镇竹园头村。在该地发现的建筑遗址面积约20000平方米，原有高约3米的夯土台基，现几乎夷为平地。遗址内出土有秦龙纹、璧纹空心砖，葵纹、云纹瓦当。西汉虎纹、龙纹砖，四神纹、云气纹以及“宫”“禁圃”瓦当等[187]。新发现的画像砖和瓦当，不仅证明长杨宫确属秦宫汉葺，而且还反映出该宫的多重功能性，未必只用于校猎。如虎纹砖及四神纹瓦当，就是长杨宫设置祭祀性建筑的佐证。“禁圃”瓦当的发现，表明该官署在长杨宫或其附近设置有常驻机构。禁圃为水衡都尉下属的九官令丞之一，专职负责上林苑内园艺及菜蔬瓜果种植，以保障皇室诸宫日常生活供给。

五柞宫位于长杨宫的东北，遗址在西安市周至县东南尚村镇北临川寺。《长杨赋》云：“振师五柞，习马长杨。”武帝、成帝游猎长杨时，多在五柞宫集结军队，并止宿于此处。《三辅黄图》（卷三）记载：“五柞宫，汉之离宫，在扶风盩厔。宫中有五柞树，因以为名。五柞皆连抱，上枝覆荫数亩。”《水经注•渭水下》记载：“（渭水）又东北，耿谷水注之，水发南山耿谷，北流与柳泉合。东北迳五柞宫西。长杨、五柞二宫，相去八里，并以树名宫，亦犹陶氏以五柳立称。”早年武帝游猎时，“从宣曲以南十二所，中休更衣，投宿诸宫，长杨、五柞、倍阳、宣曲尤幸”（《汉书•东方朔传》）。五柞宫亦为秦宫汉葺，是武帝时的一处重要的离宫。后元二年（前87年）二月，武帝“行幸盩厔五柞宫。乙丑，立皇子弗陵为皇太子。丁卯，帝崩于五柞宫”（《汉书•武帝纪》）。

在五柞宫与萯阳宫之间还有青梧观，大约也属于秦宫汉葺。《三辅黄图》（卷五）云：

> 青梧观，在五柞宫之西。观亦有三梧桐树，下有石麒麟二枚，刊其胁文字，是秦始皇骊山墓上物也。

《西京杂记》有类似的文字记载。将秦始皇陵大型石雕移至汉时青梧观前作建筑装饰之用，其动机费考，而且搬运起来难度极大。青梧观一带地近秦岭北坡，有丰富的石材资源。我们怀疑秦代的这对石麒麟可能在此地雕造而成，因故未能移至骊山陵园，汉时修葺青梧观时就近将之置于观前。

五柞宫之东南是萯阳宫。《汉书•地理志上》右扶风鄠县注：“有萯阳宫，秦文王起。”《三辅黄图•序》云：“惠文王初都咸阳，取岐、雍巨材，新作宫室。南临渭，北逾泾，至于离宫三百。”萯阳宫又称倍阳宫，遗址在今西安市户县西南的白庙村。《水经注•渭水下》云：“（甘）水出南山甘谷，北迳秦文王萯阳宫西，又北迳五柞宫东。”王守敬按：“钱玷曰，《东方朔传》作倍阳，李斐音萯为倍。《说文》，县有郙乡，读若倍，是郙即萯，萯即倍矣。《说苑》以为始皇迁太后之处。”《汉书•成帝纪》云：元延二年（前11年）冬，成帝在长杨宫“从胡客大校猎”，之后“宿萯阳宫，赐从官”。萯阳宫有属玉馆，又称属玉观，馆名属玉是一种水鸟。《西都赋》云：“天子乃登属玉之馆，历长杨之榭，览山川之体势，观三军之杀获。”可知属玉馆（观）是萯阳宫中的标志性建筑，高台式，供帝王检阅校猎军队之用。《汉书•宣帝纪》记载：甘露二年（前52年）冬十二月，宣帝“行幸萯阳宫属玉观”。

长杨宫、萯阳宫、青梧观、五柞宫是上林苑西南部的重要宫观。它们既是汉帝休闲止宿处，又是大校猎活动中军队的集结点和检阅军队的场所。高大的台榭和宏伟的殿宇与原野、流水、山林、园艺、动物等自然景观结合，形成一道壮阔的园林风景线。

黄山宫是上林苑西北部的一处重要离宫，位于渭水北岸。《汉书•地理志上》右扶风槐里县注：“高祖三年（前204年）更名。有黄山宫，惠帝二年（前193年）起。”黄山宫在黄山苑中，汉帝、太后及权贵多到这里游猎、止宿，一直持续到王莽时被废弃。据《汉书•东方朔传》记载：建元三年（前138年）武帝微服出行，“北至池阳，西至黄山”。《汉书•霍光传》云：霍光兄孙霍云“多从宾客张围猎黄山苑中”。《汉书•元后传》云：王太后“四时车驾巡狩四郊”，“秋历东馆，望昆明，集黄山宫”。《读史方舆纪要·陕西二》“黄山”条云：“莽天凤三年（16年）民讹言黄龙堕死黄山宫中，奔走往视，莽恶之，即此。”

关于黄山宫地望，《水经注•渭水下》云：“渭水又东北迳黄山宫南。”过去多认为黄山宫在兴平县西的马嵬坡附近，但最新考古和发掘证实，其遗址在兴平县东南田阜乡侯村西北。20世纪80年代在这里发现“横山宫”铭文铜灯和凤纹空心砖等。汉代“横”“黄”可以互通，铜灯铭文“横山宫”就是“黄山宫”。后来考古研究人员在该遗址勘察和试掘时，又发现“黄山”瓦当，确证此处是黄山宫所在地。据考古报道，遗址面积约2.5万平方米，可分东宫殿区与西陶窑作坊区两部分。东宫殿区内发现有夯土台基，高2米左右，还有道路、墙基、散水等遗迹。出土的建筑材料有铺地砖、排水管道、空心砖、瓦当等建筑材料。它们体量硕大，做工细致，表现出皇家高规格等级和气派。用于踏步的虎纹曲尺形砖为之前所少见。铺地方砖有素面的，也有回纹、乳丁纹的，还有正三角形铺地砖，用于拼摆图案或填充边角。排水管道有圆筒、五角形，体形粗大。各种不同形制的瓦当就有400多件，有葵纹、云气纹等图案纹，夔纹、夔凤、饕餮等动物纹，以及“黄山”“延年益寿”“长乐未央”“长生无极”等字纹。[188]“素有瓦当王之称的大型夔纹、夔凤纹半瓦当，时代有秦有汉。目前在全国汉代遗址中出有这种夔纹瓦当的只有黄山宫。”[189]黄山宫属于秦宫汉葺，并非惠帝时所创建。已发现的20多座陶窑均为武帝时期，说明该宫在西汉中期进行了较大规模的修葺与扩建。

在上林苑诸宫观遗址中，已究明地望者还有位于咸阳沣西镇的犬台宫，长安城西南部的虎圈观，建章宫西北、平乐馆西边的当路观，以及西部的储元宫和包阳宫，西安三桥镇高窑村的昭台宫和长安区五台乡的太乙宫等。[190]

5. 大型娱乐建筑设施——平乐观

上林苑中的平乐观（馆），是一处具有公共文化性质的大型广场式建筑，《文选•西京赋》薛综注：平乐观“大作乐处也”。武帝时东方朔作《平乐观赋》，枚皋作《平乐馆赋》，可惜都已失传。《汉书•东方朔传》记载：董偃幸贵，“常从游戏北宫，驰逐平乐，观鸡鞠之会，角狗马之足，上大欢乐之”。《汉书•霍光传》：“（霍）禹、（霍）山亦并缮治第宅，走马驰逐平乐馆。”《汉书•翟方进传》：王莽居摄期间，复以“常乡侯王恽为车骑将军屯平乐馆”。平乐观内既可纵马驰骋，又能供军队驻扎，可见其规模很大。

作为大型演出活动的载体，平乐观与其他宫观的性质有所不同。首先是它的对外礼宾性，借此张扬国威；其次是它的开放性和公共性，以标榜帝王的亲民思想。《汉书•西域传》记载：武帝“设酒池肉林以飨四夷之客，作巴俞都卢、海中砀极、漫衍鱼龙、角抵之戏以观视之”。武帝之后，元康二年（前64年）宣帝“自临平乐观，会匈奴使者、外国君长大角抵，设乐而遣之”。《史记•大宛列传》云：

> 于是大觳抵，出奇戏诸怪物，多聚观者，行赏赐，酒池肉林，令外国客遍观各仓库府藏之积，见汉之广大，倾骇之。及加其眩目者之工，而觳抵奇戏岁增变，甚盛益兴，自此始。

武帝时在平乐观举行角抵奇戏表演，款待外国宾客，以炫耀西汉王朝的富有和强大。《汉书 • 武帝纪》记载：元封三年（公元前108年）春，“作角抵戏，三百里内皆（来）观”；元封六年（公元前105年）夏，“京师民观角抵上林平乐馆”。这两次角抵奇戏表演，盛况空前，观者皆为京畿地区民众。平乐观作为大型广场式建筑，面向公众开放，这当然是社会的一个进步，尽管这种开放是非经常性的。关于长安平乐观举行角抵奇戏表演，张衡《西京赋》记述颇详：

> 大驾幸乎平乐，张甲乙而袭翠被。攒珍宝之玩好，纷瑰丽以奓靡。临迥望之广场，程角觗之妙戏。乌获扛鼎，都卢寻橦，冲狭燕濯，胸突铦锋。跳丸剑之挥霍，走索上而相逢。华岳峨峨，冈峦参差。神木灵草，朱实离离。总会仙倡，戏豹舞罴。白虎鼓瑟，苍龙吹篪。女、娥坐而长歌，声清畅而蜲蛇。洪涯立而指麾，被毛羽之纖褷。度曲未终，云起雪飞。初若飘飘，后遂霏霏。复陆重阁，转石成雷。礔砺激而增响，磅礚象乎天威。巨兽百寻，是为曼延。神山崔巍，欻从背见。熊虎升而拏攫，猿狖超而高援。怪兽陆梁，大雀踆踆。白象行孕，垂鼻辚囷。海鳞变而成龙，状蜿蜿以蝹蝹。舍利飏飏，化为仙车。骊驾四鹿,芝盖九葩。蟾蜍与龟，水人弄蛇。奇幻倏忽，易貌分形。吞刀吐火，云雾杳冥。画地成川，流渭通泾。东海黄公，赤刀粤祝。冀厌白虎，卒不能救。挟邪作蛊，于是不售。尔乃建戏车，树修旃。侲僮程材,上下翩翻。突倒投而跟絓，譬陨绝而复联。百马同辔，骋足并驰。橦末之伎，态不可弥。弯弓射乎西羌，又顾发乎鲜卑。

表演分五个场次，依次是显示个人气力、技巧的角抵妙戏，以化妆歌舞作为表演形式的总会仙倡，以动物为主题的百兽、鱼龙曼延，以及人兽共舞、相斗及幻术，高空表演、马术和戏车等。西汉时的大角抵又称角抵奇戏，角抵重技、勇展示，奇戏偏于表演奇幻景象。东汉出现“百戏”一词，即是对角抵奇戏推而广之的包容。[191]

关于平乐观的初建时间、规模及位置，见于《资治通鉴》（卷十八）武帝元光五年（前130年）胡三省注：“平乐观在未央宫北，周回十五里；高祖时制度草创。至（武）帝增修之。”据《汉书•王莽传下》记载：新朝地皇元年（20年）王莽下令拆毁长安城西苑中的宫观，“取其材瓦，以起九庙”，平乐观也在其中。何清谷先生推测，平乐观位置“可能在建章宫之北，也可说在未央宫西北”。[192]《史记•李斯列传》云：“是时(秦)二世在甘泉，方作角抵俳优之观。”秦甘泉宫旧址即汉时桂宫所在地，而桂宫紧邻长安城西墙北段，呈南北长的长方形，与当时宫城方形规制不合。所以，我们怀疑当时桂宫是在秦甘泉宫旧址的东半部建成的，西半部可能是秦二世“作角抵俳优之观”所在，即汉长安城西墙北段外，建章宫以北的地方。高祖初创平乐观，可能利用了秦甘泉宫的部分旧址。

平乐馆遗址尚未发现，具体范围及建筑情况不得而知。冯云鹏、冯云鹓《金石索》著录有“平乐宫阿”瓦当，陈直“疑为平乐观之物”。[193]据陈根远先生披露，有收藏者获一件“平乐宫阿”瓦当，传出于今咸阳渭河电厂一带。[194]汉代平乐观在渭水之南，而传出瓦当的地点则在渭水以北，有疑待考。

五、长安私家园林

受汉时皇家上林苑的影响，京畿地区的私家园林也逐步发展起来。《西京杂记》（卷三）云：

> 茂陵富人袁广汉，藏镪巨万，家僮八九百人。于北邙山下筑园，东西四里，南北五里，激流水注其内。构石为山，高十馀丈，连延数里。养白鹦鹉、紫鸳鸯、牦牛、青兕，奇兽怪禽，委积其间。积沙为洲屿，激水为波潮，其中致江鸥海鹤，孕雏产鷇，延漫林池。奇树异草，靡不具植。屋皆徘徊连属，重阁修廊，行之，移晷不能遍也。广汉后有罪诛，没入为官园，鸟兽草木，皆移植上林苑中。

袁广汉筑北邙园事，《三辅黄图》（卷四）亦有记载。北邙山，一名北芒岩，又称始平原。《类编长安志》（卷七）“原丘•始平原”条引《三秦记》云："长安城北，有始平原数百里。其人井汲巢居，井深五十丈。汉时亦谓之北芒岩。"始平原位于陕西兴平市以北，东西绵延数十千米，是渭北旱原的一部分。陈直先生考证："自咸阳北面高原起，至兴平一带，农民皆称为北邙阪，而《西京杂记》正用口头语，与洛阳'北邙山'名同实异。"[195]据《汉书•武帝纪》记载：建元二年（前139年），"初置茂陵邑"；建元三年（前138年），"赐徙茂陵者户钱二十万，田二顷"；元朔二年（前127年）夏，"又徙郡国豪杰及訾三百万以上于茂陵"；太始元年（前96年），"徙郡国吏民豪杰于茂陵"。推测袁广汉可能是从关东徙居茂陵邑的"訾三百万以上"者或其后裔。

茂陵袁广汉的北邙园开西汉私家园林风气之先，通过人工，引激流水入园内，形成池沼，积沙土为洲屿，叠石造山数里，长廊逶迤，殿屋连属，又有奇树异草和珍禽异兽养殖园中，营造出山水园林景观。园主因罪被诛杀后，北邙园可能就近并入黄山苑中。

第三节　西汉晚期的礼制建筑

武帝之后的七八十年间，长安城有零星建筑活动。如元康四年（前62年）冬，凤凰集上林，宣帝下诏作凤凰殿，以纪念天降嘉瑞；神爵三年（前59年）起乐游苑；建始元年（前32年），成帝作长安南、北郊坛。

王莽辅政及新朝代汉期间，长安城迎来了第三次建筑高潮。《汉书•郊祀志下》记载，王莽篡位第二年（始建国二年，10年），"兴神仙事，以方士苏乐言，起八风台于宫中。台成万金，作乐其上，顺风作液汤"。《汉书•元后传》等记载，王莽封孝元皇后为新室文母，毁元帝庙并为其起长寿宫。始建国五年（13年）二月，孝元皇后崩，"立庙于长安，新室世世献祭"。然而，这一时期最重要的建设工程则是位于长安城南郊的明堂（辟雍）、社稷和"王莽九庙"。《汉书•王莽传上》记载：

> 是岁（元始四年），莽奏起明堂、辟雍、灵台，为学者筑舍万区，作市、常满仓，制度甚盛。

《汉书•王莽传中》记载：

> （始建国元年王莽策群司）曰："予前在摄时，建郊宫，定祧庙，立社稷。"

王莽建造这些大型礼制建筑，借以向天下表明他遵从天命和以新朝取代刘

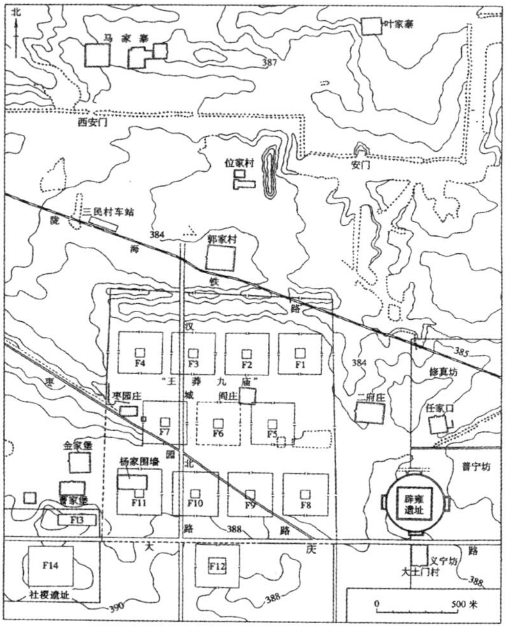

图1-37
汉长安城南郊礼制建筑遗址分布图
采自《西汉礼制建筑遗址》

图1-38
大土门遗址平面图
采自《西汉礼制建筑遗址》

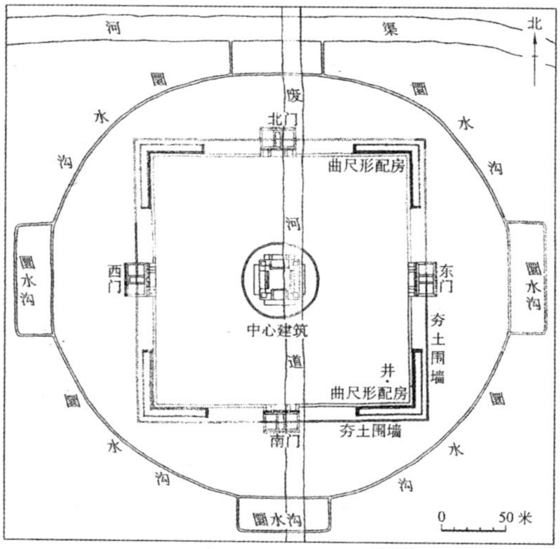

氏皇权的合法性。

一、遗址的发掘和定名

20世纪50年代，位于长安城南郊的大型礼制建筑遗址被考古工作者发现并发掘。它们可分三组，东西排列（图1-37）。其中，东组为一座独立建筑，遗址在今西安市西郊大土门村北，称大土门遗址；中组为多座建筑组成的群体，遗址在今阎庄、枣园村一带的西安冶金机械厂内，共12座，编号为1～12号遗址；西组为位于中组以西，即今曹家堡村西南，共两座，编号为13、14号遗址。西组和中组分列于长安城西安门外两侧，未央宫中轴线的两旁；东组和中组分列于长安城安门外两侧。

1. 大土门遗址

据考古发掘报告披露：“整个建筑遗址的规模宏大，大致可分为三个部分（图1-38）：第一部分为中心建筑物；第二部分为围墙、四门及配房建筑；第三部分为圜水沟。它们的关系是：遗址的中心为中心建筑，在一个圆形夯土台上；中心建筑的四周是一个方形的院落，四角各建有曲尺形的配房，各配房的四面的中距又有东、西、南、北四门建筑，配房的外侧又有围墙与四门连接，整个构成一个方形建筑体，位于方形夯土台上；在围墙的四周，又有一圆形的大圜水沟，在大圜水沟的四边正对四门处又有长方形的小圜水沟”。[196]三个部分的考古测量数据及具体形制如下：

中心建筑位于方形的土台正中部。方形土台南北长205米，东西长206米，高1.6米，土台上部是夯土。中心建筑地基为平面圆形的夯土台，上部直径62米，底径60米，高于院落30多厘米。中心建筑的平面呈“亞”字形，方向正南北，南北长42米，东西长42.4米，正中是方形夯土台，南北长16.8米，东西长17.4米，残高1.5米。推测这个方形夯土台原来很高，上面为楼阁式建筑。其四角各有小方形夯土台两个，大小相同，可能为加固转角处角柱所筑，或是亭阁类建筑的台基。方形夯土台的四周有东、西、南、北四堂。北堂出抱厦四间，其他三堂每面出抱厦八间，每边通长24米。

中心建筑四周的夯土围墙，平面呈方形，边长235米，距离中心建筑各96米。每边围墙的正中有一门，距中心建筑81.5米。围墙内的四隅有平面呈曲尺形的敞厅式配房，曲尺每边长47米，两边各10间。

围墙外有大圜水沟，圆形，直径东西368米，南北349米，相距东、西门56.5米，南门54米，北门43米。在大圜水沟面对四门处又各围有一个长方形的小圜水沟，东西两水沟长90米，距大圜水沟27米，南北两水沟长72米。北边的小圜水沟与一条从西向东流的古河渠相通，其余三个小圜水沟与大圜水沟相通。[197]

关于这座建筑的年代，学术界的意见比较一致，认为是平帝元始年间（1～5年）王莽辅政时所为。但对它的性质及定名却有争议，存在着“辟雍说”与“明堂说”两种不同的意见，而争执焦点在于其分属两处建筑物或是一处建筑物上。其中，“明堂说”又有明堂、明堂辟雍、明堂（辟雍）三种表述方式。近年又有研究者提出该遗址可能是其他礼制性建筑看法，比如太学。

唐金裕先生认为大土门遗址可能是辟雍，并引《汉书•平帝纪》应劭注释和蔡邕《明堂月令论》关于辟雍“四面周水圜如璧”说，以及《三辅黄图》《水经注•渭水下》《两京新记》等对汉代辟雍地理位置的记载，作为判断依据。[198]与唐金裕同时提出该遗址为辟雍意见的，还有牛致平先生。[199]黄展岳先生是大土门遗址发掘主持者，他认为明堂、辟雍属于分立的两处建筑物，“是两种性质相近但又各有特殊作用的东西，它们的建筑形式可能是大体相似而局部稍有损益”。而且“不仅武帝时没有在长安兴建明堂、辟雍，武帝以后平帝以前诸帝，也没有兴建过。只有到了平帝即位、王莽当权的时代，明堂、辟雍等礼制建筑才大量在南郊出现”。[200]后来，他又对大土门遗址定名辟雍问题进行了说明：“因本遗址是带有圜水沟的建筑，故认定它应是辟雍遗址。”并且列举《汉书》中刘歆、王莽等人对明堂辟雍的说法，传世的新莽时铜镜铭文，以及在洛阳城南郊发掘的东汉明堂、辟雍、太学、灵台四处遗址等作为旁证，作为说明平帝元始四年（4年）在长安城南郊营建的明堂、辟雍、太学、灵台是各自分立的独立建筑，而不是四者合一于同一建筑之中的理由。[201]王仲殊先生也说：“由于各种记载中都说辟雍是‘四面周水，圜如璧’，所以它很可能是辟雍的遗址。”[202]王恩田先生同意他们的看法，认为明堂与辟雍、太学皆非一处建筑，而辟雍很有可能是郊祀天地之处，即王莽所说的“郊宫”，亦即“郊庙”。[203]

持明堂说观点者认为，大土门遗址就是明堂。许道龄先生是“明堂说”较早提出者。[204]王世仁先生亦持此种观点，并采用“明堂辟雍”作为一种表述方式。他援引《大戴礼记》阐释明堂“外水曰辟雍”，以及《汉书•郊祀志下》记载武帝在泰山下所建明堂“通水，水圜宫”，来说明大土门遗址周围环水即辟雍。他还从该遗址所反映的建筑结构和形制入手，绘制出复原图，分析和探讨这座建筑的结构和形制，以及其中所蕴含的儒学审美观。[205]

利用文献记载并从建筑形制角度讨论明堂问题，成为许多研究者的思路。曹春平先生对该遗址定名辟雍虽未提出异议，但他认为“元始四年（4年）的明堂和灵台，其建筑形制应基本与之相同”。[206]汪宁生先生说：“首先把以五室配五行的亞形明堂这一理想付诸实现的是王莽，在他之前没有实物存在。”而大土门遗址“大概就是亞形明堂，而且是最早的一座。易言之，亞形明堂的历史只能上溯到此”。[207]

杨鸿勋先生也认为大土门遗址是汉代明堂（辟雍），只是表述方式与王世仁先生的稍有不同。他认为，地皇元年（20年）王莽诏书中说到建宗庙于“金水之南，明堂之西”，大土门遗址恰在金水故道之南，考古发掘已确知的“王莽九庙”以东，而且《水经注•渭水下》所说的明堂，大约也是指的此处；西汉时虽有明堂、辟雍、太学异名同实之说，但“据史籍记载和遗址情况来看，王莽并未完全采纳异名同实说，至少是将明堂、辟雍与太学、太庙等分开建筑的”。他还认为，由《两京新记》记载汉代辟雍以东设置有太学，可知此处的“辟雍”并不包括一般讲堂、经堂及宿舍之类校舍的太学。长安明堂的设计，大约接受了明堂、辟雍二位一体的概念，将之统称“明堂辟雍”也无不可。据《汉书•王莽传上》记载：“居摄元年（6年）正月，莽祀上帝于南郊，迎春于东郊，行大射礼于明堂，养三老五更，成礼而去。”可见当时这座明堂确是兼作辟雍使用的。总之，大土门遗址“应即自汉文帝以来，汉儒多次倡议建立，而终为王莽所实现的‘明堂’”。[208]刘庆柱、李毓芳先生与杨鸿勋先生的观点一致，并对遗址的定性提出补充意见，认为“二者实际是一组建筑的两个名称，明堂强调其主体建筑部分，辟雍侧重说明建筑群外围的圜水沟‘如璧之圆，雍之以水’（《三辅黄图》）。汉代文献多把明堂、辟雍相提并论。明堂、辟雍早在西周时期即已出现。当时明堂是宣政之处，辟雍是明教化之所。其实二者功能是相通的”。[209]

依据《两京新记》等文献关于唐长安城普宁坊西街的记载，张一兵先生推测，西汉时在大土门遗址这个位置上的建筑，“不仅可能不是辟雍、明堂，甚至可能是其他的礼制建筑，比如太学”。他说：“外圆内方、中有一殿的形制并不是辟雍独有的，在相当长的时间里，明堂和太学也有同样的形制。”又说：“已知稍后王莽所建的九庙与这个遗址的形制已经比较接近，那么‘一实三名’的明堂、辟雍、太学的形制应该更为接近。”[210]

我们倾向于明堂说。“明堂辟雍”或“明堂（辟雍）”作为研究者的不同表述方式，意在强调元始四年（4年）建造的这座明堂，不仅包含着称之为辟雍的建筑形式，而且具有新的功能和意义。

文献中出现的“明堂辟雍”一词，大多数并列，应该连读，不宜采用顿号断开句读。刘瑞先生列举《汉书》中记述“明堂辟雍”有八例，皆为“明堂”在前，“辟雍”者紧随其后。[211]也有少数将“明堂辟雍”分开的，如《汉书•礼乐志》：“宗祀光武皇帝于明堂，养三老五更于辟雍”；《汉书•王莽传上》：“（张竦因刘嘉作奏曰）建辟雍，立明堂，班天地，流圣化，朝群后，昭文德，宗室诸侯，咸益土地”等，但它们都是在运用词语修饰中的对仗手法的同时，表达该建筑的多功能性和用途。又如扬雄《剧秦美新赋》云：“明堂雍台，壮观也……九庙长寿，极孝也。”其中的“明堂雍台”系明堂辟雍和灵台的省称，用以对仗后文“九庙长寿”（按：“王莽九庙”和长寿宫）。再如，汉铭文镜的“新兴辟雍建明堂”语，意在表达在建造明堂中，采用了辟雍这种新的建筑形式。对于《汉书》中出现“辟雍”一词的情况，刘瑞先生采用相关文献对读的方法，以证明该词所指乃“明堂辟雍”。他还说：“无论是哪种方式加以记述，文献中王莽在元始四年修建的明堂和辟雍，均当为一座建筑而非两座。”[212]他的这些意见有道理，可采纳。

图1-39
1～12号遗址分布示意图
采自《西汉礼制建筑遗址》

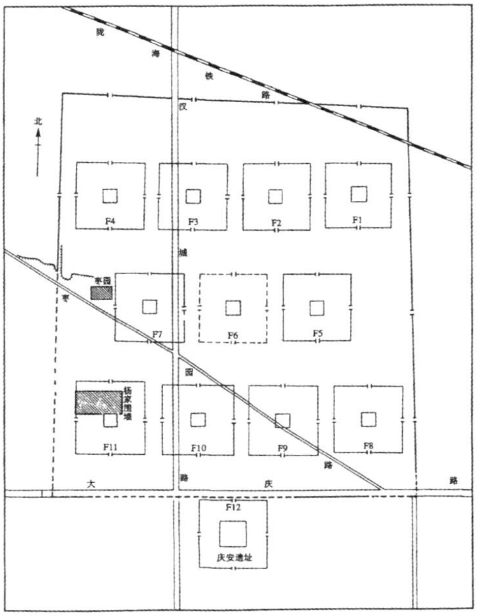

2. 中组建筑群遗址（1～12号遗址）

中组建筑群遗址由12座单体建筑组成（图1-39），编号1～12号。在1～11号遗址的外边，有周环方形大围墙，围墙边长1400米，12号遗址位于大围墙外的南边正中处。这12座建筑的形制完全相同，都由中心建筑、围墙、四门和围墙四角的曲尺形配房组成，与大土门遗址圜水沟内的主体建筑形制相近。

1～11号遗址大小相仿，间距相等，分三排，东西并列，由西向东顺序编号，北排1～4号遗址与

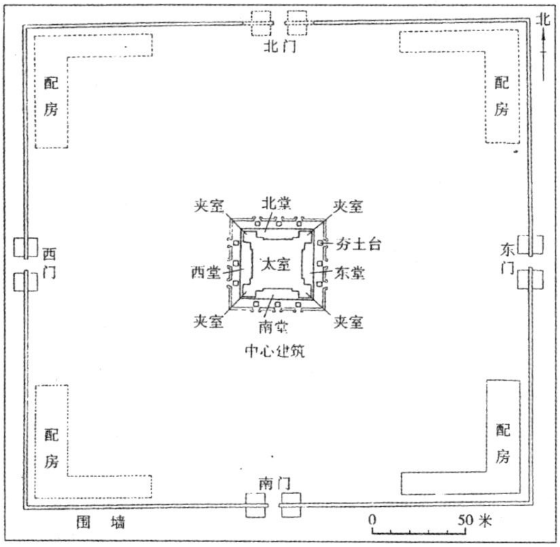

图1-40
3号遗址平面图
采自《西汉礼制建筑遗址》

南排的8～11号遗址方位一致，南北对应；中排5～7号遗址错落于南北两排之间。遗址内的中心建筑和围墙的平面皆为方形，格局犹如“回”字形。围墙为夯土筑成，边长270～280米，每边正中各辟一门，门道宽5.4米。以3号遗址为例（图1-40），中心建筑在整个遗址的正中间，边长54.5米，四面对称，平面如“亞”字形，环绕的散水用河卵石铺砌。中心台基为夯土筑造，高出四周地面，每边长28.4米，面积占中心建筑总面积的一半稍强。中心台基上建造主室，四隅各辟夹室。夹室台基呈方形，每边长7.3米。太室四面各有一堂，四堂之间有绕过夹室的夹道相通。四堂大小和布局相同，中为厅堂，从外向里看，左边各有一个厢房，右边为一堵隔墙。厅堂外围是前台，台上有三个边长2.8米左右的方形夯土台，台间距离9米左右，方台前有砖砌坡道。四堂地面用草泥铺墁，上面涂朱红色，色彩浓艳，个别地点华丽如新。中心建筑四堂础石上大多有题记，朱书，各别阴刻，内容大都是数号、工匠姓名和吉祥语，还有新莽改名“节砀”的地名。围墙内的曲尺形配房基址，两边各长65米，每边10间，前面无墙，是为敞厅。四门位于四面围墙正中，门洞长19米，宽9米，两侧的夯土台向里面凸出，形成5.4米宽的通道，是为门槛所在。[213]

12号遗址的围墙大小与1～11号遗址的围墙无差别，但中心建筑比1～11号的大约一倍，细部结构稍有差别。在中心建筑南堂的一件柱础石上发现有“始建国地（皇）”题记。[214]

关于这组建筑群遗址的性质和定名，多数学者认为是地皇元年（20年）王莽为其祖先建造的宗庙，即所谓“王莽九庙”，并以黄展岳先生的论述具有代表性。[215]其要点可归纳三：其一，出土的大量建筑材瓦，大都是西汉晚期流行的器形纹样。此外还有一些带有王莽时代标志的遗迹和遗物，除“始建国”年号、“节砀”地名题记外，还有土坯上压印的“货布”钱文（2号遗址），中心建筑及围墙四门的苍龙、白虎、朱雀、玄武四神瓦当（3、4、11、12号遗址及大围墙）。其二，关于“王莽九庙”的建筑缘起、建筑过程、建筑方位、庙号、建筑形制及建筑物堕毁等，《汉书》《水经注》等文献中都有翔实的记载。其三，“王莽九庙”不是9座而是12座。其中，9座宗庙已见《汉书•王莽传下》，庙号及位次是：黄帝太初祖庙、虞帝始祖昭庙、陈胡王统祖穆庙、齐敬王世祖昭

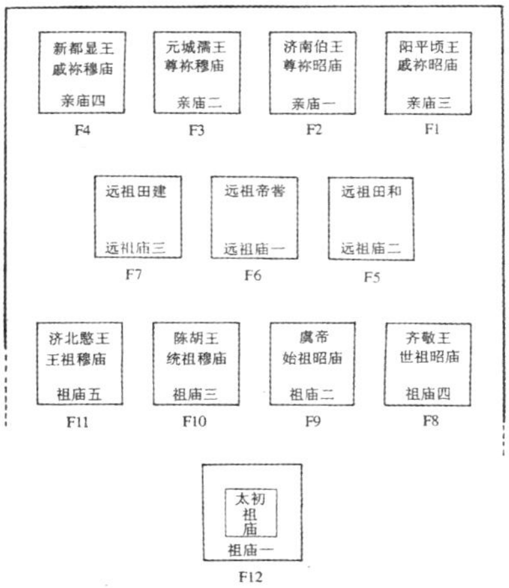

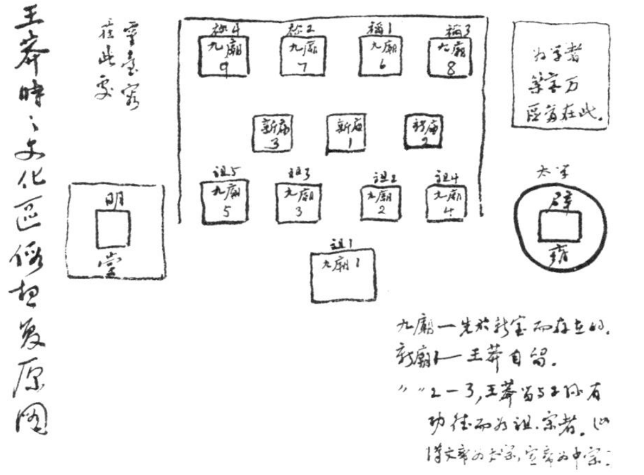

庙、济北愍王王祖穆庙（以上祖庙五）；济南伯王尊弥昭庙、元城孺王尊弥穆庙、阳平顷王戚弥昭庙、新都显王戚弥穆庙（以上亲庙四）。多出的3座宗庙的问题，在王莽世系中可以获解。他们是远祖帝喾、远祖田和和远祖田建（以上远祖庙三）。设想多出的3座宗庙系王莽为其所立，其排列位置自应在这座建筑中心（图1-41）。顾颉刚先生认为，多出的3座宗庙似为新庙，一个是王莽自留的庙，其他两个系效法周之文世室、武世室或汉之以文帝为太宗、宣帝为中宗的办法，预留与子孙有功德而为祖、宗者。[216]同时他还在亲手绘制的王莽时之文化区假想复原图中做了标注和说明（图1-42）。

图1-41（左）
黄展岳的“王莽九庙”
庙号位序图
采自《西汉礼制建筑遗址》

图1-42（右）
顾颉刚手绘“王莽九庙”
庙号位序图
采自《西汉礼制建筑遗址》

对于1～12号遗址为“王莽九庙”的性质及定名，王恩田持否定意见。他认为这组建筑群遗址不当是“王莽九庙”，可能是王莽为汉室修建的12座祖庙（图1-43）。其意见要点是：遗址为12座，不是“常数九”；没有证据表明王莽曾以田和、田建为远祖，并为其立庙；“新庙说”不合古制；12座基址分4排，且相互参差，与昭穆制度不合；文献记载“王莽九庙”的规模比1～12号遗址的实际情况要小；《水经注•渭水下》的记载，“王莽九庙”在长安城东的“枳道”以南某处；祧庙即祖庙，亦即明堂，都是进行祫祭的场所，从功能、位置、形制看，该建筑群遗址应为王莽篡汉前曾为汉室兴建过祧庙等。他还认为，“节砀”题记、“货布”钱文，可能因建筑群分两次建成所致；而朱书“始建国”年号，可能是建成后书写上去的。[217]

图1-43
王恩田的汉祖庙庙号复原图
采自《考古与文物》
1992年第4期

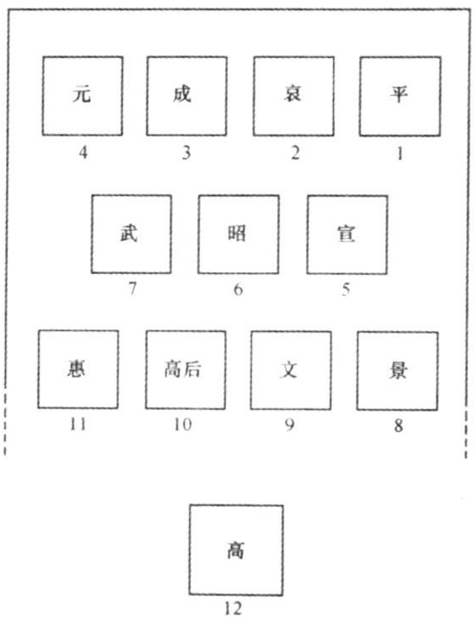

姜波先生也认为，“到王莽摄政以后，才在长安城南建立郊庙，将西汉各帝的庙宇集中到一处。珠海出现的西汉宗庙编磬，高、武、昭、宣庙编磬一起出土流传，可见应该是西汉

晚期汉室宗庙的物品”。但他对12号遗址的性质和定名有异议，认为该遗址可能是西汉明堂遗址。理由有三：其一，从文献记载和金石著录的情况看，有相当多的信息表明当时明堂和辟雍可能是分离的；其二，考古发掘的东汉雒阳城南郊的明堂、辟雍就是分立的，可作为佐证；其三，该遗址中心建筑比1～11号遗址的约大一倍，内部结构也与之稍有不同。[218]

郭善兵先生持1～12号遗址为“王莽九庙”的观点，不同意王恩田先生的“汉宗庙说”，并且对新发现的西汉宗庙编磬提出了质疑。他认为史书记载王莽“上尊宗庙，增加礼乐”“定祧庙”，似乎都是平帝以及孺子婴时王莽陆续追尊宣、元、成、平诸帝庙“宗”号事，并不表明当时王莽在长安城南郊为西汉12位皇帝建立宗庙。而新发现的西汉中后期皇帝宗庙编磬，“并非在西汉长安城南郊出土，而且也难以断言其最初皆出土于同一地，存在出土于不同地方，后来拼合在一处的可能性。以此作为西汉后期王莽摄政时，曾经在长安城南郊为西汉诸帝建立宗庙说证据，似乎无法令人信服”。又说：“从庙数上来说，当时皇帝宗庙因包括高、惠、文、景、武、昭、皇考、宣、元、成、共皇庙，而为十一庙制度。哀帝改制失败后，其改革措施大都被王莽废除。刘歆六世亲庙之说虽然自此销声匿迹，但他提出的‘祖’‘宗’功德庙有关主张，却被王莽新朝采用，由此形成皇帝‘九庙’制度。”[219]

图1-44
刘瑞的地皇新庙
昭穆排序示意图
采自《汉长安城的朝向、轴线与南郊礼制建筑》

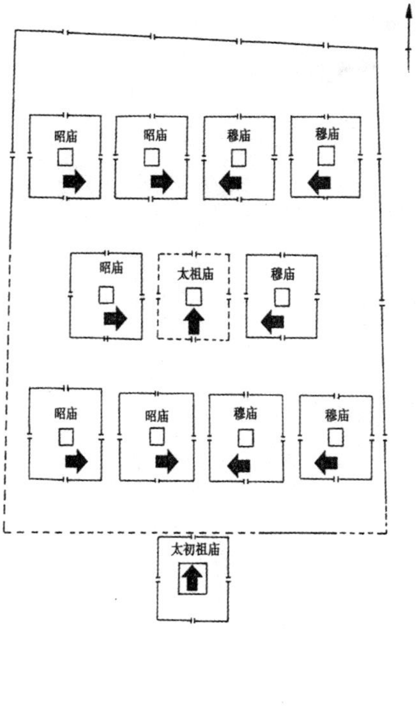

对于王恩田先生的意见，刘瑞先生也持否定态度，并对其观点逐一进行商榷。认为“汉宗庙说”在建设时间上不成立，与明堂、祧庙、宗庙的概念，王莽“定祧庙”的实质和汉宗庙的建设，宗庙排序与传统昭穆制度及西汉后期“庙议”等均不符合。[220]关于中组建筑群遗址的性质和定名，他认为称之“地皇新庙”妥当。“九庙”是班固的记述语言，并未明确指地皇新庙就是9座，而且与王莽的宗庙思想不符。他赞同顾颉刚先生提出王莽宗庙中存在着预留宗庙的看法，并重新讨论了地皇新庙中的昭穆排序演变，神主朝向与诸庙交错分布的关系问题（图1-44）。其要点有三：其一，12号遗址为太初祖庙，神主坐南朝北，为整个宗庙的中心，并与其北四庙构成万世不毁的“祖庙五”。其二，6号遗址为太祖庙，神主坐南朝北，与其左右及北部诸庙构成“天子七庙”。其三，1～11号遗址交错分布正适合西昭右穆排列，昭位神主坐西向东，穆位神主坐东向西。[221]

西汉宗庙不序昭穆，各地自立生祠，死后奉为帝庙，异地而处。所以对于中组建筑群遗址（1～12号遗址）的性质和定名，我们倾向于黄展岳先生和郭善兵先生的观点，而刘瑞先生的意见也应当重视，尤其是他对“祖庙五”“天子七庙”的分析和见解。

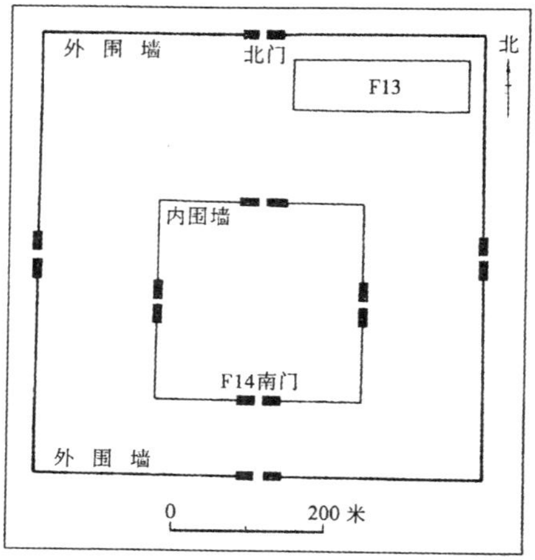

图1-45
13、14号遗址平面图
采自《西汉礼制建筑遗址》

3. 西组建筑群遗址（13、14号遗址）

西组建筑群遗址只有两处，即13、14号遗址（图1-45）。其中的13号遗址位于中组建筑群遗址的西南，东距12号遗址600米。遗址的主体是一座横长方形的夯土台基。现存东西残长约240米，南北宽60～70米，高出周边地面5～10米。考古研究人员从建筑的位置、打破关系和出土物的特征分析，认为这座建筑始建于秦代，后经维修、改建和重建，可能是汉初利用秦旧址修建的社稷。发掘报告还特别指出：13号遗址台基中心北对汉未央宫前殿，而未央宫前殿是利用秦章台旧址修建的，往北过渭河直对秦咸阳宫，由北向南连成一线，13号遗址的特殊地位于此可以想见。[222]

考古研究人员认为，14号遗址应是王莽修建的新社稷。该遗址有内外两层围墙，呈“回”字形，内外围墙四面正中都各辟一门，门址的建筑形制与“王莽九庙”的相同。外围墙绕过了13号遗址的台基，南北长600米，东西长570米；内围墙居中稍偏南，平面方形，边长273米，其正中应设计有主体建筑，可能未及动工而新朝已灭。该遗址的位置、门址的建筑形制和础石的雕琢方式表明，它建筑年代在王莽以新朝代汉之时，约与“王莽九庙”修建时间相同。[223]

对于这两处遗址，刘瑞先生则持不同看法。他认为13号遗址是秦宫汉葺的大型宫殿建筑，14号遗址应包含王莽摄政时修建的“元始官社”和汉初修建的“高祖官社”。从13号遗址的实际情况看，不符合官社或官稷的建筑规模和形制，而汉时社稷有文献可考，且地望和建筑特点表明14号遗址属于汉代祭祀社、稷的国家级礼制建筑。[224]此意见可备一说。

西组建筑遗址的考古发掘，有助于我们认识汉初至王莽时期礼制建筑在实行周礼“左祖右社”制度方面的一些情况。

4. 建筑遗址的复原研究

汉长安城南郊礼制建筑遗址的复原研究工作难度较大，但也获得了令人信服的成果。王世仁、杨鸿勋先生依据遗址实测数据并结合文献记载，成功地绘制出大土门遗址和中组建筑群遗址（1～12号遗址）复原图（图1-46），并对其布局、结构和工程做法等逐一进行说明和论证。

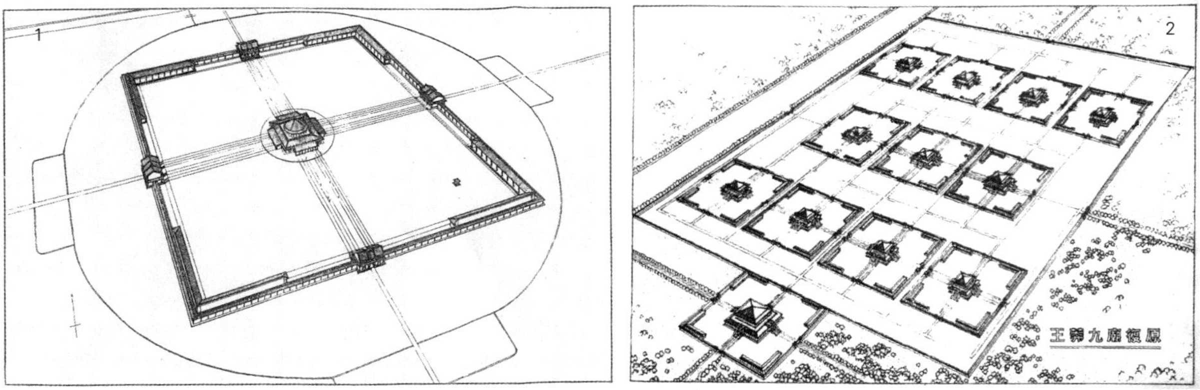

图1-46
汉长安城南郊礼制
建筑遗址复原图
采自《建筑考古学论文集》《宫殿考古通论》
1. 大土门遗址复原鸟瞰图
2. “王莽九庙”复原鸟瞰图

大土门遗址是一座外有圆形圜水沟，内有围墙和曲尺配房，并在正中开四门的方形院落，内中有高台式建筑的综合性建筑体。中组建筑群遗址（1～12号遗址）即“王莽九庙”，除了没有象征辟雍的环形水沟、主体建筑不是建在圆形的台基之上外，其基本形制与大土门遗址没有多少差别。这也表明，从西汉晚期到王莽以新代汉时期，明堂和宗庙建筑的形制已呈定型化的态势。以大土门遗址作为研究汉代礼制建筑的范例，王世仁先生绘制的复原图（图1-47）具有代表性。举其要点如下：

（1）周围圜水，符合辟雍的含义。水从昆明故渠引入，象征“水行左旋以象天”。

（2）圆形水沟以内是围墙封闭的方形院子，围墙每面正中各辟阙门三间。院内四角有曲尺形配房四座，正中为圆形夯土台，土台正中是折角方形的主体建筑。屋顶为方形，带短脊。环形水沟与方形院落、圆形夯土台与台上的主体建筑，形成外圆内方的格局，以体现法天象地理念。

图1-47
大土门遗址主体建筑复原图
采自《理性与浪漫的交织——中国建筑美学论文集》

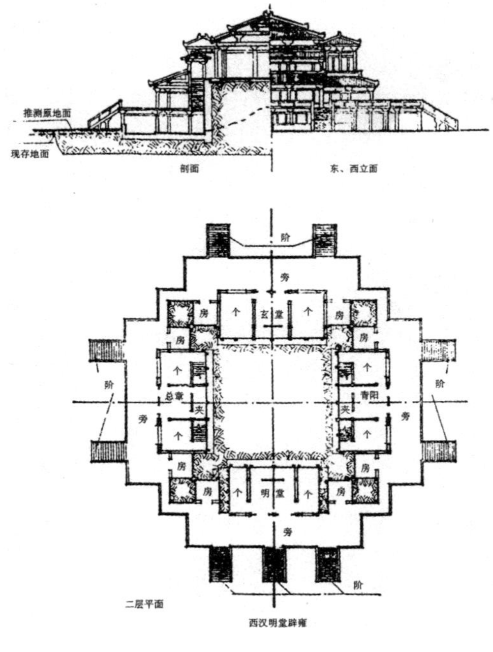

（3）明堂第二层的四面各有三间厅，正中分别为明堂（南）、青阳（东）、总章（西）、玄堂（北），两侧为左右个，布局符合《礼记•月令》的设想。下层布局不适合进行祭祀活动，估计是储放礼器的附属用房。

（4）主体建筑的中心为大方形夯土台，四隅各附两个小方形夯土台。中心大台上应是太室（土室）位置，外侧四小台是金、木、水、火四室，内侧四小台应为通道和加固中心台所用。上层五室加中层四堂是为“九室”制度，四堂及左右个，则为

“十二堂”制度。

（5）南面适于布置三道阶梯，其他三面适于两道，符合“九阶”的制度。

（6）遗址的基本尺寸，大体符合《考工记》中“夏后氏世室”的尺度规定。

王世仁先生说：这座建筑“布局规整均匀，总体上是一个轴对称的构图，但又出于功能的要求或是造型的要求，南北两面并不完全相同而南面显然是主要的正面，这样又形成一个镜面对称的构图”。“整个设计显示出动（轴对称带有旋转性）中有静（镜面对称带有稳定性），圆中有方，方中有变（折角方形，有主有从），变中有度（服从总体效果，又有共同的尺度关系）这一类儒家哲学——美学的基本精神”。[225]

杨鸿勋先生绘制的大土门遗址主体建筑复原图（图1-48），与王世仁先生的有些差别，如主体建筑为两层，减少了底层，上层的太室为圆形，圆锥体屋盖加四垂脊等。他对该遗址的解析和推测更为具体，[226]要点如下：

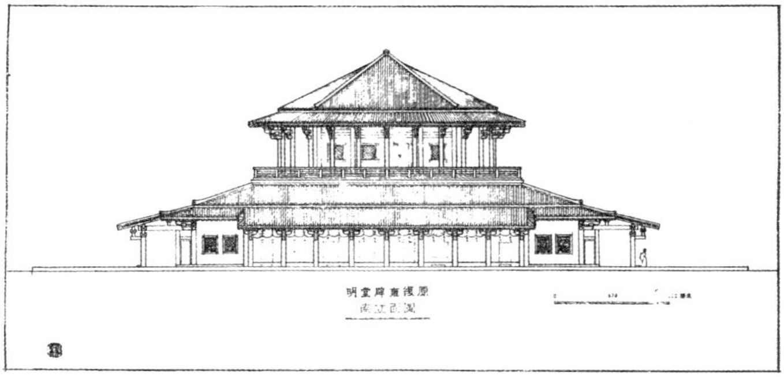

图1-48
大土门遗址主体建筑复原图
采自《建筑考古学论文集》

（1）外围有环形水沟，其内为方形宫垣，四面辟门。宫垣内四隅有曲尺形廊庑。中庭地坪整个抬高，呈大台状。中央夯筑圆形地基，上面构筑四面朝向的高台建筑。

（2）圆形地基的中央筑有大方台。台四面有大体对称的堂、室布置，合乎《月令》中的“明堂位”；四堂各自的左右个（古音同“介”，也就是“夹”），构成《大戴礼记》解释的“十二堂”。

（3）四堂及左右个，阔八间，东、南、西三堂均为四间，个为两间。北堂略宽，个略窄，堂、个之间有斜坡道。

（4）从宫门内登上庭院台地的通道有四条，外侧两条七级踏道，内侧两条铺砖慢道。踏道、慢道当有甬路直通前堂及左右个，即堂有二阶，两个各有一阶。

（5）堂后有土坯墙隔成的“室”，形成“前堂后室”。四室左右各有一房（即“旁”）。四隅间有巷道连通。南室内由两道隔墙分成三个空间，当有其涵义及使用方式。

（6）布局从《考工记》周制五室之说，作五室。四面各一室，余一室即中央夯土台上所置的太室。推测太室应作圆形，以表达“中方外圆”的理念。主体建筑与圆形基座，宫垣与环形水沟也是这一理念的体现。

（7）建筑仍保守以土结构为核心的土木混合结构体制，木构架围绕土台架设。推测四周堂、室及中央太室屋盖，为汉代高级建筑多用的复笮重屋，即呈折面反宇式。前堂屋盖作悬山式，太室为圆锥体屋盖。

（8）宫墙内曲尺形廊庑内无台基，屋盖为向庭院倾斜的单坡。版筑宫墙两面有壁柱加固，墙头木椽挑檐并置瓦顶。四面宫门，每门两观，门道两边各置内外塾。

王世仁、杨鸿勋先生的这些研究成果，不仅使我们比较直观地了解汉时明堂和宗庙建筑的内部构造和外在形象，而且还能够深入领会其中所蕴含的建筑美学理念。

二、长安明堂和“王莽九庙”及其形制

西汉晚期的礼制建筑是汉长安城建筑艺术的重要组成部分，它们的建造有着深刻的政治历史背景。当时的执政者与儒生合作，在对统治思想进行系统化整理的同时，对武帝以来祭祀礼仪制度进行整治和改革。长安明堂和“王莽九庙”就是这次整治和改革的产物。从建筑艺术发展史的角度看，这些礼制建筑的形制有源可溯，有本可依，并非完全从儒家典籍中演绎而来。

1. 奉高明堂与长安明堂

西汉时期建造了两座明堂，一座是武帝时建于泰山下的奉高明堂，另外一座是平帝时建造在长安城南郊的长安明堂。有说武帝时建造了长安明堂和不其明堂，缺乏较多文献佐证，不足信。[227]

西汉议立明堂事，最早见于文帝执政时。《汉书•贾山传》记载，贾山著《至言》上书文帝，“以夏二月，定明堂，造太学，修先王之道”。武帝即位初期，试图将恢复周礼中的明堂制度，作为自己政治战略的一个组成部分。但议立明堂之事刚刚提出，便遭到东宫窦太后的极力反对，竟有儒生为之付出生命的代价。《史记•封禅书》记载：

> （建元）元年，汉兴已六十馀岁矣，天下艾安，搢绅之属皆望天子封禅改正度也，而上乡儒术，招贤良，赵绾、王臧等以文学为公卿，欲议古立明堂城南，以朝诸侯。草巡狩封禅改历服色事未就。会窦太后治黄老言，不好儒术，使人微伺得赵绾等奸利事，召案绾、臧，绾、臧自杀，诸所兴为皆废。

此事又见《史记•魏其武安侯列传》记载：

魏其、武安俱好儒术，推毂赵绾为御史大夫，王臧为郎中令，迎鲁申公欲设明堂；令诸侯就国除关，以礼为服制，以兴太平。

葛兆光先生说：“汉武帝时赵绾、王臧依靠窦婴、田蚡等权贵，请来申公，拟建设明堂，把明堂作为诸侯朝见天子、象征天子权威的中心，并以巡狩、封禅、改历、易服色等一系列计划，使天子的合理性和权威性得到真正的确认。”[228]王世仁先生说：“修建明堂的意义远远不止于仅是提供一个祭祀天地神灵的庙宇，而是和整个上层建筑的‘改革’联系在一起，作为一个政治的、伦理的象征被提出来的。汉武帝继秦始皇之后强化君权，开拓疆域，宣扬天下大一统。儒生们审时度势，力主建造明堂，把它当作对黄老政治的‘改革’，形象地记录下来，这是极为严肃、极为激烈的政治斗争。”[229]西汉实行的是二元政治，明堂制度的建立，必然会削弱众诸侯和外戚势力的政治地位，所以遭致失败。

建元六年（前135年）窦太后去世，此后儒学再度兴起，议立明堂事又一次被列入武帝的朝政日程表上。到元封二年（前109年），武帝采纳了众儒生的建议，终于在泰山下的奉高建造了汉代的第一座明堂。《史记•封禅书》记载：

初，天子封泰山，泰山东北址古时有明堂处，处险不敞。上欲治明堂奉高旁，未晓其制度。济南人公玊带上黄帝时明堂图。明堂图中有一殿，四面无壁，以茅盖，通水，圜宫垣为复道，上有楼，从西南入，命曰昆仑，天子从之入，以拜祠上帝焉。于是上令奉高作明堂汶上，如带图。及五年修封，则祠泰一、五帝于明堂上坐，令高皇帝祠坐对之。祠后土于下房，以二十太牢。天子从昆仑道入，始拜明堂如郊礼。礼毕，燎堂下。

《汉书•地理志上》泰山郡奉高县注：

有明堂，在西南四里，武帝元封二年造。

关于这座依据“黄帝时明堂图”打造起来的祭祀性建筑，杨鸿勋、张一兵先生进行过解读，并绘有示意图（图1-49）。杨鸿勋

图1-49
张一兵的黄帝明堂推测图
采自《明堂制度研究》

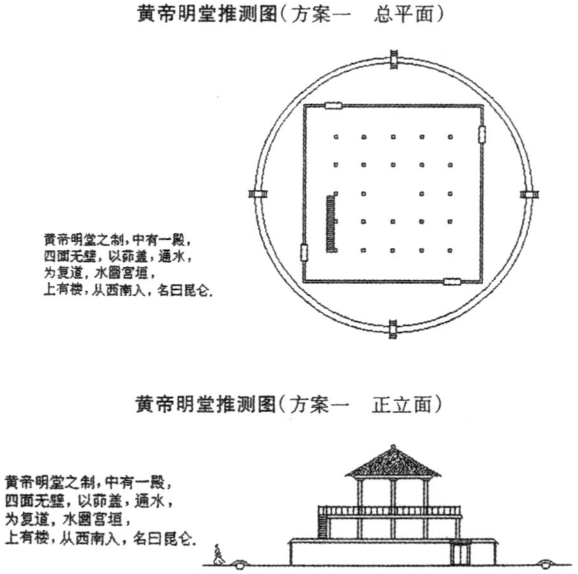

先生说："文献记载传说中黄帝时代的明堂是'上有楼'，是由'复道'登上的，就是说，它是一座高架栅居，附有一个带顶的长梯。这座高架起来的'殿'的式样是'四面无壁，以茅盖'，即是四面空敞的茅草方亭。至于每面几间，已知相去氏族社会不远的夏朝古制是偶数开间（见二里头遗址），鸟羽、中海道遗址也都是偶数开间，可参考设定为每面两间。这样，'复道'正好对着西面靠南一间，即'从西南入'。这座高架原始殿堂的周围，有宫垣环绕；垣外有水。"[230]张一兵先生的意见与其不同，他说："'宫垣'是说有一圈围墙；'通水而圜之'是围墙外有水沟环绕一周，相当于后世的'护城河'；'中有一殿，四面无壁'，是说围墙内院中有一座大殿，不做墙壁，只有敞厅；'为复道'，是说在地面的通道上面再架一层悬空的通道；'上有楼'，是说大殿之上有楼房，为'拜祀上帝'而建的楼房，大概就是后世的'通天屋'；'以茅盖'，是说黄帝时有简朴的风气；'从西南入'，是说这样重要的礼仪性建筑对方位有特别的要求。"[231]

对于上述两种意见，我们倾向张一兵先生的。泰山下原有古明堂遗址，济南人公王带呈献给武帝的图本，可能是参考这座祭祀建筑遗址绘制而成的，并托名于"黄帝时明堂图"。它与赵绾、王臧和申公呈给武帝的明堂的图本大约相近。我们推测泰山古明堂的年代距西汉不会太远，整体布局为"回"字形，主体建筑接近高台式，中间的太室建在中心的夯土台上，可能与杨鸿勋先生复原设想的周人明堂（图1-50）接近，[232]未必采用的是高架栅居（干阑）式。

奉高明堂建在汶水之滨，又称汶上明堂，主要祭祀泰一、五帝及后土主神，并配祀高祖。它建成后武帝多次在此举行明堂祭礼，见于记载的有元封四年（前107年）、太初元年（前104年）、太初四年（前101年）及征和四年（前89年）。[233]东汉时期，章帝、安帝即位，都曾到泰山下的奉高明堂"柴祭祭祠""宗祀五帝"。[234]在汉代祭天配祖的礼仪中，奉高明堂占有重要的地位，它的建筑图本理应送回首都归档。到西汉晚期刘歆、仇延等人主持建造长安明堂时，很可能检阅过奉高明堂的档案材料。长安明堂垣墙外圜水的形式或许就取法于这个图本。

图1-50
周人明堂复原设想剖面图
采自《宫殿考古通论》

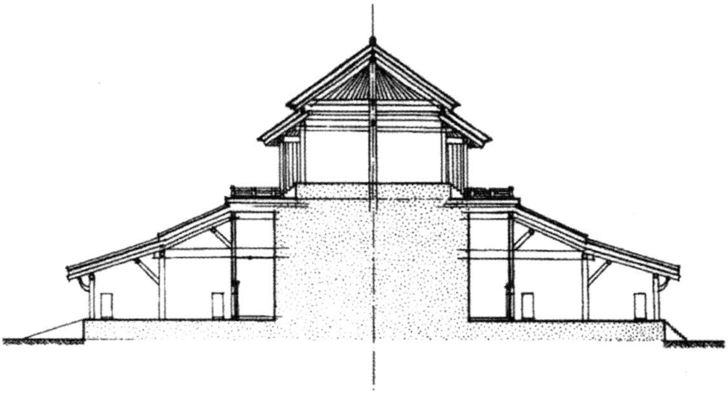

长安明堂的建造，先有王

莽上奏，其后是群臣向平帝吹捧王莽的功德。其间王莽又召集学生、百姓等十万之众到建筑工地参加劳作，营建活动堪称浩大和隆盛。西汉晚期国家政局动荡，经济衰退，人们渴望政治改革。建造明堂可谓是实施政治改革的一个开端，因而受到群臣乃至民众的拥护和支持。《汉书•王莽传上》记载：

> 群臣奏言："昔周公奉继体之嗣，据上公之尊，然犹七年制度乃定。夫明堂、辟雍，堕废千载莫能兴，今安汉公起于第家，辅翼陛下，四年于兹，功德烂然。公以八月载生魄庚子奉使朝，用书临赋营筑，越若翊辛丑，诸生、庶民大和会，十万众并集，平作二旬，大功毕成。唐虞发举，成周造业，诚亡以加。"

这项礼制建筑工程大约于当年（元始四年，4年）年底竣工。《汉书•平帝纪》记载：元始五年（5年）春正月，平帝"祫祭明堂，诸侯王二十八人，列侯百二十人，宗室子九百馀人，征助祭。礼毕，皆益户，赐爵及金帛，增秩补吏，各有差"。到"居摄元年（6年）正月，莽祀上帝于南郊，迎春于东郊，行大射礼于明堂，养三老五更，成礼而去"（汉书•王莽传上）。长安明堂"祭天配祖"的性质，在王莽摄政时正悄然发生着变化。

《汉书•平帝纪》记载：元始五年"羲和刘歆等四人使治明堂、辟廱，令汉与文王灵台、周公作洛同符。太仆王恽等八人使行风俗，宣明德化，万国齐同。皆封为列侯"。王先谦《汉书补注》云："四人：刘歆、平晏、孔永、孙通"；"八人：王恽、阎迁、陈崇、李翕、郝党、谢殷、逯普、陈凤"。其中，刘歆是经学大师，在确立西汉宗庙迭毁制度中有建树，明堂的设计理念表达，应与他的领导密切相关。此外，平晏、孔永、孙通三人参与设计或督造活动。都匠（即将作大匠）仇延亦有功绩，王世仁先生说："《汉书•王莽传》记录了主持九庙工程的是都匠仇延，则明堂辟雍也可能是他主持修建。据此可知，一千八百年前的这批建筑杰作，其设计师是刘歆，工程师是仇延，他们的功绩应当载入史册的。"[235]

2. 从高祖庙到景帝庙

《白虎通•宗庙》云："宗者，尊也。庙者，貌也。象先祖尊貌也。"据《汉书•萧何传》记载：高帝二年（前205年）萧何守关中，"侍太子，治栎阳。为令约束，立宗庙、社稷、宫室、县邑"。关于栎阳庙，焦南峰、马永赢先生认为可能是义帝庙，不属于西汉皇室宗庙。郭善兵先生则认为，它可能是高祖为其父或为自己所立，沿袭了秦代帝王"自为庙"的风习。[236]我们倾向于前者的意见。

《汉书•高帝纪》云：高帝六年（前201年）尊父为太上皇，十年（前197年）“太上皇崩，葬万年”。之后高祖在长安城中为其父修建了庙宇。《史记•袁盎晁错列传》记载：景帝时“内史府居太上庙壖中”。《三辅黄图》（卷五）云：

> 太上皇庙，在长安西北长安故城中，香室街南，冯翊府北。《关辅记》曰：“在酒池北。”

高祖去世后，惠帝在长安城中为父皇建庙。何清谷先生引孙星衍校集《汉旧仪补遗》（卷下）云：在“三日小殓”“七日大殓”之后，“收主为木函，藏庙太室中西墙壁埳中”，认为高祖庙“是在刘邦死后迅速建成的”。[237]《三辅黄图》（卷五）引《关辅记》曰：“秦庙中钟四枚，皆在汉高祖庙中。”高祖庙内的设施利用秦庙旧物，推测其建筑形制亦受秦的影响。据《西汉会要》（卷十二）引《汉旧仪》：高祖庙占地“六顷三十亩四步，祠内立九旗，堂下撞千石钟十枚，声闻百里”，可见其规模不小。文献记载，高祖庙在长安城安门街东，武库以南。今在安门大街与东城墙东西居中和长乐宫南墙与南城墙南北居中处，发现汉代一处大型夯土建筑基址，东西69米，南北34米。据其所处的地理位置，考古研究人员认为此处就是高庙遗址。[238]后来惠帝接受叔孙通的建议，又为父皇在长陵修建了原庙。《汉书•叔孙通传》云：

> （叔孙通）曰：“……愿陛下为原庙渭北，衣冠月出游之，益广宗庙，大孝之本。”上乃诏有司立原庙。
>
> 师古曰：“原，重也。先以有庙，今更立之，故云重也。”

惠帝庙在史书中有记载，《汉书•景帝纪》云：前元元年（前156年）“孝惠庙酎，奏文始五行之舞”。《三辅黄图》（卷五）说“惠帝庙，在高帝庙后”。《长安志》引《关中记》云：“惠帝庙在高庙西。”[239]惠帝庙在长安城中或是安陵附近，目前学术界尚无一致意见。刘庆柱、李毓芳先生推测惠帝庙在长安城，与高祖庙相邻。[240]杨宽先生则持惠帝庙建在安陵附近的观点。[241]焦南峰、马永嬴先生认为，惠帝庙若在高庙之西，衣冠出游线路必与高祖相同，不妥。而史书无片语记载惠帝陵旁再建原庙事，故判断该庙“应在长陵旁的高帝庙之西安陵附近较为合理”。[242]我们同意后者的分析意见。

文帝即位不久便在长安城东南因山营建寿陵——霸陵，又在长安城南郊为自己建造庙宇。《汉书•文帝纪》云：四年（前176年）秋九月“作顾成庙”。服虔注：“庙在长安城南，文帝作。还顾见城，故名之。”应劭

注："文帝自为庙，制度卑狭，若顾望而成，犹文王灵台不日成之，故曰顾成。"《长安志》（卷十）记载，唐长安城休祥坊"有汉顾城庙馀址，庙北汉奉明园"，即今西安市玉祥门以西约千米的大庆路以北一带。《汉书•五行志上》云："古之庙皆在城中，孝文庙始出居外。"在顾城庙建成之前，太上皇庙、高祖庙和惠帝庙，皆为死后为其立庙。汉帝生前建"自为庙"始于文帝。

霸陵陵庙系景帝元年（前156年）所为。[243]此后，景帝又把"自为庙"——德阳宫建在自己的寿陵。1999年考古研究人员对阳陵封土东南方约420米处的"罗经石"遗址进行了钻探和部分发掘。[244]据已披露的零散材料，得知该遗址平面接近正方形，呈"回"字形，外面有壕沟环绕，四边中心有通道及门址遗迹，门内两侧各有水井一口，四门内之间为四座曲尺形的配房。高起的方形夯土台基居方形院子中心，四边各有三门。另外，在门道处出土有四神纹空心砖。

关于阳陵"罗经石"遗址的性质，学术界有较多争议（参见第二章第二节）。我们倾向于"罗经石"遗址为景帝庙的意见。"罗经石"遗址的形制与"王莽九庙"及长安明堂遗址相近，是一个不争的事实。它的发现及发掘，为我们重新认识西汉前期长安城内的宗庙建筑，以及西汉晚期长安明堂及"王莽九庙"，都具有十分重要的学术意义。

《后汉书•祭祀志下》李贤注引《袁山松书》载蔡邕议曰：

> 汉承亡秦灭之后，宗庙之制，不用周礼。每帝即世，辄立一庙，不止于七，不列昭穆，不定迭毁。

西汉实行独立庙制，主要是由执政者的身世与前代礼制的影响这两大因素决定的。刘邦出身卑微，世系勉强追溯到太上皇父亲丰公，诸帝各居一庙是现实的必然选择。刘氏集团改朝换代，高祖在长安城建太上皇庙，惠帝继之，先在城中建高祖庙，后在长陵建原庙，后来惠帝庙亦建在陵园，不在长安城中。而到文帝时在城南郊建顾城庙，后来景帝的德阳宫和武帝的龙渊宫都建在各自的寿陵中。

无论是汉帝的京庙还是陵庙，[245]它们延续的都是秦渭南"诸庙"实行的独立庙制。秦始皇称帝第二年建造"自为庙"——信宫，建成后更名极庙，"象天极"。极庙就是至高无上的始皇庙，它的建成可视为秦代实行集中宗庙制度的开端，只是秦之国祚短暂而未能在秦二世时实施罢了。秦代未能实施的集中宗庙制未被汉帝采纳，直到西汉晚期元帝执政时，集中宗庙制度才被重新提起。

3. 宗庙迭毁制度与“王莽九庙”

元帝时期议立宗庙迭毁制度，实行集中宗庙制，其实质是用儒家的礼仪规范，解决之前祭祀活动繁多无序所带来的社会问题。汉初为巩固刘氏集团的统治地位，“盖建威销萌，一民之至权也”（元帝时议罢郡国庙诏书语），除在长安城中修建独立宗庙外，还把这一制度扩展到郡国，其规模和影响之大为历史所罕见。《汉书•韦贤传附韦玄成传》云：

> 初，高祖时，令诸侯王都皆立太上皇庙。至惠帝尊高祖庙为太祖庙，景帝尊文帝庙为太宗庙，行所尝幸郡国各立太祖、太宗庙。至宣帝本始二年，复尊孝武庙为世宗庙，行所巡狩亦立焉。凡祖宗庙在郡国六十八，合百六十七所。而京师自高祖下至宣帝，与太上皇、悼皇考各自居陵旁立庙，并为百七十六。

但到了西汉晚期，要维系如此众多宗庙的正常运转，已无多少现实意义，更何况还要消耗大量的人力和物力，增加朝廷的财政负担。因此，建立宗庙迭毁制度势在必行。元帝时先有御史大夫贡禹首先发难，其后丞相韦玄成等人继之，反对淫祀的呼声不断。永光四年（前40年），元帝决意罢毁郡国庙，一年多后下诏书建立“祖宗之庙世世不毁，继祖以下，五庙而迭毁”的集中宗庙制度。但此后又争议不断，毁庙与复祠之事时有发生。成帝即位之初匡衡等人再次奏议宗庙改制，直到平帝元始年间才重新确立了以高祖为太祖、文帝为太宗、武帝为世宗、宣帝为中宗、元帝为高宗，以及“亲未尽”的帝庙制度。元帝与平帝议宗庙迭毁之事，奉行的都是儒家经典称道的“天子七庙”“五庙而迭毁”的制度。到哀帝改制时，刘歆遵循“祖有功而宗有德”的建庙原则，提出了在“天子七庙”常数下，尊“祖”“宗”功德庙的新方案。后来的“王莽九庙”就是按照这一方案来实施的。

新朝代汉的第十个年头即地皇元年（20年）九月甲申，王莽诏令在长安城南郊修建王氏家族的宗庙——“九庙”，并亲自参加了工程的奠基礼。《汉书•王莽传下》记载：

> 望气为数者多言土功象，莽又见四方盗贼多，欲视为自安能建万世之基者，乃下书曰：“予受命遭阳九之厄，百六之会，府帑空虚，百姓匮乏，宗庙未修，且祫祭于明堂太庙，夙夜永念，非敢宁息。深惟吉昌莫良于今年，予乃卜波水之北，郎池之南，惟玉食。予又卜金水之南，明堂之西，亦惟玉食。予将亲筑焉。”于是遂营长安城

南，提封百顷。九月甲申，莽立载行视，亲举筑三下。司徒王寻、大司空王邑持节，及侍中常侍执法杜林等数十人将作。崔发、张邯说莽曰："德盛者文缛，宜崇其制度，宣视海内，且令万世之后无以复加也。"莽乃博征天下工匠诸图画，以望法度算，乃吏民以义入钱、谷助作者，骆驿道路。坏彻城西苑中建章、承光、包阳、大台、储元宫及平乐、当路、阳禄馆，凡十馀所，取其材瓦，以起九庙。是月，大雨六十馀日。令民入米六百斛为郎，其郎吏增秩赐爵至附城。九庙：一曰黄帝太初祖庙，二曰帝虞始祖昭庙，三曰陈胡王统祖穆庙，四曰齐敬王世祖昭庙，五曰济北愍王王祖穆庙，凡五庙不堕云；六曰济南伯王尊祢昭庙，七曰元城孺王尊称穆庙，八曰阳平顷王戚祢昭庙，九曰新都显王戚祢穆庙。殿皆重屋。太初祖庙东西南北各四十丈，高十七丈，馀庙半之。为铜薄栌，饰以金银雕文，穷极百工之巧。带高增下，功费数百钜万，卒徒死者万数。

在营建过程中，王莽带着他个人的政治激情和"复古"冲动，"博征天下工匠筑图画"，取建筑样式之精粹，追求"令万世之后无以复加"的建筑规模及华贵的装饰。他还动员广大吏民资助众工匠钱谷，下令拆毁上林苑的宫观，取材瓦为其所用，可谓倾尽了国中财力、人力及建筑设计智慧。地皇三年（22年）正月"九庙"竣工，王莽"赐治庙者司徒、大司空钱各千万，侍中、中常侍以下皆封。封都将仇延为邯淡里附城"（《汉书•王莽传下》）。从宗庙制度上讲，"王莽九庙"的建成标志着西汉独立宗庙制的终结；从建筑形制上看，它将西汉时期的宗庙建筑体系发扬光大。在长安城南郊，多座宗庙建筑作方阵式排列布局，与邻近的社稷建筑形成"左祖右社"的呼应关系，形成群体建筑的规模化效应。"王莽九庙"堪称中国古代建筑艺术史上礼制建筑之杰作。

4. 长安明堂和"王莽九庙"的形制

渭北阳陵的"罗经石"遗址和远在泰山下的奉高明堂，是我们探究长安明堂和"王莽九庙"建筑形制源流的重要依据。李零先生认为，阳陵"罗经石"遗址的总体设计与长安明堂非常接近，是一种"博局式的设计"或"明堂式的设计"。例如"罗经石"遗址没有圆形的圜水沟，但它的外墙有壕沟环绕；它的回廊比长安明堂的比例大，但形状大体相同；它以八井夹四门，而非长安明堂四井当隅，但其功能是一样的；它的中心建筑有十二门，长安明堂也有"十二重"；它出土了四神纹空心砖，长安明堂则出土过四神纹瓦当。他还设问："会不会在武帝以前，人们就已接触到某种‘明堂式的设计’，并且已经把它应用于早期的宗庙，包括陵庙？”[246]

长安明堂可视为奉高明堂“通水，圜宫垣”的做法与汉帝宗庙的合二为一，而“王莽九庙”则直接沿袭的是汉帝宗庙的建筑传统。它们的整体布局呈“回”字形，宫垣内主体建筑的四面为厅堂，中心有太室。现在我们见到这一建筑形制的最早实例就是在阳陵发现的“罗经石”遗址，即景帝陵庙——德阳宫。但这座“自为庙”的形制不会是景帝时的新创，极有可能延续此前高祖庙（包括原庙）、惠帝庙、文帝顾城庙及霸陵陵庙的建筑传统。

在高祖庙之前，还有秦在渭南建有“诸庙”和秦始皇称帝第二年建造的信宫（极庙）。据《史记•秦始皇本纪》记载，秦迁都咸阳后，“诸庙及章台、上林皆在渭南”。杨宽先生说：“这些在渭水之南的‘诸庙’，当即指造在王陵附近的秦昭王庙、秦孝文王庙、秦庄襄王庙等等。”。[247]刘庆柱先生认为“此说不妥，一是在上述秦王王陵所在的秦东陵并未发现陵庙遗迹；二是秦陵无陵庙”。据《史记•樗里子列传》记载，秦昭王庙在樗里子疾居室之东，长乐宫以西。由此可推断秦之渭南“诸庙”可能在汉长安城南部偏东。[248]秦昭王“有大功于秦，属于‘有德之王’，有时间、也有能力来建立新的宗庙以代替渭北的旧宗庙”。[249]秦昭王以来的渭南“诸庙”，实行的是独立宗庙制。秦始皇即位后建造“自为庙”——信宫，建成后更名极庙，可谓秦代集中宗庙制的开端。秦始皇去世后，秦二世即位当年就诏令群臣奏议的“天子七庙”事，尊始皇庙（极庙）为帝者祖庙。《史记•秦始皇本纪》记载：

> 二世皇帝元年，年二十一。赵高为郎中令，任用事。二世下诏，增始皇寝庙牺牲及山川百祀之礼。令群臣议尊始皇庙。群臣皆顿首言曰：“古者天子七庙，诸侯五，大夫三，虽万世世不轶毁。今始皇为极庙，四海之内皆献贡职，增牺牲，礼咸备，毋以加。先王庙或在西雍，或在咸阳。天子仪当独奉酌祠始皇庙。自襄公已下轶毁。所置凡七庙。群臣以礼进祠，以尊始皇庙为帝者祖庙。”

高崇文先生指出：“始皇七庙应当是以后的二世、三世、四世……的六世神主依次按昭穆班辈排于太祖始皇庙之左右，并按昭穆制度行神主迁祧之制。这与秦始皇自尊为始皇帝，后世以计数，二世、三世至于万世，传之无穷的意愿是一致的。只是秦祚短暂，均没有实现而已。”[250]追根溯源，西汉时期刘氏宗庙沿袭的是秦渭南“诸庙”的独立宗庙制，以及秦始皇建“自为庙”的做法。

在汉庙继承秦庙的过程中，叔孙通是一个关键性的人物。惠帝时他除奏议在高祖长陵建造原庙外，还担当了主持制定宗庙制度的重任。《汉书•叔孙通传》记载：

> 高帝崩，孝惠即位，乃谓通曰："先帝园陵寝庙，群臣莫习。"徙通为奉常，定宗庙仪法。及稍定汉诸仪法，皆通所论著也……
>
> 惠帝常出游离宫，通曰："古者有春尝果，方今樱桃孰，可献，愿陛下出，因取樱桃献宗庙。"上许之。诸果献由此兴。

此前，叔孙通曾纳秦宫乐人为汉帝宗庙制乐。《汉书•礼乐志》记载：

> 汉兴，乐家有制氏，以雅乐声律世世在大乐官，但能纪其铿锵鼓舞，而不能言其义。高祖时，叔孙通因秦乐人制宗庙乐。

叔孙通"秦时以文学征，待诏博士"，通晓儒家经典，素谙秦制。宗庙的建筑形制直接关乎到祭祀礼仪的实施，汉初宗庙制度取法于秦，应与叔孙通有关。他很可能参与了高祖时建造太上皇庙、惠帝时建高祖庙的筹划活动。另外一个重要人物是以秦匠身份入汉的阳城延。《史记•惠景间侯者年表》曰：梧侯阳城延"以军匠从起郏，入汉，后为少府，作长乐、未央宫，筑长安城，先就，功侯，五百户"。西汉初期建造宗庙，工程的主持者非阳城延莫属。

现已发现的战国时期墓上享堂建筑遗址，可以窥视当时的祭祀建筑形制。河南辉县固围村战国中期魏王室1、2、3号墓相连，周绕围墙，墙内平地各起一座方形建筑，中央的2号墓较大，两侧的较小，发掘报告称其为庙堂，是后世享堂的前身。[251]又如河北平山中山国王陵，封土上建有五座并列的建筑，外绕两重垣墙。根据杨鸿勋先生对出土的错金银铜版上兆域图所作研究和复原，可知它们称"堂"，皆为方形，中间三座为王和王后堂，面积较大；左右两座为夫人堂，面积较小，位置稍后。它们有三层夯土台心，居中的王堂多一层台基，总高在20米以上。这些墓上建筑皆为高台式，平面方形，四面朝向，祭祀性和纪念性特征十分突出。它们"并不是一个完全独立的创作，而是具有一个时代典型意义的程式化、制度化的代表作"。[252]

"王莽九庙"与长安明堂及阳陵陵庙的建筑形制相仿，这说明二者有着相近的制度体系和渊源。汉代以前的文献《考工记》《吕氏春秋》对早期明堂有专门的记述，内容涉及礼仪程序及建筑尺寸、结构和布局方位等。如在《吕氏春秋•十二月纪》的十二纪首中，讲述天子顺应天象及阴阳五行的运动变化，"月异其居"于明堂之太室、四面厅堂（青阳、明堂、总章、玄堂）；《考工记•匠人营国》记载明堂有五室，以及南面厅堂即“明堂”的建筑尺寸等。后来编成的文献《礼记》《大戴礼记》也有关于明堂的记载。如《礼记•明堂位》讲述周公制定的在明堂接待来朝诸侯的列位，以明其尊卑等次；《大戴礼记•明堂》记载明堂的规模、上圆下方结构、茅屋盖、九室十二堂、堂的尺寸、室的户牖数及外水辟雍等。但是，仅凭这些文献而无考古所获材料，难以对早期明堂的建筑形制做出正确判断。杨鸿勋先生认为，千年来对明堂问题聚讼不决之所在，是众多学者并不知晓早期明堂形制是高台式的建筑，即五室中的太室建在夯土台上，其余四室的背后是夯土台的四个立面。他尝试解决这一历史难题，依据考古发现的东周高台建筑遗址如中山国王陵的享堂作为旁证，结合《考工记•匠人营国》的记载，对“周人明堂”形制进行了复原设想（参见第96页图1-50）。他说：“西周明堂，作为初期高台宫殿，应是一层台上建‘太室’；依大台四壁再布置前堂后室的形式。”[253]西周明堂复原设想，对研究早期明堂的基本形制具有建设性的意义。《吕氏春秋•十二月纪》《大戴礼记•明堂》所说的十二堂（下层四堂及左右个）、九室（上层太室、下层四堂之前堂后室），大约是东周时期明堂建筑发展中的形式。

山东临淄1号东周殉人墓出土一件圆形漆器上绘制的宫屋图案（图1-51），被认为与明堂建筑有关，从而引起研究者的关注。漆器图案分内、中、外三部分，内圆绘三兽翻滚，相咬嬉戏；中圆绘带斗拱宫室四座，每座面三间，两两相对，八只瑞鸟分别栖于屋顶和屋下，四株树木在四座屋宇之间；外圆绘出一道绳纹。曹春平先生说：“它应是明堂图的一个缩影——四座房屋与中间的圆形图案构成了一幅明堂亚形，同时反映出天圆地方的思想。”他还认为，四座宫屋面各三间共十二间，以及位于四角的四株树木，可与楚帛书的十二月神和四神木对应。[254]对于这幅宫室图案，杨鸿勋先生则持谨慎态度。他说：“以它对照高台建筑的明堂，可以看出它似乎是抽象的明堂图案——四面宫室；中央有圆盖的太室‘通天屋’，外设圜水等等。在这种情况下，它可能提高文献的价值，起到佐证的作用。但是，因为它并没有注明是‘明堂’的写照，因此不能用它作为明堂形制的证据。”[255]我们以为，虽然这幅漆绘宫室图案的特征在于对称、适合、二方连续手

图1-51
漆器上的宫室图案（摹图）
临淄郎家庄1号东周殉人墓
采自《考古学报》
1977年第1期

法的综合运用，但它表现的是贵族的礼仪制度，很可能受到“周人明堂”形制的影响，时代风格使然。类似的礼制建筑图案在同时期的青铜器纹饰上亦有表现。

明堂与宗庙在主体建筑形制上有许多相同之处，究其原因可能与它们在使用功能方面相近有关。明堂用以诸侯朝觐，宗庙接纳诸侯献酎，皆有敬天祭祖以明尊卑的功能。《吕氏春秋•十二月纪》记载天子“月异其居”于明堂之太室、四面厅堂（青阳、明堂、总章、玄堂）及左右个，而宗庙则有“一岁十二祠”。《汉书•韦贤传附韦玄成传》记载并注：

> 庙，岁二十五祠。
>
> 如淳曰：“月祭望朔，加腊月二十五。”晋灼曰：“《汉仪注》宗庙一岁十二祠。五月尝麦。六月、七月三伏、立秋貙娄，又尝粢。八月先夕馈飧，皆一太牢，酎祭用九太牢。十月尝稻，又饮蒸，二太牢。十一月尝，十二月腊，二太牢。又每月一太牢，如闰加一祀，与此上十二为二十五祠。”颜师古曰：“晋说是也。”

秦代实行的是郡县制，故无诸侯朝觐之说，亦无建造明堂之举。秦在渭南的“诸庙”应是秦的传统宗庙样式，但秦始皇的极庙极有可能创新。秦始皇在进行统一战争期间，“写放”山东六国宫室于咸阳北坂上，汲取六国礼制建筑的成功经验来修建自己的极庙应是顺理成章之事。《史记索引》（秦始皇本纪）云：“为宫庙象天极，故曰极庙。”而整体布局呈“回”字形，宫垣内的主体建筑作四面朝向的厅堂，其上置太室的建筑形式，很适合表达这一象征意义。

礼制建筑有制度性、规范性和保守性的特点，加之建筑形式和风格的传承，又是通过掌握该项工程技术的人员来实现的，因此在相当长的时期不会发生太大的变化。刘氏统治集团在秦之渭南旧址上建都，宫殿建筑图本大多取自于秦，而且工程技术亦由秦之工匠担当。秦始皇极庙集礼制建筑之大成，它对汉帝诸庙和长安明堂、“王莽九庙”应有较大影响。

注　释

[1]《战国策•秦策一》。

[2]《史记•刘敬叔孙通列传》《史记•留侯世家》。

[3] 史念海：《汉长安城的营建规模——谨以此文恭贺白寿彝教授九十大寿》，《中国历史地理论丛》1992年

第2期，第14页。

[4] 吕思勉：《秦汉史》，上海古籍出版社2005年版，第49页。

[5] 《长安志》引《三辅故事》：长乐宫有“大夏殿，始皇造。铜人十枚在殿前”；引《关中记》：“有鱼池台、酒池台，秦始皇造。”《三辅黄图》（卷三）：“鸿台，秦始皇二十七年筑，高四十丈，上起观宇，帝尝射飞鸿于台上，故号鸿台。”同书（卷四）引《庙记》：“长乐宫中有鱼池、酒池，池上有肉炙树，秦始皇造。”

[6] 刘庆柱先生说：“尽管郦道元认为长乐宫前殿东北的水池并非酒池，但肯定是‘池’，我们疑此池或即文献记载中的鱼池，池北层台或为‘鱼池台’。酒池、鱼池之旁有台，秦始皇开凿二池，亦于其附近筑台。”《三秦记辑注·关中记辑注》，三秦出版社2006年版，《关中记辑注》第42页。

[7] 《史记·刘敬叔孙通列传》。

[8] 刘振东、张建锋：《西汉长乐宫遗址的发现与初步研究》，《考古》2006年第10期，第23页。据刘庆柱、李毓芳先生提供的数据，“长乐宫东墙长2280、南墙长3280、西墙长2150、北墙长3050、宫城周长10760米”“东西宫墙平直，南北宫墙有曲折”，横贯宫内的东西向主道“宽45～60米，路面由两条路沟将其分为三股道”。《汉长安城》，文物出版社2003年版，第108页。

[9] 刘振东、张建锋：《西汉长乐宫遗址的发现与初步研究》，《考古》2006年第10期，第24页。

[10] 李遇春：《汉长安城的发掘和研究》，中国社会科学院考古研究所汉唐和边疆考古研究编委会：《汉唐和边疆考古研究》（第1辑），科学出版社1994年版，第40页。

[11] 中国社会科学院考古研究所汉长安工作队：《汉长安城长乐宫二号建筑遗址发掘简报》，《考古学报》2004年第1期。按：长乐宫3号建筑遗址试掘资料存中国社会科学院考古研究所汉长安工作队，仅有少量文字披露。参见刘振东、张建锋：《西汉长乐宫遗址的发现与初步研究》，《考古》2006年第10期，第24～25页。

[12] 中国社会科学院考古研究所汉长安工作队：《西安市汉长安城长乐宫四号建筑遗址》，《考古》2006年第10期。

[13] 刘振东、张建锋：《西汉长乐宫遗址的发现与初步研究》，《考古》2006年第10期，第27页。

[14] 刘群：《汉长安城长乐宫四号建筑遗址的复原初探》，全国高等学校建筑专业指导委员会：《2007建筑学研究生论文概要》，中国建筑工业出版社2007年版，第793～794页。

[15] 中国社会科学院考古研究所汉长安工作队：《汉长安城长乐宫发现凌室遗址》，《考古》2005年第9期；刘振东、张建锋：《西汉长乐宫遗址的发现与初步研究》，《考古》2006年第10期，第27页。

[16] 中国社会科学院考古研究所汉长安工作队：《西安市汉长安城长乐宫六号建筑遗址》，《考古》2011年第6期。

[17] 中国社会科学院考古研究所汉长安工作队：《西安市汉长安城长乐宫六号建筑遗址》，《考古》2011年第6期，第24页；刘振东、张建锋：《西汉长乐宫遗址的发现与初步研究》，《考古》2006年第10期，第27页。

[18] 刘庆柱、李毓芳：《汉长安城》，文物出版社2003年版，第108、111页；中国社会科学院考古研究所：《中国考古学·秦汉卷》，中国社会科学出版社2010年版，第196页。

[19] 刘庆柱、李毓芳：《汉长安城宫殿、宗庙考古发现及其相关问题研究——中国古代的王国与帝国都城比较研究之一》，中国社会科学院考古研究所、陕西省考古研究院、西安市文物保护考古所：《汉长安城考古与文化——纪念汉长安城考古五十周年国际学术研讨会论文集》，科学出版社2008年版，第48～50页。

[20] 刘庆柱、李毓芳：《汉长安城宫殿、宗庙考古发现及其相关问题研究——中国古代的王国与帝国都城比较研究之一》，中国社会科学院考古研究所、陕西省考古研究院、西安市文物保护考古所：《汉长安城考古与文化——纪念汉长安城考古五十周年国际学术研讨会论文集》，科学出版社2008年版，第50页。

[21] 中国社会科学院考古研究所：《中国考古学•秦汉卷》，中国社会科学出版社2010年版，第196页。

[22] 刘庆柱、李毓芳：《汉长安城宫殿、宗庙考古发现及其相关问题研究——中国古代的王国与帝国都城比较研究之一》，中国社会科学院考古研究所、陕西省考古研究院、西安市文物保护考古所：《汉长安城考古与文化——纪念汉长安城考古五十周年国际学术研讨会论文集》，科学出版社2008年版，第48～50页。

[23] 刘庆柱：《汉长安城的考古发现及相关问题研究——纪念汉长安城考古工作四十年》，《考古》1996年第10期，第4页。

[24] 中国社会科学院考古研究所：《中国考古学•秦汉卷》，中国社会科学出版社2010年版，第196页。

[25] 曲英杰：《汉都长安城考》，杨振红、井上彻：《中日学者论中国古代城市社会》，三秦出版社2007年版，第41～42页。

[26] 刘瑞：《汉长安城的朝向、轴线与南郊礼制建筑》，中国社会科学出版社2011年版，第24页。

[27] 张传玺：《秦汉问题研究》，北京大学出版社1995年版，第430页。

[28] 刘庆柱、李毓芳：《汉长安城的宫城和市里布局形制述论》，石兴邦主编：《考古学研究》，三秦出版社1993年版，第603页。

[29] 马先醒：《再论汉宫位置》，许倬云等主编：《中国历史论文集》，台湾商务印书馆1986年版，第222页。

[30] 何汉南：《汉唐长安城建筑设计思想初探》，陕西人民出版社文艺编辑部：《汉唐文史漫论》，陕西人民出版社1986年版，第48页；王鲁民：《中国古代建筑思想史纲》，湖北教育出版社2002年版，第41页。

[31] 《三辅黄图》（卷六）云：“石渠阁，萧何造……所藏入关所得秦之图籍。”“天禄阁，藏典籍之所。《汉宫殿疏》云：‘天禄、麒麟阁，萧何造，以藏秘书、处贤才也。’”

[32] 《三辅黄图》（卷二）云：“北宫，在长安城中……高帝时制度草创，孝武增修之。”刘庆柱先生认为，《史记•汉兴以来将相名臣年表》记载高祖“六年立大市”，而《汉书•惠帝纪》记载惠帝六年“起长安西市”，故先前的“大市”可能成为后来的东市。《汉长安城的宫城和市里布局形制述论》，《古代都城与帝陵考古学研究》科学出版社2000年版，第169页。

[33] 王鲁民：《中国古代建筑思想史纲》，湖北教育出版社2002年版，第42页。

[34] 《史记•高祖本纪》。

[35] 潘谷西：《中国建筑史》（第5版），中国建筑工业出版社2004年版，第109页。

[36] 中国社会科学院考古研究所：《中国考古学•两周卷》，中国社会科学出版社2004年版，第227～274页。

[37] 秦都咸阳考古工作站：《秦都咸阳第一号宫殿建筑遗址简报》，《文物》1976年第11期。

[38] 李毓芳：《阿房宫前殿遗址的考古收获和研究》，汉代考古与汉文化国际学术研讨会论文集编委会：《汉代考古与汉文化国际学术研讨会论文集》，齐鲁书社2006年版，第28页。

[39] 刘庆柱、李毓芳：《秦都咸阳“渭南”宫台庙苑考》，刘庆柱：《古代都城与帝陵考古学研究》，科学出版社2000年版，第86页。

[40] 中国社会科学院考古研究所：《汉长安城未央宫》（1980～1989年考古发掘报告），中国大百科全书出版社1996年版，第15～17页，第265～267页；中国社会科学院考古研究所：《中国考古学•秦汉卷》，中国社会科学出版社2010年版，第186～188页；刘庆柱、李毓芳：《汉长安城》，文物出版社2003年版，第58～67页；李毓芳：《汉长安城未央宫的考古发掘与研究》，《文博》1995年第3期，第84、85页；杨鸿勋：《杨鸿勋建筑考古论文集》（增订版），清华大学出版社2008年版，第239～242页。

[41] 刘庆柱、李毓芳：《汉长安城》，文物出版社2003年版，第66页。

[42] 中国社会科学院考古研究所：《中国考古学•秦汉卷》，中国社会科学出版社2010年版，第226页。

[43] 杨鸿勋：《杨鸿勋建筑考古论文集》（增订版），清华大学出版社2008年版，第241页。

[44] 刘庆柱：《汉长安城未央宫布局形制初论》，《考古》1995年第12期，第119页。

[45] 刘庆柱、李毓芳：《汉长安城》，文物出版社2003年版，第66页。

[46] 刘敦桢：《大壮室笔记》，《刘敦桢文集》（第一卷），中国建筑工业出版社1982年版，第146～147页。

[47] 刘庆柱：《汉长安城未央宫布局形制初论》，《考古》1995年第12期，第1120页。

[48] 李毓芳：《汉长安城未央宫的考古发掘与研究》，《文博》1995年第3期；中国社会科学院考古研究所：《汉长安城未央宫》（1980～1989年考古发掘报告），中国大百科全书出版社1996年版，第15～20页。

[49] 中国社会科学院考古研究所汉城工作队：《汉长安城未央宫第二号遗址发掘简报》，《考古》1992年第8期；《汉长安城未央宫第三号遗址发掘简报》，《考古》1989年第1期；《汉长安城未央宫第四号遗址发掘简报》，《考古》1993年第11期；《汉长安城未央宫西南角楼遗址发掘简报》，《考古》1996年第3期；李遇春：《汉长安城未央宫椒房殿遗址述论》，中国社会科学院考古研究所、陕西省考古研究院、西安文物保护考古所：《汉长安城考古与汉文化——纪念汉长安城考古五十周年国际学术研讨会论文集》，科学出版社2008年版，第87～96页；李毓芳：《汉长安城未央宫的考古发掘与研究》，《文博》1995年第3期；中国社会科学院考古研究所：《汉长安城未央宫》（1980～1989年考古发掘报告），中国大百科全书出版社1996年版，第21～220页。

[50] 刘庆柱：《汉长安城未央宫布局形制初论》，《考古》1995年第12期；刘庆柱、李毓芳：《汉长安城》，文物出版社2003年版，第103～105页；杨鸿勋：《杨鸿勋建筑考古论文集》（增订版），清华大学出版社2008年版，第238～239页。

[51] 董鸿闻、刘起鹤、周建瑶、张应虎、梅兴铨：《汉长安城遗址测绘研究获得的新信息》，《考古与文物》2000年第5期。

[52] 中国社会科学院考古研究所：《中国考古学•秦汉卷》，中国社会科学出版社2010年版，第179～180页。

[53] 王社教：《汉长安城八街九陌》，《文博》1999年第1期。

[54] 刘庆柱、李毓芳：《汉长安城》，文物出版社2003年版，第23页。

[55] 何清谷：《三辅黄图校释》，中华书局2006年版，第104页。
[56] 中国社会科学院考古研究所：《中国考古学•秦汉卷》，中国社会科学出版社2010年版，第181页。
[57] 刘瑞：《汉长安城的朝向、轴线与南郊礼制建筑》，中国社会科学出版社2011年版，第22、24页。
[58] 中国社会科学院考古研究所汉长安城工作队：《西安市汉长安城城墙西南角遗址的钻探与试掘》，《考古》2006年第10期。
[59] 张建锋：《汉长安城城墙高度初探》，中国社会科学院考古研究所、陕西省考古研究院、西安文物保护考古所：《汉长安城考古与汉文化——纪念汉长安城考古五十周年国际学术研讨会论文集》，科学出版社2008年版，第84页。
[60] 王仲殊：《汉长安城考古工作的初步收获》，《考古通讯》1957年第5期；《汉长安城考古工作的初步收获续记》，《考古通讯》1958年第4期。中国社会科学院考古研究所汉长安城工作队：《西汉长安城直城门遗址2008年发掘简报》，《考古》2009年第5期。
[61] 李遇春：《汉长安城的发掘和研究》，中国社会科学院考古研究所汉唐和边疆考古研究编委会：《汉唐和边疆考古研究》（第1辑），科学出版社1994年版，第32～33页。
[62] 王仲殊：《汉代考古学概说》，中华书局1984年版，第5页。
[63] 王仲殊：《汉长安城城门遗址的发掘与研究》，《考古学集刊》（17），科学出版社2010年版，第108页。
[64] 何清谷：《三辅黄图校释》，中华书局2006年版，第77页。
[65] 王仲殊：《汉长安城城门遗址的发掘与研究》，《考古学集刊》（17），科学出版社2010年版，第108页。
[66] 刘庆柱、李毓芳：《汉长安城》，文物出版社2003年版，第223页。
[67] 史念海：《汉长安城的营建规模》，《中国历史地理论丛》1992年第2期，第18页。
[68] 贺业矩：《中国古代城市规划史》，中国建筑工业出版社1996年版，第239页。
[69] 曹胜高：《汉赋与汉代制度——以都城、校猎、礼仪为例》，北京大学出版社2006年版，第91页。
[70] 中国社会科学院考古研究所：《中国考古学•两周卷》，中国社会科学出版社2004年版，第252页。
[71] 李如森：《先秦古城演变与汉长安城模式确立》，《北方文物》1994年第1期，第18页。
[72] 周长山：《汉长安城与〈考工记〉》，《文物春秋》2001年第4期，第51页。
[73] 王仲殊：《汉代考古学概说》，中华书局1984年版，第8页；李锋：《〈考工记〉成书西汉时期管窥》，《郑州大学学报》（哲学社会科学版）1999年第2期；刘瑞：《汉长安城的朝向、轴线与南郊礼制建筑》，中国社会科学出版社2011年版，第53～58页。
[74] 何清谷：《三辅黄图校释》，中华书局2006年版，第66页。
[75] 采纳彭卫先生意见，列出第三种观点。《20世纪以来中国的秦汉城市史研究》，中村圭尔、辛德勇：《中日古代城市研究》，中国社会科学出版社2004年版，第27页。
[76] 马正林：《汉长安城形状辨析》，《考古与文物》1992年第5期，第87、38页。
[77] 王社教：《汉长安城斗城来由再探》，《考古与文物》2001年第4期，第84页。
[78] 董鸿闻、刘起鹤、周建瑶、张应虎、梅兴铨：《汉长安城遗址测绘研究获得的新信息》，《考古与文

物》2000年第5期。

[79] 何汉南：《汉唐长安城建筑设计思想初探》，陕西人民出版社文艺编辑部：《汉唐文史漫论》，陕西人民出版社1986年版，第42～58页。

[80] 陈喜波：《法天象地原则与古城规划》，《文博》2000年第4期；陈喜波、韩光辉：《汉长安“斗城”规划探析》，《考古与文物》2007年第1期。

[81] 李小波：《从天文到人文——汉唐长安城规划思想的演变》，《北京大学学报》（哲学社会科学版）2000年第2期。

[82] 李小波、陈喜波：《汉长安城“斗城说”的再思考》，《考古与文物》2001年第4期。

[83] 陈江风：《天文与社会》，河南大学出版社2002年版，第182页。

[84] 梁云：《“汉承秦制”的考古学观察与思考》，远望集编委会：《远望集——陕西省考古研究所华诞四十周年纪念文集》，陕西人民美术出版社1998年版，第535～536页。

[85] 韩国河：《汉长安城规划思想辨析》，《郑州大学学报》（哲学社会科学版）2001年第5期，第63页。

[86] 徐卫民：《汉长安城形状形成原因新探》，《福建论坛》（人文社会科学版）2008年第2期，第53页。

[87] 马正林：《汉长安城总体布局的地理特征》，《陕西师范大学学报》（哲学社会科学版）1994年第4期，第98页。

[88] 陕西省考古研究所：《西安交通大学西汉壁画墓发掘简报》，《考古与文物》1990年第4期；陕西省考古研究所、西安交通大学：《西安交通大学西汉壁画墓》，西安交通大学出版社1991年版。

[89] 曹胜高：《汉赋与汉代制度——以都城、校猎、礼仪为例》，北京大学出版社2006年版，第91页。

[90] 刘庆柱、李毓芳：《汉长安城》，文物出版社2003年版，第142页。

[91] “王莽九庙”在汉长安城南郊，遗址位于安门与西安门以南1000米外的平行线内。

[92] 何清谷：《三辅黄图校释》，中华书局2005年版，第183页。

[93] 中国社会科学院考古研究所汉长安城工作队：《汉长安城北宫的勘探及其南面砖瓦窑的发掘》，《考古》1996年第10期。

[94] 何清谷：《关中秦宫位置考察》，周秦文化研究编委会：《周秦文化研究》，陕西人民出版社1998年版，第633页。

[95] 马先醒：《再论汉宫位置》，许倬云等主编：《中国历史论文集》，台湾商务印书馆1986年版，第223、227～228页。

[96] 曲英杰：《汉都长安城考》，杨振红、井上彻：《中日学者论中国古代城市社会》，三秦出版社2007年版，第40页。

[97] 刘瑞：《汉长安城的朝向、轴线与南郊礼制建筑》，中国社会科学出版社2011年版，第24页。

[98] 刘庆柱、李毓芳：《汉长安城》，文物出版社2003年版，第114页。

[99] 王先谦《汉书补注》云：“《武纪》元封二年夏，‘作甘泉通天台、长安飞廉馆’，而无桂馆、益延寿馆。”录此存疑。

[100] 周晓陆、路东之：《秦封泥集》，三秦出版社2000年版；中国社会科学院考古研究所汉长安城考古队：《西安相家巷遗址秦封泥的发掘》，刘庆柱、李毓芳：《西安相家巷遗址出土秦封泥研究》，《考古学

报》2001年第4期。

［101］刘庆柱：《三秦记辑注·关中记辑注》，三秦出版社2006年版，《三秦记辑注》第44页。

［102］徐卫民：《甘泉宫所在位置辨》，《陕西历史博物馆馆刊》第5辑，西北大学出版社1998年版，第181页。

［103］中国社会科学院考古研究所、日本奈良国立文化财研究所中日联合考古队：《汉长安城桂宫二号建筑遗址发掘简报》，《考古》1999年第1期；《汉长安城桂宫二号建筑遗址B区发掘简报》，《考古》2000年第1期；《汉长安城桂宫三号建筑遗址发掘简报》，《考古》2001年第1期；《汉长安城桂宫四号建筑遗址发掘简报》，《考古》2002年第1期；中国社会科学院考古研究所、日本奈良国立文化财研究所：《汉长安城桂宫》（1996—2001年考古发掘报告），文物出版社2007年版。

［104］中国社会科学院考古研究所《中国考古学·秦汉卷》，中国社会科学出版社2010年版，第198～202页。

［105］杨鸿勋：《宫殿考古通论》，紫禁城出版社2001年版，第241～255页；《杨鸿勋建筑考古学论文集》（增订版），清华大学出版社2008年版，第246～256页。

［106］何清谷认为，建章宫所在地“原为建章乡，因乡名为宫名”。《三辅黄图校释》，中华书局2006年版，第122页。

［107］刘庆柱、李毓芳：《汉长安城》，文物出版社2003年版，第186～190页；中国社会科学院考古研究所：《中国考古学·秦汉卷》，中国社会科学出版社2010年版，第216～217页。

［108］刘庆柱：《汉长安城的考古发现及相关问题研究——纪念汉长安城考古工作四十年》，《考古》1996年第10期，第6页。

［109］何清谷：《三辅黄图校释》，中华书局2006年版，第131页。按：《史记索隐》（孝武本纪）：“其南则玉堂。《汉武故事》‘玉堂基与未央前殿等，去地十二丈’。”玉堂即建章宫前殿。

［110］王志杰、朱捷元：《汉茂陵及其陪葬墓附近新发现的重要文物》，《文物》1976年第7期。

［111］临沂市博物馆：《山东临沂金雀山周氏墓群发掘简报》，《文物》1984年第11期。

［112］内江市文管所、简阳县文化馆：《四川简阳县鬼头山东汉崖墓》，《文物》1991年第3期；赵殿增、袁曙光：《“天门”考——兼论四川汉画像（石）的组合与主题》，《四川文物》1990年第6期。

［113］何清谷：《三辅黄图校释》，中华书局2006年版，第124～125页。

［114］李遇春：《汉长安城建章宫东阙及宫阙研究》，中国社会科学院考古研究所汉长安城工作队、西安市汉长安城遗址保管所：《汉长安城遗址》，科学出版社2006年版，第610页；刘庆柱、李毓芳：《汉长安城》，文物出版社2003年版，第188页。

［115］杨宽：《中国古代陵寝制度史研究》，上海古籍出版社1985年版，第137页。

［116］刘庆柱：《三秦记辑注·关中记辑注》，三秦出版社2006年版，《关中记辑注》第56～57页。

［117］刘庆柱：《三秦记辑注·关中记辑注》，三秦出版社2006年版，《关中记辑注》第57页。

［118］《史记·孝武本纪》。

［119］李遇春：《汉长安城建章宫东阙及宫阙研究》，中国社会科学院考古研究所汉长安城工作队、西安市汉长安城遗址保管所：《汉长安城遗址》，科学出版社2006年版，第610页。

［120］何清谷：《三辅黄图校释》，中华书局2006年版，第126页。

[121] 张驭寰：《对西汉长安城井幹楼原状的推测》，张复合主编：《建筑史论文集》（第19辑），机械工业出版社2003年版，第98～101页。

[122] 吴郁芳：《建章宫与东南文化》，《文博》1992年第3期，第45页。

[123] 王其亨、何捷：《西汉上林苑的苑中苑》，《建筑师》第72期，中国建筑工业出版社1996年版，第32页。

[124] 中国社会科学院考古研究所：《中国考古学•秦汉卷》，中国社会科学出版社2010年版，第217页。

[125] 《雍录•飞渠》（卷九）："盖未央殿址据山为高，而明渠之欲入城也，必有洼下之地，中断不接，故架空为渠，使得超洼下而注沧池也。飞渠之制，恐必尔也。"

[126] 《史记正义》（秦始皇本纪）：《括地志》云："兰池陂即古之兰池，在咸阳界。《秦记》云'始皇都长安，引渭水为池，筑为蓬、瀛，刻石为鲸，长二百丈'。"秦兰池遗址在今陕西咸阳杨家湾一带。

[127] 经考古研究人员钻探和试掘，分析昆明池中的四处高地均为生土，未见夯土等遗迹。参见中国社会科学院考古研究所汉长安城工作队：《西安市汉唐昆明池遗址的钻探与试掘简报》，《考古》2006年第10期，第57～58页。

[128] 《汉书•郊祀志下》颜师古注："池北岸有石鱼，长二丈，高五尺，西岸有石鳖三枚，长六尺。"

[129] 姚生民：《云阳宫•林光宫•甘泉宫》，《文博》2002年第4期。

[130] 《雍录》（卷二）"甘泉宫"条云："秦之林光，至汉犹存。汉武元封二年始即磨盘岭山秦宫之侧作为之宫，是为汉甘泉矣。"又云："甘泉山即车盘岭也。武帝虽别刱甘泉一宫，而秦之林光如故也，则谓甘泉宫在林光宫旁者是也。"

[131] 转引自姚生民：《甘泉宫志》，三秦出版社2003年版，第288页。

[132] 中国社会科学院考古研究所：《中国考古学•秦汉卷》，中国社会科学出版社2010年版，第217～218页；刘庆柱、李毓芳：《汉长安城》，文物出版社2003年版，第191页；姚生民：《甘泉宫志》，三秦出版社2003年版，第29～37页。

[133] 姚生民：《甘泉宫志》，三秦出版社2003年版，第35页。

[134] 刘庆柱、李毓芳：《汉长安城》，文物出版社2003年版，第192页；

[135] 陈直：《摹庐丛著七种》，齐鲁书社1981年版，第343页。

[136] 何清谷：《三辅黄图校释》，中华书局2005年版，第190页。

[137] 姚生民：《益延寿宫考略》，《咸阳师范学院学报》2012年第3期，第22页；《甘泉宫志》，三秦出版社2003年版，第62、91页。

[138] 陈直：《汉书新证》，天津人民出版社1979年第2版，第185页。

[139] 陈直：《关中秦汉陶录提要》，《摹庐丛著七种》，齐鲁书社1981年版，第435页。

[140] 日本学者江上波夫认为，《汉书•地理志》与《汉书•郊祀志》对径路神祠的记载有异，"但若解释为：休屠、金人、径路神三匈奴祠同在一处，而其代表者乃至总称则为径路神祠，则前后并无矛盾。总之，休屠祠、金人祠、径路神祠三者中，之所以仅有径路以神名径路神称呼，乃因径路是异于金人之类的神主，被直接视为神灵即神像之故。此径路神祠，在单于庭中亦有"。《匈奴的祭祀》（黄舒眉译），刘俊文主编：《日本学者研究中国史论著选译》（第9卷），中华书局1993年版，第30页。

［141］《汉书•匈奴传下》应劭注："径路，匈奴宝刀也。"马长寿先生认为，径路刀是一种青铜铸造的波斯•斯基泰式短剑，因匈奴人对它怀有一种神秘感而立祠祭之，名曰径路神祠。《北狄与匈奴》，生活·读书·新知三联书店1962年版，第66～67页。

［142］姚生民：《淳化史迹丛稿》，西安地图出版社2007年版，第57页。

［143］泰一又写作太一、大一、泰壹。

［144］李零：《中国方术续考》，中华书局2006年版，第159～160页。

［145］姚生民：《汉甘泉宫遗址勘察记》，《考古与文物》，1980年第2期，第52页；《淳化史迹丛考》，西安地图出版社2007年版，第44～45页。

［146］林梅村：《古道西风——考古新发现所见中西文化交流》，生活·读书·新知三联书店2000年版，第116页。

［147］张驭寰：《仿古建筑设计实例》，机械工业出版社2008年版，第140页。

［148］中国社会科学院考古研究所：《中国考古学•秦汉卷》，中国社会科学出版社2010年版，第217页；刘庆柱、李毓芳：《汉长安城》，文物出版社2003年版，第191页；姚生民：《甘泉宫志》，三秦出版社2003年版，第32页。

［149］姚生民：《甘泉宫志》，三秦出版社2007年版，第32～35页。

［150］张驭寰：《仿古建筑设计实例》，机械工业出版社2008年版，第140～143页。

［151］徐卫民：《秦代的苑囿》，《文博》1990年第5期，第221页；据亿里考证，秦之"上林苑范围基本是西界沣水，东至今西安市劳动公园，北起渭水，南临镐京"。《秦苑囿杂考》，《中国历史地理论丛》1996年第1期，第105页。

［152］《史记•高祖本纪》。

［153］张鸿杰先生说：上林苑的规模"东起蓝田焦岱镇，西到周至东南19千米的五柞宫遗址，直线长约100千米；南起五柞宫，北到兴平境内的黄山宫，直线长约25千米；总面积约2500平方千米。减去40平方千米的汉长安城面积之后，上林苑的实际面积约为2460平方千米"。《上林苑的规模与变迁——上林苑与咸阳》（上），《咸阳日报》2011年1月13日C4版。

［154］周亚：《秦汉上林苑的功能及其与都城发展之关系》，中国古都学会、郑州古都学会：《中国古都研究》（第21辑），三秦出版社2007年版，第242页。

［155］李健超：《秦岭地区古代兽类与环境变迁》，《中国历史地理论丛》2002年第4期，第35～38页。

［156］陈直：《三辅黄图校证》，陕西人民出版社1980年版，第101页。其中"大壹池"原作"大台池"，陈直据《初学记》改。何清谷《三辅黄图校释》据毕沅本改"犬台池"。王子今先生说："其实，'大壹池'，即'太乙池'，很可能与汉代民间的'太一'崇拜有关。何清谷先生'大壹'没有汉代文献依据的说法似可商榷。"《秦汉时期关中的湖泊》，黄留珠、魏全瑞主编：《周秦汉唐文化研究》（第2辑），三秦出版社2003年版，第41～42页。

［157］据《汉书•食货志》《史记•平准书》记载，此次扩建昆明池在杨可告缗以后，起柏梁台之前。杨可主告缗发生在元鼎元年（前116年）冬天，建造柏梁台在元鼎二年（前115年）春。由此推之，武帝第二次扩建昆明池应在元鼎元年冬至二年春之间。参见中国社会科学院考古研究所汉长安城工作队：《西安市汉

唐昆明池遗址的钻探与试掘简报》，《考古》2006年第10期，第64页；李令福：《古都西安城市布局及其地理基础》，人民出版社2009年版，第257～258页。

[158] 中国社会科学院考古研究所汉长安城工作队：《西安市汉唐昆明池遗址的钻探与试掘简报》，《考古》2006年第10期。

[159] 何清谷：《三辅黄图校释》，中华书局2006年版，第251页。

[160] 《酉阳杂俎•物异》："豫章船，昆明池汉时有豫章船一艘，载一千人。"

[161] 《汉书•武帝纪》"归义越侯严为戈船将军"注引张晏曰："严故越人，降为归义侯。越人于水中负人船。又有蛟龙之害，故置戈于船下，因以为名也。"臣瓒曰："伍子胥有戈船，以载干戈，因谓之戈船也。"颜师古曰："以楼船之例言之，则非为载干戈也。此盖船下安戈戟以御蛟鼍水虫之害。张说近之。"

[162] 曹锦炎：《〈越绝书〉"戈船"释义》，《文史》第36辑，中华书局1992年版，第46～49页。

[163] 中国社会科学院考古研究所汉长安城工作队：《西安市汉唐昆明池遗址的钻探与试掘简报》，《考古》2006年第10期，第62页。

[164] 据何清谷先生考察所获，在今石匣口村东约500米处，有一个约4米深、200米宽的低漕，当地人称"深道"，又称"龙口道"。此道被认为是昆明池的南入水口。相传在此曾发现石闸，而村名中的"匣"即"闸"的转音。《三辅黄图校释》，中华书局2006年版，第250页。

[165] 《水经注疏•渭水下》（卷十九）："会贞按：又朱（谋玮）泬作沈，下同。赵（一清）云，按沈字是泬字之误。《地理志》又扶风鄠县下云，潏水北过上林苑，入渭。师古曰，潏即今沈水，或作泬，与沈相似，因名沈水耳。潏水今则改名，人不识也。然则沈字之讹，所由来旧矣。戴（震）改而作南有，改沈作泬，云，考郑县东别有沈水，此乃泬水也，为关中八川之一，从穴不从耽。守敬按：王念孙曰，《汉志》鄠县之泬水，当作涝。潏字或作泬。泬讹作沈。师古但知，沈为泬之讹，而不知潏为涝之讹也。今考《集韵》，潏、泬并古穴切，音玦。《说文》，潏，涌出也。泬，水从空孔穴疾出也。是潏、泬二字音义皆同，故潏或作泬。就师古言论之，以沈为泬之讹，至确。故赵援以为证，戴亦从其说。而段玉裁据《上林赋》李善注，潏水出杜陵，今名沇水，訾师古作泬，为无稽之谈，并斥戴改沈为泬之非，不知沇亦泬之误也。"江苏古籍出版社2000年版，第1570页。

[166] 中国社会科学院考古研究所汉长安城工作队：《西安市汉唐昆明池遗址的钻探与试掘简报》，《考古》2006年第10期，第63页。

[167] 刘振东、谭青枝：《汉唐昆明池杂议》，中国社会科学院考古研究所、陕西省考古研究院、西安文物保护考古所：《汉长安城考古与汉文化——纪念汉长安城考古五十周年国际学术研讨会论文集》，科学出版社2008年版，第265～266页。

[168] 王其亨、何捷：《西汉上林苑的苑中苑》，《建筑师》第72期，中国建筑工业出版社1996年版，第17～37页。

[169] 引文依次据《西京赋》《史记•平准书》《西都赋》。

[170] 胡谦盈：《汉昆明池及其有关遗存踏察记》，《考古与文物》1980年第1期，第27页。按：《汉书•文帝纪》记载：文帝命"周亚夫为将军，次细柳；……以备胡"，此"细柳"不是昆明池南之细柳观，而是

渭水北之细柳仓。《三辅黄图》（卷六）云：“细柳仓、嘉仓，在长安西、渭水北。石徼西有细柳仓，城东有嘉仓。”又按：在昆明池南岸一带新发现有1、2号建筑遗址。参见中国社会科学院考古研究所汉长安城工作队：《西安市汉唐昆明池遗址的钻探与试掘简报》，《考古》2006年第10期。

[171] 刘庆柱、李毓芳：《汉长安城》，文物出版社2003年版，第197页。

[172] 中国社会科学院考古研究所汉长安城工作队：《西安市汉唐昆明池遗址的钻探与试掘简报》，《考古》2006年第10期，第60～61页。

[173] 李令福：《古都西安城市布局及其地理基础》，人民出版社2009年版，第264页。

[174] 《雍录》（卷六）“宜春苑”条云：“宜春之名，汉史凡三出，其实止为两地。有曰宜春苑者，地属下杜，有曰宜春宫者，即下杜苑中宫也，皆秦制也。又曰宜春观者，则在鄠县，汉武帝之所造也。”又云：“叁数者言之，则二世之所葬，相如之所赋，汉之曲洲，唐之曲江，皆此下杜之宜春也。”

[175] 陈直：《三辅黄图校证》，陕西人民出版社1980年版，第91页。

[176] 王学理：《咸阳帝都记》，三秦出版社1999年版，第182页。

[177] 王学理：《鼎湖延寿宫遗址》，陕西省文物局：《陕西文物古迹大观》（三），三秦出版社2006年版，第28页。

[178] 关于荆山地望，一说在蓝田焦岱镇东北、白鹿原的东端，一说在蓝田以北的富平县之南。参见王辉：《秦印封泥考释(五十则)》，四川大学历史文化学院考古学系：《四川大学考古专业创建四十周年暨冯汉骥教授百年诞辰纪念文集》，四川大学出版社2001年版，第297页。

[179] 徐卫民：《西汉上林苑宫殿台观考》，《文博》1991年第4期，第35页。

[180] 中国社会科学院考古研究所：《中国考古学•秦汉卷》，中国社会科学出版社2010年版，第219页。

[181] 周晓陆、路东之：《秦封泥集》，三秦出版社2000年版，第216页；傅嘉仪：《新出土秦代封泥印集》，西泠印社2002年版，第71页；周晓陆：《新见秦封泥五十例考略》，西安碑林博物馆：《碑林集刊》（11），陕西人民美术出版社2005年版，第314页；王辉：《秦印封泥考释(五十则)》，四川大学历史文化学院考古学系：《四川大学考古专业创建四十周年暨冯汉骥教授百年诞辰纪念文集》，四川大学出版社2001年版，第297页。

[182] 何清谷：《三辅黄图校释》，中华书局2006年版，第242页。

[183] 王社教：《古都西安•汉长安城》，西安出版社2009年版，第210页；

[184] 何清谷：《关中秦宫位置考察》，周秦文化研究编委会：《周秦文化研究》，陕西人民出版社1998年版，第635～638页；徐卫民：《西汉上林苑宫殿台观考》，《文博》1991年第4期。

[185] 曹胜高：《汉赋与汉代制度——以都城、校猎、礼仪为例》，北京大学出版社2006年版，第116～181页。

[186] 曹胜高：《汉赋与汉代制度——以都城、校猎、礼仪为例》，北京大学出版社2006年版，第148页。

[187] 何清谷：《关中秦宫位置考察》，周秦文化研究编委会：《周秦文化研究》，陕西人民出版社1998年版，第637～638页；刘合心：《长杨宫遗址出土的秦汉文物》，《文博》2004年第3期。

[188] 孙铁山：《西汉黄山宫考》，《文博》1999年第1期；张海云：《黄山宫遗址出土罕见的踏步》，《考古与文物》2005年第5期；咸阳市文物事业管理局：《咸阳市文物志》，三秦出版社2008年版，第32页。

[189] 孙铁山：《西汉黄山宫考》，《文博》1999年第1期，第38页。

[190] 刘庆柱、李毓芳：《汉长安城》，文物出版社2003年版，第199页。
[191] 傅起凤、傅腾龙：《中国杂技史》，上海人民出版社2005年版，第51页。
[192] 何清谷：《三辅黄图校释》，中华书局2006年版，第235页。
[193] 陈直：《秦汉瓦当概述》，《文物》1963年第11期，第22页。
[194] 陈根远、朱思红：《屋檐上的艺术——中国古代瓦当》，四川教育出版社1998年版，第131页。
[195] 陈直：《三辅黄图校证》，陕西人民出版社1980年版，第85页。
[196] 唐金裕：《西安西郊汉代建筑遗址发掘报告》，《考古学报》1959年第2期，第46页；中国社会科学院考古研究所：《西汉礼制建筑遗址》，文物出版社2003年版，第198页。
[197] 唐金裕：《西安西郊汉代建筑遗址发掘报告》，《考古学报》1959年第2期；中国社会科学院考古研究所：《西汉礼制建筑遗址》，文物出版社2003年版，第197～207页。
[198] 唐金裕：《西安西郊汉代建筑遗址发掘报告》，《考古学报》1959年第2期，第53～54页。
[199] 许道龄、牛致平：《关于西安西郊发现的汉代建筑遗址是明堂或辟雍的讨论》，《考古》1959年第4期。
[200] 黄展岳：《汉长安城南郊礼制建筑遗址的位置及其有关问题》，《考古》1960年第9期，第53～56页。
[201] 中国社会科学院考古研究所：《西汉礼制建筑遗址》，文物出版社2003年版，第225～232页。
[202] 王仲殊：《汉代考古学概说》，中华书局1984年版，第14页。
[203] 王恩田：《“王莽九庙”再议》，《考古与文物》1992年第4期，第103～104页。
[204] 许道龄、牛致平：《关于西安西郊发现的汉代建筑遗址是明堂或辟雍的讨论》，《考古》1959年第4期。
[205] 王世仁：《明堂美学观》，《理性与浪漫的交织——中国建筑美学论文集》，中国建筑工业出版社1987年版，第84～88页。
[206] 曹春平：《明堂初探》，《东南文化》1994年第6期，第80页。
[207] 汪宁生：《明堂考略》，《文物》1989年第9期，第21页。
[208] 杨鸿勋：《从遗址看西汉长安明堂（辟雍）形制》，《杨鸿勋建筑考古学论文集》（增订版），清华大学出版社2008年版，第257～279页。
[209] 刘庆柱、李毓芳：《汉长安城》，文物出版社2003年版，第140页。
[210] 张一兵：《明堂制度源流考》，人民出版社2007年版，第123～124页。
[211] 刘瑞：《汉长安城的朝向、轴线与南郊礼制建筑》，中国社会科学出版社2011年版，第103～104页。
[212] 刘瑞：《汉长安城的朝向、轴线与南郊礼制建筑》，中国社会科学出版社2011年版，第108～111页。
[213] 中国社会科学院考古研究所：《西汉礼制建筑遗址》，文物出版社2003年版，第20～63页。
[214] 中国社会科学院考古研究所：《西汉礼制建筑遗址》，文物出版社2003年版，第104～125页。按：关于“始建国”题记，刘瑞先生指出，从报告所附摹本看，“国”字下尚有一字未释。据图版判断，该字当释为“地”，该字下内容残泐，推测首字为“皇”字，组成“始建国地皇”纪年。《汉长安城的朝向、轴线与南郊礼制建筑》，中国社会科学出版社2011年版，第145页。
[215] 黄展岳：《关于王莽九庙的问题——记汉长安城南郊一组建筑遗址的定名》，《考古》1989年第3期；

中国社会科学院考古研究所：《西汉礼制建筑遗址》，文物出版社2003年版，第214～222页。

[216] 顾颉刚先生的观点转见黄展岳：《关于王莽九庙的问题——记汉长安城南郊一组建筑遗址的定名》，《考古》1989年第3期，第266～267页。

[217] 王恩田：《“王莽九庙”再议》，《考古与文物》1992年第4期。

[218] 姜波：《汉唐都城礼制建筑研究》，文物出版社2003年版，第49、54、66～67页。

[219] 郭善兵：《中国古代帝王宗庙礼制研究》，人民出版社2007年版，第165～167、169页。

[220] 刘瑞：《汉长安城的朝向、轴线与南郊礼制建筑》，中国社会科学出版社2011年版，第168～176页。

[221] 刘瑞：《汉长安城的朝向、轴线与南郊礼制建筑》，中国社会科学出版社2011年版，第209～218页。

[222] 中国社会科学院考古研究所：《西汉礼制建筑遗址》，文物出版社2003年版，第222～224页。

[223] 中国社会科学院考古研究所：《西汉礼制建筑遗址》，文物出版社2003年版，第225页。

[224] 刘瑞：《汉长安城的朝向、轴线与南郊礼制建筑》，中国社会科学出版社2011年版，第246页。

[225] 王世仁：《明堂美学观》，《理性与浪漫的交织——中国建筑美学论文集》，中国建筑工业出版社1987年版，第86～88页；

[226] 杨鸿勋：《从遗址看西汉长安明堂（辟雍）形制》，《杨鸿勋建筑考古学论文集》（增订版），清华大学出版社2008年版，第257～279页。

[227] 关于这一问题，张一兵先生有较详细的考证。《明堂制度源流考》，人民出版社2007年版，第104～107页。

[228] 葛兆光：《中国思想史——七世纪前中国的知识思想与信仰世界》（第一卷），复旦大学出版社2001年版，第257页。

[229] 王世仁：《明堂美学观》，《理性与浪漫的交织——中国建筑美学论文集》，中国建筑工业出版社1987年版，第85页。

[230] 杨鸿勋：《宫殿考古通论》，紫禁城出版社2001年版，第16页。按：文中“鸟羽、中海道遗址”即日本原始氏族向初级国家过渡时期的神社遗址。

[231] 张一兵：《明堂制度源流考》，人民出版社2007年版，第101～102页。

[232] 杨鸿勋：《宫殿考古通论》，紫禁城出版社2001年版，第108～112页。

[233] 《史记•孝武本纪》：元封四年“天子亲至泰山，以十一月甲子朔旦冬至日祠上帝明堂，每修封禅”。《汉书•武帝纪》：“太初元年冬十月，行幸泰山。十一月甲子朔旦冬至，祀上帝于明堂”；“太始四年三月幸泰山，壬午祀高祖于明堂以配上帝，因受计”；征和四年春三月“还幸泰山修封，庚寅祀于明堂”。

[234] 《后汉书•祭祀中》：元和二年章帝“宗祀五帝于孝武所作汶上明堂”；延光二年安帝“东巡狩，至泰山，柴祭，及祠汶上明堂，如元和二年故事”。

[235] 王世仁：《明堂美学观》，《理性与浪漫的交织——中国建筑美学论文集》，中国建筑工业出版社1987年版，第88页。

[236] 焦南峰、马永赢：《西汉宗庙刍议》，《考古与文物》1999年第6期，第57页注释①；郭善兵：《中国古代帝王宗庙礼制研究》，人民出版社2007年版，第74页。

[237] 何清谷：《三辅黄图校释》，中华书局2005年版，第305页。

[238] 刘庆柱、李毓芳：《汉长安城》，文物出版社2003年版，第142页。

[239] 陈直先生认为，传世“西庙”瓦当（《书道》卷三第201页收录）可能为惠帝庙之物。《三辅黄图校正》，陕西人民出版社1980年版，第117页。

[240] 刘庆柱、李毓芳：《关于西汉帝陵形制诸问题探讨》，《考古与文物》1985年第5期，第105页。

[241] 杨宽：《中国古代陵寝制度史研究》，上海古籍出版社1985年版，第19页。

[242] 焦南峰、马永赢：《西汉宗庙刍议》，《考古与文物》1999年第6期，第51页。

[243]《史记•汉兴以来将相名臣年表》：孝景元年（前156年）立孝文皇帝庙，郡国为太宗庙。

[244] 马永赢、王保平：《走近汉阳陵》，文物出版社2001年版，第33～34、55～56页；陕西省考古研究所：《汉阳陵》，重庆出版社2001年版，前言第4～5页、图版第18～20页；杨林仁：《汉阳陵》，三秦出版社2003年版，第77～79页；汉阳陵考古陈列馆：《汉阳陵考古陈列馆》，文物出版社2004年版，第76～83页。

[245] 焦南峰、马永赢：《西汉宗庙刍议》，《考古与文物》1999年第6期，第50页。

[246] 李零：《说汉阳陵“罗经石”遗址的建筑设计》，《考古与文物》2002年第6期，第55～56、59页。

[247] 杨宽：《中国古代陵寝制度史研究》，上海古籍出版社1985年版，第24页。

[248] 刘庆柱：《秦都咸阳“渭南”宫台庙苑考》，《古代都城与帝陵考古学研究》，科学出版社2000年版，第87～88页。

[249] 王学理：《咸阳帝都记》，三秦出版社1999年版，第177页。

[250] 高崇文：《试论先秦两汉丧葬礼俗的演变》，《考古学报》2006年第4期，第464页。

[251] 中国科学院考古研究所：《辉县发掘报告》，科学出版社1956年版，第69～109页。

[252] 杨鸿勋：《战国中山王陵及兆域图研究》，《考古学报》1980年第2期，第119页。

[253] 杨鸿勋：《宫殿考古通论》，紫禁城出版社2001年版，第108～109页。

[254] 曹春平：《明堂初探》，《东南文化》1994年第6期，第78页。

[255] 杨鸿勋：《宫殿考古通论》，紫禁城出版社2001年版，第112页。

第二章　陵园

“陵”字的本义是底边为四边形的大土山，引申指帝王墓葬并成为一个专名。杨宽先生说：“君王的坟墓称‘陵’，是从战国中期开始的，首先出现于赵、楚、秦等国。”[1]如《史记·楚世家》记载：顷襄王“二十年（前279年），秦将白起拔我西陵。二十一年（前278年），秦将白起遂拔我郢，烧先王墓夷陵”。顾炎武《日知录》（卷十五）“陵”条云：

> 《史记·赵世家》：肃侯十五年，起寿陵。《秦本纪》：惠文王葬公陵，悼武王葬永陵，孝文王葬寿陵。始有称陵者。至汉则无帝不称陵矣。

考古调查和发掘表明，至迟从春秋开始，中原及楚国腹地的一些王侯贵族大墓构筑有高大的封土堆，如河南光山宝相寺春秋早期黄君孟夫妇墓、光山城关镇黄季陀父墓，[2]固始侯古堆春秋晚期至战国早期宋国墓、辉县固围村战国大墓（1～3号墓），[3]河北平山战国中山王陵，[4]以及陕西咸阳毕陌秦陵[5]等。其中，在河南辉县固围村战国大墓和河北平山中山王陵的封土上，还建有专门用于祭祀的建筑物，而且在后者的封土周围发现内、中两重垣墙。陕西咸阳毕陌秦陵有环绕陵园的壕沟，其中一处过去称“周陵”的秦陵，有内外两重垣墙，陵园中有多处建筑遗址。在楚国腹地，不少贵族墓地上的巨大封土堆保留至今。据20世纪80年代湖北荆州地区文物普查所获数据，在楚都纪南城的周边，封土直径在40米以上的大型楚墓有220余座，少数特大型楚墓的封土直径在100米以上。它们分布的特点，不是三五成群地集中在一起，而是单个(江陵熊家冢、荆门金牛冢)或两个相连（江陵双冢）。墓冢之间距离比较远，少则几十米，多则百余米。[6]种种迹象表明，一种脱胎于商周公共墓地的新墓地形态，开始在华夏大地的南北出现。

赵化成先生将这种新墓地形态称之为“独立陵园制”，他说：“‘独立陵园制’萌芽于春秋，创立于战国，而全面确立当以秦始皇陵园为标志，汉代帝陵继承并进一步完善化，从而奠定了尔后中国近两千年帝王陵园制度的基础。”它的主要特点是：每位国君都有自己独立的陵园，每座陵园都有垣墙（或兆沟，或行马）以表示茔域；各陵园之间彼此相距较远，形成独立的单元；每座陵园都拥有独立的陵园名；陵墓及陵园规模宏大，各种附属设施完善，并实行独立而专门化的管理。[7]他的这些意见有助于我们认识战国秦汉以来帝王陵园建筑及布局的新变化。

第一节 布局形制的演变

汉长安城北垣墙以北1.5千米处是渭水，渡过渭水是关中平原的第一道台地——咸阳原，西汉王朝十一代皇帝有九代皇帝陵园就坐落在这里。它东起泾渭交汇处的咸阳正阳乡张家湾，西至兴平豆马村，绵延30多千米，其间依次排列着景帝刘启阳陵、高祖刘邦长陵、惠帝刘盈安陵、哀帝刘欣义陵、元帝刘奭渭陵、平帝刘衎康陵、成帝刘骜延陵、昭帝刘弗陵平陵、武帝刘彻茂陵。依据李毓芳先生的意见，渭北陵区的九座陵园可划分三组：第一组以高祖长陵为中心，西为惠帝安陵，东为景帝阳陵；第二组是武帝茂陵和昭帝平陵，茂陵居西，平陵位东；第三组以元帝渭陵为中心，成帝延陵居西，哀帝义陵位东，平帝康陵列于西北。[8]另外两代皇帝的陵园，文帝刘恒霸陵位于长安城东南的白鹿原东北隅，“凿山为藏”，不起坟；宣帝刘询杜陵在长安城南的杜东原，其形制与渭北陵区的帝陵一样，平地起坟（图2-1）。除此之外，还有三座享有帝、后陵等级待遇的陵园，它们分别是位于栎阳城西北的高祖之父太上皇陵、霸陵西南的文帝之母薄太后南陵、淳化甘泉宫以南的昭帝之母钩弋夫人云陵。西汉诸陵可分前、中、后三期：高祖长陵、惠帝安陵、文帝霸陵为前期，景帝阳陵、武帝茂陵、昭帝平陵、宣帝杜陵为中期，元帝渭陵及以下诸陵为后期。

图2-1
西汉帝陵分布示意图
采自《文物》2006年第7期

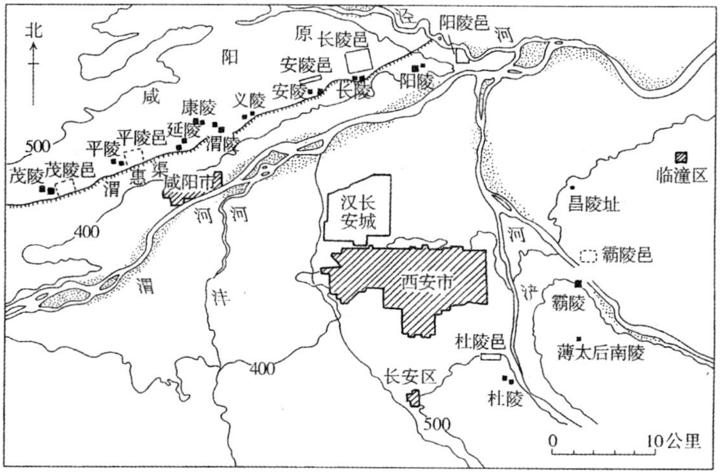

一、汉之前的秦陵

汉承秦制，西汉王朝在秦都城咸阳故址上建都，陵园建制直接受秦陵的影响。秦人崇尚厚葬。从公元前770年秦人建国后设置陵园始，到秦始皇入葬骊山陵园，秦保持着一套完整的不间断的陵园制度及建筑体系。其间，秦在关中地区先后营建了雍城、栎阳、咸阳毕陌、芷阳陵园。

1. 关中秦陵

雍城秦陵又称西陵，位于陕西凤翔南指挥乡一带。现已发现的13座陵园，均围以宽3～4米、深3～5米的壕沟（隍壕），一座陵园由核心的一座或几座主墓及相应数目的从葬坑（又称陪葬坑）组成，主墓偏居陵园之南，从葬坑在主墓的右前方。[9]地面上没有发现封土，但在17座“中”字形大墓的地面发现有大量瓦片堆积，说明这些大墓上原来建有祭祀性的建筑。其中，Ⅰ号陵园M1墓的东墓道大端有一排柱洞，Ⅻ号陵园M37墓的地面钻探发现一座保存较完整的墓上建筑基址。

从秦献公二年（前383年）迁都栎阳，到孝公十二年（前350年）迁都于咸阳，栎阳作为秦都共34年。《史记·秦始皇本纪》云：“献公葬嚣圉”“孝公葬弟圉”，据《水经注·渭水下》记载，白渠流经“栎阳北”“秦孝公陵北”“莲芍城南”等地，可知孝公葬处“弟圉”在栎阳城东北，即今西安市阎良区康桥和关山镇以东，渭南下邽镇以西。推测献公葬处“嚣圉”不会距“弟圉”太远。但是，迄今这一带尚未发现孝公陵墓或秦国大墓。马振智、徐卫民先生依据《云梦秦简·法律问答》记载“甸人”守献、孝二公“冢”等，判断秦献公、孝公陵上筑有封土。[10]

咸阳毕陌秦陵位于咸阳周陵镇和底张湾一带，2002年考古研究人员在这里发现两处秦国王陵。[11]其中，Ⅰ号陵被认为是秦惠文王及其夫人的公陵，[12]发现陵园有南北向的长方形壕沟。园内中部偏南处有两座“亞”字形大墓，南北排列，北边的封土呈覆斗形。另外东北处有“中”字形陪葬墓，西壕沟内侧分布多处建筑遗址。Ⅱ号陵现在初步推定为秦悼武王及其夫人的永陵。[13]该陵布局形制与Ⅰ号陵相近，陵园中部有两座“亞”字形大墓，位南的封土呈覆斗形，位北的呈圆丘形（图2-2）。2007年考古研究人员再次在此处调查和勘探，发现该陵园有内、外两重陵园。外陵园由垣墙和外围壕沟组成，呈南北向的长方形，垣墙四面各有一阙门遗址；内陵园亦由垣墙和外围壕沟组成，将南、北二陵界围其中，并在墓道正对处分别设置园门。发现从葬坑共27座，其中内陵园9座，外陵园18座。探明建筑遗址6处，内、外陵园各有3处。陪葬墓共有161座，成行成列地分布

图2-2
咸阳毕陌Ⅰ号秦陵
钻探平面图
采自《文物》2008年第4期

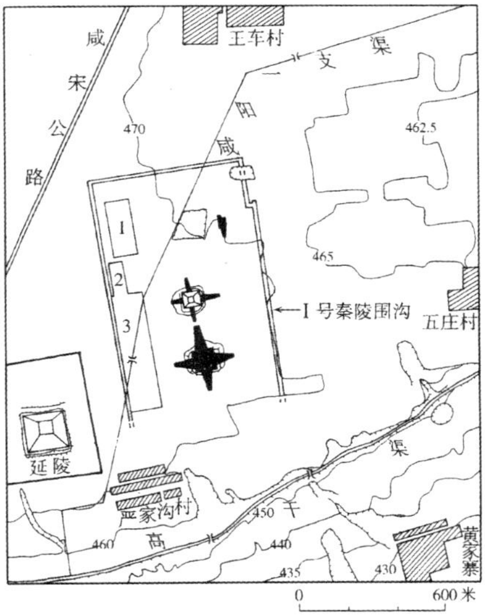

在外陵园内东北和西北隅，以及外陵园东侧与围沟之间。考古研究人员初步判断，过去所谓的“周陵”，实际为战国时期秦国在咸阳毕陌营建的秦公陵园。[14]

与位于关中西部的雍城秦陵相比，中部的咸阳毕陌秦陵出现了新的变化：一是陵园平面呈长方形，有内、外两重陵园，陵墓居陵园中央，南北向排列；二是墓上筑有高大的封土；三是出现帝王一级的“亞”字形墓葬；四是先前雍城秦陵的祭祀性建筑建在墓冢上，到咸阳毕陌秦陵则移至墓侧。《史记•周本纪》记载：周显王“四十四年（前325年），秦惠王称王”。刘向曰：“及惠文、武、昭、庄襄五王，皆大作丘垄，多其瘞臧。”[15]秦惠王称王之后，厚葬及违制之风兴起，陵园建制出现了新的变化，而咸阳毕陌秦陵就是这一新变化的见证。

芷阳秦陵又称秦东陵，位于西安市临潼区骊山西麓，灞河东岸的铜人原上。秦东陵基本上延续了咸阳毕陌秦陵的制度，目前已确定的陵园有四座，它们多以沟壑为分界线，个别地方辅以壕沟，陵园内有主墓、从葬坑、地面建筑设施及陪葬墓等。[16]据《史记•秦本纪》等文献记载，葬于东陵的有昭襄王、庄襄王、悼太子、宣太后、孝文王、帝太后等。关于各陵园及大墓的主人，考古研究人员尚有争议。[17]

2. 秦始皇陵

秦始皇陵位于骊山北麓，靠近埋葬先祖的东陵，有些做法受先祖诸陵的影响，但它依然冲破了“集中公墓制”的旧体制，创建了一个前所未有的崭新的帝陵制度（图2-3）。秦始皇陵园规模之恢弘，布局形制之新颖，埋藏之丰富和奇异，堪称空前绝后。《史记•秦始皇本纪》记载：

图2-3
秦始皇陵遗迹平面示意图
采自《文物》2008年第4期

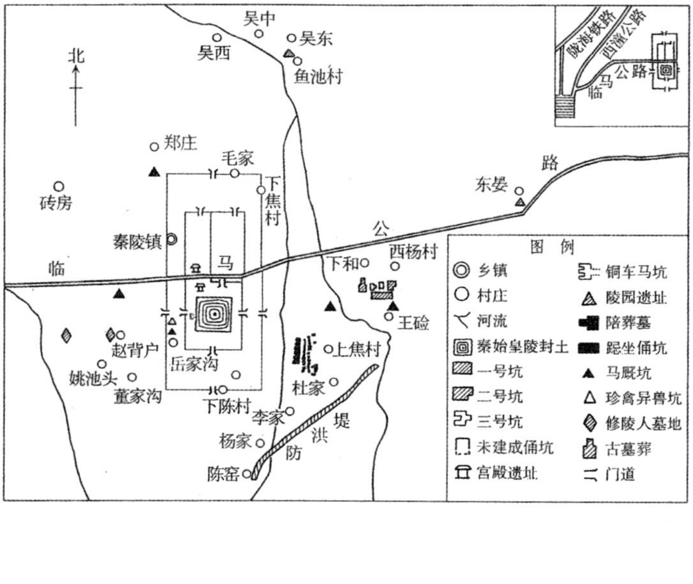

> 始皇初即位，穿治郦山。及并天下，天下徒送诣七十馀万人，穿三泉，下铜而致椁，宫观百官奇器珍怪徙臧满之。令匠作机弩矢，有所穿近者辄射之。以水银为百川江河大海，机相灌输，上具天文，下具地理。以人鱼膏为烛，度不灭者久之。

《汉书•贾山传》云：

（秦始皇）死葬乎骊山，吏徒数十万人，旷日十年。下彻三泉。合采金石，冶铜锢其内，漆涂其外。被以珠玉，饰以翡翠。中成观游，上成山林。

《汉书•楚元王传附刘向传》云：

秦始皇帝葬于骊山之阿，下锢三泉，上崇山坟，其高五十馀丈，周回五里有馀；石椁为游馆，人膏为灯烛，水银为江海，黄金为凫雁。珍宝之臧，机械之变，棺椁之丽，宫馆之盛，不可胜原。

考古发掘及勘探表明，文献记载不妄。综合历年来考古发掘、钻探勘察及研究成果，此将秦始皇陵的规模及布局形制归纳如下：

（1）陵名“丽山”，陵园称“丽山园”。[18]陵区范围东西与南北各约7.5千米，面积约56平方千米，规模巨大，气势恢弘。

（2）位于陵区中心的封土异常高大雄伟，上面规划建造有类似享堂的祭祀建筑。现存封土呈覆斗形，南北长350米，东西宽345米，周长1390米，高度为55米。[19]新近考古勘察结果，有高出地面30米左右的九级台阶式的木构建筑被覆压在封土之下。[20]

（3）地宫建筑构造复杂，装饰富丽奇异。运用新的探测技术探测得知，地宫距地平面深35米，东西长170米，南北宽145米。墓室位于地宫中央，东西约80米，南北约50米，高15米。周围有夯土宫墙，之内又有石质宫墙。地宫四面辟门，东边发现5条墓道，西边和北边各找到1条墓道。使用汞量测量方法探测，发现封土下很强的汞异常区。文献记载秦陵地宫“以水银为百川江河大海”，可能不是虚语。“上具天文，下具地理”，即用艺术手段模拟星空和大地，为秦始皇再造一个可以延续统治的宇宙空间。

（4）陵园面东，布局规整，形制若都城。在陵区中部，围绕封土筑有两重垣墙，形成内、外城布局的陵区核心区域。内陵园南北长1355米，东西宽580米，面积0.79平方千米；外陵园南北长2188米，东西宽971米，面积2.13平方千米。内外陵园的东、西、南门分别与地宫东、西、南墓道相对。内外陵园的东门、西门之间分别建有三出阙。内陵园分南北两区，封土居南区中央，寝殿位于封土西北；北区由东、西两部分组成，东部为陪葬区，西部为便殿所在。在外陵园内的东西两边，设置园寺吏舍、飤官，以及马厩、珍禽异兽从葬坑等。

（5）从葬坑形形色色，分层次布局，象征“宫观百官”。已发现的从葬坑180座，其中陵园内有76座，陵园外104座。[21]陵园内的从葬坑，分布在内城和内外城之间的南部。内城南部有铜车马坑、车马坑、文吏俑坑等；内外城之间南部有马厩坑、珍禽异兽坑、跽坐俑坑、葬仪坑、百戏俑坑及石质甲胄坑等。陵园外的从葬坑分布在陵园的东部、东北部和东南部。在陵园外东1000米处，正当东门大道北面，有3座兵马俑从葬坑和1座拟建的“中军”坑；东北部有动物坑、青铜禽类坑等；东南部有马厩坑。

（6）陪葬墓分区布置在陵园内，秩序分明。内城北区东部为一专属区，共探出33座墓葬，墓葬主人可能是后宫从葬者；封土西北的一座陪葬墓，墓主可能是秦始皇之子公子高。内外城之间的西门以北是一处筑有土墙的墓园，园中分东西两区，在东区勘探发现陪葬墓61座。在内外城东门之间，司马道以北，勘探发现陪葬墓3座。另外，在陵园外东南部马厩坑以西处发现的18座秦代墓葬，应与秦始皇陵有关。

（7）设置陵邑——丽邑，其地望在汉新丰县故城。

秦始皇陵是中国历史上第一座皇帝陵园，开辟了古代陵墓美术的新纪元。它突破了秦先祖诸陵及战国时期关东王侯大墓的规制，在陵园的建筑规模、布局形制和埋藏制度方面标新立异，以充分表达“始皇”的神圣形象及其精神力量。它的建成得益于那个特殊时代的苛政力量，以及战国以来全社会的物质和文化财富积累。秦始皇陵为西汉陵园的规划与建造提供了一个现实范本，诸如陵园的布局结构形式、仿照都邑的规划意图和帝陵独尊的设计思想等，[22]都为后来者所仿效。

二、从长陵到霸陵

西汉11座陵园分布在渭北和渭南两个区域。2001年至2005年，咸阳市文物考古研究所对渭北陵区除阳陵外的8座陵园，即高祖长陵、惠帝安陵、武帝茂陵、昭帝平陵、成帝延陵、元帝渭陵、哀帝义陵、平帝康陵进行全面钻探调查。从2006年起，陕西省考古研究院与咸阳市文物考古研究所联合组成汉陵考古队，再次对汉帝陵园展开大规模的考古调查与勘探。截至2010年，已先后完成安陵、茂陵、渭陵、义陵和康陵，以及咸阳毕陌秦陵的考古调查与勘探和茂陵2号建筑遗址的部分发掘工作。长陵的考古调查与勘探、茂陵帝陵南侧外藏坑的发掘工作正在进行。[23]加之此前对诸陵的调查及钻探，[24]以及一些陵园建筑的发掘，如阳陵“罗经石”和帝陵南门遗址，杜陵帝、后寝园及部分门址，[25]霸陵（窦皇后陵附近和薄太后南陵）、阳陵、平陵、杜陵的部分从葬坑，[26]长陵、安陵、阳陵、茂陵、杜陵部分陪葬墓和从葬坑等，[27]汉帝陵园的基本情况日渐清晰。其中，长陵、霸陵、阳陵和茂陵是我们关注的重点。

1. 长陵的意义

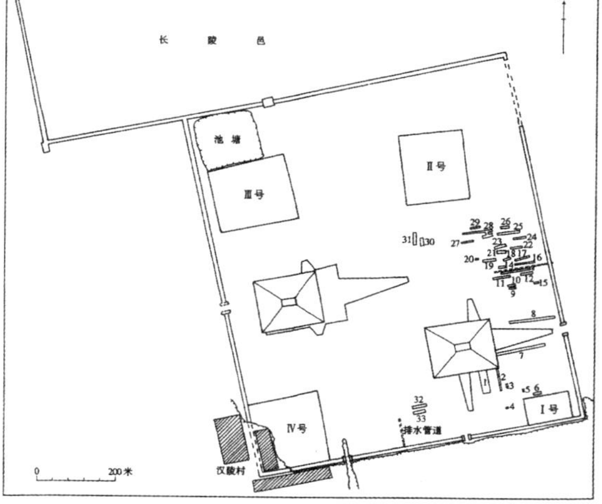

图2-4
长陵陵园钻探平面图
采自《西汉帝陵钻探调查报告》

长陵是高祖刘邦和皇后吕雉的合葬陵园，位于咸阳渭城区窑店乡汉陵村。此处为咸阳原突出的一块台地，南隔渭水与长安城相望。长陵始建年代大约在高祖七年（前200年）迁都长安前后。[28]高祖十二年（前195年）夏四月甲辰，刘邦崩于长乐宫，五月丙寅入葬长陵。惠帝即位后采纳叔孙通的建议，又复起高祖庙（原庙）于渭北。[29]高后八年（前180年）吕雉崩，合葬于长陵。长陵的营建时间不少于20年。

据新近钻探调查的结果（图2-4），[30]长陵陵园四面筑有垣墙，平面长方形，南北长944米（西墙），东西宽842米（北墙），西墙、北墙残迹保留至今。垣墙四面有门，南面发现两座门，另外三面各发现一座门。长陵的垣墙筑于高后执政时。《汉书·高后纪》记载：高后六年（前182年）"秩长陵令二千石。六月，城长陵"。张宴曰："起县邑，故筑城也。"颜师古曰："此说非也。《皇图》云长陵城周七里百八十步，因为殿垣，门四出，及便殿掖庭诸官寺皆在中，是即就陵为城，非止谓邑居也。"长陵四面垣墙总长约3600米，与"周七里百八十步"接近，颜师古说是。

高祖陵和吕后陵居于陵园中部偏南部，东西排列。二陵封土呈南北窄、东西长的覆斗形。位西的高祖陵，封土底边东西长162～164米，南北宽134米，高24.5米；位东的吕后陵，封土底边东西长164～166米，南北宽132～134米，高24.6米。钻探发现二陵东、南、北面各有一条墓道。已探出从葬坑33座，布局在位西陵墓的东部、位东陵墓的东北部的有20多座，其余的围绕在位东陵墓的东部和南部。参照惠帝安陵的布局，有研究者认为位西的陵墓应为吕后陵，位东的陵墓为高祖陵，[31]与过去认定的二陵位置正好相反。陵园内发现建筑遗址4处，分布于陵园的东南、西南角，以及东北和西北部。陪葬墓位于陵区的东部的徐家寨至费家新庄一带，绵延数千米。它们东西成行，南北成列，早年调查时地面尚保存70多座封土，现在仅存40多座，形制可分单冢、双冢和三连冢三种。据文献记载，陪葬长陵的有萧何、曹参、周勃、王陵、张耳、纪信、田蚡、田胜、戚夫人等。1970年发掘的4、5号陪葬墓，考古研究人员据《水经注·渭水》的记载，推测为周勃、周亚夫父子的墓葬。[32]长陵邑位于陵园北部怡魏村、彭王村和马家堡一带，在其西、南、北三面发现有夯筑的垣墙。

长陵布局形制特征主要表现在以下几个方面：（1）陵墓居长方形陵园中心的南部，坐西面东朝向；（2）帝、后同茔不同穴，帝陵位西，后陵位东，二陵共处一个大陵园并构筑垣墙；（3）陵园内设置寝殿和便殿等礼制性建筑，分区布局从葬坑；（4）建立统一的陪葬墓区，并设置陵邑。这表明西汉统治者从营建长陵开始，一方面借鉴秦及秦代的陵墓制度，另一方面开始建构属于自己王朝的陵墓建筑体系。西汉建朝初期，社会经济尚处于缓慢恢复之中，虽怀有“非壮丽无以重威”的建筑指导思想，但毕竟人力、物力和财力有所不济。而在思想观念方面，刘氏统治集团对秦王朝政治又多持否定态度。如文帝时贾山的《至言》和贾谊的《过秦论》言辞激扬，皆言亡秦不笃信仪礼、施行暴政、赋敛重数和奢侈无度。在这些因素的共同作用下，决定了汉初陵园的营建，只能在秦及秦代陵园制度的基础上重新进行整合，其建筑规模和形制与秦陵既有联系，又有区别。长陵的建成具有确立后来西汉诸陵规制和决定其发展方向的重要意义。

将长陵的陵址选定在渭水北岸，长安城的正北处，应与当初长安城的整体规划有关。高祖入葬长陵后，惠帝依照传统礼制，在长安城中为父皇修建了高庙。此举看似有恢复周代宗庙制度的意味，实则仿效秦始皇在渭南建造极庙并通达骊山陵园的做法。通过勘探调查，考古研究人员在长乐宫西南部、安门大街与南城墙南折段东西居中处，发现一处汉代大型夯土建筑遗址，初步推测为高祖庙遗址。[33]高庙的建成，与渭北的长陵呈南北直线贯通之势，从而使长陵成为长安城建筑体系中的一个重要组成部分。秦建民、张在明、杨政先生通过田野调查，认为北起陕西三原嵯峨乡天齐祠，南经长陵陵园中央、汉长安城中部至秦岭子午谷口，存在着一条全长74千米的南北超长建筑基线。“这条建筑基线，将天、地、山川、陵墓、都城一以贯之，使之协调为一整体，自北而南，以天、先王、王、地为序的宗教意味排列；其间充满法天意识，使这一庞大的建筑体系，表现出天与地，阴与阳、死与生、尊与卑，以及南与北、子与午等多种对应关系，充分体现了古人的缜密构思。”[34]虽然这条所谓的南北超长建筑基线尚有商榷之处，尤其是基线两端的天齐祠与子午谷问题，[35]但它的中段即长陵与长安城之间存在的南北对应关系，则是不可否认的。在东经108°52′43″线上（图2-5），[36]北部渭北的长陵“以象天极”，南部长安城中安门大街的高庙与天界“为庙”的南斗星宿位次吻合，横贯中部的渭水比喻天河；北部有居西的帝陵和居东后陵，分别对应南部长安城的未央宫和长乐宫。总之，它们的象征意义非常明确。

2. 霸陵的创新

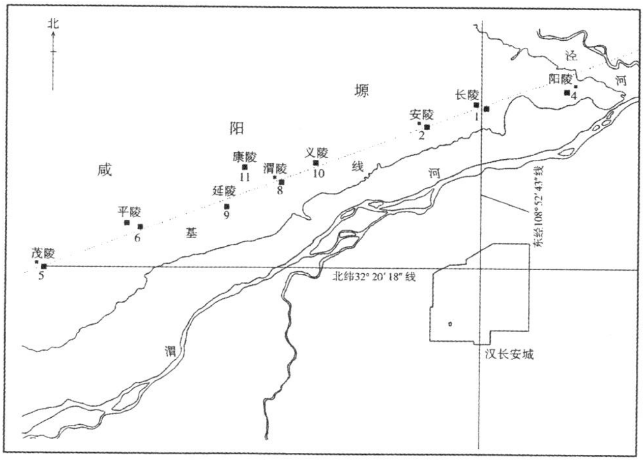

图2-5
渭北西汉帝陵的
分布与基线示意图
采自《文物》2009年第4期

霸陵是文帝和窦皇后的合葬处，文帝陵“因山为陵”，而窦皇后陵则平地起坟。前者位于西安市灞桥区霸陵乡毛窑院村东南的凤凰山，当地人叫“凤凰嘴”，陵址东临灞水，南依白鹿原；后者位于文帝陵东南2400米的白鹿原上（图2-6）。文帝在长安城东南灞河之滨的白鹿原上筑陵，其主要原因是文帝与惠帝为同宗兄弟，而惠帝已先葬于渭北长陵之西，文帝只能在渭水以南的地方另辟陵址。从地理位置上看，霸陵之东的灞河为京师长安的东界，灞上又是长安的东部门户，可见当初文帝为自己寿陵选址是有周密考虑的。

《汉书·五行志上》云：“霸陵，太宗盛德园也。”《史记索隐》（孝文帝纪）述赞：“霸陵如故，千年颂声。”文帝提倡节俭，主张薄葬。《史记•孝文本纪》记载：

> 孝文帝从代来，即位二十三年，宫室苑囿狗马服御无所增益，有不便，辄弛以利民。……治霸陵皆以瓦器，不得以金银铜锡为饰，不起坟，欲为省，毋烦民……
>
> 后七年六月己亥，帝崩于未央宫，遗诏曰：“……霸陵山川因其故，毋有所改。”

霸陵利用了白鹿原向灞水突出部分作为陵墓的主体，其顶部海拔684米，与河谷高差达250米以上，东面可能经人工修整。[37]营陵工程是在文帝亲自督导下进行的。《史记·张释之冯唐列传》记载，文帝至霸陵巡视时对群臣曰：“嗟乎！以北山石为椁，用纻絮斮陈，蕠漆其间，岂可动哉！”推测霸陵的营建效法了秦始皇“发北山石椁”营陵的做法，玄宫中以石为椁，而且石材也取自北山。据《类编长安志》（卷八）骆氏新说：

图2-6
霸陵平面示意图
采自《西部考古》第1辑

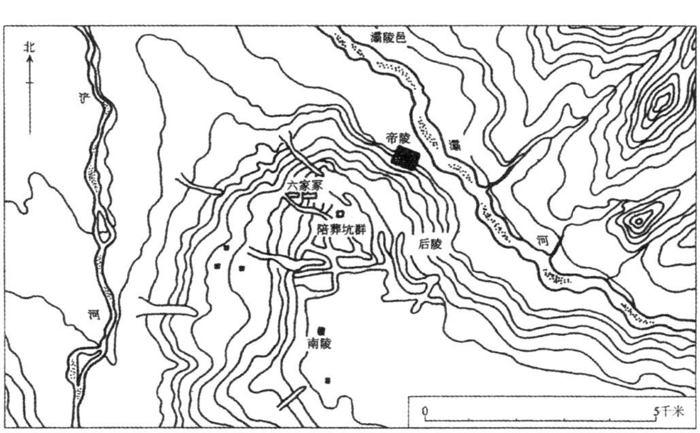

> 至元辛卯秋，霸水冲开霸

陵外羡门，吹出石板五百馀片。

石板可能是羡门内的塞石，或为砌筑墓道的石材。《水经注·渭水下》云：霸陵“上有四出道以泻水”，可知陵山上还有排水设施。

窦皇后陵封土呈覆斗形，底边东西长137米，南北宽143米，高19.5米。其四周残留有部分垣墙遗迹，西南部有大型建筑基址，可见卵石路面、散水及瓦片。20世纪60年代考古研究人员在陵园以西1000米处，发掘47座从葬坑。这些从葬坑均为土圹，坑内置陶棺或用条砖筑栏，坑中置陶俑、陶罐、谷物及动物等。[38]从文帝即位第二年（文帝元年，前179年）始建陵园，到后元七年（前157年）入葬帝陵，再到武帝建元六年（前135年）窦太后入葬后陵，霸陵的营建历时45年。

《汉书·五行志上》记载，永始四年（前13年）六月甲午，“孝文霸陵园东阙南方灾”。刘庆柱、李毓芳先生判断，在皇帝陵园和皇后陵墓陵园之外，还应存在包容帝、后二陵园的大陵园。[39]而霸陵的“这个‘东阙’如果是汉文帝陵陵园门阙，证明汉文帝时帝陵陵园与皇后陵园已经各自营筑陵园；如果是汉文帝霸陵的包括帝陵陵园和皇后陵园的‘大陵园’东阙，更说明汉文帝时帝陵与皇后陵各自营筑陵园，并且于其外又筑‘大陵园’将汉文帝帝陵陵园与孝文皇后陵园包于其中”。[40]霸陵还设置有陵庙，《汉书·五行志上》记载：昭帝“元凤四年（前77年）五月丁丑，孝文庙正殿灾”；宣帝甘露元年（前53年）四月“甲辰，孝文庙灾”。此中所说的孝文庙应为景帝即位后营建的陵庙，不会是先前文帝自作于长安城南的顾城庙。[41]霸陵陪葬墓见于文献记载的有文帝女馆陶公主刘嫖和丈夫董偃、外孙女孝武陈皇后、更始帝刘玄等。霸陵邑建于文帝九年（前171年），大约在灞水东岸的田王村一带。

文帝主张薄葬，因山为藏，不复起坟，其实质是防止日后被盗掘。但凿山为藏的工程艰巨，靡费大量的人力和财力，与他所倡导的薄葬精神相悖。《史记·孝文本纪》记载：

令中尉（周）亚夫为车骑将军，属国（徐）悍为将屯将军，郎中令（张）武为复土将军，发近县见卒万六千人，发内史卒万五千人，藏郭穿复土将军武。

黄宛峰先生指出：“霸陵的营作早在20年前就已开始，不可能在文帝病危时才去穿穴复土。此时的‘穿复土’大概便是做墓穴及坟冢的最后清理工作。如果这个推测不错的话，以三万之众的庞大队伍去护送棺椁，清理陵墓，可见霸陵规模之大了。”[42]

“因山为陵”有竖穴石室（岩圹）墓与横穴崖（岩）洞墓两个建筑类型，前者起坟，后者有起坟和不起坟两种。其中，横穴崖洞墓的出现具有划时代的意义，它与传统葬制背离，开创了新的墓葬形制。霸陵未经考古钻探调查，建筑类型不能确定。据黄晓芬博士推测，“西汉早期的文帝霸陵是在断崖上穿山凿洞之后，再用石材构筑玄室”，[43]即属于横穴崖洞墓形制。李银德先生则持不同意见，他认为“文帝的霸陵以自然山峰为坟丘，不再起山坟。墓内原以北山石为椁，则陵墓为竖穴岩圹的可能性较大”。其理由主要有五：其一，霸陵周围的地势高差较大，沟壑较多，难以设置下葬用的墓道；其二，霸陵需要远距离运北山石作石椁，可见其附近缺少优质石灰岩，而只有优质石灰岩的山体才适合开凿洞室；其三，横穴岩洞墓本身就是“斩山作椁”，不需要再开采北山石用作石椁，只有竖穴墓才使用石椁，如秦始皇陵；其四，动用数万名士卒藏椁复土，而作为横穴岩洞墓且不起坟，应无如此大的复土工程量；其五，宋、明文献记载霸陵上有池和四出道泄水、灞水冲出羡门内石板五百余片等。横穴岩洞墓上为自然山峰，其上不可能凿池的，其墓道口多用巨石封堵，石板封堵见于竖穴岩圹墓。总之，“文帝霸陵因山为陵的渊源非常清楚，即源自楚地多山地区的因山为葬。早在春秋时期，楚地的大中型墓葬就选择在低矮的山丘顶部，凿岩建墓，如绍兴的越王陵、苏州的真山大墓等”。[44]李银德先生的意见比较具体和深入，尤其是关于霸陵周围岩体及北山石椁问题的分析。

西汉时期，“因山为陵”葬制主要流行于梁、楚、鲁、中山等国，尤以楚国、梁国为盛。徐州楚王山M1被认为是楚元王刘交墓，该墓“斜坡露天墓道东向，其后段两壁带耳室，主室竖穴石圹并以条石砌壁券顶。顶部堆筑封土，两峰间开凿约4米宽的排水沟。在其东、北侧地表有大量绳纹瓦片。M2位于M1北侧一座低缓的山丘上，封土呈东西长、南北窄的覆斗形，应为王后墓。在M1和M2东侧有一座陪葬墓（M3），其东稍远处还有一座陪葬墓（M4）”。[45]高祖六年（前201年）刘交封楚王，文帝元年（前179年）薨，因此楚王山刘交墓的建造年代应早于文帝霸陵。周学鹰先生认为，楚王山M1“属于‘因山为陵’葬制原创时期过渡的表现。因处于初期，尚带有竖穴墓与封土墓两者的特点”。所以“最早见于记载的汉文帝霸陵所以采用‘因山为陵’葬制实受楚元王陵墓的深刻影响”。[46]但李银德先生认为，楚王山M1的石券顶结构“在西汉文帝时期尚未闻见，与刘交墓所处的时代不甚相符。因此其墓主也许要在发掘之后才能清楚”。[47]还有研究者从西汉诸侯王墓的形制、文献记载的可靠性等方面展开讨论，提出该墓并非楚元王墓的看法，认为它的年代大约在西汉晚期。[48]汉初诸侯

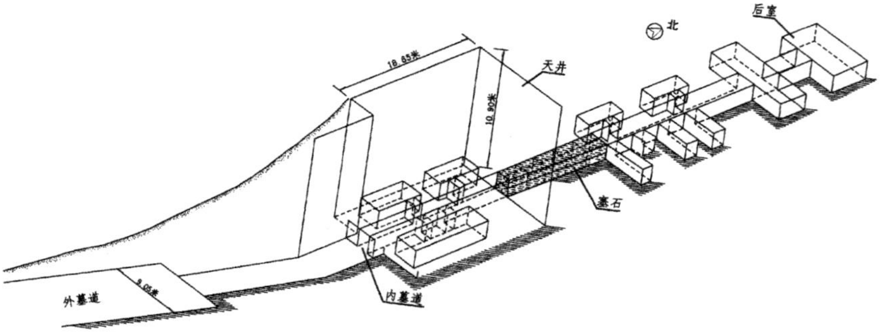

图2-7
徐州狮子山
楚王墓剖面示意图
采自《大汉楚王——徐州西汉楚王陵墓文物辑萃》

王“宫室百官，同制京师”（《汉书•诸侯王表》）。徐州楚王山汉墓的布局形制，如M1（王墓）位置居西及坐西向东朝向，M2（王后墓）居M1之北，M3、M4（陪葬墓）在东部排列，诸墓皆构筑高大的封土等，却都能看到长安陵园制度的影响。鉴于这些情况，对于文帝霸陵“因山为陵”建制源于楚王陵的问题，还需要做多方面的探索。

在文帝营建霸陵稍后不长的时间里，楚国和梁国先后出现了横穴崖洞墓。已发现的楚国横穴崖洞墓年代最早的是徐州狮子山楚王墓，此墓由外墓道、天井（竖穴）、耳室、甬道、墓室（横穴）组成（图2-7）。“从墓葬形制看，此墓显然是竖穴崖洞墓向横穴崖洞墓过渡的一个特例”，[49]墓主可能是第二代楚王（夷王）刘郢（客）或第三代楚王刘戊。若以其即位后第二年建造陵墓，此墓始建于文帝二年（前178年）或文帝六年（前174年），时间皆晚于文帝霸陵。我们认为，创建“因山为陵”制度并采用横穴崖洞墓形制，大约不会出自楚国，而很可能来自首都长安的霸陵。徐州狮子山楚王墓筑有高大的封土，墓地上还有寝园一类建筑，墓东设置兵马俑坑，围绕地宫周围呈放射性分布的有骑兵俑坑、兵俑坑、车马器坑、陪葬的贵族墓地等，其布局形制乃至一些陶俑的造型样式，无不受长安陵墓制度的影响。文帝提出的薄葬思想，在后来徐州龟山2号墓南墓（楚襄王刘注墓）南甬道塞石铭文中得以见证。该铭文共9行44字，每行3～7字不等，如下：

> 楚古尸王通于/天述葬棺郭/不布瓦鼎/盛器令群/臣已葬去服/毋金玉器后/世贤大夫幸/视此书□/目此（？）也仁者悲之。

古代“尸”与“夷”通假，铭文中的“楚古尸王”即楚夷王刘郢。发掘报告的撰稿者认为，铭文“主要是记述西汉楚夷王刘郢提倡死后薄葬的‘遗训’”；“刘郢在‘遗训’中要求墓内‘不布瓦鼎、盛器……毋金玉器’，同时要求群臣‘已葬去服’，革除繁琐的丧葬礼仪”；“从时间上讲，刘郢的薄葬‘遗训’比文帝遗诏要早些，因此，文帝很可能是吸收了刘郢的薄葬思想”。[50]我们的看法与之相反。文帝遗诏颁布于后元七年（前157年），但霸陵始建年代则在文帝元年（前179年），时间在楚夷王刘郢卒年即文帝五年（前175年）之前。墓主刘注卒于武帝元鼎元年（前116年），虽然铭文称先王“述葬”，实则表述的是文帝遗诏中的文句。

“因山为陵” 这种新的墓葬形制，看似闪烁着薄葬思想的光辉，其实质则是为了防止墓葬盗掘。“文景时期出现的诸侯王崖洞墓，应是仿效文帝霸陵因山为藏的葬制。陵墓又有陵园、寝园、从葬坑、陪葬墓等，也应是仿效西汉帝陵。”[51]楚地多丘陵，非常适合这种葬制。加之楚国经济富足，楚王又特别崇尚厚葬，而实施厚葬必然要考虑防止墓葬盗掘，“因山为陵”葬制就成为历代楚王的必然选择。

梁王陵墓位于河南永城东北30多千米的芒砀山区，现已发现的有8处共14座，分布于保安山、柿园、僖山、窑山等处（图2-8）。其中，横穴崖洞墓10座，竖穴石室墓4座，而且横穴崖洞墓年代皆早于竖穴石室墓，说明后者是在前者影响下形成的。保安山1、2号墓分别位于保安山南北主峰，墓主系梁孝王刘武及其妻李王后。[52]刘武是文帝和窦皇后次子，景帝胞弟，文帝十二年（前168年）徙封梁王，景帝中元六年（前144年）卒。保安山陵墓大约创建于刘武即位梁王后的第二年（前167年），时间晚于文帝霸陵。位于南峰的1号墓，坐西朝东，墓上筑有封土，封土上发现建筑遗迹。整个墓葬穿凿于山体之中，由墓道、车马室、甬道、主室及回廊、排水设施等组成。2号墓位于保安山北峰，墓上有封土。该墓由东西双墓道、三段甬道、前庭、后室和回廊、34间侧室，以及隧道、排水设施等组成，为迄今所发现规模最大、形制最复杂的崖洞墓。保安山陵园筑有近似方形的夯土墙和石墙，园内发现的陵寝建筑基址、从葬坑和配葬墓，[53]制度如同时期的长安陵园。崖洞墓和“黄肠题凑”墓是西汉新兴的两种墓葬形制，保安山1、2号墓设置回廊的做法，很可能受到“黄肠题凑”葬制的影响，而“黄肠题凑”也是来自首都长安的汉帝葬制。相同的做法还见于河北满城中山靖王刘胜夫妇墓。贺云翱、郭怡先生指出：“与徐州楚王陵发展过程相比，梁王陵的这种墓室形制似乎在这里是突然出现的，这其中不排除它确实受到长安霸陵制度影响的可能。换言之，梁孝王及王后墓庞大而复杂的墓室结构为我们了解汉文帝霸陵的墓室状况提供了某种可能。”[54]我们赞同他们的这个意见。

图2-8
芒砀山梁王陵墓分布图
采自《华夏考古》
1992年第3期

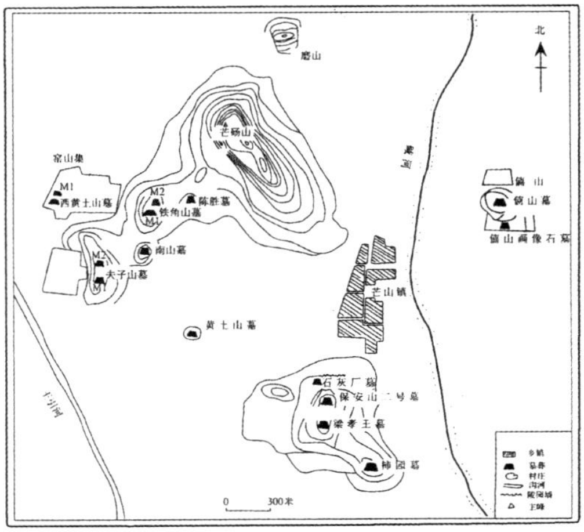

文帝霸陵在中国古代陵墓美术史上具有开创性的意义。它是一种崭新的陵墓制度，带着薄葬思想的光环，采用具有防止盗掘功能的墓葬形制，以及借助高大的山峰象征帝王永在。它成为“因山为陵”的范例，直接影响了当时诸侯王陵墓的建造。据不完全统计，经考古发掘并公布材料的西汉诸侯王墓共有28座，它们分别出自楚、梁、鲁、中山、菑川、南越诸国。其中，竖穴石室墓有5座，横穴崖洞墓有23座。[55]后来唐代的帝王效法西汉霸陵做法，大多依山建造自己的陵园。位于关中地区的唐代18座陵园，除高祖献陵、敬宗庄陵、武宗端陵、僖宗靖陵平地起坟外，其余14座陵园都营建在渭北的山峦之中。

三、阳陵和茂陵

霸陵“因山为陵”，独树一帜。但景帝没有继承父皇的葬制，而是重新回到高祖长陵的体系和规制中来，并将之发扬光大。西汉陵园模式的形成，阳陵可谓是一个标志。阳陵之后的茂陵，集阳陵之大成，追求奢华，营建中无所不用其极。武帝的这种行为，既有当时西汉国力强盛作为支撑，也与他个人欲望极度膨胀有关。

1. 阳陵模式

阳陵是景帝刘启和王皇后同茔异穴合葬陵园，位于咸阳市渭城区正阳乡张家湾和后沟村北的黄土原上。《史记·孝景本纪》记载：前元四年(前153年)“后九月，更以弋阳为阳陵”，始作寿陵；“五年(前152年)三月，作阳陵、渭桥，五月，募徙阳陵，予钱二十万”；“中元四年（前146年）三月，置德阳宫”，“秋，赦徒作阳陵者”。《汉书·景帝纪》记载：后元三年(前141年)“甲子，帝崩于未央宫”，“二月癸酉，葬阳陵”。《汉书·外戚传》记载：孝景王皇后“后景帝十五岁，元朔三年（前126年）崩，合葬阳陵”。从景帝始作寿陵，到后来王皇后入葬，阳陵营建时间共28年。

与西汉其他陵园相比，阳陵不仅经过全面的考古钻探调查，而且还对其部分遗址和遗迹进行了发掘，如“罗经石”建筑遗址、1号建筑遗址、帝陵南阙门、帝陵东侧和陵园南区的部分从葬坑，以及陵区东部的部分陪葬墓、西北部的部分刑徒墓等。阳陵的考古钻探调查、发掘及其研究成果，[56]为我们进行西汉诸陵对比研究提供了一个重要标本。阳陵的建制可概括以下几点：

（1）陵区由陵园、陪葬墓园、陵邑三大部分组成，平面呈不规则葫

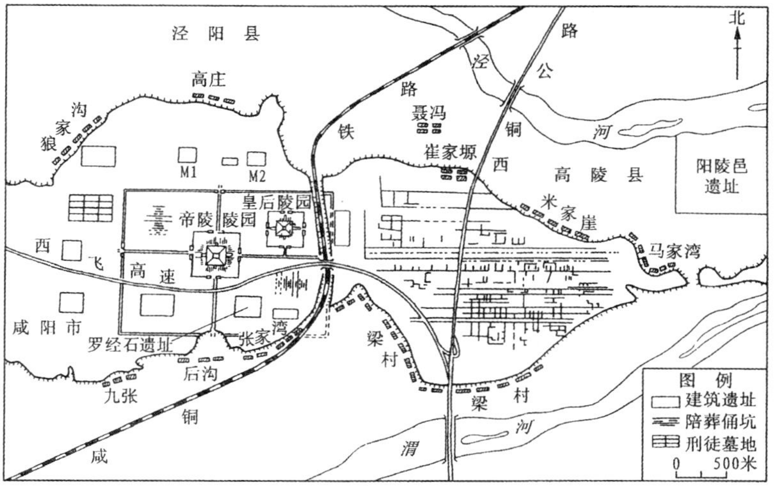

图2-9
阳陵陵区遗迹平面分布图
采自《考古》2007年第11期

芦形，东西长近6000米，南北宽1000～3000米（图2-9）。

（2）陵园平面呈东西向长方形，依据考古钻探图所附比例尺估算，长约1870米，宽约1350米，长宽比大致为20:14（图2-10）。陵园四面筑垣墙并开挖壕沟，四面垣墙中心处辟门。帝陵处于陵园中部偏西处，皇后陵在帝陵东北处。陵庙及寝殿等礼制建筑分布在帝陵南司马道的西部和东部。从葬坑分区设置在帝陵、后陵内的封土四周（称帝陵、后陵从葬坑），以及陵园的东南（称南区从葬坑）和西北处（称北区从葬坑）。

（3）帝陵封土四周有垣墙，平面呈正方形，边长417.5～418米。四面垣墙中心处辟门建阙，门前道路直通陵园四门。封土呈覆斗形，底边长167.5～168.5米，高32.28米，其中心在东、西、南、北四门形成的纵横轴线的交接点上。墓葬呈“亞”字形，东西南北各有一条墓道与地面道路相对。皇后陵封土略小些，墓葬和垣墙形制一如帝陵。

（4）陵园内的礼制性建筑有3处，其中东南2处（包括“罗经石”遗址），西南1处。陵园外的礼制建筑4处，西部3处，北部1处位于北区陪葬墓园之间。

（5）已发现帝陵从葬坑86座，后陵从葬坑28座，皆呈放射状排列。南区和北区从葬坑各24座，前者南北向排列，后者东西向排列，形成对称拱卫之势。

（6）陵园外的陪葬墓园分北区和东区两个部分。北区陪葬墓园两处，外围有壕沟环绕，平面方形，墓园内各有一座“中”字形墓，封土为覆斗形，周围有从葬坑。东区陪葬墓园数量众多，主要分布在陵园外东司马道南北两侧，已探出16排107座。墓园之间有壕沟分隔，东西成排，南北成列，呈棋

图2-10
阳陵陵园平面布局钻探图
采自《考古》2007年第11期

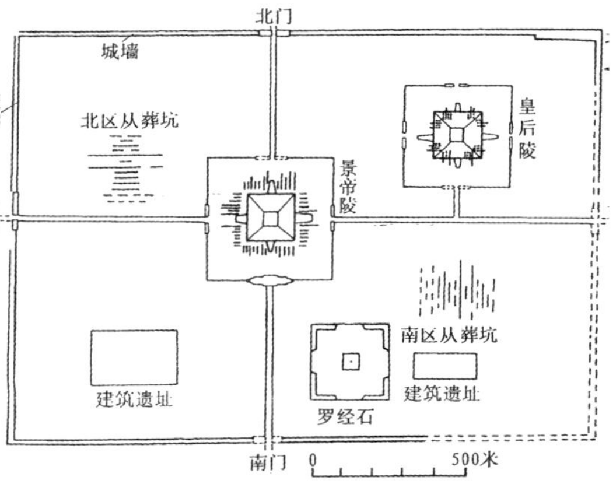

盘状分布。

（7）陵邑位于东区陪葬墓园以东，有城墙，墙外有护城壕。陵邑内有街道数十条，组成200多个里坊。

帝陵独尊是阳陵的规划指导思想，大陵园是中心区，帝陵为其核心。整个陵区以东西轴线为主，南北轴线为辅，陪葬墓园和陵邑沿东西轴线的东段展开。陵区内的建筑形制、陪葬墓园及陵邑皆为方形，布局讲究择中和对称。王建新先生说：“西汉帝陵的埋葬制度从高祖长陵开始，在多方面继承了秦陵墓制度并有创新。经惠帝安陵和文帝霸陵的演变，到景帝阳陵形成了独特的埋葬制度。其后的武帝茂陵、昭帝平陵、宣帝杜陵的布局形制，均与阳陵相仿，因此可称为阳陵模式。阳陵模式的发现，对于研究帝陵制度的发展变化具有重要意义。”[57]与先前的秦陵及西汉前期长陵、安陵和霸陵的布局形制相比，阳陵呈现出创新性的特征。它不仅对西汉前期三座陵园的布局形制进行整合并扩大了规模，而且将过去秦陵的影响完全融合在具有西汉时代精神的陵园制度之中。

刘庆柱、李毓芳先生认为，西汉陵园系模仿都城长安而筑，具体表现在以下几个方面：其一，帝陵封土，象征皇帝的大朝正殿。其二，帝陵封土四周的垣墙，犹如皇宫的宫墙。其三，帝陵和皇后陵的位置关系与长安城中未央宫与长乐宫的位置关系相似，故帝陵陵园象征未央宫，皇后陵园象征长乐宫。其四，布局在陵东和陵北的陪葬墓及陵邑，颇似长安城未央宫前诸侯朝谒之仪，或象征当时的权贵居住地点，如宣平之地（按：宣平门内一带）、北阙甲第等。[58]其五，陵园及封土形制，来自长安城及未央宫建筑中的“崇方”“择中”的设计理念。[59]

后来焦南峰先生以阳陵作为研究西汉陵园的“标本”，对其布局形制，以及各组成部分的象征意义展开更深入的讨论。他的意见可归纳三点：（1）阳陵的帝陵、后陵、“罗经石”遗址及外城，分别是长安城未央宫、长乐宫、礼制建筑、城垣在陵园的再现。（2）阳陵不同的从葬坑代表和象征宫观和百官位次，代表不同的政府机构及设施（包括军队在内）。（3）阳陵诸侯王的墓园代表其管辖的王国，诸侯的墓园象征的是侯国，公主和郡太守的墓园是其管理的邑和郡的微缩。总之，“都城、宫殿、礼制建筑、政府机构、军队、王国、侯国、邑、郡，一个王朝的中央政权和地方建制应有尽有，无一或缺。至此，我们的推论是，西汉王朝是汉阳陵的建设模本，汉阳陵是模仿现实中的西汉帝国建设而成的”。[60]他的这些分析意见，更加重视从政治体制方面揭示西汉陵园建筑艺术的本质特征，值得我们关注。西汉陵园包罗万象，建筑体系非常严整，从地下墓穴、内外藏椁的设置，到地面上封土、神道、园门、寝殿、陵庙、陪葬墓园和陵邑的规划和建造，无不贯彻着刘氏集团的统治理念和政治理想。

2. 集大成的茂陵

茂陵是武帝和李夫人同茔异穴合葬陵园，在今兴平市东北南位乡茂陵村。《汉书·武帝纪》记载：建元二年（前139年）“初置茂陵邑”。建元三年（前138年）春之后，“赐徙茂陵者户钱二十万，田二顷。初作便门桥”。元光三年（前132年）夏五月之后，“起龙渊宫”。元朔二年（前127年）夏，“又徙郡国豪桀及訾三百万以上于茂陵”。太始元年（前96年）春正月之后，“徙郡国吏民豪桀于茂陵、云陵”。后元二年（前87年）二月丁卯日“崩于五柞宫，入殓于未央宫前殿。三月甲申，葬茂陵”。从武帝始置陵邑至入葬，茂陵主体工程的营建时间共53年，为西汉帝陵中营建时间最长的一座陵园（图2-11）。昭帝时，霍光继续为茂陵从葬财物，又迁长安宫女陪守陵园。《汉书·贡禹传》记载：

> 武帝时，又多取好女至数千人，以填后宫。及弃天下，昭帝幼弱，霍光专事，不知礼正，妄多臧金钱财物，鸟兽鱼鳖牛马虎豹生禽，凡百九十物，尽瘗臧之，又皆以后宫女置于园陵，大失礼，逆天心，又未必称武帝意也。昭帝晏驾，光复行之。

茂陵位于西汉渭北陵区的最西端。此后除宣帝杜陵外，诸帝陵园皆布局在茂陵以西、安陵以东的区间。早在20世纪70年代，北京大学《战国秦汉考古讲义》的作者就认为，高祖长陵、惠帝安陵、景帝阳陵按“先王之

图2-11
茂陵陵区平面布局图
采自《考古与文物》
2011年第2期

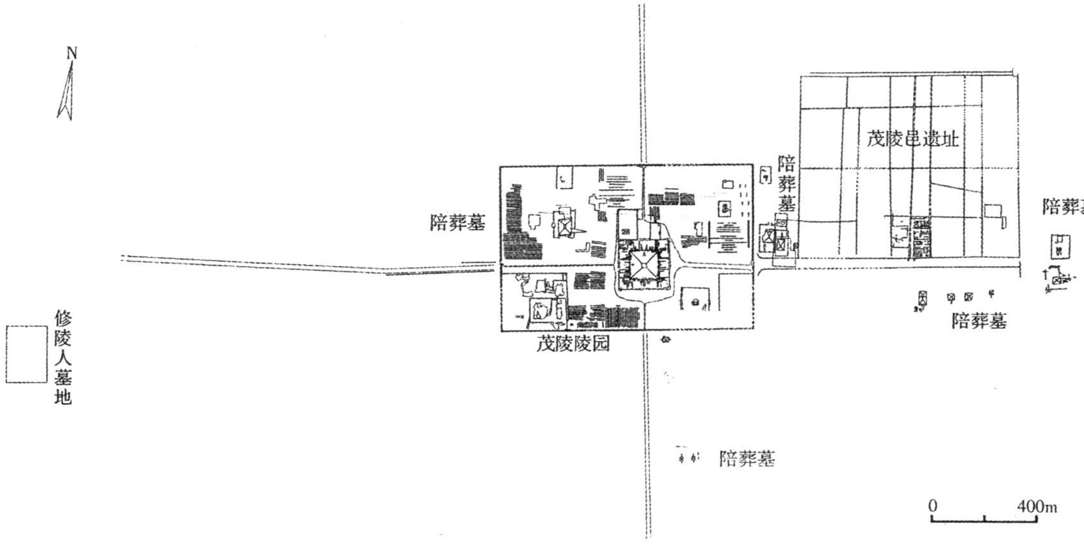

葬居中，以昭穆为左右”（《周礼·春官·冢人》）的方式排列，而武帝以后公墓制遭到破坏，昭穆排列亦不复存在。[61]杨宽先生持相同观点，认为“这是重视宗族关系的‘族墓’制的破坏，表现中央集权体制的建立和以皇帝为中心的墓制的创设这个陵墓制度的变化，反映了当时政治制度的变革，中央集权的封建政治体制的进一步加强”。[62]

西汉实行的“独立陵园制”，是从西周“集中公墓制”脱胎而来的，不可避免带着先前制度的“胎记”。一方面，昭穆制是宗庙祭祀礼仪，而已发现的周代王侯墓，迄今未能证实昭穆制的存在；另一方面，我们又不能忽视西汉儒生对周代宗庙昭穆制的诠释，带给汉帝陵园排序的影响。事实上霸陵和杜陵因血缘辈分关系而选址于渭南，以及渭北诸陵园的实际分布状况看，局域性乃至整体性的昭穆排序并非子虚乌有。[63]比如李毓芳先生就认为，渭北九陵可分三组，第一组以长陵为中心，安陵和阳陵位其左右；第二组以茂陵为中心，平陵位其右；第三组以渭陵为中心，延陵、义陵及康陵位其左右。不仅如此，其大布局即第二、三组的中心陵墓茂陵和渭陵分布位置，又受到第一组中心陵墓祖位长陵的制约。[64]虽然茂陵选址于渭北陵区的西端，但它并未与传统昭穆制度决裂。

茂陵规模宏大，园内道路完备，建筑设施齐全，从葬坑数量众多，内中物品丰富，在西汉陵园中最具有代表性（图2-12）。2003年下半年、2006年9月至2008年，考古研究人员先后两次对茂陵进行了大规模的勘探调查，[65]探知茂陵陵园垣墙东西长2080米，南北宽1390米，长宽比大致为20:14。四面垣墙各置一门并对应武帝陵的墓道，东门门址北半部分保存基本完整，西门门址可见残迹，南、北门一带破坏严重，门址无迹可寻。垣墙之外有壕沟围绕。

图2-12
茂陵陵园平面布局图
采自《考古与文物》2011年第2期

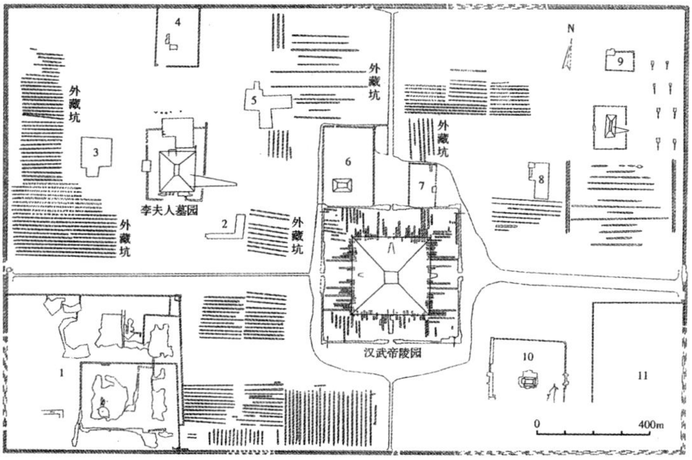

武帝陵园位于茂陵陵园中心偏南位置，四周有夯筑垣墙，长430米左右，墙宽3.5～6.3米，残存最高处1.6米。四面垣墙距封土80余米，垣墙正中各辟一门，东、西、北三面门址尚存成对的夯土台。垣墙四角有曲尺形夯土基址，其上应有角楼或角阙建筑。陵园正中为封土，外形呈覆斗状，现高48.5米，底边约240米，顶边40米左右。墓葬形制为“亞”字形，四条斜坡墓道位于封土四侧的中部。在封土周围已探出从葬坑150座，呈放射状排列。诸坑平面呈长条形，长度不一，最长的98.5米，最短的仅3米，宽度大多在4米左右。

李夫人死于武帝之前，《汉书·武帝纪》记载："及（李）夫人卒，上以后礼葬焉。"李夫人墓位于陵园西北，当地乡民称"集仙台"。《水经注·渭水下》云："（茂）陵之西如北一里，即李夫人冢，冢形三成，世谓之英陵。"墓园四周有垣墙，封土居陵园中心，呈覆斗状，上部有二层台。在封土东侧偏南位置发现墓道，封土外发现从葬坑，南侧4座，北侧2座。墓园北侧发现祭祀坑7座，出土有玉璧和玉圭。位于封土北侧的建筑遗址，平面呈曲尺形，面积约6700平方米，可能是墓园中寝殿故址。《汉书·外戚传上》记载："武帝崩，大将军霍光缘上雅意，以李夫人配食，追上尊号曰孝武皇后。"其中的"食"即"飤"，亦即"饲"，所谓"配食"即提高祭祀规格，与追尊的孝武皇后名号相称。李夫人寝殿可能建造于昭帝时。

陵园内已发现244座从葬坑，大体可分7个区，有序地分布在帝陵陵园外的周围。其长度以120～170米居多，最长的299米，最短的16米，坑内有梯形斜坡道。1990年考古研究人员曾对个别从葬坑进行过试掘和钻探，发现"坑内或殉车马，或禽兽，或陶俑，数量达到惊人程度"。2010年又对帝陵封土南侧的两座从葬坑（MDNK15、MDNK26）进行了发掘，发现大量从葬马匹和少量陶俑。[66]

茂陵的地面配置有殿、宫、台、馆等祭祀建筑及游乐场所。据2006年以来的勘探调查，陵园内发现建筑遗址11处，陵园外发现1处。[67]它们各自的形制及在陵园中所处的位置，是我们判断其性质的基本依据。选择其中几处说明如下：

新发现的1号建筑遗址位于陵园西南部，为陵园中面积最大的建筑遗址。平面近似方形，东西534.5米，南北489米，东、北有垣墙与陵园垣墙相连。遗址内已发现建筑遗址6处，以及面积较大的池沼遗迹多处，池沼间有水渠相连。《汉书·五行志上》记载："元帝初元三年（前46年）四月乙未，孝武园白鹤馆灾。……明年，白鹤馆灾。园中五里驰逐走马之馆，不当在山陵昭穆之地。"颜师古注："五里，言其周回五里。"遗址周长与"周回五里"接近。马永嬴先生推测该遗址应是武帝修建的白鹤馆。[68]白鹤馆因馆内有白鹤而得名，此处发现的池沼遗迹，应为放养白鹤之类珍禽之处。我们判断1号建筑遗址原是一处内有水体珍禽景观，供陵主休闲游乐的场所。

10号建筑遗址位于帝陵陵园外的东南部，即原Ⅰ号建筑遗址大部分。遗址的南墙已被破坏，残存部分平面为东西向的长方形，长232.5米，残宽

183平方米，面积约45000平方米。遗址内正中保存有覆斗形夯土台，底部东西42米，南北27米，残高3.8米。该夯土台即传名“白鹤观”遗址中的夯土台，附近曾经出土了不少的玉圭。在夯土台东部100米左右处还有“瓦渣沟”遗址，沟中及两旁断层中遗存许多西汉代残砖瓦片，出土有白虎纹、玄武纹、朱雀纹、羽人驭龙虎纹空心砖，“与民世世天地相方永安中正”文字瓦当，以及大型四神纹玉铺首和蒲纹琉璃璧等。[69]先前徐萍芳、刘庆柱先生曾推测，这片遗址可能是茂陵的寝园废墟，出土的这些砖瓦、玉器可能是茂陵寝园中的建筑遗物；后来的研究者持不同意见，认为“瓦渣沟”遗址可能就是茂陵的陵庙——龙渊宫所在。[70]从这里出土的四神纹画像砖，在阳陵“罗经石”遗址和杜陵陵庙遗址中都有发现；大型四神纹玉铺首和蒲纹琉璃璧出土时叠压一起，它们同为陵庙大门上的装饰物，而且该遗址所处的位置与阳陵“罗经石”遗址大体一致，也位于帝陵的东南。所以，遗址内的这处夯土台大概是龙渊宫主体建筑的基址。

原Ⅰ号建筑遗址中“压石冢”遗址，现编号为12号建筑遗址。该遗址位于陵园南墙外侧，南司马道的东侧，北距陵园南壕沟58.8米，总面积4200平方米。遗址中现存带二层台的覆斗形的夯土台，低边长41.7～48.9米，顶部边长9.3～12米，现存高度10.5米，台上曾发现可能用于柱础的天然卵石，周围及台下散见绳纹瓦片、砖块等。该遗址距离陵园南门不远，可能是一座阙或观的故址。

11号建筑遗址位于10号建筑以东，即陵园内的东南角，大约包括原Ⅰ号建筑遗址东面的少部分。遗址的南部已被破坏，残存部分为南北向长方形，残长310.5米，宽276.4米，面积约45000平方米。遗址的西、北筑有垣墙，东南、南与陵园的东、南垣墙相接。该遗址与可能是陵庙的10号建筑遗址相近，功能性质应与之有一定关系。

6号建筑遗址位于武帝陵园北侧西部，南与陵园北墙相连，平面呈长方形，南北长244～249.8米，东西宽153米。遗址周围有夯土垣墙，墙体宽2.5～3.8米。在遗址内南部偏西位置，尚存带二层台、呈四棱台状的夯土基址。东西56.2～57.3米，南北40～40.8米。该遗址即原Ⅱ号遗址，被认为是茂陵寝园所在。

7号遗址位于武帝陵园北侧东部，与6号遗址相对应，二者间距106米，规模较后者小。平面为南北向长方形，长137.3米，宽82.7～84.7米，面积约11300平方米。该遗址南接帝陵北墙，其余三面筑有垣墙，可能是便殿所在。

陵园的西北部即李夫人墓的周围有2～5号建筑遗迹。昭帝时，霍光“以后宫女置于园陵”，这几处建筑遗迹中大约有宫女居住的馆所。东北部“次冢”四周有垣墙，呈南北向长方形，封土东侧偏南位置发现一条斜坡墓道，墓主可能是一位地位很高的嫔妃。M3～M10墓葬作南北向4组排列，可能为嫔妃墓葬，只不过墓主的身份没有“次冢”主人那么高。8、9号建筑遗址大概是与“次冢”相关的祭祀建筑遗址。

从武帝执政始，名将功臣如卫青、霍去病、金日磾、霍光等逝世后，除陪葬帝陵以表荣宠外，国家还动用军队为其送葬，赠予最高规格的葬礼，置园邑并派遣吏卒奉祠。这些做法已形成惯例或制度，一直延续到西汉晚期。《汉书·卫青霍去病传》记载：

> （霍）去病自四年军后三岁。元狩六年薨。上悼之，发属国玄甲，军陈自长安至茂陵，为冢象祁连山。谥之并武与广地曰景桓侯。
>
> ……
>
> 自（卫）青围单于后十四岁而卒，……与主合葬，起冢象庐山云。

《汉书·霍光金日磾传》记载：

> （霍）光薨，上及皇太后亲临光丧。太中大夫任宣与侍御史五人持节护丧事。中二千石治莫府冢上。赐金钱、缯絮、绣被百领，衣五十箧，璧珠玑玉衣，梓宫、便房、黄肠题凑各一具，枞木外臧椁十五具。东园温明，皆如乘舆制度。载光尸柩以辒辌车，黄屋左纛，发材官轻车北军五校士军陈至茂陵，以送其葬。谥曰宣成侯。发三河卒穿复土，起冢祠堂。置园邑三百家，长丞奉守如旧法。
>
> ……
>
> 至成帝时，为光置守冢百家，吏卒奉祠焉。
>
> ……
>
> （金日磾）薨，赐葬具冢地，送以轻车介士，军陈至茂陵，谥曰敬侯。

与阳陵的有所不同，茂陵的陪葬墓除分布东司马道两侧外，陵园外的南、西、北均有分布。已发现大型陪葬墓113座（组），估计只是其中的一部分。[71]

茂陵陪葬墓中有14座保存着较大规模的封土，其外形有山形、覆斗形和圆丘形三种。现在确定的卫青墓（M11）位于东司马道西端北侧，封土为山形，四周筑有垣墙，平面为南北向长方形，在南、西、北墙正中发现有门址，东门可能在茂陵博物馆内。墓室北侧发现一条斜坡墓道，封土东面偏北发现一座从葬坑。东邻的霍去病墓（M12），四周筑有垣墙，封土北侧

图2-13
茂陵陪葬墓北区卫青、霍去病、金日磾墓北面

发现一条斜坡墓道，封土南面和西面各发现一座从葬坑。霍去病墓东部的一座封土呈覆斗形，墓道在封土南部偏西，北部曲折向东，据说是金日磾墓（图2-13）。M14位于霍去病墓的北部，封土不存，有清代石碑一座，题铭“汉霍去病墓”。位于东司马道东端南侧的霍光墓（M27），封土呈覆斗形，其东侧发现一条斜坡墓道。墓周围发现从葬坑15座，封土周围有夯土墙遗迹，东北部有建筑遗址。位于东司马道南侧中部的阳信冢（M23），俗称“羊头冢”，封土南侧发现一条斜坡墓道。勘探发现从葬坑16座，建筑遗址2处，附葬墓2座。早年从该墓一座从葬坑出土的鎏金铜马、鎏金银竹节熏炉，[72]堪称稀世艺术珍品，为其他陵园出土文物所不见。

茂陵邑位于茂陵东司马道北侧，西距茂陵陵园东墙300多米。陵邑四面以壕沟为界，呈东西向长方形，东西长1813.8～1844.5米，南北宽1534～1542.7米。陵邑内道路纵横交错，主干道“三横七纵”，将陵邑划分为约30个区间。已探出数十个里坊，其中东南部为烧陶作坊区。据《汉书•地理志上》记载，茂陵邑“户六万一千八十七，口二十七万七千二百七十七”，为西汉诸陵邑之冠。居住在陵邑内的居民多为官吏、高訾富人、文人及游侠等。

茂陵的布局形制继承阳陵模式，但也有不少新的变化和新的特征，具体表现在以下几个方面：

（1）在渭北陵区的西端选择陵址，开拓了陵园的发展空间，使“独立陵园制”得以强化。

（2）帝陵封土高大异常，在陵园的核心位置更加突出；享有后陵待遇的李夫人陵，规模小并偏居陵园的西北部，不同于阳陵的帝西后东格局。

（3）园内建筑种类增加，规模扩大，除寝园、陵庙外，新增加了带有水体珍禽景观的馆所，以及用于宫女居住的建筑设施。建筑布局有所调整，寝园及便殿设置在帝陵北部，其他建筑分布帝陵陵园的四周，形成拱卫帝陵之势。

（4）从葬坑数量陡然增多，规模巨大，排列密集有序，分区布局在帝陵内封土四周，以及帝陵陵园外的西南、西北、东北部。陵园东北部设置嫔妃墓葬区，对后来诸陵影响较大。

（5）陪葬墓除布局在东司马道两侧外，西、南、北司马道两侧及陵邑周围亦有设置。陵邑布局在东司马道的北侧。

茂陵将阳陵开创的陵园建筑模式发扬光大，它的建成“基于帝国时代皇权的强化与突出，依托于社会经济的发展、国家支配能力的加强”，[73]同时也是武帝政治宗教情怀和个人欲望膨胀的集中体现。“茂陵的建制应该是代表了西汉帝陵设计和建设的高峰，它既是集以前西汉帝陵的大成，又深刻影响着其后西汉帝陵的规划和布局。”[74]

第二节 地面建筑体系

一座完整的陵墓由内部（地下）、外部（地面）两个部分组成。“这两部分的关系并非是一个连续的建筑程序，而是包含了一个空间和知觉的突然断裂：这两个单位具有互相隔离的物质环境和建筑设计，它们的礼仪功能以及与人的关系也各不相同。”[75]前者的功能在于“藏”，即把死者和陪葬品隐藏于人们的视线之外；后者的功能在于“露”，即营造出一个为祭祀者所能目睹和进行祭祀活动的空间。

《易•系辞》云：“古之葬者，厚衣之以薪，臧之中野，不封不树。”《汉书・楚元王传附刘向传》曰：“殷汤无葬处，文、武、周公葬于毕，秦穆公葬于雍橐泉宫祈年馆下，樗里子葬于武库，皆无丘垄之处。”说商周时期陵墓上没有封土，大约近于事实。大约从春秋晚期至战国早期开始，在中原诸国、西部秦国和南方楚国的陵园，构筑起高大封土，修建礼制建筑，有的还在陵园四周围界垣墙或壕沟。《吕氏春秋•安死篇》云：“世之为丘垄也，基高大若山，其树之若林，基设阙为宫室，造宾阼也，若都邑。”杨宽先生从当时的社会变革入手，分析了其中的原因：（1）随着宗族为单位的墓葬制度瓦解，以家族为单位的墓葬制度开始兴起；（2）家族观念增强，人们重视对祖先坟墓的建筑；（3）新的爵位等级制度的确立，坟墓的等级制度也逐渐开始形成；（4）厚葬之风导致挖出的大量泥土不能回填，适宜堆筑成高大的坟丘。[76]

如前所述，秦国在咸阳毕陌营建的陵园，其中Ⅱ号陵被初步认定为秦悼武王及其夫人的永陵。[77]该陵有内外两重垣墙及壕沟，呈南北向的长方形，垣墙四面各有一园门遗址。陵园中央南北排列两座墓葬，位南的封土呈覆斗形，位北的呈圆丘形，内垣墙及壕沟将其界围于其中，内、外陵园有建筑遗址多处。[78]秦始皇陵集战国陵墓之大成，陵园四周筑有内外两重垣墙，形成内陵园和外陵园，布局形制若咸阳宫及咸阳都城。内、外陵园皆呈长方形，东、西、南门相对，并与地宫东、西、南墓道相对，在其东门、西门之间分别建有独立的门阙。内陵园分南北两区，呈覆斗形的封土位于南区中央，异常雄伟，[79]新近钻探调查结果，还有九级台阶式的木构建筑被覆压在封土之下。[80]紧邻封土西北侧的大型建筑遗址可能是寝殿及便殿的所在地。内陵园北区由东西两部分组成，东部为陪葬区，西部发现的南北两组建筑遗址，北组的可能是便殿遗址。内、外陵园之间的西部，西门之北的一组建筑遗址，初步确定为飤官遗址。在飤官遗址北部，内陵园外之西北，还有园寺吏舍遗址。伴随着独立陵园制度的确立，秦始皇陵创建了一套完整的陵园地面建筑体系。

一、地面建筑形制及格局

封土、墙垣、壕沟和园门构成汉帝陵园的外在形象，其形制及格局得益于未央宫和长安城。居于陵园中心的高大封土，犹如陵主在位时居住的朝宫；厚重的垣墙及宽阔的壕沟，堪比未央宫的宫墙及长安城的城墙；宏伟的四面阙门像似宫阙和城阙。汉帝陵园的地面建筑处处宣示着皇权的神圣和至尊。

1. 作为陵园中心的封土

汉帝诸陵除文帝霸陵“因山为藏”，不起坟外，其余的皆构筑有高大的覆斗形封土，即所谓的“方上”。帝陵封土的中心是陵园乃至整个陵区东西轴线与南北轴线的交接点，陵园内皇后陵、寝园和陵庙的布局，陵园的四面垣墙和园门的设置，以及陵园外陪葬墓区和陵邑的安排，皆以此作为原点。按它们外形样式可分三类：第一类是平面长方形，如高祖长陵、惠帝安陵。第二类是平面近似正方形，如景帝阳陵、武帝茂陵、昭帝平陵、宣帝杜陵、成帝延陵。第三类是平面近似方形并作二层台式，如元帝渭陵、哀帝义陵、平帝康陵。

商周时期重庙祭，墓葬“不封不树”，大约至春秋晚期贵族墓地才开始构筑封土。据《礼记•檀弓下》记载，孔子去世后，他的学生子夏说老师生前曾看到过 “若坊”“若堂”“若覆夏屋”“若斧”四种封土样式。其中，“若坊”狭长而高，“若堂”四方而高，“若覆夏屋”像似覆盖的大屋顶。[81]在西汉诸陵封土的三类样式中，第一类可比“若坊”， 第二类可比“若堂”和“若覆夏屋”。第三类可能仿照“山”形筑坟所致，[82]形制比较特殊，无前例可比。据《水经注•渭水下》记载，茂陵李夫人墓“冢成三成”，号称“英陵”。李毓芳先生说：“‘三成’为昆仑丘，可以认为李夫人冢应象征‘昆仑山’。因‘西王母’居昆仑，而武帝自比天帝，把李夫人当成‘西王母’，因此，令葬李夫人在茂陵以西，封土筑成‘昆仑’之状。”[83]我们以为，李夫人去世后，武帝“以后礼葬焉”，其封土当从后陵制度，未必有什么特殊的象征含义。从建筑工程角度看，将封土上部筑成覆斗形二层台式，既可以减少复土工程的土方量，又能起到增加高度和丰富外观形象的作用。

图2-14
茂陵封土东北面

《太平御览》（卷五五九）引《关中记》云：

> 汉诸陵均高十二丈，方百二十步，唯茂陵高十四丈，方百四十步。

最新勘察结果表明，现存汉帝诸陵中茂陵封土最大（图2-14），高48.5米，底边长238～243米。其次为康陵，现高36米，底边长220米左右。再次如阳陵、平陵、杜陵、渭陵、义陵（图2-15），高度29～32米，边长在170米左右。规模最小的是长陵、安陵和延陵，高度在28米以下，边长在160米左右。[84]诸陵中后陵的封土，只有前期长陵中的后陵与帝陵规模相当。中期阳陵、平陵和杜陵中的后陵比帝陵略小些。而安陵张皇后陵、茂陵李夫人墓，以及后期渭陵以下后、妃陵墓的封土，都明显小于帝陵。陵园封土的大小变化与当时政治与经济盛衰成正比，并且直接反映汉帝对王朝的掌控能力，以及东、西两宫及后宫制度。

2. 大陵园

垣墙的构筑，形成皇帝和皇后陵园，以及包容皇帝和皇后陵园、寝庙和从葬坑的大陵园（或称外陵园）。刘庆柱、李毓芳先生据《汉书•外戚传》等有关记载，最早提出西汉陵园应存在大陵园的意见。[85]近年对汉帝陵园的考古钻探调查，证实他们的这个推断是正确的。

图2-15
义陵封土北面

长陵采用帝、后二陵共处的大陵园形制，垣墙四面辟门，已发现东、西、北三面各一门，南面二门，高祖陵正对西垣墙正中的西门，吕后陵正

对东垣墙偏南的东门。祭祀建筑分布于陵园的东南、西南角，东北和西北部，从葬坑在高祖陵以东、吕后陵以北处。[86]陵园的平面为东西略长的长方形，明显带有秦制的痕迹。长陵变秦始皇的大小城相套而为大小城相邻，陵园北墙与陵邑南墙共用同一墙垣，“这种大小城相邻是战国城市布局中的另一种形制”。[87]

安陵效法长陵，实行以帝陵为中心的大陵园形制，但陵园平面接近方形，东西长967.6米，南北宽883.5米。垣墙四面各辟一门，东门偏北，西门偏南，北门偏东，与南门基本相对。在东门基址发现以门道为中心对称分布的两组四座“凸”字形夯土台基。帝陵位于陵园东南部，处于中心地位，皇后陵在帝陵以西略偏北处，处于次要地位。陵园内已探明建筑遗址18处，从葬坑90座。[88]

帝、后二陵各自构筑垣墙的制度，可能起于文帝霸陵。[89]究其原因，应为二陵葬制不同所致。文帝陵“因山为藏”，而窦后陵平地起坟，从而导致二陵于大陵园中各自筑垒垣墙，迄今窦后陵封土四周还残留部分垣墙遗迹。[90]

据考古勘探所获，现在可以确认西汉陵园中采用帝陵陵园为中心、后陵为辅的大陵园形制的，以阳陵为先，其次是茂陵，另外还有渭陵、义陵和康陵。阳陵具有开创性的意义，“整个陵园以帝陵为中心，四角拱卫，南北对称，东西相连，布局规整，结构严谨，显示了唯我独尊的皇家意识和严格的等级观念”，[91]后来的茂陵将阳陵开创的陵园建筑模式发扬光大。如果说“阳陵的帝陵、后陵、‘罗经石’遗址、外城分别是长安城的未央宫、长乐宫、礼制建筑、城垣在陵区地下的再现”，[92]那么，茂陵的地面建筑及格局可谓是长安城繁盛气象的写照。陵园垣墙严整，帝陵封土特别高大，犹如未央宫。四周分布李夫人墓、陵庙（10号建筑遗址）、寝园（6号建筑遗址）、便殿（7号建筑遗址），以及宫女居所（陵园西北部建筑遗址）等，象征北宫、桂宫和明光宫。园中的珍禽池沼馆所（1号建筑遗址）可视为长安城郊上林苑的微缩。另外还有紧邻陵园东垣墙的卫青墓，象征庐山；霍去病墓冢象征祁连山并列置大型石雕群，具有纪功、纪念及祀神等多重意义。[93]

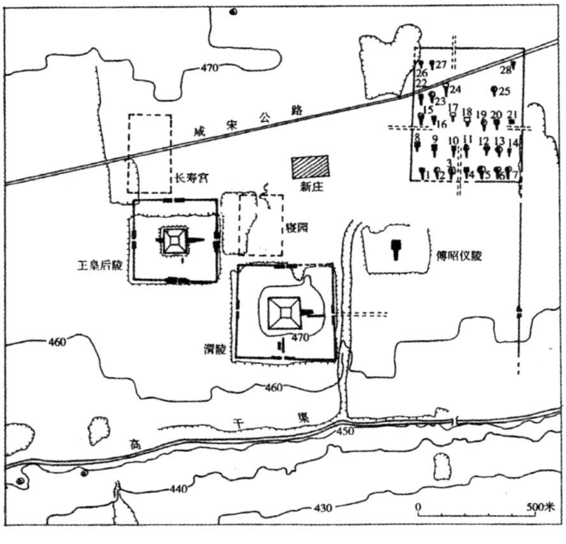

图2-16
渭陵钻探调查平面图
采自《西汉帝陵钻探调查报告》
1～28.陪葬墓

渭陵是元帝与王皇后、傅昭仪的合葬陵园（图2-16），东西长1777米，南北宽1619

米，长宽比为18:16，垣墙外约30米处有壕沟环绕。在东垣墙发现一门阙，与帝陵陵园东门相对，其余三面各辟二门，分别与帝陵、后陵的园门相对。帝陵居于大陵园中部，其西北部是王皇后陵，东北部是傅昭仪墓，再东北部是“二十八宿”陪葬墓园。探出的16座从葬坑，位于帝陵陵园外东、西神道两侧。寝园和长寿宫分别布置在帝陵和后陵的西北，[94]帝陵的东南和西南部没有发现建筑遗迹。

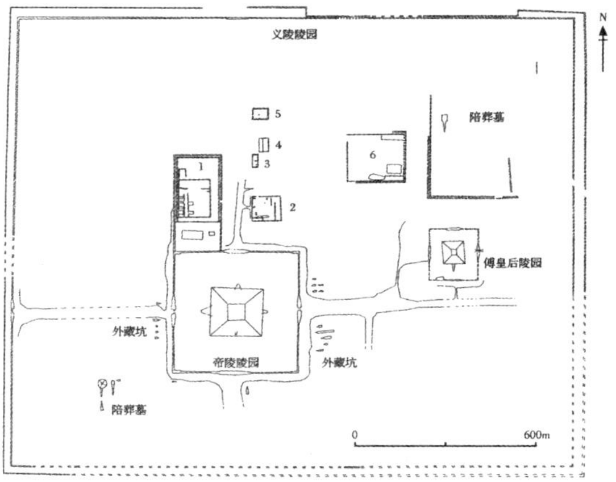

图2-17
义陵陵园平面布局图
采自《考古与文物》
2012年第5期
1～6.建筑遗址

义陵是哀帝和傅皇后的合葬陵园（图2-17）。陵园呈东西向长方形，东西长1857米，南北宽1540米，长宽比为18.5:15.4，垣墙外有壕沟。西、北垣墙各发现一园门遗址（西门门址保存完整），对应帝陵西、北墓道，东、南垣墙因遭破坏，门址遗迹无存。帝陵位于大陵园的中心偏西南处，呈正方形，垣墙边长418米，正中各设一门，四角应建有角楼或角阙。封土位于帝陵陵园中部，四侧中部各有一条墓道。傅皇后陵位于东部偏北处，垣墙正中有各设一门。大陵园内发现6处建筑遗址，分布于帝陵北侧和东北部。其中，位于帝陵陵园北墙外西侧的1号遗址面积最大，应为义陵寝园；2号建筑遗址位于帝陵陵园北侧东部，可能是便殿所在。2号建筑遗址以北依次是3～5号建筑遗址，其规模都比较小。6号建筑遗址位于帝陵陵园的东北部，规模仅次于1号建筑遗址。该遗址周围有垣墙及壕沟围绕，遗址的东北、东南各有1处夯土基址。探出17座从葬坑皆围绕帝陵陵园分布。[95]

康陵是西汉末代皇帝平帝与王皇后的合葬陵园。据考古学界披露的材料，陵园南北长近1700米，东西宽1420米。垣墙外有壕沟，在南垣墙中部发现一门址。[96]可见，以帝陵为中心的大陵园形制，是西汉陵园的一个基本制度，从西汉初年一直延续到西汉末年。

图2-18
战国中山王陵
铜版兆域图摹本
采自《建筑考古学论集》

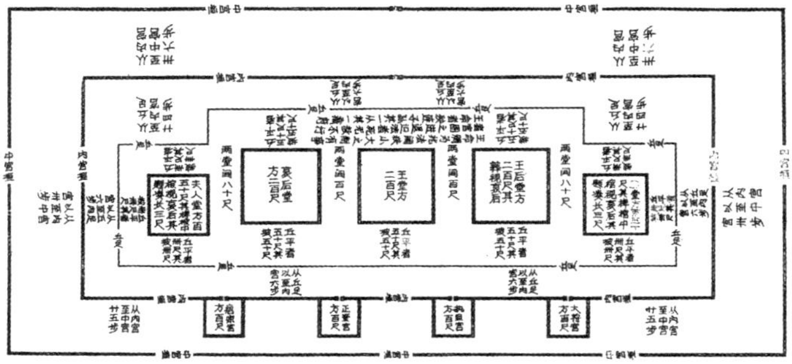

大陵园这种形制，在战国时期一些王侯陵园就已出现。河北平山中山王陵出土的铜版兆域图（图2-18），围绕墓上的“王堂”“王后堂”“哀后堂”及“夫人堂”和“□堂”，绘出“回”字形双重垣墙，内墙垣标注“内宫垣”，外垣墙标注“中宫垣”。[97]陕西咸阳毕陌秦陵皆有环绕陵园的壕沟，呈南北向长方形，其中Ⅱ号陵的壕沟内还筑有内外两重垣墙。[98]后来的秦始皇陵园亦筑有两重垣墙，内、外陵园的东、西、南门相对，又分别与地宫东、西、南墓道相对，东门、西门之间分别建有三出阙。内陵园分南北两区，封土居南区中央，寝殿位于封土西北；北区由东西两部分组成，东部为陪葬区，西部为便殿所在。在外陵园内的东西两边设置园寺吏舍、飤官，以及马厩、珍禽异兽从葬坑等。西汉陵园继承并发展了秦及秦代陵园的建制，具体表现可归纳三点：（1）大陵园垣墙的构筑是以帝陵陵园作为中心的，并呈东西向长方形，以协调整个陵区内陪葬墓、陵邑的布局；（2）帝、后陵园四面辟门，帝陵陵园的门阙与大陵园门阙相对；（3）后陵、寝园、便殿、陵庙等建筑布局在帝陵陵园周围。

3. 帝、后陵园的格局

帝陵在大陵园内处于中心地位，但就其与后陵（妃墓）的位置关系而言，存在所谓“帝西后东”和“帝东后西”两种格局。现在基本能确定属于“帝西后东”的有长陵、霸陵、阳陵、杜陵、渭陵（与傅昭仪墓）和义陵。属于“帝东后西”的有安陵、茂陵（与李夫人墓）、平陵和渭陵（与王皇后陵），皇后或嫔妃墓皆位于帝陵的西北方。延陵和康陵的帝陵与后陵的位置尚存在争议。[99]

在实行“帝东后西”格局的陵园中，入葬安陵的孝惠张皇后，曾因“党于吕氏”被“废除北宫”，至文帝时薨，“葬安陵，不起坟”。[100]武帝李夫人卒，“上以后礼葬焉”。后来“上怜闵焉，图画其形于甘泉宫。武帝崩，大将军霍光缘上雅意，以李夫人配食，追上尊号曰孝武皇后”。[101]前者孝惠张皇后被废除后，由后宫椒房殿徙居北宫。后者李夫人生前可能居北宫、明光宫或甘泉宫，死后以皇后礼入葬茂陵，至昭帝时追赠孝武皇后。所以，这两座后陵的封土规模都很小，不及其他皇后陵，似可解读为象征她们生前各自的居处。渭陵情况比较特殊，先有傅昭仪入葬，墓在帝陵东北，至王莽专权时遭毁。[102]后来王皇后入葬，陵在帝陵西北。《后汉书·礼仪志下》注引《汉旧仪》云：

> 将作大匠营陵地，用地七顷，方中用地一顷。……已营陵，余地为西园后陵，余地为婕妤以下，次赐亲属功臣。

所以，渭陵王皇后陵和傅昭仪墓在陵园中的格局，应属于事先规划安排好的，与陵（墓）主入葬先与后无关。二陵分置东西，地位有尊卑之别，象征含义也不尽相同。

曾青先生对于帝、后陵园位置的研究意见，颇值得我们关注。他说：

"西汉帝陵的帝后陵位安排仿照的不应该是未央宫和长乐宫的关系，而应是未央宫中正殿和椒房殿的关系。帝西后东是通制的说法在此意义上也是不能成立的。"他还认为，陵园中帝、后陵园的相对位置一般需遵从皇帝在前、皇后在后的原则，"犹似未央宫，虽入朝自东阙，但正殿仍是面南建筑，陵园中亦当以南为前。这就是说，后陵应位帝陵之后（北），而不是当在其前（南）"。渭北的"万年陵、安陵、阳陵、茂陵、平陵、渭陵、延陵、义陵的后（妃）陵都位于帝陵之西北或东北，而以西北居多"。[103]但是岳起、刘卫鹏先生则认为："'帝东后西'格局是西汉帝陵的主要模式，而'帝西后东'则是次要的模式。"又说，如果将渭南的霸陵和杜陵反过来置于渭北咸阳原上，"其帝、后陵的位置正好也是'帝东后西'"。[104]

他们的这些意见不无道理，只是后者关于渭南二陵反置于渭北咸阳原上的假设，需要做些修正。西汉陵园虽然面东，但在大陵园格局内，帝、后二陵及其寝园的位置则是以长安城为中心，并参照城中宫殿的位置即前朝后寝来进行安排的。与渭北咸阳原上诸陵前南后北相反，霸陵和杜陵则是以前北后南来安排帝、后二陵位置的。所以窦皇后陵、王皇后陵皆位于帝陵东南，而不会在东北或西北。再如杜陵的寝园，分别安排在帝、后陵园的东南和西南部，而不像茂陵、平陵那样，将寝园及便殿设置在帝、后陵的北部或西北部。

据《汉书·外戚传上》记载：孝宣王皇后"永始元年（前16年）崩，合葬杜陵，称东园"，以及《后汉书·礼仪志下》注引《汉旧仪》"余地为西园后陵，余地为婕妤以下，次赐亲属功臣"。所谓的"东园""西园"，都是以帝陵作为大陵园坐标中心的，或说是从属于帝陵的。而"帝西后东""帝东后西"实为"帝中后东""帝中后西"。在西汉陵园中，入葬者是皇帝与他妻妾的关系，而不是帝母与皇子或帝祖母与皇孙的关系。所以，帝陵与后陵及嫔妃墓的位置关系，对应的是长安城未央宫前殿与椒房殿，以及北宫、桂宫和明光宫等嫔妃居所的位置关系，表达的是前朝后寝和朝宫与后宫的制度。西宫未央宫与东宫长乐宫是西汉二元政治制度的产物，它只是影响并提高了后陵在帝陵为中心的陵园中相对独立的地位，如长陵的吕后陵、霸陵的窦后陵、阳陵的王皇后陵、平陵的上官皇后陵、渭陵的王皇后等。

4. 园门形制

随着考古发掘和钻探调查的深入展开，西汉陵园的园门形制逐渐明晰。长陵已发现五门，西门正对高祖陵园的中部，东门正对吕后陵园封土

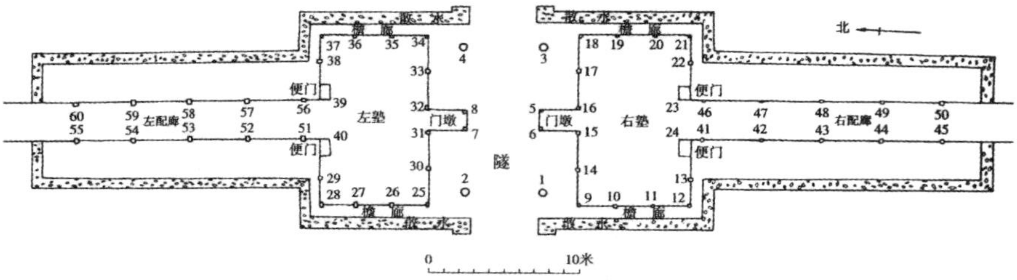

图2-19
杜陵帝陵东门遗址平面图
采自《中国考古学论丛》

下的东墓道。安陵探得四门，只有南门基本正对帝陵封土中部。阳陵情况比较清楚，帝陵陵园和大陵园各有四门，门址皆居垣墙中部，全部正对帝陵的四个方向墓道。阳陵园门的设置明显受长安城城门及未央宫宫门的影响，布局规整对称，向心性和对称性特征明确，并为后来诸陵所仿效。在茂陵、渭陵、义陵，也都发现了与帝陵园门相对的大陵园门址。

目前发现的西汉陵园门址有两种样式，一种为“没有阙址”的，如长陵、安陵、霸陵窦后陵、杜陵、康陵等；另一种是“有阙址”的，即园门两边尚留存隆起的夯土基址，如阳陵、茂陵、平陵、渭陵、延陵、义陵等。[105]有考古研究人员按其形制结构，将前者称“台门”，后者称“阙门”。[106]这两种园门遗址，现在各有一种经过正式的考古发掘，它们分别是杜陵宣帝陵东门、北门遗址及孝宣皇后陵东门遗址，阳陵景帝陵南门遗址。

“没有阙址”的杜陵宣帝陵东门遗址保存比较完整（图2-19），具有一定的代表性。门址由隧（门道）、左右塾和左右廊庑（配廊）组成。隧在中央，两边是塾。塾的中部筑有隔墙，将左右塾分成内外两个部分。塾的旁边为左右廊庑，廊庑中部亦有隔墙，两端与陵园垣墙相接。塾及廊庑之外都铺有散水（霤）。[107]

“有阙址”的阳陵景帝陵南门基址（图2-20），平面呈三个长方形组合状，中间大，两边逐级递减。阙门由隧（门道），东、西、内、外四塾，以及主、副阙台组成。主阙台长，副阙台较短。塾与主、副阙台外环以回廊，地面铺设方砖，外面砌有内高外低的鹅卵石散水。在南门遗址出土有陶质脊兽、板瓦、筒瓦，以及云气纹、文字瓦当和回纹铺地方砖等。塾与主副阙台的夯土颜色不同，靠近阙台一侧施有草拌泥、白灰面和朱色。参考文献记载，塾的部分可能为武帝时重建。考古研

图2-20
阳陵帝陵南门基址

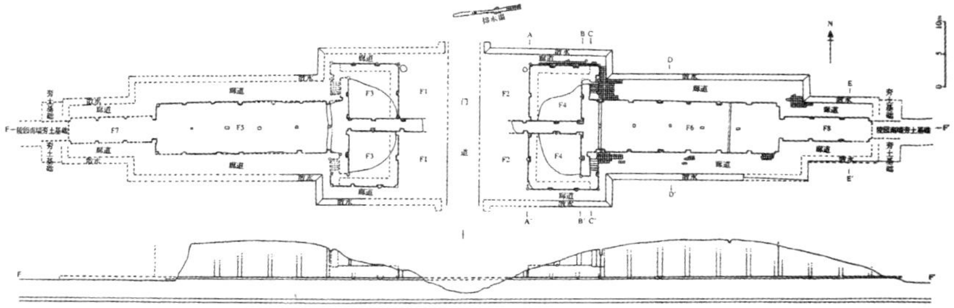

图2-21
阳陵帝陵南门遗址
平面及正视图
采自《考古与文物》
2011年第5期

究人员认为此门是三出阙。[108] 另外新近勘察的义陵，大陵园西门及哀帝陵东、南、西门基址保存较好，也被认为是三出阙。[109]还有研究者拿阳陵帝陵的南门与杜陵帝陵东门作比较研究，认为杜陵的为子母阙，即两出阙。[110]

阳陵帝陵南门与杜陵帝陵东门建筑结构的共同点是，中央置门道，门道两侧为左右塾。它们之间差异主要表现在前者的左右塾外呈“凸”字形的主副阙台，平面和立面皆为两级收分，主阙台一边接塾，副阙台一边接陵园垣墙，塾与主副阙台外环以回廊（图2-21）；后者的左右塾外设置有平面呈长方形的廊庑，一边接塾，另一边接陵园垣墙。阳陵和杜陵帝陵园门因当时条件不同而有所变化，但其基本结构应当是相同的。只是阳陵园门配有比较复杂主副阙台及回廊，而杜陵园门只配有廊庑，省略了阳陵园门的主、副阙台。

杨宽先生认为，台门是一种原始阙。[111]孔颖达《礼记正义》云：“两边筑阇为基，基上起屋，曰台门。”台门系高等级的建筑，是天子和诸侯地位和身份的象征。《礼记•礼器》云：“天子诸侯台门，此以为高贵也。”在河南偃师二里头文化二号宫殿（宗庙）遗址，陕西岐山凤雏村西周甲组建筑遗址、凤翔马家庄春秋秦1号建筑群遗址等，都能找到早期台门踪迹。前者正门为南门，中间为隧，两侧是东西塾、垣墙及廊庑；[112]中者的正门在中轴线南端，“从它与左右房间的关系来看，这一列是在同一屋盖下，即此门是有屋盖的穿堂形式”，[113]塾外有两阶，但无廊庑；后者正门由东半塾、东塾、门道、西半塾、西塾、散水（廇）等部分组成。[114]杜陵帝陵东门乃至长安城南郊大土门遗址之四门，[115]较早期的台门有所变化，已具有阙门的特质，这主要表现在左右塾之外与垣墙内的廊庑相连。阳陵帝陵南门有主、副阙台及回廊，但它也是在台门基础上发展而来的。

《公羊传•昭公二十五年》何休注：“礼，天子诸侯台门，天子外阙两观，诸侯内阙一观。”注文中“诸侯内阙一观”应指台门之上设置的楼屋，而“天子外阙两观”，似可以理解为台门前或左右所设置的双阙。根据考古发现的古代阙址，刘庆柱先生将其分为三种类型：A型阙，门与阙垂直相连，平面为“凹”字形；B型阙，阙置门外，阙与门不相连；C型阙，门之两侧置阙。他认为阳陵和杜陵的园门属于C型阙。前者主阙台、副阙台和门塾连在一起；后者则以门塾为主阙台，配廊相当于副阙台，其形制恰好证实了《汉书•五行志上》“园陵小于朝廷，阙在司马门中”的记载。他说：“对这一文献记载的理解，如果不误的话，门塾与阙连成一条线的门阙，其地位要低于阙与门垂直分布的门阙——A型阙。有的门阙也属于C型阙，如汉长安城礼制建筑中的宗庙、社稷、明堂等建筑中，广泛使用的就是这一类型门阙。”[116]段清波先生则将阳陵和杜陵的园门统称为“阙形门”，认为阳陵南门不属于三出阙，如塾的部分不当主阙台对待，主副阙台具备“观”的性质等。杜陵东门的平面形状与阳陵的相近，但较阳陵少一出夯土台。他还说阙形门于“西汉中期出现，是在先秦台门、观和阙三种建筑意念和建筑形式合成后的新型阙”。[117]

在秦始皇陵内、外陵园的东、西园门之间的封闭区域内，各发现一组独立的门阙基址，考古人员称其为“三出阙”。[118]该基址平面呈“凸”字形，两两相对，规模和结构一致（图2-22）。按园门与阙址的位置关系，似可归入B型阙。以西门中的阙址为例，封闭区域的中部为东西向的司马道，约在内外园门之间居中的位置，有两座三出阙对称地分布于司马道南北两侧。主阙长，自南向北的两个子阙较短。基址中部的“甲”字形台基，为阙的主体建筑。考古研究人员认为，秦始皇陵的这两组独立的“阙”，是迄今考古发现最早的帝王陵园门阙。它应该受到咸阳宫的都城、宫城布局形制的影响，具有早期帝王陵墓园门阙的特点，与后来西汉陵园阙门制度有所不同。[119]段清波先生判断：“至迟秦陵建设时期最高级别的三出阙已经形成。同时表明以单阙、两出阙、三出阙为体系的古代阙制已经成立。”[120]

大多数研究者认为，三出阙“有次第三座屋顶：主阙最高，主阙外侧的两重子阙屋顶次第降低”。[121]文献中最早记载“三出阙”的，出自《汉书•霍光传》：

（霍）禹既嗣博陆侯，太夫人显（霍光妻）改光时所造茔制而侈大之，起三出阙，筑神道，北临昭灵，南出承恩，盛饰祠室，辇阁通属永巷，而幽良人婢妾守之。

孙机先生认为：“这一点是作为霍

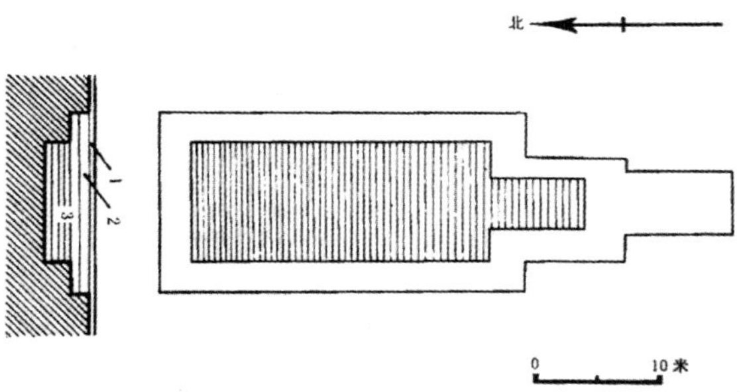

图2–22
秦始皇陵内、外陵园之间三出阙平、剖面图
采自《秦始皇帝陵园考古报告》（2000）
1.耕土层 2.五花土层 3.夯土层

氏僭越不轨的事例记载下来的，可证三出阙本为皇帝所专用。”[122]霍光为武帝、昭帝和宣帝三朝重臣，生前地位显赫，死后陪葬茂陵，丧葬规格之高，仅次于皇帝丧礼。后来霍光妻霍显扩建墓园，既有张扬霍光威烈的意图，也有霍氏成员将来入葬的规划要求，虽然有建造“三出阙”、筑神道及盛饰祠堂之举，但属于“侈大之”，还算不上僭越。就阙门的规制而言，它也不可能与茂陵“有阙址”的阙门等同，只能低一个等级，而且规模也会比较小。武帝陵园的阙门未经考古发掘，具体形制不得而知。想来霍光墓前的“三出阙”，不会像已发掘的阳陵南阙门那样宏伟高大。

早年杨树达先生对“三出阙”另有一种解释。他说：“三出谓前与左右一阙也。知者：《后汉书•礼仪志》六注引《古今注》云：明帝显节陵无垣，行马四出。彼四出谓四方，知此三出为三方也。”[123]若是，《汉书・霍光传》中所说“起三出阙”，应指建造在霍氏墓园的三座阙门。现在初步确定的霍光墓（M27）位于茂陵陪葬墓区的东端，司马道的南部。钻探发现该墓封土周围有夯土墙遗迹，由于破坏严重，墓园情况不明。在茂陵陪葬墓中，已探出卫青墓和霍去病墓的四周筑有垣墙。其中，卫青墓园平面为南北向长方形，在南、西、北墙正中发现有门址，东门可能在茂陵博物馆内，情况不明。[124]参考卫青墓园发现的三座门址，结合霍光墓勘察实际情况，以及文献记载，推测扩建后的霍光墓在东、北、南三面垣墙的正中各设置一座阙门，共计“三出”。在霍光墓封土的东侧探出一条斜坡墓道，[125]封土外部分长64.2米，宽5.1～21.5米，西端深17.8米，故墓园的东面垣墙应有一座阙门；文献记载霍光墓前筑有神道，“北临昭灵，南出承恩”，推测该墓园的北面和南面垣墙各设置一座阙门。当然这是一个假说，“三出阙”的问题有待再讨论。

二、寝园和陵庙

寝殿、便殿和陵庙构成西汉陵园礼制建筑体系。它们的祭祀功能和祭祀时间不同，遵循着一套严格的礼仪制度。《汉书・韦贤传附韦玄成传》记载并注：

> 而京师自高祖下至宣帝，与太上皇、悼皇考各自居陵旁立庙，并为百七十六。又园中各有寝、便殿。日祭于寝，月祭于庙，时祭于便殿。
>
> 如淳曰：“《黄图》高庙有便殿，是中央正殿也。”师古曰：“如说非也。凡言便殿、便室者，皆非正大之处。寝者，陵上正殿，若平生露寝矣。便殿者，寝侧之别殿耳。”

需要说明的是，引文中“园中各有寝、便殿”中的“园”，指陵园而不是寝园，全句的意思是陵园中设置寝殿和便殿，不能理解为寝园中设置寝殿和便殿。陵园中的陵庙供奉神主，祭祀者向神主谢恩、献礼，祭祀以月为时间单位。寝殿犹如皇宫中的“路寝”“正寝”，是神主日常起居的正殿，以日为时间单位进行祭祀。便殿是供神主休息闲宴之处，保存着皇帝生前的用器衣物，祭拜时间以四时（季）为单位。

1. 汉以前的陵墓祭祀建筑

迄今发现最早的陵墓祭祀建筑，为河南偃师二里头遗址2号宫殿（宗庙）基址。该基址是一座封闭式的院落建筑，“既有大殿、廊庑，又有一座大墓（M1）。大墓位于主殿的背后，居于整个宫殿建筑群的中轴线上。一般认为，2号宫殿是当时最高统治者祭祀先王的场所，即宗庙”，[126]但也有研究者认为，它是这座大墓的墓上建筑。在此之前，提出商代晚期已经出现墓上礼制建筑者，主要依据的是河南安阳大司空村M311、M312，小屯北地的妇好墓(M5)上的夯土台基和柱洞、石柱础等建筑遗迹，[127]以及后来关于山东滕州前掌大商墓地面建筑遗迹的报道及研究。[128]杨宝成先生则有异议，认为二里头遗址2号宫殿应属宫殿性质，地层关系表明M1晚于宫殿基址。而所谓殷墟三座墓上的建筑，很可能是晚期房址叠压早期墓葬的偶然现象，并不具有普遍性。商王陵区的多次发掘结果表明，陵墓上并没有用于祭祀的建筑遗迹。[129]

从已披露的考古发掘资料来看，还没有实例来证明西周陵墓上有祭祀建筑。考古发现战国时期墓上已有祭祀建筑遗迹，如河南辉县固围村大墓和河北平山中山王陵。[130]建筑考古学家对后者进行了复原研究（图2-23）。在秦之雍城、咸阳毕陌及芷阳陵园，也都发现了可能用于祭祀的建筑遗迹。雍城陵园中的墓葬皆无坟丘，地面上却有祭祀建筑遗迹。而到

图2-23
战国中山王陵设计透视图
采自《建筑考古学论集》

咸阳毕陌和芷阳陵园，墓葬出现新的变化，坟丘开始出现，墓上祭祀建筑布局在封土的前方或旁边。[131]

在中山王陵出土的铜版兆域图上，宫垣内并列五座“堂”，中为“王堂”，左右两侧分别为“王后堂”“哀后堂”，以及“口堂”“夫人堂”。这五座“堂”都标注有建筑及棺椁尺寸，如“王堂方二百尺”“王后堂方二百尺，其葬视哀后”“夫人堂方百五十尺，其椑棺、中棺视哀后，题凑长三尺”等。[132]关于这些“堂”的性质，杨宽先生认为只能是陵寝的“寝”，不可能是用于祭祀的享堂，“秦汉以后的陵寝制度，当即起源于这种先秦的墓上建筑”。[133]杨鸿勋先生认为它们是五座享堂，可笼统叫它“殿堂”，按现代术语可谓“纪念性建筑”，是供祭祀活动使用的。古有墓祭，但先秦陵墓只有堂而没有寝。从秦代开始，陵园祭祀建筑进一步完善，规划为前朝后寝的形制，即在原有的“堂”之外，又添置了“寝”。[134]研究者审视问题的角度不同，故而得出的结论有异。

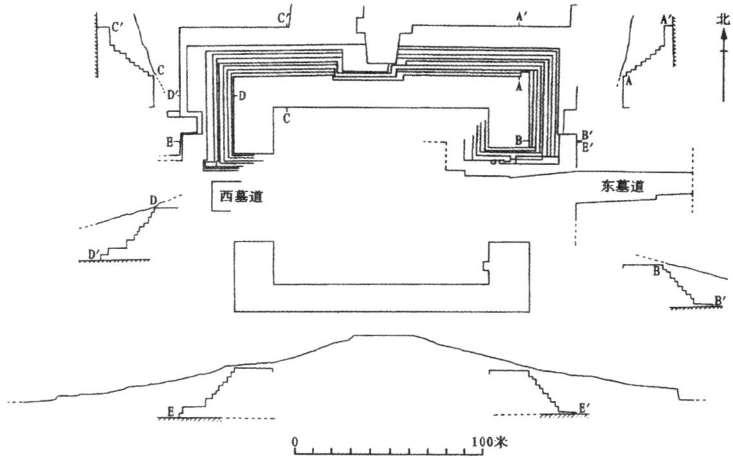

图2-24
秦始皇陵封土内台阶式夯土台平、剖面勘探示意图
采自《考古》2006年第5期

秦始皇陵园的祭祀建筑是在先秦墓上的“寝”或“殿堂”基础上发展而来的。新近钻探勘察结果，秦始皇陵有高出地面30米左右的九级台阶式的木构建筑被覆压在封土之下（图2-24）。杨鸿勋先生认为，秦陵封土上建有九层之台的享堂，并绘制出设想图（图2-25）。[135]段清波先生则认为，九层台式木构建筑是有意埋在封土里的“中成游观”，但它不属于享堂类祭祀建筑。[136]我们倾向于杨鸿勋先生的看法，并推测该建筑在秦始皇入葬时未能完成。这座九层台式的享堂是陵园中的核心建筑，具有朝宫性质和纪念碑意义，象征秦始皇至高无上的权力和地位。但是，这种在墓上建造享堂的做法却未能在汉代延续。在汉帝诸陵封土上，至今没有发现任

图2-25
秦始皇九层之台的陵上享堂鸟瞰图
采自《杨鸿勋建筑考古学论集》（增订版）

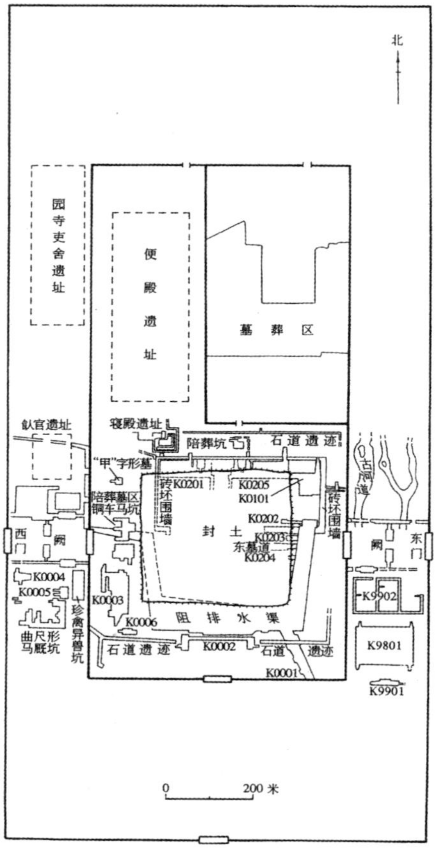

图2–26
秦始皇陵陵园遗址平面图
采自《中国考古学·秦汉卷》

何祭祀建筑遗迹。

经考古研究人员初步认定，秦始皇陵的寝殿遗址位于内陵园南区的北部。该建筑遗址南北长62米，东西宽57米，由主殿、侧殿、回廊、门道组成，建筑结构严整。便殿位于内陵园北区的西部，不在寝殿之侧，并由南北两组建筑群组成（图2-26）。南组建筑群有6座建筑，北组建筑群有4座建筑。但也有学者认为，应统称这两组建筑群为寝殿建筑为宜。[137]外陵园内的西边，西门北部的建筑遗址是飤官遗址，再北是园寺吏舍遗址。飤官遗址出土的实用陶器上有"丽山飤官""丽山飤官左""丽山食官右"和"骊山飤官右"等陶文。[138]"食"同"飤"，与"饲"通假，陶文中的"食官""飤官"即为寝园陈献祭食的管理机构。

沿袭秦始皇陵园制度，西汉陵园中除建造寝殿、便殿外，也设立有食官机构。《汉书·百官公卿表上》："奉常，秦官，掌宗庙礼仪，有丞。景帝中六年（前144年）更名太常。属官有……又诸庙寝园食官令长丞。"传世铜印中有"渭陵食官令印""杜陵飤官□丞"等。但在考古发现的西汉陵园建筑遗址中，迄今尚不能确定何处为飤官机构所在。

《后汉书·祭祀志下》云：

古不墓祭，汉诸陵皆有园寝，承秦所为也。说者以为古宗庙前制庙，后置寝，以象人之居前有朝，后有寝也。《月令》有"先荐寝庙"，《诗》称"寝庙弈弈"，言相通也。庙以藏主，以四时祭。寝有衣冠几杖象生之具，以荐新物。秦始出寝，起于墓侧，汉因而弗改，故陵上称寝殿，起居衣服象生人之具，古寝之意也。

在秦制基础上，西汉陵园的礼制建筑有所发展。陵庙与寝殿及便殿的结合，就是汉时新的创建。

2. 寝园

一般认为，寝园是指陵园中以寝殿为主体，包括便殿在内的一组建筑群。汉帝寝园除杜陵寝园遗址经过考古发掘确认外，其他寝园遗址及位置多系推测，并无定论。在长陵高祖陵封土北部150米，吕后陵封土320米处，东西各有一处建筑遗址（2、3号建筑遗址），考古钻探发现多处曲折的夯土墙、砖瓦残块和云纹瓦当，被认为是高祖和吕后陵的寝园遗址。又据《汉书•五行志上》记载：“武帝建元六年（前135年）六月丁酉，辽东高庙灾。四月壬子，高园便殿火。董仲舒说对曰：……今高庙不当居辽东，高园殿不当居陵旁，于礼亦不当立，与鲁所灾同”。其中，“高园殿”即高祖陵园中的便殿。史书将“高园便殿火”作为灾异大事记载下来，说明便殿在园寝中并非居次要地位。我们推测“高园便殿”可能具有相对的独立性，未必像后来颜师古所说“便殿者，寝侧之别殿耳”的那样。

在安陵帝陵的北部，有两组建筑遗址，陵园的北门大道将之分割开来，位于大道东边的建筑遗址可能是惠帝的寝园遗址。[139]安陵之后霸陵的寝园遗址尚未发现。

刘庆柱、李毓芳先生认为，西汉寝园之设，大概始于景帝阳陵，至于此前的西汉诸陵寝园，恐为西汉中期或其后所增筑。[140]阳陵陵园中有三处建筑遗址分布在景帝陵园以南司马道的东部和西部。位于道东的2号建筑遗址（“罗经石”遗址），初步确定为景帝的德阳庙。位于道西的1号建筑遗址（按：在景帝陵园西南约450米处，一说编号为3号建筑遗址），东西长320米，南北宽210米，建筑群外围壕沟，内筑垣墙，垣墙内为主体建筑。经试掘，发现有墙基、柱础、庭院等建筑遗迹。在一段南北向长数十米的墙基之下，还出土了230余件陶俑和动物模型。陶俑中有骑马俑、舞俑和乐俑，均为彩绘塑衣式。[141]根据该遗址所在的位置和建筑规模，以及彩绘乐舞陶俑的题材内容，有研究者推测此处可能是景帝寝园遗址。[142]焦南峰先生列出三项证据，作为他判断该遗址为寝园的理由：其一，西汉陵园建筑中陵庙和寝园最为重要，在确定2号建筑遗址即景帝德阳庙之后，该遗址性质的首选就是帝陵寝园；其二，西汉的帝、后寝园分置，大多位于陵的南侧，四周有垣墙，平面呈长方形，由若干座院落或建筑组成，该建筑遗址基本符合上述特征；其三，在阳陵发现的其他建筑遗址或位置较偏远，或规模很小，远不能适应礼制建筑复杂功能的需求。为此他还披露，2008年考古研究人员又在该建筑遗址东门与阳陵德阳庙西门之间，钻探发现一条东西长562米、南北宽约10米的道路（编号L16），并且判断它是由寝园至陵庙专用的“月一游衣冠”的衣冠道。[143]

茂陵经过多次钻探调查，陵园中发现了大量的礼制建筑遗迹。2003年的钻探调查后，考古研究人员初步确定武帝陵西北的建筑遗址为其寝园所在，而且寝园的南墙利用了武帝陵园的北墙。在该遗址内南部偏西的位置，现存一处东西长55米、南北宽43米、高5米的高台，应是寝园中

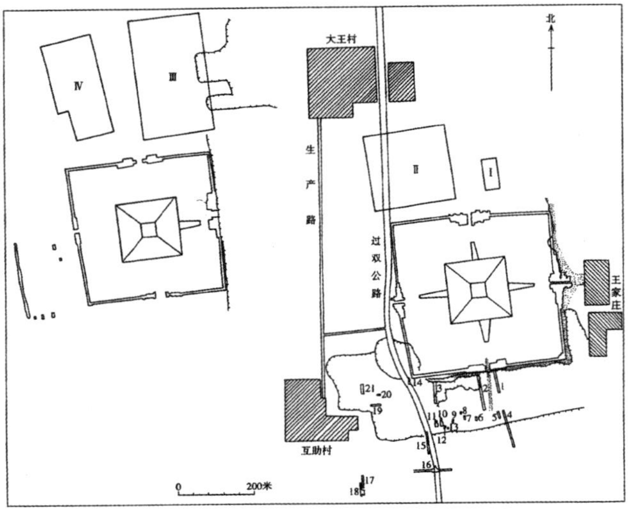

图2-27
平陵陵园钻探平面图
采自《西汉帝陵钻探调查报告》

的寝殿基址。考古研究人员还结合对渭北其他汉帝陵园的钻探调查，参考杜陵寝园遗址的发掘及研究成果做出推论："从武帝茂陵起，帝陵寝园的设置基本定型，均位于陵园后部一隅，具体地讲，咸阳原上的帝、后陵的寝园皆位于其陵园外西北部，寝园的南墙一般利用陵园的北墙，西墙基本在陵园西墙的延长线附近，东墙不超过北司马道，平面为长方形。平陵及上官皇后陵、元帝渭陵及王皇后陵、成帝延陵、哀帝陵皆如此。"[144]2006年以来的勘察结果，在武帝寝园的东面，陵园北侧的东部发现一处建筑遗址（编号M7），可能是便殿所在。[145]茂陵的礼制建筑的布局受阳陵的影响，如布局于陵园东南的可能是武帝陵庙——龙渊宫的10号建筑遗址，以及与10号建筑性质相关的11号建筑遗址。但位于龙渊宫西部，即武帝陵园西南部的1号建筑遗址不是寝园，而可能是具有水体珍禽园林性质的"白鹤馆"故址。由此可见，茂陵在继承阳陵模式的同时，是有所发展和变化的。焦南峰先生所说的"西汉的帝、后寝园分置，大多位于陵的南侧"的意见需要修正。武帝将寝园及便殿设置于帝陵陵园北侧面的做法，为后来汉帝诸陵所遵从。

图2-28
杜陵帝陵陵园平面图
采自《汉杜陵园遗址》

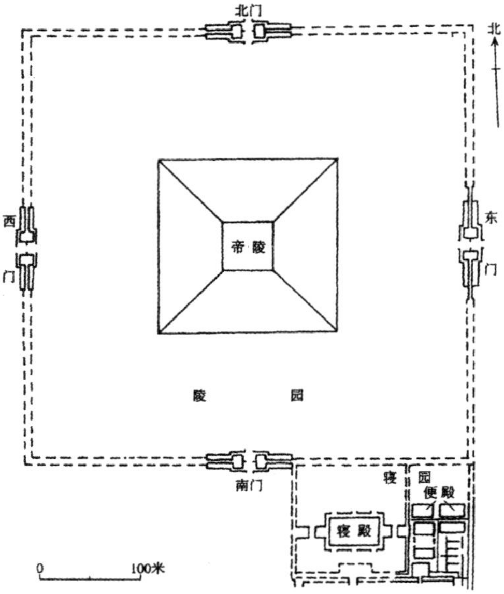

平陵中的东陵是昭帝陵，而西陵应是上官皇后陵（图2-27）。其北各有建筑遗址两处，应是帝、后陵各自的寝园所在，[146]推测便殿也在其中。平陵整合茂陵的做法，直接影响了后来杜陵寝园的设置和布局。在平陵的东南和西南部没发现其他建筑遗址，这说明从平陵开始，西汉陵园礼制建筑的设置和布局再无大变化。

经过考古研究人员全面、系统的发掘，杜陵地面的部分建筑遗址被完整地揭露出来（图2-28），其中包括宣帝和王皇后的两处寝园。以宣帝寝园遗址（1、5号建筑遗址）为例，该遗址位于帝陵南墙外的东边，四面有垣墙，平面呈长方形，西、东、南三面辟门，东、西两面各一门，南面三门。遗址内分东、西两区，其中西区的1号遗址占寝园面积

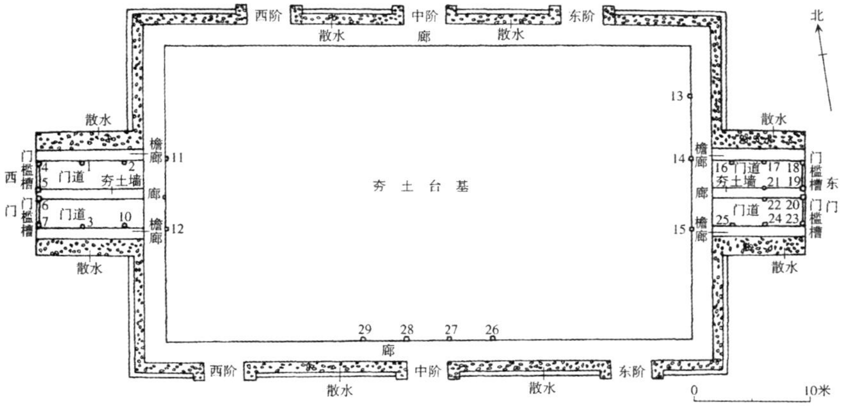

图2-29
杜陵寝殿遗址平面图
采自《汉杜陵园遗址》

的三分之二，有垣墙和南、西两门，以及庭院、大殿、回廊等。西区的中心建筑是大殿，位于西区偏南处。殿之南北两面各辟三阶，即中阶、阼阶和宾阶。东区的5号建筑遗址由众多较小殿屋、庭院等构成。考古研究人员将1号建筑遗址定性为寝殿的主要依据是：该遗址为大型殿堂遗址，距宣帝陵最近、规模最大，其形制及规模与天子大朝之殿都是相近的，应是杜陵寝殿遗址（图2-29）。5号建筑遗址位于1号遗址（寝殿）东边，从平面布局结构来看，它既有殿堂，又有众多房屋和庭院，还有用于储藏的建筑设施，故该遗址应是杜陵便殿遗址。刘庆柱、李毓芳先生还特别强调，1号建筑遗址的大殿基址南北有“三阶”（中阶、阼阶、宾阶）、地面置“四霤”（散水）即殿屋“四注”（屋檐滴水）的规制，与商周秦汉时期天子路寝或形制与其相同的王室、皇室礼制建筑的情况是一致的。[147]根据考古发掘材料，杨鸿勋先生专门对杜陵的寝殿和便殿做了复原。[148]杜陵帝、后寝园的考古发掘及研究，对于我们认识西汉中期寝园建筑形制具有重要的学术意义。但其中有些问题值得我们再思考，如确定为宣帝寝园内便殿的5号建筑遗址，不见用于祭祀的大殿，都是些规模较小的堂、屋和院子，与“时祭于便殿”的功能好像不匹配。

3. 陵庙

《汉书·叔孙通传》云：“（叔孙通）曰：‘……愿陛下为原庙谓北，衣冠月出游之，益广宗庙，大孝之本。’上（惠帝）乃诏有司立原庙。”陵园立庙制度始于惠帝为高祖长陵建造的原庙。关于惠帝陵庙，焦南峰、马永嬴先生判断“应在长陵旁的高帝庙之西安陵附近”，[149]可从。文帝即位后，为自己建造了顾成庙，但此庙位于长安城郊外，不在霸陵。据《史记·汉兴以来将相名臣年表》记载，文帝陵庙系景帝即位时建造，延续了惠帝时在长陵为父皇建立原庙的做法。同时景帝在寿陵又为自己建造了德阳宫，开诸帝“自为庙”立于陵园之先例。经过考古发掘的阳陵“罗经石”遗址，即德阳宫所在。文献记载并结合考古勘察，武帝龙渊宫、昭帝徘徊庙、宣帝乐游庙等陵庙的位置，现在可以初步推定。元帝孝元庙、王皇后长寿宫、成帝池阳庙等陵庙的位置，目前尚不清楚。

《汉书•景帝纪》记载：“（中元）四年（前146年）春三月，起德阳宫。”臣瓒曰：“是景帝庙也。帝自作之，讳不言庙，故言宫。”《汉书•元帝纪》记载，永光五年（前39年）十二月毁孝景皇帝庙，竟宁元年（前33年）三月复，同年五月至七月间又毁。早年咸阳市博物馆王丕忠、张子波、孙德润先生等进行考古调查，在景帝阳陵封土东南方约420米处，发现一高台建筑遗址，中心部分最高处置一件罗盘石（后称“罗经石”）。其上部加工为圆盘，直径1.4米，圆盘中心凿有正南北向十字形凹槽，连体的底座为四棱柱形，边长1.8～1.83米。他们推测“此处可能为景帝寝园庙——德阳宫。罗盘石居此遗址中心，为寝庙的遗物”。杨宽先生起初判断此处为景帝庙（德阳宫）遗址，后来又认为是阳陵寝殿所在。[150]

1999年考古研究人员对阳陵“罗经石”遗址进行了钻探和发掘（图2-30）。据已披露的零散材料，可知该遗址平面接近正方形，建筑结构呈“回”字形，边长260米，面积约67600平方米。四周筑围墙，外有壕沟环绕，围墙四面中心处各辟一门，门址宽56米，进深22米，门道两侧各有渗水井一口。围墙内的四角各有一座曲尺形的配房，配房每边长60米，外有卵石散水。主体建筑位于方形院落的中心，现为一方形夯土台基，高出周围地面5.3米，边长53.7米，每面有14个壁柱和3处门道（图2-31）。进入门道的台阶上铺砌四神纹空心砖，分别为东青龙、西白虎、南朱雀、北玄武。四面的铺地砖、墙壁、屋面等，按照东、西、南、北方位分别涂有代表不同方位的青、白、红、黑颜色。云气纹、“长乐未央”瓦当也出土于这一范围内。另外在遗址内还发现成组的石璧、石圭等礼器，石璧居中，石圭围绕石璧。[151]可以想象当初这座礼制建筑规模恢弘，布局整饬，装饰考究。

图2-30
“罗经石”遗址中心建筑东回廊发掘现场

关于“罗经石”及其遗址的性质存有较多争议。先前主持发掘工作的考古研究人员判断，“罗经石”可能为修建阳陵时标定水平、测量高度和标示方位之用，是目前世界上发现的最早的古代测量标石。[152]后来马永嬴、王保平先生认为，此处及皇后陵正南处的建筑遗址，或为阳陵陵庙、寝殿之类的礼制性建筑遗址。[153]韩伟先生认为该遗址是太社，“罗经石”是放置社主的器座。[154]王学理先生认为其地为景帝陵庙——德阳宫所在，其形制一如宗庙，而“罗经石”是这座建筑中心柱的石础。[155]李零先生认为这处遗址的布局接近汉代博局镜的设计，与长安明堂也有不少相似之处。[156]王占奎先生认为该遗址的祭祀性色彩非常浓厚，“罗经石”与“坛上石”同属一类。[157]署名杨林仁则认为，此处很有可能是景帝阳陵的陵庙遗址，并明确指出它的建筑形式与早年发掘的长安城南郊礼制建筑遗址相仿。[158]高崇文先生认为该遗址应当是景帝庙，用作中心柱石础的“罗经石”上刻出十字凹槽，只是确保陵庙建筑的正方向而已。[159]焦南峰先生认为该遗址“是在废弃的汉文帝‘渭阳五帝庙’的基础上改建的阳陵陵庙——德阳庙”，同时披露了新发现的由德阳庙通向寝园（1号建筑遗址）的衣冠道（编号L16）。[160]我们赞同“罗经石”遗址为阳陵陵庙的意见。

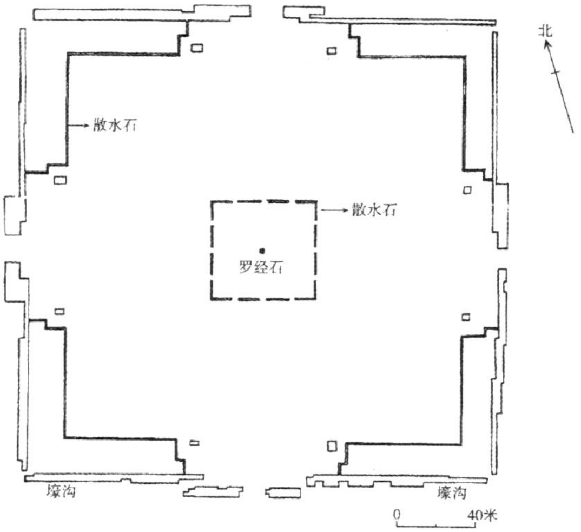

图2-31
阳陵“罗经石”遗址平面图
采自《汉阳陵》

茂陵陵园东南部的10号建筑遗址可能是武帝陵庙——龙渊宫的故址。宣帝徘徊庙在平陵故城附近。《水经注·渭水下》记载：成国渠“又东迳平陵县故城南。……故渠之南有窦氏泉，北有徘徊庙”。在平陵故城以南的马泉镇肖家堡村北，发现一处汉代夯土建筑遗址，夯土范围南北长60米，东西宽56米，中心区为一高3米的夯土台，同时还采集到凤纹空心砖残块。考古研究人员推测该建筑遗址可能就是昭帝徘徊庙。[161]在杜陵东北400米处的8号遗址，高出周围地面1～3米，中央为一夯土台基，东西长73米，南北宽70米，深5米，此处大约是杜陵陵庙遗址。[162]值得注意的是，这两处遗址近似方形，并且都出土了龙、凤纹空心砖残块，它们“在寝、便殿和陵园门阙遗址中却很少见到。这种砖大概为陵庙所专用”。[163]

长安城南郊礼制性建筑群遗址呈东西排列三组（参见第一章第三节）。其中，东组大土门遗址可能是明堂（辟雍）；中组即“王莽九庙”，由12座建筑组成的群体，编号为1～12号遗址。[164]中组中的1～11号遗址大小基本一致，12号遗址比前者大一倍。它们形制相同，平面结构为正方形“回”字形，由方形围墙、四门、中心建筑和围墙内的曲尺形配房组合而成。1～11号遗址的方形围墙每边260～280米，曲尺配房两边各长65米左右。中心建筑位于正中方形夯土台基上，每边长55米左右。另外在这些遗址中，还出土有不少的四神纹瓦当。而瓦当上的图像——青龙、白虎、朱雀、玄武各自象征的方位，大多与出土地点的方位吻合。

阳陵“罗经石”建筑遗址（德阳宫）的考古报告尚未正式披露，具体细节不知。耐人寻味的是，它的建筑布局及结构如方形围墙、曲尺配房和中心方形夯土台，都与后来的“王莽九庙”十分接近，并且出土了象征东、西、南、北四方的四神纹画像砖。“罗经石”遗址的发现，对于我们认识西汉前期的京庙、陵庙，乃至晚期长安城南郊的礼制建筑的形制，具有重要的学术价值和意义。

关于文帝时建造的渭阳五帝庙，《汉书·郊祀志上》有记载：

> 赵人新垣平以望气见上，言“长安东北有神气，成五采，若人冠冕焉。或曰东北神明之舍，西方神明之墓也。天瑞下，宜立祠上帝，以合符应。”于是作渭阳五帝庙，同宇，帝一殿，面五门，各如其帝色。祠所用及仪亦如雍五畤。
>
> 明年夏四月，文帝亲拜霸渭之会，以郊见渭阳五帝。五帝庙临渭，其北穿蒲池沟水。权火举而祠，若光辉然属天焉。于是贵平至上大夫，赐累千金。

颜师古注：“宇谓之屋之覆也。言同一屋之下而别立为五庙，各立门室也。《庙记》云五帝庙在长安东北也。”又据王先谦《汉书补注》云：“《正义》引颜注云，‘蒲’字或作‘兰（蘭）’。案，《扩地志》云‘渭北咸阳县有兰池，始皇逢盗兰池者也’。言穿沟引渭水入兰池。疑‘兰’字误作‘蒲’，是张守节所见《汉书》注本作‘兰’，不作‘满’也。”阳陵“罗经石”建筑遗址的形制，可能与文帝的渭阳五帝庙相似，遗址所在地也与其接近。但景帝时是否在文帝渭阳五帝庙旧址上建成德阳庙，这个问题尚有待进一步讨论。

西汉陵寝制度日臻完善，日、月、四时拜祭活动兴盛不衰。东汉明帝在洛阳开创的上陵礼，也滥觞于西汉长安。长安陵园祭祀活动的大规模开展，又直接带动了陵墓美术的兴盛。

注　释

[1] 杨宽：《中国古代陵寝制度史研究》，上海古籍出版社1985年版，第12页。

[2] 河南信阳地区文管会、光山县文管会：《春秋早期黄君孟夫妇墓发掘报告》《河南光山黄季陀父墓发掘简报》《考古》1984年第4期、1989年第1期。按：据报告披露，黄君孟夫妇墓存有高约七八米高的封

土，黄季陀父墓存有高达10米左右封土，但这两处墓的封土皆未经过考古发掘或勘探证实。

[3] 固始侯古堆一号墓发掘组：《河南固始侯古堆一号墓发掘简报》，《文物》1981年第1期；中国科学院考古研究所：《辉县发掘报告》，科学出版社1956年版，第69～109页。

[4] 杨鸿勋：《战国中山王陵及兆域图研究》，《考古学报》1980年第1期。

[5] 刘卫鹏、岳起：《咸阳塬上“秦陵”的发现和确认》，《文物》2008年第4期；焦南峰、马永赢、杨武站、王东、赵旭阳：《陕西西汉帝陵考古调查及发掘》，文化中国网，2010年6月13日。

[6] 陈耀钧：《荆州地区楚文化调查与探索》，楚文化研究会：《楚文化研究论集》（第1集），荆楚书社1987年版，第53～56页。

[7] 赵化成：《从商周“集中公墓制”到秦汉“独立陵园制”的演化轨迹》，《文物》2006年第7期，第45、48页。

[8] 徐苹芳：《汉代帝陵》，《中国大百科全书·考古学》，中国大百科全书出版社1986年版，第164～165页。

[9] 韩伟、程学华：《秦陵概论》，石兴邦主编：《考古学研究》，三秦出版社1993年版，第556～559页。

[10] 马振智：《试论秦国陵寝制度的形成发展及其特点》，《考古与文物》1989年第5期，第115页；徐卫民《秦公帝王陵园考论》，《文博》1999年第2期，第48页。

[11] 刘卫鹏、岳起：《咸阳塬上“秦陵”的发现和确认》，《文物》2008年第4期。

[12] Ⅰ号陵园过去一直被认为是西汉成帝的后妃陵墓。

[13] 关于Ⅱ号陵园的主人，学术界有争议。一说为秦惠文王陵和悼武王陵，一说系秦惠王与惠文后的合葬陵园，还有学者认为此处是汉墓。

[14] 焦南峰、马永赢、杨武站、王东、赵旭阳：《陕西西汉帝陵考古调查及发掘》，文化中国网，2010年6月13日。

[15] 《汉书•楚元王传附刘向传》。

[16] 骊山学会：《秦东陵探查初议》《考古与文物》1987年第4期；陕西省考古研究所、临潼县文管会：《秦东陵第一号陵园勘察记》《秦东陵第二号陵园调查钻探简报》，《考古与文物》1987年第4期、1990年第4期；陕西省考古研究所秦陵工作站：《秦东陵第二号陵园调查钻探简报》《考古与文物》1993年第3期。按：秦东陵3、4号陵园调查钻探结果未正式发布，但其基本情况及数据在相关论著中已有披露。参见王学理、尚志儒、呼林贵：《秦物质文化史》，三秦出版社1994年版，第274～279页。

[17] 关于各家的意见，赵化成先生有综述。他认为4号陵园葬昭襄王和唐太后，1号陵园葬庄襄王与帝太后，2、3号陵园分别葬悼太子和宣太后。《秦东陵刍议》，《考古与文物》2000年第3期。

[18] 赵康民：《秦始皇陵原名丽山》，《考古与文物》1980年第3期；王学理：《“秦始皇陵原名丽山”再议》，《考古与文物》1982年第1期。

[19] 段清波：《秦始皇帝陵的物探考古调查——“863”计划秦始皇陵物探考古进展情况的报告》，《西北大学学报》（哲学社会科学版）2005年第1期，第80页。按：关于历年来秦始皇陵封土的考古勘察及研

究情况，参见中国社会科学院考古研究所：《中国考古学·秦汉卷》，中国社会科学出版社2010年版，第78～82页。

[20] 杨鸿勋先生认为，秦陵封土上建有九层之台的享堂，并绘制出设想图。《破解中华土木大金字塔——秦始皇九层之台的陵上享堂和负“九层之台”的帝宫》，《杨鸿勋建筑考古学论文集》（增订版），清华大学出版社2008年版，第221～229页。段清波先生认为，九层台式木构建筑是有意埋在封土里的“游观”，但它不属于享堂类祭祀建筑。《秦始皇陵封土建筑探讨——兼释“中成观游”》，《考古》2006年第5期。按：我们倾向于杨鸿勋先生的意见，但推测该建筑在秦始皇入葬时并未完成。

[21] 段清波、张颖岚：《秦始皇帝陵的外藏系统》，《考古》2003年第11期，第68页。

[22] 李智志：《试论秦始皇陵园布局对后代帝陵的影响》，《文博》1990年第5期，第151页。

[23] 咸阳市文物考古研究所：《西汉帝陵钻探调查报告》，文物出版社2010年版，第5页；焦南峰、马永嬴、杨武站、王东、赵旭阳：《陕西西汉帝陵考古调查及发掘》，文化中国网，2010年6月13日。

[24] 陕西省文物管理委员会：《陕西兴平县茂陵调查》，《考古》1964年第2期；王丕忠、张子波、孙德润《汉景帝阳陵调查简报》，咸阳市博物馆：《汉元帝渭陵调查记》，《考古与文物》1980年第1期；咸阳市博物馆：《汉安帝的勘察及其陪葬墓中的彩绘陶俑》，《考古》1981年第5期；咸阳博物馆：《汉平陵调查简报》，《考古与文物》1982年第4期；石兴邦、马建熙、孙德润：《长陵建制及其有关问题——汉刘邦长陵勘察记存》，《考古与文物》1982年第9期；刘庆柱、李毓芳：《西汉诸陵调查和研究》，《文物资料丛刊》第6辑，文物出版社1982年版；中国社会科学院考古研究所杜陵工作队：《1982～1983年西汉宣帝杜陵的考古工作收获》，《考古》1984年第10期；陕西省考古研究所：《西汉安陵调查简报》，《考古与文物》2002年第4期；刘卫鹏、岳起：《西汉成帝延陵调查记》，《华夏考古》2009年第1期；陕西省考古研究所：《西汉长陵、阳陵GPS测量简报》，《考古与文物》2006年第6期。

[25] 中国社会科学院考古研究所：《汉杜陵陵园遗址》，科学出版社1993年版，第6～76页；陕西省考古研究所阳陵考古队：《汉景帝阳陵考古新发现（1996～1998）》，《文博》1999年第6期；陕西省考古研究所：《汉阳陵》，重庆出版社2001年版，第4、13～20页。

[26] 王学理、吴镇烽：《西安任家坡汉陵从葬坑的发掘》，《考古》1976年第2期；王学理：《汉南陵从葬坑的初步清理》，《文物》1981年第11期；陕西省考古研究所汉陵考古队：《汉景帝阳陵南区从葬坑第一号简报》《汉景帝阳陵南区从葬坑第二号简报》，《文物》1992年第4期、1994年第6期；陕西省考古研究所阳陵考古队：《汉景帝阳陵考古新发现（1996～1998）》，《文博》1999年第6期；陕西省考古研究所汉平陵考古队：《巨型动物陪葬少年天子——初探汉平陵从葬坑》，《文物天地》2002年第1期；中国社会科学院考古研究所：《汉杜陵陵园遗址》，科学出版社1993年版，第77～97页。

[27] 陕西省文物管理委员会：《陕西省咸阳市杨家湾出土大批西汉彩绘陶俑》，《文物》1966年第3期；陕西省文管会、博物馆、咸阳市博物馆杨家湾汉墓发掘小组：《咸阳杨家湾汉墓发掘简报》，《文物》1977年第10期；咸阳市博物馆：《汉安帝的勘察及其陪葬墓中的彩绘陶俑》，《考古》1981年第5期；咸阳地区文管会、茂陵博物馆：《陕西茂陵一号无名冢一号从葬坑的发掘》，《文物》1982年第9期；孙德润：

《汉长陵陪葬墓又发现陶马》，《考古与文物》1987年第5期；陕西省考古研究所阳陵考古队：《汉景帝阳陵考古新发现》（1996～1998），《文博》1999年第6期；李朝阳、王晓谋：《汉高祖与长陵》，三秦出版社2005年版，第164～165页；张仲立、丁岩、朱艳玲：《长安凤栖原西汉家族墓地》，《中国文物报》2010年4月16日第4版。

[28] 汉初规划长安城，高祖长陵当在其中，但其始建年代不会在西汉王朝决定迁都长安之前。

[29] 《汉书•高帝纪下》《汉书•叔孙通传》。

[30] 咸阳市文物考古研究所：《西汉帝陵钻探调查报告》，文物出版社2010年版，第6～19页。

[31] 岳起、刘卫鹏：《由平陵建制谈西汉帝陵制度的几个问题》，《考古与文物》2007年第5期，第6页。

[32] 陕西省文管会、博物馆、咸阳市博物馆杨家湾汉墓发掘小组：《咸阳杨家湾汉墓发掘简报》，《文物》1977年第10期，第16页。

[33] 刘庆柱：《汉长安城的考古发现及相关问题——纪念汉长安城考古工作四十年》，《考古》1996年第10期，第9页。

[34] 秦建民、张在明、杨政：《陕西发现以长安为中心的西汉南北超长建筑基线》，《文物》1995年第3期，第15页。

[35] 刘瑞：《汉长安城的朝向、轴线与南郊礼制建筑》，中国社会科学出版社2011年版，第58～64页。

[36] 杨哲峰：《渭北西汉帝陵布局设计之观察》，《文物》2009年第4期，第63页。

[37] 咸阳市文物考古研究所：《西汉帝陵钻探调查报告》，文物出版社2010年版，第31页。

[38] 王学理、吴镇烽：《西安任家坡汉陵从葬坑的发掘》，《考古》1976年第2期。

[39] 刘庆柱、李毓芳：《西汉十一陵》，陕西人民出版社1987年版，第174～175页。

[40] 中国社会科学院考古研究所：《中国考古学・秦汉卷》，中国社会科学出版社2010年版，第312页。

[41] 侯旭东：《西汉长安“孝文庙”位置考》，卜宪群、杨振红主编：《简帛研究二〇〇六》，广西师范大学出版社2008年版，第206～209页。

[42] 黄宛峰：《汉文帝并非薄葬》，《南都学坛》（哲学社会科学版）1995年第1期，第12页。

[43] 黄晓芬：《汉墓的考古学研究》，岳麓书社2003年版，第202页。

[44] 李银德：《论汉代的因山为陵》，北京大学中国考古学研究中心、震旦古代文明研究中心：《古代文明》（第4卷），文物出版社2005年版，第151～153页。按：关于元代时灞水冲开霸陵羡门事，最早见于骆天骧《类编长安志》（卷八）记载。

[45] 李银德：《徐州西汉楚王陵墓考古的发现与收获》，中国国家博物馆、徐州博物馆：《大汉楚王——徐州西汉楚王陵墓文物辑萃》，中国社会科学出版社2005年版，第15页。

[46] 周学鹰：《“因山为陵”葬制探源》，《中原文物》2005年第1期，第63～64、66页。

[47] 李银德：《徐州西汉楚王陵墓考古的发现与收获》，中国国家博物馆、徐州博物馆：《大汉楚王——徐州西汉楚王陵墓文物辑萃》，中国社会科学出版社2005年版，第16页。

[48] 刘涛：《西汉诸侯王陵墓形制的演变》，汉代考古与汉文化国际学术研讨会论文集编委会：《汉代考古

与汉文化国际学术研讨会论文集》，齐鲁书社2006年版，第189～190页。

[49] 周保平、刘照建：《西汉楚王陵墓形制研究》，北京大学中国考古学研究中心、震旦古代文明研究中心：《古代文明》（第4卷），文物出版社2005年版，第169～170页。

[50] 徐州博物馆：《江苏铜山县龟山二号西汉崖洞墓材料的再补充》，《考古》1997年第2期，第40、44～45页。

[51] 赵化成、高崇文等：《秦汉考古》，文物出版社2002年版，第86页。

[52] 据发掘报告撰稿者判定，保安山1号墓的墓主为刘武，2号墓的墓主为刘武妻李王后。有研究人员认为："保安山M1和M2规模相差悬殊。从汉代有较严格的丧葬礼制出发，规模大的M2应为梁孝王陵，规模小的M1应是李王后陵。这样的判定得到了陵墓形制、出土遗物和文献记载各方面材料的支持，与陵园内的陵寝建筑也不矛盾。"刘振东、谭青枝：《关于河南永城保安山二号墓墓主问题》，《考古与文物》2001年第4期，第69页。

[53] 河南省商丘市文物管理委员会、河南省文物考古研究所、河南省永城市文物管理委员会：《芒砀山西汉梁王墓地》，文物出版社2001年版，第12～75页。

[54] 贺云翱、郭怡：《古代陵寝》，文物出版社2008年版，第143页。

[55] 中国社会科学院考古研究所：《中国考古学·秦汉卷》，中国社会科学出版社2010年版，第350～357页。

[56] 陕西省考古研究所：《汉阳陵》，重庆出版社2001年版；马永嬴、王保平：《走近汉阳陵》，文物出版社2001年版；杨林仁：《汉阳陵》，三秦出版社2003年版；王学理：《汉代雄风——汉景帝与阳陵》，三秦出版社2003年版；汉阳陵考古陈列馆：《汉阳陵考古陈列馆》，文物出版社2004年版；胡芳：《汉景帝阳陵揭秘》，西北大学出版社2006年版；咸阳市文物考古研究所：《西汉帝陵钻探调查报告》，文物出版社2010年版，第34～43页；焦南峰：《汉阳陵从葬坑初探》，《文物》2006年第7期；焦南峰：《试论西汉帝陵的建设理念》，《考古》2007年第11期；陕西省考古研究院、咸阳市文物考古研究所：《汉哀帝义陵考古调查、勘探简报》，《考古与文物》2012年第5期，第27页。

[57] 王建新：《西汉后四陵名位考》，北京大学中国考古学研究中心、震旦古代文明研究中心：《古代文明》（第2卷），文物出版社2003年版，第319页。

[58] 刘庆柱：《关于西汉帝陵形制诸问题探讨》，《考古与文物》1985年第5期，第103页。

[59] 刘庆柱：《汉长安城考古发现及相关问题研究——纪念汉长安城考古工作四十年》，《考古》1996年第10期，第6～7页。

[60] 焦南峰：《试论西汉帝陵的建设理念》，《考古》2007年第11期，第83页。

[61] 赵化成、高崇文等：《秦汉考古》，文物出版社2002年版，第60页。

[62] 杨宽：《中国古代陵寝制度史研究》，上海古籍出版社1985年版，第201页。

[63] 西汉帝陵是否按昭穆制度排列，学术界争论比较热烈。关于这场争论的综述，可参见咸阳市文物考古研究所：《西汉帝陵钻探调查报告》，文物出版社2010年版，第178～179页；刘瑞：《昭穆制度与西汉帝陵排序》，文化遗产研究与保护技术教育部重点实验室、西北大学文化遗产与考古学研究中心：《西

部考古》（第3辑），三秦出版社2008年版，第186～189页。按：持否定意见者认为，西汉帝陵坐西向东，无法按昭穆排列。我们以为，诸陵虽为坐西向东方向，但就其整体布局而言，它们都是以长安城作为中心的，故其间存在着坐北面南及南北对称的格局和态势。

[64] 李毓芳：《西汉帝陵分布的考察——兼谈西汉帝陵的昭穆制度》，《考古与文物》1989年第3期。

[65] 咸阳市文物考古研究所：《汉武帝茂陵钻探调查简报》，《考古与文物》2007年第6期；杨武站：《茂陵陵园遗址》，中国考古学会：《中国考古年鉴》（2007），文物出版社2008年版，第461～462页；咸阳市文物考古研究所：《西汉帝陵钻探调查报告》，文物出版社2010年版，第43～72页；陕西省考古研究院、咸阳市文物考古研究所、茂陵博物馆：《汉武帝茂陵考古调查、勘探简报》，《考古与文物》2011年第2期。按：勘察数据、建筑遗址及陪葬墓编号，以新发表的《汉武帝茂陵考古调查、勘探简报》为准。

[66] 韩伟：《陕西文物考古50年》，《磨砚书稿——韩伟考古文集》，科学出版社2001年版，第6页；陕西省考古研究院：《2010年陕西省考古研究院考古调查发掘新收获》，《考古与文物》2011年第2期，第36～37页。

[67] 陕西省考古研究院、咸阳市文物考古研究所、茂陵博物馆：《汉武帝茂陵考古调查、勘探简报》，《考古与文物》2011年第2期。按：下文叙述茂陵建筑遗址的勘察数据，皆引自该简报，不另注释。

[68] 马永嬴：《汉武帝茂陵陵园布局的几点认识》，《考古与文物》2011年第2期，第73页。

[69] 陕西省文物管理委员会：《陕西兴平县茂陵勘察》，《考古》1964年第2期；王志杰、朱杰元：《汉茂陵及其陪葬冢附近新发现的重要文物》，《文物》1976年第7期。

[70] 徐萍芳：《秦汉魏晋南北朝时代的陵园和茔域》，《考古》1981年第6期，第523页；刘庆柱、李毓芳：《西汉十一陵》，陕西人民出版社1987年版，第50～51页；咸阳市文物考古研究所：《西汉帝陵钻探调查报告》，文物出版社2010年版，第204页。

[71] 咸阳市文物考古研究所：《西汉帝陵钻探调查报告》，文物出版社2010年版，第54～55页；陕西省考古研究院、咸阳市文物考古研究所、茂陵博物馆：《汉武帝茂陵考古调查、勘探简报》，《考古与文物》2011年第2期。

[72] 咸阳地区文管会、茂陵博物馆：《陕西茂陵一号无名冢一号从葬坑的发掘》，《文物》1982年第9期。

[73] 中国社会科学院考古研究所：《中国考古学·秦汉卷》，中国社会科学出版社2010年版，第310页。

[74] 咸阳市文物考古研究所：《汉武帝茂陵钻探调查简报》，《考古与文物》2007年第6期，第29页。

[75] 巫鸿：《黄泉下的美术——宏观中国古代墓葬》，生活·读书·新知三联书店2010年版，第2页。

[76] 杨宽：《中国古代陵寝制度史研究》，上海古籍出版社1985年版，第10～11页。

[77] 刘卫鹏、岳起：《咸阳塬上“秦陵”的发现和确认》，《文物》2008年第4期。按：关于Ⅱ号陵的主人，学术界有争议：一说为秦惠文王陵和悼武王陵，一说系秦惠王与惠文后的合葬陵园，还有学者认为此处是汉墓。

[78] 焦南峰、马永嬴、杨武站、王东、赵旭阳：《陕西西汉帝陵考古调查及发掘》，文化中国网，2010年6

月13日。

[79] 段清波：《秦始皇帝陵的物探考古调查——“863”计划秦始皇陵物探考古进展情况的报告》，《西北大学学报》(哲学社会科学版)，2005年第1期，第80页。按：关于历年来秦始皇陵封土的考古勘察及研究情况，参见中国社会科学院考古研究所：《中国考古学•秦汉卷》，中国社会科学出版社2010年版，第78～82页。

[80] 段清波：《秦始皇陵封土建筑探讨——兼释“中成观游”》，《考古》2006年第5期；杨鸿勋：《破解中华土木大金字塔——秦始皇九层之台的陵上享堂和负“九层之台”的帝宫》，《杨鸿勋建筑考古学论文集》（增订版），清华大学出版社2008年版，第221～229页。

[81] 杨宽：《中国古代陵寝制度史研究》，上海古籍出版社1985年版，第8页。

[82] 刘庆柱、李毓芳：《西汉十一陵》，陕西人民出版社1987年版，第174页。

[83] 李毓芳：《西汉陵墓封土渊源与形制》，《文博》1987年第3期，第40页。

[84] 咸阳市文物考古研究所：《西汉帝陵钻探调查报告》，文物出版社2010年版；陕西省考古研究院、咸阳市文物考古研究所、茂陵博物馆：《汉武帝茂陵考古调查、勘探简报》，《考古与文物》2011年第2期。

[85] 刘庆柱、李毓芳：《西汉十一陵》，陕西人民出版社1987年版，第174～175页。

[86] 咸阳市文物考古研究所：《西汉帝陵钻探调查报告》，文物出版社2010年版，第6、9页。

[87] 刘庆柱、李毓芳：《关于西汉帝陵形制诸问题探讨》，《考古与文物》1985年第5期，第102页。

[88] 咸阳市文物考古研究所：《西汉帝陵钻探调查报告》，文物出版社2010年版，第19～29页；焦南峰、马永嬴、杨武站、王东、赵旭阳：《陕西西汉帝陵考古调查及发掘》，文化中国网，2010年6月13日。

[89] 中国社会科学院考古研究所：《中国考古学・秦汉卷》，中国社会科学出版社2010年版，第312页。

[90] 咸阳市文物考古研究所：《西汉帝陵钻探调查报告》，文物出版社2010年版，第32页。

[91] 陕西省考古研究所：《汉阳陵》，重庆出版社2001年版，第2页。

[92] 焦南峰：《试论西汉帝陵的建设理念》，《考古》2007年第11期，第80、83页。

[93] 林通雁：《西汉霍去病墓石雕群的三个问题》，《美术观察》2009年第3期。

[94] 咸阳市文物考古研究所：《西汉帝陵钻探调查报告》，文物出版社2010年版，第101～115页；焦南峰、马永嬴、杨武站、王东、赵旭阳：《陕西西汉帝陵考古调查及发掘》，文化中国网，2010年6月13日。

[95] 咸阳市文物考古研究所：《西汉帝陵钻探调查报告》，文物出版社2010年版，第130～136页；陕西省考古研究院、咸阳市文物考古研究所：《汉哀帝义陵考古调查、勘探简报》，《考古与文物》2012年第5期。

[96] 焦南峰、马永嬴、杨武站、王东、赵旭阳：《陕西西汉帝陵考古调查及发掘》，文化中国网，2010年6月13日。

[97] 杨鸿勋：《战国中山王陵及兆域图研究》，《考古学报》1980年第1期。

[98] 刘卫鹏、岳起：《咸阳塬上“秦陵”的发现和确认》，《文物》2008年第4期；焦南峰、马永嬴、杨武

站、王东、赵旭阳：《陕西西汉帝陵考古调查及发掘》，文化中国网，2010年6月13日。

[99] 咸阳市文物考古研究所：《西汉帝陵钻探调查报告》，文物出版社2010年版，第179～181页。按：西汉陵园是以帝陵为中心进行规划布局的。长陵的西封土位于陵园南北中心处，当为帝陵。东封土位于陵园南部，应为后陵。参见石兴邦、马建熙、孙德润：《长陵建制及其有关问题——汉刘邦长陵勘察记存》，《考古与文物》1984年第2期。但有研究者持相反意见，认为西封土为后陵，东封土为帝陵。其主要理由是西封土东面塌陷很深，应是西汉末年赤眉军发掘吕后陵后的孑遗。参见岳起、刘卫鹏：《由平陵建制谈西汉帝陵制度的几个问题》，《考古与文物》2007年第5期，第6页。

[100] 《汉书·外戚传上》《汉书·文帝纪》。

[101] 《汉书·武帝纪》《汉书·外戚传上》。

[102] 傅昭仪墓位于元帝陵东北360米处，封土无存，仅见一高出地面2～3米的夯土台。据《汉书·外戚传下》记载，元帝傅昭仪，成帝时尊为太后，哀帝即位后尊为太皇太后。元寿元年（前2年）去世，合葬渭陵。王莽专权，于元始五年（5年）掘其冢，迁葬定陶。

[103] 曾青：《关于西汉帝陵制度的几个问题》，《考古》1987年第1期，第76～77页。

[104] 岳起、刘卫鹏：《由平陵建制谈西汉帝陵制度的几个问题》，《考古与文物》2007年第5期，第7页。

[105] 刘庆柱、李毓芳：《关于西汉帝陵形制诸问题探讨》，《考古与文物》1985年第5期，第103页。

[106] 中国社会科学院考古研究所：《中国考古学•秦汉卷》，中国社会科学出版社2010年版，第313页。

[107] 中国社会科学院考古研究所：《汉杜陵陵园遗址》，科学出版社1993年版，第8～15页；中国社会科学院考古研究所：《中国考古学•秦汉卷》，中国社会科学出版社2010年版，第314页。

[108] 陕西省考古研究所：《汉阳陵》，重庆出版社2001年版，第4、7～8页；马永赢、肖建一、徐雍初：《汉景帝阳陵大型门阙遗址》，《中国考古年鉴》（2000），文物出版社2002年版，第267～268页。

[109] 陕西省考古研究院、咸阳市文物考古研究所：《汉哀帝义陵考古调查、勘探简报》，《考古与文物》2012年第5期，第20页。

[110] 杨林仁：《汉阳陵》，三秦出版社2003年版，第27页。

[111] 杨宽：《中国古代陵寝制度史研究》，上海古籍出版社1985年版，第137页。

[112] 中国社会科学院考古研究所二里头队：《河南偃师二里头二号宫殿遗址》，《考古》1983年第3期，第206～207页；杨鸿勋：《宗、庙一体建筑——二里头F2复原探讨》，《杨鸿勋建筑考古学论文集》（增订版），清华大学出版社2008年版，第97～98页。

[113] 杨鸿勋：《西周岐邑建筑遗址初步考察》，《文物》1983年第3期，第23页。

[114] 陕西省雍城考古队：《凤翔马家庄一号建筑群遗址发掘简报》，《文物》1985年第2期，第2页。

[115] 唐金裕：《西安西郊汉代建筑遗址发掘报告》，《考古学报》1959年第2期，第49～51页；中国社会科学院考古研究所：《西汉礼制建筑遗址》，文物出版社2003年版，第202～204页。

[116] 刘庆柱：《古代门阙遗址的考古发现与研究》，中国社会科学院考古研究所：《新时期的中国考古学——王仲殊先生八十华诞纪念文集》，科学出版社2005年版，第527页。

[117] 段清波：《古代阙制研究——以秦始皇帝陵三出阙为基础》，西北大学考古系、西北大学文化遗产与考古学研究中心：《西部考古》（第1辑），三秦出版社2006年版，第314、326页。

[118] 陕西省考古研究所、秦始皇兵马俑博物馆：《秦始皇帝陵园考古报告》（1999），科学出版社2000年版，第36～42页；《秦始皇帝陵园考古报告》（2000），科学出版社2006年版，第29～33页。

[119] 中国社会科学院考古研究所：《中国考古学•秦汉卷》，中国社会科学出版社2010年版，第86页。

[120] 段清波：《古代阙制研究——以秦始皇帝陵三出阙为基础》，西北大学考古系、西北大学文化遗产与考古学研究中心：《西部考古》（第1辑），三秦出版社2006年版，第308页。

[121] 萧默主编：《中国建筑艺术史》，文物出版社1998年版，第217页。

[122] 孙机：《汉代物质文化资料图说》（增订本），上海古籍出版社2008年版，第210页。

[123] 杨树达：《汉代婚丧礼俗考》，上海古籍出版社2000年版，第114页。

[124] 陕西省考古研究院、咸阳市文物考古研究所、茂陵博物馆：《汉武帝茂陵考古调查、勘探简报》，《考古与文物》2011年第2期，第10页。

[125] 陕西省考古研究院、咸阳市文物考古研究所、茂陵博物馆：《汉武帝茂陵考古调查、勘探简报》，《考古与文物》2011年第2期，第11页。

[126] 中国社会科学院考古研究所：《中国考古学・夏商卷》，中国社会科学出版社2003年版，第129页。按：考古研究人员在同书中指出，主殿后大墓的墓室规模比较小，“若确为墓葬，则可能是迁骨葬，或只是一座‘衣冠冢’，墓中所葬是当时统治者的始祖或高祖（遗骸或其象征物）”。

[127] 马得志、周永珍、张云鹏：《一九五三年安阳大司空村发掘报告》，《考古学报》第9册（1955年），第68～69页；中国社会科学院考古研究所安阳工作队：《安阳殷墟五号墓的发掘》，《考古学报》1977年第2期，第58～59页。

[128] 胡秉华：《滕州前掌大商代墓葬地面建筑浅析》，《考古》1994年第2期。

[129] 杨宝成：《殷墓享堂疑析》，《江汉考古》1992年第2期。

[130] 中国科学院考古研究所：《辉县发掘报告》，科学出版社1956年版，第69～109页；河北省文物管理处：《河北省平山县战国时期中山国墓葬发掘简报》，《文物》1979年第1期。

[131] 韩伟、程学华：《秦陵概论》，石兴邦主编：《考古学研究》，三秦出版社1993年版，第556～559页；刘卫鹏、岳起：《咸阳塬上“秦陵”的发现和确认》，《文物》2008年第4期；焦南峰、马永嬴、杨武站、王东、赵旭阳：《陕西西汉帝陵考古调查及发掘》，文化中国网，2010年6月13日；骊山学会：《秦东陵探查初议》，《考古与文物》1987年第4期；陕西省考古研究所、临潼县文管会：《秦东陵第一号陵园勘察记》《秦东陵第二号陵园调查钻探简报》，《考古与文物》1987年第4期、1990年第4期；陕西省考古研究所秦陵工作站：《秦东陵第二号陵园调查钻探简报》《考古与文物》1993年第3期。按：秦东陵3、4号陵园调查钻探结果未正式发布，但其基本情况及数据在一些考古研究人员论著中已有披露。参见王学理、尚志儒、呼林贵：《秦物质文化史》，三秦出版社1994年版，第274～279页。

[132] 杨鸿勋：《战国中山王陵及兆域图研究》，《考古学报》1980年第1期。

[133] 杨宽：《中国古代陵寝制度史研究》，上海古籍出版社1985年版，第174页。

[134] 杨鸿勋：《关于秦代以前墓上建筑的问题》，《考古》1982年第4期，第404、406页。

[135] 杨鸿勋：《破解中华土木大金字塔——秦始皇九层之台的陵上享堂和负“九层之台”的帝宫》，《杨鸿勋建筑考古学论文集》（增订版），清华大学出版社2008年版，第221～229页；

[136] 段清波：《秦始皇陵封土建筑探讨——兼释“中成观游”》，《考古》2006年第5期。

[137] 陕西省考古研究所、秦始皇兵马俑博物馆：《秦始皇陵园考古报告》（1999），科学出版社2000年版，第10～12页。

[138] 袁仲一：《秦代陶文》，三秦出版社1987年版，第69～70页。

[139] 咸阳市文物考古研究所：《西汉帝陵钻探调查报告》，文物出版社2010年版，第199页。

[140] 刘庆柱、李毓芳：《汉宣帝杜陵陵寝建筑制度研究》，中国社会科学院考古研究所：《中国考古学论丛——中国社会科学院考古研究所建所40年纪念》，科学出版社1993年版，第364页。

[141] 汉阳陵考古陈列馆：《汉阳陵考古陈列馆》，文物出版社2004年版，第76页。

[142] 林通雁：《论西汉长安的陵墓雕塑艺术》，汤池主编：《中国陵墓雕塑全集2·西汉》，陕西人民美术出版社2009年版，第41页。

[143] 焦南峰：《宗庙道、游道、衣冠道——西汉帝陵道路再探》，《文物》2010年第1期，第76页。

[144] 咸阳市文物考古研究所：《汉武帝茂陵钻探调查简报》，《考古与文物》2007年第6期；咸阳市文物考古研究所：《西汉帝陵钻探调查报告》，文物出版社2010年版，第50、199页。

[145] 陕西省考古研究院、咸阳市文物考古研究所、茂陵博物馆：《汉武帝茂陵考古调查、勘探简报》，《考古与文物》2011年第2期，第8页；马永赢：《汉武帝茂陵陵园布局的几点认识》，《考古与文物》2011年第2期，第72页。按：后文的建筑遗址编号与前文有异，以前文为准。

[146] 咸阳市文物考古研究所：《西汉帝陵钻探调查报告》，文物出版社2010年版，第75页。

[147] 中国社会科学院考古研究所：《汉杜陵陵园遗址》，科学出版社1993年版，第104～105页；刘庆柱、李毓芳：《汉宣帝杜陵陵寝建筑制度研究》，中国社会科学院考古研究所：《中国考古学论丛——中国社会科学院考古研究所建所40年纪念》，科学出版社1993年版，第364～365页。

[148] 杨鸿勋：《宫殿考古通论》，紫禁城出版社2001年版，第255～262页。

[149] 焦南峰、马永赢：《西汉宗庙刍议》，《考古与文物》1999年第6期，第51页。

[150] 王丕忠、张子波、孙德润：《汉景帝阳陵调查简报》，《考古与文物》1980年第1期，第37页；杨宽：《中国古代陵寝制度史研究》，上海古籍出版社1985年版，第19页。

[151] 马永赢、王保平：《走近汉阳陵》，文物出版社2001年版，第33～34、55～56页；陕西省考古研究所：《汉阳陵》，重庆出版社2001年版，前言第4～5页、图版第18～20页；杨林仁：《汉阳陵》，三秦出版社2003年版，第77～79页；汉阳陵考古陈列馆：《汉阳陵考古陈列馆》，文物出版社2004年版，第76～83页；中国社会科学院考古研究所：《中国考古学·秦汉卷》，中国社会科学出版社2010

年版，第319～320页。
[152] 陕西省考古研究所：《汉阳陵》，重庆出版社2001年版，第4页。
[153] 马永赢、王保平：《走近汉阳陵》，文物出版社2001年版，第33～34页。
[154] 韩伟：《罗经石乎？太社乎？——西汉“罗经石”性质探讨》，《考古与文物》2001年2期。
[155] 王学理：《太社乎？陵庙乎？——对汉阳陵罗经石为“男性生殖器座”论驳议》，《文博》2001年第5期；《汉景帝与阳陵》，三秦出版社2003年版，第58～66页。
[156] 李零：《说汉阳陵“罗经石”遗址的建筑设计》，《考古与文物》2002年第6期。
[157] 王占奎：《试论汉阳陵“罗经石”遗址的祭祀性特征》，《考古与文物》2002年第6期。
[158] 杨林仁：《汉阳陵》，三秦出版社2003年版，第78～79页。
[159] 高崇文：《试论先秦两汉丧葬礼俗的演变》，《考古学报》2006年第4期，第465～466页。
[160] 焦南峰：《宗庙道、游道、衣冠道——西汉帝陵道路再探》，《文物》2010年第1期，第76页。
[161] 咸阳市博物馆：《汉平陵调查简报》，《考古与文物》1982年第4期，第48～49页。
[162] 中国社会科学院考古研究所：《汉杜陵陵园遗址》，科学出版社1993年版，第75页。
[163] 刘庆柱、李毓芳：《关于西汉帝陵形制诸问题探讨》，《考古与文物》1985年第5期，第106页：
[164] 唐金裕：《西安西郊汉代建筑遗址发掘报告》，《考古学报》1959年第2期；黄展岳：《汉长安城南郊礼制建筑遗址的位置及其有关问题》，《考古》1960年第9期；中国社会科学院考古研究所：《西汉礼制建筑遗址》，文物出版社2003年版，第214～232页。

第三章　画像砖和瓦当

陶质的砖瓦是古代宫殿的重要建筑材料。陶瓦很可能在商代晚期已被使用；陶砖的应用约始于西周晚期，见于当时的铺地与包砌壁体。[1]

所谓的画像砖，是指采用模具捺印或用尖锐器刻线的方式，将图像印制或绘制在泥坯上，晾干后再经过烧制成形的空心或实心砖。画像砖主要用于宫殿、庙宇的地面、台阶和踏步，以及墓室的门、顶、墙壁的装饰。中国古代画像砖的艺术历程，大体经历了战国晚期滥觞期、秦汉繁荣期、三国至南北朝衍变发展期、隋唐至宋元衰落期等四个阶段，持续时间将近1500年。战国晚期的画像砖，在各国都城如齐国临淄、赵国邯郸、燕国下都和秦都咸阳都有出土。它们中空心砖和条形砖居多，体量较大，纹饰比较简单，有米字纹、绳纹、回字纹等。但其中也不乏创新性的作品，如秦咸阳宫出土的龙、凤画像砖等。西汉王朝在秦都咸阳旧址上建都，延续和发展了秦的建筑装饰传统，其中包括制砖技艺与画像艺术。

瓦当即有当面的筒瓦，用于遮挡并装饰屋檐，以增强建筑外观的美感。瓦当之名因其位置正当榱（椽）头之上而得，或说“当”字即“挡”之初文，是阻挡、遮挡和抵挡之意。从出土的西汉文字瓦当可知，瓦当称“当”，如“兰池宫当”；也称“瓦”，如“都司空瓦”；又全称瓦当，如“冢上瓦当”。长安宫殿瓦当精工制作，当面纹饰十分考究，比若玉璧，故有“璧珰”之美誉。例如司马相如《上林赋》的“华榱璧珰”，班固《西都赋》的“裁金璧以饰珰”，张衡《西京赋》的“饰华榱与璧珰”等。

长安所在的关中地区是西周、秦国和秦代、西汉和新莽等王朝的京畿之地，宫殿建筑遗址甚多，从这里出土的纹饰瓦当不仅数量大、品种多，而且艺术水平很高，极具收藏和研究价值。从两宋到明清，长安瓦当一直是金石学家重点关注的对象，相关著述不少。[2]现在瓦当实物资料非常丰富，学术研究成果可观，[3]主要表现在分类整理（出土地点、纹饰等）、文字考定、书法艺术评析等三个方面，而且探究问题的深度和广度也为以往所不能及。但其中也有不少失误和缺憾，具体表现在断代与分期、地层与类型、图式与文化等方面。刘庆柱先生指出："关于瓦当时代问题，长期以来人们因其绝大多数为采集品，缺少地层关系，多采用'望气'法，致使瓦当断代相当混乱，随意性很强，甚至出现颠倒时序现象。"又说："在中国古代瓦当研究中，类型学的研究尤为薄弱。就瓦当本身而言，其当面的图案、纹饰或文字，目前还缺乏基本的'纵向'与'横向'比较研究。如汉代瓦当不但要求进行'自身'类型学研究，还要与铜镜、铭文砖、图案砖等对比研究。"[4]这些批评意见是中肯的，应当引起我们的重视和反省。

第一节 画像砖

随着汉代考古工作的深入展开，在长安地区出土的画像砖日渐增多。长乐宫、未央宫、桂宫和甘泉宫遗址出土的方砖和空心砖，有方格纹、回纹和菱格文等几何纹饰，延续了秦宫建筑的装饰风格。如在未央宫中央官署和椒房殿建筑遗址出土的空心砖残件，砖面的主体纹饰由多种几何图案组成，边沿装饰龙、凤、虎及云气纹。在汉帝陵园发现的四神纹的画像砖，最富有特色，为长安画像砖的代表之作。它们主要用于装饰陵庙建筑，题材和造型风格无不带着浓厚的帝王思想及气派，并且还改进了制作工艺，全部采用模具捺印图像，淘汰了之前秦宫画像砖那种采用锐器刻绘的造型手法。

西汉中期以后，长安以外地区的中小型墓葬，采用画像砖装饰墓室已比较普遍。画像采用多个小模具交错或连续捺印而成，取得了内容丰富、构图繁复的艺术效果。但在长安地区发现的汉代画像砖墓很少，有个别墓葬使用当时汉帝陵庙专用的四神纹画像砖砌筑墓室，属于特殊情况，并不具有普遍性。

一、秦画像砖

考察秦画像砖，是我们认识长安汉画像砖的一个前提。秦画像砖出自两个地点。其一，传陕西凤翔彪角镇出土的画像砖，有侍卫宴饮、宴饮、狩猎三种主题图像。先前的研究者将其年代划定在战国时期秦国或后来的秦代，认为它们的用途在于装饰宫殿。现在看来这些意见可能不妥当，需要重新展开讨论。其二，出自咸阳秦宫遗址的画像砖，多为考古发掘所获，比较可靠。装饰纹样有几何形、龙、凤及神怪等，皆为宫殿装饰之用。但它们的年代在战国时期，而不是后来的秦代。

1. 传凤翔出土的秦画像砖

早年传陕西凤翔彪角镇出土的一批秦画像空心砖，为关中藏家收藏。此事陈直先生有著录，内容涉及收藏去处、画像内容、用途及年代等。[5]如下：

秦凤翔出土人物大画砖

一九三〇年，凤翔彪角镇出土人物狩猎纹大画砖，泥色纯青，花纹有三四种类型，数目有三十余方。商人郑有文运至西安，分售各藏家，现东鳞西爪，完全失散。其中以人物画像空心砖一块为最大，初为周熙山所藏，继归夏侨生，再售予蒋宗义，解放后归于陕西省历史博物馆。余在成书以后，始得拓本，故未列入。此砖分五层，上二层直画，第一层为五人像，三人执节，二人捧器物。第二层为两王者并坐燕饮，旁有一卫士。下三层横画，第一、二层为山峰野兽图，系用一陶模分印两次。第三层为武士狩猎图。本书所收第一品为西安白集武、马仲良合藏，第二品为西大文物陈列室所藏，第三品为吴云樵所藏，各砖形式大小，及花纹的打印均如一致。其手法是先做成砖坯，边围画线，用陶模向砖面反印，不是范欵。三砖所画皆为两王者并坐燕饮图，即用空心砖直画第一层之印模分打五层，最下一层为山峰野兽图，即用空心砖横画第一层之印模打成。砖边花纹，系用竹管两个一连打成。两王者持杯，武士执弓俱用左手。酒壶用耳环贯梁，取其可以提携。两王者并坐空隙处，以鸟鹤花纹为点缀，已启武梁祠画像作风。又所画峰峦起伏之状，有狐鹿猪牛虎兔等兽，亦极精细生动。综观各砖所印模计有四块，交错互印，变化多端，可见秦代陶工精敏之匠心。以出土地址、花纹、陶色三者观之，当为墓砖，且一部分已用空心大砖，时代在秦孝公之后，始皇兼并天下以前，仍属战国时物。

又秦代狩猎纹大画砖，亦同时所出，第一、二两品为西安杨实幼所藏。第三品为白集武、马仲良所合藏。所用陶模，即为空心大砖模画第三层之模。

后来，贾麦明先生对这批画像砖的流传经过，西北大学藏品的画像内容、年代及其用途有补充说明。[6]如下：

1907年，陕西凤翔彪角镇出土有三十多块秦画像砖，当时砖为郑有文先生购买，其中有一品现藏西北大学历史系陈列室里。砖呈长方体，灰色，长为45、宽为33.5，厚5.5厘米。四周饰斜齿纹。砖上有五行完全雷同的宴饮图和一行动物纹图案。宴饮图每行有三人，其中两人盘腿而坐，一人操杯欲饮，一人酒兴攀谈，另外一人屈腿跽坐，显为侍人，三人旁各放有不同的宴饮器具，有锺、罐、盆等。此外在盘腿坐的两人中间有一鸿雁展翅飞翔，最下一排大半已残，剩余部分有一只犬，作蹲踞惊觉状，犬的前面为一小山，小山对面有一怪兽向右奔驰，一犬向左奔驰。从砖的造型、成色以及画像风格看应为战国时期之物。彪角镇距春秋战国时期的秦都雍城不远，可能建有宫殿。

需要做些补充和更正。在陈直先生著录的这三种画像砖中，第一种即“人物画像空心砖一块最大”者，亦称侍卫宴饮画像砖（按：以主题画面称名，另外两种同），现藏于陕西历史博物馆。这件作品的下端残，高72厘米，宽26.5厘米，四周按印小方块纹和斜条纹。中心画面可分上中下三个部分，呈竖式与横式对立之势（图3-1）。上部为竖式构图，画面中有五个作端立姿势的侍者，皆头戴武弁大冠，右三人面左侧立，持棨戟，左两人面右侧立，捧盾于腹前，此图表现贵族的仪卫场面。中部为横式构图，画面中三人皆为跽坐姿，左一人身向右侧，头戴武弁大冠，旁边置一有提梁的敞口壶；右一人头戴高冠，身正而面向左侧，可能主人形象，其身后有一侍者跽坐，侍者面右，旁边置什物器具，此图表现贵族迎宾宴饮生活。下部整体为竖式，分栏横式构图，上栏和中栏是山林动物纹，下栏为狩猎纹。

图3-1
侍卫宴饮画像砖
陕西历史博物馆藏

第二种即宴饮画像砖，共有三件。第一件保存完好，第二、三件的右下部分残，藏于西北大学历史博物馆的为第二件（图3-2），其尺寸及画像内容见以上引文。如陈直先生所说，此砖的宴饮及山林动物图像，与侍卫宴饮画像砖中的图像似同出一个印模，或两个印模同出一个底本。

第三种即狩猎纹画像砖，共三件，陕西历史博物馆收藏其中一件（图3-3）。据收藏单位著录，此砖系王耀堂先生于1956年所捐赠。[7]经对原砖图片与出版物上刊发的拓印图像仔细核对，所谓“1957年临潼出土的狩猎纹画像砖，印着骑马狩猎图”的就是这一件。[8]此砖长46厘米，宽18厘米，高10厘米，呈长条形，一端为凹卯，一端为凸榫，正侧面各有上下两排相同的狩猎纹，其间是一排凹方格纹。如陈直先生所言，此砖的狩猎纹与侍卫宴饮画像砖“横画第三层”即狩猎纹，同出一个印模。杨泓先生对这件作品观察得更为仔细，他说：“它的画面划分为上下两栏，每栏印两组相同的狩猎图像，上下左右共计四组，均用同一印模捺印，内容是在起伏的山峦间，一位跃马弯弓的骑士，追逐着一头被猎犬赶得拼命前逃的鹿，四组画面虽然雷同，但由于不断地连续重复出现，观之令人产生运动感。这类画像砖上使用的印模，可以随意组合捺印，故同模的画面可出现在不同的砖上。”又说：“至于这类画像砖的用途，似与第一类（按：指秦咸阳宫出土的画像砖）多用于宫殿建筑铺砌踏步不同，或许是供身份较低的人使用，大约是用于砌筑墓室。”[9]

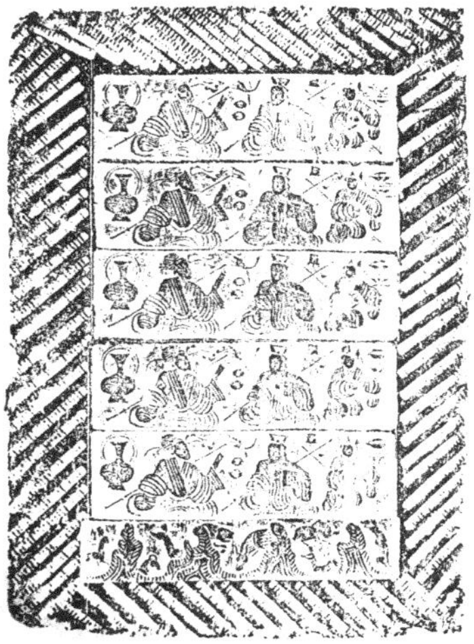

图3-2
宴饮画像砖（残品）
西北大学历史博物馆藏

这批画像砖，我们现在能看到实物的实际上只有三件。说它们出自陕西凤翔彪角镇，为古董商人所言；说其中一件出自临潼，源自早年收藏单位的一种说法，后来有不少研究者未加辨析而沿袭之。据陈直、贾麦明先生推定，这些画像砖皆为战国时期秦国的作品。现在许多美术史著述又把它们当作秦代美术的重要遗存，论证秦代绘画艺术所取得的成就，探讨早期画像砖的表现形式。问题是，在迄今为止的一个世纪的时间里，在陕西凤翔、临潼乃至整个关中地区再未发现相同或类似的画像砖，这不得不引起我们对它们年代乃至出土地点的质疑。

我们同意陈直、杨泓先生的判断，这批画像砖是用于装饰墓室的墓砖，而且墓主的身份较低。有些研究者未究明其形制及画像题材，说它们用于装饰宫殿建筑，实在是一个误解。这种类型的画像砖是伴随着空心砖墓才出现的。空心砖墓归属于椁室墓，即用空心砖替代椁木，构筑厢形椁室，大多为中小型墓葬。从考古发掘资料看，空心砖墓最早在战国时期出现。如早年在郑州二里冈发掘的多座竖穴空心砖

图3-3
狩猎纹画像砖
陕西历史博物馆藏

椁墓，“砖的两侧和一个面上或两个面上印有几何形的多米字花纹。凡是壁砖向里的一面都有纹饰。但在铺地砖上也有不印花纹的。类似的墓砖在郑州冈杜一带战国墓葬中，除印有多米字几何图案外，还发现印有‘虎’形花纹，但出土数量极少”。[10]再如郑州南阳路北仓中街发掘的战国墓，M11和M12墓葬出土的空心砖上可见树和虎的图像。[11]到西汉时期，画像空心砖墓先是流行于河南郑州、洛阳一带，后来才扩散到南阳、周口，以及山东济宁等地区。[12]

但在关中地区，目前尚未发现或未见披露战国及秦代的画像砖墓，西汉画像砖墓虽有发现，但数量很少。在武帝茂陵东南2千米处发现的四座空心砖墓，其中1号墓所有空心砖正反两面皆捺印有几何图案。[13]类似的画像砖还见于咸阳市西北10千米处陕西省第一纺织机械厂生产区空心砖墓。[14]在咸阳任家嘴以西清理的三座西汉晚期空心砖墓，出土的画像砖大都是四神纹图像，[15]但这些画像空心砖原本为装饰汉帝陵庙的专用之物。

传凤翔彪角镇出土的这三种画像砖，四周都装饰斜长条纹（或称斜绳纹），侍卫宴饮画像砖的下部三栏和狩猎纹画像砖两栏之间，捺印一排方格纹，而这两种纹饰在郑州西汉晚期画像砖上都有表现。又如它们分栏表现人事活动及山林动物，采用的是一模反复使用或多模交替使用的捺印方法，而郑州、洛阳一带出土的汉画像砖上亦见此法。

侍卫宴饮画像砖下部分图像分三栏布局，上栏和中栏为山林动物图，下栏为狩猎图（图3-4）；宴饮画像砖图像横列五栏布局，最下一栏为山林动物图；狩猎纹画像砖横列两栏布局，皆为狩猎图像。山林动物和骑马射猎是汉代美术作品中常见的题材，流行于西汉中期以后，在墓室壁画、画像砖石、陶器及一些青铜制品皆有表现。在汉长安城东南郊发现的西汉晚期壁画墓（西安交通大学、西安理工大学西汉壁画墓）中，分别绘有云气与动物图和骑马射猎图。1996年洛阳文物部门征集的一批西汉晚期画像砖中，有猎犬逐鹿、山林狩猎和兽斗画像（图3-5）。[16]对照上述三种画像砖中的山林动物和狩猎图像，它们不仅题材内容相同，而且表现形式也十分相似。这类图像属于祥瑞纹饰一类，是汉代祥

图3-4
侍卫宴饮画像砖下部分图像

瑞思想在全社会弥漫的具体表现。祥瑞纹出现于战国甚至更早的时期，但早期的祥瑞纹流传不广，内容比较单一，表现形式也不及汉代的那样充满了运动感。

侍卫宴饮画像砖上的五位侍者，三位侍者面左而立，双手所执应是棨戟。与执棨戟者相向而立的是两位捧盾侍者，盾呈横式，以示恭敬之意。人物棨戟和捧盾图像在汉画中屡见不鲜。沈从文先生举例河南画像砖上亭长手执的戟，说它“为汉式定型卜字形铁戟，上加搭彩帛（或油绸）一片，下结双缨。《说文》谓‘有衣之戟曰棨’，是汉代一般戟常用式样。惟上部如风信子，汉初实物似未发现。后来大官僚‘门列棨戟十二制度’，据记载已改为木制，上罩油绸加朱漆，仅具兵杖式样”[17]。此说可从。

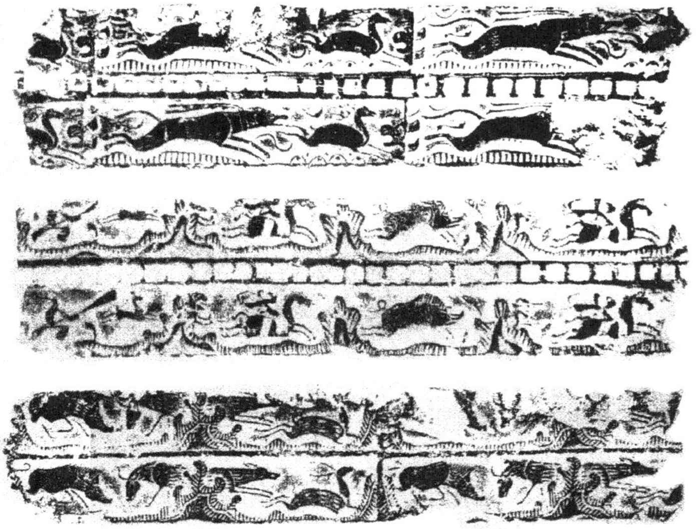

图3-5
猎犬逐鹿、山林狩猎画像砖
洛阳罗宁县涧口乡

侍卫宴饮画像砖上部五位侍者和宴饮画像砖位于左面的跽坐者，皆头戴武弁大冠。宴饮画像砖上位中的跽坐者，头戴进贤冠。汉时武职官员戴武弁大冠，文职官员戴进贤冠，相关的冠饰在汉画中比较多见。以西汉晚期墓室壁画中的人物为例：其一有洛阳烧沟61号汉墓壁画中隔梁横楣上所绘两位执棨戟者，其二为传出自洛阳“八里台”今藏美国波士顿美术博物馆墓室壁画中隔梁右斜坡上位左者，皆头戴武弁大冠（图3-6）。关于汉代武弁大冠和进贤冠的样式和特征，孙机先生考证颇详，[18] 可资参考。

图3-6
头戴武弁大冠的侍者
洛阳汉墓壁画

采用不同形制及不同内容画像砖配置于墓室，是汉代画像砖墓成熟的一个具体表现。这三种画像砖的形制及画像内容，本身就包含着它们在墓葬中的不同用途。参考郑州、洛阳等地西汉画像砖墓的配置情况，推测砖体呈狭长方形并作竖式及横式构图的侍卫宴饮画像砖，用来装饰门壁；砖体呈长方形并作横式构图的宴饮画像，用来装饰侧壁；砖体呈长条形并作横式构图的狩猎纹画像砖，用来装饰门楣。

总之，传陕西凤翔彪角镇出土的这三种秦画像空心砖，应为汉时的作品，出土地点可能不会在关中地区。

2. 咸阳宫画像砖

秦画像砖的代表作是咸阳宫画像砖。自20世纪50年代末至90年代，考古研究人员对秦在渭水北岸的宫殿建筑遗址进行了多次调查和发掘，采集和出土了一批画像砖。虽然所获的数量不多，大多已残损，但它们皆有出处。其中，秦咸阳宫1、2、3号遗址的年代经过初步论证和测定，[19]可知该遗址出土的画像砖为战国时期作品。

秦砖系沉泥模压成型，烧制后质地坚硬，呈青灰色，有实心砖和空心砖两种。实心砖有方形和长方形两种，用于铺地或镶砌台阶边沿，纹饰模压而成，一般为两个以上的单位纹样构成四方连续组织的几何形式，具有简洁疏朗的特点。单元纹样有米格纹、菱格纹、回纹、玉璧纹、卷云纹、“S”形云纹、花瓣纹、鱼纹等。如素花相间菱格纹，由米格纹组成菱格纹和素面菱格纹构成；菱格卷云纹由大圆圈内卷云纹、小圆圈、菱形四叶及十字线纹构成；菱格云气玉璧纹砖由大菱格纹内玉璧纹、[20]小菱格纹圆圈纹和斜长菱格纹内“S”形云纹构成（图3-7）。

空心砖为平面长方形，主要用于砌筑踏步。纹饰有几何纹、龙纹和凤纹等。例如1号宫殿遗址出土的几何纹空心砖，纹饰模压而成，五面均为二方连续组织形式，单位纹样有四方连续式的回纹和菱格纹（图3-8）。龙纹和凤纹是秦宫画像空心砖中最具代表性，画面为单独纹样形式，具有一定的情节性。制作时应有参考样本，用锐器刻出阴线，一些局部细节如小圆圈纹则采用模具捺印而成。

图3-7（上）
几何纹实心砖
秦咸阳宫建筑遗址

图3-8（下）
几何纹空心砖
秦咸阳宫建筑遗址

龙纹最多，可分双龙纹和单龙纹两式。2号宫殿遗址出土的单龙托璧纹砖（图3-9，标本XYNⅡⅠ号台阶踏级：1），砖面“龙作卷曲状，龙身托圆璧，首尾下卷呈圆形，龙首正面内向平视，眼圆而大，炯炯有神，额和鼻之间有若干小圆圈。双耳八须两鳍相对后趋平置，腹亦有鳍。龙尾宽大，尾端变细，上卷如云纹，尾下两鳍形如燕尾。尾部的夸大与龙首比重平衡。龙身两侧有四肢，前后成对，肢肘遍刻小圆，肢端有爪牙，

各为三只，依次平列，肢肘欲动，似腾云驾雾，如游弋戏水。龙身饰八字形鳞甲。璧外圆边缘为双线，圆内饰小圆圈，其间两点犹如蝌蚪形图案，整个画面皆阴刻。形象生动，栩栩如生”。3号宫殿遗址出土的双龙绕凤璧纹画像砖（图3-10，标本XYNⅢT102③：3），砖面横列三个璧纹，“中心饰同向立凤展翅图案，凤嘴较大，凤冠着细枝花蕾，凤尾上翘，双翼展开，身饰斜格网状羽毛，外圆饰小圆圈纹。双龙首尾相衔，错列璧外对角处，龙首正视，须耳俱全，均对称。龙体细长，如蛇似螭，各饰人字纹鳞甲。脊、腹各有一鳍，二龙相交之处填以三角形纹样”[21]。

图3-9（上）
单龙托璧纹画像砖
秦咸阳宫2号建筑遗址

图3-10（下）
双龙绕凤璧纹画像砖
秦咸阳宫3号建筑遗址

除此之外，文博人员在陕西乾县注泔乡南孔头村秦宫遗址采集的一件龙纹画像砖（图3-11），左残，砖面上龙的头首向下蜷曲，身躯中部托起云纹玉璧，线条流畅，风格率真。[22]在西安市周至县终南镇竹园头村汉长杨宫遗址采集的两件秦龙纹画像砖，[23]均残甚，一件存龙的后半身；另一件左大半为树、云气、花卉、大三角纹，右小半仅见龙尾。这些画像砖上龙纹的造型及刻制方法，均与咸阳宫遗址出土的一致。

秦宫画像砖上的龙纹，与春秋战国时期龙纹玉佩的造型十分相近，反映了一个时代艺术观念及造型风格的共同性。龙纹中玉璧纹有其既定的含义——双圆形的玉璧象征天圆，即天的形象，上面刻饰细密的云气纹，表示天宇的运转。单龙托璧和双龙绕璧，皆寓意巨龙在天宇中游弋腾升。将龙纹刻绘在用作踏步的空心砖上，在齐、赵、燕等国的宫殿遗址中不见，应属于秦国的新创。但要说这些龙纹与“秦得水德”有关，可能不确。《史记·封禅书》记载：“昔秦文公出猎，获黑龙，此其水德之瑞。”但同书又说：“邹子之徒，论著终始五德之运，及秦帝，而齐人奏之，故始皇采用之。”崇尚五行中的

图3-11
龙纹画像砖
乾县注泔乡南孔头村
秦宫遗址

图3-12
神怪骑凤纹画像砖
秦都咸阳遗址采集

“水德”之运，是秦始皇执政时才确立的。何况龙是鳞虫，在五行中属于“木德”，而“水德”对应的则是介虫。秦文公出猎所获“黑龙”，可能是一种介虫。龙是流传已久的天之灵物，秦咸阳宫画像砖中的龙纹寓意秦王与天沟通，并非有“水德”之瑞。

秦咸阳宫画像砖中的凤纹很少，除上述双龙绕凤璧纹画像砖外，值得关注的还有神怪骑凤纹画像砖（图3-12，标本74XY采：7）。此砖为采集品，缺损太甚，“砖面残存一凤头、凤颈和水神头胸局部和一臂。皆阴刻。凤头高抬，眼圆大，侧面，正视，凤冠平下，冠羽两侧内卷如云气纹。凤羽为人字形，疏淡有致，凤身刻一圆璧，璧内饰小圈。水神头顶饰有三角图案，似水波纹，水神耳侧有一游螭，曲趋向上，水神袒胸光臂，手有二指，形似龙爪。在凤颈前因砖块残缺，仅留另一只凤的尾羽，作展开状”[24]。报告者据《山海经·海外北经》等的记载，判断画像中神怪是水神，[25]不妥。我们以为，这个解释与战国秦汉时期建筑传统装饰图像系统相悖。如前所述，玉璧是天的形象，画像中的凤和玉璧纹寓意敬天、礼天，以及凤在天宇中飞翔。位于玉璧纹上面的神怪，正面，头戴山形冠，有小蛇游弋于耳旁，手臂向外伸屈，举止尊贵，很可能表现是天神形象，如泰一神等。[26]

3号宫殿遗址出土一件虎鹿蛙纹画像砖残块（图3-13，标本XYNⅢT102③：4），砖面“虎、鹿、蛙纹俱残，仅存少部，皆阴刻。虎作行走状，尾上翘。前爪下面有一鹿，仅存头盖及两角。鹿角弯曲向上，形为树枝。青蛙在其前方，仅存蛙头和前肢，作爬行状。蛙头上方及虎、鹿间饰有花瓣及星点图案”。[27]我们认为，这幅图像可能与物候内容有关，可能受到十二月令（纪）的影响。[28]可辨认的这三种动物形象，分别为虎、鹿、龟，代表不同的季节、方位、天干、五行等。在《吕氏春秋·十二纪》中，记载有春、夏、秋、冬四季及中央土分配五灵兽的内容：春

图3-13
虎鹿蛙纹砖残块
秦咸阳宫3号建筑遗址

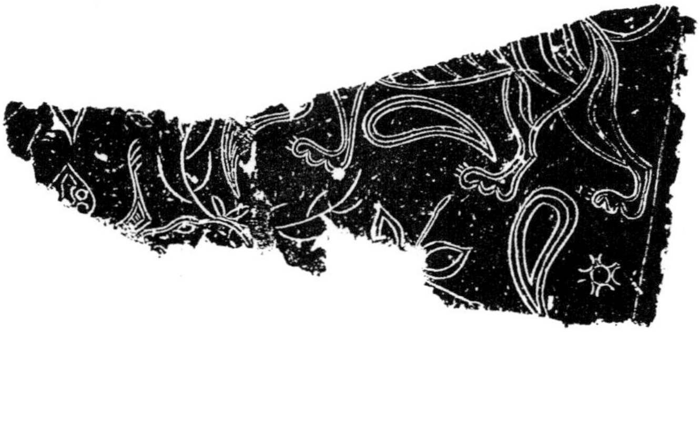

季，其虫鳞；夏季，其虫羽；季夏（中央土），其虫倮；秋季，其虫毛；冬季，其虫介。[29]图像与文字记载对读，可知画面中的虎，代表秋季的毛虫；鹿后来演变为麟，代表中央土的倮虫；所谓的蛙实为灵龟的形象，代表冬季的介虫。推测残损的部分原绘有龙、凤，分别代表春季的鳞虫和夏季的羽虫。

秦咸阳宫画像砖是中国早期画像砖的典范之作，汉代长安的画像砖就是在秦的基础上发展起来的。其中，四神纹画像砖受其影响最为明显，这主要表现在龙纹、凤纹与玉璧纹组合，一砖一种动物图像和采用线条刻画形象等方面。

二、汉帝陵庙四神纹画像砖

在景帝阳陵、武帝茂陵、昭帝平陵、宣帝杜陵等处，都发现有主体纹饰为四神的画像砖。其中，阳陵和杜陵的为考古发掘或勘探所获，茂陵、平陵的属于采集或征集。四神纹画像砖是长安汉画像砖的代表之作，画像的题材和造型风格带着浓厚的帝王思想及气派。

1. 阳陵样式

景帝阳陵的四神纹画像砖，出自“罗经石”遗址中心建筑四面的门道处，可能用作铺砌踏步。报告者称有青龙、白虎、朱雀、玄武纹四种画像砖，[30]但披露的却只有青龙、玄武纹两种。画像采用模印的阳线造型，我们称其为阳陵样式。关于出土画像砖遗址建筑性质的讨论，[31]我们倾向将之定为景帝陵庙德阳宫的意见。据《史记•孝景本纪》记载，前元四年（前153年）二月，景帝“起德阳宫”。《集解》引臣瓒语：“是景帝庙也。帝自作之，讳不言庙，故言宫。”那么，这些四神纹画像砖的制作年代应在是年或其后数年，为目前发现西汉时期四神题材美术作品中年代最早者。

青龙纹画像砖左半部残失，右半部完整（图3-14）。画面的周边有凸起的线框，中部悬一枚谷纹玉璧，右边一条转身回顾的长龙，长尾沿玉璧周围翘举，作拱卫之势，周围填以云气纹。龙头扁而长，张口露齿，屈足，有利爪，龙的须、鳍、眼、鼻、牙、耳、鳞等细节刻画清楚。画像系模印而成，采用阳线造型，线条粗放劲健，刚柔相济。倘若复原，其长度在120厘米左右，完整的画面为双龙

图3-14
青龙纹画像砖
阳陵“罗经石”遗址

图3-15
玄武纹画像砖
阳陵“罗经石”遗址

交尾拱卫玉璧。在双龙交尾与玉璧组合、线条造型，以及砌筑台阶踏步等方面，阳陵青龙纹画像砖沿袭了秦咸阳宫建筑装饰的传统。但它也有许多不同之处，如采用模具压印、使用凸起的阳线造型，更加讲究对称性等。阳陵青龙纹画像砖是按照四神图像系统制作的，并专用于陵庙建筑装饰，具有既定的象征含义。

玄武纹画像砖保存右半部，且上端残损（图3-15），推测其原尺寸与青龙纹画像砖相同。砖面的玄武纹亦为模印而成，采用阳线造型，风格与青龙画像砖相同。画面有边框线，人字纹躯干的长蛇缠绕灵龟，周围有云气纹。灵龟作侧面，头高昂，嘴张目睁，四足作踏步行进状，背甲半圆，六边形的鳞甲排列严整，显得特别厚重。从画面左边尚存的两道残弧线看，全图表现的是双玄武拱卫玉璧形象。秦都咸阳3号宫殿遗址出土的虎鹿蛙画像砖残块，[32]其中所谓的蛙应为灵龟，但不见阳陵玄武画像砖中的蛇的图像。冯时先生说：“以玄武作为四象中的北宫之象，最早只能追溯到西汉初年淮南王刘安所撰的《淮南子》，因此，龟蛇合体的玄武形象很可能是在西汉初年或稍前的一段时间内完成的。由于这一时期的文献资料较为丰富，使我们更能清楚地意识到，四象在最终确立之前，经历了非常迅速的演变。”[33]阳陵四神纹画像砖中的玄武纹，是目前我们所见年代最早的龟蛇合体形象。

早在1978年和1980年，咸阳市博物馆对昭帝平陵进行了两次全面调查。在平陵东南十里，马泉乡肖家堡村北二道原的南边，发现一处汉代夯土建筑遗址，南北长60米，东西宽56米，中心区为一高3米的高台。在地表和夯土上面的堆积层内，有大量汉代板瓦和筒瓦残片，另外还有“长生无极”残瓦当、方格纹方砖，以及凤（朱雀）纹画像砖残块。《水经注•渭水下》记载：成国渠“又东汉平陵县故城南。……故渠之南有窦氏泉，北有徘徊庙”。肖家堡位于平陵故城址正南，村西魏家泉村又有一泉，现已干涸。参加调查人员据此判断，此处建筑遗址应是昭帝的陵庙。[34]由于当时阳陵“罗经石”遗址的四神纹画像砖尚未出土，所以这次发现的凤纹画像砖并没有引起研究者的重视。

1982年至1985年，中国社会科学院考古研究所对宣帝杜陵陵园进行全面的考古勘察，并发掘了部分遗址。其中，杜陵8号建筑遗址位于帝陵东北400米处，为一东西73米、南北70米、深5米的夯土基址。考古研究人员指出：“根据西汉时代‘陵旁立庙’制度，参照宣帝庙位于‘本陵北’的记载，结合长安城南郊的宗庙和昭帝庙的发掘、勘察情况，我们认为从杜陵

8号建筑遗址的地望、形制、规模来看，它应为宣帝杜陵的陵庙遗址。”[35]尤其重要的是，在8号建筑遗址内出土了大量龙、凤纹画像空心砖残块，“而这种图案的空心砖，在杜陵诸遗址中仅见于此”。[36]龙、凤纹画像砖与汉帝陵庙的特殊关系，开始引起学术界的关注。平陵凤纹画像砖残块的图片或拓片未见披露，具体情况尚不清楚。杜陵8号建筑遗址出土的龙、凤纹画像砖残块已公布（图3-16），可知其画像亦属于模印，采用阳线造型，沿袭阳陵样式不变。

图3-16
龙、凤纹画像砖残块
杜陵8号建筑遗址

早年在长安城南郊发现的“王莽九庙”遗址（1～12号建筑遗址），共发掘9处（1～5、7、11、12号建筑遗址及大围墙）。除5、7号建筑遗址外，其他8处都出土有四神纹瓦当。[37]平陵陵区内肖家堡村北的建筑遗址，可能是昭帝陵庙，在这里发现了凤纹画像砖残块。杜陵8号建筑遗址初步确定为宣帝陵庙，遗址内出土了大量的龙、凤纹画像砖残块。阳陵“罗经石”遗址是景帝陵庙——德阳宫，在主体建筑基址的门道处出土了青龙、玄武纹画像砖。这说明采用四神纹装饰画像砖或瓦当是西汉宗庙建筑的一个既定制度。用作装饰砌筑台阶踏步的四神纹画像砖在先，到后来才演变为四神纹瓦当的。已发掘的景帝陵庙和“王莽九庙”遗址，中心建筑和围墙的平面皆为方形，整体格局如“回”字形，昭帝、宣帝陵庙的建筑形制不会出其外。这种建筑形制应是当时“法天象”观念下的产物，而采用青龙、白虎、朱雀、玄武四神纹砖瓦作装饰，在于进一步提示和说明该建筑的象征意义。

2. 茂陵样式

西汉陵园四神纹画像砖，以武帝茂陵发现的居多，皆为征集或采集所得。[38]茂陵四神纹画像砖种类齐全，造型风格也出现了新的变化，与阳陵样式有所不同，应当引起我们的关注。

青龙纹画像砖两件。一件出土于茂陵陵区，左部残失，模印，采用阳线造型（图3-17）。青龙身姿矫健，头饰双角，张口露齿，作返身回

图3-17（上）
青龙纹画像砖
茂陵陵区

图3-18（下）
白虎纹画像砖
茂陵陵区（道常村）

首状，鳞、颈、趾、爪等部位刻画细致，画面中心悬挂玉璧，两边为上翘的龙尾。这件作品与阳陵样式完全相同，可能依据的是同一模本。另一件发现于西吴乡北吴村，残甚，但图片迄今未见发表。据说正面中饰浮雕龙纹，前、右侧均饰有龙纹。

白虎纹画像砖一件。此砖出土于陵区内的道常村，残甚，仅见模印画像饰于砖的侧面，具有浅浮雕的艺术效果（图3-18）。虎头向前伸，眼圆睁，耳向后，身上饰长条斑纹，作四肢迈开疾走状。

朱雀纹画像砖两件。一件出土于“瓦渣沟”遗址，其左侧残近半。正面及右侧面皆有朱雀纹，模印，浅浮雕式（图3-19）。正面四周有一道线框，中心悬置一带有两瓣叶的桃形果实，左面朱雀仅见散开的羽尾；右面朱雀意态矫健，头向外，口中含珠，作昂首、曲颈、挺胸迈步状，修长的冠饰向后飘举，尾羽散开，羽端呈菱形，与左面朱雀尾羽相对。右侧画像的四周有边框，为单只朱雀，形象与正面的相同。另一件为西吴乡上官道村的村民交献，保存完整（图3-20），造型样式与前一件相同，画面充满疏朗活泼之气。

玄武纹画像砖两件。一件出土于陵区内的道常村，保存完整，模印，具有浅浮雕的艺术效果（图3-21）。画面四周有一道边框，内中为一对龟蛇交合的玄武，灵龟头向前伸，口中衔一支细叶长藤草，龟甲厚重，四足作踏步前行状，身有鳞片的长蛇从龟腹下绕出，与龟首相对。两玄武之间有一株长干树，其端有果实。另一件发现于“瓦渣沟”遗址，空心砖型，右半部残，玄武纹模印在砖的侧面，亦为浅浮雕式（图3-22）。两砖的玄武纹皆为龟蛇交合式，龟头前伸，口中衔瑞草，背甲呈半圆状，六边形的龟甲显得特别严整。

茂陵封土东南部有10号建筑遗址，[39]“瓦渣沟”遗址位于其东。上

图3-19（左）
朱雀纹画像砖
茂陵“瓦渣沟”遗址

图3-20（右）
朱雀纹画像砖
茂陵陵区上官道村村民交献

述四神纹画像砖中，有两件出土于该遗址。如前文所述，“瓦渣沟”遗址的沟中及两旁断层中有许多汉代残砖瓦片，四神纹玉铺首、蒲纹琉璃璧、“与民世世天地相方永安中正”十二字瓦当等皆出自这一地点。徐萍芳、刘庆柱先生推测此处可能是茂陵的寝园废墟，[40]出土这些遗物可能是茂陵寝园中的建筑遗物。[41]但当地的考古研究人员认为，“瓦渣沟”遗址有可能是茂陵的陵庙——龙渊宫。[42]我们赞同后者的判断。值得注意的是，从这里出土的四神纹画像砖，在阳陵“罗经石”遗址和平陵、杜陵陵庙遗址中都有发现。

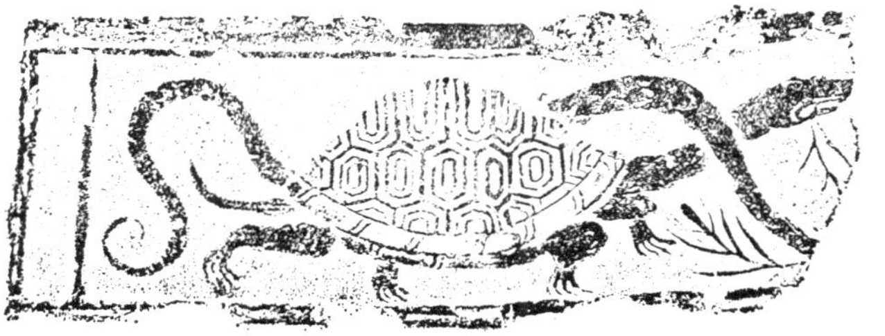

图3-21（上）
玄武纹画像砖
茂陵陵区（道常村）

图3-22（下）
玄武纹画像砖
茂陵“瓦渣沟”遗址

茂陵出土的四神纹画像砖是一种全新的造型手法，除一件青龙纹为模印阳线外，其他全部采用模印凸起的块面加线条的方式塑造形象。这种造型手法最早用于装饰瓦当的当面，后来才转而用于装饰大画面的四神纹空心砖。此种画像砖大多出自茂陵，却不见于先前的阳陵，故称之为茂陵样式，成为长安四神纹画像砖成熟的标志。

茂陵画像砖的边栏装饰纹样也很有特色，有龙、虎、朱雀、云气纹，还有羽人驭龙、虎（飞廉）纹，内容丰富，形式多样。武帝时祀神求仙活动兴盛，这在画像砖的边栏纹饰上也得以反映。

羽人驭龙、虎纹画像砖出土于“瓦渣沟”遗址，一端稍残。主体纹饰为菱格云气纹与玉璧纹组成四方连续的几何图案，边栏纹饰为对兽与羽人组合的二方连续图案，空处饰云气纹（图3-23）。有研究者称此砖的边栏纹饰为龙、虎纹或羽人驭龙、虎纹，可能不确。画像左面为羽人驭青龙，但右面羽人的骑乘不是白虎，它的头上有尖角，颈部有鬣毛，肩胛处饰短羽翼，身饰豹斑，长尾似马尾。武帝在上林苑飞廉观上铸有铜飞廉（参见第四章第一节），茂陵画像砖边栏中的有翼神兽，很可能刻画的是飞廉形象，或说受飞廉影响的翼虎形象。甘泉宫遗址发现的一件几何纹画像砖，[43]

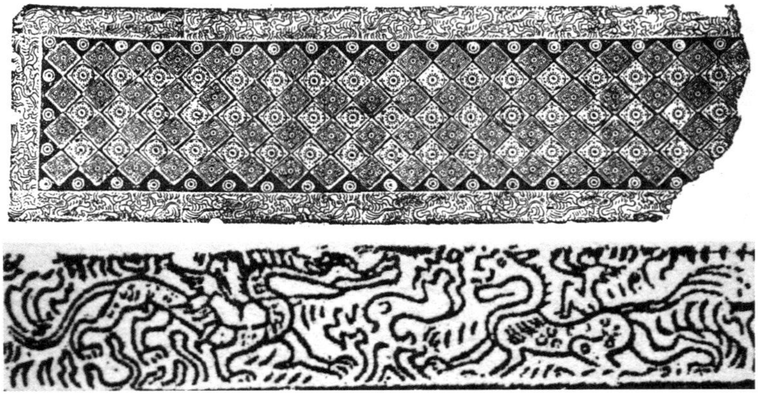

图3-23
羽人驭龙、虎纹画像砖
茂陵“瓦渣沟”遗址

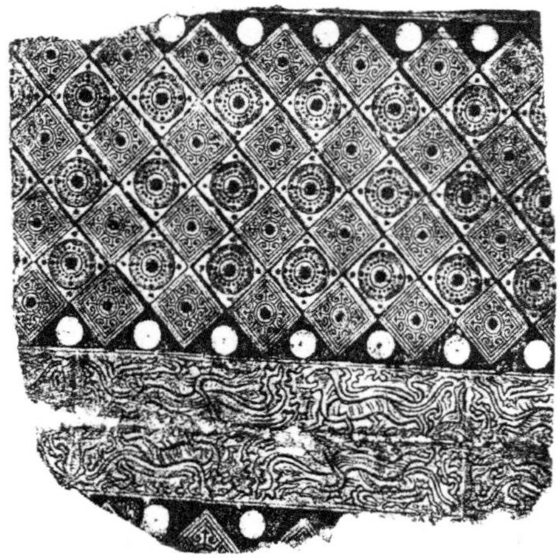

图3-24
龙虎纹边饰几何纹画像砖
甘泉宫遗址

图3-25
茂采59a画像砖残块
茂陵陵区（上官道村）

边栏捺印相向而立的龙、虎（图3-24），且无骑兽的羽人。其中，虎的形象特征明确，身上饰长条形斑纹，尾巴粗长，上面有节结纹。

上官道遗址位于茂陵1号建筑遗址以南约1500米处，近年来咸阳市文物考古研究所在该处采集的编号茂采59a、茂采59b、茂采60等画像砖残块也比较重要。[44]茂采59b的边栏装饰朱雀纹。茂采60的边栏为龙及云气纹，里面是朱雀纹组成的二方连续图案，其间点缀玉璧纹。茂采59a的边栏可见羽人、狮、虎及云气纹（图3-25），它与早年出土于长安城南郊礼制建筑遗址（曹家堡遗址）的"长生未央"画像砖的上边栏纹饰（图3-26），[45]像似同一模具捺印而成。画像中的狮子是一个新题材。武帝通西域之后，外来的珍稀动物入贡长安，其中就有狮子。《汉书·西域传下》云："蒲梢、龙文、鱼目、汗血之马充于黄门，钜象、师（狮）子、猛犬、大雀之群食于外囿。殊方异物，四面而至。"又据《三辅黄图》（卷三）记载：建章宫有奇华殿，"四海夷狄器服珍宝、切玉刀、钜象、大雀、师（狮）子、宫马充塞其中"。画像砖的狮子题材得益于此。

三、汉墓四神纹画像砖

1980年考古人员在咸阳任家嘴以西1500米处，发现多座中小型汉墓。其中，编号M26、M34、M36砖室墓共出土四神纹画像砖21件，[46]为长安乃至整个关中地区汉墓所不见。这批画像砖原本是汉帝祭祀建筑的专用之物，后来被用来砌筑墓室。它们当中大多数为阳陵样式，少部分属于茂陵样式，展现了长安四神纹画像砖艺术风格变化的轨迹。

杨泓先生较早就注意到它们的造型特征及艺术成就，他说："西汉'四神'图像画像空心砖，以咸阳市任家嘴附近的西汉中期以后的墓葬中

图3-26
"长生未央"画像砖
汉长安城南郊礼制建筑遗址

出土的最为精美，画像虽与茂陵附近出土的相近似，但线条更明晰流畅，构图也更富于变化。除模印在顶端的以外，砖面和砖侧的图像多是成双对称的形式，中间饰玉璧图像，其中青龙、朱雀、玄武是出于想象的神奇动物，只有白虎是写实的，形态威猛，生动传神。”[47]顾森先生认为：“任家嘴（附近）这批画像砖的发现，使陕西画像砖从秦到西汉可以连贯而下，有了一个完整的年代序列。”[48]

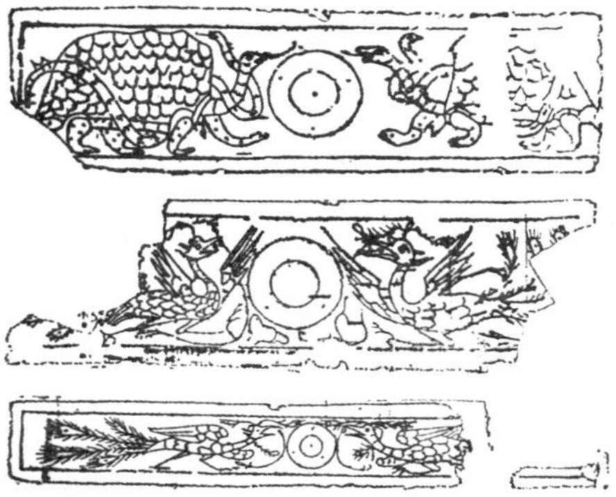

图3-27
玄武、朱雀纹画像砖
咸阳任家嘴附近汉墓

咸阳任家嘴附近的这三座汉墓，26号墓清理时已遭破坏，出土四神纹画像砖两件，均为阳陵样式。一件残，砖面涂朱红色，玄武、朱雀纹混搭，一宽面为双玄武及玉璧纹，另一宽面和一侧面则为双朱雀及玉璧纹（图3-27）。另一件四神纹画像砖，砖面亦涂有朱红色，正、侧面均为双朱雀及玉璧纹，端面为单朱雀纹。该墓的年代大约在新莽时期。

34号墓是一座以小型砖为主构筑的竖穴式砖室墓，年代大约在西汉中后期。四神纹画像砖出土一件，用以构筑门楣。此砖为茂陵样式，正面为背向双虎纹（图3-28），一只向前奔跃，另一只驻足回首观望；上侧面为背向双虎纹，二虎皆作踏步迈行状。

36号墓是一座以空心砖为主构筑的竖穴式砖室墓，顶为人字披，墓室共用方柱形空心砖27块，长方形空心砖37块，子母形空心砖2块，间用少量小型砖。装饰四神纹的均为长方形空心砖，共计18件。砖面的装饰面数不一，多为三面，个别为四面，也有两面的。画像皆为模制，阳陵样式的占绝大多数，茂陵样式的仅一例。

图3-28（上）
白虎纹画像砖
咸阳任家嘴附近汉墓

图3-29（下）
青龙纹画像砖
咸阳任家嘴附近汉墓

青龙纹画像砖共出土5件，有双龙纹（图3-29）、单龙纹两个品种。双龙纹又可分背向返身式和相向两式，其间有玉璧纹，其中背向返身式又有交尾和对尾之别。另有双龙饰于端面，作躯体

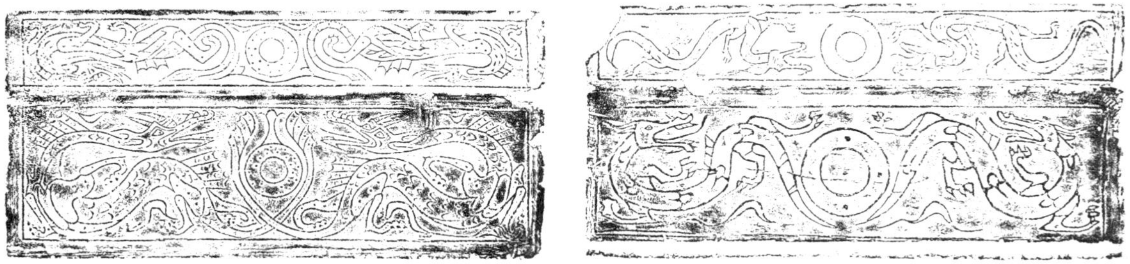

图3-30
白虎纹画像砖
咸阳任家嘴附近汉墓

交绕相向状。单龙纹装饰在砖的端面，青龙作蟠蜿奔腾状。

白虎画像砖共出土9件，有双虎纹（图3-30）、单虎纹两个品种。其中，阳陵样式8件，茂陵样式1件。双虎纹皆为相向式，中间大多装饰玉璧纹，个别的为一株灵芝。单虎纹皆装饰在砖的端面，白虎作张口迈步疾走状。

朱雀砖共出土4件，皆为阳陵样式。有双朱雀纹（图3-31）、单朱雀纹两个品种。双朱雀纹皆作相向状，口中衔珠，冠饰细叶草，中间有玉璧或植物。双朱雀背向回首式仅见一例，其间有一株植物。单朱雀纹装饰在端面，作返身振翅状。

在这三座汉墓中，只有36号墓属于空心砖墓，年代大约在新莽时期，发现时未遭破坏。从墓葬中砖的使用及铺砌状况看，大多数空心砖并不属于墓砖。例如一些几何纹画像砖，长短、宽窄和厚度不一，且多为残块。18件四神纹画像砖中有青龙、白虎和朱雀，唯独没有玄武，而且它们在墓室中的摆放位置杂乱无章，显然不合规制。如东壁有朱雀、白虎纹两种，在第二层有朱雀纹的1件，第三层有白虎纹的3件，位北的反放，中间的画像一面朝向墓室外，而位南的因砖体长，则将一端打掉。西壁有青龙纹、朱雀纹两种，第二层有朱雀纹的3件，中间者反放；第三层有3件画像砖，青龙纹的南北各置1件，位北的画像一面朝向墓室外，位南的反放，而1件朱雀纹的置于中间位置。南壁白虎纹的1件，反放在墓室底部的东面。墓室顶部的北半部，有青龙纹、白虎纹两种，画像一面有朝向墓室内的，也有朝向墓室外的。另外，砌筑顶部人字披的空心砖都将一端打制成斜角，以便两砖对合，致使有的画面遭到损毁。还有部分四神纹画像砖，因在其正

图3-31
朱雀纹画像砖
咸阳任家嘴附近汉墓

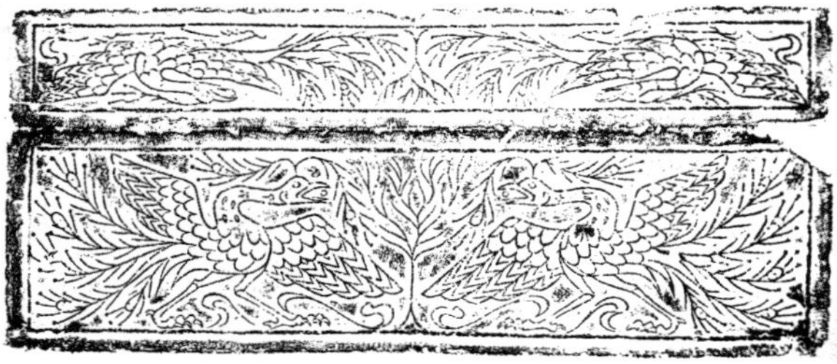

面或背面凿出凹槽而破坏了画面。

考古研究人员认为：“36号墓的空心砖来源不同，其画像砖是利用旧砖，其年代比墓葬的年代为早。”并且将这批画像砖与茂陵、甘泉宫出土的画像砖，以及洛阳烧沟61号汉墓砖雕的造型和制作手法进行比较，判断该墓画像砖的时代不会早于武帝时期，具体年代应在宣帝后期至元帝时之间。又说26号墓四神画像砖的造型风格与36号墓的相似，亦有二次使用的迹象，两墓的画像砖应为同时、同地产品。而秦都咸阳1、3号宫殿建筑“使用龙、凤纹空心砖作阶台。36号、26号两墓的画像砖，可能原来用在建筑上，后来又用来筑墓葬”[49]。

如前所述，阳陵、茂陵、平陵和杜陵出土的四神纹画像砖，主要用于砌筑陵庙的台阶踏步，并形成一种规制，故推测咸阳任家嘴附近汉墓出土的这批四神纹画像砖，原本为汉帝陵庙用砖。任家嘴一带地近元帝渭陵、成帝延陵和哀帝义陵，当初砌筑这些汉墓室所用的四神纹画像砖，可能取自某座废弃的陵庙，如王莽篡位后堕坏的孝元庙。[50]或者利用了被废弃的不合格产品，如26号墓1号画像砖朱雀、玄武纹混搭；36号墓的部分三面或四面有画像的空心砖，有的正、背两个宽面皆模印四神图像，既不合规制，又有悖于建筑装饰常理。我们以为，它们属于利用废弃品的可能性要大些。在这三座汉墓中，34号墓只有1件四神纹画像砖，该墓年代大约为西汉中后期，而出土四神纹画像砖最多的36号、26号墓，年代都在新莽时期。新莽时期政权变更，社会秩序混乱，当时购买或收集官窑废弃的四神纹画像砖，用于构筑私家墓室，或许是可行的，并不违制。总之，任家嘴附近汉墓出土的这批四神纹画像砖应属于一个例外，并不具有普遍性。

这批画像砖的正、背及两侧面皆为成对的四神纹，而两个端面则为单个四神纹。它们当中属于阳陵样式的共19件，不仅数量多，而且品种齐全，画面中还配饰有玉璧、灵芝、仙树，以及象征丰饶的植物，具有礼神与升仙的含义。属于茂陵样式的画像砖为白虎纹，只有2件。其中，34号墓画像砖的正面为背向双虎，身饰长条斑纹，一只向前奔跃，另一只作回首站立状；上侧面也是背向双虎，皆作伸首疾走状。36号墓的白虎纹画像砖的正、侧两面亦为背向双虎，造型与34号墓的相同。它们风格写实，形象逼真，周围无其他装饰图案，艺术风格迥异，是长安四神纹画像砖中不可多得的佳作。

四、四神纹画像砖的特征和意义

长安四神纹画像砖全部模印法制成，艺术风格有阳陵样式和茂陵样式

图3-32
青龙纹画像砖
西安未央区

两种，改变了过去秦咸阳宫龙凤纹画像砖那种采用刻绘阴线的造型手法。除上述作品外，早年在西安市未央区发现的一件青龙纹画像砖也比较重要。此砖为浅浮雕画像，正、侧两面图像为双龙拱璧（图3-32），两个端面为单只青龙腾跃，为已发现的青龙纹画像砖中仅有的一件茂陵样式作品。过去有研究者认为它是秦阿房宫建筑群的遗物，[51]可能有误。在西安市周至县终南镇竹园头村长杨宫遗址、兴平市田阜乡侯村黄山宫遗址发现的虎纹曲尺形砖，[52]刻画的都是单只白虎张口疾走的形象（图3-33），属于采用阳线造型的阳陵样式。

战国时期的玉璧内外缘上透雕龙凤纹，借以表达人们与上天沟通的愿望。秦宫画像砖上的龙凤和玉璧图像，造型样式与同时期龙凤纹玉璧一致。长安四神纹画像砖继承并发展了这一传统，形成四神与玉璧纹组合的新样式。如咸阳任家嘴附近汉墓出土的青龙纹画像砖，青龙与玉璧纹组合就有三式：其一双龙作转身回顾状，长尾交叉或沿玉璧周围翘举，形成拱卫之势；其二双龙作转身回顾状，长尾相对并托举玉璧；其三为双龙作腾跃状，对首护卫玉璧。白虎、朱雀、玄武与玉璧纹组合较少变化，皆为相向护卫玉璧式。

四神与植物纹组合是长安四神纹画像砖的又一个特征。植物纹中有食之长生的“三秀”灵芝、长满“华实”的仙树，以及象征丰饶的谷物。

四神与灵芝、仙树组合的图像可举三例：其一是茂陵陵区（道常村）出土的玄武纹画像砖，图中两只玄武相对，口中衔长藤细叶草，其间有一株长干树，树端有果实，树的根部像似海上三神山。其二为上文所举西安市未央区出土的青龙纹画像砖，图中有长藤细叶草和“三秀”灵芝，长藤细叶草似流云飞动，其端有花头状物；灵芝三株，玉璧下一株呈“三秀”状。其三是咸阳任家嘴附近汉墓（M36）出土的白虎纹画像砖，图中双虎相向举足，护卫一株长干“三秀”灵芝，白虎周围有流云纹，其端为三瓣花头，应是灵芝的另一种表现形式。

图3-33
白虎纹画像砖
长杨宫遗址

玄武与长干树的组合，可能源自渤海灵龟首戴神山及神山上生长仙树的传说故事有关。《列子·汤问》云：

> 渤海之东……其中有五山焉：一曰岱舆，二曰员峤，三曰方壶，四曰瀛洲，五曰蓬莱。……其上禽兽皆纯缟。珠玕之树丛生，华实皆有滋味，食之者皆不老不死。

玄武画像砖中长干树，可释为珠玕之树；灵龟所衔长藤细叶草，或是珠玕树的枝条；青龙也是与东部渤海有关的灵物，青龙画像砖中出现的长藤细叶草，亦可释为珠玕树的枝条。

余英时先生说："汉武帝早年求仙也只主要集中在海上，但是，公元前2世纪下半叶，随着张骞通西域，西方开始日益受到皇帝和神仙道士的重视。海上找不到不死药点燃了皇帝对别处的想象，并强化了他从西王母处获得药的期望。"[53]象征西方的白虎与"三秀"灵芝或有此含义。

茂陵的两件朱雀纹画像砖，朱雀口中含珠，其间悬置一枚带有两瓣叶的桃形果实。咸阳任家嘴附近汉墓（M36）出土的朱雀纹画像砖（编号34号砖，发掘简报称凤纹砖），正面为一对朱雀相向而立，口中含珠，双翅展开，冠饰和尾羽华丽，中间立一株枝条茂盛的植物；侧面为一对反身朱雀，中间亦立一株植物。

朱雀亦即赤乌、朱鸟、离朱、赤凤。朱雀口中所含宝珠，可能是传说中的"火精""火珠"或"火齐珠"。《管子•侈糜篇》云："珠者阴之阳也，故胜火。"《汉书•司马相如传上》记载并注：

> 其石则赤玉玫瑰，琳珉昆吾。
>
> 张揖曰："琳，玉也。珉，石之次语者也。昆吾，山名也，出善金。《尸子》曰'昆吾之金'。"晋灼曰："玫瑰，火气珠也。"师古曰："火齐珠，今南方之出火珠也。"

朱雀象征南方，所以口中衔火珠。四神纹画像砖为陵庙建筑所用，朱雀衔珠可能取喻消除火灾。朱雀中间的一株带两瓣叶的桃形果实和枝条茂盛的植物，大约象征五谷丰饶。《三辅黄图》（卷二）云："古歌云：'长安城西有双阙，上有双铜雀，一鸣五谷生，再鸣五谷熟。'按铜雀，即铜凤凰也。"建章宫北阙立置大型铜凤及古歌中雀鸣五谷丰饶的母题，可能与"赤乌衔谷于武王之屋"的传说有联系。叶舒宪先生说："在农耕社会里，神谷和嘉禾出现或降赐，同样是政治合法性的证明，长治久安、国祚绵长的宗教保证。"[54]用他的这句话来解读茂陵朱雀纹画像砖的含义，或许更确切些。

十二月令中建构的四季、四方与鳞、羽、毛、介四灵虫的对应关系，与明堂建筑的布局形制相匹配。换言之，明堂建筑象征四季与四方的意义，又是通过配饰四灵虫来提示和说明的。相关的对应关系及制度在《吕氏春秋•十二纪》《淮南子•时则训》和《礼记•月令》等文献都有记载。择其要点如下：

孟春、仲春、季春：
其位东方。其虫鳞。天子居青阳左个、大庙、右个。
孟夏、仲夏、季夏：
其位南方。其虫羽。天子居明堂左个、大庙、右个。
孟秋、仲秋、季秋：
其位西方。其虫毛。天子居总章左个、大庙、右个。
孟冬、仲冬、季冬：
其位北方。其虫介。天子居玄堂左个、大庙、右个。

鳞、羽、毛、介四灵虫又与天象四神——青龙、朱雀、白虎、玄武对应，故《三辅黄图》（卷三）云："苍龙、白虎、朱雀、玄武，天之四灵，以正四方，王者制宫阙殿阁取法焉。"总之，四神纹画像砖配饰汉帝陵庙与四灵虫配饰明堂的象征意义是相通和一致的。

景帝陵庙——德阳宫（"罗经石"遗址）和长安城南郊礼制建筑遗址的考古发掘表明，汉帝陵庙与长安明堂及"王莽九庙"的建筑结构基本一致，都是采用整体布局呈"回"字形、主体建筑为四面朝向的三间殿屋及中间置太室的形制。用四神纹画像砖砌筑台阶踏步，或用四神纹瓦当装饰屋檐，主要为主体建筑"以正四方"作进一步的提示和说明。基于张光直先生关于中国古代巫师利用动物作为沟通天地工具的意见，刘庆柱先生认为："宗庙、陵庙建筑物中使用的这类动物图案建筑材料，不只是作为象征'方位'而使用的，或者它们还可能兼有着沟通天地的作用。因为古代人们认为沟通天地之间的'工具'是动物。"[55]从早期四神的功能意义看，他的这个推论是有一定道理的。例如在河南濮阳西水坡仰韶文化墓地（M45）发现三组由蚌壳、人骨镶嵌的图像。[56]其中第一组图像有龙、虎、北斗（图3-34），死者居中，头南足北，东为青龙，西为白虎，北面另有用人的胫骨摆出的斗勺；第三组图像有人物驭龙、猛虎等。它们象征天象，并寓意死者与天之灵物为伴，与天沟通。

图3-34
龙虎北斗图
河南濮阳西水坡
仰韶文化墓地（M45）

第二节 瓦当

目前发现年代最早的饰纹瓦当，出自关中东部的扶风召陈村周原建筑基址，属西周中后期之作。[57]它们都是半圆形的，当面装饰重环纹及弦纹，显然受到同时期青铜器装饰纹样的影响。周原瓦当的纹饰采用刻以阴线的方式，反映出早期瓦当的装饰特征。

早期的秦瓦当在雍城即今陕西凤翔一带出土的较多，主要是切透当面的半圆瓦当，纹饰模印而成，有绳纹、树木双兽纹、山字形纹、变形夔纹、植物纹和云气纹等。这些纹饰与在洛阳东周王城遗址，以及齐、燕国故地发现的半圆瓦当纹饰有不少相同处，未必是秦国新创。战国时期秦国不遗余力地大搞都城建设，从雍城到咸阳，由渭北向渭南扩展，至秦代达到极盛。与此同时，圆形瓦当开始流行，当面纹饰有动物纹、植物纹、葵纹、云气纹等，秦文化特征十分突出。

汉代瓦当如动物纹、云气纹瓦当直接受秦的影响，而具有时代风格特征的则是文字瓦当和四神纹瓦当。

一、动物纹瓦当

动物纹瓦当盛于战国时期秦，至秦代及西汉式微。雍城（陕西凤翔）、栎阳（西安市阎良区）、咸阳（咸阳市窑店镇）曾是秦国都城所在，从这里出土的动物纹瓦当最多。另外在秦芷阳城遗址（西安市洪庆堡）、秦东陵遗址（西安市临潼区），以及阿房宫遗址、秦始皇陵区等处，也有少量动物纹瓦当出土。秦瓦当的动物纹题材有兽类：鹿、獾、虎、犬；禽类：凤、雁；鳞甲、水族类：鱼、蛇、龟、蛙等。

西汉动物纹瓦当中有甘泉宫遗址出土的蟾蜍玉兔纹、龟蛇雁纹及飞凤纹瓦当，以及长杨宫遗址、西安市未央区炕底寨和李家村出土的四神纹瓦当，未央宫西南角楼遗址出土的凤鸟纹瓦当，桂宫4号建筑遗址出土的燕纹瓦当等。而最具代表性的当为长安城南郊新莽期礼制建筑遗址成批量出土的四神纹瓦当，它们成组配套，风格统一，充满律动感，堪称秦汉动物纹瓦当的集大成之作。

1. 秦动物纹瓦当

秦动物纹瓦当纹饰的变化似有规律可循，具体表现在从单个动物纹演

图3-35
秦动物纹瓦当（一）

变为组合性动物纹（图3-35），从一元性的构图发展为有界格的分区构图（图3-36）。地点由雍城始，到栎阳、芷阳，再到咸阳；由渭水北岸，再扩展到渭水之南。时间可划分战国早中期、中晚期和秦代三个时段。

根据秦咸阳宫考古发掘所获材料，马建熙先生总结了秦动物纹瓦当的变化规律：它们“已由秦早期流行的单一动物纹样进入为组合对称扇面状综合图案。瓦当的边轮内开始出现单线弦纹或绳纹组成的圆圈，把瓦当正圆分为内圆和外圆两部分。外圆由双隔线分为四个相等的扇面，同时四个扇面内各绘以姿态生动、形象逼真、两个相同形状的鹿、鸟、昆虫等纹样组合而成的瓦当图案”。[58]后来刘庆柱、李毓芳先生将秦动物纹瓦当分作无界格（Ⅰ型）和有界格（Ⅱ型）两种类型，而每个类型又分四式。Ⅰ型瓦当主要出土于秦雍城遗址，在秦栎阳、咸阳、芷阳城遗址尚未发现；Ⅱ型瓦当主要出土于战国中晚期的秦咸阳、芷阳城，以及后来的秦始皇陵区。[59]

图3-36
秦动物纹瓦当（二）

申云艳博士亦将秦动物纹瓦当分作两种类型，称A型、B型。其中A型分三式，B型不分式。A型Ⅰ式与刘、李先生的Ⅰ型1式同，当面饰单体动物纹，其中鹿纹瓦当出土最多。A型Ⅱ式与刘、李先生的Ⅰ型2式同，纹饰由一种多个(两个或两个以上)动物纹组成，有的当面上每个动物纹所占面积基本相同，如双獾纹、四兽纹瓦当等；也有的以一个动物为主，其余动物处于从属地位，主次分明，如子母鹿纹瓦当等。A型Ⅲ式与刘、李先生的Ⅰ型3式、4式同，当面为复合动物纹，即以一种动物为主体纹饰，兼有其他种类纹，如虎雁纹、鹿雁犬蟾蜍纹瓦当等。B型与刘庆柱的Ⅱ型同，当面由界格线分为四区，区内饰动物纹，如鱼纹、鹿龟雁犬纹瓦当等。[60]他们特别重视田野考古资料的采集，以及考古学的地层学、类型学方法的运用，在瓦当纹饰研究中具有一定突破性和指导性的意义。

关于秦动物纹瓦当的含义，先前的研究者有所涉及。一种观点认为，“雍城出土的上述战国秦动物纹瓦当采取自然主义的表现手法，取材于现实生活，以狩猎中常见的动物为主要描写对象，它充分反映了狩猎活动在战国时期秦人经济生活中所占的重要地位，以及皇室贵族频于畋猎的风俗”。[61]此为狩猎生活反映说。另一种观点认为，秦瓦当的部分动物纹瓦当不仅是当时经济生活和生活习俗的反映，还应当是远古图腾崇拜意识的孑遗。简言之，秦瓦当中的凤鸟纹或许有的就是秦人鸟图腾在瓦当纹饰上的反映。其他如鱼、鹿、蟾蜍、獾纹等，可以理解为秦人征服或融合了某些氏族的遗存。[62]此为图腾说。

比起狩猎生活反映说和图腾说，周晓陆先生的看法比较独到。他认为所谓自然写实、栩栩如生的秦动植物纹瓦当，有些实际是十二月令（纪）图识。如孟春纪第一：“东风解冻，蛰虫始振。冰上鱼，候燕北。”两件称名鹿鱼纹瓦当（凤翔孙家村堡子壕出土，图3-37），可释为虎獭鱼：“两图下部一见两鱼，一见一鱼，亦为‘鱼上冰’，旁有一小犬，汉儒言‘獭似小犬’，此即‘獭祭鱼’。春鱼交配时，获鱼极易，獭一时食不尽之鱼，常排置河干，古人不明，目为‘祭鱼’。两图中部虎之踊跃，属于‘蛰虫始振’。”又如仲冬纪第十一：“鹖鴠不鸣，虎始交。”两件称名双獾纹瓦当（凤翔铁沟遗址出土，图3-38），可释为双虎，其含义“为‘虎始交’，先秦图案常见双龙、双凤交颈，以表示‘交’义”。他还举陈直先生曾在宜春苑遗址获得的筒瓦残片上“十二二月令”戳印（图3-39），作为秦动植物纹瓦当月令说的佐证。又说：“周秦文化，是以农为本，以农立国思想的典型代表。不晚于西周，最高统治者即将颁历之权控制在自己手中，以示代天行命。农本思想加颁历的特权，是月令建立的基本前提；因此，月令首先是政治思想、意识形态的表达。”考察这类瓦当，对秦文化研究本身有一定意义。如“对秦建筑性质的考虑，装饰有这类瓦当的，究竟是雍、汧渭之会处‘多祀’而设的四时十二月专祀祠室，还是天子行令的‘明堂’之所在”。[63]

祥瑞是人们用现实中的成功范例来解释“上天垂象”的结果，先秦时

图3-37
鹿鱼纹瓦当
凤翔孙家村堡子壕

图3-38
双獾纹瓦当
凤翔铁沟遗址

图3-39
“十二二月令”戳印
宜春苑遗址

图3-40
西周鹿形玉饰
陕西宝鸡竹园沟強国墓

期既有之。如《史记·封禅书》记载，齐桓公“会诸侯于蔡丘，而欲封禅”，管仲对曰：“东海致比目之鱼，西海致比翼之鸟，然后物有不召而自至者十有五焉。今凤皇麒麟不来，嘉谷不生，而蓬蒿藜莠茂，而欲封禅，毋乃不可乎？”同书还说：“（秦）文公梦黄蛇自天下属地，其口止于鄜衍。”又云：“昔秦文公出猎，获黑龙，此其水德之瑞。”秦动物纹瓦当的出现，社会风气使然。在秦雍城遗址出土的瓦当中，鹿纹最多，引人注目。鹿被古人视为祥瑞之物，在陕西宝鸡茹家庄1号墓出土有西周強国鹿形玉饰，[64]或引颈或回首，形象逼真生动（图3-40）。秦鹿纹瓦当应受区域传统动物题材的影响。又如凤鸟题材，在商周时期青铜器、骨牙玉器装饰中最为流行。狩猎纹出现于东周时期，见于青铜器装饰（图3-41），亦属于祥瑞内容及传统题材。秦狩猎纹瓦当（图3-42），像似同时期青铜壶上狩猎纹中一个局部或片段。蟾蜍纹比较特殊，参考汉甘泉宫遗址出土的蟾蜍玉兔纹瓦当，秦瓦当上的蟾蜍纹可能表现的是天象中月蟾的形象。采用动物纹装饰瓦当，其动机首先是知“天命”并依据“天命”行事，其次才是为了建筑物的好看。所以，秦动物纹瓦当与其所装饰建筑物的性质及功能应有直接关系，就像西汉晚期四神纹瓦当专用于“王莽九庙”一样。

动物纹瓦当划分四区，大约表达的是四时、四方的含义，也与十二月令影响有关。这种分区形式为后来的云气纹和文字瓦当沿袭，却在动物纹瓦当中被淘汰。艺术形式有其内在规律，采用界格分区的方式，布局几个或几种动物，对于装饰面较小的瓦当并不适合。秦动物纹瓦当中其他一些未作分区作品，如四兽纹瓦当，可能受到铜镜纹饰构成的影响。

2. 长安动物纹瓦当

西汉时期动物纹瓦当已告尾声，除四神纹瓦当外，在汉长安城采集或考古发现的动物纹瓦当数量很少，品种不多，而且造型也趋于规范，不如秦动物纹瓦当那样自然生动。动物纹瓦当由盛转衰，是秦汉两种文化的差异在宫殿建筑装饰方面一个反映。

在未央宫西南角楼遗址发现的凤鸟纹瓦当，[65]可能为西汉前期作品。凤作昂首向前腾踏状，尾部上翘，尾端分开（图3-43），造型与秦雍城遗址出土夔凤纹瓦当比较接近。此前数件凤鸟纹瓦当传出自长

图3-41（左）
战国青铜壶上的狩猎图（局部）

图3-42（右）
狩猎纹瓦当
凤翔东社村

安城遗址，并为一些新出版的瓦当图集所著录。[66]桂宫建于秦甘泉宫故址之上，在桂宫4号建筑遗址发现一件四燕纹瓦当，[67]双线界格将当面分四区，区内各饰一只飞燕，头向当心，作展翅腾飞状（图3-44）。它属于秦动物纹瓦当风格，可能是秦之旧物为汉时所用。

在甘泉宫遗址发现的龟蛇雁纹、飞鸿衔绶纹、蟾蜍玉兔纹三件瓦当，[68]是西汉动物纹瓦当中的代表之作。采集于甘泉宫遗址内董家村的龟蛇雁纹瓦当（图3-45），当面轮边内饰单线圆圈纹，画面正中为一只头向上、四肢伸出的灵龟，其上部为一蛇，左右各一物不是飞雁，可能是朱雀，在画面中起填补空白的作用。姚生民先生将之定名为旟旐纹瓦当，说灵龟左右饰物为隼，并举郑玄注《周礼•春官•司举》“乌隼为旟，龟蛇为旐”为证，又说此瓦是甘泉宫卫尉宫室用瓦。[69]我们以为，此瓦当的主题纹饰是灵龟及蛇，属于四神题材，称玄武纹瓦当较妥。在建章宫遗址（孟家村）出土一件龟蛇云气纹瓦当，[70]画面分四区，下两区和左上区为云气纹，右上区为玄武，灵龟头前伸，四肢张开作蹒跚爬行状，一条长蛇绕于灵龟头上及身体两侧（图3-46）。长杨宫遗址出土玄武纹瓦当与之相似，轮边内饰单线圆圈纹，当面中心的灵龟亦作头向上、四肢伸出状，只是缠绕灵龟的长蛇比较粗大些（图3-47）。

广为瓦当图集著录的飞鸿衔绶纹瓦当，又称飞凤纹瓦当，一说出自甘泉宫遗址内的凉武帝村。当地文博部门在凉武帝村采集到一件飞鸿衔绶纹残瓦（图3-48），[71]可证前者出处不误。当面轮边为波折纹，内圈为连珠纹，中心为一只形体硕大的鸿雁，引颈向上，双翅展开，尾翼呈扇形状。

图3-43（左）
凤鸟纹瓦当
未央宫西南角楼遗址

图3-44（中）
四燕纹瓦当
桂宫4号建筑遗址

图3-45（右）
龟蛇雁纹瓦当
甘泉宫遗址

图3-46（左）
龟蛇云气纹瓦
建章宫遗址（孟家村）

图3-47（中）
玄武纹瓦当
长杨宫遗址

图3-48 （右）
飞鸿衔绶纹瓦当
甘泉宫遗址（凉武帝村）

图3-49（左）
“延年”瓦当
汉长安城遗址

图3-50（右）
蟾蜍玉兔纹瓦当
甘泉宫遗址（董家村）

鸿雁口衔四穗流苏，两边两穗呈弧状，中部两穗向下，迎风飘举。鸿雁是春来秋去的候鸟，祥瑞之物，口衔四穗流苏，取喻长寿。从汉长安城遗址采集的“延年”瓦当（图3-49），当面一只鸿雁引颈奋飞，长颈两侧有“延年”二字。

蟾蜍玉兔纹瓦当（图3-50），采集于甘泉宫遗址（董家村）。画面下部为蟾蜍，头扁圆，鼓腹，两眼圆睁，四肢作屈伸状；上部为玉兔奔跃，双耳大而长，背有羽翅。二灵物间饰以云气纹，轮边像似连珠纹。这件作品表现的是太阴月亮，为汉画中常见的天象题材。月亮神话传说中的蟾蜍和玉兔，是人们依据月中阴影而作离奇想象的结果，先秦文献中称之“顾菟”。屈原《天问》有句：“夜光何德，死则又育？厥利维何，而顾菟在腹？”王逸《楚辞章句》释“顾菟”为兔，宋代洪兴祖《楚辞补注》云：“菟与兔同”。闻一多先生说：

> 考月中阴影，古者传说不一。《天问》而外，先秦之说，无足征焉。其在两汉，则言蟾蜍者莫早《淮南》，两言蟾蜍与兔者莫早于刘向，单言兔者莫早于诸纬书。由上观之，传说之起，谅以蟾蜍为最先，蟾与兔次之，兔又次之。[72]

表现月中蟾兔形象的美术作品，迄今发现最早的遗例见于马王堆1、3号汉墓出土的铭旌。这两件铭旌皆为文景时期的作品，上部绘想象中的天国，左侧为月亮，内中的蟾蜍头向上，四肢伸张，玉兔作奔跑状。山东临沂金雀山9号汉墓出土的一幅帛画，为武帝时期的作品。帛画上部绘有日月，但月中只绘出蟾蜍，却无玉兔。甘泉宫蟾蜍玉兔纹瓦当发现，为我们了解西汉时期月宫图像演变增添了新材料。

甘泉宫的动物纹瓦当皆为采集品，它们与建筑遗址及地层的关系无从得知。但从其题材看，这些瓦当可能用于装饰祭天求仙的建筑物。在造型风格方面，它们脱离了秦瓦当的作风，属于汉时新创。武帝执政时甘泉宫的营建活动持续不断，其中以元封二年（前109年）实施的建筑项目最多、规模最大，如建造益延寿馆，构筑通天台，重新修造大朝正殿——前殿等。这些造型精美并极富时代特色的动物纹瓦当，或许就是在此年或此后几年中烧制的。

3. 四神纹瓦当

在洛阳东周王城遗址出土的半圆瓦当，有龙纹、虎纹、鸟纹等。这些半圆瓦当同出一处，皆由圆瓦切割而成，故图像不全。赵力光先生说：它们“似为四神中的青龙、白虎、朱雀，独缺玄武。若此说成立，则在东周时，四神形象已出现在瓦当上”。[73]他的这个假说是有道理的。东周王城内应建有周王室的宗庙，这些像似四神中的青龙、白虎、朱雀的动物纹半瓦，可能为该建筑所用。

西汉动物纹瓦当中最具代表性的作品，是长安城南郊西汉晚期礼制建筑遗址成批量出土的四神纹瓦当（图3-51）。它们大都是考古发掘所获，具体地点和层位比较清楚，而且背面无切割痕迹，属于西汉晚期之作。这批四神纹瓦当成组配套，造型风格统一，充满律动感，堪称秦汉动物纹瓦当的集大成之作。关于它们的出土情况，考古报告有总结，[74]如下：

> 四种瓦当均作圆形布局，造型规整大方，当面硕大，当心均有大乳丁纹。大小差别不大，似用专模印制。
>
> 苍龙纹188件。大多出土于遗址东门门址。屈躯利爪，轻盈腾飞状。当心乳丁在龙背上方。标本F3东门：5，当面径18.2厘米，边轮宽2厘米。
>
> 白虎纹97件。多数出土于遗址西门门址。姿态凶猛，健步疾志状。当心乳丁在虎背上方。标本F3西门：10，当面径18.6厘米，边轮宽2.5厘米。
>
> 朱雀纹63件。多数出土于遗址南门门址。凤头鹰啄，鸾颈鱼尾，展翅欲飞状，当心乳丁在朱雀翅上。标本F3南门：4，当面径18.5厘米，边轮宽2.3厘米。
>
> 玄武纹84件。多数出土于遗址北门门址。龟蛇相交，龟首上昂，蛇头俯视，蛇尾上翘，当心乳丁在龟背上。标本F14外北门②：2，当面径16.5厘米，边轮宽

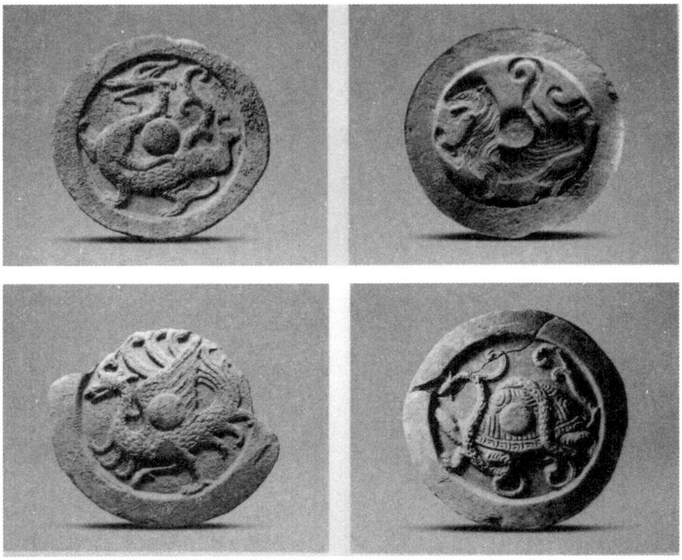

图3-51
四神纹瓦当
汉长安城南郊礼制建筑遗址

2厘米。

已发掘的汉长安南郊礼制性建筑遗址共15处。其中，1～12号建筑遗址为“王莽九庙”，13、14号建筑遗址初步确定为社稷，关于大土门遗址，大多数研究者认为是明堂（辟雍）。除社稷外，“王莽九庙”和明堂（辟雍）的中心建筑和围墙的平面皆为方形，整体布局如“回”字形。上述四神纹瓦当主要出自属于“王莽九庙”的1、2、3、4、11、12号等6处遗址中的四面门址处，以及大围墙的11号门址处。另外在诸遗址的中心建筑处亦发现有四神纹瓦当，有些与建筑方位吻合，如1、2号建筑遗址西堂出土白虎纹瓦当，3号建筑遗址东堂、北堂分别出土青龙纹、玄武瓦当等。[75]除考古发掘外，从这一带采集的少量四神纹瓦当，为当地博物馆所收藏。它们的造型样式同考古发掘所获的一样，其中心部位都有一个大乳丁纹，应该也是“王莽九庙”之物。

王莽建造“九庙”时已无力支付巨大的建筑费用，只好下令拆除移用建章宫及上林苑宫观的建筑材料。考古发掘也证实了这一点。如在3、4、12号遗址出土的文字瓦当中，就有“上林”半圆瓦当和圆瓦当。[76]那么，四神纹瓦当也出自建章宫和上林苑？

早年陈直先生将西汉瓦当分作初、中、后三期，“初后两期，面积略相似，只有中期面积特大，边轮特宽”。“画瓦在中期亦有明显之区别，龙虎四神，为其代表作，大气磅礴，姿态生动而雄伟，一望可辨。但四神瓦多出于西安枣园村王莽九庙遗址（其他地区，出土数量极少），盖王莽建九庙时，皆拆毁汉代包阳宫等之土木材料，瓦当应亦在移用之列”。[77]换言之，这批四神纹瓦当属于中期旧物，不是王莽时新造。刘庆柱先生持不同意见，他说：“《汉书•王莽传》虽有王莽九庙拆用建章宫及上林苑宫观材料的记载，但在这两处至今并未发现‘四神’瓦当，因此很难说汉长安城南郊宗庙出土的‘四神’瓦当是从上述两处建筑‘移用’的。至于‘四神’图案空心砖可能西汉中期已出现，但并非这种图案在瓦当上已必然使用。”又说：“我们认为它们可能属于王莽时期专门为礼制建筑制作的瓦当。‘四神’瓦当背面无切割痕迹，当面边轮宽平，当心乳丁硕大，这些都可以说明其时代偏晚。”[78]后者的意见可取。

特制的“王莽九庙”四神纹瓦当，在题材内容上沿袭此前汉帝陵庙四神纹画像砖的规制。但在空间功能运用方面，它突破了这一规制，将四神纹从陵庙的地面踏步“提升”到四门和中心建筑的屋檐，充分发挥建筑的空间效应，更形象地表达四宫四象的象征意义。在表现形式方面，它将秦瓦当中单体动物纹、战国秦汉玉璧上透雕动物纹的造型经验及法则发扬光

图3-52（左）
四神纹瓦当二品
西安北郊炕底寨

图3-53（右）
四神纹瓦当二品
长杨宫遗址

大——圆形当面中的四神格外张扬恣肆，最大限度地占据了空间，而宽厚的边轮和硕大当心乳丁又起到稳定构图的作用，使得不大的画面充满灵气和律动之美。

长安的四神纹瓦当，在西安市北郊炕底寨、李家村和周至长杨宫遗址也有出土。[79]但它们皆为采集品，脱离了地层关系，年代难断。从造型风格观察，它们都不会是西汉前期的作品。出自炕底寨、李家村的四神纹瓦当多数当心无乳丁，构图也比较活泼自由（图3-52），与“王莽九庙”的风格迥异。如白虎纹瓦当，虎作侧身向右扑跃式，背生双翼，昂首举爪，仪态威猛。长杨宫遗址出土的四神纹瓦当，有白虎、朱雀、玄武三种，当心均有乳丁（图3-53），与“王莽九庙”瓦当相近，但其构图松散，缺乏动感和韵律。如朱雀纹瓦当，朱雀作回首衔丹状，背部隆起，羽翅不张扬。长杨宫地近山地，是西汉皇家校猎时的驻地，武帝、元帝和成帝时多次在这里校猎并检阅校猎部队。当时这里可能建有祭祀性建筑，四神纹瓦当或用于其处。

二、云气纹瓦当

云气纹简称云纹，是中国古代最流行的纹饰，秦汉时期尤盛。它在青铜器、玉器、陶器、漆器、丝织品、墓室壁画、画像砖石等上皆有突出表现，瓦当纹饰亦不例外。有研究者评价说：“以云纹为主题的瓦当，具有光亮、明快之感，与秦汉宫殿以象天汉，祥云缭绕，求仙升天的思想亦有密切的关系，反映了祈求太平、永受嘉福的享乐意识。”[80]

秦汉时期人们十分重视观察云气，《史记·天官书》中专门论述了望气、云气的颜色和形态，及其与地域和人事活动的对应关系。文曰：

> 自华以南，气下黑上赤。嵩高、三河之郊，气正赤。恒山之北，气下黑下青。勃、碣、海、岱之间，气皆黑。江、淮之间，气皆白。
>
> ……
>
> 王朔所候，决于日旁。日旁云气，人主象。皆如其形以占。

故北夷之气如群畜穹闾，南夷之气类舟船幡旗。大水处，败军场，破国之虚，下有积钱，金宝之上，皆有气，不可不察。海旁蜄气象楼台；广野气成宫阙然。云气各象其山川人民所聚积。

……

若烟非烟，若云非云，郁郁纷纷，萧索轮囷，是谓卿云。卿云，喜气也。若雾非雾，衣冠而不濡，见则其域被甲而趋。

云与气形质相同。《说文解字部首订》云：

气之形与云同。但析言之，则山川初出者为气，升于天者为云，合观之，则气乃云之散蔓，云乃气之浓敛。

图3-54
云气纹的基本构成元素
采自《中国云气纹装饰》

在秦汉云气纹瓦当上，当面大多划分当心圆和外区圆两个部分，云气纹布局在外区圆中。其基本造型元素是呈勾卷形的旋纹，在旋纹基础上又派生出“S”形纹和“C”形纹（图3-54）。[81]旋纹和“C”（旋转90°）形纹犹如“气之浓敛”，即云气的腾升状态；“S”（旋转90°）形纹像似“云之散蔓”，即云气的流动状态。其中，“C”形纹为秦及西汉云气纹瓦当之大宗；旋纹次之，秦云气纹瓦当中较多；“S”形纹比较少，在西汉云气纹瓦当中几乎不见。李零先生认为，秦汉瓦当上的云气纹“其实是四瓣花的变形，并不是云纹”。[82]他所指认的铜镜上几种四瓣花纹，有的可称之为如意云纹，有的在形式构成上与瓦当上的云气纹相同，但其间的差别是显而易见的。

1. 秦葵纹、云气纹瓦当

秦葵纹瓦当最具地域和时代特色，它出现在战国之初，到战国中期基本定型，战国晚期是其盛期，秦代及西汉初期衰退。所谓的葵纹，并非说这种纹饰源于葵花，而是指其形态与葵花相似。[83]研究人员对这种纹饰的称名比较混乱，有旋曲纹之称，还有将其细分数种，称其为轮辐纹、旋涡纹、旋齿纹、“S”形云纹，以及葵纹及变形葵纹的。[84]不烦更名，除轮辐纹外，我们仍沿用葵纹之名。

葵纹瓦当在秦都雍城、栎阳和咸阳三地都有出土。据考古研究人员的总结和分析，“雍城的葵纹瓦当处于这类瓦当的初级阶段，数量、种类较少，而且不定型。当面为两重空间，当心为泥饼，外圈饰数对‘S’形纹饰的瓦当，与规格整齐的葵纹瓦当尚有一定的距离。栎阳的葵纹瓦当与雍城的葵纹瓦当截然不同，出土数量多，已趋向规范化，当面为两重空间，葵纹花朵均由双线环绕，左右逆向排列，富有韵律，为葵纹瓦当成熟阶段的作品。

咸阳的葵纹瓦当种类较多，当心多为四叶、花蒂状；还有一种瓦当除卷曲葵纹朵数增加外，与栎阳的葵纹瓦当毫无二致，但也有个别瓦当趋于简化，无论线条组合及卷曲程度上都较简单，可能这种瓦当的时代较晚。汉代不见葵纹瓦当，拟为图案端庄而华丽的云纹瓦所取代了”。[85]总之，葵纹瓦当先是出现在秦雍城，尔后才扩展至栎阳、芷阳和咸阳。葵纹瓦当衰落于秦代时，在秦始皇陵园内城南垣墙处共出土42件瓦当，全部装饰的是云气纹，[86]却不见葵纹。

图3-55
秦葵纹瓦当中的旋涡纹

刘庆柱、李毓芳先生将秦葵纹瓦当分为旋涡纹（编号Ⅳ型，共5式）、葵纹及变形葵纹（编号Ⅴ型，共6式）两个类型。说Ⅳ型瓦当饰水流的旋涡纹（图3-55），有的旋涡纹周围又饰浪花纹，当面无界格，有的已有当心圆。它大概出现于战国早期，且大多出自秦雍城遗址。而V型瓦当饰葵纹与变形葵纹（图3-56），是最具特色的秦瓦当。这种纹饰实际上应属于写意的旋涡纹及浪花纹，可能从Ⅳ型瓦当发展而来。他们还认为，Ⅳ型“瓦当中的旋涡纹和浪花纹是由水的运动生成，秦人以象征水流的纹饰装饰瓦当应与其主‘水德’有密切关系”。[87]此前华非先生曾提出过类似的看法，他说：“云纹的出现，是与‘五德相胜’的思想分不开的。《史记·封禅书》记载，秦文公出猎获黑龙，作为秦得水的象征，龙从云，云的形象就呈现在艺术品之中。”[88]申云艳博士也持葵纹代表水流旋涡的观点，改葵纹名为旋曲纹，并依据当心纹饰的变化，将其分作A、B、C三个类型。其中，C型仅一例，形制比较特殊，可忽略不计，而A型和B型，与刘庆柱、李毓芳先生的Ⅳ型和V型大致相当。A型的当心纹饰由旋转的曲线构成；B型的由一周凸弦纹或绚纹将圆形当面分为当心圆和外区，旋曲纹饰于其内，大多当心

图3-56
秦葵纹瓦当中的变形葵纹

有一圆形小突起。作者认为，旋曲纹瓦当首先出现在秦雍城，而后扩及栎阳、咸阳，一直延续使用到西汉初年。它基本定型是在战国中期，战国晚期和秦代是其兴盛期。[89]他们的这种分区、分类研究方法，有助于我们能深入地观察秦葵纹瓦当的纹饰变化及其构成规律。

图3-57
青铜器上的涡纹
采自《中国历代装饰纹样》

关于葵纹含义问题需要提出来重新讨论。我们以为，这种纹样不会是水流旋涡及浪花的写照，也与秦主“水德”无关。纵览先秦至秦代的传统纹样，就没有表现水流的图案。所谓的葵纹，实际上就是云气纹，或说它是秦云气纹瓦当中一种早期表现形式。如前所述，考古研究人员认为秦咸阳宫的画像砖上刻绘的龙纹与“秦得水德”有关。[90]但在五行中龙是鳞虫，色尚青，属于“木德”，而“水德”对应的是介虫，色尚黑。《史记·封禅书》记载秦文公出猎所获“黑龙”，应是介虫之属，以应验“水德之瑞”。同书又说：“邹子之徒，论著终始五德之运，及秦帝，而齐人奏之，故始皇采用之。”崇尚五行中的“水德”之运，是秦始皇时才确立的。龙是流传已久的天之灵物，秦宫画像砖中的龙纹寓意的是秦王与天沟通。若秦瓦当上的葵纹也有此寓意，这种纹饰理应在战国晚期尤其是秦代更加流行。但在秦咸阳宫建筑遗址出土的瓦当中，葵纹瓦当数量不及云气纹瓦当的多。而在秦始皇陵园遗址出土的瓦当，几乎都是云气纹，倒是所谓主“水德”的葵纹却很难见到了。

从纹饰的构成方式看，葵纹与传统涡纹相似或相近（图3-57）。关于传统涡纹，张孝光先生列举殷墟青铜器的两种纹样，说它们“形似旋涡，两圈单线或双线的同心圆，两圆之间有三个或三个以上钩状线，作顺时针或逆时针方向旋转排列。另一种是以弧线或呈‘3’字形折弧线，作旋转辐射排列。这两种都是单独的适合纹样，分别用于盖纽及爵、斝的柱顶或动物纹样的眼睛”。[91]芮传明、余太山先生认为，“所谓的‘涡纹’或‘圆涡纹’，应当更加贴切地称为‘火纹’，因为圆盘内的弧线乃是象征光焰的流动，而不是水流所形成的旋涡。而‘火纹’即是‘日纹’，这一点亦当没有疑问”。他们还举秦四鸟纹瓦当（图3-58），说两对鸟之间的涡纹无疑是太阳的象征。[92]

图3-58
秦四鸟纹瓦当
西安徐家湾

秦瓦当葵纹与“火纹”“日纹”无关，也不是太阳的象征。出土于西安徐家湾的秦四鸟纹（又称双凤朝阳纹）瓦当，当面上两对凤鸟拱卫的涡纹不是太阳，而是传说中的“火精”“火珠”或“火齐珠”。它与秦汉画像砖上凤鸟或朱雀口中所衔宝珠为同一物，取喻消除火灾。涡纹形近“冏”字，冏，明也，说涡纹寓意天空明亮、云气腾升似乎更确切些。葵纹与涡纹的形式近似，表意应大致相同。葵纹瓦当的当心圆中旋转的弧线纹和贯通当心圆的“S”形纹，像似流动的云气，即“云之散蔓”的形态；外区中呈勾卷形的旋纹，犹如正在腾升的云气，即“气之浓敛”的形态。当心圆是天中央的象征，具有核心或终极意义，流动的、腾升的云气皆由此生发。

图3-59
大型半圆瓦当（遮朽）
秦始皇陵

云气纹是秦瓦当中与葵纹几乎同时出现的纹样。云气纹瓦当在秦雍城遗址、[93]栎阳城遗址、[94]芷阳遗址及东陵遗址、[95]咸阳宫遗址及长安东马坊遗址、[96]秦始皇陵园遗址及临潼鱼池遗址[97]等处都有发现。但在雍城、栎阳和芷阳遗址出土的云纹瓦当中，有些应属于西汉之物，未必都是秦时的作品。据各遗址出土的情况判断，秦云气纹瓦当兴盛于战国晚期至秦代，不会早于战国中期，并以秦咸阳宫遗址、秦始皇陵园遗址和临潼鱼池遗址出土的云气纹瓦当具有代表性。值得提及的是，在秦始皇陵园内城南垣墙遗址出土的大型半圆瓦当（遮朽），上面的纹饰也是云气纹，不是所谓的夔纹（图3-59）。与之纹饰相近的大型半圆瓦当，在咸阳以西的兴平市田阜乡侯村建筑遗址、眉县第五村乡秦汉成山宫遗址都有出土。[98]

秦瓦当云气纹的形式构成特征是：当面由界格分为四个区间，四区间各装饰一个单元云气纹，当心圆装饰几何纹，边轮内有一道凸起的弦纹。其中，界格线有复线和单线，复线居多。当心圆纹饰多种多样，有网格纹、曲尺纹（亦称钩绳纹）、乳丁纹、叶瓣纹、旋涡纹等。四区中的主体纹饰主要有“S”形纹、羊角形纹、反云纹、云朵纹（卷云纹）和蘑菇形云纹等（图3-60）。就其自身的构成元素分析，这五种纹饰不出旋纹和由旋纹派生的“S”形纹、“C”形纹之外。例如旋纹的外曲线一端延长，构成羊角形纹；“C”形纹构成反云纹和云朵纹，“C”形纹与两个延长外曲线旋纹的组合，构成蘑菇形云纹。当然，实际情况不会这么简单，它们的形式构成还可能受到圆形器物如铜镜、玉璧纹饰的影响。

图3-60
秦云气纹瓦当类型
秦咸阳宫遗址
1.“S”形纹
2.羊角形纹
3.反云纹
4～5.云朵纹（卷云纹）
6～7.蘑菇形云纹

关于瓦当上云气纹的来源，研究者持两种不同意见。一种意见占少数，如陈直先生所说："至于云气纹是由铜器云雷纹及回纹演变而来的。秦瓦多为葵纹、雷纹、散行回纹等等。至西汉中期，则以云纹定型。"[99]另一种意见占大多数，认为云气纹是由葵纹演化而来的。他们大多不赞同陈直先生关于云气纹是由铜器云雷纹及回纹演变而来的看法，认为"此说欠妥，云纹系渊源于葵纹。葵纹向云纹的过渡发展：一是由葵纹演变为羊角形云纹，进而发展为蘑菇形云纹；二是由葵纹演化为反云纹，进而发展为云朵纹"。[100]又如赵力光先生说："我们可从众多的战国至秦的葵纹瓦当中，看到这一演变过程，葵纹逐渐地演化为羊角形云纹、蘑菇形云纹，最终发展成云朵纹。瓦当纹饰同其他装饰艺术一样，从写实到写意，由具象到抽象，由繁到简。云纹在其发展演变过程中，也吸取了自然界的云朵、花枝、羊角、蘑菇等因素，逐渐形成了较为抽象的卷云纹定型图案。"[101]其实，这两种意见都有可取之处，陈直先生重视不同时代、不同器物纹饰的传承关系；赵力光先生等则将云纹演变锁定在瓦当纹饰之中，从纹饰的相似性入手探究问题。但是，他们又都忽略了不同地区之间瓦当纹饰的互动与演变。

不可否认，一种纹饰在流传和散布过程中，有着自己的形式构成法则及其演变规律。从瓦当云气纹的形式构成看，葵纹向云气纹演化只有"S"形纹和外曲线延长的旋纹存在着派生羊角形纹的可能性，而羊角形纹与云朵纹、蘑菇形云纹，其间的演化关系却比较模糊。在瓦当上装饰云气纹，并非秦国首创。春秋早期鲁国可能已经有云气纹瓦当；[102]在燕下都出土的半瓦，可见羊角形纹与山形纹组合而成的纹饰；[103]河南洛阳及中部地区出土的战国云纹半瓦和圆瓦，有反云纹和蘑菇形云纹。[104]据《史记·秦始皇本纪》记载，秦在统一六国战争期间，"每破诸侯，写放其宫室，作之咸阳北坂之上"。而在秦都咸阳和咸阳宫遗址采集和考古发掘所获的瓦当中，不仅云气纹瓦当为大宗，而且又以云朵纹和蘑菇形云纹居多。[105]我们以为，秦瓦当上的云气纹，或许直接吸收了秦以外地区瓦当纹饰的造型元素，或说在它们之间本来就存在着相互借鉴和相互影响的关系。

2. 长安云气纹瓦当

在汉长安城遗址出土的瓦当中，秦时一度流行的葵纹瓦当极少见到。在高祖长陵附近采集的150余件瓦当，可分秦、汉两个部分。秦瓦当大都出于长陵东南约2000米的柏家嘴秦宫建筑遗址内，其中有少量葵纹瓦当；汉瓦当多散于长陵陵园、陵邑（县）及其陪葬区，但不见葵纹瓦当。[106]西安洪庆堡汉愍儒乡出土的一批秦汉瓦当中，有鹿纹、叶纹、云气纹，没有葵纹。[107]在关中西部眉县第五村乡秦汉成山宫遗址出土的瓦当中，不见葵纹瓦当。[108]经考古发掘的长乐宫遗址，未见有出土葵纹瓦当的报道。倒是在未央宫北宫门、西南角楼、中央官署、少府（或所辖官署）、椒房殿、前殿建筑遗址，以及桂宫建筑遗址和长安城窑址发现了葵纹瓦当（包括轮辐、旋涡纹），但其数量极少，总计15件，且大多是残块。[109]在长安城南郊礼制建筑遗址中，13号遗址出土葵纹（包括轮辐纹）瓦当20件。该遗址可能是汉初利用秦旧址修建的汉社稷，[110]而出土的葵纹瓦当大约是秦之旧物，汉时烧制的可能性不大。所以，未央宫、桂宫建筑遗址和长安城窑址发现的葵纹瓦当也可视为秦时的遗存。

云气纹瓦当为长安瓦当之大宗，这从各遗址考古发掘所获的瓦当中已得以证实。以未央宫建筑遗址出土瓦当为例：[111]

> 北宫门建筑遗址，出土瓦当10件，其中云气纹瓦当7件。
>
> 西南角楼遗址，出土瓦当90件，其中云气纹瓦当73件。
>
> 中央官署建筑遗址，出土瓦当277件，其中云气纹瓦当264件。
>
> 少府（或所辖官署）建筑遗址，早期建筑堆积层出土瓦当15件，其中云气纹瓦当11件；晚期建筑堆积层出土瓦当15件，其中云气纹瓦当12件。
>
> 椒房殿遗址，出土瓦当137件，其中云气纹瓦当68件。
>
> 前殿建筑遗址，A区出土瓦当55个，其中云气纹瓦当52个；B区共出土瓦当68件，其中云气纹瓦当56件。

考古发掘材料还表明，未央宫北宫门遗址出土的瓦当中约有二分之一的瓦当当面涂朱。当面涂朱增强了瓦当的装饰感，使宫殿建筑显得更加富丽堂皇。与秦瓦当相比，西汉云气纹瓦当具有整饬典雅的艺术特点。

汉长安城瓦当上的云气纹多见云朵纹，其次是蘑菇形云纹（图3-61），秦时出现的羊角形纹、反云纹比较少见，“S”形纹几乎不见。陈根远、朱思红先生说：“（瓦当）云纹的变化有这样的规律：母题纹饰由繁到简，以云

图3-61
云气纹瓦当类型
南郊礼制建筑和
阳陵建筑遗址
2～3.云朵纹
1、4～6.蘑菇形云纹

朵纹和蘑菇形云纹最为突出。如反云纹和云朵纹从双线发展为单线。各类云纹的纹饰尾端由繁而简，主要表现为尾端由多圈变为单圈。”[112]据刘庆柱先生对汉长安城多处建筑遗址出土云气纹瓦当的统计分析，羊角形纹、反云纹瓦当仅占云气纹瓦当总数的4.7%；蘑菇形云纹和云朵纹瓦当分别占云气纹瓦当总数的30.5%和60%。其中，桂宫2号建筑遗址的云气纹瓦当中不见反云纹和羊角形纹瓦当，只有蘑菇形云纹和云朵纹瓦当，其约占该建筑遗址出土云气纹瓦当总数的比例，分别为10.8%与89%。统计数据说明，到西汉中期以后，云朵纹成为云气纹瓦当的大宗。而“在云朵形云纹瓦当中，有两种瓦当比较普遍，它们的区别只在于当心纹饰，一种当心为半圆球形乳丁，周饰连珠纹；另一种为双界格线穿过当心，当心圆内形成双线十字，当心圆被分为四部分，每部分有一三角纹。值得注意的是前一种云朵形云纹瓦当没有当背有切割痕迹的。从时代上讲，前者略晚于后者”。[113]

当心圆纹饰是我们判别秦与西汉云气纹瓦当的一个主要参照标准。有研究者指出，“与秦云纹瓦当不同的是，汉云纹瓦当当心多有一较大的圆纽，圆纽周围常有一周小连珠纹，这在秦瓦当中少见。秦瓦当内区施网纹的较多，汉瓦当网心者相对较少，但大量出现在外区边缘施一圈网纹或绳索纹的现象”。[114]根据当心圆纹饰的变化，申云艳博士对陕西地区出土的云气纹瓦当进行分类，[115]可资参考。

我们以长乐宫、未央宫、桂宫、长安南郊礼制建筑遗址考古发掘所获的云气纹瓦当为例，对当心圆纹饰统计如下：

> 长乐宫的有斜线纹、网格纹、曲尺纹、连珠纹等。
>
> 未央宫的有旋涡纹、四叶纹、圆点纹、网格纹、曲尺纹、连珠纹、八角星纹、双鹤纹、乳丁纹、空心三角纹等。
>
> 桂宫的有连珠纹、曲尺纹、网格纹、八角星纹、乳丁纹、圆点纹、空心三角纹、乳丁网格纹等。
>
> 长安南郊礼制建筑的有四叶纹、圆点纹、曲尺纹、空心三角纹、旋纹、乳丁纹、网格纹、八角星纹等。

根据它们的形式构成，我们试将之归纳为玉璧、铜镜两种类型（图3-62）。归纳的动机基于三个原因：一是玉璧、铜镜与瓦当同形，存在后来的瓦当纹饰吸收和借鉴先前玉璧、铜镜纹饰的可能性；二是借助玉璧、铜镜纹饰，阐释当心圆纹饰乃至云气纹的含义；三是避免瓦当纹饰类型的过细划分。

玉璧是传统礼器，起源很早，延续时间很长，影响很大。“肉倍好谓之璧”（《尔雅·释器》），“肉”指玉璧的宽边，“好”为玉璧的孔径。战国以来玉璧肉部上的纹饰呈现出多样化的面貌，除春秋时开始流行的卷云纹外，还有谷纹、涡纹、蒲纹、圆圈纹等。其中，蒲纹一般作六角形网格形，谷纹、涡纹和圆圈纹为圆点形，皆呈密集排列状。瓦当当心圆上的方格、菱形格、米字格等各式网格纹和斜线纹，模仿玉璧上的蒲纹；连珠纹模仿玉璧谷纹、涡纹和圆圈纹，它们与玉璧可谓是同形同构并同义。

图3-62
云气纹瓦当的当心纹饰
汉长安城和陵园建筑遗址
1～3.玉璧类型
4～6.铜镜类型

讲究上下左右对称，寓意四方（东西南北）、八位（四方和东南、东北、西南、西北四隅）的纹饰，早在战国时的铜镜上就开始流行。后来汉镜上的四叶纹、花瓣纹、草叶纹、星云纹、博局纹、乳丁纹，以及十二并蒂连珠纹等，可谓是四方、八位乃至四季、十二纪（月）寓意的集中和优化表现。瓦当当心圆中的曲尺纹、四叶（花瓣）纹、四圆点纹、连珠纹，以及四区中云气纹，与铜镜上这些纹饰的形式及构成相同，其所表达的意义也不会有太大的差别。其他如八角星形纹，可视为曲尺纹的变异；空心三角形纹像似曲尺纹或四叶纹的一种变异或简化，皆有四方四隅的寓意。它们“在构成原理和布局上都是‘式图’类设计，与汉代的式盘、博局和日晷在图式上彼此相通”。[116]总之，瓦当四区中的云气纹与当心圆纹饰的设计，遵循“象天法地”的原则，表现的是一种天道模式，其目的在于天人沟通，祈福纳祥。

三、文字瓦当

文字瓦当是瓦当中最重要的品类，备受研究者重视。它不仅有一定的史学和文献价值，而且在书体演变、书法及文学方面也有相当多的成就。如果说瓦当上动植物纹和云纹的表意有限的话，那么文字作为一种新的纹饰，则能把当时人们的多种理想和愿望直接并充分地表达出来。从这个意义上讲，文字瓦当是图像、图案瓦当发展的必然结果。“文字瓦当的大量出现是西汉时期的一大创举，在中国古代瓦当艺术史上具有划时代的意义，标志着中国瓦当艺术走向全盛。”[117]

1. 文字瓦当的出现及分类

关于文字瓦当出现的时代，学术界尚存争议。主要盛行两说，一说文字瓦当始于战国秦，一说其始于西汉。个别研究者持折中意见，认为秦末汉初文字瓦当兴起，随后逐渐增多。[118]持战国秦说者受宋元及清代学者著述的影响，以秦宫名定其年代，[119]也有以小篆书体作为判断时代依据的。[120]而且他们所涉及的瓦当差不多都是传世或征集品，如“羽阳千岁”“羽阳临渭”“蕲年宫当”“橐泉宫当”“兰池宫当”“棫阳”“年宫”“维天降灵延元万年天下康宁”等。

持西汉说者认为，文字瓦当的时代上限没有超过西汉时期的，战国秦及秦代没有文字瓦当。那些带有“羽阳”“蕲年”“棫阳”“兰池”宫名的文字瓦当，差不多都是秦宫汉葺之物。文字瓦当的时代问题，应当从瓦当制法、当面布局、文字字体，尤其是遗址年代及考古发掘的层位上来解决。如王世昌先生说：“根据建国以来正式经过考古发掘的几处战国、秦遗址，如凤翔雍城、临潼栎阳、咸阳秦都、栎阳秦东陵、秦始皇陵等遗址墓葬均未发现秦时文字瓦当。”[121]刘庆柱先生的意见更加具体些，他说：“目前通过田野考古发掘所获得的文字瓦当，其出土层位没有早于西汉中期的，如汉长安城武库遗址出土的‘维天降灵延元万年天下康宁’文字瓦当，其所在文化层的伴出遗物时代均为西汉中期的。始建于汉武帝时期的建章宫，其遗址之内曾多次出土‘汉并天下’文字瓦当山，这类瓦当有可能流行于这一时期。汉景帝阳陵陵园曾出土了‘千秋万岁’‘与天无极’文字瓦当等，从其瓦当制法、当面布局、文字字体等方面观察，其时代比西汉中期的武帝茂陵、昭帝平陵和华仓遗址出土的文字瓦当时代略早，它们很可能是汉景帝营建寿陵时使用的建筑材料。文帝霸陵、惠帝安陵陵园遗址中目前还未发现文字瓦当出土。高祖长陵陵园及陪葬墓区出土的文字瓦当，其时代多为西汉中晚期的。……就目前的考古资料来看，文字瓦当可能出现于汉景帝时期，普及于汉武帝时期，西汉中晚期为文字瓦当发展的盛期。”又说：“西汉中晚期，文字瓦当的使用已相当普遍，在京畿地区的一些皇室重要建筑中，文字瓦当已成为瓦当中的主流，图案或图像瓦当则变得为数较少(有的建筑中甚至为数甚少)。”[122]

后来有研究者依据陕西凤翔堡子壕建筑遗址新出土的文字瓦当，对西汉说进行反驳。1996年冬季，陕西省考古研究所雍城考古队和凤翔县博物馆对曾经出土过“蕲年宫当”“橐泉宫当”的凤翔县长青乡孙家南头堡子壕秦汉建筑群遗址进行试掘，从B区T2第四层中的A层，即定为统一秦前后文化层中，出土了“蕲年宫当”8件，“橐泉宫当”7件，“来谷宫当”4件，“竹泉宫当”4件（图3-63）。同时还出土有戳印文字板瓦、筒瓦200余件，内容有“左颓”“左瓦”等十几个种类，其形制、内容、风格等与秦都咸阳、秦始皇陵及附近遗址出土的非常相近。而在B区T2第五层中的A层，出土了战国时期的绳纹槽形板瓦、弧形板瓦和筒瓦，还有许多葵纹、太阳纹、莲花纹、动物纹（双獾、单鹿、双鹿、朱雀、鹿鱼犬雁、虎噬兽纹等）、云纹瓦当。这些瓦当与以往秦雍城各遗址发掘、采集出土的完全相同。[123]

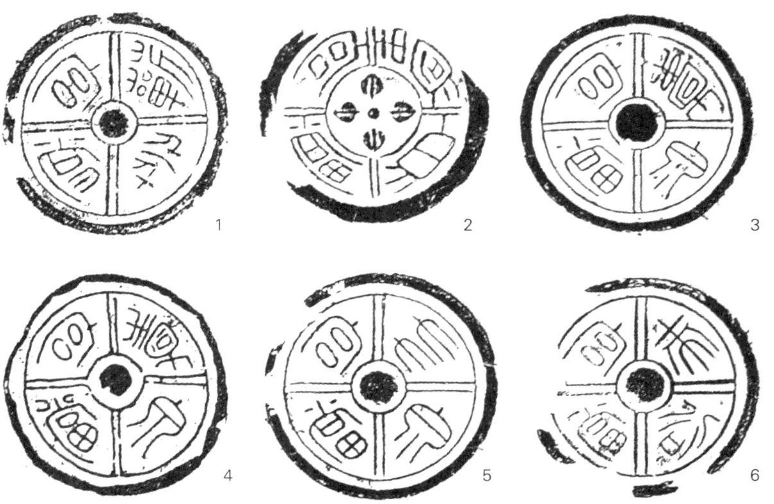

图3-63
凤翔堡子壕遗址瓦当
1.蕲年宫当
2～4.橐泉宫当
5.竹泉宫当
6.来谷宫当

焦南峰、王保平、周晓陆、路东之先生等认为，凤翔堡子壕的这批文字瓦当首次在明确的秦地层中出土，并且数量较大，因而具有重要的研究意义。它们不仅将文字瓦当的上限向前推进到战国时代，而且通过实物与地层资料两相参照，可以确认有相当数量的战国秦、秦代文字瓦当的存在。[124]徐卫民先生持相同看法。[125]但田亚岐、景宏伟先生对该遗址地层的年代则持慎重态度，他们说：考古研究人员“对该遗址进行了试掘，发现了东周时期宽1.3米的一段夯墙和汉代宽2.15米的一段夯墙，及两段夯墙周围同时代的大量瓦片堆积，东周和汉代建筑文化层相互打破及建筑物倒塌后相互叠压明显。进一步说明雍城的秦宫殿在汉代继续修葺使用”。[126]

我们以为，将凤翔堡子壕遗址出土的这批文字瓦当的时代确定在战国或秦统一前后，其理由尚不充分。实际上该遗址B区T2第五层A层，与第四层A层出土瓦当品种的不同，就已经表明这两个文化层之间的时代有秦与汉之别，而不是战国秦与秦统一前后的差异。其一，B区T2第五层A层出土了云气纹瓦当。据秦各遗址出土的瓦当，秦云气纹瓦当不会早于战国中期，战国晚期至秦代兴盛，并以秦咸阳宫遗址、秦始皇陵园遗址出土的云气纹瓦当具有代表性。何况在雍城、栎阳和芷阳遗址出土的云纹瓦当中，有些则属于西汉之物，未必都是秦的作品。所以，B区T2第五层的年代不会早于战国晚期。其二，秦代国祚短暂，研究者将B区T2中第四层的年代划为统一秦前后，但该文化层只出土了文字瓦当，未见当时流行的葵纹及云气纹瓦当，这说明其年代可能晚于第五层的战国晚期。而在长安，文字瓦当始见于汉武帝时期。其三，出土的这批文字瓦当表明，凤翔堡子壕建筑遗址就是橐泉宫、蕲年宫、竹泉宫和来谷宫所在。橐泉宫、蕲年宫见于文献记载，始建于秦孝公、惠公时。[127]竹泉宫和来谷宫未见史书记载，但竹泉宫与橐泉宫、来谷宫与蕲年宫的宫名相近，可能各为其宫中之宫。而“来谷”“蕲年”之名带有明显的祭祀性质，表达人们祭祀后稷，祈求来年丰收的愿望。“据《汉书》记载，西汉高祖至成帝，皇帝去雍祭五畤者凡十八次，亦多宿于蕲年宫。”[128]总之，堡子壕遗址的文字瓦当是秦宫汉葺的制品，从其文字、风格和形制看，不会早于西汉中期。当然，我们也期待新的考古发现给予确认。

对文字瓦当西汉说有异议者还认为：“西汉文字瓦当内容丰富、文字优美、技艺娴熟，从逻辑上看，在它之前，应当经历了相当长的发展阶段。从录有文字的秦汉文物观察，无论是陶文、金文、玺印，还是简牍、帛书、石刻，在秦汉之际皆有着明显的传承关系。如若唯独瓦当文字突然地始于西汉，难免有突兀之感。”[129]但在中国古代美术史上，具有创新性的突变事迹并不鲜见，例如庙地沟文化彩陶、三星堆青铜神树和大型青铜人像、秦兵马俑、西汉霍去病墓石雕群、唐昭陵六骏等，我们就很难找到它们与前代的传承关系。

值得注意的是，说文字瓦当始于秦，其所依据的都是宫殿名，而这些宫殿大多又与雍四畤及其他祭祀性礼仪有关，如蕲年宫与鄜畤、羽阳宫与密畤、[130]成山宫与日祠、梁山宫与好畤等。它们皆远离汉长安城，且又都与秦宫汉葺有关。而在长安城中的长乐宫、未央宫、桂宫和北宫等遗址，却从未发现有秦宫兴乐宫、章台宫、甘泉宫及信宫（极庙）等宫名的文字瓦当，这不能不引起我们的好奇。从政治和宗教角度审视，汉沿用羽阳、蕲年、橐泉、来谷、竹泉、棫阳、兰池、黄山、成山、梁山等秦宫旧名，并将它们模印在瓦当上的动机，可能在于向世人宣告：过去的秦旧宫现在成为西汉王朝的新宫。而秦宫汉葺的建筑活动，恰好为文字瓦当的出现提供了一个契机。

最早对文字瓦当进行分类的是陈直先生，他在《秦汉瓦当概述》中，将文字瓦当分为宫殿、官署、祠墓、吉语、杂类等六类，逐一解读它们的出土地点、功用、收藏和著录。[131]并有前言和综论，内容主要涉及秦汉瓦当的研究历史状况、鉴定和研究方法，造型特征、断代及分期，图像、图案及文字释义，文学词句和书体，造瓦的方法、窑、机构等。后来研究汉代文字瓦当者大多沿用此法。运用考古学的地层学和类型学的方法对文字瓦当进行分类，是20世纪90年代以来瓦当研究的一个亮点。如刘庆柱先生倡导文字瓦当研究中的“时”（时代的界定）与“空”（载体自身所表达的意义）问题。他依据汉长安城遗址考古调查及发掘所获材料并结合传统分类，针对各遗址出土的文字瓦当的数量和品类进行了分期，并讨论了部分瓦当的应用情况。[132]申云艳博士的研究重点放在当面布局及当心圆纹饰上，对考古调查及发掘所获的汉代文字瓦当进行了类型学划分。[133]

2. 瓦当中的宫殿名

宫殿名瓦当历来为研究者和收藏家所重视，考释和论述最多。此举数例略事补充，其他的不作重复罗列。先说汉时修葺雍城秦宫的几品瓦当。

如前所述，“蕲年宫当”“橐泉宫当”“来谷宫当”“竹泉宫当”四种，出自凤翔堡子壕遗址。“棫阳”“年宫”两种（图3-64），出土于凤翔马家庄与南古城之间和东社村两个地点。其中，马家庄与南古城之间出土的“棫阳”瓦当残半，仅存上缘“棫”字。[134]据《汉书·文帝纪》记载：“（文帝）二年（前178年）夏，行幸雍棫阳宫。”张宴注：“秦昭王所作也。”棫阳宫建于秦时，汉文帝幸雍止宿此处。从凤翔这两个地点出土瓦当的情况判断，棫阳宫占地面积比较大。早年传世的“棫阳”“年宫”瓦当，陈直先生有著录和考证：“《汉书·苏武传》云：‘从至雍棫阳宫。’是秦宫在西汉时犹存之一证。此瓦（‘棫阳’）中间云纹极工整，文字在外缘上下，秦瓦无此种形式。”而“年宫”之“瓦文在下格，其余皆云纹，疑祈（蕲）年宫之省文。”[135]出土的“棫阳”瓦当外区有网纹边饰，当心圆饰连珠纹，应为西汉中晚期作品。“年宫”瓦当与堡子壕的“蕲年”瓦当出处有异。“年”可作“蕲年”省文理解，但宫殿不是一处。年宫不见文献记载，但其瓦当却与“棫阳”瓦当伴出，推测该宫是棫阳宫中的祭祀建筑。此瓦纹饰整饬，边轮宽，复线界格，左、右及上三格饰云朵纹，当心饰乳丁纹，可能是西汉中期制品。

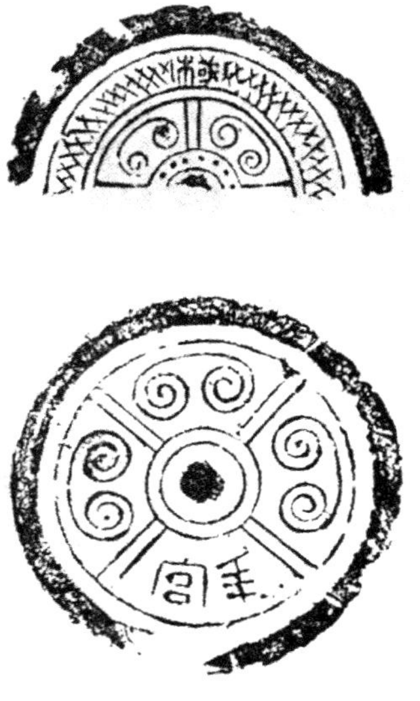

图3-64
“棫阳”“年宫”瓦当
凤翔马家庄西北

羽阳宫遗址在今宝鸡市金台区中山东路一带。《汉书·地理志上》右扶风陈仓县注：“有羽阳宫，秦武王始起也。”宫在羽阳山南、渭河以北，故称羽阳宫。出土的宫名瓦当有“羽阳千岁”“羽阳千秋”“羽阳万岁”“羽阳临渭”四种（图3-65）。陈直先生云：“羽阳千岁瓦，在北宋已有出土者，见于《渑水燕谭录》。1940年宝鸡东关修铁路时，曾掘出一大批，约有万余片，以千岁最多，万岁次之，千秋仅十余片，千岁又分粗

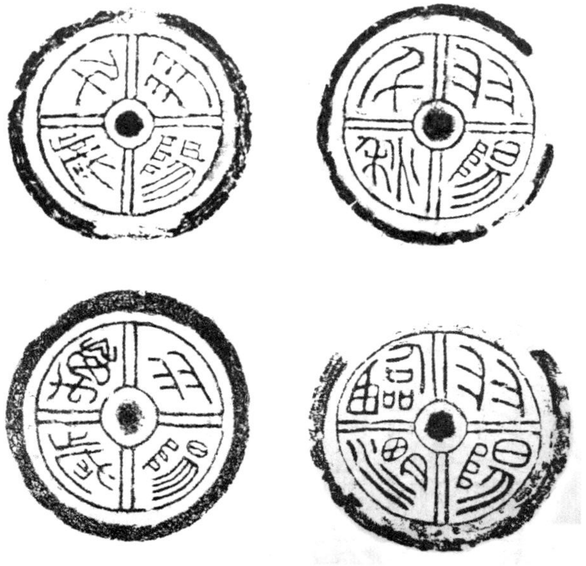

图3-65
羽阳宫瓦当四品
羽阳宫遗址

细两种篆文。临渭一品，在光绪初年即已出土。”又云：“旧说以为秦瓦，实皆汉制，盖秦代遗存宫殿，汉代加以修葺者。”[136]羽阳宫瓦当边轮皆宽，复线界格，篆书随势为之，不取方正。

成山宫、梁山宫、兰池宫三处离宫，各有“成山”“梁宫”和“兰池宫当”瓦当一种出土。

在宝鸡市眉县第五村乡秦汉建筑遗址出土了两款“成山”瓦当（图3-66）。经考古试掘，在该遗址还发现有“长乐未央”文字瓦当、夔凤（云气）纹大半圆瓦当、饕餮纹半圆瓦当以及葵纹和大量云气纹圆瓦当。[137]“成山”即秦汉成山宫，此宫未见史书记载。发现于山西平朔的一件宣帝时成山宫铜灯，灯盘外壁有篆书阴刻铭文“成山宫行灯，重二斤，五凤二年（前56年）造。第卅三”，鋬面篆刻“扶”字。[138]传世的成山宫鼎，器腹刻有“第十六陈仓成山共金鼎一合”“斄成山宫”铭文。[139]近年发现有成山宫鼎，亦见“陈仓成山共金鼎”铭文。[140]其中“扶”是三辅右扶风的省称，“陈仓”为右扶风属县，故城在今宝鸡市以东的戴家湾。关于“斄”，《汉书·地理志上》右扶风斄县注：“周后稷所封。”颜师古曰：“读与邰同，音胎。”斄为古封邑名，后在斄邑设亭，称邰亭。斄县地近郿县，二县皆为右辅（右扶风）所辖。东汉初撤销斄县，邰亭并入郿县，《后汉书·郡国一》（右扶风）云：“郿有邰亭。”[141]“成山”瓦当的出土，可知眉县第五村乡秦汉建筑遗址就是成山宫所在。

从发现的各类砖瓦判断，成山宫建于秦，西汉时修葺。成山宫是秦汉帝王祭日延年之处，而宫取“成山”名，与东莱郡不夜县的成山日祠有关系。《汉书·地理志上》东莱郡不夜县注：“有成山日祠。莽曰夙

图3-66
“成山”瓦当
成山宫遗址

夜。”颜师古注：“《齐地记》云古有日夜出，见于东莱，故莱子立此城，以不夜为名。”秦始皇于二十八年（前219年）“穷成山，登之罘”，三十七年（前210年）“自琅邪北至荣成山”，两次到成山祭拜日主。《史记正义》（秦始皇本纪）曰：

《括地志》云：“……成山在文登县西百九十里。”穷犹登极也。《封禅书》云：“八神，五曰阳主，祠之罘；七曰日主，祠成山，成山斗入海。”

后来汉武帝东巡，到成山礼拜日主。《汉书•郊祀志下》记载：

后五年（太始四年），上复修封于泰山。东幸琅邪，礼日成山，登之罘，浮大海，用事八神延年。

到宣帝时“成山祠日”活动未间断。赵丛苍先生撰文探讨了秦汉成山宫与数千里之外东莱成山之间的联系。他说：“成山自古以来就是祭日的地方，独特地理环境与祭日功能完美的和谐性以及悠久的祭日历史，使成山处于神圣的地位。可能秦始皇二十八年去成山祭日后，秦代统治者就移植其祭日圣地之名，在渭河南岸的太白山下建了成山宫，行祭日事，以求共近。汉代则袭之。”[142]我们采纳他的这些意见。

成山宫中有成山观，《三辅黄图》（卷五）云：“成山观，成山在东莱不夜县，于其上筑宫阙以为观。”何清谷先生注：“成山宫的宫门楼观，可能就是成山观。《三辅黄图》的原本可能就有成山观名。”但他又说：“唐人重新整理时已不知其所在，而以不夜县成山附会。”[143]我们以为，此文可能是用来阐释成山观的，大约在传抄中遗漏了其中一段文字，并非附会。

“成山”瓦当最早见于罗振玉《秦汉瓦当文字》著录。早年陈直先生将此瓦列入祠墓类，并“疑作成帝山陵解”，[144]显然有误。现在出土的两款“成山”瓦当，边轮宽，复线界格，四格内饰云朵纹，当心圆竖书“成山”二字。其中一款“成山”二字呈圆弧形，下面的“山”字肥笔，形若高山，云朵纹两侧各点缀两个圆点；另一款“成山”二字较规整，有隶书意味，当背先压印成绳纹后抹光、修平。综合其形制及纹饰风格，推测这两款瓦当不会早于西汉中期。“成山”瓦当的出土，丰富了文字瓦当中宫殿类瓦当的内容，为我们认识西汉离宫又增添了一宗实物例证。

图3-67
“梁宫”瓦当
传世藏品

“梁宫”瓦当（图3-67），陈直先生有著录和考释：“文二字：‘梁宫’，西安汉城遗址出土，梁字与梁通，盖梁孝王在京师建有离

宫，与淮南王当同例。瓦当中有三处空隙，皆缀以圆柱，疏密相称，章法奇妙。此瓦初存于赵荣禄处，余以重值得之，未几在重庆小龙坎损失，所有拓本，仅三纸已。”[145]限于当时的条件，考释有误难免。“梁宫”瓦当不是梁孝王刘武长安离宫用瓦，而是梁山宫之物，出土地点不会在汉城遗址，而可能出自陕西乾县西郊鳖盖秦汉建筑遗址。

关于梁山宫，《史记·秦始皇本纪》云：“始皇帝幸梁山宫，从山上见丞相车骑众，弗善也。”张守节《正义》引《括地志》云：梁山宫“俗名望山宫，在雍州好畤县西十二里，北去梁山九里”。《汉书·地理志上》右扶风好畤县注：“垝山在东。有梁山宫，秦始皇起。莽曰好邑。”《三辅黄图》（卷一）记载：“梁山宫，始皇幸梁山，在好畤。”《长安志》（卷三）引《三秦记》云：“梁山宫城，皆纹石，名织锦城。”目前在陕西乾县境内发现三处秦大型建筑遗址。其一在吴店乡瓦子岗村，遗址中心区有一平面长方形的夯土基址，其附近有一平面圆形的夯土基址。其二在注泔乡南孔头村，遗址北部中央有一大型夯土基址，其前部东西两侧各有一阙址。这两处遗址出土了用于构筑大型建筑的龙纹、龙璧纹、龙凤纹空心砖。[146]后来当地文博部门判断瓦子岗遗址是梁山宫所在，并引起考古及秦汉史学界的极大关注。其三在乾县县城西郊的鳖盖，遗址中部有平面方形的夯土基址，附近发现大量的秦砖瓦残件。其中，有多块筒瓦和板瓦上有“梁宫”戳印。结合文献记载与诸遗址的地望，何汝贤先生对先前文博部门的意见提出质疑，认为鳖盖遗址是秦梁山宫所在。[147]刘庆柱先生持相同看法，但他认为梁山宫属于大型建筑群，吴店乡瓦子岗村和注泔乡南孔头村两处遗址也是梁山宫故址。[148]我们期待将来的考古发掘对秦汉梁山宫的确认。

上林苑的宫馆中，鼎湖宫有“鼎胡延寿宫”“鼎胡延寿保”瓦当两种，长杨宫有“宫”字瓦当一种，黄山宫有“黄山”瓦当一种。

鼎湖宫的两种瓦当，先见于罗振玉先生《秦汉瓦当文字》著录。陈直先生考释说：“《三辅黄图》云：‘鼎胡宫在蓝田。’延寿宫瓦有左读者，宫保二字，皆在中央。”[149]但“鼎胡延寿保”瓦当后来再未发现，倒是“鼎胡延寿宫”瓦当先后发现了多件（图3-68）。

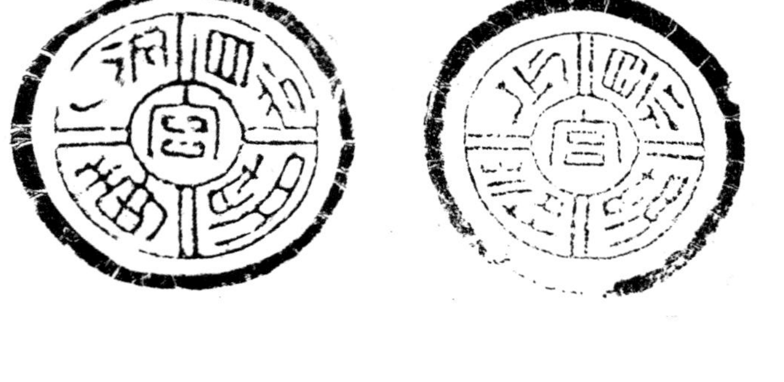

图3-68
“鼎胡延寿宫”瓦当
鼎湖宫遗址

鼎湖宫不仅是汉帝的疗养胜地，还可能是国家的重要祀神场所，遗址在今西安市蓝田县焦岱镇。据当地文博部门的调查材料，遗址内出土了汉代素面和几何纹铺地砖，大量绳纹板瓦片和筒瓦片、云气纹和文字瓦当。[150] “鼎胡延寿宫”瓦当有七件，可分三式，[151]它们的主要差别表现在书写上“延寿”二字反书与正书，布局上分左右对读与右读。

据《史记•封禅书》记载，元狩六年（前117年），武帝养病于鼎湖宫，然后幸甘泉，病愈。大赦天下，并建造寿宫以礼神君。祀神以求得延年益寿，故称寿宫。换言之，前面带“寿”或“延寿”“益延寿”的宫馆，应与祀神有关。我们推测，是年建造的寿宫不在甘泉宫而可能在鼎湖宫，直到元封二年（前109年）武帝才在甘泉宫建益延寿馆。若此前在甘泉宫建有寿宫，后来就不会在同一地点重复建造性质相同宫馆。

图3-69
“清凉有熹”瓦当
汉长安城遗址

“鼎胡延寿宫”瓦当中有“延寿”二字，说明鼎湖宫中设置有专门用来“以礼神君”的建筑场所。此瓦当心有一“宫”字，表明鼎湖宫的性质，即这座宫殿为皇家专属；布局于界格内的“鼎胡延寿”是一句带宫名的专用吉语，右读“鼎胡”是宫名，即颂祝的对象，左读“延寿”即吉语“延年益寿”省文，是对鼎湖宫主人的颂祝及宫殿功能意义的表达。过去大多数著述按照瓦当字面，把鼎湖宫名称之为“鼎胡延寿宫”，不妥当。如前述“羽阳千岁”“羽阳千秋”“羽阳万岁”“羽阳临渭”瓦当等，皆为宫名与吉语的组合。若要说这些四字语是宫（殿）名，岂不怪哉。殿名与吉语组合的还可举“清凉有熹”瓦当（图3-69）。此瓦出土于长安城遗址，大约是未央宫前殿北清凉殿的用瓦。右读“清凉”表殿名，左读“有熹”是获得光明的意思，“清凉有熹”为该殿的专属吉语。

在甘泉宫通天台附近发现的有“益延寿”残瓦（图3-70），应是益延寿馆用瓦。[152]参照传世的藏品（图3-71），该瓦铭文为左右对读式布局，“益延”居左，“寿”居右，无“馆”或“宫”字，突出表达该馆（宫）的功能意义。一些瓦当图集收录有上下布局式的“益延寿”瓦当[153]和带“宫”字的“益延寿宫”瓦当，[154] 与甘泉宫采集的“益延寿”残瓦不同。

长杨宫的“宫”瓦当为近年所发现。位于西安市周至县终南镇竹园头村一带的秦汉建筑遗址被认为是长杨宫遗址。从该遗址采集有秦龙纹、璧纹空心砖，葵纹、云纹瓦当；西汉虎纹、龙纹砖，四神纹、云气纹及文字瓦当。

图3-70（左、中）
“益延寿”残瓦
甘泉宫遗址

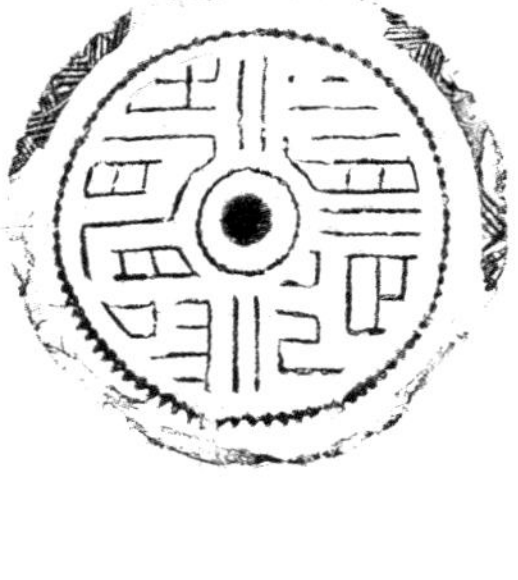

图3-71（右）
“益延寿”瓦当
传世藏品

图3-72（上）
“宫”瓦当
长杨宫遗址

图3-73（下）
“冢”瓦当
长杨宫遗址

其中，“宫”瓦当只有一件，当面涂朱。[155]它的边轮较宽，内有一道弦纹；“宫”字居中，结构方正庄重，笔画挺直；“宫”字上、左、右三方为装饰性曲折线，线外饰四个小乳丁，起到填充当面的作用；“宫”字下方有一曲颈仰头长鸣、双爪举舞的鹤，寓意长寿延年（图3-72）。类似的装饰手法还见于同地出土“冢”瓦当（图3-73）。“宫”瓦当在长安城遗址、陕西泾阳县口镇乡有出土。但这些瓦当中的“宫”字大多位于当心圆，字较小，四面饰云气纹，有的在宫字周围装饰数道弦纹。相比之下，长杨宫遗址出土的这件瓦当构思新颖，形式独特，可能是该宫的专门制品。

“黄山”瓦当见于王昶《金石萃编》著录。陈直先生按：“《汉书•地理志》右扶风怀里县注：‘黄山宫孝惠二年造。’《三辅黄图》并同。元后传所谓‘秋历东馆，望昆明，集黄山宫’是也。与黄山第四镫，有同等价值。”[156]

黄山宫遗址位于兴平市田阜镇侯村，遗址内发现夯土台基、道路、墙基、散水及陶窑等遗迹，另外还出土有“长生无极”“千秋万岁”“长乐未央”“黄山”文字瓦当和大量云气纹瓦当。[157]其中有一件带瓦筒的“黄山”瓦当（图3-74），边轮很宽，内饰弦纹一周；“黄山”二字作上下布局，篆书，笔画匀称，典雅优美；“山”中间为网格式山形状，其上有一短竖线，像似高耸的山尖；当心有一小乳丁，起到连接和稳定字纹的作用。这件瓦当至关重要，它是目前认定该遗址为黄山宫故址的重要证据。

上林苑有平乐观，高祖初创，观址大约在长安城西墙北段之外，建章宫的北面。[158]冯云鹏、冯云鹓《金石索》著录有“平乐宫阿”瓦当，陈直先生“疑为平乐观之物，宫阿谓周阿之义。[159]此瓦边轮宽，内有弦纹一周，复线分四格，格内从右向左篆书“平乐宫阿”四字，当心为乳丁纹。近年有收藏者获得一件“平乐宫阿”瓦当，传出于今咸阳渭河电厂一带。[160]汉代平乐观在渭水之南，而传出瓦当的地点则在渭水以北，故不足信。

图3-74
“黄山”瓦当
黄山宫遗址

3. 瓦当中的官署名和墓祠名

在官署类瓦当中，近年新发现的“禁圃”“鄜”“泾置阳陵”“阳陵泾乡”瓦当也值得关注。

见于公布的 “禁圃”瓦当（图3-75）有五件，四件采集于上述长杨宫遗址，[161]一件采集于西安市户县甘河乡坳子村一处秦汉遗址区。[162]前者边轮残，外圈尚存一周弦纹，篆书“禁圃”二字方正严谨，上下排列，中有一横线，“圃”字两边各有一曲尺纹，起到填充空白和装饰作用；后者外轮上部残，书体、布局、纹饰均与前者相同。“禁圃”瓦当与“黄山”瓦当的样式风格相同，为汉代二字瓦当中的典范之作。

禁圃是上林苑中管理园艺、菜蔬瓜果种植的专门机构，为水衡都尉的下属。《汉书·百官公卿表上》记载：

> 水衡都尉，武帝元鼎二年初置，掌上林苑，有五丞。属官有上林、均属、御羞、禁圃、辑濯、钟官、技巧、六厩、辩铜九官令丞。又衡官、水司空、都水、农仓，又甘泉上林、都水七官长丞皆属也。上林有八丞十二尉，均输四丞，御羞两丞，都水三丞，禁圃两尉，甘泉上林四丞。

武帝元鼎二年（前115年）初置水衡都尉，禁圃令丞在内，“禁圃”瓦当为其官署用瓦，故其制作年代应在是年以后。“禁圃”瓦当出土的两个地点，东西相距10余千米。张天恩先生认为，这与汉官职中禁圃设有两尉有关，瓦当出土的两个地点附近分别为禁圃两尉（两丞）的官署所在地。[163]同时他还对禁圃所管辖的区域范围、主要职司及其与上林苑的关系进行了细致讨论。

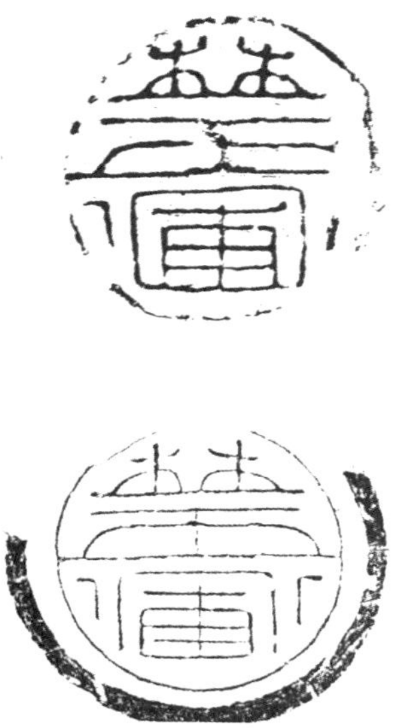

图3-75
“禁圃”瓦当
长杨宫遗址（上）
户县甘河乡坳子村（下）

我们以为，用禁圃设有两尉（两丞）来证明瓦当出土的两个地点是其官署所在地，欠妥当。上林苑规模很大，其边界的今地点：东南到蓝田县焦岱镇，东北至西安市东郊灞河、浐河；西南至周至县终南镇，西北到兴平田阜乡；南抵秦岭北麓，北部到渭河南岸（西段延伸至渭河北岸）。禁圃作为专门管理整个上林苑的园艺、菜蔬瓜果种植的官署，可能有多个分支机构驻守各个宫馆或其附近。“禁圃”瓦当出土的两个地点位于上林苑的西南部，这一带除长杨宫外，还有萯阳宫、青梧观和五柞宫。我们不排除禁圃官署的中心机构设置在长杨宫或其附近的可能，但其分支机构应不止一两个。换言之，“禁圃”瓦当的出土，对我们认识该官署在上林苑西南部的机构设置提供了一个佐证。

新发现的几件“郿”瓦当采集于宝鸡市眉县的两处秦汉建筑遗址，可分三式（图3-76）：一式边轮残半，内有弦纹一周，复线界格，界格内饰蘑菇形云气纹，当心圆中篆书“郿”字；二式有

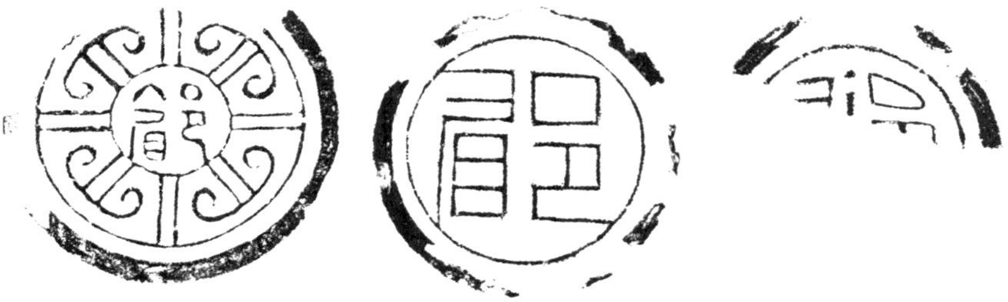

图3-76
“郿”瓦当
宝鸡眉县秦汉建筑遗址

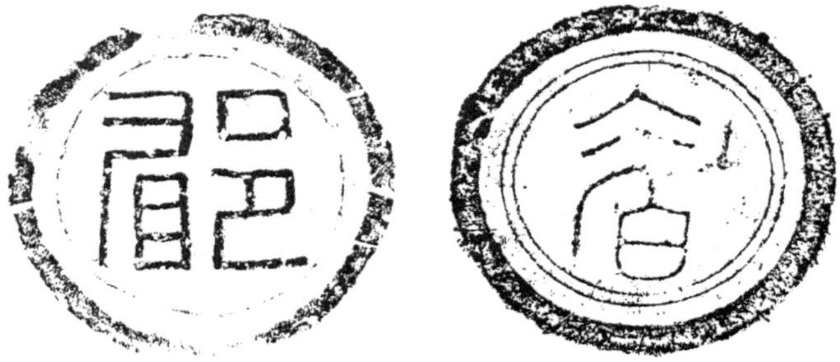

图3-77
“郿”“眉”瓦当
陈直收藏拓片

边轮，内有弦纹一周，中间一个硕大方正的“郿”字，有些隶书意味；三式残甚，“郿”字的“眉”与“阝”之间有点线相间。早年陈直先生收藏的“郿”“眉”瓦当拓片各一件（图3-77）。[164]其中的“郿”瓦当与新发现的二式相同，只是笔画稍粗；“眉”瓦当的边轮宽，内有两道弦纹一周，居中的“眉”字无右部“阝”，写法与前者的左部“眉”不同，篆书意味也比较浓。

标以地名的瓦当主要是秦宫汉葺的宫名，如“羽阳”“橐泉”“成山”“梁山”“兰池”等。眉县发现的这几件瓦当上的“郿”字属于地名无疑，但它究竟是宫名还是官署机构名？

据报告者披露，出土“郿”瓦当的两处遗址相距13千米，一处在城关镇西南的西岭村，在遗址内发现了大量的板瓦、筒瓦、云气纹瓦当，以及数枚文字瓦当；另一处在槐芽镇赵家庄，遗址内发现有五角形排水陶管道、水井及井圈。报告者认为，虽然这两处遗址的规模不很大，但作为县治恐难承载，而西汉时专为县治使用瓦当的情况尚无发现，所以它们很可能是秦汉时行宫离馆的故址，而“郿”瓦当为其宫馆所用。[165]

我们认为，著名的成山宫就在遗址的附近，所以这一带不会再设置汉帝的离宫别馆。那么在此处建造颇具规模的建筑群，只有级别较高的官署才能担当。《汉书·地理志上》右扶风郿县注：“右辅都尉治。”右辅都尉是当时设置在该县级别最高的官署。关于右辅都尉及其治所，《三辅黄图》（卷一）的表述比较清楚：

> 三辅者，谓主爵中尉及左、右内史。汉武帝改曰京兆尹、左冯翊，右扶风，共治长安城中，是为三辅。三辅郡皆有都尉，如诸郡。京辅都尉治华阴，左辅部尉治高陵，右辅都尉治郿。

何清谷先生指出：“都尉有单独的治所。三辅属郡级，与其他郡一样皆设都尉。景帝分置左、右内史时，即置二辅都尉，武帝太初元年（前104年）立三辅，京兆尹置京辅都尉，左冯翊置左辅都尉，右扶风置右辅都尉，各有独立的治所和属官，仅主武职，不烦民事。”[166]陈直先生说：“《汉书·地理志》，高陵注‘左辅都尉治’，郿县注‘右辅都尉治’，而于华阴县独不注‘京辅都尉治’，恐为《地理志》脱文。”[167]我们以为，西岭村和赵家庄建筑遗址可能与右辅都尉治所有关，“郿”瓦当大约是其治所建筑用瓦，“鄠”字是右辅都尉治所的称谓。

“阳陵泾乡”“泾置阳陵”瓦当出土于阳陵邑遗址（图3-78）。《史记·孝景本纪》记载，景帝四年（前153年）“后九月，更以弋阳为阳陵。……五年（前152年）三月，作阳陵、渭桥。五月，募徙阳陵，予钱二十万”。其中，“作阳陵”即开始营建阳陵邑。又据《汉书·地理志下》安定郡泾阳县注：“幵头山在西，《禹贡》泾水所出，东南至阳陵入渭，过郡三，行千六十里，雍州川。”可知阳陵邑临近泾渭交汇之处。经考古研究人员的勘察和确定，西安市高陵县米家崖汉代遗址为阳陵邑故城遗址。遗址在阳陵东陪葬区的东部，有城垣、里坊、街道遗迹。主街道将陵邑划分为北面官署、南面居民两个区域。[168]在官署区内出土的“阳陵令印”“阳陵丞印”封泥，为陵邑最高长官的信物。“阳陵泾乡”“泾置阳陵”瓦当有边轮和弦纹，当心为乳丁，复线界格，文字左右对读，篆书。阳陵邑北临泾水，而瓦当文字中“泾乡”“泾置”恰好互补，表明其治所设置在此处，两品瓦当为阳陵邑官署机构用瓦。

图3-78
“阳陵泾乡”
“泾置阳陵”瓦当
阳陵邑遗址

在墓祠类的文字瓦当中，高祖长陵21号陪葬墓附近出土的“齐园”“齐一宫当”“齐园宫当”瓦当（图3-79）可以再讨论。这组文字瓦当面径形制规格一致，边轮不宽，当背平整。其中，“齐园”瓦当的一周弦纹很宽，文字作直读式布局，笔画粗壮，“齐”字上面一横作圆弧状，交于“园”字下端。“齐一宫当”“齐园宫当”瓦当的一周弦纹比较细，复线界格，文字作左右读式布局，当心为一大乳丁文。从文字、风格和形

图3-79
“齐园”瓦当三品
长陵21号陪葬墓附近

制看，它们应为西汉中期或稍前的遗物。

长陵考古调查报告的作者认为，21号陪葬墓周围发现的瓦当三品，“无疑这个墓主人与齐国有关，我们拟为武帝子刘闳（齐王）的墓”。[169]后来的研究者大多从此说，只有信立祥先生则持不同意见。他认为，调查报告的作者将三品瓦当中的“斋”字误释为“齐”字，据此推断21号墓的墓主为武帝庶子齐王刘闳。但刘闳与高祖相隔已远，即使陪葬也理应陪葬茂陵，而不是长陵。何况武帝时有严格的“归藩”制度，诸侯王死后必须葬在自己的封地，所以该墓的主人不会是刘闳。再从瓦当文字看，“斋园”中的“斋”字为本字无疑，“斋园宫当”当文中的“斋”字确实为“齐”字。但古代“斋”“齐”相通，《汉书》中凡“斋戒”均作“齐戒”，无一例外。而在汉代只有皇帝建筑才能称为“宫”，故可以肯定，瓦当所属建筑是为原庙祭祀前举行斋戒仪式而建造的长陵斋宫。[170]信立祥先生的这些意见是有一定道理的，他提出长陵原庙前修建斋宫的看法，应当引起我们的关注。

长陵原庙建于惠帝时，但我们不知道它的确切位置在何处，也无具体线索可寻。据考古钻探调查所获材料，长陵陵园内发现建筑遗址四处，分布于陵园内的东南、西南角，以及东北和西北部，[171]估计原庙不会设置在其中。

发现“齐园”一组瓦当的同时，在长陵西垣墙发现下水道的地方，采集到“长陵西当”瓦当；在陪葬墓园西边，1、2号墓与3号墓之间偏西处，发现“长陵东当”瓦当多枚（图3-80）。[172]这两种瓦当的当心为连珠纹，应为西汉晚期的制品。“长陵西当”瓦当大概是后来修葺长陵陵园的制品，但“长陵东当”瓦当发现于距离长陵陵园约2000米的陪葬墓园附近，故不会是陵园内建筑用瓦。参考考古研究者判断阳陵、茂陵、平陵及杜陵的陵庙设置在帝陵外东南或东北的意见，推测长陵原庙大约设置在此处。原庙在长陵陵园之东，属于长陵一个组成部分，所以瓦当有“长陵东当”铭文。换言之，该瓦可能是高祖原庙用瓦。陕西历史博物馆收藏有“长陵西神”瓦当，当心有连珠纹，[173]亦为西汉晚期之作。“西神”可能指位于原庙以西的长陵寝殿，该瓦应为后来修葺该建筑的制品。“长陵东当”瓦当的出土地点，距离“齐园”一组瓦当的出土地点比较近，想来原庙与斋宫的布局还算合理。但令人费解的是，为

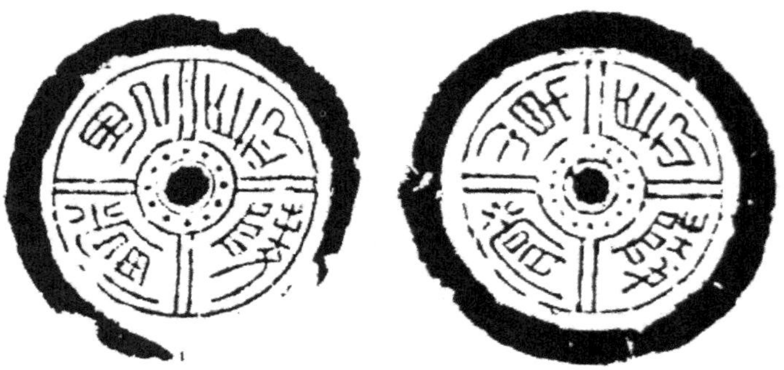

图3-80
“长陵西当”
“长陵东当”瓦当
长陵陵区

什么陵庙前的斋宫要设置在东边的陪葬墓区内？

《汉书·地理志下》记载：“汉兴，立都长安，徙齐田、楚昭、屈、景及诸功臣家于长陵，后世世徙吏二千石、高訾富人及豪桀并兼之家于诸陵。”陵园与陵邑、陵主与陵邑居民的关系，就是皇宫与长安城、汉帝与臣民关系的缩影。我们以为，在21号陪葬墓附近出土的“齐园”一组瓦当所属的建筑，不是为长陵原庙祭祀前举行斋戒仪式而建造的斋宫，而可能是生活在长陵邑内的居民用来祭祀高祖神灵的专门场所。“齐园”的神主是皇帝，故而称“宫”。但这座“齐园”属于民间祭祀性质，它与日祭于寝、月祭于庙、时祭于便殿的皇家陵园祭祀建筑有别。当然这是一个未经证实的推测，希望有研究者参与讨论。

4. 吉语的文学意义

长安瓦当上的文字可分标识和吉语两个大类，过去标识类研究甚多，而吉语类研究甚少，尤其是它的文学意义。早年陈直先生把吉语类分赋文语句和口头语句两种，说“汉瓦文词，有极类汉赋单句者，如崇蛹嵯峨、加气始降、加露沼沫、方春蕃萌、清凉有憙、朝阳望嵲等句，气势雄健，与司马相如《上林赋》相似，亦西汉文学之优秀作品也。其他所用习俗口头语，与古籍古物可以互相印证”。例如，“延年益寿、长乐未央、日有憙，均见于汉镜铭。千秋万岁见于《汉书·窦婴传》。与天毋极见于《路温舒传》，长乐无极见于《急就篇》末句。大宜子孙见于汉锦绣字（见《文物》1962年第8期，新疆民丰县东汉墓中所出汉锦），六畜蕃息见于匈奴歌，单于和亲见于十二字砖文，汉并天下与《苍颉篇》汉兼天下相似”。[174]它们带有强烈感情色彩，注重藻饰，措辞雅丽，抒发出人们对个体生命、社会生活、国家福祉、民族团结的美好祝愿。

长安瓦当吉语中反映当时文学方面成就的，以茂陵霍光墓附近出土的“加气始降”“屯泽流施”“光睔甴宇”“道德顺序”四品（图3-81）具有代表性。

这四件文字瓦当，除“屯泽流施”边轮较宽，其他的都比较窄，边轮内都有一周弦纹，复线界格，格内文字自右向左直书，当心为一大乳丁。从书体风格、布局方式和当心纹饰特征观察，它们应是西汉中期作品。关于文字的释读，如说“加气始降”应为“嘉气始降”，可从；“屯泽流施”中的“屯”应为“纯”字，恐不确。“光睔甴宇”争议较多，分歧集中在“睔”和“甴”字上。[175]如杨力民先生

1

2

3

4

图3-81
吉语瓦当四品
茂陵霍光墓附近
1.加气始降
2.屯泽流施
3.光睔甴宇
4.道德顺序

释为“光旭块宇”，钱君匋、张星逸、许明农先生释为“光喻吉宇”，王墉先生释为“光耀块宇”，雷百璟先生释为“光喻古宇”，王辉先生释为“光曜坎宇”。赵平安先生认为瓦文顺时针读，并释为“光喻宇宙”。参考同出的其他瓦当的书写格式，我们以为此四字应左右读。其中的“喻”可释为“曜”，但“凷”应从原字。“凷”字为象形兼会意字，从“土”表其质，从“凵”像土块置于坎中形，作“塊”“坎”还算妥当，但表意不如原字，释为“吉”“古”“宙”不妥当。这四件瓦当同出一地，当面上的四字吉语应是一篇辞赋中词句，组合起来成篇。全篇可能由多件模印四字词句的瓦当组成，从右向左装饰在建筑物的屋檐，借助纪念碑式建筑作为载体，使辞赋的主题思想得到张扬和升华。

据当地文博人员的报告，这批瓦当为当地村民平整土地时发现，地点在霍光墓东面500米、地深1～1.5米处。报告者认为，史书记载霍光死后，“起冢祠堂，置园邑三百家”，因此霍光墓附近出土的四件文字瓦当，应是建造祠堂或园邑用的。[176]我们以为，霍光墓以东500米出土的这些文字瓦当，不会是霍光墓前祠堂或其园邑之物，而是茂陵陵区东部的建筑用瓦。据《汉书•霍光传》记载，霍光去世后，其妻霍显扩建夫君的墓园，“起三出阙，筑神道，北临昭灵，南出承恩”。服虔注：“昭灵、承恩，皆馆名。”这四件吉语瓦当的出土地点，大约是茂陵陵区内灵昭、承恩馆一类建筑所在。

从主题内容看，这些吉语讴歌的是汉世顺应天道以及天子对臣民的恩泽，颂扬对象乃西汉王朝和武帝。霍光虽是历经武、昭、宣三朝的重臣，死后又以天子礼陪葬茂陵，后来又有其妻霍显扩建霍氏墓园，盛饰夫君祠室。但是，若在霍光祠室的瓦当上使用这些辞赋文词赞美祠主的丰功伟绩，这在等级制度森严的汉代几乎是不可想象的。在茂陵其他地点出土的吉语瓦当中，与这四件文字内容相近的还有数例。如在霍光墓以东1500米的道张村出土的“屯美流远”瓦当，[177]以及见于著录的“泱莽无垠”“流远屯美”瓦当等（图3-82）。[178]

图3-82
吉语瓦当二品
茂陵陵区
1.泱莽无垠
2.流远屯美

茂陵瓦当吉语的出现，有着特殊的文学历史背景。当时因“润色鸿业”之需要，文学受到最高统治者的青睐，辞赋兴盛，赋家辈出。班固《两都赋·序》曰：

大汉初定，日不暇给。至于武、宣之世，乃崇礼官，考文

> 章。内设金马、石渠之署，外兴乐府协律之事，以兴废继绝，润色鸿业。是以众庶悦豫，福应尤盛，《白麟》《赤雁》《芝房》《宝鼎》之歌，荐于郊庙。神雀、五凤、甘露、黄龙之瑞，以为年纪。故言语侍从之臣，若司马相如、虞丘寿王、东方朔、枚皋、王褒、刘向之属，朝夕论思，日月献纳。而公卿大臣，御史大夫倪宽、太常孔臧、大中大夫董仲舒、宗正刘德、太子太傅萧望之等，时时间作。或以抒下情而通讽谕，或以宣上德而尽忠孝。

图3-83
“与民世世天地相方永安中正”瓦当
茂陵“瓦渣沟”遗址

而且武帝本人也颇好辞赋，“每宴见，谈说得失及方伎赋颂”（《汉书·刘安传》）。宣帝更深爱文学，设置专门的机构和颁布相应的制度来推动辞赋的创作。

在十二字组成的吉语瓦当中，“与民世世天地相方永安中正”“维天降临延元万年天下康宁”具有代表性。其用词组句工稳，立意高深，语义隽永，作者非辞赋家莫属。前者出自茂陵“瓦渣沟”遗址，当面的边轮内有弦纹一周，复线界格穿过当心圆，格内“与民世世天地相方”八字，当心圆为“永安中正”四字（图3-83）。“瓦渣沟”遗址邻近处是茂陵陵园的10号建筑遗址，遗址内正中保存有覆斗形夯土台，可能是茂陵的陵庙——龙渊宫所在。[179]那么这件瓦当应为陵庙用瓦，当面的吉语应是对神主汉武帝的颂祷。后者曾散出数件，经考古发掘出土于武库遗址的有四件（图3-84），[180]当面边轮内皆有弦纹一周，十二字分三列四字从右至左布局，依次为“维天降临”“延元万年”“天下康宁”。这四件瓦当出土于西汉文化层，未见秦文化层，故断为西汉最为妥当。另外，甘泉宫遗址出土了一件同品类吉语瓦当的陶范，[181]文字布局形式如前者，当心上下左右各有一简化龙纹，字纹和龙纹间饰乳丁纹（图3-85）。这件陶范的发现有意义，说明此十二字吉语流传的范围从长安城扩展到甘泉宫。

图3-84（上、中）
“维天降临延元万年天下康宁”瓦当
传出阿房宫遗址

图3-85（下）
“维天降临延元万年天下康宁”陶范
甘泉宫遗址

这两种十二字吉语的文体风格不同，前者完全是郊庙诗歌的意味，用于礼神安魂；后者像似诰命诏书的择句，向天下昭示汉帝永久的统治地位。有研究者说，“维天降临延元万年天下康宁”似为西汉中晚期的“时代语言”。[182]我们以为，这个吉语很可能反映了当时一个重大事件，从“降灵”“延元”“康宁”字面分析，它或许与宣帝时的元康纪年，以及当年春天在杜东原建造寿陵和凤凰集现、甘露降临有关。《汉书·宣帝纪》记载：

> 元康元年春，以杜东原上为初陵，更名杜县为杜陵……
>
> 三月，诏曰：“乃者凤皇集泰山、陈留，甘露降未央宫。朕未能章先帝休烈，协宁百姓，承天顺地，调序四时，获蒙嘉瑞，赐兹祉福，夙夜兢兢，靡有骄色，内省匪解，永惟罔极……”

考古研究人员对汉长安城宫殿、陵园建筑遗址出土吉语瓦当的统计和分析，为我们深入认识它们的性质和特点提供了帮助。如在未央宫的北宫门、西南角楼、前殿A区和B区、椒房殿、少府、中央官署，以及武库、桂宫2号建筑遗址等处出土的文字瓦当中，属于吉语类的主要有“长乐未央”“长生无极”“长生未央”“与天无极”“千秋万岁”“延年益寿”“与天”“延年”“维天降灵延元万年天下康宁”等；早年在建章宫遗址出土的有“汉并天下”“延年益寿”等。再如调查景帝阳陵时采集有“千秋万岁”“与天无极”“长乐未央”，后来发掘阳陵帝陵南阙门又出土了“千秋万岁”“与天无极”“长生无极”“长乐未央”“与天久长”“万岁未央”“永奉无疆”等。[183]从统计数据分析，在京畿地区的宫殿、陵园建筑中，最流行的要数“千秋万岁”“与天无极”“长生未央”“长乐未央”“长生无极”“延年益寿”等6种（图3-86）。而在京畿以外的甘泉宫，采集最多的是“长生未央”，出版的图集中就收录了130余件。[184]甘泉宫的郊祀功能，决定了此种吉语瓦当在该处盛行。

在这些吉语瓦当中，未央宫椒房殿和桂宫2号遗址内出土的“长生无极”瓦当数量最多。椒房殿遗址的69件文字瓦当，“长生无极”瓦当44件，占文字瓦当总数的64%；桂宫2号遗址的占文字瓦当总数的三分之二。“它说明西汉中晚期皇室后妃宫殿建筑使用文字瓦当有一定章程，‘长生无极’瓦当是属于这类建筑普遍、大量使用的文字瓦当。”宣帝杜陵，帝陵陵园东门遗址出土瓦当130件，其中“长生无极”瓦当9件，“长乐未央”瓦当118件，后者占出土文字瓦当总数的93%；皇后陵园东门遗址出土瓦当59件，“长生无极”瓦当26件，“长乐未央”瓦当19件，前者占出土文字瓦当总数的58%，后者占42%。帝陵寝园遗址出土的165件瓦当的文字均为“长乐未央”，皇后寝园遗址的瓦当中，“长生无极”“长乐未央”占绝大多数。这说明宣帝时陵园门阙和寝园使用文字瓦当已成为主

1 2 3 4 5

6

图3-86
吉语瓦当六品
汉长安城、汉帝陵园遗址
1.千秋万岁 2.与天毋（无）极
3.长生未央 4.长乐未央
5.长生无极 6.延年益寿

流，其中帝陵的瓦当以“长乐未央”为主，后陵的则以“长生无极”为大宗。[185]

较早出现的“长生未央”，是一个含有宫名的吉语，在对汉帝生命永恒的祝福中，寄予了统治者永葆刘氏江山的理想。后来出现的“长乐未央”，由东西两宫的宫名组合而成，既是对现实盛世的肯定，又是对西汉王朝二元政治的赞颂，取喻双关。与“长乐未央”相比，“长生无极”旨在讴歌生命长久的意义，用于皇室后妃宫殿和皇后陵园较为恰当。

在西汉晚期的陵园遗址内采集的吉语瓦当有“亿年无疆”“永奉无疆”（渭陵、义陵）、“高安万世”（义陵）等（图3-87），[186]后来在阳陵帝陵南阙门遗址经考古发掘出土的吉语瓦当中有“永奉无疆”。[187]但这几种吉语瓦当在长安城宫殿遗址中尚未发现，说明当时生者居住的宫殿与死者安葬的陵园，在吉语瓦当的使用方面还是有一定区别的。

5. 书法艺术

文字是文明的载体，也是一个民族文明史的见证。汉字在新石器时代龙山文化时期已见雏形，山东邹平丁公、江苏高邮龙虬庄出土的刻文陶片上，[188]部分陶文与殷墟甲骨文十分接近，有比较明确的笔顺和书体的意味。商代晚期出现的甲骨文、商周时期的金文，呈现出追求美观匀称和布局规整的面貌。战国秦汉时期是汉字和书写出现变革的一个重要阶段，在篆书风格的多样化与标准书体——小篆确立的同时，隶书渐次流行，草书、行书也发生于这一时期。

篆书即掾书，就是官书，秦统一文字后称其“小篆”。篆书作为一种规范化的官方文书通用书体，主要用于纪功刻石、诏版权量、兵虎符、印章等方面。卫协《四体书势》曰：“秦既用篆，奏事繁多，篆字难成，即令隶人佐书，曰隶字。汉因之，独符玺、幡信、题署用篆。”西汉时书体变革剧烈，金文大多已采用隶书，刻石题署篆隶参半。除符玺外，传统篆书为瓦当所采用并发扬光大。篆书行笔圆转，线条匀净，字形修长，体式齐整，风格庄重典雅，具有很强的装饰性。而装饰建筑物的瓦当作为文字题署的载体，必然选择篆书，不会是便于书写的隶书。

瓦当文字的书体吸收了印章中缪篆的风格，但有的则融入了隶书的笔意，如前述“成山”“泾置阳陵”“阳陵泾乡”以及“兰池宫当”（图3-88）等。将汉字装饰在瓦当上，并采用模具捺印而成，这

1

2

3

图3-87
吉语瓦当三品
汉帝陵园遗址
1.亿年无疆
2.永奉无疆
3.高安万世

图3-88
“兰池宫当”瓦当
传世藏品

就要求书写者和制作陶范的工匠联袂合作，重视当面布局，方圆并举，善于处理结构，随势就形，并且讲究笔画的工整和宽博疏朗，便利模印，使汉字的意蕴和书法的意匠之美与陶质载体融为一体。它们“从一字到多字，从界格的划分到书体的选排，从点线形态到意境的发掘，无不显示出汉代匠人‘胆敢独造’的艺术才能”。[189]关于长安文字瓦当书法艺术成就的分析，先前的研究者多有精彩论述和独到见解，此不赘述。

西汉宫廷特别重视写字和书法，《汉书·艺文志》记载：

> 汉兴，萧何草律，亦着其法，曰：“太史试学童，能讽书九千字以上，乃得为史。又以六体试之，课最者以为尚书御史史书令史。吏民上书，字或不正，辄举劾。”

《汉书·元帝纪》赞语：元帝“多材艺，善史书”。扬雄所著《训纂篇》，是以古文篆书写成，儒学家刘歆之子曾跟从他学习古文奇字。《汉书·陈遵传》记载，西汉末年官至京兆尹的陈遵长于尺牍，善书法，所作尺牍，人皆收藏以为荣幸。上层人物的书法爱好，对全社会书法艺术的发展有着相当大的促进作用。

长安文字瓦当的出现，当与一批善书者和书法家参与有关。早年陈直先生就注意到这个问题，他说：“盖西汉时书者、画工皆云集于黄门令署。《汉书·艺文志》赋家，有黄门书者假史王商，及黄门书者王广、吕嘉。《汉书·霍光传》记黄门画工画周公负成王图。《史记·建元以来侯者年表》褚先生补表，记高昌侯董忠之父以习书诣长安。瓦当文字，疑亦出于黄门官署之手。”[190]他的这些意见为不少研究者转述和引用。据《汉书·百官公卿表》记载，黄门为少府所属，官有黄门令、丞，中黄门归属黄门令。但它也泛指门禁，在宫禁之中供职者，可以称为“其官给事于黄门之内”。于宫禁中听候皇帝差遣，称黄门侍郎。[191]黄门书者无疑是长安书法艺术的推动者，但他们未必就在黄门官署中供职，而瓦当文字也并非都出于黄门官署或黄门书者之手。

汉时造砖瓦有专门的管理机构，如宗正属官都司空令和少府属官左、右司空令。瓦当文字的书法底本，可能由这些官署机构中的书佐提供，或由官署机构邀请署外书法高手写成。在面积不大的当面上，书写者不可能留下名款。无名文吏的政治地位低下，史书不载，但他们是那个时代当之无愧的书法家。

注 释

[1] 刘叙杰主编：《中国古代建筑史》（第一卷），中国建筑工业出版社2003年版，第177、316页。

[2] 北宋黄伯思《东观余论·古瓦辨》（卷上）云："近岁雍耀间耕夫，有得古瓦，其首作益延寿，三字瓦经尺，字书奇古。《史记•封禅书》汉武帝时'甘泉则作益延寿观'，与瓦文正合。"是为长安瓦当的最早记载。南宋时期行世的无名氏《续考古图》中，著录长安瓦当数品。在元代李好文《长安志图》中，对长安的文字瓦始有初步研究。清代专门著述有林侗：《汉甘泉宫瓦记》（一卷），朱枫：《秦汉瓦当图记》（四卷），钱玷：《汉瓦图录》（四卷），程敦：《秦汉瓦当文字》（二卷、续一卷），毕沅：《秦汉瓦当图》（一卷），陈广宁：《汉宫瓦当》（一卷）等。

[3] 现代专门著述（国内）主要有罗振玉：《唐风楼秦汉瓦当文字》（五卷），上虞罗氏永恭园丛书本，1914年；陈直：《关中秦汉陶录》（该书1953年写成，原稿存当时的中国科学院考古研究所，1994年天津古籍出版社、2005年中华书局出版，之前有《关中秦汉陶录提要》收入其著《摹庐丛著七种》，齐鲁书社1981年版）；陈直：《秦汉瓦当概述》，《文物》1963年第11期；陕西省博物馆：《秦汉瓦当》，文物出版社1964年版；华非：《中国古代瓦当》，人民美术出版社1983年版；西安市文管会：《秦汉瓦当》，陕西人民美术出版社1985年版；陕西省考古研究所秦汉研究室：《新编秦汉瓦当图录》，三秦出版社1986年版；杨力民：《中国古代瓦当艺术》，上海人民美术出版社1986年版；刘士莪：《西北大学藏瓦选集》，西北大学出版社1987年版；钱君匋：《瓦当汇编》，上海人民美术出版社1988年版；徐锡台、楼宇栋、魏效祖：《周秦汉瓦当》，文物出版社1988年版；刘庆柱：《汉代文字瓦当概论》，刘正成、王镛主编：《中国书法全集·秦汉金文陶文卷》，荣宝斋出版社1992年版；刘庆柱：《战国秦汉瓦当研究》，中国社会科学院考古研究所汉唐与边疆考古研究编委会：《汉唐与边疆考古研究》（第1辑），科学出版社1994年版；戈父：《古代瓦当》，中国书店1997年版；赵力光：《中国古代瓦当图典》，文物出版社1998年版；姚生民：《新中国出土瓦当集录·甘泉宫卷》，西北大学出版社1998年版；刘庆柱、李毓芳：《秦瓦当概论》，周秦文化研究编委会：《周秦文化研究》，陕西人民出版社1998年版；陈根远、朱思红：《屋檐上的艺术——中国古代瓦当》，四川教育出版社1998年版；傅嘉仪：《秦汉瓦当》，陕西旅游出版社1999年版；刘庆柱：《汉长安城遗址及其出土瓦当研究》，《古代都城与帝陵考古学研究》，科学出版社2000年版；傅嘉仪：《中国瓦当艺术》，上海书店2002年版；陈根远：《瓦当留真》，辽宁画报出版社2002年版；刘怀君、王力军：《秦汉珍遗——眉县秦汉瓦当图录》，三秦出版社2002年版；王世昌：《陕西古代砖瓦图典》三秦出版社2004年版；王培良：《秦汉瓦当图论》，三秦出版社2004年版；申云艳：《中国古代瓦当研究》，文物出版社2006年版。

[4] 刘庆柱：《汉长安城遗址及其出土瓦当研究》，《古代都城与帝陵考古学研究》，科学出版社2000年版，第361～362页。按：在汉代瓦当图案作类型学研究方面，石兴邦先生等曾进行过尝试和努力。参见石兴邦、马建熙、孙德润：《长陵建制及其有关问题——汉刘邦长陵勘察记》，《考古与文物》1984年第2期。

[5] 陈直：《关中秦汉陶录摘要》，《摹庐丛著七种》，齐鲁书社1981年版，第433～434页。按：引文与作者早年的著录文字有异，增加了"人物画像空心砖"的内容。《关中秦汉陶录》，中华书局2006年版，第

562～563页。

[6] 贾麦明：《西北大学收藏一方秦画像砖》，《考古与文物》1987年第1期，第91页。按：该砖收录于西北大学文博学院：《百年学府聚珍——西北大学历史博物馆藏品选》，文物出版社2002年版，第82页。

[7] 韩建武主编：《神韵与辉煌——陕西历史博物馆国宝鉴赏·玉杂器卷》，三秦出版社2006年版，第169页；国家文物局主编：《中国文物精华大辞典·金银玉石卷》，上海辞书出版社、商务印书馆（香港）有限公司1996年版，第355页。

[8] 北京汽车制造厂工人理论组、中央五七艺术大学美术学院美术史系：《略论秦始皇时代的艺术成就》，《考古》1975年第6期，第336页。

[9] 杨泓：《东晋、南朝拼镶砖画的源流及演变》，《汉唐美术考古和佛教美术》，科学出版社2000年版，第56页。

[10] 河南省文化局文物工作队：《郑州二里冈》，科学出版社1959年版，第51页。

[11] 郑州市文物考古研究所：《郑州市两处战国墓发掘报告》，《中原文物》1997年第3期。

[12] 关于西汉画像砖墓流行地区及画像题材演变的综述，参见蒋英炬、杨爱国：《汉代画像石与画像砖》，文物出版社2001年版，第179～185页。

[13] 陕西茂陵博物馆、咸阳地区文管会：《陕西咸阳茂陵西汉空心砖墓》，《文物资料丛刊》（6），文物出版社1982年版。

[14] 咸阳市博物馆：《咸阳西汉墓清理简报》，《考古与文物》1984年第5期。

[15] 咸阳市文管会、咸阳市博物馆：《咸阳市空心砖汉墓清理简报》，《考古》1982年第3期。

[16] 史家珍、李娟：《洛阳新发现西汉画像砖》，《中原文物》2005年第6期，图三、四、七、九。

[17] 沈从文：《中国古代服饰研究》，上海书店出版社2002年版，第136～137页。

[18] 孙机：《进贤冠与武弁大冠》，《中国古舆服论丛》（增订本），文物出版社2001年第2版，第161～181页。

[19] 刘庆柱先生指出："把考古工作者在咸阳原上发现的秦宫殿建筑年代，断定为秦始皇时营建，这与田野考古及其借助现代科学技术所得出的结论也是相违背的。秦咸阳城之宫城北宫墙通过考古试掘，已确定其为战国时代修筑。秦都咸阳第一、二、三号宫殿建筑的发掘，都已从地层学、器物学上证明了其建于战国时代，其中出土遗物通过14C和热释光年代测定所得出的结论也证实了这点。"《论秦咸阳城布局形制及其相关问题》，《文博》（秦文化、秦俑研究特刊）1990年第5期，第203页。

[20] 发掘报告将这种纹样称为太阳纹，不妥。在战国秦汉时期纹样中，未见用太阳纹作为主体性纹样的遗例。秦都咸阳考古工作站：《秦都咸阳宫第一号宫殿建筑遗址简报》，《文物》1976年第11期，第19页，图版贰。

[21] 陕西省考古研究所：《秦都咸阳考古报告》，科学出版社2004年版，第384、489页。

[22] 王世昌：《陕西古代砖瓦图典》，三秦出版社2004年版，第163～164页。

[23] 刘合心：《长杨宫遗址出土的秦汉文物》，《文博》2004年第4期，第6～7页。

[24] 陕西省考古研究所：《秦都咸阳考古报告》，科学出版社2004年版，第220页。

[25] 《山海经·海外北经》："北方禺强，人面鸟身，珥两青蛇。"同书《大荒东经》："（禺强）字玄冥，水神也。"

[26] 湖北天门战国墓出土一件“太岁避兵”戈，戈援上的浅浮雕神像即泰一，其双臂曲展姿势及耳饰，与画像砖的神像有相似之处。关于“太岁避兵”戈援上神像，可参考李零先生的研究。《湖北荆门“太岁避兵”戈》，《文物天地》1992年第3期。

[27] 陕西省考古研究所：《秦都咸阳考古报告》，科学出版社2004年版，第489、491页。

[28] 周晓陆：《秦汉植物纹样瓦当的一种试读——略论其与〈月令〉之关系》，《考古与文物》2004年第2期。

[29] 张双棣、张万彬、殷国光、陈涛：《吕氏春秋译注》（修订本），北京大学出版社2000年版，第8页附《吕氏春秋》十二月纪五行相配表。

[30] 汉阳陵考古陈列馆：《汉阳陵考古陈列馆》，文物出版社2004年版，第76页；中国社会科学院考古研究所：《中国考古学·秦汉卷》，中国社会科学出版社2010年版，第320页。

[31] 陕西省考古研究所：《汉阳陵》，重庆出版社2001年版，第4页；马永赢、王保平：《走近汉阳陵》，文物出版社2001年版，第33～34页；韩伟：《罗经石乎？太社乎？——西汉“罗经石”性质探讨》，《考古与文物》2001年第2期；王学理：《太社乎？陵庙乎？——对汉阳陵罗经石为“男性生殖器座”论驳议》，《文博》2001年第5期；《汉景帝与阳陵》，三秦出版社2003年版，第58～66页；李零：《说汉阳陵“罗经石”遗址的建筑设计》，《考古与文物》2002年第6期；王占奎：《试论汉阳陵“罗经石”遗址的祭祀性特征》，《考古与文物》2002年第6期；杨林仁：《汉阳陵》，三秦出版社2003年版，第78～79页；高崇文：《试论先秦两汉丧葬礼俗的演变》，《考古学报》2006年第4期，第465～466页；焦南峰：《宗庙道、游道、衣冠道——西汉帝陵道路再探》，《文物》2010年第1期，第76页。

[32] 陕西省考古研究所：《秦都咸阳考古报告》，科学出版社2004年版，第489、491页。

[33] 冯时：《中国天文考古学》，社会科学文献出版社2001年版，第319页。

[34] 咸阳市博物馆：《汉平陵调查简报》，《考古与文物》，1982年第4期，第48～49页。

[35] 刘庆柱：《汉宣帝杜陵陵寝建筑制度研究》，《古代都城与帝陵考古学研究》，科学出版社2000年版，第250页。

[36] 中国社会科学院考古研究所：《汉杜陵陵园遗址》，科学出版社1993年版，第75页。

[37] 中国社会科学院考古研究所：《西汉礼制建筑遗址》，文物出版社2003年版，第233～240页，出土器物总表。

[38] 陕西省地方志编纂委员会：《茂陵志》，三秦出版社1997年版，第85～86页；王志杰、朱捷元：《汉茂陵及其陪葬冢附近新发现的重要文物》，《文物》1976年第7期，第51～53页；王志杰：《汉武帝与茂陵》，三秦出版社2003年版，第106～107页。

[39] 陕西省考古研究院、咸阳市文物考古研究所、茂陵博物馆：《汉武帝茂陵考古调查、勘探简报》，《考古与文物》2011年第2期，第8页。

[40] 徐萍芳：《秦汉魏晋南北朝时代的陵园和茔域》，《考古》1981年第6期，第523页。

[41] 刘庆柱、李毓芳：《西汉十一陵》，陕西人民出版社1987年版，第50～51页。

[42] 咸阳市文物考古研究所：《西汉帝陵钻探调查报告》，文物出版社2010年版，第204页。

[43] 姚生民：《甘泉宫志》，三秦出版社2003年版，第121页。按：有说此砖边饰是虎蛇纹，可能不确。参见王世昌：《陕西古代砖瓦图典》，三秦出版社2004年版，第300页。

[44] 咸阳市文物考古研究所：《西汉帝陵钻探调查报告》，文物出版社2010年版，第66～67页。

[45] 王世昌：《陕西古代砖瓦图典》，三秦出版社2004年版，第264～265页。

[46] 咸阳市文管会、咸阳市博物馆：《咸阳市空心砖汉墓清理简报》，《考古》1982年第3期。

[47] 杨泓：《东晋、南朝拼镶砖画的源流及演变》，《汉唐美术考古和佛教美术》，科学出版社2000年版，第59页。

[48] 顾森：《秦汉绘画史》，人民美术出版社2000年版，第124页。

[49] 咸阳市文管会、咸阳市博物馆：《咸阳市空心砖汉墓清理简报》，《考古》1982年第3期，第234～235页。

[50] 元帝陵庙毁于王莽篡汉时。据《汉书·元后传》记载："（王莽）改太后为新室文母，绝之于汉，不令得体元帝。堕坏孝元庙。更为文母太后起庙，独置孝元庙故殿以为文母篹食堂，既成，名曰长寿宫，以太后在，故未谓之庙。莽以太后好出游观，乃车驾置酒长寿宫，请太后。既至，见孝元庙废彻涂地，太后惊，泣曰'此汉家宗庙，皆有神灵，与何置而坏之？'"

[51] 王学理：《咸阳帝都记》，三秦出版社1999年版，第439页。

[52] 刘合心：《长杨宫遗址出土的秦汉文物》，《文博》2004年第4期，第11页；张海云：《黄山宫遗址出土罕见的踏步》，《考古与文物》2005年第5期。

[53] 余英时：《东汉生死观》，上海古籍出版社2005年版，第30页。

[54] 叶舒宪、萧兵、郑在书：《山海经的文化寻踪——"想象地理学"与东西文化碰壁》（下），湖北人民出版社2004年版，第1312页。

[55] 刘庆柱：《汉宣帝杜陵陵寝建筑制度研究》，《古代都城与帝陵考古学研究》，科学出版社2000年版，第251页。

[56] 可参考冯时先生对这三组图像的考释。《中国天文考古学》，社会科学文献出版社2001年版，第278～279、299～301页。

[57] 陕西周原考古队：《扶风召陈西周建筑群基址发掘简报》，《文物》1981年第3期，第17页。

[58] 马建熙：《秦都咸阳瓦当》，《文物》1976年第11期，第42页。

[59] 刘庆柱、李毓芳：《秦瓦当概论》，周秦文化研究编委会编：《周秦文化研究》，陕西人民出版社1998年版，第688～690页。

[60] 申云艳：《中国古代瓦当研究》，文物出版社2006年版，第12～16页。

[61] 陕西省考古研究所秦汉研究室：《新编秦汉瓦当图录》，三秦出版社1986年版，前言部分第2页。

[62] 冯慧福：《秦汉瓦当源流琐议——兼评〈新编秦汉瓦当图录〉》，《考古与文物》1988年第1期，第102页。

[63] 周晓陆：《秦汉植物纹样瓦当的一种试读——略论其与〈月令〉之关系》，《考古与文物》2004年第2期，第43～48页。

[64] 卢连成、胡智生：《宝鸡弜国墓地》，文物出版社1988年版，第240～243页。

[65] 中国社会科学院考古研究所：《汉长安城未央宫》（1980～1989年考古发掘报告），中国大百科全书出版社1996年版，第26～27页。

[66] 傅嘉仪：《中国瓦当艺术》，上海书店2002年版，第213～214页。

[67] 中国社会科学院考古研究所、日本奈良国立文化财研究所：《汉长安城桂宫》（1996—2001年考古发掘

报告），文物出版社2007年版，第190～191页。

[68] 陕西省考古研究所秦汉研究室：《新编秦汉瓦当图录》，三秦出版社1986年版，第339～340页；赵力光：《中国古代瓦当图典》，文物出版社1998年版，第128～129页；姚生民：《甘泉宫》，三秦出版社2003年版，第214～215、251页。

[69] 姚生民：《甘泉宫》，三秦出版社200年版，第214～215页。

[70] 傅嘉仪：《中国瓦当艺术》，上海书店2002年版，第231页。

[71] 姚生民：《甘泉宫》，三秦出版社2003年版，第216、252页。

[72] 闻一多：《天问释天》，清华大学学报(自然科学版)1934年第4期，第889页。

[73] 赵力光：《中国古代瓦当图典》，文物出版社1998年版，第69页。

[74] 中国社会科学院考古研究所：《西汉礼制建筑遗址》，文物出版社2003年版，第196页。

[75] 中国社会科学院考古研究所：《西汉礼制建筑遗址》，文物出版社2003年版，第233～235页。

[76] 中国社会科学院考古研究所：《西汉礼制建筑遗址》，文物出版社2003年版，第178～179页。

[77] 陈直：《秦汉瓦当概述》，《摹庐丛著七种》，齐鲁书社1981年版，第377页。

[78] 刘庆柱：《战国秦汉瓦当研究》《汉长安城遗址及其出土瓦当研究》，《古代都城与帝陵考古学研究》，科学出版社2000年版，第275、355页。

[79] 陕西省考古研究所秦汉研究室：《新编秦汉瓦当图录》，三秦出版社1986年版，第331、334、338页；赵力光：《中国古代瓦当图典》，文物出版社1998年版，第130、138～139、142～146、149～151页；傅嘉仪：《中国瓦当艺术》，上海书店2002年版，第226、229～230、234～235页；王世昌：《陕西古代砖瓦图典》三秦出版社2004年版，第251～252页；刘合心：《长杨宫遗址出土的秦汉文物》，《文博》2004年第3期，第13～14页。

[80] 陕西省考古研究所秦汉研究室：《新编秦汉瓦当图录》，三秦出版社1986年版，序言部分第5页。

[81] 徐雯：《中国云气纹装饰》，广西美术出版社2000年版，第39页。

[82] 李零：《说云纹瓦当——兼论战国秦汉铜镜上的四瓣花》，《上海文博论丛》2004年第4期，第68页。

[83] 据马建熙：《秦都咸阳瓦当》一文对秦咸阳宫遗址出土瓦当的分类及名称，《文物》1976年第11期。又见陕西省考古研究所秦汉研究室：《新编秦汉瓦当图录》，三秦出版社1986年版，第50～76页；刘庆柱：《战国秦汉瓦当研究》，中国社会科学院考古研究所汉唐与边疆考古研究编委会：《汉唐与边疆考古研究》（第1辑），科学出版社1994年版，第7～9页。

[84] 申云艳：《中国古代瓦当研究》，文物出版社2006年版，第18～21页；徐锡台、楼宇栋、魏效祖：《周秦汉瓦当》，文物出版社1988年版，第45～66图；刘庆柱、李毓芳：《秦瓦当概论》，周秦文化研究编委会：《周秦文化研究》，陕西人民出版社1998年版，第691～694页。

[85] 陕西省考古研究所秦汉研究室：《新编秦汉瓦当图录》，三秦出版社1986年版，前言部分第4～5页。

[86] 陕西省考古研究所、秦始皇兵马俑博物馆：《秦始皇帝陵园考古报告》（2000），文物出版社2006年版，第45～48页。

[87] 刘庆柱、李毓芳：《秦瓦当概论》，周秦文化研究编委会：《周秦文化研究》，陕西人民出版社1998年版，第691～694、698页。

[88] 华非：《中国古代瓦当》，人民美术出版社1983年版，第57页。

[89] 申云艳：《中国古代瓦当研究》，文物出版社2006年版，第18～21、28页。

[90] 秦都咸阳考古工作站：《秦都咸阳宫第一号宫殿建筑遗址简报》，《文物》1976年第11期，第24页。

[91] 张孝光：《殷墟青铜器的装饰艺术》，中国社会科学院考古研究所：《殷墟青铜器》，文物出版社1985年版，第105页。

[92] 芮传明、余太山：《中西纹饰比较》，上海古籍出版社1995年版，第89页。

[93] 陕西省雍城考古队：《秦都雍城钻探试掘简报》，《考古与文物》1985年第2期；曹明檀、赵丛苍、王保平：《凤翔雍城出土的秦汉瓦当》，《考古与文物》1985年第2期。

[94] 陕西省文物管理委员会：《秦都栎阳遗址初步勘探记》，《文物》1966年第1期；中国社会科学院考古研究所栎阳发掘队：《秦汉栎阳城遗址的勘探和试掘》，《考古学报》1985年第3期。

[95] 张海云：《芷阳遗址调查简报》，《文博》1985年第3期；赵康民：《西安洪庆堡出土汉愍儒乡遗物》，《考古与文物》1984年第6期；张海云、骆希哲：《秦东陵勘查记》，《文博》1987年第3期；陕西省考古研究所、临潼县文管会：《秦东陵第一号陵园勘查记》《秦东陵第二号陵园调查钻探简报》，《考古与文物》1987年第4期、1990年第4期；王世昌：《陕西古代砖瓦图典》，三秦出版社2004年版，第189～195页。

[96] 陕西省考古研究所：《秦都咸阳考古报告》，科学出版社2004年版，第224～246、318～330、401～418、495～512页；王丕忠：《汉长陵附近出土的秦汉瓦当》，《文物资料丛刊》（6），文物出版社1982年版，第16～18页；魏效祖：《长安县东马坊的先秦建筑遗址》，《考古与文物》1986年第4期。

[97] 陕西省考古研究所、秦始皇兵马俑博物馆：《秦始皇帝陵园考古报告》（2000），文物出版社2006年版，第45～49页；秦始皇陵秦俑坑考古发掘队：《陕西临潼鱼池遗址调查简报》，《考古与文物》1983年第4期。

[98] 宝鸡市考古工作队、眉县文化馆：《陕西眉县成山宫遗址试掘报告》，《文博》2001年第6期，第6～7页；刘怀君、王力君：《眉县秦汉瓦当图录》，三秦出版社2002年版，第8页；孙铁山：《西汉黄山宫考》，《文博》1999年第1期，第38页；《黄山宫瓦当分期研究之管见》，秦始皇兵马俑博物馆论丛编辑部《秦文化论丛》（第10辑），三秦出版社2003年版，第353页。按：这两处遗址出土的大型半圆瓦当，上面的纹饰不是夔凤纹，而是云气纹。

[99] 陈直：《秦汉瓦当概述》，《文物》1963年第11期，第32页；《摹庐丛著七种》，齐鲁书社1981年版，第375～376页。

[100] 刘庆柱：《战国秦汉瓦当研究》，中国社会科学院考古研究所汉唐与边疆考古研究编委会：《汉唐与边疆考古研究》（第1辑），科学出版社1994年版，第9～10页。

[101] 赵力光：《中国古代瓦当图典》，文物出版社1998年版，第9页。

[102] 山东省文物考古研究所：《曲阜鲁国故城》，齐鲁书社1982年版，图版壹贰捌。

[103] 赵力光：《中国古代瓦当图典》，文物出版社1998年版，第63～64页

[104] 参见申云艳博士列出的东周时期河南洛阳及中部地区出土云纹瓦当例图，《中国古代瓦当研究》，文物出版社2006年版，第34页。

[105] 陕西省考古研究所：《秦都咸阳考古报告》，科学出版社2004年版，第224～246、318～330、401～

418、495～512页。
[106] 王丕忠：《汉长陵附近出土的秦汉瓦当》，《文物资料丛刊》（6），文物出版社1982年版，第16～20页。
[107] 赵康民：《西安洪庆堡出土汉懋儒乡遗物》，《考古与文物》1984年第6期。
[108] 刘怀君、王力君：《眉县秦汉瓦当图录》，三秦出版社2002年版。
[109] 中国社会科学院考古研究所：《汉长安城未央宫》（1980～1989年考古发掘报告），中国大百科全书出版社1996年版，第9～10、25～26、64～65、165、207～208、230～231页；中国社会科学院考古研究所、日本奈良国立文化财研究所：《汉长安城桂宫》（1996—2001年考古发掘报告），文物出版社2007年版，第112～113、146～147、190页；中国社会科学院考古研究所汉城队：《汉长安城窑址发掘报告》，《考古学报》1994年第1期，第119页。
[110] 中国社会科学院考古研究所：《西汉礼制建筑遗址》，文物出版社2003年版，第181～183、209页。
[111] 中国社会科学院考古研究所：《汉长安城未央宫》（1980～1989年考古发掘报告），中国大百科全书出版社1996年版，第9～11、25～36、64～69、165～168、207～211、230～232页。
[112] 陈根远、朱思红：《屋檐上的艺术——中国古代瓦当》，四川教育出版社1998年版，第92页。
[113] 刘庆柱：《汉长安城遗址及其出土瓦当研究》，《古代都城与帝陵考古学研究》，科学出版社2000年版，第358页。
[114] 戈父：《古代瓦当》，中国书店1997年版，第97页。
[115] 申云艳：《中国古代瓦当研究》，文物出版社2006年版，第80～92页。
[116] 李零：《说云纹瓦当——兼论战国秦汉铜镜上的四瓣花》，《上海文博论丛》2004年第4期，第64页。
[117] 戈父：《古代瓦当》，中国书店1997年版，第97页。
[118] 徐锡台、楼宇栋、魏效祖：《周秦汉瓦当》，文物出版社1988年版，概述部分第14页。
[119] 张星逸：《瓦当叙录》，钱君匋、张星逸、许明农：《瓦当汇编》，上海人民美术出版社1988年版，前言部分第12页。
[120] 华非：《中国古代瓦当》，人民美术出版社1983年版，第57页。
[121] 王世昌：《陕西古代砖瓦图典》，三秦出版社2004年版，第13页。
[122] 刘庆柱：《战国秦汉瓦当研究》，中国社会科学院考古研究所汉唐与边疆考古研究编委会编：《汉唐与边疆考古研究》（第1辑），科学出版社1994年版，第20～21页。
[123] 焦南峰、王保平、周晓陆、路东之：《秦文字瓦当的确认和研究》，《考古与文物》2000年第3期，第65页。
[124] 焦南峰、王保平、周晓陆、路东之：《秦文字瓦当的确认和研究》，《考古与文物》2000年第3期，第65、70页。
[125] 徐卫民：《秦瓦当概述》，台湾《历史月刊》2001年2月号，第8～9页；《秦汉历史地理研究》，三秦出版社2005年版，第371页。
[126] 田亚岐、景宏伟：《雍城秦汉瓦当概述》，文化遗产研究与保护技术教育部重点实验室、西北大学文化遗产与考古学研究中心编：《西部考古》（第2辑），三秦出版社2007年版，第180页。
[127] 《史记正义》（秦始皇本纪）引《庙记》云："橐泉宫，秦孝公造。"《汉书·地理志上》右扶风雍县注云："祈年宫，惠公起。"按：祈通蕲，祈祷丰年之义。

[128] 何清谷：《关中秦宫位置考察》，周秦文化研究编委会：《周秦文化研究》，陕西人民出版社1998年版，第640页。

[129] 焦南峰、王保平、周晓陆、路东之：《秦文字瓦当的确认和研究》，《考古与文物》2000年第3期，第64页。

[130] 田亚岐：《秦汉置畤研究》，《考古与文物》1993年第3期。

[131] 陈根远、朱思红先生评价说：陈直的《秦汉瓦当概述》"是瓦当从唐代起受到重视以来一千年中第一篇瓦当研究的集大成之作，也是瓦当研究从金石学走向现代考古学的开山之作，至今仍是每个瓦当研究者和收藏家的必读之文"。《屋檐上的艺术——中国古代瓦当》，四川教育出版社1998年版，第19页。

[132] 刘庆柱：《汉代文字瓦当概论》，刘正成、王镛主编：《中国书法全集·秦汉金文陶文卷》，荣宝斋出版社1992年版；《战国秦汉瓦当研究》，中国社会科学院考古研究所汉唐与边疆考古研究编委会：《汉唐与边疆考古研究》（第1辑），科学出版社1994年版；《汉长安城遗址及其出土瓦当研究》，《古代都城与帝陵考古学研究》，科学出版社2000年版。

[133] 申云艳：《中国古代瓦当研究》，文物出版社2006年版，第93～110页。

[134] 徐锡台、孙德润：《凤翔县发现"年宫"与"棫"字的瓦当》，《文物》1963年第5期；陕西省雍城考古队：《一九八二年凤翔雍城秦汉遗址调查简报》，《考古与文物》1984年第2期；田亚岐、景宏伟：《雍城秦汉瓦当概述》，文化遗产研究与保护技术教育部重点实验室、西北大学文化遗产与考古学研究中心：《西部考古》（第2辑），三秦出版社2007年版，第180页。

[135] 陈直：《秦汉瓦当概述》，《文物》1963年第11期，第20、22页。

[136] 陈直：《秦汉瓦当概述》，《文物》1963年第11期，第21页。

[137] 赵丛苍、刘怀君：《陕西眉县成山宫遗址的调查》，《考古》1998年第6期；宝鸡市考古工作队、眉县文化馆：《陕西眉县成山宫遗址试掘报告》，《文博》2001年第6期；刘怀君、王力军：《秦汉珍遗——眉县秦汉瓦当图录》，三秦出版社2002年版，绪言部分、图版第121～122页；王力军：《成山宫秦汉瓦当研究》，西北大学考古学系、西北大学文化遗产与考古学研究中心：《西部考古》（第1辑），三秦出版社2006年版。

[138] 平朔考古队：《山西朔县秦汉墓发掘简报》，《文物》1987年第6期，第39页。

[139] 西安市文物保护考古所：《西安文物精华·青铜器》，世界图书出版公司西安分公司2005年版，第18页。

[140] 陕西凤翔县博物馆收藏。

[141] 《后汉书·郡国一》右扶风"郿有邰亭"李贤注："《史记》曰封弃于邰，徐广曰今斄乡。又按：《王忳传》，郿之邰亭，为冤鬼报戮故亭长者也。"

[142] 赵从苍：《成山考》，西北大学秦汉史研究室：《陈直先生纪念文集》，西北大学出版社1992年版，第179页。

[143] 何清谷：《三辅黄图校释》，中华书局2006年版，第336页。

[144] 陈直：《秦汉瓦当概述》，《文物》1963年第11期，第25页。

[145] 陈直：《关中秦汉陶录提要》，《摹庐丛著七种》，齐鲁书社1981年版，第411页。

[146] 《乾县发现两处秦代大型建筑遗址》，《文博》1988年第3期。

[147] 何汝贤：《秦始皇梁山宫遗址初探》，《泾渭稽古》1993年第2期。

[148] 刘庆柱：《三秦记辑注·关中记辑注》，三秦出版社2006年版，《三秦记辑注》第11～12页。

[149] 陈直：《秦汉瓦当概述》，《文物》1963年第11期，第22页。

[150] 中国社会科学院考古研究所：《中国考古学·秦汉卷》，中国社会科学出版社2010年版，第219页。

[151] 陕西省考古研究所秦汉研究室：《新编秦汉瓦当图录》，三秦出版社1986年版，156～157页；徐锡台、楼宇栋、魏效祖：《周秦汉瓦当》，文物出版社1988年版，第303图；曹永斌：《蓝田县焦岱镇出土的一批汉代瓦当》，《文博》1987年第5期。

[152] 姚生民：《益延寿宫考略》，《咸阳师范学院学报》2012年第3期，第22页；《甘泉宫志》，三秦出版社2003年版，第62、91页。

[153] 赵力光：《中国古代瓦当图典》，文物出版社1998年版，第303页。

[154] 王世昌：《陕西古代砖瓦图典》，三秦出版社2004年版，第311页。

[155] 刘合心：《长杨宫遗址出土的秦汉文物》，《文博》2004年第3期。

[156] 陈直：《秦汉瓦当概述》，《文物》1963年第11期，第21页。

[157] 孙铁山：《西汉黄山宫考》，《文博》1999年第1期；咸阳市文物事业管理局：《咸阳市文物志》，三秦出版社2008年版，第32页。

[158] 何清谷：《三辅黄图校释》，中华书局2006年版，第235页。

[159] 陈直：《秦汉瓦当概述》，《文物》1963年第11期，第22页。

[160] 陈根远、朱思红：《屋檐上的艺术——中国古代瓦当》，四川教育出版社1998年版，第132页。

[161] 刘合心：《长杨宫遗址出土的秦汉文物》，《文博》2004年第3期。

[162] 张天恩：《“禁圃”瓦当及禁圃有关的问题》，《考古与文物》2001年第5期。

[163] 张天恩：《“禁圃”瓦当及禁圃有关的问题》，《考古与文物》2001年第5期，第56～57页。

[164] 陈直：《关中秦汉陶录》，中华书局2005年版，第257～260页。

[165] 刘怀君、王力军：《秦汉珍遗——眉县秦汉瓦当图录》，三秦出版社2002年版，绪言部分第13页。

[166] 何清谷：《三辅黄图校释》，中华书局2006年版，第12页。

[167] 陈直：《三辅黄图校证》，陕西人民出版社1980年版，第4页。

[168] 汉阳陵陈列馆编：《汉阳陵陈列馆》，文物出版社2004年版，第128页。

[169] 石兴邦、马建熙、孙德润：《长陵建制及其有关问题——汉刘邦长陵勘察记存》，《考古与文物》1984年第2期，第38页。

[170] 信立祥：《汉代画像石综合研究》，文物出版社2000年版，第72～73页。

[171] 咸阳市文物考古研究所：《西汉帝陵钻探调查报告》，文物出版社2010年版，第6～19页。

[172] 石兴邦、马建熙、孙德润：《长陵建制及其有关问题——汉刘邦长陵勘察记存》，《考古与文物》1984年第2期，第38页。

[173] 陕西省考古研究所秦汉研究室：《新编秦汉瓦当图录》，三秦出版社1986年版，第199页。

[174] 陈直：《秦汉瓦当概述》，《文物》1963年第11期，第34页。

[175] 赵平安：《两种汉代文字瓦当的释读问题》，《考古》1999年第12期。

[176] 王志杰、朱杰元：《汉茂陵及其陪葬冢附近新发现的重要文物》，《文物》1976年第7期，第12页。

[177] 王志杰、朱杰元：《汉茂陵及其陪葬冢附近新发现的重要文物》，《文物》1976年第7期，第11～12页。

[178] 陕西省地方志编纂委员会：《茂陵志》，三秦出版社1997年版，第89页；王世昌：《陕西古代砖瓦图典》三秦出版社2004年版，第387～388页。

[179] 马永嬴：《汉武帝茂陵陵园布局的几点认识》，《考古与文物》2011年第2期，第72～73页。

[180] 中国社会科学院考古研究所汉城工作队：《汉长安城武库遗址发掘的初步收获》，《考古》1978年第4期，第268页。

[181] 姚生民：《新中国出土瓦当集录·甘泉宫卷》，西北大学出版社1998年版，第164页。

[182] 刘庆柱：《秦"十二字瓦当"质疑》，《古代都城与帝陵考古学研究》，科学出版社2000年版，第323页。

[183] 刘庆柱：《汉长安城遗址及其出土瓦当研究》，《古代都城与帝陵考古学研究》，科学出版社2000年版，第358页；俞伟超：《汉长安城西北部勘查记》，《考古通讯》1956年第5期，第21～22页；王丕忠、张子波、孙德润：《汉景帝阳陵调查简报》，《考古与文物》1980年第1期，第35页；陕西省考古研究所：《汉阳陵》，重庆出版社2001年版，第61～64页；陕西省考古研究院：《汉阳陵帝陵陵园南门遗址发掘简报》，《考古与文物》2011年第5期，第8～10页。

[184] 姚生民：《新中国出土瓦当集录·甘泉宫卷》，西北大学出版社1998年版。

[185] 刘庆柱：《汉长安城遗址及其出土瓦当研究》，《古代都城与帝陵考古学研究》，科学出版社2000年版，第358～359页。

[186] 徐锡台、楼宇栋、魏效祖：《周秦汉瓦当》，文物出版社1988年版，第383页；王世昌：《陕西古代砖瓦图典》三秦出版社2004年版，第401～402页。

[187] 陕西省考古研究所：《汉阳陵》，重庆出版社2001年版，第64页。

[188] 山东大学历史系考古专业：《山东邹平丁公遗址第四、五次发掘简报》，考古杂志编辑部：《专家笔谈丁公遗址出土陶文》，《考古》1993年第4期；龙虬庄遗址考古队：《龙虬庄——江淮东部新石器时代遗址发掘报告》，科学出版社1999年版，第204～206页；张敏：《龙虬庄陶文的发现与殷商甲骨文之源》，台湾：《故宫文物月刊》15卷5期，1997年8月；周晓陆：《生命的颂歌——关于释读龙虬庄陶文的一封信》，《东南文化》1998年第1期。

[189] 王镛：《秦汉金文陶文书法初论》，刘成正主编：《中国书法全集9·秦汉金文陶文卷》，荣宝斋出版社1992年版，第4页。

[190] 陈直：《秦汉瓦当概述》，《文物》1963年第11期，第34页。

[191] 陈维昭：《汉代"黄门"考》，《南京师大学报》（社会科学版）2010年第3期，第76页。

第四章 宫苑雕塑

秦与汉两个不同时期的雕塑艺术具有相当多的共同性，并都取得了辉煌的艺术成就，形成中国古代雕塑史上的第一座高峰。“秦汉雕塑以其规模的雄伟恢宏、风格的朴拙豪迈而永葆艺术的魅力。它在反映生活和体现时代精神方面，在外师造化传移意境方面，在内容与形式相结合和巧于运用材料方面，在发展纪念碑雕塑和园林、建筑雕塑方面，都积累了极其宝贵的经验”。[1]但是，秦代国祚短暂，雕塑艺术的大幕刚刚拉起就急促地降落下来。汉代则不然，国运长盛不衰，其中西汉王朝统治时间长达200年之久，文化积淀厚重，历史影响深远。

汉长安城宫殿气势宏伟，城郊皇家园林风光绮丽，一批大型雕塑作品配置其中，使这座雄伟的都城更具艺术魅力。按物质材料分类，它们有青铜雕塑和石雕两种，造型题材涉及人物、神禽、瑞兽及水族动物。青铜雕塑有钟虡铜人、捧露盘仙人铜像、休屠王祭天金人、铜龙、铜驼、铜凤、铜马、铜飞廉等；石雕有石鲸、石龟、石熊，以及著名的牵牛、织女石像等。作为西汉时全国政治和文化中心，长安城不仅是大型宫苑雕塑最大的展场，同时又成为雕塑新样式和新风格的孕育地。

第一节 青铜雕塑

过去我们所了解的商周时期青铜雕塑，主要是采用动物形象装饰的礼器。具有独立性质的青铜雕塑作品的发现，则是20世纪80年代的事情。1986年在四川广汉三星堆遗址1、2号祭祀坑出土了一大批商代晚期青铜器，[2]其中高0.65米的大型青铜面具和高2.62米的大型青铜立人像（图4-1），最引人注目，它为我们重新认识早期大型青铜雕塑，提供了第一宗珍贵的实物材料。有美术史家直言：广汉青铜人像巨大的体量，在文化史上第一次确定无误地证明了早在商代已经有了硬质材料的大型雕塑作品。[3]但在经历了这短暂的大型青铜雕塑的辉煌之后，却有两周时期近千年的沉

图4-1
商代青铜面具和青铜立人像
四川广汉三星堆遗址祭祀坑

寂，直到秦始皇在咸阳宫立置“各重千石”的十二钟虡铜人，终于才有了新的突破。西汉王朝建都长安，先有“非壮丽无以重威”思想指导，后有狂热的祭神求仙活动相随，大型青铜雕塑成为宫苑雕塑的主流，抒写了中国雕塑艺术史上瑰丽篇章。

一、钟虡铜人

钟、磬、鼓是用于祭祀、典礼及宴飨的重要礼乐器，悬挂这些乐器的支架叫笋虡。“笋”亦作“簨”，即乐器支架上的横梁，“虡”亦作“鐻”，指支撑横梁的立柱。刘熙《释名•释乐器》：“所以悬钟鼓者，横曰笱，从曰虡。虡，举也，在旁举笋也。”钟虡一词指钟及悬钟支架，把支架中的虡（立柱）装饰成青铜人物，称之钟虡铜人。

钟虡装饰传统由来已久。《庄子•达生篇》说：“梓庆削木为鐻，鐻成，见者惊犹鬼神。”此句大意说梓庆木雕技艺高超，擅长采用非凡的形象装饰钟虡，人们看见后十分惊讶其犹如鬼神。《汉书•郊祀志》颜师古注：“虡，兽名也，县钟之木，刻饰为之，因之曰虡也。”但这个说法并不完全正确。成书于战国时期的《考工记•梓人为笋虡》，专门论述了采用不同动物形象装饰笋虡，从而获得不同艺术效果的道理。该篇将天下之大兽分为五类，即脂者、膏者、臝者、羽者和鳞者，其中适宜装饰钟虡的是“臝属”。文曰：

> 厚唇弇口，出目短耳，大胷燿后，大体短脰，若是者谓之臝属，恒有力而不能走，其声大而宏。有力而不能走，则于任重宜；大声而宏，则于钟宜。若是者以为钟虡，是故击其所县而由其虡鸣。

张道一先生译文：“嘴唇厚而口小，眼突出而耳短，前胸宽而后身小，躯体大而脖颈短，像这样形状的动物称为臝类；它们有力量但跑不快，声音也很洪亮。力气大可以负重，声音大可以架钟。若将它们的形象作为钟虡，敲钟时发出来的声音就好像是它们在鸣叫。”[4]“臝属”，郑玄将之称为“赢物”，认为此物类为虎、豹、貔、螭等浅毛者之属（《考工记》注）。后来注经书者对此虽有微词，但却提不出新的意见来。

荀萃华先生从动物分类学上重新作考辨，并同意夏纬英先生关于“赢即裸义，名为‘赢’指人之身体裸而贫毛，而‘赢者’或‘赢物’泛指自然界的人类”的意见。作者认为《考工记•梓人为笋虡》中的“赢属”与“赢虫”同义，是人而不是兽或其他动物。该篇“对‘赢属’的造型要求是：嘴唇厚而合口，眼睛突出而短耳，膀阔而腰细，体态大而颈短。这样才能表现出‘赢’之勇猛有力。但，从动物学的观点上看，‘厚唇’，正是人及类人猿的主要特征；也是人之有别于其它兽类之主要特征之一”。[5]这就是说，装饰钟虡的“赢属”是人。

但刘敦愿先生认为：“‘赢者’‘赢属’的赢（裸）字，含义很广泛，既包含‘谓虎、豹、貔、螭，为兽浅毛者’，也包含着人类所谓‘倮’（裸）之虫三百六十，而圣人为之长（《大戴礼记•易本命》）。”又说：“《梓人为笋虡》篇既然所论在于装饰雕刻艺术，所用动物形象都是经过反复研究和选择过的，因而在使‘赢（裸）属’中的人也用之于钟虡的装饰，就不能泛指抽象的、生物学意义的人。”而这些人物“只能是人类中的健者、强者，那些力能扛鼎，生搏猛兽的壮士，甚至是介于英雄和神祇、人物和动物之间的理想人物或神物”。[6]我们同意他的这些分析意见。

湖北随州擂鼓墩曾侯乙墓大型编钟的出土，为我们认识春秋战国时期钟虡铜人提供一例珍贵的实物标本。该墓出土的编钟共65件，包括甬钟45件，纽钟19件，镈钟1件，总重量2567千克，分3层8组悬挂在铜木结构的大型曲尺形支架上（图4-2）。曲尺形支架设计完美，制作考究，横梁（笋）与立柱（虡）比例协调。悬钟横梁配以浮雕、透雕蟠螭纹青铜套饰，合乎采用“鳞属”装饰笋部的规制。中层和下层的立柱各为3尊立式铜人，应是“以为钟虡”的“赢属”，亦即钟虡铜人。下层铜人高96厘米（图4-3），中层铜人高79厘米，铜人与横梁相接处全部采用榫卯结构。铜人皆为恭立姿势，以头和双手承托悬挂编钟的横梁，腰束宽带，佩剑，穿右衽窄袖衣，头戴平顶圆帽，五官清晰，表情严肃庄重，完全是一副忠于职守的卫士形象。

图4-2（左）
战国曾侯乙墓编钟
湖北随州擂鼓墩

图4-3（右）
钟虡铜人
（曾侯乙墓编钟局部）

曾侯乙墓大型编钟约铸于公元前433年稍后，[7]代表当时礼乐器装饰艺术的新时尚。曾侯乙墓钟虡铜人的造型与年代稍早的山西侯马出土人物陶范及长治出土的佩剑武士铜像相近，楚地青铜人像造型受三晋地区的影响显而易见。

1. 秦代钟虡铜人

追求壮阔浩大的气势是秦文化的传统，青铜雕塑也不例外。秦始皇在统一六国战争胜利之后，于秦二十六年（前221年）销毁天下兵器，铸造“金人十二”。这组青铜雕像形体之大，超乎人们的想象，创造了中国古代青铜雕塑上的奇迹。《史记•秦始皇本纪》记载：

> （二十六年）收天下兵，聚之咸阳，销以为钟鐻，金人十二，重各千石，置廷宫中。
>
> ……
>
> 太史公曰：“……及至秦王，续六世之馀烈，……堕名城，杀豪俊，收天下之兵聚之咸阳，销锋铸鐻，以为金人十二，以弱黔首之民。”

秦铸“金人十二”又与传言“临洮大人”出现有关。此事在刘向《说苑•辨物》中有记载，并视之为凶兆：“逮秦皇帝即位，彗星四见，蝗虫蔽天，冬雷夏冻，石陨东郡，大人出临洮，妖孽并见。”但据《汉书•五行志下之上》记载，秦始皇以“临洮大人”为祥瑞，并铸成“金人十二”。文曰：

> 史记秦始皇帝二十六年，有大人长五丈，足履六尺，皆夷狄服，凡十二人，见于临洮。天戒若曰，勿大为夷狄之行，将受其祸。是岁始皇初并六国，反喜以为瑞，销天下兵器，作金人十二以象之。

《三辅黄图》（卷一）亦云：

> 销锋镝以为金人十二，以弱天下之人，立于宫门。《三辅旧事》云：铸金狄人，立于阿房殿前。坐高三丈，铭其后曰：“皇帝二十六年，初兼天下，改诸侯为郡县，一法律，同度量，大人来见临洮，其大五丈，足迹六尺。”铭李斯篆，蒙恬书。

有美术史家指出，《史记》与《汉书》等文献记载秦始皇二十六年（前221年）铸“金人十二”为两组，“不仅安置地点不同，名称也相异，实难按一物二名去理解”。《史记》所记的为钟虡铜人，可能供两具曲尺形编钟支架上使用，放置地点在咸阳宫；《汉书》所记的为独立铜人，名曰“金狄”，立置在阿房殿前。[8]我们以为，《史记》《汉书》记载的“金人十二”，实为同一事迹及同一组青铜雕塑作品。《史记》重在强调铸十二钟虡铜人“以弱黔首之民”，《汉书》则关注秦始皇“反喜以为瑞”及十二钟虡铜人对“临洮大人”的写照。“金人”是钟虡铜人的俗名，“金狄”是对其形象特征的一个称谓，它们的列置地点既不在咸阳宫，也不在阿房宫前殿，而是在兴乐宫的大夏殿前。又据《史记•六国年表》记载：“二十七年，为金人十二。”钟虡铜人铸成于收天下兵器的第二年，即秦始皇二十七年（前220年）。

西汉时的文献，如贾山《至言》、贾谊《过秦论》，以及《史记•平津侯主父列传》《史记•六国年表》《淮南子•泛论》等，对秦铸钟虡铜人一事均有记载。但它们中有言钟虡不说金人，有说金人不言钟虡的，只有贾谊《过秦论》中“销锋铸镓，以为金人十二”一句，将铜人为钟虡的意思表述得清楚明白。钟虡有用木制，如前举战国时期“梓庆削木为镓”，也有铸铜的，装饰题材或为动物，或为人物，只有配饰铸铜人像的才称“钟虡铜人”。

曾侯乙编钟的出土，引发了研究者对秦代钟虡铜人的重新思考。汪受宽先生认为，秦之钟虡铜人以十二为数，表明它为天子乐悬之位——“宫悬”所用。《周礼•春官•小胥》郑玄注：“宫悬，四面悬。”可知宫悬编钟架应为方形，“即由两个曲尺形钟架相对而成。曾侯乙编钟架成‘L’形，用六镓，两个‘L’形钟架构成的宫悬编钟架当是十二镓”。他还推测，秦始皇“铸的是一套有十二枚人形铜镓的编钟，再加上与之配套的磬、镈、鼓等，这套天子之乐——宫悬，总共耗铜2000余万斤，基本上用尽了当时收缴到的天下所有铜兵器”。[9]但张振新先生说：“秦始皇铸造的不会是多枚成组的编钟及其钟架，而是单独悬挂的大型特钟及其钟架。两具钟虡铜人及其跗座，再加一道横贯铜人之上悬钟的横梁，构成一幅完整的钟架。十二具钟虡铜人，构成六幅钟架，同时铸有六具铜钟，合为六套特钟及钟架。这正合秦‘数以六为纪’的制度。”[10]

有研究者则持另外一种意见，并不认同“金人十二”为钟虡的说法。如王裕民先生就认为它们不是成对地为钟架上之立柱，“乃各自独立的个体，面目形制皆不同，且身著夷狄之服，呈跪坐之姿”，用以象征其卑微屈服状。销毁天下兵器而铸造“如此巨大的铜像列于宫门，除可宣告世人‘示不复用’外，亦可慑服民心，增加帝室之威声”。[11]李松先生也说秦之钟虡铜人“应是体量相近、造型一致的独立铜人像，但不可能是编钟的支柱。”钟虡铜人这一名称，“可能也与‘阿房宫’一样，是人们依据视觉经验，对于它们的权宜称呼”。[12]我们以为二者的意见可取。后来文献记载秦代钟虡铜人被毁，并未提及作为礼乐器的主体——编钟或者特钟及悬钟支架。这就是说，秦代钟虡铜人原本就没有用以装饰悬钟支架的立柱，或者说它与铜虡不是同物。而文献中所说秦始皇“销锋铸鐻，以为金人十二”，恰好反映出这组青铜人像雕塑，与先秦时期采用“嬴属”装饰钟虡的继承与发展关系。脱离了装饰悬钟支架的秦代钟虡铜人，堪称中国古代雕塑史上划时代的作品。

《史记•蒙恬列传》记载，秦并六国之时，蒙恬率数十万秦军北逐戎狄，修筑长城，西起临洮，东至辽东。而将钟虡铜人铸成“临洮大人”形象并刻字纪功，一是厌胜祥瑞之用，表记夷狄臣服职责；二是彰显始皇的神圣和威严，歌颂秦人统一天下之伟业。巫鸿先生说：“这些雕像所蕴含的意义是十分清楚的：天下业已太平，再无必要战争。原先的六国已被消灭，融合成为新的政治实体，它们的武器理应被销毁作统一的象征。”又说：“这些由各国收集来的青铜所制作的人像一方面成为胜利者的纪念碑，另一方面也象征着俯首称臣的敌对势力。”[13]

依据《汉书•五行志下之上》记载推测，秦代钟虡铜人的造型应当接近身着夷狄服的“临洮大人”形象。“大人”一词最早出现在战国时期，系指那些不死不老的神仙。在《庄子》一书中，这些神仙被称为“其人”“圣人”以及“大人”。西汉时司马相如著有《大人赋》，通篇讲的都是求仙内容，而所谓的“大人”当为神仙的别名。秦始皇将钟虡铜人铸成“临洮大人”，意在塑造非凡的神人或仙人形象。

汪受宽先生以为，秦之“金人十二”置于甘泉宫，亦即后来西汉甘泉宫承托钟虡之“金人”。[14]此说可能有误。《史记正义》（秦始皇本纪）云：“谢承《后汉书》云：铜人，翁仲其名也。”翁仲即秦守临洮的名将阮翁仲。早年史岩先生也认为秦始皇铸造的金人之对象，当为阮氏。[15]说秦始皇为纪念一位名将而铸造“金人十二”，想来有悖事理。据林梅村先生考释，汉语“翁仲”之词源，自匈奴语借入，原意指鬼神。[16]我们推测，这批铜人之所以称名“翁仲”，是因其有异于常人之貌，即夷狄的外形特征与神仙般的非凡气度。

图4-4
秦代青铜武士头像
咸阳长陵车站南沙坑

新发现的秦代青铜武士头像、铜车马中的御官俑等，是我们认识当时大型青铜雕塑造型风格的一个参照物。秦代青铜武士头像出土于咸阳长陵车站南沙坑中，[17]高近11厘米，额头宽，颧骨隆起，神情冷峻，冠及发饰精致华丽（图4-4）。秦始皇陵出土铜车马两乘，1号铜车马的御官俑神情专注，身体比例协调（图4-5）；2号铜车马的御官俑双手执缰辔（图4-6），目视前方，造型颇为严谨。这些青铜人像所表现出的高度写实水平，为先秦时期铸铜人像所少见。近年在秦始皇陵园还发现数件高度在48～66.5厘米的青铜仙鹤，为秦代铸铜雕塑写实风格的又一见证。河北满城中山靖王刘胜墓出土的当户铜灯（图4-7），亦可为参考。此灯作人物跪擎灯盘式，高12厘米。铜人着短衣，直襟，左袒，衣后束成长尾状曳于地，手有臂褠，脚着长靴，仰首半跪，右手托举灯盘。灯盘壁刻“御当户锭一，第然于”铭文。“当户”系匈奴官名，[18]西汉工匠将跪擎铜灯者铸成匈奴官吏形象，或许受到秦之钟虡铜人启发。秦代的钟虡铜人是当时秦始皇实施强权政治的产物，艺术风格必然充满着时代创新精神。

图4-5（左）
青铜御官俑
秦始皇陵1号铜车马

图4-6（右）
青铜御官俑
秦始皇陵2号铜车马

史岩先生认为，《史记•秦始皇本纪》中所说“各重千石”，是单指十二钟（按：作者认为此为应钟之类小钟的重量，黄钟之类大钟的重量或不止于此）而言，虡与金人之重，均为著录。而金人之重，可从《三辅旧事》之说——二十四万斤（二千石）。[19]现在史学界一般认为“各重千石”为“金人十二”的个体重量。按秦时衡制计算，千石折今3万多千克。俞伟超先生做了更为具体的推测：铜的比重为每立方厘米8.92克，3万千克体积3立方米多，如铸成一个空心的大铜人，高度应在5～6米左右。“要在两千多年前铸成这样的大铜人，当然非常困难。但《史记》所说‘千石’，只是约数，而古人在使用这种巨大的约数时，通常带夸张性，况且还可能先分段铸出再拼合成一体，这样的铜人体积自然可以大于一次铸成的物体。比‘金人十二’要早出千余年的广汉三星堆大铜人，高达2.62米，如果考虑上述的几种可能，在三星堆大铜人千年之后铸造出还要高一倍以上的铜人也不是没有可能的。所以即使今天无法推知‘金人十二’的真正高度，那时曾有空前高大的铜人问世是可以肯定的”。[20]但我们猜测，“各重千石”还有可能说的是钟虡与“金人十二”各自的总重量。换言之，“金人十二”的个体重量接近百石，合今约3000千克。前举秦始皇1号铜车马御官俑为立姿，重70.6千克，高

图4-7
当户铜灯
河北满城中山靖王刘胜墓

0.845米（足至头顶）；2号铜车马御官俑呈跽坐姿，重51.95千克，高0.51米。[21]参考2号铜车马御官俑高度和重量比1:1系数，推测秦之“金人”的高度约为3米，约合秦制一丈三尺。而文献记载青铜人像“坐高三丈”，或许是“坐高丈三”之误。当时能铸造如此高大宏伟的坐姿青铜人像，称得上是中国古代雕塑史上的一个伟大创举。

秦代纪念碑式的钟虡铜人，后来成为汉宫中的仪卫装饰之物。

2. 汉宫中的钟虡铜人

长安宫殿列置钟虡铜人，是宫廷礼仪的一个重要组成部分。《汉书•郊祀志下》记载：

> （甘露元年）正月，上（宣帝）幸甘泉，郊泰畤。其夏，黄龙见新丰。建章、未央、长乐宫钟虡铜人皆生毛，长一寸所，时以为美祥。

诸宫列置的钟虡铜人“皆生毛，长一寸所”，可能是青铜锈斑因夏日湿热天气而生成的霉菌。又据《汉书•宣帝纪》记载，是年春正月“匈奴呼韩邪单于遣子右贤王铢娄渠堂入侍”，至当年冬天“匈奴单于遣弟左贤王来朝贺”。人们将宫中着夷狄装的钟虡铜人“皆生毛”视为“美祥”，可能与匈奴朝汉之事有关。

可以肯定，在长安城三大宫殿列置的钟虡铜人中，长乐宫大夏殿前的钟虡铜人属于秦代旧物。此事文献记载较多，如《汉书•王莽传下》并王先谦《汉书补注》云：

> 莽梦长乐宫铜人五枚起立，莽恶之，念铜人铭有“皇帝初兼天下”之文，即使尚方工镌灭所梦铜人膺文。
>
> 〔补注〕云：“十二枚，镌其五。”

《水经注•河水四》记载：

> （铜人）汉自阿房徙之未央宫前，俗谓之“翁仲”矣。地皇二年，王莽梦铜人泣，恶之，念铜人铭有皇帝初兼天下文，使尚方工镌灭所梦铜人膺文。

说汉时未央宫铜人迁自阿房宫，恐为长乐宫之误。《水经注•渭水下》则云：“长乐宫，周二十里。殿前列铜人。”又如《长安志》（卷三）引《三辅故事》云：“大夏殿，始皇造。铜人十枚在殿前。”又见《后汉书•董卓列传》李贤注引《三辅旧事》语：

> 秦王立二十六年，初定天下，称皇帝。大人见临洮，身长五丈，迹长六尺，作铜人以厌之，立在阿房殿前，汉徙长乐宫中大夏殿前。

何清谷先生认为：“铜人既是二十六年（前221年）铸，那时阿房宫未筑，故置于咸阳宫司马门外。始皇三十五年（前212年）以后，也许因阿房宫前殿建成，铜人徙于阿房殿前。”[22]但刘庆柱先生说：“阿房宫建于始皇三十五年，秦始皇死时阿房宫工程正在进行，秦代于此立铜人之说难以成立。退一步讲，即使阿房宫前立铜人，秦末项羽大火焚毁阿房宫，铜人已难存留，更不要说长乐宫中的铜人，在西汉末年铭文仍清晰可辨。故谓汉时将阿房宫殿前铜人徙置长乐宫大夏殿前之说难于成立。”又说：“秦始皇在兴乐宫营建了不少建筑，如大夏殿等。后来，还将巨大的铜人移至此殿前。”另外，《史记正义》（秦始皇本纪）引《关中记》云：“董卓坏铜人，余二枚，徙清门里。”文中“‘清门’当即汉长安城的‘清明门，即汉长安城东城墙之上中间的城门，位于长乐宫东北’”。[23]新近考古勘探调查表明，阿房宫的主体工程前殿至秦亡时并未完成，[24]所以秦始皇不会把纪念性钟虡铜人列置于此处的。早年史岩先生就指出，《史记•秦始皇本纪》记载铜人“置廷宫中”，而“廷宫”指两个地方，即钟虡置于廷中，“金人”置于宫门外。[25]何汉南先生认为，“置廷宫中”应该理解为“金人”在阿房宫的廷中，兴乐宫的北门前。此乃汉人所见以写秦事，兴乐宫在后之阿房宫的廷中，故称兴乐宫为“廷宫”。而“后之诸书所云汉徙长乐宫中，恐非是，应在原地”。[26]我们倾向于后三位先生的观点和意见，亦认为秦代钟虡铜人原置于兴乐宫大夏殿北门前的可能性最大。西汉王朝建都长安，急需在短期内创建一个供中央集权施行政治权力的大本营。在萧何的直接领导下，仅用一年半的时间就把秦在渭南的兴乐宫改建成西汉临时朝宫——长乐宫，而充分利用秦原有的铸铜人像为宫廷礼仪之用，应是顺理成章之事。

王子今先生认为，《汉书•王莽传下》记载铜人“起立”，或当为《水经注•河水四》所说铜人“泣”之慢读讹音。“如果这一推想能够成立，则铜人跽坐的可能，大致也可以排除。”[27]换言之，长乐宫大夏殿前列置的秦之十二钟虡铜人皆为站立姿。对于他的这个意见，我们并不赞同，因为人像作跽坐姿势是秦及西汉雕塑所普遍遵循的造型法则。

关于未央宫的钟虡铜人，班固在《西都赋》有描述：

> 列钟虡于中庭，立金人于端闱。

赋文中的“钟虡”指钟及悬钟支架，置于宫内；“金人”则为独立雕像，列在宫门（端闱），二者各置其处，互不相属。张衡在《西京赋》中讲得更为清楚：

> 洪钟万钧，猛虡趪趪。负笋业而余怒，乃奋翅而腾骧。……正殿路寝，用朝群辟。大夏耽耽，九户开辟。嘉木树庭，芳草如积。高门有闶，列坐金狄。

宫内“洪钟万钧，猛虡趪趪”，高大的宫门前“列坐金狄”。

建章宫“营宇之制，事兼未央”（《西京赋》），钟虡铜人设置当与未央宫制度同。未央、建章二宫钟虡铜人是徙置部分秦之“金人”，或是汉时新铸，文献并无记载。若为秦之旧物，它们分别为萧何主持营建未央宫、武帝建造建章宫时，从长乐宫大夏殿前迁移而来。若其皆属于汉时新铸，推测在武帝扩建增饰未央宫、建造建章宫期间的可能性较大。它们的造型可能与秦之钟虡铜人相似，但其体量却不会太大。

除上述三大宫殿之外，远离长安城的甘泉宫也列置有钟虡铜人。扬雄《甘泉宫赋》云：

> 金人仡仡其承钟虡兮，嵌岩岩其龙鳞。扬光耀之燎烛兮，乘景炎之炘炘。配帝居之县圃兮，象泰壹之威神。

元延二年（前11年）正月，扬雄随成帝至甘泉宫参加泰畤郊祀，回长安后作赋献给成帝，盛赞甘泉宫的神奇与壮美，以及郊祀活动之庄重和隆盛。引文的前两句描写壮勇的“金人”顶载着悬钟支架的立柱，悬挂乐钟的横梁上装饰开张的龙鳞；中两句描写乐钟如闪烁着燃烛般的光芒，在阳光下显得更加热烈；后两句描写甘泉宫取相天帝居所紫微宫。汤用彤先生说：“观子云（扬雄）所言，甘泉亦效法太一紫宫，且立金人，想亦数为十二，以象十二星宿也。”[28]但汪受宽先生认为：“扬雄所述秦之钟镓金人之编钟，是建立在秦汉时该编钟放置于甘泉宫的认识之上。”“秦收缴天下兵器所铸成的金人编钟，规制亘古未有，只能用来祀泰壹之神。从《汉书•郊祀志》看，秦始皇、汉武帝、汉成帝都是定时到甘泉宫祀泰壹神，祭祀所用的乐钟，只能是这套巨型编钟。”[29]如前文所述，西汉之甘泉宫，秦时称林光宫，而秦之甘泉宫在与咸阳宫相对的渭水以南，宫址就在长安城西北部的桂宫遗址之下。我们推测甘泉宫“金人”不会是秦之旧物，更与匈奴休屠王祭天金人无关，它很可能是元鼎五年（前112年）武帝在甘泉宫建泰一祠坛时所铸。

王子今先生认为，“秦汉宫廷应用‘钟虡铜人’确实相当普遍，然而却与秦始皇销天下兵器所造铸的‘金人’没有直接关系”。[30]这就是说，秦代钟虡铜人的纪念碑式的意义已经完全消失了，汉时宫廷中的钟虡铜人只不过是一个礼仪性的装饰物罢了。

二、休屠王祭天金人

《史记•匈奴列传》记载：“岁正月，诸长小会单于庭，祠。五月，大会茏城，祭其先、天地、鬼神。秋，马肥，大会蹛林，课校人畜记。”匈奴有祭天习俗，但休屠王部拥有祭天金人，未必为匈奴各部所共有。《汉书•金日磾传》赞曰：“（金日磾）本以休屠作金人为祭天主，故国赐姓金氏云。”元狩二年（前121年）春，霍去病率军出陇西，过焉支山，大破匈奴，缴获休屠王部祭天金人。《史记•卫将军骠骑列传》记载：

> （骠骑将军霍去病）转战六日，过焉支山千有馀里，合短兵，杀折兰王，斩卢胡王，诛全甲，执浑邪王子及相国、都尉，首虏八千馀级，收休屠祭天金人，益封去病二千户。

霍去病收缴的休屠王祭天金人，后被安置在云阳甘泉山下立祠祭祀。此措施一举两得，既是对匈奴部族祭天习俗的尊重，又起到夸耀汉威的作用。《汉书•地理志上》左冯翔云阳县注：“有休屠金人及径路神祠三所。”《汉书地理志补注》（卷二）云：“休屠已降，而为浑邪王所杀，武帝嘉其向己，遂并与金像而尊之也。”又见《史记索隐》（匈奴列传）云：

> 又《汉书音义》称“匈奴祭天，本在云阳甘泉山下，秦夺其地，后徙之于休屠王右地，故休屠有祭天金人，象祭天人也”。事恐不然。按：得休屠金人，后置之于甘泉也。

休屠王祭天金人安置地点不在甘泉宫内，应与径路神祠在同一处，即云阳县西北九十里的甘泉山下，[31]而这里本是义渠部族的祭天处。

战国时云阳一带曾是义渠部族的居住地，后为秦国吞并。据考证，一部分义渠人北迁，融入浑邪部族，后来浑邪被匈奴所征服，成为匈奴属下的异姓部落。其首领虽是匈奴贵族，但其部落依然以义渠人、浑邪人为主。[32]义渠人“饮食长技与匈奴同”（《汉书•晁错传》），可能也有祭天习俗。当时休屠部族的祭天处，在其所在“右地”的东部。

汉代以后文献如《魏书•释老志》《世说新语•文学第四》注引《汉武故事》等，均言休屠王祭天金人是佛像。敦煌莫高窟初唐323窟北壁绘有张骞出使西域图，画面左上部分有一座宫殿，殿额题“甘泉宫”三字，殿内并列两尊金人像，殿前为汉武帝与侍臣面向金人礼拜，榜题：“汉武帝将

图4-8
张骞出使西域图
敦煌莫高窟323窟北壁

其部众讨匈奴，并获得而金（人）长丈长馀，列之于甘泉宫，帝为大神长行拜谒时”（图4-8）。对于这种意见和现象，近代学者多持否定态度。汤用彤先生曾从多个方面进行了辨析，他说：“（甲）《史记》《汉书》并未言及武帝列休屠丈余金人于甘泉，烧香礼拜。（乙）《汉书•金日磾传赞》，有立金人为祭天主之言，其后注解多有从之者。（丙）汉武帝时，印度未有造佛像之事。（丁）金日磾乃休屠太子，无奉佛传说。（戊）甘泉宫乃象紫微宫之十二星。而休屠金人与径路祠则同另在一地。由此五证，《魏书•释老志》所言之虚妄可知矣。”[33]

休屠是匈奴统治下的一个部族，但非匈奴本族。王宗维先生认为，休屠原是西方接受佛教的一个民族，东迁至河西走廊东部，受匈奴统治，但其部众还没有匈奴化。[34]据武沐、王希隆先生的研究，休屠部族的前身为月氏酋涂部，“酋涂”与“休屠”读音相近。匈奴打败月氏后，酋涂部的主体成为匈奴休屠部，其余西迁至酒泉一带，成为小月氏酋涂部。霍去病出征河西后，小月氏酋涂部降汉，成为日后河西休屠部的一部分。[35]这也就是说，休屠部族的基本成员是月氏人。丁万录先生就此认为：“中亚地区希腊化开始期（或佛教造像时代开始期）距离霍去病得休屠王祭天有200年时间，佛教完全有可能传入匈奴部落。”而武沐、王希隆先生的“这一研究成果对祭天金人佛像说提供了可能的依据”。[36]但是，佛教造像的初期皆为象征性作品，佛陀像的创作则始于公元1世纪上半叶大月氏人贵霜王国下的犍陀罗艺术。位于阿富汗西北边境黄金之丘（Tillya-tepe）墓地的年代大约在公元前后几十年，墓主人是从敦煌西迁中亚的大月氏人。1979年苏联—阿富汗联合考古团在发掘了其中的六座墓葬，出土的黄金艺术品有两万余件。虽然“大月氏人一向以将佛教推广到东方各地而闻名，但是黄金之丘墓地出土的数以万计的黄金艺术品中几乎看不出有什么佛教色彩。可见，公元前1世纪大月氏人尚未皈依佛门。值得注意的是，他们创作的艺术品多以龙为主题”。[37]所以，即便休屠部族的基本成员为月氏人，祭天金人佛像说亦不能成立。

休屠王祭天金人究竟为何物？一些研究者指出，金人就是偶像，匈奴人造此偶像作为“天主”而祭祀之。如吴焯先生就认为，匈奴祭天之时应有神主，这个神主就是“金人”，故《史记》《汉书》皆称“祭天金人”。以今日想象之，它可能为一铜制神像，匈奴人祭天时拿它来作为神主，供奉其上，以祈福佑，如此而已。[38]但王子今先生认为，所谓“休屠祭天金人”和“休屠作金人为祭天主”，都指明“金人”并非祭祀对象，而只是在进行祭祀时“象祭天人”即象征祭主的替身，严格说来，它是一种祭具、祭器。他还说：“‘金人’的作用与佛教中‘佛’的地位，其实不能完全等同。休屠王遵行的宗教准则，是‘天’的崇拜，而这与佛教基本原则也是不相同的。”[39]我们赞同后者的意见。

李零先生在讨论秦之“金人十二”问题时，注意到休屠王祭天金人。但他认为“临洮地近休屠，金人作夷狄装，应与休屠金人有关，且承钟虡，亦与扬雄《甘泉赋》描写的休屠金人同，当即模仿匈奴传统的祭天金人而作”。[40]他的这个意见包含着两层含义：一是休屠王祭天金人的造型与秦之“金人十二”相近；二是甘泉宫的钟虡铜人模仿休屠王祭天金人。遗憾的是作者没有就这一问题展开讨论。

文献记载甘泉宫金人有两处：其一在甘泉宫内，即文学家扬雄笔下所描述的顶载乐钟的钟虡铜人；其二在甘泉山下，即休屠王祭天金人，二者不可混为一谈。关于这个问题，汤用彤在《汉魏南北朝佛教史》中考辨的颇为详尽，[41]可资参考。从其功能方面推测，休屠祭天金人作为祭主的替身，可能是单体性的，而甘泉宫金人用作承托乐钟的立柱，则是群体性的，或者说它们是成双成对的。从宗教伦理上讲，武帝敬畏天神，他是不会将匈奴祭天金人用作钟虡的，更何况这当中还涉及一个安抚降汉匈奴部族的政治问题。

图4-9
妇女雕像
吉尔吉斯青铜祭台

祭天金人用于祭祀天神，而降汉之前休屠王部居住地又接近祆教流行的西域地区，因此这件铜像也就成为祆教研究者所关注的对象。

马明达先生揭出《永乐大典》（卷二三四一）“六模•梧”引《梧州府志》语：“祆政庙，在州城东一百步。祆，胡神，按《汉图》，八月以金人祭天，其庙皆胡人居，中国所立，号天神。”他说方志中的这段记载“引出一个重要的话题，那就是将汉代匈奴休屠王的‘祭天金人’以及匈奴的祭天活动同祆教扯到一起了。……以此为祆教，则是第一次提出，值得注意”。[42]姜伯勤先生认为这是一个重要的发现，并列举中亚吉尔吉斯38号青铜祭台的妇女雕像作为讨论祭天金人的对象。妇女雕像保存两尊，双手上举作祭祀状（图4-9），装饰在祭台的四条腿的角上。他说：“从广义而言，这也是一种祭天的‘金人’。或者说，我们可以由此看到祭天金人的影子。”[43]

还有研究者认为，休屠是匈奴中一个地位特殊的部落，甚至

图4-10
红铜武士像
新疆新源县

可以说就是主持匈奴祭祀的部落，因为祭天金人正是在休屠王的手中。从新疆出土的塞人的祆教祭器来看，匈奴的祭天金人很可能也是祆教祭器。首先，祭天的“天”其实就和“祆”字是有关的，“祆”就是“天神”，所以当时胡人之中流行的“祭天”很可能多与祆教有关；其次，匈奴和塞人有非常密切的关系（匈奴的艺术品多具有强烈的斯基泰风格），拥有祭天金人者是休屠部族，并非匈奴本部，而该部族的前身可能与义渠部族有渊源，就更和塞人靠近了；再次，从后来匈奴别部羯人明显为祆教徒来看，也可以推测之前匈奴属下诸部甚至大部不乏祆教背景。另外，秦始皇曾铸十二金人，极其高大，“皆夷狄服”，而其模特来源于临洮，也接近义渠——休屠一带，应当也属于与休屠金人同类的古祆教祭器。[44]这些猜想拓展了研究者的思路，却有论证中缺乏实物材料支持之缺憾。

在新疆南山阿拉沟古墓、新源巩乃斯河南岸出土的铜器承兽方盘，引发研究者对塞人与祆教艺术的思考。而在新源、巩留两地先后发现的公元前5世纪至前3世纪铜武士像，也必然引起一些学者的关注。新源县发现的武士像系红铜铸成，高40厘米，头戴弯钩高冠，深目高鼻，长鬓角，上身赤裸，腰系短裙，左腿蹲屈，右腿跪地，双手执物（已失）并置于腿上，显得非常威武（图4-10）。[45]巩留县发现的武士像为青铜铸成，残高21.5厘米，仅存头部及上身，头上戴弯钩高冠，身着束腰紧身衣，双手物握向前伸出。[46]铜武士像大约表现的是塞人形象，塞人信仰拜火教，铜人手中所握的大概是火把，[47]其头冠与比利乌斯雅典娜的头冠相似，受希腊化时代艺术的影响比较明显，但要说它与休屠王祭天金人有关系，臆测成分太多，不足信。

综上所述，祭天金人为休屠部族所有，但它不会是佛像，也不曾用作甘泉宫钟虡铜人。它被置于甘泉山下祠中供奉，但并非为祭祀对象，很可能是替代祭主祭天的一种祭具或祭器。探讨祭天金人与祆教艺术的关系，目前尚缺乏具有一定说服力的旁证材料，但说它的造型样式受到亚欧草原民族艺术风格的熏陶，大致不误。

三、捧露盘仙人铜像

唐代诗人李贺作有《金铜仙人辞汉歌并序》，写想象中捧露盘仙人铜像辞别汉宫时的悲伤情景，文曰：

> 魏明帝青龙元年八月，诏宫官牵车西取汉孝武捧露盘仙人，欲立

置前殿。宫官既拆盘，仙人临载，乃潸然泪下。

何清谷先生考释，序文中所记年代有误，应为景初元年（237年）。而捧露盘仙人铜像流泪，可能因其体内蓄积的雨水从眼眶中流出所致。[48]汉宫中的捧露盘仙人铜像皆为武帝时所铸造，它们与国家政治的关系不大，主要为满足他个人长生不死的欲望。[49]正是由于这位汉帝的大胆构想，才激发了雕塑匠师的艺术创造激情。

《史记•封禅书》云："今天子初即位，犹敬鬼神之祀。"武帝对神仙的向往，几乎达到痴迷和疯狂的地步，一部《史记•孝武本纪》几乎都说的是他个人祀神求仙、祈求长生不老之事，就连封禅、郊祀等重大政治活动也不例外。武帝在东方求仙屡屡遭挫之后，便转向西方寻求长生不老之药，而在宫中立置捧露盘仙人铜像，正是他这一行为的具体表现。仙人捧盘承接天降甘露，用以调制玉屑仙药供武帝享用。

《抱朴子内篇•仙药》（卷十一）："玉亦仙药，但难得耳。《玉经》曰：服金者寿如金，服玉者寿如玉也。"食玉、饮玉的思想及行为由来已久，战国时期渐兴，汉代时风靡整个上流社会。《离骚》："折琼枝以为羞兮，精琼靡以为粻。"《九章•涉江》："登昆仑兮食玉英，与天地兮同寿，与日月兮同光。"又如《郊祀歌•象载玉》："象载玉，白集西，食甘露，饮荣泉。"扬雄《太玄赋》："茹芝英以御饿兮，饮玉醴以解渴。"桓谭《仙赋》："吸玉液，含华芝，漱玉浆，饮金醪。"有关食玉、饮玉的文字还见于汉镜铭文，可见其已成为一种社会风潮。长安宫中的捧露盘仙人铜像，可谓引领这一风潮的标志性之物。

1. 捧露盘仙人铜像的设置

从文献记载看，武帝时未央宫柏梁台、洛城门鹳雀台、建章宫神明台和甘泉宫通天台都立置有捧露盘仙人铜像。

长安城中的第一座捧露盘仙人铜像，立置于未央宫柏梁台。《史记•孝武本纪》记载：

> 其后则又作栢梁、铜柱、承露仙人掌之属矣。
> 〔集解〕苏林曰："仙人以手掌擎盘承甘露也。"

引文中的"栢梁"即柏梁台，"铜柱"应为立置捧露盘仙人铜像的附属设施。《史记•封禅书》《汉书•郊祀志上》亦记载了是时武帝造柏梁台，并在台上设置捧露盘仙人铜像之事。司马光在《资治通鉴》（卷二十）中，将此事记于元鼎二年（前115年）：

> （元鼎二年）春，起柏梁台，作承露盘，高二十丈，大七围，以铜为之，上有仙人掌，以承露……

《史记•平准书》记载："是时，越欲与汉用船战逐，乃大修昆明池，列观环之。治楼船，高十馀丈，旗帜加其上，甚壮。天子感之，乃作柏梁台，高数十丈。宫室之修，由此日丽。"柏梁台是武帝时期长安城进入大规模建设的标志性建筑物。《汉武故事》云："起柏梁台以处神君。"武帝建造柏梁台，主要用于祀神求仙，捧露盘仙人铜像应是柏梁台上的主要设施。柏梁台大约位于未央宫北阙内，建成11年后毁于太初元年（前104年）的一次火灾，[50]但捧露盘仙人铜像的存毁情况不明。

据《三辅黄图》（卷一）记载，在长安城洛城门外也设置有承露盘设施：

> 长安城北出东头第一门曰洛城门，又曰高门。《汉官殿疏》曰："高门，长安北门也，又名鹳雀台门，外有汉武承露盘，在台上。"王莽更曰进和门临水亭。

文中"承露盘"大约是捧露盘仙人铜像的省称。洛城门外是渭水，其北正对高祖长陵。这里地势开阔，高大的鹳雀台临水而建，捧露盘仙人铜像耸立其上，想来这一景象颇为壮观。但此事未见《史记》《汉书》及其他汉代文献记载，可信度不足。

继未央宫中建成柏梁台四年之后，武帝在甘泉宫起通天台并立置捧露盘仙人铜像。元封二年（前109年），武帝赴东方求仙后回到长安。在方士公孙卿的鼓噪下，他诏令营建一批"招来神仙之属"的建筑物，甘泉宫通天台就在其中。通天台，《史记•封禅书》中称之为"通天茎台"。"茎"或指"金茎"，铜柱也；或为"茎擢"，特别、独出貌也。前文所述，叶大松先生认为"通天台分为两部分，另一部分也叫通天台，即为金茎之铜管、铜人、呈露盘，另外在甘泉山上建立的"。[51]在甘泉宫遗址的东北部，尚存两座东西相距70米的圆锥体形的夯土台基，初步确定为通天台遗址。[52]关于甘泉宫通天台捧露盘仙人铜像，《三辅黄图》（卷五）引《汉武故事》云：

> （武帝）祭泰乙，云令人升通天台，以候天神，天神既下祭所，若大流星，乃举烽火而就竹宫望拜。上有承露盘，仙人掌擎玉杯，以承云表之露。

太初元年（前104年）柏梁殿灾，武帝接受越巫勇之建言，遂在长安城西墙外营造建章宫。建章宫有神明台，台上捧露盘仙人铜像应为是年之后所立。考古调查和勘探证实，神明台位于建章宫前殿西北、太液池之北部，遗址在今西安三桥镇孟庄村北。[53]文献记载神明台高五十丈，并与井幹楼并立，且台楼之间“辇道相属焉”。[54]《汉书•郊祀志下》颜师古注引《汉宫阙疏》：神明台“上有九屋，恒置九天道士百人”。关于神明台捧露盘仙人铜像，班固《西都赋》云：

抗仙掌以承露，擢双立之金茎，轶埃堨之混浊，鲜颢气之清英。

《文选》李善注：“言承露之高也。《汉书》曰：‘孝武又作柏梁铜柱，承露，仙人掌之属矣。’《方言》曰：‘擢，抽也。达卓切。金茎，铜柱也。’”

张衡《西京赋》亦有赞誉之词：

立修茎之仙掌，承云表之清露，屑琼蕊以朝飧，必性命之可度也。

引文中“擢双立之金茎”“立修茎之仙掌”，皆形容捧露盘仙人铜像立置在高大挺拔的铜柱之上。

2. 捧露盘仙人铜像的形制

关于建章宫捧露盘仙人铜像造型样式及大小，有文献记载可寻。《史记索隐》（孝武本纪）引《三辅故事》：

建章宫承露盘高三十丈，大七围，以铜为之。上有仙人掌承露，和玉屑饮之。

《三辅黄图》（卷三）云：

《庙记》曰：“神明台，武帝造，祭仙人处，上有承露盘，有铜仙人，舒掌捧铜盘玉杯，以承云表之露。以露和玉屑服之，以求仙道。”《长安记》：“仙人掌大七围，以铜为之。魏文帝徙铜盘折，声闻数十里。”

何清谷先生指出：“二酉堂丛书张澍辑《三辅故事》作‘承露盘高二十丈’。《长安志》（卷三）建章宫引《三辅故事》亦作‘二十丈’。围，计量圆周的约略单位，在此指两臂合抱的长度。大七围，即一周七抱。”[55]捧露盘仙人铜像体量十分巨大，连铜柱通高二十丈，合今46米，周长七抱，以一抱（两臂合拢的长度）1.5米计算，总计10.5米，直径约

3.4米。仙人雕像立置在高大的铜柱上，作舒掌捧承露盘状，承露盘中置有玉杯。

武帝时立置的捧露盘仙人铜像没有保存下来，这当然是莫大的遗憾。根据文献记载并借助出土的汉代青铜雕塑作品如铜羽人、羽人灯等，试对其基本形制做一番推测。

1964年在西安市汉城乡南玉丰村出土一件西汉铜羽人（参见第七章第一节）。它体量较小，跽坐姿势，通高15.3厘米。面部直鼻阔嘴，双耳冲顶，眉弓突而弯曲，脑后绾锥形发髻。身着无领紧袖交襟长衣，腰束带，通身饰长条形羽毛，下摆两侧各有九组长缕羽毛，背部有长卷云形羽翅，双手前伸作捧抱物状，双膝间一半圆形的插装器物凹槽，赤足。铜羽人的出土地点南距长乐宫北墙遗址仅5米，考古人员判断其为西汉宫中的供奉之物。[56]无独有偶，1987年河南洛阳东郊出土一件鎏金铜羽人，[57]高15.5厘米，造型样式及大小与西安出土的铜羽人十分相近。此物虽出自东汉墓葬中，但它的制作年代应定为西汉。[58]西安、洛阳两地出土的铜羽人，反映出西汉仙人造像的时代特征及类型化的取向。推想置于汉宫高台上的捧露盘仙人铜像，其姿态、面相及装束可能与这两件铜羽人相近或相似。

图4-11（左）
青铜羽人莲花灯
传出自西安
英国伦敦戴迪野行藏

图4-12（右）
青铜羽人莲花灯
（去掉插件）

另一件传出自西安，今藏英国伦敦戴迪野行的青铜羽人莲花灯，更具有参考意义。[59]此灯通高36厘米，羽人高19.5厘米，短发，大耳，隆鼻，有胡须，呈跽坐姿，双手捧盘，盘中盛一只花瓣口沿杯。杯中插置的三盏长柱柄灯盘，中间者直立，两边的作龙形，呈曲尺状（图4-11）。我们怀疑这个插件可能是后来加上去的，不是原件。若将之拿去，其形态颇似“仙人以手掌擎盘”“仙人舒掌捧盘玉杯”（图4-12），想来捧露盘仙人铜像的造型大抵如此。

图4-13
铜承盘高足玉杯
广州南越王墓

广州南越王墓出土的一件铜承盘高足玉杯（图4-13），由铜承盘、托架和高足玉杯三部分组成。整器通高17厘米，铜承盘高5厘米、径23.6厘米，玉杯及杯托青玉质，杯身高7.8厘米，杯托为三大叶花瓣、三小叶花萼形。玉杯置于铜承盘之上，承盘上三条金头银身龙以口衔住杯托，设计新颖，做工精巧。徐琳博士认为，这样的器物如做普通饮器频繁使用，着实取之麻烦。它的实际用途当与武帝神明台铜盘玉杯相同，是其微缩，精致小巧，能摆放于宫中罢了。[60]南越王铜承盘高足玉杯可作为我们推测仙人铜像舒掌捧托之物的一个参考。

战国秦汉时期，东方蓬莱和西方昆仑两个系统的神仙思想交融，激发了人们对来世命运充满无限的遐想。《论衡•道虚篇》云："为道学仙之人，能先生数寸之毛羽，从地自奋，升楼台之陛，乃可谓升天。"羽人即仙人，也称飞仙，是想象中沟通人间与仙界的使者。表现仙人形象的美术作品在汉长安城比较多见。除铜羽人、羽人莲花灯外，在元帝渭陵建筑遗址出土有羽人驭天马玉雕，堪称古代玉雕中的极品（参见第七章第二节）。羽人头饰长发，长鼻通额际，翘首，双肩生翼，腰下长羽呈喇叭形，手执一株三秀灵芝，跨骑一匹带翼的天马，造型手法写实并充满想象力。西安交通大学、西安理工大学汉墓壁画中，可见羽人擎灵芝腾踏向上、羽人飞升戏龙的形象（参见第六章第二节），[61]画面情景交融，颇为壮观。武帝醉心于长生不老，渴望与神仙沟通，不断建造祀神求仙的建筑设施，使得艺术匠师的创造力得以充分发挥。长安捧露盘仙人铜像问世，标志着一个新的铸铜雕塑时代的到来。

长安宫中的捧露盘仙人铜像是神权的象征，并为后来的帝王所仿效。清代乾隆在后宫花园中建造承露台，上面放置铜承露盘。在北海琼华岛北侧山腰处，有清乾隆年间仿效汉武帝求仙故事而建造的铜仙人承露盘（图4-14），铜仙人双手顶托硕大的圆盘，面北立于高达5.4米的蟠龙石柱上，景象也算壮观。

图4-14
清代铜仙人承露盘
北京北海公园琼华岛

四、建筑装饰雕塑

采用青铜雕塑装饰建筑物，始于秦，兴于西汉。武帝时在长安城大兴宫殿建筑工程，建筑装饰雕塑应运而生，代表性作品有铜龙、铜凤、铜驼、铜马、铜飞廉等。龙、凤和飞廉为神禽异兽，骆驼和天马来自遥远的西域，它们皆为祥瑞之物。

长安城桂宫的南门装饰有铜龙，名曰龙楼门。《水经注•渭水下》说长安城西出直城门即龙楼门，有误。《汉书•成帝纪》记载比较明确：

(成帝为太子时）初居桂宫，上尝急召，太子出龙楼门，不敢绝驰道，西至直城门，得绝乃度，还入作室门。

张晏曰："门楼上有铜龙，若白鹤、飞廉之为名也。"

长安宫殿中还设置有铜驼。景初元年（237年）魏明帝下令从长安徙来一批青铜雕塑作品，用以装饰洛阳城的宫殿，其中就有铜驼。《三国志•魏书•明帝纪》裴松之注引《魏略》记载：

是岁，徙长安诸钟虡、骆驼、铜人、承露盘。

从长安徙来的铜驼，大概设置在洛阳宫城阊阖门外的大街两边，该街故名铜驼街。《太平御览》（卷一五八）引《洛阳记》云："洛阳有铜驼街，汉铸铜驼二枚，在宫南四会道相对。俗语曰：'金马门外集众贤，铜驼陌上集少年。'"长安铜驼的形制不详，后来邺都中阳门外设置的一对铜驼可资参考。《邺中记》云："二铜驼如马形，长一丈，高一丈，足如牛，尾长二尺，脊如马鞍。在中阳门外，夹道相向。"

装饰长安宫殿建筑的青铜雕塑，最享盛名的是建章宫门阙上铜凤、未央宫金马门前的铜马和上林苑飞廉观上的铜飞廉。

1. 建章宫铜凤

在建章宫的多处建筑物如南宫门、东阙和北阙上，都装饰有大型铜凤，营造出天上宫阙的奇幻景象。

建章宫四面皆有宫门，前殿以南的南宫门为宫城正门。南宫门称阊阖，又名璧门，上面装置大型铜凤。《史记•封禅书》云：

前殿度高未央……其南有玉堂、璧门、大鸟之属。

《汉书•郊祀志下》亦有相同的文字记载，颜师古注："立大鸟象也。"这里所谓的"大鸟"应指门殿上装饰的大型铜凤。但有研究人员将"大鸟"释为鸵鸟，认为是太液池设立的石雕作品，[62]可能有误。据《史记•大宛传》记载：武帝时安息使者曾"以大鸟卵及黎轩善眩人献于汉"。孙机先生说："可见西汉时我国已经接触过鸵鸟卵。生鸵鸟则到东汉时才输入我国。"[63]关于建章宫铜凤，《西京赋》云：

圆阙竦以造天，若双碣之相望。凤骞翥于甍标，咸溯风而欲翔。

阊阖之内，别风嶕峣。

《文选》薛综注：“甍，栋也。标，末也。溯，向也。谓作铁凤凰，令张两翼，举头敷尾，以函屋上，当栋中央。下有转枢，常向风，如将飞者焉。”

赋文的前一句说的是北阙，后一句说的是东阙，而中间一句描写的应是南宫门上的“大鸟”。所谓“铁凤凰”，可能指安置铜凤的铁制转枢。刘庆柱先生说：薛综注文中“所提到的‘铜凤’或‘铁凤’，亦即《汉书》卷二十五（中）《郊祀志》（中）所说的大鸟，‘凤’与‘鸟’同义，均为‘相风’之物，即‘侯风仪’”。[64]装置有“大鸟”的南宫门华丽无比，一派金碧辉煌的景象。《文选·西都赋》云：

设璧门之凤阙，上觚稜而栖金爵。

李善注：“《汉书音义》：‘应劭曰：觚，八觚有隅者，音孤。’《说文》曰：‘稜，柧也。柧与觚同，觚，落登切。’《三辅故事》曰：‘建章宫阙上有铜凤皇。然金爵则铜凤也。’”

《三辅黄图》（卷二）云：

《汉书》曰：“建章宫南有玉堂，璧门三层，台高三十丈。玉堂内殿十二门，阶陛皆玉为之。铸铜凤高五尺，饰黄金栖屋上，下有转枢，向风若翔。”

《三辅黄图》的这段文字综合了《史记·封禅书》《汉书·郊祀志下》和《水经注·渭水下》的记载。[65]可知南宫门（阊阖）上的大型铜凤，采用当时流行的鎏金技术装饰而成，其下装置铁制转枢，可使鎏金铜凤临风若飞。

建章宫东阙又称凤阙，文献记载比较明确。《史记·孝武本纪》云：“（建章宫）前殿度高未央。其东则凤阙，高二十馀丈。”东凤阙位于建章宫前殿以东，即南宫门以北的东部，与长安城直城门呈东西呼应之势，立置在阙顶的铜凤作振翅欲飞状，将其装扮的更加瑰丽壮观。东凤阙遗址在今西安市三桥镇双凤村东，当地乡民称之为双凤台[66]。

东凤阙又名别风阙、折风阙。称其别风阙，因其有“别四方之风”的铜凤，[67]所谓折风阙，取铜凤随风转折之义。类似的别风铜凤，还有长安灵台装置的相风铜乌。《三辅黄图》（卷五）引郭延生《述征记》云：

长安宫南有灵台，高十五仞，上有浑仪，张衡所制。又有相风铜乌，遇风乃动。一曰：长安灵台，上有相风铜乌，千里风至，此乌

> 动。又有铜表，高八尺，长一丈三尺，广尺二寸，题云："太初四年造。"

建章宫东阙上的铜凤或许就是这种相风铜乌，它并非纯粹的装饰物，兼有相风功能，不仅能测得"千里风至"，也能测出风速。

建章宫北阙又叫圆阙，阙上亦装置有铜凤。《太平御览》（卷一百七十九）载魏文帝歌曰：

> 长安城西有双圆阙，上有双铜雀，一鸣五谷生，再鸣五谷熟。

陈直先生按："据此古歌，似为曹丕所作。"[68]古歌的母题可能来自"赤乌衔谷于武王之屋"的传说，《史记•封禅书》记载：

> 周得火德，有赤乌之符。
>
> 〔索隐〕《中候》及《吕氏春秋》皆云："有火自天止于王屋，流为赤乌，五至，以谷俱来。"

汉为火德，"故高祖始起，神母夜号，著赤帝之符，旗章遂赤，自得天统矣"。[69]武帝在建章宫北阙上立置大型铜凤的动机，在于应验火德之瑞，求得五谷丰饶。

如班固《西都赋》所言，建章宫"实列仙之修馆，非吾人之所宁"，是一处西汉皇室祀神求仙的场所。武帝渴望长生不死，特别向往与神君相会。《汉书•郊祀志上》云：

> （神君）非可得见，闻其言，言与人音等。时去时来，来则风肃然。居室帷中，时昼言，然常以夜。天子祓，然后入。

神君将至，风是先兆。或许东阙上铜凤还有测得"肃然"之风的功能，以便向在神明台和井幹楼发出神君降临的信号。

凤凰是"人心营构之象"。在古人心目中，凤凰是来自神山仙国的珍禽，也是吉祥的象征。最早的凤凰形象在新石器时代的遗存中就有表现，如南方浙江余姚河姆渡文化遗址出土的双凤朝阳纹骨匕，北方辽宁赤峰出土的赵宝沟文化陶凤杯等。[70]商周青铜器上的立体装饰，凤鸟形象并不鲜见，如陕西岐山贺家村出土的晚商凤柱斝，扶风齐家村出土的西周后期它盉等。近年在西安市未央区枣园汉墓出土的西汉早期鎏金凤鸟铜锺（参见第七章第一节），[71]对我们认识建章宫的铜凤更具参考价值。凤鸟鎏金铜锺出土两件，形制和大小相同，通高78.7厘米，盖面中央的捉手设计成硕大的凤鸟。凤鸟作立姿，口中含珠，双翅拢于背，昂首翘尾，外轮廓线条流畅，形象栩栩如生。在鎏金铜锺上装饰立体凤鸟，不仅造型理念与宫阙上大型铜凤相通，而且造型样式可能也有许多相似之处。西汉时期，具有纪念性的青铜礼器正在走向消亡，但彰显汉帝威仪的建筑装饰雕塑方兴未艾。所以，与其说建章宫铜凤是对商周青铜艺术传统的发展，毋宁说它是新时代的风尚。

吴郁芳先生说，建章宫璧门上的“大鸟之属”及凤阙上铜凤，皆为东南地区的遗俗，或曰东南建筑文化的特色。如浙江绍兴306号战国墓出土的一件伎乐小铜屋（图4-15），就是吴越人用来观测南风的阊阖模型，铜屋柱上的大尾鸠即相风鸟。[72]至武帝太初年时，西汉政府统一东越、南越事毕，中原与东南地区文化再次出现融合，建章宫门阙上的铜凤吸收两越地区的建筑装饰理念及其造型元素是完全有可能的。

图4-15
伎乐小铜屋
浙江绍兴306号战国墓

2. 未央宫铜马

武帝时还铸有大型铜马，列置在未央宫宦者署门前，宦者署门因之称名金马门。《史记•滑稽列传》有记载：

> (东方)朔行殿中。郎谓之曰：“人皆以先生为狂。”朔曰：“如朔等，所谓避世于朝廷间者也。古之人，乃避世于深山中。”时坐席中，酒酣，据地歌曰：“陆沈于俗，避世金马门。宫殿中可以避世全身，何必深山之中，蒿庐之下。”金马门者，宦者署门也。门旁有铜马，故谓之曰“金马门”。

关于未央宫铜马的来历，后来有两说。其一，铜马系东门京所献相马式而铸立。《汉书•公孙弘传》并如淳注：

> 时对者百馀人，太常奏（公孙）弘第居下。策奏，天子擢弘对为第一。召入见，容貌甚丽，拜为博士，待诏金马门。
>
> 如淳曰：“武帝时，相马者东门京作铜马法献之，立马于鲁班门外，更名鲁班门为金马门。”

公孙弘拜为博士并待诏金马门，时在元光五年（前130年），[73]东门京作铜马献之，以及武帝立铜马并改称鲁班门为金马门，应在此年之前不久或之后。

其二，铜马因获得大宛马而立。此事除上举《史记•滑稽列传》记载外，还见于《三辅黄图》（卷三）记载：

金马门，宦者署。武帝得大宛马，以铜铸像，立于署门，因以为名。东方朔、主父偃、严安、徐乐，皆待诏金马门，即此。

何清谷先生认为，《汉书·公孙弘传》《后汉书·马援列传》说法与本文不同，“本文亦应有据。汉武帝求大宛的汗血马人所共知，照大宛马铸铜马很有可能”。[74]武帝时征伐大宛，从太初元年（前104年）至太初四年（前101年）汉军罢兵引大宛马回到长安，战事历时四年。[75]若依《三辅黄图》所说，立铜马于宦者署门并改门名为金马门，应在是年之后。获得大宛马是当时西汉王朝的重大事件，宫廷乐府作歌以志纪念。《史记·乐书》云：

后伐大宛得千里马，马名蒲梢，次作以为歌。歌诗曰：“天马来兮从西极，经万里兮归有德。承威灵兮降外国，涉流沙兮四夷服。”

《汉书·礼乐志》收录《郊祀歌·天马》二首，前一首系“元狩三年（前120年）马生渥洼水中作”；后一首为“太初四年诛宛王获宛马作”，歌曰：

天马徕，从西极，涉流沙，九夷服。天马徕，出泉水，虎脊两，化若鬼。天马徕，历无草，径千里，循东道。天马徕，执徐时，将摇举，谁与期？天马徕，开远门，竦予身，逝昆仑。天马徕，龙之媒，游阊阖，观玉台。太初四年诛宛王获宛马作。

关于东门京所献铜马法以及未央宫金马门立置铜马，《后汉书·马援传》有记载：

（马）援好骑，善别名马，于交阯得骆越铜鼓，乃铸为马式，还上之。因表曰：“……近世有西河子舆，亦明相法。子舆传西河仪长孺，长孺传茂陵丁君都，君都传成纪杨子阿，臣援尝师事子阿，受相马骨法。……孝武皇帝时，善相马者东门京铸作铜马法献之，有诏立马于鲁班门外，则更名鲁班门曰金马门。臣谨依仪氏羁，中帛氏口齿，谢氏唇鬐，丁氏身中，备此数家骨相以为法。”马高三尺五寸，围四尺五寸，有诏置于宣德殿下，以为名马式焉。

金马门铜马是依据东门京所献铜马法铸造的。铜马法即铜马式，或称铜马法式，为相马用器。东汉初年名将马援效法之，并综合仪氏、中帛氏、谢氏、丁氏等名家相马骨法，用骆越铜鼓铸成一件铜马式。马援作铜马式，特别重视良马的口、眼、鼻、耳、齿、肋、腹、股、腿、蹄等部位的细节刻画，想来东门京的铜马法也具备这些特点。

金马门铜马可能因通体鎏金而称金马。在武帝茂陵东侧阳信冢（俗称“羊头冢”）从葬坑出土的鎏金铜马，[76]其体貌特征与秦始皇陵出土的铜马及陶马迥异，但与长陵陪葬墓出土的陶马比较接近。张廷皓先生认为，这件作品是按照当时大宛马的形象铸制而成的，是一件专门鉴定大宛马的铜马式。[77]茂陵鎏金铜马为模铸而成，可以批量产出，其“母本”或许出自长安善相马者东门京之手（参见第七章第一节）。若是，未央宫铜马的造型应与之相近。

东汉马援所作的铜马“高三尺五寸，围四尺五寸”，体量比较小。未央宫铜马的尺寸失载，但估计它的体量比较大，或为两件并对称性地列置在北宫门前。关于铜马后来的去处，见于《汉书•武帝纪》应劭注：“明帝永平五年（62年），至长安迎取飞廉并铜马，置上西门外，名平乐馆。”张衡在《东京赋》中写到雒阳平乐观（馆）时，对长安未央宫铜马也有描述，文曰：

> 其西则有平乐都场，示远之观。龙雀蟠蜿，天马半汉。瑰异谲诡，灿烂炳焕。奢未及侈，俭而不陋。规遵王度，动中得趣。
>
> 《文选》李善注：“龙雀，飞廉也。天马，铜马也。蟠蜿、半汉，皆形容也。”

又据《后汉书•董卓列传》记载：“（董卓）坏五铢钱，更铸小钱，悉取雒阳及长安铜人、钟虡、飞廉、铜马之属，以充铸焉。”从长安到雒阳，未央宫铜马存世300多年，最后与铜飞廉一并毁于董卓之手。

关于金马门，刘庆柱先生说：“西汉中晚期的历史记载中，多次提到未央宫有金马门。……现经考证金马门就是北宫门。”[78]何清谷、徐卫民先生持相同意见，也认为金马门即未央宫北宫门。[79]《西都赋》云：“又有承明金马，著作之庭。”《汉书•严助传》张宴注：“承明庐在石渠阁外。”未央宫的考古勘察表明，石渠阁遗址在天禄阁以西500米处，北距北宫墙60米。[80]承明庐即承明殿，在石渠阁遗址以东210米、天禄阁遗址以西160米处，发现一大型建筑遗址，可能是承明殿遗址。[81]金马门即宦者署机构，与承明殿相近，亦接近未央宫北墙。《汉书•霍光传》记载，霍光“尽驱出群臣，置金马门外”，昌邑王刘贺被废后，霍光“扶王下殿，出金马门，群臣随送。王西面拜，曰：‘愚戆不任汉事。’起就乘舆副车”。这里所说的金马门不是宦者署机构，而是北宫门。宦者署距北宫门很近，所以宦者署又称金马门。鲁班门或是北宫门的别称，大约因其设计制作精到而得此名。

3. 上林苑铜飞廉

受燕齐方士不断的鼓噪和诱惑，元封二年（前109年）武帝诏令在长安建飞廉观，在甘泉宫建益延寿馆和通天台，并指派方士公孙卿主持祭神迎仙活动。《史记•封禅书》云：

> 公孙卿曰："仙人可见，而上往常遽，以故不见。今陛下可为观，如缑城，置脯枣，神人宜可致也。且仙人好楼居。"于是上令长安则作蜚廉桂馆，甘泉则作益延寿馆，使卿持节设具而候神人。乃作通天茎台，置祠具其下，将招来仙神人之属。

《汉书•郊祀志下》记载相同。在甘泉宫通天台遗址附近，文博人员采集到"益延寿"瓦当残片，[82]可知益延寿馆当时建成并投入使用。与益延寿馆一样，飞廉观亦属于祀神求仙建筑，但其遗址尚未发现。何清谷先生推测飞廉观似在丰、镐之东的上林苑某苑门附近，距离今西安市长安区斗门镇西南的上兰观不太远，同属于汉帝练兵狩猎之区。[83]班固《西都赋》云：

> 于是乘銮舆，备法驾，帅群臣，披飞廉，入苑门。遂绕酆鄗，历上兰。

张衡《西京赋》云：

> 陈虎旅于飞廉，正垒壁乎上兰。

飞廉观因置有铜飞廉而得名。《三辅黄图》（卷五）云：

> 飞廉观，在上林，武帝元封二年作。飞廉，神禽，能致风气者。身似鹿，头如雀，有角而蛇尾，文如豹，武帝命以铜铸置现上，因以为名。班固《汉武故事》曰："公孙卿言神人见于东莱山，欲见天子。上于是幸缑氏，登东莱，留数日，无所见，惟见大人迹。上怒公孙卿之无应，卿惧诛，乃因卫青白上云：'仙人可见，而上往遽，以故不相值。今陛下可为观于缑氏，则神人可致。且仙人好楼居，不极高显，神终不降也。'于是上于长安作飞廉观，高四十丈，于甘泉作益延寿观，亦如之。"后汉明帝，永平五年至长安，悉取飞廉并铜马，置之西门外，为平乐观。董卓悉销以为钱。

"飞廉"一词最早出现在春秋战国时期。飞廉又写作"蜚廉"，东汉以来的学者在注释前代文献时，对其属性、功能及形象特征都有比较详细解释。王逸《楚辞章句》云：

《离骚》："前望舒使先驱兮，后飞廉使奔属。"
王逸注："飞廉，风伯也。"

《九辩》："属雷师之阗阗兮，通飞廉之衙衙。"
王逸注："风伯次且，而扫尘也。"

《远游》："历太皓以右转兮，前飞廉以启路。"
王逸注："风伯先导以开径。"

又如高诱、郭璞、应劭、晋灼等学者的解释和描述：

《淮南子•俶真训》："若乎真人，则动溶于至虚，而游于灭亡之野，骑蜚廉而从敦圄，驰于方外，休乎宇内。"
高诱注："蜚廉，兽名，长毛，有翼。"

《上林赋》："椎飞廉，弄獬豸。"
郭璞注："飞廉，龙雀也，鸟身鹿头。"

《史记•孝武本纪》："于是上令长安则作蜚廉桂观，甘泉则作益延寿观，使卿持节设具而候神人。"
应劭曰："飞廉神禽，能致风气。"晋灼曰："身如鹿，头如雀，有角而蛇尾，文如豹文也。"

综之，飞廉是神禽，能致风气，给游天者启路，或为升仙者遨游天空的乘骑。它具有鸟兽合体的形象特征，但各家的说法又不尽相同：一曰其长毛，有翼（高诱语）；二曰其鸟身鹿头（郭璞语）；三曰其鹿身鸟头，有角和长尾，饰豹纹（晋灼语）。我们推测上述三家的解释和描述，各自依凭了前代或同代艺术作品中不同的鸟兽合体的动物形象，因而产生了差异。值得注意的是，飞廉的第一种形态与东汉石翼兽的造型基本吻合。关于第二、三种形态，孙机先生曾做过讨论，但他所举的例证皆为东汉以后美术作品中的"鸟身鹿头"形象。[84]也有研究者怀疑飞廉"是像草原鹰首鹿那样的动物"。[85]但是，这种怪兽形象在中原地区出土的文物中尚未发现，其外貌特征又与汉晋学者的描述相去甚远。

东汉高诱认为飞廉属兽类，而后来的应劭则说飞廉是"神禽"。在古代禽是鸟兽总称，并不专指鸟类。从词汇的构成上看，"飞廉"是一个偏正结构的合成词，前字“飞”表其能在天空中飞翔，后字“廉”似与“麟”（来母部字）的古音相近，所以飞廉最初的含义很可能指一种有羽翼，像似麒麟的神兽。李零先生认为，麒麟也许是一种借助中国概念和中国词汇（麟）的外来译词，其读音与格里芬（griffin）相近，引入中国的年代要相对早一点。“最初是有翼神兽的泛称，当时鹰首和狮首的有翼神兽可能都包括在内”。[86]飞廉的异名“龙爵（雀）”出现时间较晚，大约在东汉时期，它是一个偏正结构的合成词，表形似龙的大鸟之义。

在对飞廉的考释方面，早年孙作云先生用力最多，并在多篇论文中连续阐述了自己的观点和看法。[87]他认为早期的飞廉就是凤，古语“凤”与“风”一字，“风”字古音“孛缆”，飞廉是为“孛缆”之音转，“古人相信风的生由于凤之飞，所以在传说上又说它是风神”。“它先是神禽，在汉代神仙思想弥漫一切时，又变成人们升仙骑乘的四脚兽”。东汉石翼兽即传说中的飞廉，如在洛阳西郊孙旗屯发现的两件石翼兽“有角、有翼、身有羽纹、有爪，作腾跃之势，是典型的飞廉。准斯以求，则四川雅安高颐石阙前的石兽，也是飞廉”。又说：“汉武帝作飞廉馆，汉明帝迎取飞廉像，皆是为了求神仙。他们认为骑飞廉，或跟着飞廉飞，就可以成仙的。”总之，汉代的飞廉是与求仙、升仙有关的神兽，等等。

据《汉书•武帝纪》应劭注和《后汉书•董卓列传》记载，汉明帝于永平五年（62年）将上林苑铜飞廉与未央宫铜马一并东迁于雒阳，置于上西门外平乐观。初平元年（190年）董卓“坏五铢钱，更铸小钱，悉取雒阳及长安铜人、钟虡、飞廉、铜马之属，以充铸焉”。铜飞廉在长安历时171年后，在雒阳又历时128年。

图4-16
东汉雒阳城平面示意图
采自《汉代考古学概说》

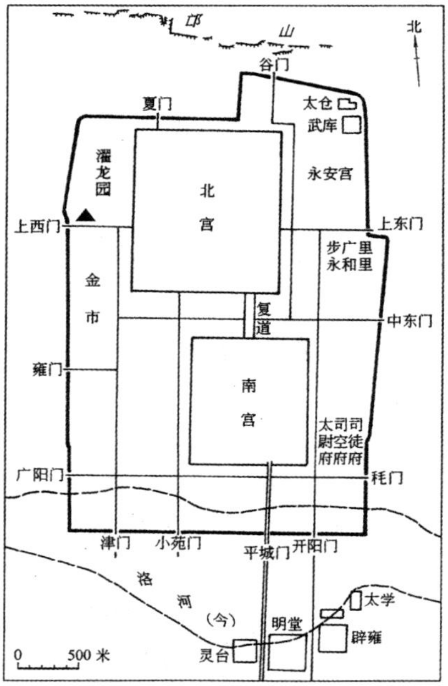

汉明帝东迁长安铜飞廉和铜马，与他在都城营建北宫有着密切的关系。北宫的西宫门神虎门与雒阳城上西门东西相对（图4-16），其间的距离仅数百米，[88]平乐观可谓是北宫西宫门及雒阳城西门外的标志性建筑。如前所述，张衡在《东京赋》中描述列置在平乐观的铜飞廉，说它作“蟠蜿”之状，并且“动中得趣”。蟠蜿，盘伏屈曲貌也，多用于形容体长的兽类、虫类，如“青龙蟠蜿”等，可见铜飞廉汲取了龙的外形及动态。孙机先生根据汉长安城大型建筑物上安装铜凤的制度，提出铜飞廉“亦应为鸟形”的意见。[89]但问题是，鸟形飞廉难与张衡所描述的“龙雀蟠蜿”吻合。

中国早期的有翼神兽可分为外来的和传统的两种样式，到西汉中期以后才呈现出融合及风格化的态势。早期的飞廉用于钟磬一类礼乐器支架的装饰，[90]在它后来的演变过程中，很可能吸收了来自域外狮首格里芬（lion griffin）或带翼狮（wingedlion）的造型元素。较早的范例如河北平山中山王墓出土的四件战国错银青铜翼兽（图4-17）。河北满城中山靖王刘胜墓出土的四件西汉青铜对兽形饰（图4-18），用于几案足部装饰，对兽合首，双躯，作90º夹角（夹角内侧有朽木），[91]兽首高昂，细长的双角卷于背上，两胁饰长翼，四肢及躯干矫健有力，造型与中山王墓的错银青铜翼兽相近，传统风格显著。今藏美国华盛顿赛克勒美术馆的玉羽人驭辟邪，出土地点不详，可能是西汉晚期之作，辟邪的形态更接近战国西汉时期玉璧上的龙纹。在都城长安，有翼神兽并不鲜见。西安北郊汉墓出土的西汉早期陶翼兽（参见第五章第一节），皆为装饰陶编钟、编磬支架的座子，[92]应为飞廉之属，其造型归于传统类型。[93]武帝茂陵、长安城南郊礼制性建筑遗址出土的几何纹空心砖，[94]边沿模印有翼神兽图像（参见第三章第一节），传统龙虎造型元素较多。而元帝渭陵附近出土的两件玉辟邪，[95]形式感突出，明显呈风格化的态势（参见第七章第二节）。武帝时期，随着对匈奴的战争取得胜利，通往西域的道路打通，中西亚文化与中国传统文化再次出现互动，这就使得传统有翼神兽吸收外来造型元素成为可能。我们推测，长安铜飞廉应当是它们当中具有代表意义的作品，并且直接影响了东汉石翼兽（按：又称天禄、辟邪）的造型及其兴起。

图4-17（上）
战国错银青铜翼兽
河北平山中山王墓

图4-18（下）
西汉青铜对兽形饰
河北满城中山靖王刘胜墓

东汉有翼神兽石雕和画像及其题铭，是我们认识飞廉形象的直接依据。在山东滕州市博物馆收藏的石翼兽中，出土于张汪镇洛庄村的一件特别重要。[96]它残高0.96米，长1.45米，胸部刻有篆书“龙爵”两个大字（图4-19）。古代“爵”与“雀”通假，龙爵即龙雀，亦即飞廉。从造型样式判断，这件石翼兽应是东汉时期的作品，胸前刻字与石雕的整体风格协调，不会是后来补刻。据此可知，东汉陵园墓地列置的石翼兽原名飞廉，而具有吉语含义的天禄、辟邪名，则是后来对有翼神兽的又一个称谓。

图4-19
题铭“龙爵”的石翼兽
山东滕州张汪镇洛庄村

此外，出自山东苍山城前村汉墓的画像石中，还有“龙爵除央（殃）�（鹤）噣（啄）鱼”的文字题记及其图像。参考巫鸿先生等人的

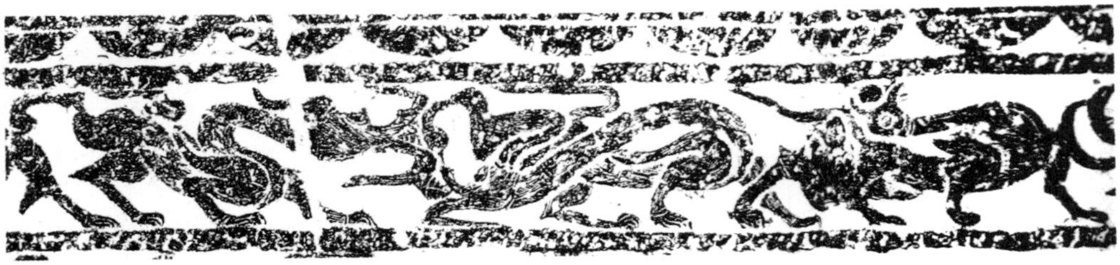

图4-20
汉画像石上的有翼神兽图像
山东苍山城前村

解读意见，[97]“龙爵除央”对应的是墓门横梁背面画像上栏中间和左面的三个有翼神兽形象（图4-20），即位于上栏中间的有翼神兽，鸟首兽身，四足，两胁有翼；位于上栏左面的为一对有翼神兽状貌似龙，四足，头饰角，两肋附翼，作相戏状。山东地区发现的这两宗实物材料，对我们认识飞廉及上林苑铜飞廉的造型特征，乃至中国早期的有翼神兽演变，都具有重要的学术价值和意义。

汉明帝将长安铜飞廉东迁于雒阳，必然给迁移地以直接影响。现已发现的东汉石翼兽不少于40件，[98]其中以雒阳及周边地区的遗存最多，并且具有代表性。雒阳作为东汉王朝的政治和文化中心，很可能成为大型石翼兽的策源地。而开此风气之先的，又非近年在当地发现的光武帝原陵石翼兽莫属。

1992年12月，在洛阳孟津油坊村西500米，光武帝原陵东南约1000米处发现一件石翼兽（图4-21），同时伴出的还有部分石阙构件。这件石翼兽高190厘米，长297厘米，重约8000千克，经文物部门考证，确认是光武帝陵前神道上的石雕，并称之为石辟邪。[99]它是迄今所发现的东汉石翼兽中体量最大、雕刻最为精美的作品，标志着中国古代大型石雕艺术达到了一个相当高的水平。从外貌形态上看，它的体态雄健，气势昂扬，头部上举，长颈弯曲，挺胸抬臀，长尾呈抛物线落于托板上，腹部收紧并环列数道凸面线纹，四肢迈开且跨度很大，爪子特别宽大，两胁羽翼短而小。总之，它全然没有大型石雕在初期呈现出的那种质朴粗犷的作风，却与西汉中期以后同类题材中青铜对兽形饰（刘胜墓出土）及玉辟邪（渭陵出土）的造型样式和风格相近。我们推测，这件大型石雕的范本很可能来自东迁雒阳的长安铜飞廉，而雕造契机又与汉明帝推行上陵礼

图4-21
石翼兽
洛阳孟津油坊村

有着直接的关系。[100]比照其他地点的东汉石翼兽，原陵石翼兽应为两件，对偶，头饰角，胸部和腹部皆有凸面线纹。已发现的这件头饰独角，胸部装饰以纵向凸面线纹，未发现的那件应为双角，胸部的凸面线纹为横向。或许装饰在胸部和腹部感的凸面线纹，是在铸造铜飞廉过程中，表现其对偶特征的同时，为加强躯干坚固性而采用的一种艺术化的处理。东汉的石雕工匠在“移植”它时，保留了这种做法及形式。

原陵石翼兽就是飞廉，它是我们窥探长安铜飞廉造型样式的一个重要参考依据。

第二节 石雕

中国石雕艺术历史悠久，年代最早的是新石器时期的作品，如在内蒙古东部赤峰市林西县白音长汗兴隆洼文化遗址、河北滦平县后台子赵宝沟文化遗址出土的石雕女神像等。[101]这些石雕人像与生殖崇拜密切相关，其性质及造型与欧亚大陆旧石器时代晚期石雕女神像有相似之处。

现已发现的先秦时期石雕作品，年代最早的为商代晚期，而且都出自位于河南安阳的殷墟。如侯家庄西北1001号大墓、小屯村妇好墓出土的石虎、石鸮、跽坐石人、石卧牛等（图4-22）。这些作品采用大理石雕造而成，有些用作器物的座子，刻工考究，纹饰繁缛，制作方法与琢玉工艺相同。四川成都金沙村遗址出土一批商代晚期至西周早期石雕，[102]有卧虎、跪人像等（图4-23），可能为祭祀品。它们选用蛇绿岩雕刻而成，但体量都比较小。

鹿石是青铜时代欧亚草原民族实施狩猎或战争巫术的一种碑形石刻，因其所刻图形以鸟首鹿身为主，故名。鹿石流行于公元前13世纪至前5世纪，分布地域极其广泛，从内蒙古呼伦贝尔横跨蒙古高原、俄罗斯图瓦和南西伯利亚、我国新疆的阿勒泰地区，经过吉尔吉斯、哈萨克斯坦、黑海，直到欧洲的德国、保加利亚等地。在新疆阿勒泰山南麓切木尔切克墓地，

图4-22
跽坐石人和石卧牛
河南安阳殷墟

图4-23
石卧虎和石跪人像
成都金沙村遗址

还发现有属于青铜和早铁器时代的大型石人雕像。

总体看来，商周时期大型石雕率先出现在新疆和北方草原一带，较多欧亚草原文化因素。而在中原地区，直到东周晚期才拉开序幕，其事迹皆集中于当时的秦国及后来的秦代。大约雕刻于春秋与战国间的秦石鼓，为已发现大型纪念性石刻中较早遗例。又据《华阳国志•蜀志》记载，秦昭王时蜀郡太守李冰“外作石犀五头以厌水精”，后来“转置犀牛二头：一在府市市桥门，今所谓石牛门是也；一在渊中”。[103]建造都江堰时又“于玉女房下白沙邮作三石人，立三水中”。秦始皇在建立秦帝国前后，修宫殿、架桥梁和造陵园，大兴土木工程，一批大型石雕及纪功刻石应运而生，如骊山陵园石麒麟、兰池石鲸、渭河桥边的力士孟贲石像，以及峄山、泰山、琅琊台、芝罘岛、会稽山石刻等，都称得上是中国古代大型石雕、文字石刻史上具有划时代意义的杰作。

汉初，刘氏统治集团就把长安宫殿苑囿的规模搞得特别大，到武帝执政时又有壮举，再次掀起了长安城的建设浪潮。与此同时，一批配置于宫苑中的大型石雕相继问世，如昆明池的牵牛、织女石像和石鲸，太液池的石鲸、石龟，甘泉宫泰一坛的石熊、石鼓等。至今我们还能见到这些石雕作品中的部分遗存。

一、昆明池石雕

昆明池遗址在今西安市长安区斗门镇、石闸口村、万村和南丰村之间，现在这里为一片洼地。列置在昆明池东西两岸的牵牛、织女二石像，分别被安置在当地的石婆庙和石爷庙中（图4-24）。石婆庙在北常家庄东北1000米处，石爷庙在今斗门镇东北1000米处一个加工厂内。在昆明池西岸的马营寨村的农家院内尚存一件石雕，相传为昆明池石鲸。[104]昆明池经过元狩三年（前120年）、元鼎元年（前116年）冬至二年（前115年）前后两次营建，形成水利系统及水体园林功能。昆明池石雕大约在第一次营建时完成，早于元狩六年（前117年）霍去病墓石雕三年。是年始建昆明池，主要任务在于“穿”，即开渠筑堤以兴水利，雕造牵牛、织女二石像及石鲸与此次水利工程相关。第二次的营建任务是“大修”，除使昆明池岸“列观环之”外，工程重点在于“治楼船”，为训练水军做准备。参考在霍去病墓先后发现的三件“左司空”文字刻石，[105]推测昆明池石雕

图4-24
石婆庙废墟中的牵牛石像

也是由该职能机构领导下的石作工匠雕造完成的。

1. 牵牛、织女石像

关于昆明池牵牛、织女石像，东汉以来的文学家记述最多，如班固《西都赋》云：

> 集乎豫章之宇，临乎昆明之池。左牵牛而右织女，似云汉之无涯。
>
> 《文选》李善注："《汉宫阙疏》曰：'昆明池有二石人，牵牛、织女象。'"

又如张衡《西京赋》云：

> 乃有昆明灵沼，黑水玄阯，周以金堤，树以柳杞。豫章珍馆，揭焉中峙。牵牛立其左，织女处其右。日月于是乎出入，象扶桑与濛汜。

再如西晋潘岳《西征赋》云：

> 交渠引漕，激湍生风，乃有昆明池乎其中。其池则汤汤汗汗，滉漾弥漫，浩如河汉。日月丽天，出入乎东西，旦似汤谷，夕类虞渊。昔豫章之名宇，披玄流而特起，仪景星于天汉，列牛女以双峙。

昆明池牵牛、织女二石像，当地乡民称之为"石婆"和"石爷"，并当作神祇来祭拜。斗门镇石爷庙中的石像，高230厘米，女性相貌，应当是织女像（图4-25）。北常家庄以北石婆庙中的石像，高190厘米，男性相貌，应当是牵牛像（图4-26）。当地祭拜"石婆""石爷"二神的活动由来已久。《三辅黄图》（卷四）云：

> 《关辅古语》曰："昆明池中有二石人，立牵牛、织女于池之东西，以象天河。"……今有石父、石婆神祠在废池，疑此是也。

《类编长安志•古迹》（卷七）

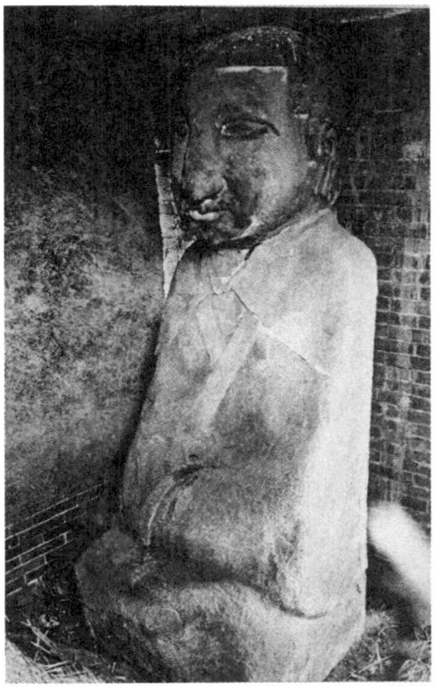

图4-25（左）
织女像
西安长安区斗门镇

图4-26（右）
牵牛像
西安长安区常家庄

“织女石”条云：

新说曰：“汉昆明池，今为陆地。有织女石，身长丈馀，土埋至膝，竖发，戟手怒目。土人屋而祭之，号为石婆神庙。”

文中描述石婆神庙中的“织女石”，“竖发，戟手怒目”，与牵牛石像的形象特征完全吻合。

受当地乡民习称的影响，早年顾铁符先生调查时将石爷庙中的石像称为牵牛，石婆庙中的石像称为织女。[106]针对这一错误，俞伟超先生提出纠正意见。他说：“（一）从石雕的形象看，作者所称的牵牛像，发髻后挽下垂，身穿右衽大衣，实和一般常见的西汉女俑一样；而作者所称织女，却是一个面容丑怪的男相。（二）古代文献中，皆称牵牛立昆明池之左而织女居其右。我国古代习惯以左指东，以右指西。如汉代三辅中的冯翔在东，扶风在西，而即把冯翔称左冯翔，扶风称右扶风。后代把山东称山左，山西称山右，仍是此意。据此，亦可见东边的石刻应为牵牛而西边的应为织女。《吕氏春秋》卷十三《有始览第一》有始条下说：‘东北曰变天，其星箕、斗、牵牛。北方曰玄天，其星曰婺女、虚、危、营室。’古代观察星象后的记录是牵牛星在婺女星（即织女）的东边。汉代于昆明池侧立牵牛、织女的用意是‘象天汉’，当然要根据星象的相对位置来布置它们。”[107]其说甚确。

汤池先生实地考察后撰文说，北常家庄村北的石像“保存较好，五官清晰，头发的刀痕尚历历在目，身着交襟式衣服，腰间束带。它具有挺立的短发，宽阔的前额，刚健的眉弓，硕壮的下颌，充分显示出男性的脸型特征”。保存在斗门镇内的石像，“身着右衽交襟长衣，双手环垂于腹前，整体作跽坐状，高约230厘米。此像鼻口部分已经后人重装，估计与原状相去不远；颈部有断裂痕，左臂及后背风化剥蚀较严重。它具有后垂的发辫、圆润的脸庞等女性的形象特征。这座石像的姿态造型，和临潼、广州等地出土的秦汉时代的女座俑颇为接近”。作者还通过总结汉画像石中牵牛和织女的造型规律——“牛郎作站立着牵牛的姿态；织女像则不论是正在织锦也罢，或者废织也罢，总是作坐着的姿态”（图4-27），对这两尊大型石雕人像的造型特征及其艺术成就进行深入解析：“从它（北常家庄石像）那微向左侧的头部，曲肘上举

图4-27
汉画像石中的
牛郎和织女形象
河南南阳

作持鞭状的右手，以及紧贴腹前作用力握缰状的左手等富于生活气息的动作中，观众自然会产生如下的艺术联想：石像注视的右前方，仿佛伫立着一头倔强的老牛。这种以人物的特定动态去唤起观众的艺术联想，从而收到以少胜多的效果，正是造型艺术上的比、兴手法，也是作者巧妙地运用雕刻艺术手段的高明之处。此外，作者还通过炯炯有神的双目和紧抿的嘴唇等细部形象的刻画，出色地表现了牛郎坚毅刚强、憨厚质朴的性格。”斗门镇内石像的姿态“和南阳画像石刻中的织女非常相似。它那微蹙的眉头和下撇的嘴角，活现出被银河阻隔、不得与牛郎团聚的织女所独具的痛苦神情”。[108]当时牵牛石像下肢部分尚埋于地下，不能睹其全貌。后来作者在论述西汉石雕艺术的文章中，修正了以前对该石像作站立姿势的推测。[109]与织女石像一样，牵牛石像亦作跽坐状，其下肢收于像座，但双足不在座子的后立面而在左立面，左手抚腹，右手置于右胸前，手掌展开，掌心向外，五指可见，不像是持鞭的样子，倒像是在向天河另一边的织女招手示意。

西汉之前的秦代人像石雕无实例，之后的东汉人像石雕多为站立式，却是另一番风格样式。将人物形象处理为跽坐姿势，是西汉石雕人像的普遍做法。例如，在河北石家庄小安舍村发现的西汉男女跽坐石人（图4-28）和满城中山靖王刘胜墓出土的拢袖跽坐石俑（图4-29）。茂陵霍去病墓的人与熊石雕，人物的腿部向后屈，亦作跽坐状（参见第五章第二节）。牵牛石像双手的处理手法，牵牛、织女二石像的面部刻画，如大眼，直鼻，颧骨平而阔的造型特征，与小安舍村的男女跽坐石人、霍去病墓人与熊石雕的处理手法皆有相近之处。林梅村先生认为，满城中山靖王刘胜墓的一对男女石俑与昆明池牵牛、织女石像如出一辙。“刘胜墓卒于昆明池牵牛、织女像落成七年之后，我们怀疑，这对男女石俑很可能仿造昆明池牵牛织女像。如果这个推测不误，它们对复原原昆明池牵牛织女像残缺部分将有重要参考价值。”[110]刘胜墓共出土了六件石

图4-28（左）
跽坐石人
河北石家庄小安舍村

图4-29（右）
跽坐石俑
河北满城中山靖王刘胜墓

俑，它们的造型更接近同时期的陶俑，除跽坐姿势外，其面相、手势、身躯等处理方式与牵牛、织女石像并不完全相同。

“象天设都”是古代法天象思想的一个组成部分。在中国古代建筑史上，秦都咸阳可谓“象天设都”的集大成者。《三辅黄图》（卷一）云：

> 始皇穷极奢侈，筑咸阳宫，因北陵营殿，端门四达，以则紫宫，象帝居。渭水贯都，以象天汉，横桥南渡，以法牵牛。

秦始皇扩建都城咸阳，渭南成为建设重点。咸阳宫对应紫微宫，信宫改称极庙对应北极星，阿房宫对应营室，渭水对应天河，渭水上架起的横桥对应阁道并象征牵牛、织女星。武帝在昆明池岸边刻立牵牛、织女石像，应受到秦代“象天设都”观念的影响。

在中国古代天文学中，牵牛和织女星为二十八宿中北宫的星宿，位置在南斗星之北，其间并没有天河。《尔雅•释天》云：“析木谓之津，箕斗之间，汉津也。”说的是天河在箕星与南斗星之间，而箕星则属于二十八宿中的东宫。说牵牛星和织女星之间阻隔一条天河，是神话传说中的内容。写于西周晚期的《诗经•小雅•大东》云：

> 维天有汉，监亦有光。
> 跂彼织女，终日七襄。
> 虽则七襄，不成报章。
> 睆彼牵牛，不以服箱。

诗人以天象怨刺世间不平，诗句的大意是：天上有银河，像明镜一样放光。一天七次行路的织女星，总也织不成布帛，那明亮的牵牛星，却不能驾车运载。

采用神话传说中的星宿题材并将其形象化，是汉代美术作品表现天象的一种流行手法。1987年发现的西安交通大学西汉晚期壁画墓，绘制在墓室顶部的一幅圆式二十八宿星图最引人注目。[111]画家将天文知识与神话传说巧妙地结合起来，用人物形象表现星宿有七处之多。其中，在北宫玄武内就绘有牛、女二宿图像（参见第六章第二节）。牛宿六星，画一个男子牵一头牛并作回头张望状，牛腹之上绘三星，即河鼓三星（牵牛星）。牛宿之后是女宿四星，画一位袖手跽坐的女子形象，有数颗星宿在其旁边。汉代以前女宿称婺女，也叫须女，与织女星有别，但图中人物却有表织女星之意。壁画绘制的年代早于南阳东汉画像石，证明早期以牵牛、织女为题材的美术作品有其固定的造型样式。除此之外，这两幅星图的重要性还在于它所表现的星象本身。《史记•天官书》云：

牵牛为牺牲。其北河鼓。河鼓大星，上将，左右，左右将。婺女，其北织女。织女，天女孙也。

图像与文献记载大致吻合，“使人明显看出牛、女两宿有自牵牛、织女二星转化的痕迹”。[112]

早年胡谦盈先生在昆明池遗址踏察后推测，牵牛、织女二石像“不是立置在汉昆明池池址的东西两岸，而是立在‘河’即池旁一股水流的东西两岸”。石婆、石爷庙“正是汉昆明池的一条南北向水流的东西两岸。由此可见，二石像现在位置与史书记载其位置是一致的。这表明，二石像现在的位置就是汉代的原址了”。[113]他说的“南北向水流”遗迹尚存，即今北常家庄高地至池址西岸之间的水道或洼地。

据当地文博部门披露，位于昆明池西岸，在今斗门镇的织女石像经过移位，[114]但它现在的位置与文献记载大致相符，大约距原址不远。牵牛石像曾被迁入陕西省博物馆陈列，后因当地村民到博物馆祭拜石像而被迫送回原处。[115]20世纪80年代村民集资在原址附近扩建石婆庙并供奉牵牛石像。新近的考古钻探和试掘表明，牵牛石像附近“全为淤泥，说明石像已不在原来的位置，推测西汉时期石像应在昆明池的东岸上”。[116]这就是说，牵牛石像所在的北常家庄以北处不是原址，而且距原址比较远。

据刘振东、谭青枝先生推测，牵牛石像的原来位置在今南丰村一带的池岸附近。他们还认为：“昆明池的东西两岸相距相对较近，石像分立两岸，以象征天河两边分立的同名二星，构成一道天地合一的壮美风景。另外，昆明池北部地势较低，夯筑堤岸面临来自昆明池水的巨大压力，只有保持一定高度的水平面，才能保证堤坝的安全，所以，我们推测牵牛、织女石像原来立在池北部的东、西岸边，可能用来观测昆明池的水位，同时也起到镇守昆明池的作用。”[117]这当然是很有见地的看法。但我们不同意他们关于牵牛石像原在今南丰村一带的判断，而赞同胡谦盈先生对二石像现在位置即汉代原址的推定。石像既然具有观测水位的实用功能，那么它就应设置在池中某个高处且近水的地方，以利于观察水位的涨落，而不当设置在岸上。考古勘察表明，现在牵牛石像的位置在池中1号和3号高地之间，此处地势高敞，位于昆明池北部的中间地带，并接近第二、第三出水渠的水口，在这里设置观测点比较适宜。考古钻探发现牵牛石像附近全是淤泥，而这一勘察结果恰好成为我们判断该石像在原址范围内的一个重要证据。

前举《华阳国志•蜀志》记载，战国时期秦国蜀郡太守李冰在都江堰玉女房下白沙邮一带刻立三尊石人于三条水道中，“与江神要：水竭不

图4-30
都江堰李冰石像

至足，盛不没肩”，用于镇水及观测水位。1974年在修都江堰外江节制闸时，从鱼嘴外江一侧江底挖出东汉灵帝时雕造的李冰石像（图4-30），胸前刻“故蜀郡李府君讳冰位”，两袖刻“建宁元年（168年）闰月朔二十五日，都水掾尹龙、长陈壹造三神石人，珎水万世焉”文字。其后于1975年和2005年，又在同一地点出土三件石人。[118]刘琳先生认为：“盖李冰立三神石人以镇水，兼为水则，后世相沿，而即以李冰为神，石刻像以代替原来的石人。”[119]李冰石像和后来三件石人的出土，印证了《华阳国志》的记载。当时李冰在都江堰“作三石人”，以控制江水在石人肩足之间为利，推测昆明池牵牛、织女石像的功能或与之接近。当然，后者的法天象的意义及其在园林景观中的作用，也是不可否认的。

2. 石鲸

关于昆明池的石鲸，见于《西京杂记》（卷一）记载：

> 昆明池刻玉石为鱼，每至雷雨，鱼常鸣吼，鬣尾皆动。汉世祭之以祈雨，往往有验。

《三辅黄图》（卷四）引《三辅故事》云：

> 池中有豫章台及石鲸，刻石为鲸鱼，长三丈，每至雷雨，常鸣吼，鬣尾皆动。

《类编长安志•古迹》（卷七）云：

> 《三辅旧事》：“昆明池中，刻石鲸鱼十数枚，各长三丈。每遇风雷水涨，长鸣吼，鬣尾皆动。”杜甫诗曰：“石鲸鳞甲动秋风。”

图4-31
石鲸
西安长安区斗门镇马营寨

现已发现的一件石鲸，在斗门镇以南1000米处马营寨一户王姓村民的宅院旁。沈琍博士拍摄照片时，尚见石鲸的尾部大露在地面，高约80厘米（图4-31）。[120]后来我们见到它时，露在地面的部分不足40厘米。关于昆明池石鲸的原貌及现状，各家说法不尽相同。举例如下：

陈直先生说：“鲸鱼刻石今尚在，原在长安县开端庄（今名客省庄），现移陕西省博物馆。”[121]

文博部门撰稿人说：石鲸为“火成岩质，断为鲸体、鲸尾两截。鲸体通体浑圆，头部雕出鲸眼，长5米，最大径0.96米。鲸尾呈半弯状，鳞纹依稀，长1.1米，最大径0.4米。刀法简洁，造型风格粗犷。鲸体始迁客省庄，今存陕西历史博物馆。鲸尾仍在此地”[122]。

刘庆柱、李毓芳先生说："在昆明池西岸，今马营寨曾出土了汉代石鲸，石为火成岩质。鲸体浑圆，长1.6米，最大径0.96米。头部雕出鲸眼，尾部弯曲，鲸体鳞纹仍依稀可辨。其造型颇具汉代特点，刀法简洁，风格粗犷。《三辅黄图》引《三辅故事》记载，昆明池'刻石为鲸鱼，长三丈'，大概即指此物。"[123]

周天游先生说："1991年6月20日陕西历史博物馆开馆时，该石鲸移至门前景池中，与馆标交相辉映，颇为壮观。"[124]

首先需要更正的是，置于陕西历史博物馆门前景池中的石鲸，不是昆明池石鲸或该石鲸的鲸体部分，而是1973年2月中旬西安市北郊六村堡村民在三桥北高堡子村西发现的石鱼，即建章宫北部太液池的石鲸。[125]这件石鲸先入藏陕西省博物馆（今西安碑林博物馆），后来才迁至陕西历史博物馆的。

其次，据石鲸发现地点的宅院主人介绍，石鲸断为两段，此为鲸尾，鲸体部分于当年修水库时迁至客省庄（又名开端庄）。陈直先生说石鲸后来入藏陕西省博物馆即今碑林博物馆，经向该馆有关人员征询，回答无此物。我们怀疑陈直先生可能将太液池石鲸误为昆明池石鲸，而迁至客省庄的昆明池石鲸的鲸体部分，或许还留存于当地。

再者，文博部门撰稿人所说的鲸尾部分，像似今在马营寨的遗存，对于迁至客省庄鲸体部分的描述，却又像过去介绍太液池石鲸的文字内容。刘庆柱、李毓芳所说的昆明池石鲸，与文博部门撰稿人对它（鲸尾部分）的描述有相同处，但其尺寸有差异。

在池水边设置石鲸的做法，最早见于秦代的兰池。兰池又称兰池陂，池中筑垒三神山，池边建有兰池宫，是秦都咸阳东郊一处重要的水体园林胜地。《史记正义》（秦始皇本纪）云：

> 《括地志》云："兰池陂即古之兰池，在咸阳县界。《秦记》云'始皇都长安，引渭水为池，筑为蓬、瀛，刻石为鲸，长二百丈'。逢盗之处也。"

又见《后汉书•郡国一》京兆尹"兰池"李贤注：

> 《三秦记》曰："始皇引渭水为长池，东西二百里，南北三十里，刻石为鲸鱼为二百丈。"

何清谷先生指出，这项工程主要是“作长池”以治理渭水，开“兰池陂”以蓄水拦洪。长池与兰池统而言之为一，分而言之为二。“长池是二百里拓宽加固的渭水河道，兰池陂则是长池系统中的一个湖泊”。[126]蓬莱、瀛洲神山在兰池之中，石鲸设置在池岸边。王学理先生说：“所谓‘刻石为鲸鱼，长二百丈’是不可能的。二百丈（合460米）实际指的是兰池的长度。”[127]其说甚确，可从。

引入渭水形成的兰池犹如大海，池中筑垒假山象征海中三神山。而在兰池岸边设置石鲸，意在表现大海和对大海的征服，提示海上三神山所处的特殊环境。《史记•秦始皇本纪》云：

> （三十七年）还过吴，从江乘渡。并海上，北至琅邪。方士徐市等入海求神药，数岁不得，费多，恐谴，乃诈曰：“蓬莱药可得，然常为大鲛鱼所苦，故不得至，愿请善射与俱，见则以连弩射之。”始皇梦与海神战，如人状。问占梦，博士曰：“水神不可见，以大鱼蛟龙为候。今上祷祠备谨，而有此恶神，当除去，而善神可致。”乃令入海者赍捕巨鱼具，而自以连弩候大鱼出射之。自琅邪北至荣成山，弗见。至之罘，见巨鱼，射杀一鱼。遂并海西。

秦之兰池设置的石鲸，极可能刻画的是这种巨鱼形象。汉成帝、哀帝时，曾发生过“北海出大鱼”“东平度出大鱼”事件。《汉书•五行志中之下》有记载：

> 成帝永始元年春，北海出大鱼，长六丈，高一丈，四枚。哀帝建平三年，东莱平度出大鱼，长八丈，高丈一尺，七枚，皆死。

王子今先生认为：“从这些大鱼的体型看，应当都是鲸鱼”，属于鲸鱼因搁浅死亡或“集体自杀”现象。[128]鲸鱼生长于大海，天河传说中并无此灵物。那么汉时在昆明池边设置石鲸，其意义和作用与秦兰池的做法是否相同？回答是肯定的。

考古勘察发现，在昆明池内的北部有高地四处。[129]1号高地接近池北岸附近，第三条出水渠开口处；2、3、4号高地自东向西排列在池中，其西是织女石像，其东为3号建筑遗址，即著名的豫章观。这几处高地均为生土，未发现夯土等遗迹。或许当初开凿昆明池时，因地制宜，借用这些高地象征海上神山。而鲸鱼属“大口折鼻，诡类殊种”（《西京赋》），刻石鲸于昆明池岸边，比喻池水之浩瀚与神奇。石鲸出土于斗门镇以南1000米处的马营寨，此处接近第一条出水渠及水口。将石鲸列置其处，可能还兼有其他用意，如观测水流或镇水等。

昆明池石鲸是西汉皇家园林雕塑艺术的杰作，也是中国早期大型石雕中的珍贵遗存，具有重要的艺术和历史价值。我们呼吁当地文博部门对马营寨村民宅院旁的鲸尾部分进行发掘，同时重新调查鲸体部分迁至客省庄后的最终去向，使其能得到妥善的保护。

二、太液池三神山及“龟鱼之属”

秦之兰池开创的“一池三山”的水体园林模式，为汉时继承并发扬光大。西汉初期，萧何建造未央宫，在前殿西南地势低洼处开挖沧池，池中筑土山渐台，上面修建亭榭楼屋，大约象征海上仙山琼阁。武帝时穿凿昆明池，在池东岸建造三面环水的豫章观，池边置牵牛、织女石像及石鲸，池址中发现几处自然高地，[130]可能利用来象征海上神山。到后来的建章宫太液池，池中构筑渐台并垒起三神山，池边设置有石鱼、石龟。《史记•孝武本纪》记载：

> 其（建章宫前殿）北治大池，渐台高二十馀丈，名曰泰液池，中有蓬莱、方丈、瀛洲、壶梁，象海中神山龟鱼之属。
>
> 〔正义〕颜师古云：“渐，浸也。台在池中，为水所浸，故曰渐台。”
>
> 〔索隐〕《三辅故事》云：“殿北海池北岸有石鱼，长二丈，广五尺，西岸有石龟二枚，各长六尺。”

《汉书•郊祀志下》记载与之相同，但关于文中的“龟鱼之属”，颜师古注引《三辅故事》记载略有不同：

> 池北岸有石鱼，长二丈，高五尺，西岸有石鳖三枚，长六尺。

又见《三辅黄图》（卷四）记载：

> 太液池，在长安故城西，建章宫北，未央宫西南。太液者言其津润所及广也。《关辅记》云：“建章宫北有池，以象北海，刻石为鲸鱼，长三丈。”《汉书》曰：“建章宫北治大池，名曰太液池，中起三山，以象瀛洲、蓬莱、方丈，刻金石为鱼龙、奇禽、异兽之属。”

蓬莱、方丈、瀛洲是传说中的海上三神山。但《史记》《汉书》则将太液池渐台上的神山列出四名——蓬莱、方丈、瀛洲、壶梁（按：中华书局标点本句读）。《西都赋》《西京赋》皆言神山有三，其中蓬莱位中，两边是瀛洲、方丈（方壶），并无壶梁。班彪《览海赋》有“方瀛与壶梁”

语，“方瀛”即方丈、瀛洲，“壶梁”大约对应蓬壶，即蓬莱。而蓬壶末字“壶”为壶梁省语，即传说中的海上神山。文献中将“壶梁”置于“蓬莱、方丈、瀛洲”之后，其句读似为“中有蓬莱、方丈、瀛洲壶梁”。

早在战国中期，在齐、燕滨海地区涌现出一群方士，他们迎合人们对生命长久的渴望，竭力宣扬海上三神山有长寿的神仙和不死仙药，并使得当时的统治者深信不疑。在齐威王（前357年至前320年）、宣王（前319年至前301年）及燕昭王（前311年至前297年）的60年间，始有派人员入海上求仙之壮举。到秦始皇时，派志士携童男童女入海求仙采药，活动规模堪称空前。《史记•封禅书》记载：

> 自威、宣、燕昭使人入海求蓬莱、方丈、瀛洲。此三神山者，其傅在渤海中，去人不远；患且至，则船风引而去。盖尝有至者，诸仙人及不死之药皆在焉。其物禽兽尽白，而黄金银为宫阙。未至，望之如云；及到，三神山反居水下。临之，风辄引去，终莫能至云。世主莫不甘心焉。及至秦始皇并天下，至海上，则方士言之不可胜数。始皇自以为至海上而恐不及矣，使人乃赍童男女入海求之。船交海中，皆以风为解，曰未能至，望见之焉。其明年，始皇复游海上，至琅邪，过恒山，从上党归。后三年，游碣石，考入海方士，从上郡归。后五年，始皇南至湘山，遂登会稽，并海上，冀遇海中三神山之奇药。不得，还至沙丘崩。

到汉武帝时，入海求仙采药的活动再度掀起，其规模、声势及影响均在秦始皇之上。《汉书•郊祀志下》记载谷永上书成帝曰：

> 秦始皇初并天下，甘心于神仙之道，遣徐福、韩终之属多赍童男童女入海求神采药，因逃不还，天下怨恨。汉兴，新垣平、齐人少翁、公孙卿、栾大等，皆以仙人、黄冶、祭祠、事鬼使物、入海求神采药贵幸，赏赐累千金。（栾）大尤尊盛，至妻公主，爵位重累，震动海内。元鼎、元封之际，燕齐之间方士瞋目扼腕，言有神仙祭祀致福之术者以万数。

武帝派人入海求仙采药，尤以元封元年（前110年）春夏之际的活动规模最为壮观。《史记•封禅书》记载：

> 上遂东巡海上，行礼祠八神。齐人之上疏言神怪奇方者以万数，然无验者。乃益发船，令言海中神山者数千人求蓬莱神人。……宿留海上，予方士传车及间使求仙人以千数。

到来年（元封二年，前109年）春，武帝巡至东莱，“复遣方士求神怪采芝药以千数”。四年后即太初元年（前104年），他的海上求仙欲望，最终凝聚在建章宫太液池及池中的三神山上。太液池及三神山的奇幻景象，在文学家班固和张衡的妙笔下有细致精彩的描述：

> 班固《西都赋》：“前唐中而后太液，览沧海之汤汤。扬波涛于碣石，激神岳之嶈嶈。滥瀛洲与方壶，蓬莱起乎中央。于是灵草冬荣，神木丛生。岩峻崷崒，金石峥嵘。”

> 张衡《西京赋》：“前开唐中，弥望广潒。顾临太液，沧池漭沆。渐台立于中央，赫昈昈以弘敞。清渊洋洋，神山峨峨。列瀛洲与方丈，夹蓬莱而骈罗。上林岑垒嵲，下崭岩以岩龉。长风激于别隯，起洪涛而扬波。浸石菌于重涯，濯灵芝以朱柯。海若游于玄渚，鲸鱼失流而蹉跎。”

太液池水浩瀚，碧波拍打着池中的渐台；三座神山高峻突兀，蓬莱山居中央，瀛洲与方壶列于两边，景象奇伟；池水浸润灵草神木，生机盎然；池边的石龟、石鲸仿佛在游弋，令游人魂牵梦绕。

海上三神山的传说，属于蓬莱神话系统。顾颉刚先生认为，蓬莱神话系统融合了西部昆仑神话系统的内容。他说：“昆仑的神话发源于西部高原地区，它那神奇瑰丽的故事，流传到东方以后，又跟苍莽窈冥的大海这一自然条件结合起来，在燕、吴、齐、越沿海地区形成了蓬莱神话系统。”又说：“所以这东方的仙岛本由西方的神国蜕化而出，及其各自发展以后，两种传说又被人结合起来，更活泼了战国人的脑筋，想在现实世界之外更找出一种神仙世界。”[131]但追根溯源，开启蓬莱神话系统中海上三神山的，恐怕还是当时流行的阴阳家邹衍“大小九州”之说。《史记·孟子荀卿列传》云：

> （邹衍）乃深观阴阳消息而作怪迂之变，《终始》《大圣》之篇十馀万言。……先列中国名山大川，通谷禽兽，水土所殖，物类所珍，因而推之，及海外人之所不能睹。称引天地剖判以来，五德转移，治各有宜，而符应若兹。以为儒者所谓中国者，于天下乃八十一分居其一分耳。中国名曰赤县神州。赤县神州内自有九州，禹之序九州是也，不得为州数。中国外如赤县神州者九，乃所谓九州也。于是有裨海环之，人民禽兽莫能相通者，如一区中者，乃为一州。如此者九，乃有大瀛海环其外，天地之际焉。

张宏先生指出：此说“对于激发了人们对宇宙空间和异域他方的幻想，恢廓方士对神界仙境的想象和营构，无疑具有生生不已的启迪作用。同时，在现实社会生活中，邹衍的‘大小九州’之说也直接成为帝王巡狩封禅和海外寻仙的主要动机”。[132]加之渤海上经常出现的海市蜃楼奇观，更为众方士竭力宣扬海上仙境提供了具有说服力的证据。《山海经•海内北经》记载：

蓬莱山在海中。大人之市在海中。

海中的“蓬莱山”可能指某处岛屿，而“大人之市”可能是对渤海上海市蜃楼幻景的最早记录。后来，明代杨慎、清代郝懿行在注释《山海经》中，以山东登州发生的“海市”现象释之。[133]当初生活在环渤海地区的燕齐方士利用这一自然现象，杜撰和演绎出海上三神山及仙人仙药，使得燕齐王侯及后来者秦皇汉武深信不疑，随即把海上求仙活动搞得轰轰烈烈。

海上三神山传说后来被不断演绎，其内容庞杂，极富想象。《三辅黄图》（卷四）“太液池”原注[134]云：

瀛洲，一名魂洲，亦曰環州。有树名影木，月中视之如列星，万岁一实，食之轻骨。上有枝叶如华盖，群仙以避风雨。有金峦之观，饰以瓌玉，直上于云中。有青瑶瓦覆之，以云纨之素，刻碧玉为倒龙之状，悬火精为日，刻黑玉为乌，以水精为月，青瑶为蟾兔。于地下为机戾，以测昏明，不亏弦望。有香风泠然而至。有草名芸苗，状如菖蒲，食叶则醉，食根则醒。有鸟如凤，身绀翼丹，名曰藏珠。每鸣翔而吐珠累斛，仙人以珠饰仙裳，盖轻而耀于日月也。蓬莱山，亦名防丘，亦名云来，高二万里，广七万里。水浅。有细石如金玉，得之不加陶冶，自然光净，仙者服之。东有鬱夷国，时有金雾，诸仙说北上常浮转低卬，有如山上架楼室。向明以开户牖，及雾歇灭，户皆向北。有浮云之幹，叶青茎紫，子大如珠，有青鸾集其上。下有砂砾，细如粉，柔风至，叶条翻起，拂细砂如云雾，仙者来观而戏焉。风吹竹叶，声如钟磬。方丈之山，一名峦维东方龙场，方千里，瑶玉为林，云色皆紫。上有通霞台，西王母常游于其上，常有鸾凤鼓舞，如琴瑟和鸣。三山统名昆丘，亦曰神山，上有不死之药，食之轻举。武帝信仙道，取少君、栾大妄诞之语，多起楼观，故池中立三山，以象蓬莱、瀛洲、方丈。

据陈直先生考证："原注文系用《拾遗记》卷十文，但在瀛洲中删'东有渊洞'一段，蓬莱山删'其西有汉明之国'一段，方丈山删'龙皮骨'一段，其余字句，皆有小异。"[135]《三辅黄图》注引《拾遗记》的这段文字，对我们认识蓬莱、昆仑两个神话系统的融合，特别是海上三神山的图式形成，以及在造型艺术中的表现，仍有一定参考价值。

太液池位于建章宫前殿西北部，遗址在今西安市三桥镇高堡子和低堡子村西北500米处，池平面呈曲尺形，总面积约15万平方米。[136]现在这里是一片洼地，在洼地的东北部有一座大土堆，大约是当时利用开挖的泥土垒筑神山的残迹，即现在考古研究人员所说的渐台基址（图4-32）。[137]渐台，即被水所浸的高台。渐台是星名，此星属二十八宿北宫中的牛宿，有四星。《三辅黄图》（卷五）云："又一说：'渐台'，星名，法星以为台名。"

太液池列置有"龟鱼之属"石雕。1973年2月西安市北郊六村堡村民在太液池遗址内平整土时发现一件石鱼。同时伴出的有"与天无极""长乐未央"文字瓦当，以及大量汉代绳纹碎瓦。文献记载石鱼设置在池的北岸，发现石鱼地点或许就是它的原来位置。石鱼系用砂石雕成，体量巨大，长490厘米，中间最大径100厘米，头径59厘米，尾径47厘米。[138]其外形如橄榄，没有像昆明池石鲸那样上翘的尾巴，仅在头部刻出鱼的眼睛，造型简洁，注重整体效果。秦之兰池设置石鲸，以表现海上神山的特殊环境，太液池设置石鱼的用意不会例外。文献记载石鱼有两件，此为其中的一件。这件石鱼现置于陕西历史博物馆门前的景池之中（图4-33）。

图4-32（上）
太液池渐台基址
西安三桥镇

图4-33（下）
太液池石鱼

太液池西岸有石龟两件（一说三件），这是此前的秦兰池和汉昆明池所没有的。池岸设置石龟与渤海灵龟首戴神山的神话传说有关。《楚辞•天问》云：

> 鳌戴山抃，何以安之？
> 王逸注："击手曰抃。《列仙传》曰：'有巨灵之鳌，背负蓬莱之山而抃舞，戏沧海之中，独何以安之乎？'"

文中"抃"字，注家多作"抃舞"解，"鳌戴山抃"即灵龟背负神山而抃舞之意。但郭世谦先生认为，"抃"为"卞"，与"弁"通，此句说的是灵龟以首戴山如弁冠的意思。[139]《列子•汤问》云：

> 渤海之东不知几亿万里，有大壑焉，实惟无底之谷，其下无底，名曰归墟。……其中有五山焉：一曰岱舆，二曰员峤，三曰方壶，四曰瀛洲，五曰蓬莱。……而五山之根无所连箸，常随潮波上下往还，不得暂峙焉。仙圣毒之，诉之于帝。帝恐流于西极，失群仙圣之居，乃命禺疆使巨鳌十五举首而戴之。迭为三番，六万岁一交焉。五山始峙而不动。而龙伯之国有大人，举足不盈数步而暨五山之所，一钓而连六鳌，合负而趣归其国，灼其骨以数焉。于是岱舆、员峤二山流于北极，沉于大海，仙圣之播迁者巨亿计。

《列子》作者御寇是春秋末战国初期人，现在所见《列子》八章篇名，最早见于刘向所整理编撰的《列子书录》。故推测渤海巨龟首戴神山而抃的传说，最迟至西汉时已流行于世了。

“龟鱼之属”题材在先前茂陵霍去病墓石雕群中就有表现（参见第五章第二节）。在霍去病墓冢顶部发现两件石鱼都只刻画了头部，圆眼，扁长的嘴，环形鳃，躯干呈矩形，不见鱼尾，可能为后世再次加工所致。石龟也有两件。现在称之“石蛙”的作品，形如磐石，背及腹部平展，只是在其一端的突出部位刻出细小的嘴、眼、耳，完全是灵龟的造型特征。“左司空”文字刻石的一端虽被凿残，原来的大小及形状可能与“石蛙”接近，也是一件石龟。霍去病墓“为冢象祁连山”，实则寓意神山或仙山，设置石鱼、石龟在于提示和强调这一象征含义。[140]值得注意的是，文献中大多记载太液池石鱼、石龟各两件，这或许是当时营造海上神山或仙山的一种石雕列置规制。

武帝打造的太液池海上神山，像似一幅壮阔的立体山水画卷，池水、三座神山和“龟鱼之属”是构成这幅山水画卷的三个基本造型元素。池水寓意人神相隔、不容易泛渡的浩瀚大海，三神山是仙者所居及不死之药生长之处，理想中获得新生的仙国，石龟、石鱼提示三神山所处的特殊环境。

图4-34
战国人物御龙帛画（摹图）
采自《中国美术史论集》

“龟鱼之属”及三神山在战国秦汉绘画作品中亦有表现，反映出当时神仙图像流传的共通性。

湖南长沙子弹库出土的战国人物御龙帛画、马王堆汉墓出土的铭旌，都绘有鱼或鱼和龟。人物御龙帛画的画幅很小，绘出华盖下一中年男子乘龙前往海上神山的动人形象。在龙身前段的下面，绘出一条作游动状的鱼，寓意主人在大海中行进方向和环境（图4-34）。绘制这幅帛画正值“威、宣、燕昭使人入海求蓬莱、方丈、瀛洲”，以及昆仑、蓬莱神话系统融合之时，画中的题材选取及表现方式，必然打上这一时代的鲜明印记。马王堆1、3号汉墓各出土一幅形如字母“T”的铭旌，画面中皆绘有鲸鱼、灵龟。以1号墓的作品为例，铭旌下部有两条头尾相交的巨鲸，旁边是口衔灵芝的灵龟（图4-35）。“龟鱼之属”是海中灵物，铭旌中的巨鲸和灵龟具有重点提示作用——墓主轪侯夫人已经超越了人神相隔的时空，在仙境中获得了新生。

图4-35
马王堆1号汉墓铭旌下部（摹图）
采自《长沙马王堆一号汉墓》

山东临沂金雀山9号汉墓的年代大约在汉武帝时期。[141]该墓出土一件铭旌，画面上部绘有日、月，以及蓬莱、方丈、瀛洲三座神山和琼阁玉宇图像（图4-36）。《三辅黄图》注引《拾遗记》所描述的三神山奇幻景象，如瀛洲中“金銮之观”“有青瑶瓦覆之，以云纨之素”“悬火精为日，刻黑玉为乌，以水精为月，青瑶为蟾兔”等，在这件铭旌中都有所表现。

图4-36
金雀山9号汉墓铭旌上部（摹图）
采自《文物》1977年第11期

三、甘泉宫石雕

甘泉宫虽远离长安城，但其地位仅次于京师未央宫、长乐宫和建章宫。从武帝至成帝，甘泉宫一直是西汉王朝在长安之外进行政治、军事和宗教活动的重要场所。

甘泉宫内遗存石熊和石鼓各一件（图4-37）。[142]石熊置于1号基址西北约60米处，采用青石雕刻而成，高125厘米，腰围293厘米；座长70厘米，宽60厘米（图4-38）。石熊呈蹲卧状，环颈部有一道凸面线，分出头身结构；双眼浑圆，鼻子直挺，吻部略残；左前爪举起，似执物或挠耳，其余三爪抚于腹部，造型风格古拙雄浑。

石鼓位于甘泉宫1号基址东南约50米处，青石质，高约146厘米，鼓面直径71厘米，腰围362厘米（图4-39）。鼓腹有后来补刻的题记，现能识读出的共有25字，内容为北宋士人登高游览记事。又据康熙

图4-37（左）
甘泉宫遗址 陕西淳化

图4-38（右）
甘泉宫石熊 陕西淳化

图4-39
甘泉宫石鼓
陕西淳化

《淳化县志•博览志》记载：“石上文多剥落，其可辨者：魏文帝太和六年（482年），艾经、艾程邑士夫敬谒。又政和六年（1116年）尹天党、张光、李法、石彦政、种浩率胡临、宰王仲武、簿张仲恭、尉步子原寄居刘直道缘仲秋检踏屯田，恭谒武帝庙時等字迹。”[143]可知石鼓腹上除北宋题记外，原来还有北魏时的题记。

据当地文博部门披露，甘泉宫还有汉武帝庙遗址。乾隆年间《淳化县志•祠庙记》引《太平寰宇记》云：“云阳县汉武帝庙在县西北一百里。”又引《通志》云：“庙在淳化县北四十里。”《隆庆淳化志》图示汉武帝庙在甘泉宫通天台南（图4-40），庙中献殿旧址在两通天台中间偏南，今地面凸起，东西长约15米，南北宽约8米，石熊、石鼓两件石刻在其南面。山门基址在献殿遗址南约100米。20世纪60年代山门残墙及门间高台(呈方形，俗谓戏台)遗迹尚见，今已不存。[144]这就是说，石熊和石鼓为武帝庙的设置。

《汉书•宣帝纪》记载：本始二年(前72年)“六月庚午，尊孝武庙为世宗庙，奏《盛德》《文始》《五行》之舞，天子世世献。武帝巡狩所幸之郡国皆立庙”。但甘泉宫是离宫，云阳也不是郡国治所，宣帝不会在此设置先帝祠庙的，石熊和石鼓也不会是配饰武帝庙之物。这两件石刻所在位置距甘泉宫1号基址最近，而1号基址被判定为通天台基址。我们判断，所谓汉武帝庙可能原为通天台下的附属建筑故址，而石熊和石鼓与通天台下的附属建筑可能有关系，很可能是泰一坛的饰物。《汉书•郊祀志下》记载丞相匡衡向成帝建言，其中有一段描述泰一坛的文字：

图4-40
汉武帝庙图
采自《隆庆淳化志》

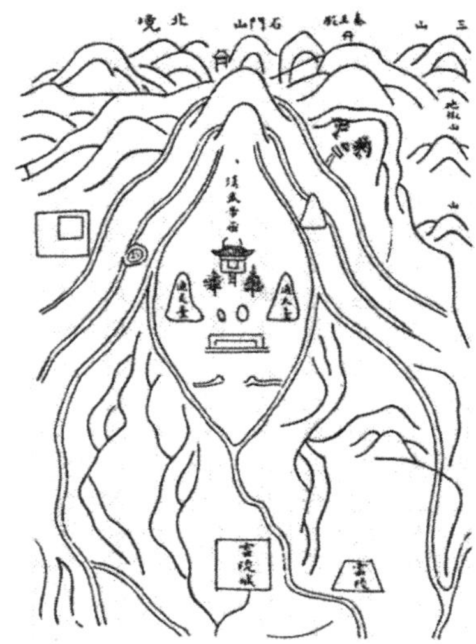

甘泉泰畤紫坛，八觚宣通象八方。五帝坛周环其下，又有群神之坛。以《尚书》禋六宗、望山川、遍群神之义，紫坛有文章采镂黼黻之饰及玉、女乐，石坛、仙人祠，瘗鸾路、骍驹、寓龙马，不能得其象于古。……紫坛伪饰、女乐、鸾路、骍驹、龙马、石坛之属，宜皆勿修。

服虔曰：“八觚，如今社坛也。师古曰：觚，角也。”

师古曰：“《汉旧仪》云祭天用六彩绮席六重，用玉几玉饰器凡七十。女乐，即《礼乐志》所云‘使童男童女俱歌’也。”

引文中的泰畤紫坛，即夯土筑成的高大祭台，称其“紫坛”，取喻天上紫微垣，但与坛上铺设棕色方石无关。[145]黼黻，指黑白或黑青相间的花纹。鸾路，即鸾辂，天子之车。骍驹，赤色马。仙人祠，可能指设置在泰畤紫坛附近祀神求仙建筑——益延寿馆。《扩地志》（卷一）记载：“（益）延寿馆在雍州云阳县西北八十一里，通天台西八十步。”据姚生民先生调查，益延寿宫（馆）的遗址尚存，在通天台西台基址（甘泉宫2号基址）西南40余米处，旧迹为较规整的覆斗形，全为夯土筑成。在通天台遗址以西约100米处和董家村，他采得“益延寿”文字瓦当数件。[146]石坛，林梅村先生认为此物即石鼓，“武帝泰山祭坛也有类似的石坛，谓之‘石封’”。[147]石熊可能是石坛的配饰之物，可以归入石坛之属。综之，泰一坛上铺设着有华美纹饰的绮席，摆放着玉几和玉饰器，祭祀时有“童男童女俱歌”，旁边配置有石坛，附近有祭祀仙人的益延寿馆，祭坛的周边为天神瘗埋了天子车舆及名马。

在古代，熊既是人们猎取的对象，又为生男之吉兆，寓意祥瑞。《小雅•斯干》有句：

> 吉梦维何？维熊维罴，维虺维蛇。
> 大人占之：维熊维罴，男子之祥；维虺维蛇，女子之祥。
> 郑玄注：“熊罴在山，阳之祥也。”

西汉时的雕塑、工艺装饰品中，熊的形象并不鲜见。景帝之子鲁恭王刘余营造的大型祭祀性建筑灵光殿，殿内装饰华丽谲诡，刻画有众多象征祥瑞的珍禽异兽形象。王逸《鲁灵光殿赋》云：“玄熊舑舕以龂龂，却负载而蹲跠。”甘泉宫石熊的造型与之描述的相近。在长安上林苑中有专门饲养熊的熊圈。武帝茂陵霍去病墓前，列置有表现校猎活动中人与熊相搏的大型石雕，意在向戎狄夸耀武功。在茂陵陵区，出土有蹲熊装饰的陶插座（图4-41），寓意祥瑞。在元帝渭陵礼制建筑遗址，出土一件用羊脂玉雕琢而成的玉熊，[148]可能是庙寝内的陈设品。

图4-41
蹲熊陶插座
茂陵陵区

石鼓即石坛，亦即石封，关于它的性质，林梅村先生已有详细考释，此不复述。

有研究者认为，甘泉宫石鼓和石熊或为秦时所刻，“分别表示河鼓星象和熊旗星象”。[149]这个观点有待商榷。

注 释

[1] 傅天仇：《秦汉雕塑的艺术特色》，《中国美术全集•雕塑编2•秦汉》，人民美术出版社1985年版，第29页。

[2] 四川省文物管理委员会、四川省文物考古研究所、四川省广汉县文化局：《广汉三星堆遗址一号祭祀坑发掘简报》《广汉三星堆遗址二号祭祀坑发掘简报》，《文物》1987年第10期、1989年第5期。

[3] 李松：《广汉青铜人物群雕的美术史价值》，《土木金石——传统人文环境下的中国雕塑》，陕西人民美术出版社2003年版，第71页。

[4] 张道一：《考工记注释》，陕西人民美术出版社2004年版，第155页。

[5] 苟萃华：《“蠃”非兽类辨》，《科学史集刊》第5期，科学出版社1963年版，第14页。

[6] 刘敦愿：《〈考工记•梓人为笋虡〉篇今译及所见雕塑装饰艺术理论》，《美术研究》1985年第2期，第63页。

[7] 曾侯乙编钟下层西架正中有1件楚王酓章镈，其正面钲部铸铭3行31字，记镈为楚惠王五十六年（前433年）为曾侯乙作的亲庙祭器，这是我们判断曾侯乙墓以及钟虡铜人年代的重要依据。参见随县擂鼓墩一号墓考古发掘队：《湖北随县曾侯乙墓发掘简报》，《文物》1979年第7期，第13页。

[8] 汤池：《秦及西汉时期的雕塑艺术》，傅天仇主编：《中国美术全集•雕塑编2•秦汉》，人民美术出版社1985年版，第2～3页；中央美术学院美术史系中国美术史教研室：《中国美术简史》，中国青年出版社2002年版，第72页。

[9] 汪受宽：《“钟鐻金人十二”为宫悬考》，《文史》第40辑，中华书局1994年版，第45、49页。

[10] 张振新：《关于钟虡铜人的探讨》，《中国历史博物馆馆刊》1980年第2期，第36～37页。

[11] 王裕民：《秦十二金人考》，秦兵马俑博物馆论丛编委会：《秦文化论丛》第4辑，西北大学出版社1996年版，第274～277、284页。

[12] 李松：《中国古代大型雕塑》，《土木金石——传统人文环境下的中国雕塑》，陕西人民美术出版社2003年版，第90页。

[13] 巫鸿：《新石器时代至汉代雕塑》，李松、安吉拉•法尔科•霍沃、杨泓、巫鸿主编：《中国古代雕塑》（陈云倩等译），外文出版社、耶鲁大学出版社2006年版，第53页。

[14] 汪受宽：《“钟鐻金人十二”为宫悬考》《文史》第40辑，中华书局1994年版，第43～49页。

[15] 史岩：《秦代钟鐻金人之艺术学的考察》（原载《中国文化研究汇刊》第一卷，1941年），《史岩文集》，中国美术学院出版社2007年版，第41～42页。

[16] 林梅村：《欧亚草原文化对中国石雕艺术的影响》，《古道西风——考古新发现所见中西文化交流》，生活・读书・新知三联书店2000年版，第154页。

[17] 王学理、尚儒志、呼林贵：《秦物质文化史》，三秦出版社1994年版，第356页。

[18] 《史记•匈奴列传》：“然至冒顿而匈奴最强大……其世传国官号乃可得而记云。置左右贤王，左右谷蠡王，左右大将，左右大都尉，左右大当户，左右骨都侯。”

[19] 史岩：《秦之钟鐻金人考》（原载《金陵学报》第十卷第1、2期合刊，1940年），《史岩文集》，中国美术学院出版社2007年版，第41～42页。

[20] 俞伟超：《秦汉青铜器概论》，《古史的考古学探索》，文物出版社2002年版，第200～201页。

[21] 秦始皇兵马俑博物馆、陕西省考古研究所：《秦始皇陵铜车马发掘报告》，文物出版社1998年版，第57、189页。

[22] 何清谷：《三辅黄图校注》，中华书局2005年版，第47页。

[23] 刘庆柱：《秦都咸阳“渭南”宫台庙苑考》，《古代都城与帝陵考古学研究》，科学出版社2000年版，第89页注释17；《三秦记辑注·关中记辑注》，三秦出版社2006年版，《关中记辑注》第43页；刘庆柱、李毓芳：《汉长安城》，文物出版社2003年版，第107页。

[24] 中国社会科学院考古研究所、西安市文物保护考古所阿房宫考古工作队：《阿房宫前殿遗址的考古勘探与发掘》，《考古学报》2005年第2期。

[25] 史岩：《秦之钟鐻金人考》（原载《金陵学报》第十卷第1、2期合刊，1940年），《史岩文集》，中国美术学院出版社2007年版，第32页。

[26] 何汉南：《秦铸十二金人》，咸阳市文物考古研究所：《文物考古论集——咸阳市文物考古研究所成立十周年纪念》，三秦出版社2000年版，第75～76页。

[27] 王子今：《秦始皇造铸“金人十二”之谜》，《陕西历史博物馆馆刊》第5辑，西北大学出版社1998年版，第92页。

[28] 汤用彤：《汉魏两晋南北朝佛教史》，中华书局1983年版，第9页。

[29] 汪受宽：《“钟鐻金人十二”为宫悬考》，《文史》第40辑，中华书局1994年版，第45页。

[30] 王子今：《秦始皇造铸“金人十二”之谜》，《陕西历史博物馆馆刊》第5辑，西北大学出版社1998年版，第90页。

[31] 《括地志·雍州·云阳》（卷一）：“云阳宫，秦之林光宫，汉之甘泉，在雍州云阳县西北八十一里。”“径路神祠，在雍州云阳县西北甘泉山下。”

[32] 武沐、王希隆：《浑邪休屠族源探颐》，王希隆主编：《西北少数民族史研究》，民族出版社2003年版，第19～21页。

[33] 汤用彤：《汉魏两晋南北朝佛教史》，中华书局1983年版，第10页。

[34] 王宗维：《秦汉之际河西地区的民族及其分布》，《兰州大学学报》（社会科学版）1985年第3期，第91页。

[35] 武沐、王希隆：《浑邪休屠族源探颐》，王希隆主编：《西北少数民族史研究》，民族出版社2003年版，第25页。

[36] 丁万录：《匈奴休屠王“祭天金人”研究管窥》，《西北第二民族学院学报》2005年第4期，第73页。

[37] 林梅村：《古道西风——考古新发现所见中西文化交流》，生活·读书·新知三联书店2000年版，第7页。

[38] 吴焯：《佛教东传与中国佛教艺术》，浙江人民出版社1991年版，第98～99页。

[39] 王子今：《秦始皇造铸“金人十二”之谜》，《陕西历史博物馆馆刊》第5辑，西北大学出版社1998年版，第92页。

[40] 李零：《秦汉礼仪中的宗教》，《中国方术续考》，中华书局2006年版，第128页。

[41] 汤用彤：《汉魏两晋南北朝佛教史》，中华书局1983年版，第9～10页。

[42] 马明达：《七圣刀与祆教》，《说剑丛稿》（增订本），中华书局2007年版，第237页。

[43] 姜伯勤：《中国祆教艺术史研究》，生活·读书·新知三联书店2004年版，第13页。

[44] Cinason：《犬戎•义渠•休屠金人——古祆教入华史迹钩沉之一》《胡、狐、祆、妖与祭天金人——重估祆教在中国中古史上的地位》，水木社区-Blog-夷夏东西，2004-06-04、2005-05-31。

[45] 穆舜英主编：《中国新疆古代艺术》，新疆美术摄影出版社1994年版，第44、184页；王炳华：《新疆历史文物》，新疆美术摄影出版社1999年版，第18～19页。

[46] 翰秋：《新疆巩留县发现一件青铜武士俑》，《文物》2003年第6期，第96页。

[47] 《新源青铜武士像1》，百度文库（哲学/历史）。

[48] 何清谷：《三辅黄图校注》，中华书局2005年版，第182页。

[49] 巫鸿：《新石器时代至汉代雕塑》，李松、〔美〕安吉拉•法尔科•霍沃、杨泓、巫鸿：《中国古代雕塑》（陈云倩等译），外文出版社、耶鲁大学出版社2006年版，第70页。

[50] 《汉书•五行志上》："太初元年十一月乙酉，未央宫柏梁台灾。先是，大风发其屋……"

[51] 张驭寰：《仿古建筑设计实例》，机械工业出版社2008年版，第140页。

[52] 姚生民：《甘泉宫志》，三秦出版社2007年版，第32～35页。

[53] 李遇春：《汉长安城建章宫东阙及宫阙研究》，中国社会科学院考古研究所汉长安城工作队、西安市汉长安城遗址保管所：《汉长安城遗址》，科学出版社2006年版，第610页。

[54] 《史记•孝武本纪》："乃立神明台、井幹楼，度五十馀丈，辇道相属焉。"

[55] 何清谷：《三辅黄图校注》，中华书局2005年版，第182页。

[56] 西安市文物管理委员会：《西安市发现一批汉代铜器和铜羽人》，《文物》1966年第4期，第7页。

[57] 王绣：《洛阳文物精粹》，河南美术出版社2001年版，第48～49页。

[58] 巫鸿：《新石器时代至汉代雕塑》，李松、〔美〕安吉拉•法尔科•霍沃、杨泓、巫鸿：《中国古代雕塑》（陈云倩等译），外文出版社、耶鲁大学出版社2006年版，第72～73页。

[59] 李学勤、艾兰：《欧洲所藏中国青铜器遗珠》，文物出版社1995年版，图版188、第379页说明。

[60] 徐琳：《两汉用玉思想研究》，故宫博物院：《故宫学刊》第4辑，紫禁城出版社2009年版，第417页。

[61] 陕西省考古研究所、西安交通大学：《西安交通大学西汉壁画墓发掘简报》，《考古与文物》1990年第4期；西安市文物保护考古所：《西安理工大学西汉壁画墓发掘简报》，《文物》2006年第5期。

[62] 林梅村：《西京新记——汉长安城所见中西文化交流》，《古道西风——考古新发现所见中西文化交流》，生活·读书·新知三联书店2000年版，第186页。

[63] 孙机：《七鸵纹银盘与飞廉纹银盘》，《中国圣火——中国古文物与东西文化交流中的若干问题》，辽宁教育出版社1996年版，第159页。

[64] 刘庆柱：《三秦记辑注•关中记辑注》，三秦出版社2006年版，《关中记辑注》第56～57页。

[65] 何清谷：《三辅黄图校注》，中华书局2005年版，第131页。

[66] 李遇春：《汉长安城建章宫东阙及宫阙研究》，中国社会科学院考古研究所汉长安城工作队、西安市汉长安城遗址保管所：《汉长安城遗址》，科学出版社2006年版，第610页；刘庆柱、李毓芳：《汉长安城》，文物出版社2003年版，第188页。

[67] 刘庆柱：《三秦记辑注·关中记辑注》，三秦出版社2006年版，《关中记辑注》第57页。

[68] 陈直：《三辅黄图校证》，陕西人民出版社1980年版，第44页。

[69] 《汉书·郊祀志赞》。

[70] 包小翔、李泽兵：《赤峰惊现“中华第一凤”》，《人民日报海外版》2004年6月15日。

[71] 西安市文物保护考古所：《西安文物精华·青铜器》，世界图书出版公司西安分公司2005年版，第72页。

[72] 吴郁芳：《建章宫与东南文化》，《文博》1992年第3期。

[73] 据《资治通鉴》（卷十八）记载：“（元光）五年……时对者百馀人，太常奏弘第居下。策奏，天子擢弘对为第一，拜为博士，待诏金马门。”

[74] 何清谷：《三辅黄图校注》，中华书局2005年版，第175页。

[75] 参见《史记·大宛列传》。

[76] 咸阳地区文管会、茂陵博物馆：《陕西茂陵一号无名冢一号从葬坑的发掘》，《文物》1982年第9期，第2页，图版壹。

[77] 张廷皓：《论西汉鎏金铜马的科学价值》，《西北大学学报》（哲学社会科学版）1983年第3期。

[78] 刘庆柱：《长安春秋》，人民出版社1988年版，第29～30页。

[79] 何清谷：《三辅黄图校注》，中华书局2005年版，第174～175页；徐卫民：《西汉未央宫》，陕西人民出版社2008年版，第63页。

[80] 中国社会科学院考古研究所：《中国考古学·秦汉卷》，中国社会科学出版社2010年版，第184页，汉长安城未央宫遗址勘探平面图。

[81] 刘庆柱、李毓芳：《汉长安城》，文物出版社2003年版，第56～57页。

[82] 姚生民：《甘泉宫志》，三秦出版社2003年版，第197页。

[83] 何清谷：《三辅黄图校注》，中华书局2005年版，第329页。

[84] 孙机：《七鸵纹银盘与飞廉纹银盘》，《中国圣火——中国古文物与东西文化交流中的若干问题》，辽宁教育出版社1996年版，第169页。

[85] 李零：《再论中国的有翼神兽》，《入山与出塞》，文物出版社2004年版，第142页。

[86] 李零：《论中国的有翼神兽》《再论中国的有翼神兽》，《入山与出塞》，文物出版社2004年版，第112、141页。

[87] 孙作云考释飞廉的论文主要有：《飞廉考——中国古代鸟氏族之研究》，《国立华北编译馆馆刊》（第2卷）第3期，1942年；《说羽人——羽人图、羽人神话及飞仙思想之图腾主义的考察》，《沈阳博物馆汇刊》第1期，1947年。以上两篇收入《孙作云文集·中国古代神话传说研究》（第3卷），河南大学出版社2003年版。《敦煌画中的神怪画》，《考古》1960年第6期；《长沙马王堆一号汉墓出土画幡考释》《考古》1973年第1期；《长沙马王堆一号汉墓出土的画幡》，《光明日报》1973年8月6日；《河南密县打虎亭东汉画像石墓雕像考释》，《开封师院学报》1978年第3期。以上四篇收入《孙作云文集·美术考古与民俗研究》（第4卷），河南大学出版社2003年版。

[88] 刘叙杰：《中国古代建筑史》（第一卷），中国建筑工业出版社2003年版，第399页。

[89] 孙机：《七鸵纹银盘与飞廉纹银盘》，《中国圣火——中国古文物与东西文化交流中的若干问题》，辽

宁教育出版社1996年版，第167页。

[90] 《旧唐书•音乐二》记载：“乐悬，横曰簨，竖曰虡。饰簨以飞龙，饰趺以飞廉，钟虡以挚兽，磬虡以挚鸟，上列树羽，旁垂流苏，周制也。”出土实物如曾侯乙墓青铜翼兽、西安市北郊汉墓陶翼兽等与文献互证，可信这种装饰乐器支架的有翼神兽称名飞廉，而且这一制度由来已久。

[91] 中国社会科学院考古研究所、河北省文物管理处：《满城汉墓发掘报告》，文物出版社1980年版，上册第7页，下册图版第56页。

[92] 王刚、邓敬毅：《西安市北郊出土陶辟邪等汉代文物》，《考古与文物》1992年第5期；高曼：《西安地区出土汉代陶器选介》，《文物》2002年第12期；韩保全、程林泉、韩国河：《西安龙首原汉墓》（甲编），西北大学出版社1999年版，第113、135、230页。

[93] 林通雁：《论西汉长安的陵墓雕塑艺术》，汤池主编：《中国陵墓雕塑全集2•西汉》，陕西人民美术出版社2009年版，第56～60页。

[94] 王志杰、朱捷元：《汉茂陵及其陪葬冢附近新发现的重要文物》，《文物》1976年第7期，第52页；王世昌：《陕西古代砖瓦图典》，三秦出版社2004年版，第265页。

[95] 张子波：《咸阳市新出土的四件汉代玉雕》，《文物》1979年第2期；陕西省咸阳市文物局：《咸阳文物精华》，文物出版社2002年版，第57页。

[96] 滕州市文化局：《滕州文化志》（内部资料），山东省枣庄市新闻出版局1997年版，第310页；枣庄市博物馆《枣庄市文物志》（初稿），第40页；林通雁：《东汉陵园墓地大型石雕艺术试论》，《中国陵墓雕塑全集3•东汉三国》，陕西人民美术出版社2009年版，第39页。

[97] 巫鸿：《超越“大限”——苍山石刻与墓葬叙事画像》，《礼仪中的美术——巫鸿中国古代美术史文编》（上），生活・读书・新知三联书店2005年版，第216页。

[98] 林通雁：《东汉陵园墓地大型石雕艺术试论》，《中国陵墓雕塑全集3•东汉三国》，陕西人民美术出版社2009年版，第28～34页。

[99] 张雁雁：《汉光武帝原陵》，中国文史出版社2006年版，第15页；阎崇东：《西汉帝陵》，中国青年出版社2007年版，第291页。

[100] 《后汉书•明帝纪》记载：“永平元年（五八年）春正月，帝率公卿已下朝于原陵，如元会仪。”

[101] 张松柏：《石雕女神像》，王燃主编：《赤峰文物大观》，内蒙古大学出版社1995年版，第143页；沈军山：《河北滦平县后台子遗址发掘简报》，汤池：《试论滦平后台子出土的石雕女神像》，《文物》1994年第3期。

[102] 成都市文物考古研究所、北京大学考古文博院：《金沙淘珍——成都市金沙村遗址出土文物》，文物出版社2002年版，第162～191页。

[103] 关于李冰作石犀，《艺文类聚》（卷九五）引《蜀王本纪》云：“江水为害，蜀守李冰作石犀五枚：二枚在府中，一枚在府桥下，二枚在水中，以厌水精，因曰石犀里。”

[104] 中国社会科学院考古研究所汉长安城工作队：《西安市汉唐昆明池遗址的钻探与试掘简报》，《考古》2006年第10期，第61页。

[105] 陈直：《汉书新证》，天津人民出版社1985年版，第322页；韩若春：《西汉霍去病墓侧新发现两块

"左司空"题记石》，《考古与文物》1993年第1期。

[106] 顾铁符：《西安附近所见的西汉石雕艺术》，《文物参考资料》1955年第11期，第5页。

[107] 俞伟超：《应当慎重引用古代文献》，《考古通讯》1957年第2期，第76～77页。按：引文中纠正了标注诸星宿的标点。

[108] 汤池：《西汉石雕牵牛织女辨》，《文物》1979年第2期，第87～88页。

[109] 汤池：《中国史前至秦汉的石雕艺术》，中国古佛雕编委会：《中国古佛雕》（哲敬堂珍藏选辑），财团法人觉风佛教艺术文化基金会1989年版，第216页。

[110] 林梅村：《古道西风——考古新发现所见中西文化交流》，生活·读书·新知三联书店2000年版，第114页。

[111] 陕西省考古研究所、西安交通大学：《西安交通大学西汉壁画墓》，西安交通大学出版社1991年版；雒启坤：《西安交通大学西汉墓葬壁画二十八宿星图考释》，《自然科学史研究》（第10卷）1991年第3期；冯时：《中国天文考古学》，社会科学文献出版社2001年版，第309～310、322～323页。

[112] 冯时：《中国天文考古学》，社会科学文献出版社2001年版，第323页。

[113] 胡谦盈：《汉昆明池及其有关遗存踏察记》，《考古与文物》1980年创刊号，第26页。

[114] 陕西省文物事业管理局编制：《中国文物地图集•陕西分册》，西安地图出版社1998年版，第101页。

[115] 王子云：《陕西古代石雕刻》（Ⅰ），陕西人民美术出版社1985年版，图版一说明；《中国雕塑艺术史》（上），人民美术出版社1988年版，第41页。

[116] 中国社会科学院考古研究所汉长安城工作队：《西安市汉唐昆明池遗址的钻探与试掘简报》，《考古》2006年第10期，第61页。

[117] 刘振东、谭青枝：《汉唐昆明池杂议》，中国社会科学院考古研究所、陕西省考古研究院、西安文物保护考古所：《汉长安城考古与汉文化——纪念汉长安城考古五十周年国际学术研讨会论文集》，科学出版社2008年版，第267页。

[118] 李霞：《都江堰石人》，《成都文物》2006年第2期；李绍明：《都江堰渠首出土汉石刻人像探讨》，《四川文物》2008年第2期。

[119] 刘琳：《华阳国志校注》，巴蜀书社1984年版，第207页。

[120] 沈琍：《陕西汉代石雕研究》，罗宏才主编：《西部美术考古》，上海大学出版社2008年版，第47页。

[121] 陈直：《三辅黄图校证》，陕西人民出版社1980年版，第94页。

[122] 陕西省文物事业管理局编制：《中国文物地图集•陕西分册》，西安地图出版社1998年版，第102页。

[123] 刘庆柱、李毓芳：《汉长安城》文物出版社2003年版，第197页。

[124] 周天游校注：《西京杂记》（长安史迹丛刊），三秦出版社2006年版，第52页。

[125] 黑光：《西安汉太液池出土一件巨型石鱼》，《文物》1975年第6期。

[126] 何清谷：《关中秦宫位置考察》，周秦文化研究编委会：《周秦文化研究》，陕西人民出版社1998年版，第627页。

[127] 王学理：《咸阳帝都记》，三秦出版社2006年版，第151～152页。

[128] 王子今：《鲸鱼死岸：〈汉书〉的"北海出大鱼"记录》，《光明日报》2009年7月21日。

[129] 中国社会科学院考古研究所汉长安城工作队：《西安市汉唐昆明池遗址的钻探与试掘简报》，《考古》2006年第10期，第57～58页。

[130] 昆明池遗址中的几处高地均为生土，未发现夯土等遗迹。中国社会科学院考古研究所汉长安城工作队：《西安市汉唐昆明池遗址的钻探与试掘简报》，《考古》2006年第10期，第57～58页。

[131] 顾颉刚：《庄子与楚辞中昆仑与蓬莱两个神话系统的融合》，《中华文史论丛》1979年第2辑，第31、35页。

[132] 张宏：《秦汉魏晋游仙诗的渊源流变论略》，宗教文化出版社2009年版，第27页。

[133] 关于“大人之市”，杨慎、郝懿行等释登州海市蜃楼之幻象，云：“今登州海中州岛上，春夏之交，恒见城郭市尘，人物往来，有飞仙遨游，俄顷变幻，土人谓之海市。疑即此。”引文据袁珂：《山海经校注》，上海古籍出版社1980年版，第325页。

[134] 何清谷：《三辅黄图校释》，中华书局2005年版，第261页。

[135] 陈直：《三辅黄图校证》，陕西人民出版社1980年版，第98页。

[136] 中国社会科学院考古研究所：《中国考古学•秦汉卷》，中国社会科学出版社2010年版，第217页。

[137] 刘庆柱、李毓芳：《汉长安城》，文物出版社2003年版，第197页。

[138] 黑光：《西安汉太液池出土一件巨型石鱼》，《文物》1975年第6期；李秀珍：《太液池石鱼》，林剑鸣、吴永琪主编：《秦汉文化大辞典》，汉语大词典出版社2002年版，第116页。

[139] 郭世谦：《〈天问〉“鳌戴山抃”新解》，中国文学网•学术论文全文数据库•先秦两汉文学研究。

[140] 林通雁：《西汉霍去病墓石雕群的三个问题》，《美术观察》2009年第3期。

[141] 临沂金雀山汉墓发掘组：《临沂金雀山九号汉墓发掘简报》《文物》1977年第11期。

[142] 陕西省文物事业管理局编制：《中国文物地图集•陕西分册》，西安地图出版社1998年版，第424页。

[143] 转引自姚生民：《甘泉宫志》，三秦出版社2003年版，第136页。

[144] 咸阳市文物事业管理局：《咸阳市文物志》，三秦出版社2008年版，第37页。

[145] 在甘泉宫2号建筑基址正南250米处的回廊建筑遗址内，发现有方形棕色石数块。林梅村认为，紫坛得名于它上面铺设的这种方石。《西汉帝国大型石雕艺术的发展》，《古道西风——考古新发现所见中西文化交流》，生活·读书·新知三联书店2000年版，第116页。

[146] 姚生民：《益延寿宫考略》，《咸阳师范学院学报》2012年第3期，第22页；《甘泉宫志》，三秦出版社2003年版，第62、91页。

[147] 林梅村：《西汉帝国大型石雕艺术的发展》，《古道西风——考古新发现所见中西文化交流》，生活·读书·新知三联书店2000年版，第117页。

[148] 张子波：《咸阳市新出土的四件汉代玉雕》，《文物》1979年第2期；陕西省咸阳市文物局：《咸阳文物精华》，文物出版社2002年版，第54页。

[149] 榆林市榆阳区古道研究室、榆林市榆阳区文体事业局：《秦帝国全天星台遗址及其源流考•考证分册》，中国科学技术出版社2008年版，第227～228页。

第五章 陵墓雕塑[1]

在陵墓美术方面，西汉之前的秦代可谓达到极度辉煌。《史记•秦始皇本纪》记载：

> 始皇初即位，穿治郦山。及并天下，天下徒送诣七十余万人，穿三泉，下铜而致椁，宫观百官奇器珍怪徙臧满之。令匠作机弩矢，有所穿近者辄射之。以水银为百川江河大海，机相灌输，上具天文，下具地理。以人鱼膏为烛，度不灭者久之。

史学家司马迁用简短的文字，记载了曾经发生在长安城远郊秦始皇陵园中史无前例的创举，使我们今天能从中领略到那个伟大时代崭新的陵墓美术理念——不仅模拟江河大海、日月星辰，在地下重新构造一个新的世界，同时还要瘗埋大量的俑群、车辆马匹、珍禽异兽及其他贵重物品，用以模拟咸阳宫庞大的宫观百官机构，以及奢华的宫廷生活环境，以满足始皇帝在冥界继续行使占有天下权力的强烈欲望。

自20世纪70年代起，考古研究人员先是在秦始皇陵封土以东1000米处发掘出三坑形体与真人、真马相等的兵马俑（图5-1），其数量众多，阵容宏大，给人心灵以强烈的震撼。后来又在陵园封土周围发掘出了马厩坑、御府诸坑、珍禽异兽坑等，出土了许多题材内容不同于兵马俑的跪坐俑、执事俑和百戏俑，以及铜车马、铜仙鹤及木车马（已朽）。这些陵墓雕塑作品，或造型风格写实，或制作工艺精湛，令人耳目一新。另外，考古研究人员还发现一座长宽超过100米、面积达12000多平方米的大型石质甲胄坑，[2]并从试掘探方中出土了一批用经过打磨的小石片

图5-1
秦始皇陵1号兵马俑坑

连缀而成的铠甲和头盔。《史记•秦始皇本纪》还记载秦始皇陵的玄宫中安放有大型石椁，而石椁用材取自渭河对岸的北山。《西京杂记》《三辅黄图》记载了长安城和上林苑的美术遗迹。其中，在五柞宫以西青梧观前列置的一对“头高一丈三尺”，胁部有题铭的石麒麟，原为秦始皇陵园之物。秦人有刻石纪事的传统作风，中国古代陵墓大型石雕艺术自秦代似有开端。

从现已获得的考古发掘材料看，秦代以前的秦国及山东六国，在陵墓雕塑领域并无多少建树。陕西凤翔、咸阳、铜川等地的秦墓有零星的小型石马头、石俑、泥俑和陶俑出土，他们的制作都比较粗拙。在山东六国特别是楚国的墓葬中，出土的木俑形体稍大些，但造型比较呆板，而从齐国和韩国的墓葬中，出土的多为捏制的小型陶武士俑和乐舞俑。战国时期的王陵大墓尚未发掘，情况不明，已出土的这些小型墓俑尚不足以构成对秦始皇陵大型兵马俑群的直接影响。在中国古代陵墓雕塑史上，秦代确是一个开创性的时代，具有创新性的秦始皇陵园，设置多种类型从葬坑，坑中埋藏大量的、各种各样的从葬品，形成内涵丰富、规模空前绝后的外藏系统。秦代的陵园制度，直接影响并决定了西汉诸陵的建制和陵墓雕塑艺术的发展方向。

继秦兴起的刻石纪事之风以来，大型石雕艺术在西汉时期获得了长足发展。在汉武帝执政期间，伴随着长安城建筑浪潮的再度兴起，一批装饰宫苑的大型石雕创意而出。其中有部分作品遗存至今，如前文所述昆明池畔的牵牛、织女石像及石鲸，太液池中的石鲸，以及甘泉宫的石熊、石鼓等。与此同时，还有一组具有纪念碑式的大型石雕群在茂陵霍去病墓列立。这组石雕大致可划分为墓地、墓顶、封土斜坡三个组群，造型样式有复合体和单体两种类型，动物题材占多数，有水族与两栖、食肉与食草动物种类等，内容丰富，造型风格深沉雄大，堪称中国古代陵墓大型石雕艺术的划时代作品。

第一节 墓俑

刘氏集团建立西汉王朝后，首都长安城的大规模建筑活动首先从秦之渭河以南的宫殿旧址上展开，宫室营造以追求雄伟宏大而著称。面对高祖诘问，丞相萧何回答说：“且夫天子以四海为家，非壮丽无以重威，且无令后世有以加也。”[3]西汉十一代皇帝的陵寝都建造在长安城附近，除文帝霸陵“凿山为藏”外，从高祖长陵到哀帝义陵，皆依秦始皇陵的做法而构筑起覆斗式的高大封土，并在陵园四周修建垣墙并开挖壕沟。帝陵为陵园中心，皇后附葬帝陵，另起封土。自汉景帝阳陵始，皇后陵另筑墙垣。陵园的地面上建宗庙、寝园，地下设置大量从葬坑，象征宫观百官。在陵园的四个方向（以东向为主），沿司马道两侧规划排列皇戚、将帅和功臣的陪葬墓，象征朝仪，彰表荣宠。在宣帝杜陵之前，诸陵皆设置陵邑，形成拱卫长安都城之势。[4]

西汉诸帝的厚葬情况，史书上有文字材料可寻。据《史记•孝文本纪》记载，文帝“治霸陵皆以瓦器，不得以金银铜锡为饰，不治坟，欲为省，毋烦民”。[5]文中“皆以瓦器”为饰，似可理解为汉帝陵园的从葬品主要以陶俑和陶塑动物在内的陶制品为主。但《晋书•索琳传》云：“时三秦人尹桓、解武等数千家，盗发汉霸、杜二陵，多获珍宝。”足见霸陵、杜陵从葬品量多且奢华。《汉书•禹贡传》记载，昭帝时霍光继续向武帝茂陵陪葬物品，除金钱财物外，还有大量的珍禽异兽等物，“凡百九十物尽瘗埋之”。1990年考古研究人员对茂陵从葬坑进行试掘与钻探时，“发现有竖穴坑道窑洞式从葬坑。坑内或殉车马、或禽兽、或陶俑，数量达到惊人程度”。2010年在武帝封土南侧发掘两座从葬坑，发现大量的马匹遗骸及少量陶俑（图5-2）。[6]据近年来重新对茂陵陵区进行钻探调查所获的资料，茂陵从葬坑的规模超过景帝阳陵。帝陵封土四周的从葬坑共钻探出150座，呈放射状分布；陵园内从葬坑共发现244座，分布于西南、西北和东北三个区域，厚葬情况超乎人们的想象。“茂陵的建制应该是代表了西汉帝陵设计和建设的高峰，它既是集其以前西汉帝陵的大成，又深刻影响着其后西汉帝陵的规划和布局。”[7]茂陵从葬坑中埋葬的大量陶俑，应当代表着西汉陶塑艺术的最高水平。

考古研究人员对昭帝平陵进行过钻探调查，在帝陵垣墙外发现从葬坑21座。[8]在稍早一些时候，他们对平陵的三座从葬坑进行过发掘，除发现有大量殉葬的马和骆驼外，还有众多的朱漆木马，以及四匹双峰木骆驼驾木车、四匹木羊驾木车等明器。[9]可惜这些珍贵的木雕艺术作品出土时大多朽蚀而无法提取。

图5-2
茂陵帝陵15号从葬坑

今天，在长安城周边地区发现的西汉墓俑的数量已相当可观，题材内容也十分丰富。它们造型新颖，风格细致生动，创作年代又多集中在西汉前期和中期，是继秦俑之后中国陵墓雕塑艺术中的瑰宝。这些墓俑多为陶制，主要出自：（1）景帝阳陵、宣帝杜陵及文帝霸陵

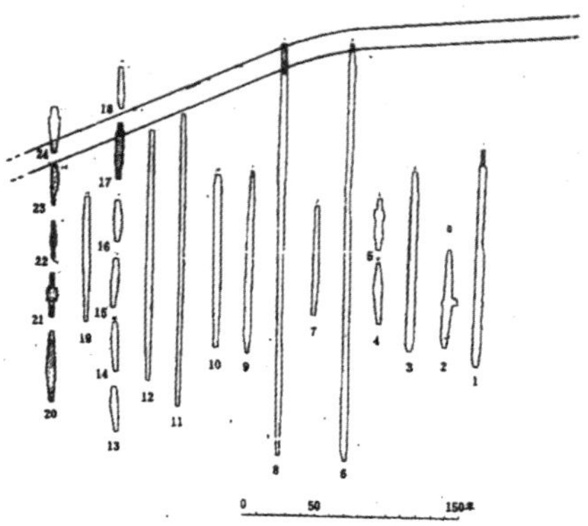

图5-3
阳陵陵园南区
从葬坑探测平面图
采自《文物》1992年第4期

窦后陵附近的从葬坑；（2）高祖长陵、惠帝安陵、景帝阳陵的陪葬墓及其从葬坑；（3）京畿地区的中小型墓葬。另外在汉长安城遗址的西北部，考古研究人员还发掘了当时专门用于烧制陶俑的陶窑，有官窑，[10]也有民窑。[11]同时还批量出土了陶俑成品和半成品，以及少量的陶俑模具。这些陶窑的发现与发掘，为我们探究西汉陶俑的烧制工艺提供了重要依据。

一、阳陵从葬坑的意义

自1990年以来，汉景帝阳陵先后发现195座从葬坑，并陆续出土了一大批造型细致生动、制作精美的陶俑，以及数量众多的陶塑畜禽及器物。[12]这些陶制作品分别出自陵园内的南区从葬坑、西南部的1号建筑遗址和帝陵封土四周的从葬坑。

1. 陵园从葬坑

阳陵陵园内的南区从葬坑，位于帝陵东南450米，皇后陵正南300米处，总共发现24座，排作14行，集中布置在东西长320米、南北宽约300米的区间内（图5-3）。这些从葬坑呈南北向的长条形，为隧道式木框架结构，宽度一般在4～5米，深度约7～8米，长度不等，最长的达291米，最短的仅25米。根据已披露的发掘材料，从1990年到1999年，南区从葬坑经过清理或部分和整体发掘的，共计有15座，诸坑中的从葬品及其布局并不相同。举例如下：

2号从葬坑长68.7米，坑内分5个面东的区间。其中，第三区前有“耳室”，内置木车1乘，木车后有骑马俑222件。在其两边为立俑和骑马俑，计241件，骑俑为陶制，马匹为木制。坑中还出土“车骑将军”龟纽金印1枚（图5-4）。[13]其他区间的情况未见披露。

图5-4
“车骑将军”龟纽金印
阳陵南区2号从葬坑

3号从葬坑长124.7米，从已发掘的南段一部分看，坑中全部是木车，分5行排列，面东，不见陶俑和其他从葬品。[14]此坑可能表现的是皇家车库。

4、5号从葬坑南北排列于同一行，分别长42米、37.45米，规模比较小。4号坑列置武士俑233件，5号坑列置武士俑289件，[15]气势颇为壮观。此坑的其他情况不明。

6、8号从葬坑分别长291米、288米，为南区从葬坑中最长的两个从葬坑。考古研究人员只清理了压在公路路基以下的部分，面积约80平方米，出土陶俑头527件，肢体残块1000余件，能够复原的个体只有27件。同时出土的还有铜质和铁质的兵器、车马器、生产工具及钱币等。[16]

图5-5
阳陵南区17号从葬坑俑群

17号从葬坑全长37.5米，除去南北坡道，主体坑长23.8米，坑内分南北两区，其间用木板相隔。北区较短，长5.2米，放置彩绘木车马2辆，每辆车有木马3匹，面东。其中，1号车的后面配置有陶武士俑，面东，排作8行，共64件（包括2件木俑），皆持戟、拥盾、配长剑（图5-5）。2号车前面放置一组成套的铜量器，计22件；后面放置陶灶和陶井。南区长18.6米，是北区的3.7倍。区内用木板分成9格，里面堆放不同种类的粮食。[17]此坑象征皇家粮食仓储，或说是长安城中的太仓，武士俑及木车马表现的是守卫粮仓的部队。

20号从葬坑全长49.6米，除去南北坡道，主体坑长29.5米，坑内分南北两个部分。南部为排列整齐的车马及武士俑群（图5-6），俑群面北，横向排55行，每行有铠甲武士俑3～16件，共363件，另有木俑21件。北部置4个大型朱红色的漆木箱，南北两两相对。木箱内放置佩剑执盾的武士俑、成捆的带柄长矛、兵器架及生产工具等。其中，1号箱长6.6米，宽1.15米，高0.55米，箱中有隔板把箱体一分为二，南边有4排13件佩剑武士俑，北边带框架的小木箱内放置带柄铁矛27件。[18]此坑可能表现的是武库，内中的武士俑群象征驻守武库的部队。汉初在长安城中建有武库，库址位于未央、长乐两宫之间。据考古发掘所获材料，“武库中建筑物包括兵器库和士兵兵营两种”。[19]

21号坑平面为“中”字形，全长29.9米，主体坑长12.4米，宽10.8米，近似方形。坑内的四角各立1根大方柱，柱间用枋板连接，形成一个巨大的木椁，椁厢内再用木板隔成6个栏框，各栏框内再隔出一些大小不等的小格栏。木椁外与坑壁间形成一道回廊，回廊四角隔出曲尺形栏框，内中有若干小格栏。各类从葬物品均放置在这些小格栏里。该坑出土了一批陶塑动物，有牛、羊、猪、狗、鸡等畜禽，其次是少量的

图5-6
阳陵南区20号从葬坑俑群

图5-7 阳陵1号建筑遗址发掘现场

铠甲武士俑，以及种类繁多的陶、漆器，如罐、盒、盂、甑、盘等。另外，在主坑的西南隅，同样以木板作木椁，厢内置两乘双马单辕木轺车，马为木质彩绘，并有3件驭手俑。[20]此坑可能表现的是宫中的飤官机构。

据后来考古研究人员零星披露的材料，在16、17、21号从葬坑还出土有“军大右仓”“军武库臣”“军武库兵”“军武库器”“左府”等印章。

图5-8
彩绘乐舞俑
阳陵1号建筑遗址

阳陵北区从葬坑位于帝陵西北方向450米处，已探明有从葬坑24座，规模及形制与南区从葬坑相同，但未进行发掘。

阳陵1号建筑遗址位于帝陵西南方向约450米处，东西长320米，南北宽210米，外围有垣墙、壕沟。1992年至1993年，考古研究人员在该遗址东南部的1000平方米范围内进行试掘（图5-7），清理出墙基、柱础、庭院等建筑遗迹，出土了大量的瓦当和铺地砖。在其中一段数十米长的南北向墙基下，出土了230多件陶俑和部分陶塑动物。陶俑全部为塑衣式，有女舞俑和奏乐俑（图5-8）。[21]出土时舞俑居中，立姿，扭腰甩袖起舞；奏乐俑在外围，跽坐姿势，作奏乐状，构成一组宫廷乐舞表演场景。

2. 帝陵从葬坑

帝陵从葬坑是指位于帝陵垣墙内的封土四周，呈放射状分布的从葬坑。现已探明的有86座，其中，封土东侧21座，西侧20座，南侧19座，北侧21座，垣墙内东北处5座（图5-9）。通过钻探和局部发掘得知，这些从葬坑的宽度在3.5米左右，诸坑间距4米左右。它们的长度不等，最长的120米，最短的只有4米。[22]从1998年开始，考古研究人员对帝陵封土东、北侧的11座从葬坑进行了发掘。[23]举例并撮述如下：

11号从葬坑长71米，宽3.6～4米。只对该坑中部7.8米长的部分进行了清理，出土骑马俑45件（图5-10），彩绘木马45件（包括驾车马），木车7辆。车马队列向东，木车居中，成双列，骑马俑共4列，南北两侧各2列。初步判断此处安放的是一支模拟拥车出行的大型仪仗队。[24]

12号坑长8.1米，宽3.2米，西段是木车马，东段是陶俑。据遗迹判断，木车马原有3乘。陶俑清理出3件。在一木车马附近发现“宗正之印”龟纽银印1枚，一陶俑佩“大泽津印”鼻纽铜印1枚。

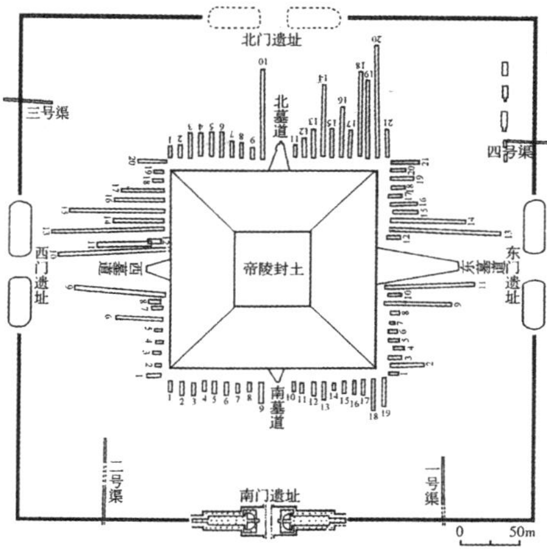

图5-9
阳陵帝陵从葬坑分布图
采自《汉阳陵》

13号从葬坑规模比较大，主要是陶家畜、陶仓及少量木车马。该坑东西长90.5米，宽3米，分3个区段放置从葬品。东段为排列密集的陶塑家畜群（图5-11），分上下两层摆放，有陶狗、陶羊、陶猪等；中段为一前一后排列的两辆大木车，一辆为轺车，另一辆为安车，各驾4匹木马；西段放置55件彩绘大陶仓（图5-12），在部分陶仓内发现有粮食遗存和动物遗骸；彩绘大陶仓以东放置茧形陶壶及陶缶。在西端坑道中发现封泥1枚，印文为“大官臣印”。[25]

14号从葬坑东西长58米，宽4米。该坑有木隔挡，将其分隔成3段，西段放置木车马、陶俑、陶塑动物、陶器等，中段放置漆木器、陶器、殉葬动物，东段放置大量的殉葬动物。考古人员对该坑西部19米长的一段进行试掘，判断坑中从葬木马车12辆，出土陶畜禽9件，陶俑22件。同时发现“陈抗”鼻纽铜印1枚，封泥“太官令印”1枚。[26]

图5-11
陶塑家畜群
阳陵帝陵13号从葬坑

图5-10 骑马俑
阳陵帝陵11号从葬坑

图5-12
放置在坑中的彩绘大陶仓
阳陵帝陵13号从葬坑

15号从葬坑长21米，宽2.6～2.7米，主要是粮食、木车马和陶俑。坑道分东西两个区段，用木隔挡分开。西段出土陶俑23件，木车2辆；东段出土木车1辆、陶狗3件和陶牛残片，其余地方为大量粮食遗迹。[27]同时发现鼻纽铜印3枚，印文分别为“仓印”“甘泉仓印”“别臧官印”；封泥6枚，印文为“导官令印”。

16号从葬坑长22.4米，宽2.9～3米，主要是木车、陶俑和物品。清理出木车3辆，陶俑41件。发现铜印5枚，印文分别为“内官丞印”“府印”“右府”“左府之印”“大官之印”等。[28]

17号从葬坑长9米，宽2.6～2.8米，主要是木车、陶俑和器物。西段清理木车3辆以及陶俑10件，陶俑中有3件无阴囊的宦者俑。同时发现“宦者丞印”“长乐宫车”鼻纽铜印各1枚。[29]

18号从葬坑长10.5米，宽2.9米，有木车马和陶俑。据坑中的车马器，推测西端有木车2辆。木车以东放置陶俑92件，其中有粉彩女俑22件，其余的是男俑和宦者俑（图5-13）。在坑道的西北角另有陶俑7件，陶狗2件。出土鼻纽铜印4枚，印文分别为“永巷丞印”“永巷厨印”“府印”“西府”等。[30]

19号从葬坑长17.4米，宽3～3.1米，用木隔挡分成东西两个部分。西半部有木马车1辆，分置在木马车两侧的陶俑46件，其中粉彩女俑11件，男俑35件。同时还出土“徒府”鼻纽铜印1枚，以及陶狗、陶鸡、陶猪数件；东半部发现有大型漆木箱遗迹。[31]

图5-13
粉彩女俑和宦者俑
阳陵帝陵18号从葬坑

20号从葬坑长22米，宽3.3米，西半部放置有两辆木马车，以及少量的陶俑残件及陶猪等；东半部未放任何器物。[32]

21号从葬坑长20.1米，宽2.9米，主要是木车马、木箱遗迹，以及陶俑、陶器等。出土陶俑84件（图5-14），其中女俑29件，男俑49件，宦者俑6件。同时发现3枚鼻纽铜印（1件无印文），印文为“山府”“东织寝官”；1件封泥，印文为“东织令印”。陶俑南侧有木马车遗迹。[33]

帝陵北侧和西侧从葬坑经过钻探，坑内有骑马俑、立俑、陶塑动物，以及木马车、兵器和生活用具等。[34]

另外，在位于帝陵东北的王皇后陵的封土四周，探出从葬坑30多座。[35]

3. 从葬坑的布局和内容

图5-14
阳陵帝陵21号从葬坑俑群

秦及西汉陵园实行的从葬坑制度，是商代祭祀坑、两周时期车马坑及外藏椁制度的演变与发展。俞伟超先生指出："把墓的结构分成正藏与外藏椁这种汉制，实际从春秋晚期已经发端，战国时至少已成为好几个诸侯国的王陵制度。"[36]西汉之前的秦代集从葬制度之大成，秦始皇陵的兵马俑坑、御府诸坑、珍禽异兽坑、马厩坑等从葬坑广布于陵园内外，规模堪称宏大。汉代沿用秦陵的从葬坑制度，但又受到当时社会条件的制约，不能把从葬坑的规模搞得像秦始皇陵那样的大，而且在布局方式及其内涵方面也做了相应的调整和改变。

刘庆柱先生说："西汉初期，帝陵既有'汉承秦制'的方面，也有不少新的发展，这主要表现在陵园形制的变化上。""西汉帝陵形制的变化，主要在文帝霸陵以后。"[37]霸陵之后的阳陵，有帝陵及周围从葬坑、皇后陵及周围从葬坑，还有南区和北区从葬坑、陵庙和寝园等。在陵园中，帝陵坐西向东，居于中心，其东北为皇后陵，东南为南区从葬坑和陵庙建筑遗址（"罗经石"遗址），西北为北区从葬坑，西南部为寝园（1号建筑遗址）。嫔妃陪葬墓群位于陵园以北，臣僚陪葬墓位于陵园东部的司马道两侧，陵邑设置在陵区的东端。"整个陵园以帝陵墓为中心，四角拱卫，南北对称，东西相连，布局规整，结构严谨，显示了唯我独尊的皇家意识和严格的等级观念"。[38]阳陵陵园形制的这些新变化，也催生了长安墓俑艺术的新风。

阳陵南区从葬坑24座，均为南北向布局，东西排列14行。已探明的北区从葬坑亦为24座，东西方向布局，南北排列14行。考古研究人员认为，这种设计与安排是有明确象征意义的，可能与西汉当时的南军、北军有一定关系。[39]例如说，南区从葬坑表现的是军队内容，具有明确的军事属性。诸坑"至少是包括军队内'仓''库''府''卫'等方面的内容。摆放俑像采用两种形式，即：一种是群体性质的队列；另一种是同其他文物在一起的单放，似在各执其事"。"南区从葬坑的兵马俑群，正是汉北军的缩影"。这种设计与安排可称作"旋转位移"，而南、北区"两处从葬坑似乎是以帝陵北某处为圆心，由南区向西区作顺时针旋转九十度，就成了始终对着帝、后二陵"。[40]又说："在阳陵陵园内用南、北两军守卫皇陵，以维护皇帝的权威，保卫帝王的亡灵安全，应当是阳陵南区、北区从葬坑的设计意图。”[41]还说：“无论认为其可能与当时的南北军有一定关系，还是认为这两条从葬坑正是汉北军的缩影，南区和西区（北区）这两处从葬坑抑或象征着西汉北军的两个部分，或者就是北军的左、右翼，确定其代表和象征西汉王朝的军队应无异议。”[42]

我们以为，南区从葬坑的内涵具有多样性的特征，表现军队或具有军事属性只是其中的一个部分内容而不是全部。诸坑中的武士俑、骑马俑数量不多，大量的从葬品则是木车马、粮食、陶塑动物，以及众多的生活器具。而且各坑的从葬品不同，表现内容亦有差别：有骑马俑护卫木车（2号坑）和专门的车库（3号坑），粮食仓储（17号坑），府库里摆放整齐的彩绘陶仓（13号坑），铠甲武士俑组成的方阵与陈放武器组合的武库（20号坑），还有象征飤官机构储备的陶塑家畜和陶器用品（21号坑）等。总之，它们有些“后勤保障”的意味。在西汉时期，未央宫卫尉所属“宫门卫屯兵”称南军，中尉所掌管的负责守卫京师的军队称北军。列置在诸坑中的武士俑大多属于库、府的守备人员和担任出行护卫的卫队，可能属于中尉（北军）属下的卫士。但它们与南军并无关系，更算不上表现或象征南军、北军，或者北军的左、右两翼。袁仲一先生说：“汉帝陵陪葬坑的主要特征，除车马仪仗外，突出显示的是象征财富的粮仓、家畜俑群等各种府藏坑。汉陵虽出土了数量众多的武士俑群，但分见各种府藏内，其身份是守卫府藏的卫兵。帝陵尚未发现像秦始皇陵那样单独列阵成军的大型兵马俑坑。”[43]此言甚确，可从。

焦南峰先生将阳陵从葬坑分为四个层次，其中，南、北区从葬坑为第四层次，帝陵封土四周的从葬坑为第三层次。他说：已探明帝陵封土四周的“这80座从葬坑应当是级别相等、功能略异，我们推测阳陵帝陵第三层次代表或象征的是三公九卿中的九卿及其所属机构及设施”。第一、二层次在封土之下，资料阙如。“但结合历史文献、百官位次和前引发掘资料，我们有理由推测其第二层次的从葬坑应与三公有关；第一层次的从葬坑则与皇帝的关系更为密切，或许代表或象征的是类似于中朝之属的职官机构”。[44]

从考古发掘材料看，所谓第三层次的从葬坑，有并驾齐驱的车马仪仗队（11号坑）、大批量的陶畜禽和表现府库充盈的大型陶仓（13号坑）等。除少量戎装武士俑和骑马俑外，众多墓俑表现的则是朝内的宗正机构（12号坑）、少府属下的“大官”和内府众属（16号坑）的内容，以及生活在后宫的宫女（18、21号坑）和被阉割的宦者形象（17、18号坑）。我们以为，帝陵封土周围的从葬坑出土的这些陶俑，代表或象征的是景帝身边的近卫和侍从。它们仍属于相对“正藏”的“外藏”系统，或说是扩大了内容和提高了等级的“在正藏之外，婢妾藏也。或曰厨厩之属也”（服虔语）。与南、北区从葬坑相比，它们的军事属性已经完全淡化，宫廷仪仗、厨中家畜、府库储备及内宫生活内容明显增多。帝陵从葬坑的布局，及其在题材内容方面表现出的特点，更多反映的是宫廷生活环境、与之相关的礼仪和活动，以及管理宫廷事务的机构设施及侍从，即所谓的“宫观百官”。汉时中央官制大致可分朝官、宫官两类，朝官是管理国家行政的官吏，宫官是管理宫廷事务的官员。推测封土之下未发掘的从葬坑，大约表现的是皇宫内应为汉帝起居生活服务的机构及人员，代表或象征朝官的应该是陵区内的陪葬墓园。

阳陵1号建筑遗址出土的一组塑衣式乐舞俑，情况比较特殊。该建筑遗址与东邻的“罗经石”建筑遗址，都是阳陵陵园中的大型祭祀性建筑设施。考古研究人员认为“罗经石”建筑遗址可能就是景帝的陵庙——德阳宫，那么，1号建筑遗址属于景帝寝园的可能性就比较大。近年在该建筑遗址与“罗经石”建筑遗址之间，还发现一条东西向的“衣冠道”（编号L16）。[45]寝园中的主体建筑是寝殿，象征皇宫的前殿，是“日祭于寝”以及举行上陵礼的活动场所。据《史记•孝文本纪》记载，孝景皇帝元年（前156年）十月，制诏御史：“盖闻古者祖有功而宗有德，制礼乐各有由。闻歌者，所以发德也；舞者，所以明功也。高庙酎，奏《武德》《文始》《五行》之舞。孝惠庙酎，奏《文始》《五行》之舞。……明象乎日月，而庙乐不称，朕甚惧焉。其为孝文皇帝庙为《昭德》之舞，以明休德。”当时，伴随着隆重的庙祭活动有盛大的乐舞表演。又据《后汉书•礼仪上》记载，东汉依西都上陵礼，在寝殿上举行祭礼时，也伴有大型乐舞表演。阳陵1号建筑遗址出土的这组乐舞俑，题材内容应与祭祀礼仪活动有关，它们很可能表现的是“太常乐奏食举，舞《文始》《五行》”的乐舞表演场景。诸俑神情凝重，服饰严整，形象端庄，应是当时西汉宫廷乐工和舞者形象的真实写照。

4. 阳陵陶俑的新意

在中国古代陵墓雕塑艺术中，政治因素始终起着决定性的作用，造型样式的更新和艺术风格的转变，都无不服从于斯，这也是秦兵马俑给予我们的启示。换言之，秦兵马俑这种大型陶塑艺术就是“始皇帝”这一崭新的政治思想和行为的具体展现。但是到西汉时期，像秦兵马俑那样高大魁梧的陶俑再也没有出现了。阳陵出土的陶俑分站立姿、跨骑姿、跽坐姿三种，前两种的高度在五六十厘米，后一种的高度为三十几厘米，体量仅有

图5-15
秦俑与汉俑体量比较

秦俑的三分之一（图5-15）。为何西汉君主不遵循秦代的先例，制造真人大小的墓俑？“有些学者认为是出于节俭或其他经济方面的考虑，但这些理由不能说明为什么即使在汉代已积累了大量的财富之后，依然没有哪位帝王试图制造真人大小的墓俑。我们必须了解汉俑与秦俑的区别不仅只是尺寸小和外形简化而已，而是它们的功能截然有别，这些汉俑是用来创造一个微型而非巨型的世界。”那些“真人大小的雕塑试图通过艺术手法再现真实生活的场景，微型雕塑则与之不同，它所构筑的想象中的世界在时间空间上皆可超越真实世界。阳陵与其他汉墓中随葬的小型陶塑不仅‘取代’真实世界，其意义更在于创造一个不受真实世界中自然法则约束的世界，因而将生命延续至永恒”。[46]美术史家的这些意见，道出了中国古代丧葬美术的理念及象征性造型手法的特质。

随着西汉新政权的确立与社会经济的恢复，刘氏集团对礼仪制度的重建、物质财富的聚敛和楚文化的复兴，皆有强烈的要求。“非令壮丽无以重威”艺术思想的实践，从长安城中的宫殿迅速扩展到渭水北岸的陵寝。从政治因素上观察，汉俑对秦俑的摒弃并采用新的形制，还可能起因于楚人对秦王朝的否定（如项羽焚烧咸阳宫、毁秦始皇陵等）。汉初政治家贾谊为文帝的政治改革出谋划策，他在《过秦论》中历数秦始皇的暴政：“秦王怀贪鄙之心，行自奋之智，不信功臣，不亲士民，废王道，立私权，禁文书而酷刑法，先诈力而后仁义，以暴虐为天下始。”虽然汉承秦制，汉与秦的陵墓制度大体相同，但形体高大的秦俑，象征虎狼之师的秦军及实施暴政的国家机器，故不可取用，替代它们的自然是像楚墓木俑那样的、大小尺度适中的新式墓俑。我们推测，这种新式墓俑可能经过长陵、惠陵、霸陵使用，到阳陵时成熟，并成为一种标准样式。

阳陵从葬坑的规模不及秦始皇陵的那么大，但其集中度却明显提高和增强，不像秦陵的那么松散。陵园从葬坑分南区和北区布局，帝陵从葬坑在封土四周呈放射状密集排列。坑中铺排的陶俑、陶塑畜禽、木车马模型以及各种器物，而且数量都特别的多，构成宏大的地下“宫观百官”场景。而这些新的变化又得益于对墓俑合适尺度的选择，以及由此带来的大批量的制作与产出。阳陵陶俑的大小只有秦俑的三分之一，但在细节表现方面却显示出一种过去秦俑所没有的、追求逼真与酷似的新风尚。它们不仅安装可以活动的木臂，着装，衣外擐甲，而且对躯干及下肢部分，也一丝不苟地作真实和细致的塑造——全身结构比例合度，骨骼和肌肉的起伏变化自然，肚脐、肛门、生殖器等都一一进行了认真刻画（图5-16），并没有因它们最后要被服装遮挡而减少这些工艺程序。或许在当时人们的观念中，只有这种“有面目肌发，有似于生人”（《礼记•檀弓下》郑玄注）的墓俑，才具有新的生命，能在冥界侍奉陵主，为之所召唤和驱使。除墓俑外，数以千计的陶塑家畜也以表现其逼真与酷似为能事：陶羊有山羊、绵羊之分（图5-17），陶犬有狼犬与家犬之别（图5-18），彩绘陶公鸡和母鸡赋色细腻而艳丽，惟妙惟肖（图5-19）。公猪膘壮，吻部前伸，仪态雄健；母猪肥体颟顸，下垂的腹部有两排整齐的乳头（图5-20）；乳猪小眼圆睁，憨态十足。另外还有大批“微缩”的武器、用具、饰品，以及“半两”钱币等。在形体高大的秦俑身上，“理智多于热情，科学态度多于艺术想象，技艺性多于艺术性，外形特征的把握性多于神态特征的捕捉，客观描写的准确性多于主观抒发的自由性”。[47]“微缩”的阳陵墓俑则把秦俑的这种风尚推向极端，艺术想象、主观情感发挥、艺术典型性和创造性都被

图5-16
阳陵着衣式陶俑

图5-19 阳陵陶鸡

图5-17 阳陵陶羊

图5-18 阳陵陶犬

图5-20 阳陵陶猪

降至最低点。这种新的艺术现象与汉帝特别企望在冥界继续拥有对现实世界统治权力的心理有密切的关系，而从葬品“微缩”并追求逼真与酷似，成为满足这种心理要求的最佳解决方案。

二、着衣式陶俑

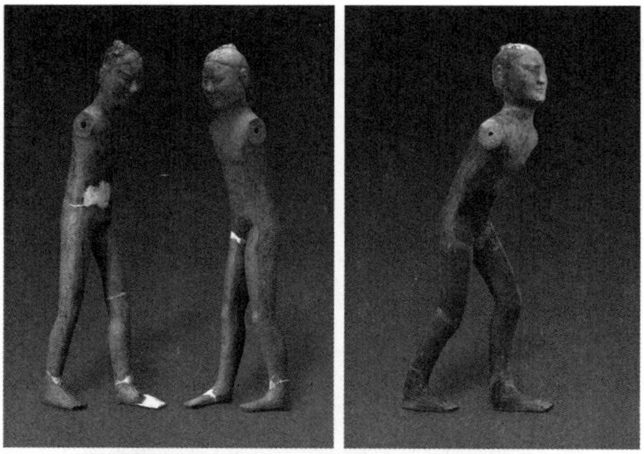

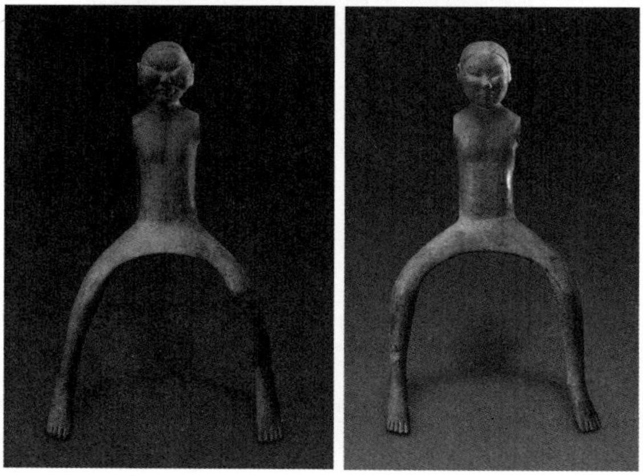

图5-21（上）
阳陵着衣式陶俑

图5-22（下）
着衣式骑马俑

景帝阳陵出土的陶俑分塑衣式与着衣式两种。塑衣式陶俑的做法见于先前的秦俑，而着衣式陶俑的做法应属于西汉新创的制式。着衣式陶俑出土时着装和木臂已朽，故呈断臂裸体形象（图5-21）。早先考古研究人员将其称作“裸体陶俑”，后来称其为“着衣式木臂彩绘陶俑”，简称“着衣式陶俑”。着衣式陶俑占阳陵出土陶俑的绝大多数。另外，在阳陵陵园南区和帝陵陵园内封土东侧的从葬坑中，还出土有少量的着衣式骑马俑（图5-22）。它们木臂陶身，下肢呈弓形，作跨骑状，仿效木俑样式，制作时有较大难度。

除景帝阳陵外，通过考古发掘出的着衣式陶俑还见于后来的宣帝杜陵。1982年冬，中国社会科学院考古研究所杜陵工作队在杜陵陵寝建筑遗址进行考古发掘的同时，对帝陵陵园之北1号从葬坑进行了发掘。该从葬坑由主室和东室组成，在主室中厢内出土了一批着衣式陶俑（图5-23）。“陶俑遍饰白衣，腿部和头部有黑、红彩绘。高56厘米。有的陶俑还带有铁戟，柲已朽，仅余部分残迹。有的陶俑腹前有小铜带钩，可能陶俑身上原来著帛衣。还有的陶俑身上有小五铢钱。”[48]1985年夏，杜陵工作队又对4号从葬坑进行清理，出土较完整的着衣式陶俑9件，形制与1号坑的相同。[49]除阳陵、杜陵出土的之外，着衣式陶俑在长陵、安陵、茂陵、平陵陵园都有发现。它们属于高规格级的墓俑，流行时间在西汉前期和中期。

图5-23
杜陵着衣式陶俑

着衣式陶俑的头部及躯干采用陶制并施以彩绘，双肩处的竖直断面呈圆形，其中心部位有直径约1厘米的孔洞横向穿过胸腔，用以组装木臂，然后再穿着帛袍。这种采用木、陶、丝等

材质结合并进行装置的做法有许多优点，比如活动的木臂不仅便于着装，而且能够调节对象的活动姿态；头及躯干采用陶制加彩绘，既有利于模制和大批量的生产，又能更好地模拟人体躯干的结构及肌肤。杨泓先生说："将俑制成裸体，再披穿丝织品的衣服，自与秦俑不同，应是承袭了战国时楚俑的艺术风格。"又说："由于西汉初年宫廷文化中楚风盛行，所以帝陵陶俑虽袭秦制，又承楚风，融会创新，使汉俑造型摆脱了秦俑呆滞生硬的模式，转向生动精致、富有生趣的时代新风。"[50]

图5-24
战国楚木俑
湖北荆州纪南城（左）
河南信阳长台关（中）
湖南长沙（右）

目前发现年代最早的木俑，为陕西韩城芮国墓地502号墓出土的一组木俑，[51]大约为西周晚期的作品。各地出土的战国时期墓俑多为木制，其中又以湖北江陵纪南城和荆门包山、河南信阳长台关、湖南长沙等地楚墓出土的木俑具有代表性（图5-24）。楚木俑刻画的多是武士、侍从及伎乐者形象，造型样式分绘衣式和着衣式两种。绘衣式木俑通体雕刻，双臂或双足另装，有的双臂关节可以活动，彩绘重点在面部和身上的服饰；着衣式木俑着重雕刻头部并加彩绘，躯干部分略作加工，双臂或双足经组装而成，然后再着衣装。战国时期流行的木俑到秦代时被大型陶俑所替代，但到西汉时又得以恢复并迅速发展起来。西汉木俑亦有绘衣式和着衣式两种，人物类型要比先前的木俑多些，雕刻技艺也明显提高，"艺术表现力更加丰富，达到了中国上古时期木雕艺术的高峰"。[52]在各地出土的西汉木俑中，重要的可以举湖南长沙马王堆1、3号汉墓木俑，[53]湖北江陵凤凰山167、168号汉墓木俑，[54]江苏泗阳大青墩泗水国王陵木俑、[55]连云港云台高高顶汉墓木俑，[56]四川绵阳永兴双包山1、2号汉墓木俑[57]等。除南方地区外，远在西北的甘肃武威磨嘴子西汉晚期墓葬中，也出土有少量木俑。在长安的阳陵和平陵从葬坑中也发现有一定数量的木俑，以及木马车、驼车和羊车等。阳陵出土的着衣式骑马俑，其乘骑皆为木马（图5-25），遗憾的是这些木马出土时大都仅见朽痕。

图5-25
骑马俑及木马
阳陵帝陵11号从葬坑

楚地的艺术风气西渐长安，与东部人口向西流动密切相关。西汉王朝建立初期，积极推行强干弱枝政策，多次从关东地区西徙豪强大户于长

图5-26
汉长安城西北部
烧制陶俑的窑址

安周边的陵邑居住。《汉书•地理志下》记载："汉兴，立都长安，徙齐诸田，楚昭、屈、景及诸功臣家于长陵。后世世徙吏二千石、高訾富人及豪桀并兼之家于诸陵。"在众多西迁的关东人口中，楚人占有相当大的比例，他们成为推动楚风兴于汉长安城的主要力量。

西汉时期的墓俑艺术进入了秦俑后的时代，新式陶俑与旧式木俑之间的相互影响和交融是经常可能发生的。陈少丰先生认为，江陵凤凰山汉墓出土的木雕彩绘俑"与西安等地出土西汉前期的陶俑，有着同等的艺术水平。可以说它们是楚地木雕俑与秦地陶塑俑传统在新的历史条件下的融合，其艺术风格则更接近陶俑"。[58]而在长安，前代秦俑给予西汉陶俑的影响则要更直接和更大些。汉帝陵园采用的着衣式陶俑，在工艺制作上明显受制于秦俑，其躯干及下肢部分皆系批量模制而成，与单个雕刻而成的楚制木俑不同。桓宽在《盐铁论•散不足》中所说当时社会上流行"桐人衣纨绨"之风，在首都长安实际上已发生了较大变化。秦俑制作的特点是先分段制作，细节装饰或个性表现补塑工序在俑坯完形后进行。长安陶俑应当得益于秦俑的这种制作方法，"陶俑的主体部分压模成型后再将诸如鼻、耳、阳具等小部件粘上去，并将鼻、耳、肛门等人体窍孔插成很深的孔洞。为了避免模制出的陶俑千人一面的弊病，工匠们还对其面部进行了捏、塑、刻等艺术加工，使同模的陶俑形象各具情态。最后将俑体的各部分粘接成型。待陶俑粗坯的制作完成后，将之放入陶窑内焙烧烘烤，使之变成为坚硬的陶质"。[59]陶俑出炉后先安装木臂，然后绘彩，最后披穿帛袍。据袁仲一先生研究，制作秦俑的陶工来自中央和地方制陶作坊。在来源于地方陶工中，以咸阳地区的居多。[60]我们推测，秦朝灭亡后那些曾经为秦始皇陵烧制陶俑的陶工，有一部分应转移到长安窑场，从而使秦俑的制作工艺得以传承。

图5-27
窑址出土的制俑模具
（上半身及臀的后半部）

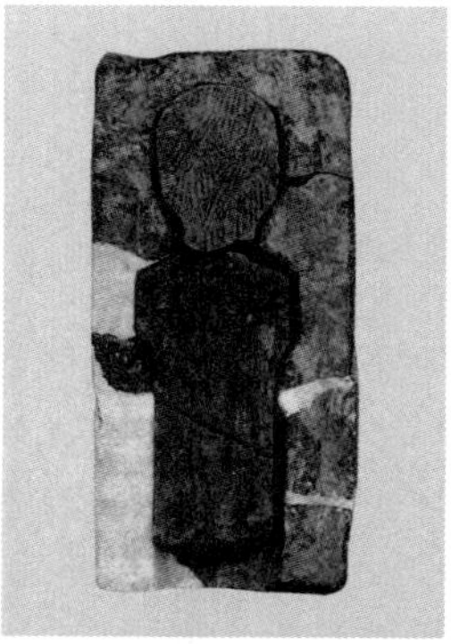

20世纪80年代以来，考古研究人员在汉长安城遗址西北部相继发现了大面积的制陶窑址，其中以1990年发掘的21座窑址（编号Y2～Y22）比较重要。窑址位于长安城西市以东，均为烧制着衣式陶俑的陶窑（图5-26），属于官窑。入窑的陶俑坯都已塑成整体，呈头下足上倒立状放置。小陶窑能装俑坯350件以上，大陶窑装俑坯450件左右。出土陶俑（包括半成品的俑坯）高度在55.5～60.5厘米，其大小及形制与阳陵和杜陵从葬坑的着衣式陶俑十分接近。另外还在一座窑址发现了3件制俑的模具，它们分别为陶俑上身后半部、臀部后半部（图5-27）和下身前半部（男性）。考古研究人员说："从出土的制俑模具和残俑观察，陶俑的制作是先分别合模制出俑的上半部分（臀部以上）和下半部分（臀部以下），然后将两部分对接而成。为使上下两部分粘接牢固，将相接面做成各种凹凸不平的形状，有尖乳丁、凸线、凹线和凹坑等。”[61]长安城窑址的发现与发掘，为我们深入了解着衣式陶俑从制坯到焙烧的具体工艺流程，提供了不可多得的实物材料。由于制俑流程比较复杂，工序多，数量巨大，所以实施标准化生产就显得特别重要。据《汉书·百官公卿表》记载，在少府所属官署机构中，有东园匠部门。“东园匠令丞主作陵内器物”，负责制作陵园的从葬品，这就从制度和管理方面为窑场标准化制俑提供了保障。汉承秦制，设置东园匠制度可以追溯到秦代。[62]

图5-28
着衣式女俑
长陵陪葬墓从葬坑

据目前所获考古资料，除帝陵之外，少数诸侯显贵的墓葬中也有一定数量的着衣式陶俑。经过正式发掘或清理并披露资料的共有五处，除一处在梁国故地（今河南永城）外，其余四处均在首都长安。

其一出自长陵陪葬墓从葬坑。该墓位于陕西咸阳店镇三义村，墓主失考，着衣式陶俑出自该墓南侧的从葬坑。[63]此坑东西长46米，宽2.4米，深3米，坑中陶塑牛、马、羊、猪、鸡、狗等依次排列，向西，其后整齐排列着衣式陶俑。其中男俑高60厘米左右，发饰高髻或偏髻，直鼻丰颊，躯干比较粗壮；女俑高约55厘米，发饰羊尾髻或偏髻，眉目清秀，双乳隆起，下肢细长（图5-28）。从造型样式及风格上观察，这批陶俑与阳陵从葬坑出土的陶俑接近，制作年代大约在景帝时期。

其二出自阳陵9号陪葬墓从葬坑。[64]此坑长37米，宽3米，深7米，分3个区间放置从葬品。东区为陶塑畜禽，西区为陶制器物，着衣式陶俑放置在中区。其中，男俑高约57厘米，女俑高约53厘米（图5-29），造型样式及风格与阳陵南区和帝陵封土东侧从葬坑出土的着衣式陶俑相似，应为同一时期作品。

图5-29（左）
着衣式女俑
阳陵陪葬墓从葬坑

图5-30（右）
着衣式和塑衣式陶俑
西安东南郊“利成”墓

其三出自西安东南郊新安机砖厂积炭墓。[65]该墓平面呈“甲”字形，墓室之北开长斜坡墓道，安放“外藏椁”1具，椁厢内放置陶马、陶牛、骑马俑、着衣式和塑衣式陶俑（图5-30）等。墓室内安放“井椁”，是为“正藏”。“井椁”四周有8个方厢放置从葬品，有着衣式陶俑、

跽坐俑（残）、陶塑畜禽、陶编钟和陶制器皿等。其中男着衣式陶俑高60厘米，共3件；女着衣式陶俑高54厘米，共5件。2件塑衣式陶俑原安装有木臂。从它们摆放位置及伴随物判断，“井椁”厢内的为侍俑，“外藏椁”厢内的为牵牛的仪仗俑。另外，墓中还出土1枚篆刻“利成家丞”的封泥，证明该墓为列侯等级；一件陶罐肩部写有“东园□□”4字，可知墓中包括男女着衣式陶俑在内的从葬品，为宫廷专门机构东园匠所制作，而墓主与刘氏皇族可能有亲密的关系。墓室中的“井椁”属于旧制，大约为迁入长安楚人的丧葬习俗。

其四出自杜陵陪葬墓区张安世家族墓园从葬坑。[66]该墓园中部的8号墓为“甲”字形大墓，其周围发现6座从葬坑，从中清理出数百件着衣式陶俑、木俑及其他器物。这些着衣式陶俑整齐排放在一起，高60厘米左右，造型样式与阳陵、杜陵从葬坑出土的相差无几。另外在从葬坑中还发现了多枚印章，如“卫将长史”“军侯之印”等，还有1枚“张”字大型铜印。

在长安地区发现的这四处西汉时期墓葬中，有三处在帝陵陪葬墓区，两处属于列侯墓，墓主生前地位都很显赫。着衣式陶俑整齐地放置在诸墓的从葬坑或椁厢中，当属于最高统治集团利用丧葬等级制度，施恩于诸侯显贵的一种特殊手段，借以彰表荣宠。

河南永城柿园汉墓可能是梁共王刘买或梁孝王刘武的嫔妃墓葬，[67]墓道中共出土着衣式女俑和着衣式骑马俑44件。它们的制作工艺虽欠精到，但造型样式与景帝阳陵的完全一致，模具或样本当出自首都长安。梁王刘武是景帝刘启的同母兄弟，其长子刘买或嫔妃墓中从葬最高等级的着衣式陶俑，应是合乎情理之事。

着衣式陶俑是楚木俑与秦俑及其工艺制作方法在西汉时期融合后，出现于首都长安的一种崭新的墓俑样式。它属于最高等级的从葬品，主要流行于西汉中期以前，目前尚未见到西汉晚期的实例。据《汉书•元帝纪》记载，永光四年（前40年）十月，“罢祖宗庙郡国者。诸陵分属三辅”。又诏曰：“今所为初陵者，勿置陵邑，使天下咸安土乐业。”颁布这一诏令虽为罢除郡国的刘氏宗庙和废止陵邑制度，但内中也含有节葬之意。我们推测，大约从元帝时期起，耗费大量人力及财力的着衣式陶俑开始消歇，逐渐淡出长安墓俑领域。

三、彩绘陶俑

所谓彩绘陶俑，即相对着衣式而言的塑衣式陶俑。它继承秦俑的制作工艺，用模制与手塑结合的方式表现俑体上的服饰，焙烧后再施以彩绘。

在西汉陵园发现的彩绘陶俑中，薄太后南陵、霸陵窦后陵附近从葬坑出土的女侍俑，以及阳陵1号建筑遗址出土的乐舞俑具有代表性。

薄太后是高祖的妃子，文帝的母亲。文帝即位后，尊母亲为皇太后。《史记•外戚世家》记载："薄太后后文帝二年，以孝景帝前二年（前155年）崩，葬南陵。"《汉书·外戚传上》云：薄太后"用吕后不合葬长陵，故特自起陵，近文帝"。南陵位于北距文帝霸陵4500米，在今西安灞桥区狄寨乡鲍旗寨村。封土呈覆斗形，园门和垣墙遗迹犹在。发现的从葬坑位于陵园西墙外，共20座。诸坑以条砖砌筑框栏，置陶棺或木椁，出土的有犀牛、熊猫、马、羊、狗等动物遗骸，以及陶罐、陶俑等。[68]陶俑只有两件，一件彩绘女俑高55厘米，立姿（图5-31）；另一件较小，袖手，彩绘脱落殆尽。在一方条砖顶端有阳文隶书戳记"东园"二字。"东园"即东园匠，少府属官。《汉书·百官公卿表上》记载：

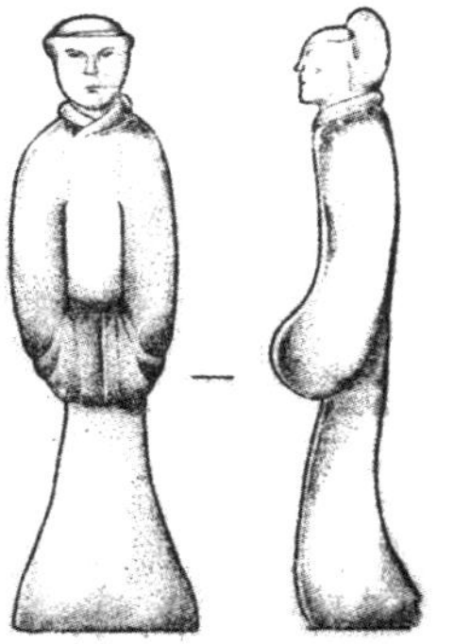

图5-31
彩绘女俑（摹图）
南陵从葬坑
采自《文物》1981年第11期

> 少府，秦官，掌山海池泽之税，以给共养，有六丞。属官有尚书、符节……东园匠十六官令丞。
>
> 师古曰：东园匠，主作陵内器物者也。

条砖戳记表明，南陵从葬坑及陶俑为宫廷东园匠机构所作。

《史记•外戚世家》记载："窦太后后景帝六岁，建元六年（前135年）崩，合葬霸陵。"霸陵窦后陵在霸陵东南2400米的白鹿原上，封土呈覆斗形，四周残留部分垣墙遗迹，西南部有大型建筑基址。1966年在窦后陵园以西约1000米处任家坡，发现了一组规模较大的从葬坑，并出土了一批彩绘陶俑。诸坑的形制及彩绘陶俑造型与薄太后南陵的完全相同，亦为"东园"所作。考古发掘人员认为，从葬坑所在位置位于窦后陵的峻坂上，地当古道之侧，较霸陵及南陵为近，而且在发掘地点之东，曾陆续有同样陶棺具和彩绘陶俑出土。据填土中所出两枚"半两"铜钱，可知从葬坑是武帝初年为窦太后入葬所为。[69]但也有研究者说："这些从葬坑规模较小，似不符合皇后身份；而距其西北部的六个冢不到200米，可能属于其西北部六个冢的从葬坑。"[70]为慎重起见，我们称它们为窦后陵附近从葬坑。

图5-32
窦后陵附近从葬坑

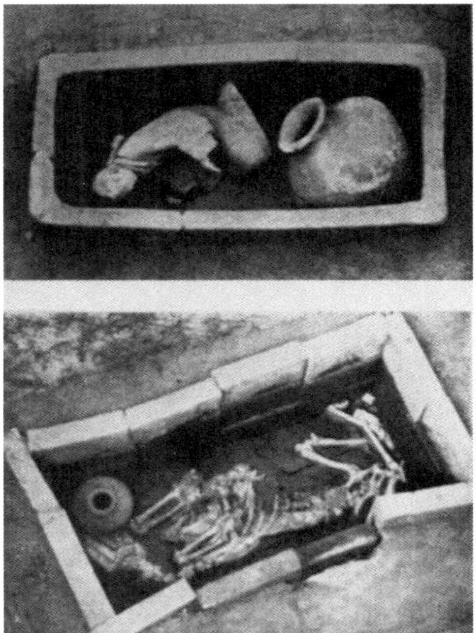

这组从葬坑共47座，分8排布局，坑内放置陶棺，或用长条砖垒砌成棺，内中放置彩绘陶俑、陶罐，生埋的动物有马、羊、猪、狗、鸡、鹤等（图5-32）。彩绘陶俑共出土38件，全部为女性形象，分站立式和跽坐式两种。

图5-33
秦始皇陵马厩坑和陶俑

南陵从葬坑和窦后陵附近从葬坑生埋畜禽并放置陶俑的做法，“应是商周以来牲殉制度的沿用，所不同的只是把生人改为俑人罢了”。[71]它们可能是西汉前期皇室成员采用的一种葬制，而且这种葬制又直接取法于秦始皇陵的马厩坑和珍禽异兽坑。在秦始皇陵封土以西内外城之间的曲尺形马厩坑，生埋马匹近百，每三匹马置于一个木栏内，密集排列，同时放置多件陶俑。这些陶俑均为男性，立姿，表现的是管理马厩的官吏或仆役。位于秦陵封土东侧的马厩坑，有马匹坑、陶俑坑、陶俑与马匹组合坑三种。马匹坑和陶俑与马匹组合坑均为一坑一马（图5-33），陶俑坑和陶俑与马匹组合坑为一坑一俑。这些陶俑均为男性，跽坐姿，面前放置陶罐、陶灯及铁制工具。珍禽异兽坑分南北三行排列，中间的17座坑内放置珍禽异兽，两边14座坑内放置的跽坐姿陶俑，表现的是管理苑囿的仆役形象。[72]从秦始皇陵马厩坑和珍禽异兽坑，到西汉南陵和窦后陵附近从葬坑，其间的传承关系比较明确。

巫鸿先生指出：“墓俑组成的‘场面’的功能应该与它们与死者建构象征空间的功能合并起来研究。”[73]南陵从葬坑和窦后陵附近从葬坑，即服虔所说的“在正藏外，婢妾之藏也；或曰厨、厩之属也”。将彩绘女俑与生埋畜禽放置一起，表现或象征的是后宫的厨、厩以及苑囿场景，以供主人在冥界所享用。

窦后陵附近从葬坑出土的这批彩绘陶俑，也给我们的视觉带来了许多新鲜的感觉。其中，立式俑9件，高53～57厘米，头饰垂髻，身着交领长襦，足蹬方头履，双手握拳并置于腹前，拳眼上下相对，作执物状；跽坐俑28件，高33～35厘米，发分两颞，至颈后收束为长垂髻，身着交领右衽长袍，曲领高而厚，宽袖，双手拢于袖内并置于腹前（图5-34）。另有一件可能是乐俑，高34厘米，跽坐姿，双手作前伸动作。这批彩绘陶俑面容姣好，神情温顺淡然，仪态端庄沉静，衣着整洁，动作变化不大，轮廓线流畅优美，整体感比较强。通体先施以白粉，然后再涂彩，绛黄色染肌肤，黑色染发并描画眉目，红色内衣，土黄色外衣，领及袖口饰红、褐色锦缘。陶质细腻，呈深青色，烧制温度较高，叩之声音清脆。与秦陵马厩坑和珍禽异兽坑的陶俑相比较，它们的独特之处，不仅表现在创设女性形象方面，而且还特别重视刻画对象的性格及情感，代表着西汉前期墓俑艺

图5-34（左）
彩绘陶俑
窦后陵附近从葬坑

图5-35（右）
彩绘陶俑
茂陵陵区

术所取得的新成就。

阳陵1号建筑遗址出土的彩绘陶俑，除前述一批乐舞俑外，还有数件持物女立俑。它们高53厘米左右，面容端庄，颔首，身着宽袖长襦，足穿方口方头履，双手握拳置于腹前，拳眼上下相对，作持物状，造型样式与南陵和窦后陵附近从葬坑出土的持物女立俑如出一模。相同的作品在武帝茂陵陵区北部的张里村也有发现（图5-35）。[74]武帝陵封土西北500米处是李夫人墓，陶俑的出土地点在此附近，或许是该墓从葬坑之物。这种身着长襦、持物的立式俑及拢袖跽坐俑，表现的都是生活在后宫中的侍女形象，造型样式具有“标准化”的特征，使用范围不出汉帝及其皇室成员墓葬之外，应属于长安宫中东园匠所制作的高等级墓俑。它们的流行时间应在景帝到武帝执政时期。

与帝、后陵园出土的彩绘陶俑相比，贵族大墓出土的彩绘陶俑亦有不少亮点。男立俑皆作拢袖状，身着曳地长袍，下摆呈喇叭口形，形态端庄，而女坐俑形象多有变化，带有浓郁的家居生活意味。

图5-36
彩绘陶俑
阳陵130号陪葬墓

阳陵130号陪葬墓出土的9件彩绘陶俑，发现于墓室口内外两侧的填土中，皆为侍从形象。其造型端庄大方，施彩简洁而亮丽，反映出长安彩绘陶俑新的艺术风格（图5-36）。例如男立俑，头戴冠，脸庞圆润，身着黄或白色宽袖长袍，下摆比较宽大，领及袖口饰锦

图5-37（左）
“周应”铜印
阳陵130号陪葬墓

图5-38（右）
彩绘陶俑
西安市周边汉墓

缘，双手拢在袖中并置于腹前，神情泰然自若；女立俑小嘴直鼻，眉眼细长，面容姣美，着装及姿态与男立俑无差别。再如女持物俑，发分双颞至颈后绾结，双唇涂朱，眉清目秀，身着紫色或白色长袍，坐姿，双手伸出作持物状。女拢手俑格外引人注目，头饰堕马髻，面部神情温顺并略有羞色，坐姿，上身微微前倾，双手拢在袖中并举至下巴处。该墓还发现鼻纽铜印一枚，印文刻篆书“周应”二字（图5-37）。据《汉书•高惠高文功臣表》记载，景帝中元元年（前149年）封郸侯周应与封绳侯周应系同名二人，墓主若非郸侯周应，即为绳侯周应，[75]墓葬年代应当在墓主封侯之后。

20世纪50年代以来，从西安市周边汉墓零星出土的一些彩绘陶俑，分别为中国国家博物馆、陕西历史博物馆、临潼博物馆等单位收藏。它们中高者50厘米有余，低者不足30厘米，造型样式与上述陵园及陪葬墓出土的彩绘陶俑有差别。如女舞俑弯腰甩袖，步态轻盈，身姿优美；女侍俑作拢袖恭立状，头上裹巾，身着黄色或白色曳地长袍，下摆呈大喇叭口形，显得格外端庄秀丽（图5-38）。

四、陪葬墓与兵马俑

长安出土的彩绘兵马俑多为西汉前期之作，并以高祖长陵、惠帝安陵陪葬墓从葬坑出土的几批比较重要。它们的形体都比较小，造型细致生动，有别于秦兵马俑，属于西汉新创的墓俑样式。

位于陕西咸阳杨家湾的长陵4号、5号陪葬墓，又称杨家湾汉墓。这两座墓葬距离高祖陵的封土比较近，呈南北排列状。在4号墓发现有玉衣片，5号墓有银缕玉衣片，说明墓主生前地位显赫，非名将功臣莫属。依据《水经注•渭水下》的相关记载，考古研究人员判断该墓的主人可能是汉初将领周勃（前169年卒）、周亚夫（前143年卒）父子，墓葬年代大约在文帝至景帝时期。[76]4号墓位于五号墓以南，在其以南76米的台阶地上，发现11座从葬坑（图5-39）。其中，土坑10座分为东西两列，每列5坑，南北向，呈前后5排，每排左右两坑相对，前（南）面三列为4坑步兵俑和2坑骑兵俑（图5-40），后（北）面两列为4坑骑兵俑；1座砖坑位于东西两列土坑中间，内置马车（按：只出土了车马饰、弩机等物）。11座从葬坑共出土兵马俑2500多件，其中骑兵俑500多件，步兵俑1800多件，另有文官俑、乐舞俑、杂役俑、驭车俑等100多件。[77]依据周勃、周亚夫父子的生平事迹，有研究者还提出这批“兵马俑的主人为周勃比较合适”的看法。[78]

除上述11座从葬坑外，另有7座从葬坑布局在4号墓的墓道内外。其中，1座祭祀坑（K7）置于墓室前的墓道中间，由枋木构筑成的坑内放置2辆彩绘漆车，以及漆箱和生埋的家畜。3座用具坑（K1～K3）依次排列在墓道口处，坑内放置陶制器皿和方仓，另外还有3件彩绘陶俑。3座车马坑，1座（K4）在曲尺形墓道的拐弯处，坑内放置2辆车马，2座（K5、K6）在墓道口外西侧作南北排列，位南的坑内放置5辆车马，位北的放置8辆车马，有的车上还配置有执戟佩剑的彩绘陶俑。位于4号墓以北的5号墓，墓道向北，平面呈曲尺形，但墓道内外没有发现从葬坑。[79]

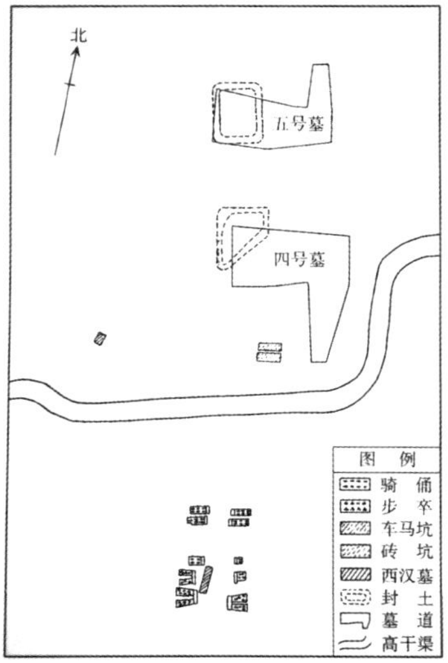

图5-39
长陵4、5号陪葬墓及从葬坑分布示意图
采自《文物》1966年第3期

从总体安排上看，4号墓的墓道内外从葬坑与墓南11座从葬坑之间存在着有机联系。用具坑为墓主提供食物和日常用品，祭祀坑中的彩绘漆木车大约是为墓主出行准备的“魂车”，车马坑中15辆车马象征出行仪仗。在墓南的11座从葬坑中，砖坑中的马车应当是出行队伍前的导车，两边10个坑组，分步、骑兵种排列方阵，护卫墓主亡灵出行并充当开路先锋队。毋庸置疑，从题材内容到布局方式，长陵陪葬墓兵马俑无疑受到秦陵兵马俑的影响。

从葬坑中设置兵马俑，与当时的葬礼习俗有一定关系。名将功臣逝世，动用国家军队为其送葬，是西汉统治者给予死者的特殊政治荣誉，并逐渐形成一种惯例或制度。杨树达先生依据《汉书》中的记载，检出“军士列阵以送”5例，[80]如下：

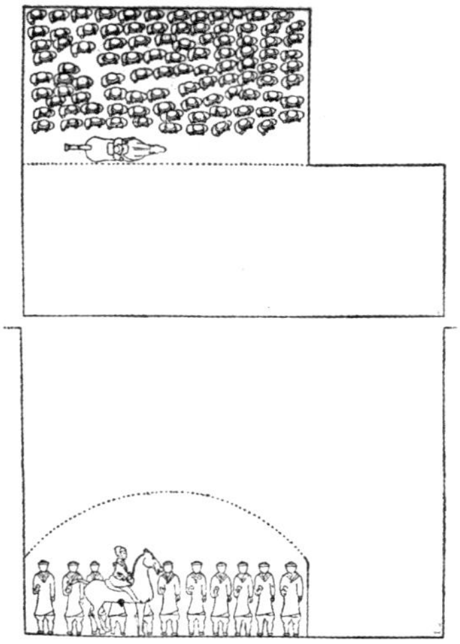

图5-40
步兵俑坑侧视和正视示意图
采自《文物》1966年第3期

卷五十五《霍去病传》云：去病薨，上悼之，发属国玄甲军陈自长安至茂陵。

卷六十八《霍光传》云：光薨，发材官轻车北军五校士军陈至茂陵以送其葬。又《金日磾传》云：日磾薨，赐葬具冢地，送以轻车介士，军陈至茂陵。

卷五十九《张安世传》云：安世薨，天子赠印绶，送以轻车介士。

卷九十八《元后传》云：王凤薨，天子临吊赐宠，送以轻车介士，军陈自长安至渭陵。

长陵陪葬墓兵马俑的设置，无疑受到“军士列阵以送”这一丧葬礼仪的影响。4座步兵俑、6座骑兵俑坑两两相对，形成东西对称格局，数以千计的步兵、骑兵俑在各坑中按编制单位排成方阵并全部面朝坑道，放置马车的砖坑居于中间，从而构成军队列阵护送的盛大场面（图5-41）。但埋入地下的墓俑有其特殊的功能性，它们在虚拟的场景中充当角色，服务对象是墓室中的死者。因此，该墓兵马俑群所表达的主题，即由“军士列陈以送”的葬礼，转换为护卫墓主人亡灵出游。

图5-41
兵马俑群
长陵4、5号陪葬墓

推测长陵4、5号陪葬墓的主人可能是周勃、周亚夫父子，很容易将这批兵马俑与他们生前曾掌控的军队联系起来，当地文博研究人员就提出这组兵马俑塑造的是西汉皇家军队南北军形象的看法。[81]从它们的设置与布局看，10座俑坑纵向分步骑组合的左右两列，每列5坑，横向呈前后步骑、骑兵2组5排，似模拟当时军队中步伍骑队编制或战阵，[82]未必表现或象征的是南北军。何况南北军是守卫未央宫和京师的皇家卫戍部队，若用墓俑象征之，也不是周勃父子所能享用的。在10座俑坑中，骑兵俑坑有6座，坑中骑兵均以方阵形式集中排列。与秦兵马俑比较，杨家湾兵马俑中骑兵所

图5-42
骑兵俑
长陵4、5号陪葬墓

占比例明显增多，反映出西汉前期该军兵种的发展与壮大。

这批兵马俑采用模制与手塑互补、陶塑与彩绘结合的手法，造型简洁洗练，细节刻画生动入微，人物面相多些清秀雅致之气，与秦俑的威猛雄强作风迥异。骑兵俑高50～68厘米，分甲骑和轻骑两类。甲骑高大，披甲执锐；轻骑小些，持缰执弓弩，它们都处于纵骑行进前的准备状态中（图5-42）。战马多有动势，姿态各样，有的屈颈张口，有的昂首嘶鸣，与静立样式的秦陵陶马形成鲜明对照。步兵俑中以持戟执盾者居多（图5-43），其他为军旅中的指挥、舞蹈、执旗、簿书等不同职能者。它们的高度大多在44～50厘米，头戴武弁，系带于颏下，身着色彩鲜艳的至膝长襦，腿扎行縢，足穿芒鞋，右手执戟，左手持盾，有的披穿铠甲，有的背负箭囊，形象端庄威武。表现汉军中不同地域、不同职能者的形象，应遵循了当初制作模具前的一个既定设计方案，而与陶工即兴创作无关。其中，指挥俑高56厘米，为步兵俑中形体最高大者（图5-44），头戴紫红色武弁，额扎红帻，内着红色曲裾深衣，中穿绿色战袍，外披黑色长铠甲，腰革带，足蹬高腰绣花靴，左袖挽起，手向下张开，右手向上作指引状，头随手指转向，目光坚定，风度翩翩，表现的是一位引领步兵队伍的校士正在发出行动号令时的形象。簿书俑的形象也很生动，颔首，神情专注，双手置于胸前，作执笔持简记事状（图5-45）。步兵俑中有体型瘦小免胄者（图5-46），头发梳于脑后绾髻，并用红色彩巾束缚，前额突出，颧骨较高，双唇厚实，身着红色外衣，足穿芒鞋，执戟持盾，排列在方队的前列或外围。收藏单位的研究人员将之定名为賨人兵俑。[83]賨人系巴人一支，“天性劲勇，初为汉前锋，陷阵，锐气喜舞”。刘邦为汉王时，曾与阆中人范目“为募发賨民，要与共定秦”。[84]賨人兵俑出

图5-43
步兵俑
长陵4、5号陪葬墓

图5-44（左）
指挥俑
长陵4、5号陪葬墓

图5-45（中）
簿书俑
长陵4、5号陪葬墓

图5-46（右）
步兵俑（局部）
长陵4、5号陪葬墓

现，表明当时制作这批兵马俑时，有对来自不同地域士兵形象进行刻画的具体要求。

长陵陪葬墓兵马俑在造型及制作工艺上有所创新。骑兵俑人马一体，即由烧制后的陶俑与陶马两部分组合而成的，不同于秦兵马俑中那种陶俑牵陶马的做法。置于陶马上的陶俑只塑出腰以上部分，腰以下的臀部和双腿部分浮塑在鞍鞯上和马的两肋。这种造型手法与后来的阳陵骑马俑也不尽相同。阳陵的骑马俑使用陶、木两种材料，马为木制，俑为木臂陶身，呈跨骑状的双腿与躯干一体，造型及制作工艺直接受同代木制骑马俑的影响。近年在江苏泗阳大青墩泗水国王陵、四川绵阳双包山汉墓都出土了木制骑马俑，与阳陵出土的木臂陶身骑马俑的造型完全一致。相比之下，杨家湾骑兵俑不仅是一种创新样式，而且在制作工艺上也有一定的长处和优点，它既消除了骑俑跨骑的双腿在烧制前后易折损的弊端，又便于制作，适合大批量的产出。

这批兵马俑的彩绘也很有特色。战马的套头、缰绳及鞍鞯上的图案，骑俑和兵俑铠甲的穿连绳、战袍上的锦缘、盾牌上的装饰纹样等，都是通过彩绘线条来刻画和表现的，从而使形与色相得益彰。

近年由公安部门收缴的长陵陪葬墓兵马俑有两批，它们分别被陕西历史博物馆和汉阳陵陈列馆收藏。前者收藏的是1991年被盗掘的一批步兵俑（图5-47），[85]后者收藏的是2003年被盗掘的一批骑兵俑（图5-48）。[86]步兵俑高48厘米左右，身着黑色宽边的红色短襦，腿扎至膝的绿色行縢，双手作执戟持盾状。其脸型都比较宽，身体粗壮，形象威武，但造型缺少变化，制作工艺水平不高，可能是西汉早期作品。骑兵俑高31～37厘米，制作则十分精致，造型样式和制作工艺与长陵陪葬墓骑兵俑相似，只是其体量要小些。骑士持缰执锐，器宇轩昂；战马有枣红、青灰两种，形体矫健，鞍鞯上装饰的多种纹饰，用红、石绿、黑、白、橘黄等色绘制。它们很可能表现的是一支骑兵仪仗队，属于西汉前中期作品。

图5-47（左）
步兵俑
长陵陪葬墓

图5-48（中、右）
骑兵俑
长陵陪葬墓

图5-49（左）
立射俑
安陵11号陪葬墓

图5-50（中左）
递物俑
安陵11号陪葬墓

图5-51（中右）
舞蹈俑
安陵11号陪葬墓

图5-52（右）
步兵俑
安陵11号陪葬墓

惠帝安陵11号陪葬墓位于咸阳市东郊的狼家沟，西距安陵2000米处，又称狼家沟汉墓。1950年考古人员从该墓被损毁的西北角出土数十件陶俑，另外还有一些陶马，它们中的大部分为陕西历史博物馆收藏。这批陶俑中不乏精彩之作，例如立射俑（图5-49），双脚分开呈“丁”字形，上身后仰，左臂高扬，右臂屈举，握拳，作射击状；递物俑（图5-50），着交领右衽红色战袍，足蹬方口履，双臂弯曲平伸，作递物状；舞蹈俑（图5-51），姿势更优美，其中一件身着绿色长袍，右臂向后甩，左臂向前摆动，腰肢弯曲，舞步轻盈。除此之外，还有身着喇叭口形曳地长袍的男立俑，或持物，或拢袖，表现的都是侍从者的形象。20世纪80年代初，咸阳市博物馆对这座陪葬墓进行勘察，发现从葬坑围绕墓坑一周，并用条砖垒砌，估计坑中所埋陶俑和陶塑家畜总数在3000件以上。考古人员清理了南部中段9米长的部分，出土步兵俑84件，陶塑家畜（猪、牛、羊）194件。[87]其中，步兵俑高45厘米左右，头发中分，向后梳并绾髻，身着长襦，披甲衣，腰间系带，腿扎行縢，右手屈举，左手握拳下垂（图5-52），造型样式与长陵陪葬墓的步兵俑相近，只是体量稍小些。但安陵陪葬墓从葬坑并非纯粹的兵马俑坑，出土的陶俑中有执戟持盾的步兵俑、表现军旅活动的舞蹈俑、反映家居生活的侍从俑，以及大批的陶塑家畜。这表明西汉前期汉帝陵园陪葬墓中的墓俑题材和内容，正发生着比较大的变化。

五、用作器座的陶翼兽

长安陵墓出土的陶塑动物也比较重要。除安陵陪葬墓、阳陵及其陪葬墓出土了数量众多的陶塑畜禽外，在长安周边地区一些中小型墓葬中还零星出土有陶翼马、陶骆驼、陶鸿雁等（图5-53）。大批量并多品种地从葬陶塑动物，在同时期京畿以外的地区的墓葬中并没有出现，这不能不说是

图5-53
陶塑动物
西安郊区汉墓

长安陵墓雕塑艺术的一个重要特征。在众多陶塑动物中，陶翼兽备受学术界的关注，有学者还将它作为外来有翼神兽影响问题进行讨论。出土并披露的陶翼兽主要有以下几批：

红庙坡村陶翼兽：1979年在西安市北郊红庙坡村（织袜二厂）的一座西汉早期墓葬中出土，[88]共2件，同墓还出土有陶编磬、编钟（图5-54），以及瑟、仓、熏等。这两件陶翼兽的吻部长而扁阔，眼睛突出，细长的双耳向后平伸，两肋饰翼，羽翅展开，长尾上扬，尾端如弯刀，前肢伏卧，后肢蹬踞，呈振翅欲飞状，脊背前端有承插器物的长方形孔洞。通体施有粉彩，出土时脱落。

马乎沱陶翼兽（图5-55）：1991年在西安市北郊马乎沱村（制锅厂）汉墓出土，属收缴文物，墓葬情况不详。[89]其胸部长而扁，上嘴唇有一肉角向上翻卷，鼻孔在肉角两侧，双目圆睁，眉弓特别突出，两肋饰长翼并收于背部，前肢伏卧，后肢蹬踞，颈背交接处有方形插座。通体施彩，残留白底红彩。

范南村陶翼兽（图5-56）：范南村（西北医疗设备厂福利区）汉墓群位于西安市北郊龙首原北坡，从1988年到1992年，考古人员在这里共发掘汉墓210余座，多数为西汉早期墓葬。在编号M92墓中，出土陶翼兽2件、陶凤鸟龟座2件，陶翼兽旁边有陶编钟和陶磬，陶凤鸟龟座旁有陶编磬。在编号M120墓中，出土陶翼兽2件、陶凤

图5-54（上）
陶翼兽及陶编磬、编钟
西安北郊红庙坡村汉墓

图5-55（下左）
陶翼兽
西安北郊马乎沱村汉墓

图5-56（下右）
陶翼兽
西安北郊范南村汉墓

鸟龟座2件，陶翼兽旁边有陶编钟，陶凤鸟龟座旁边有陶编磬。[90]这4件陶翼兽的造型样式与马乎沱村出土的陶翼兽基本相同。

十里铺村陶翼兽（图5-57）：1990年在西安市北郊谭家乡十里铺村西汉早期墓出土，共4件。[91]其吻部较短，张口露齿，吐舌，额上有肉角，颔下垂须，面颊与耳朵相合一起，大眼居于中间，两肋饰双翅并收拢于臀部，长尾折举，颈背处有方形插座，通体施彩。同墓出土的还有陶磬、陶编钟等。

图5-57
陶翼兽
西安北郊十里村汉墓

以上四个出土地点的陶翼兽，马乎沱村和范南村的合为一式，红庙坡和十里铺村的各为一式，共三种样式。它们之间的主要差异表现在头部、羽翼和尾巴上，但也有一些共同特征，如额上有肉角，颔下有垂须（红庙坡的除外），面颊宽（十里铺村的除外），耳朵细长，前肢屈伸，后肢蹬踞。另外，它们的颈背处都置有插孔或插座，与红庙坡村、范南村、十里铺村陶翼兽同时伴出的，还有陶编钟和陶编磬。针对范南村出土的陶翼兽，考古研究人员提出疑问："参照曾侯乙墓内作为磬架的两件铜怪兽，汉代早期的这些翼兽为编钟和编磬的支架座子是没有问题的。疑问是为何在墓中要随葬这种造型的兽俑？"[92]

悬挂编钟和编磬的支架主要由笋（同簨，横梁）和虡（同镰，立柱）两部分组成，而用作虡的座子（趺）可视为虡的部分。重视钟磬笋虡装饰是先秦以来礼乐制度的要求及表现，《考工记•梓人为笋虡》在这方面有经验总结，篇中专门讲述了用"羸""羽""鳞"三种类型的动物形象来装饰笋虡的道理。刘敦愿先生结合实例对这篇文献进行了解读，[93]对我们认识陶翼兽用作装饰编钟和编磬笋虡座子的问题有一定帮助。此录该文献中的一段：

> 厚唇弇口，出目短耳，大胸耀后，大体短脰，若是者，谓之羸属。恒有力而不能走，其声大而宏。有力而不能走，则于任重宜；大声而宏，则于钟宜。若是者，以为钟虡。是故击其所县，而由其虡鸣。锐喙决吻，数目顧脰，小体骞腹，若是者，谓之羽属。恒无力而轻，其声清阳而远闻，于磬宜。若是者，以为磬虡。故击其所县，而由其虡鸣。

文中的"羽属"泛指鸟类，羸同倮（裸）。关于"羸属"，《考工记》郑玄注："谓虎豹貔螭，为浅毛者属。"但它也包含着人类，人为"倮之虫三百六十"（《大戴礼记•易本命》）之一。[94]早期采用人物形象装饰钟

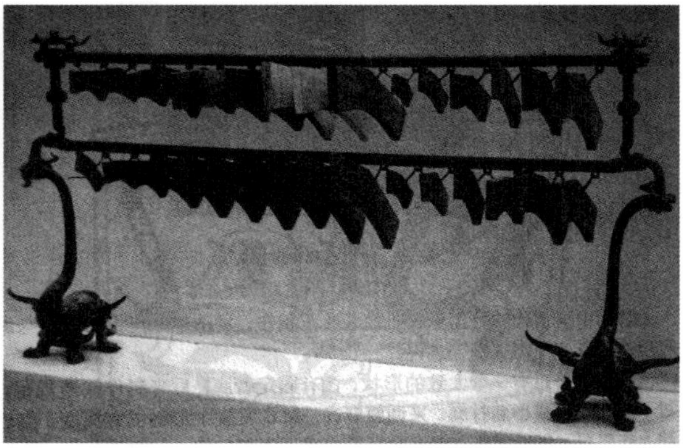

图5-58
战国曾侯乙墓编磬
湖北随州擂鼓墩

虡的实例较少，大多数钟虡为鸟兽形象，即“羽属”的鸟类和“蠃属”中的兽类。举例如下：

其一，曾侯乙墓出土的鸳鸯形漆盒腹下两侧各绘有图像，其中一幅为撞钟击磬图。在这幅图中，钟、磬分层悬挂，虡部为鸟兽合体形象，长颈，圆眼，口衔笋端，上唇翘起，前肢向前屈，后肢作蹬踞状。

其二，曾侯乙墓出土编磬一架（图5-58），虡部为一对有翼神兽，蛇首，鹤颈，龟身及足，尾短而扁，双翼平张，像似“鳞属”“蠃属”“羽属”三类动物的复合形象。

其三，成都百花潭出土的战国铜壶上镶嵌着宴乐攻战内容的图像，图中编钟编磬一架，笋部以“鳞属”为饰，虡部为融入“蠃属”的一对大鸟形象（图5-59），弯颈挺胸，器宇轩昂。

其四，河南辉县战国晚期墓葬中出土一件刻纹铜奁（残），器腹有一组乐舞图像。位于建鼓之右的是一架编钟，虡部作兽形（图5-60），口大张，上唇肉角翻卷，屈颈挺胸，尾巴高举，前肢前屈，后肢蹬踞，是为“蠃属”。

战国时期钟虡、磬虡上装饰的这些动物形象，与长安陶翼兽明显存在着传承关系。前者的一些造型特征，如张口、上唇肉角翻卷、前后肢屈伸与蹬踞的姿态，以及它们融合“鳞属”“蠃属”和“羽属”的做法，在后者都有所表现。长安陶翼兽虽为丧葬而专门制作的明器，但其内在含义不失传统礼乐器物装饰理念。在红庙坡村、范南村和十里铺村的墓葬中，与陶翼兽同时伴出的还有陶编钟和陶磬，证明这两种乐器原来共同悬置于一个支架上。我们推测，用作钟磬支架中立柱部分的陶翼兽，造型上融合“羽属”和“蠃属”的形象特征，功能上可能兼有装饰磬虡和钟虡的双重意义，在它们身上或许保留着早期创作有翼神兽的最初动机。

图5-59（上）
成都百花潭战国铜壶上的编钟编磬图像
采自《美术研究》1985年第2期

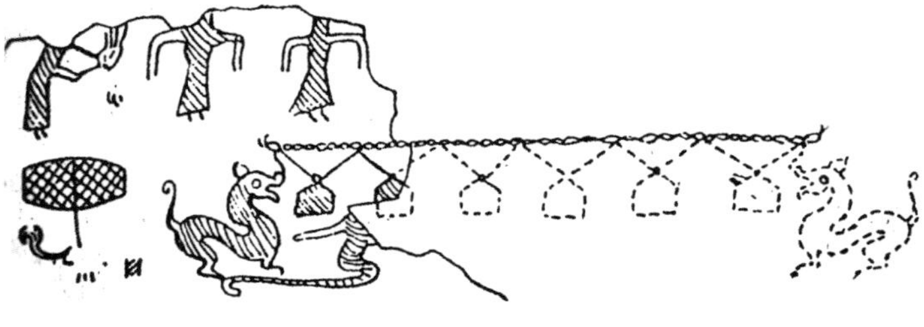

图5-60（下）
河南辉县战国铜奁上的编钟图像
采自《美术研究》1985年第2期

这批陶翼兽皆为西汉早期的作品。在此之前，战国早期曾侯乙墓的翼兽形青铜磬虡，为多个属类动物的复合形象，承接编磬的虡座设计在翼兽的头顶上。出自战国中山王墓东库和西库的四件错银青铜翼兽，其背部的前段呈人字坡形，显然是为承托某种器物而作的专门设计，判其为器物座子大致不误。西汉刘胜墓出土的青铜对兽形饰（有翼神兽），亦用于器座。长安宫中悬有大钟，承托大钟的虡是一对奋翅腾骧的神兽。《文选·西京赋》并薛综注：

> 洪钟万钧，猛虡趪趪。洪，大也。猛，怒也。三十斤曰钧。县钟格曰笋，植曰虡。趪趪，张设貌。言大钟乃重三十万斤。虡力猛怒，故能胜之焉。善曰：周礼曰：凫氏写兽之形，大声有力者，以为钟虡。虡，音巨。趪，音黄。负笋业而余怒，乃奋翅而腾骧。当笋下为两飞兽，以背负，又以板置上，名为业。腾，超也。骧，驰也。言兽负此笋业已重，乃有余力奋其两翼，如将超驰者矣。

《旧唐书·音乐二》云：

> 乐悬，横曰簨，竖曰虡。饰簨以飞龙，饰趺以飞廉，钟虡以挚兽，磬虡以挚鸟，上列树羽，旁垂流苏，周制也。

其中，“趺”是虡的座子，可视为虡的组成部分。出土实物与文献互证，可知长安陶翼兽称名飞廉。而将飞廉这种有翼神兽用以装饰“乐悬”的虡或虡的座子，是周代以来的规制。

六、长安墓俑的意义

俑是替代人殉而新出现的一门陵墓雕塑艺术，兴起于先秦时期。《孟子·梁惠王上》云：“仲尼曰：‘始作俑者，其无后乎！’为其象人而用之也。”孔子反对使用墓俑，因其具象，意味着人殉。但是，他的反对声音并没有能够阻挡墓俑艺术的兴起和发展。先秦时期的墓俑多为木制，“有面目，杼发，有似于生人”，或者“桐人衣纨绨”，都是以逼真与酷似作为创作目的的。除木俑外，还有铜俑、石俑、泥俑和陶俑，但它们的形体都很小，制作粗拙，不及木俑那么精致，题材以侍从、武士、乐舞者为主，小型的骑马俑仅在战国秦墓中发现两例。[95]两周时期的贵族大墓流行木椁墓，地下墓室格局模拟地上居所，不同类型墓俑放置在不同功能的椁厢内，从而构成完整的象征意义，其做法在后来秦及西汉陵园的从葬坑中得以延续与发展。所以，我们在讨论西汉墓俑时，除了关注它们的个体造型样式和群体组合外，还应当重视它们与放置场地的关系，尽可能地揭示出隐藏于其间的最初意图和动机。

西汉王朝在秦宫旧址上建都，陵墓制度及美术思想无不接受秦始皇陵的影响，制俑技术也得益于秦的经验积累。西汉之前的秦俑可谓空前壮举，位于秦陵垣墙外东部的兵马俑不仅形体高大，与真人真马相同，而且数量众多，模拟不同兵种并作战阵排列，象征帝国军队护卫秦始皇亡灵出行。另外在内外垣墙之间和秦陵封土附近多个从葬坑中出土的跽坐俑、文官俑、百戏俑，以及铜马车、铜鹤、铜鸭、石制甲胄等，表现陵主的豪华生活和“宫观百官”场景。秦俑首先是一种新的墓俑样式，其次是采用模和手塑结合的新工艺，再者是新的布局方式，它开创了中国古代陶制墓俑的新时代。进入西汉时期，楚文化得以复兴，在秦制陶俑工艺在首都长安流行的同时，楚制木俑在各地迅速发展起来，并形成互为影响的态势。这是我们讨论长安墓俑艺术时应当重视的背景材料。

阳陵继承并发展了秦陵制度，从葬坑集中并分区布局在帝陵周围，不像秦陵那样呈散布状态。坑中的从葬品也与秦陵的大不相同，除从葬着衣式陶俑、木车马外，还有大量的陶塑家畜和各种府藏，犹如皇帝朝寝活动的再现和国家财富的大聚集。阳陵的着衣式木臂陶俑是一种新的高等级墓俑，楚制元素较多，陶、木、织物等多种材料综合使用，雕刻、模制、手塑、彩绘、装置等多种造型手法兼施，力求达到对象的逼真和酷似。与阳陵从葬坑不同，窦后陵附近从葬坑则带有较多秦制元素，诸坑及设置沿袭了秦陵马厩坑和珍禽异兽坑的做法，坑中放置的立式、坐式彩绘陶俑亦为高等级墓俑，其体量虽小，但秦俑遗风犹存。长陵、安陵、阳陵陪葬墓出土的各式陶俑，也引人注目。秦兵马俑的传统在长陵陪葬墓中改头换面，大量骑兵俑涌现，步、骑兵种分列并作方阵式布局，以及军队中不同职能军士形象的细致刻画，如指挥俑、薄书俑和赍人俑等，都为以前所未见。安陵陪葬墓不见骑兵俑，只出土了一批步兵俑和陶塑牲畜，步兵俑中的佳作甚多，如立射俑、递物俑、舞蹈俑等，充满了浓郁的军旅生活气息。阳陵陪葬墓出土的一批彩绘陶俑，表现的都是家居生活中的侍从者形象，男、女立俑衣饰华贵，形体端庄，神态矜持；跽坐女俑动作轻快，改变了以前呆板的形态。总之，长安墓俑是秦楚两制在西汉时期交融之后的产物，它们的个体艺术特征主要表现在追求酷似与逼真，突出静穆中的内省精神，抒发温顺亲近的感情及捕捉细致的动态等方面。

汉初诸侯王“宫室百官，同制京师”，[96]包括从葬墓俑在内的陵墓制度亦不会例外。考古发现表明，接受长安墓俑风气浸润的诸侯王墓葬，主要集中在梁国、楚国和济南国。河南永城柿园汉墓，可能是梁共王刘买或梁孝王刘武的嫔妃墓葬，墓道中出土的着衣式女俑和骑马俑（图5-61），

图5-61（左）
着衣式骑马俑和女俑
河南永城柿园汉墓

图5-62（右）
徐州狮子山汉墓兵马俑

造型样式与阳陵的同类墓俑完全一样，模具或样本当出自首都长安。楚国诸侯王崇尚厚葬，墓中多放置陶制墓俑，已发现几处重要遗迹都在国都彭城（今徐州）周围，如狮子山兵马俑（图5-62）、北洞山侍从俑和驮篮山乐舞俑等（图5-63）。这些陶俑“出现的时间先后顺序为兵马俑、侍俑、乐舞俑”，“最早为文帝时期，武帝后期已不再出现”，[97]从题材变化到其流行时间，都与长安陶俑同步。它们具有突出的地域特色，可能为楚王室制陶作坊烧造，但从葬制度应当来自长安，并与长安墓俑同属一个系统。2002年在山东章丘发现的危山汉墓从葬坑，主人可能是济南国国王刘辟光，下葬年代大约在景帝三年（前154年）。[98]其中，1号坑有骑俑和步兵俑护卫的四辆陶车马（图5-64），2号坑有女侍俑及一辆陶车马。后来，考古人员还在附近发现了烧制陶俑和陶车的窑址。从这两坑中的从葬品及其布局方式看，亦遵循的是长安的墓俑制度。

纵览汉代墓俑，阳陵的着衣式陶俑比较高大，但它们也只有秦俑体量的三分之一。汉人缩小墓俑尺寸的目的，主要是使它们能与墓室或从葬坑创设的微缩场景协调，在地下世界中恰如其分地扮演各自的角色，同时也便于案头制作和大批量产出。王学理先生指出：“正因其体量适中，以后各代的陶俑固然有高矮变化，但多在此基线上下浮动。”[99]这是秦俑后时代陶俑艺术的一个基本事实，亦可称之为一种规律。从题材内容到布局方式，长安墓俑在一个并不长的时间段内确立了自己的模式。与秦陵从葬

图5-63（左）
徐州北洞山汉墓侍从俑

图5-64（右）
章丘危山汉墓车马俑群

坑不同，阳陵从葬坑的集中度增强，从葬内容主要表现服务于陵主生活的各种场景及其职能部门。少数贵族大墓以兵马俑表现葬礼中的“军士列阵以送”，但大多数墓葬采用的是表现家居生活内容的侍从俑、乐舞俑及畜禽模型。长安墓俑的这些新变化决定了后来东汉墓俑的发展方向。

第二节 霍去病墓石雕群[100]

陪葬于武帝茂陵的霍去病墓，有一组大型石雕遗存至今，为西汉其他陵墓所不见。这组石雕群完成年代较早，造型风格深沉雄大，凝结着生活在那个历史时代人们的激情与理想。它们的主题意义具有多重性：颂扬英雄抗击匈奴的丰功伟绩、国家的强盛与太平，彰显汉武帝的政治抱负；表达天降祥瑞的愿望，希冀英雄亡灵得以永久安宁。中国古代陵墓大型石雕艺术从开始起，就将纪念性、仪卫性与宗教迷信观念融为一体，并成为一种固定模式。

自20世纪初开始，这组群雕就备受中外美术史家、雕塑家和考古学家的关注，成为研究中国早期陵墓雕塑艺术和汉代大型石雕艺术的重点对象。大致说来，早期国外研究者着力于探讨这组作品受域外艺术风格的影响问题，如巴比伦或斯基泰的。[101]而国内的学者讨论的重点，则集中在它们的题材内容、主题思想、循石造型手法和渲染象征对象祁连山的环境等方面。[102]近年来，不少研究者开始关注它们的造型源流、布局方式、内容含义，以及参与这项雕造活动的工匠等问题。[103]我们尝试从这组群雕原来的布局状况、题材与主题、造型源流、文字题铭的含义等方面入手，对其中问题进行再次梳理和讨论。

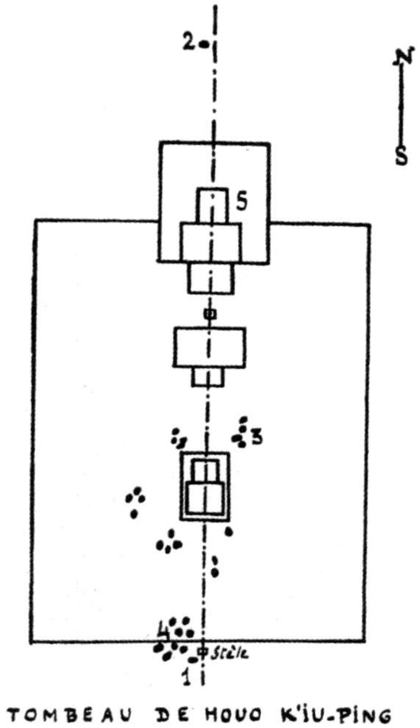

图5-65
Jean Lartigue绘制的
霍去墓石雕位置示意图
1.立马 2.卧马
3.卧牛 4.跃马
5.人与熊

一、布局状况的推测

现在陈列在霍去病墓前和墓侧东西两廊的18件作品（包括4件文字刻石），它们的先前位置分别在墓地、墓顶和封土斜坡三个地点。早在20世纪初期，欧美学者如V. C. Ségalen（色伽兰）、Jean Lartigue（拉蒂格）、Caarl Hhentze（亨兹）、Heinrich Glück（格吕克）、Carl W. Bishop（毕安琪）、John C. Ferguson（弗格森），以及日本学者水野清一等考察霍去病墓（图

5-65），并有介绍或研究文章行世。[104]大约从20世纪30年代到50年代，我国学者马子云、滕固、王子云、何正璜、顾铁符、陈直先生等相继造访此处（图5-66），同时展开讨论和研究。其中，马子云先生对当时（1933年冬）已发现的12件石雕（包括Jean Lartigue记录的5件），即立马、跃马、卧马、石人、人与熊、伏虎、卧牛、怪兽吃羊、野猪、石蛙和石鱼（2件）做了比较详细的现场记录。[105]自1957年以来，当地的文博考古人员又在封土周围新发现6件作品，即卧象、石蟾各1件，文字刻石“平原乐陵宿伯牙霍巨孟”1件，“左司空”3件。[106]这些材料十分重要，是我们认识这组群雕内容与布局的重要依据。

图5-66（左）
霍去病墓
（何正璜摄于20世纪40年代）

图5-67（右）
墓顶的石鱼
（滕固摄于20世纪初30年代）

图5-68（上）
墓南清代石碑前的立马
（20世纪初）

图5-69（下）
墓北部的卧马
（20世纪初）

据马子云、滕固先生的现场记录，在墓顶发现石雕共3件：

石鱼2件，置于墓顶小庙前空地上（图5-67）。

石蛙，在墓顶小庙的庙台下，作为上庙台之垫脚石。

据Jean Lartigue提供的平面图和马子云先生的现场记录，在封土之下的墓地的石雕作品共7件：

立马（马踏匈奴），在墓南的石碑前（图5-68）。石碑为清代乾隆年间兴平县知事顾声雷所立，陕西巡抚毕沅书。

跃马，在封土南的清代石碑之后面偏西处，即所谓的“残立马”。后被移至封土东南，马头向东。

卧马，在墓地北部（图5-69），后移至封土的东南角，马头向西。

石人，在墓的东路旁边。

人与熊，在封土北面的小庙东侧，后移至墓地东北角空地，头向南倒置。

伏虎，发现时在跃马之东，头向西。此石没入土中，1931年当地小学建围墙时由墓地东南角处掘出。

野猪，早在20世纪初，此石让当地乡民移走，用作土榨油的重压石（图5-70）。日本学者水野清一调查时，它还在为乡民所使用，以后民国政府保护这批石雕，才将它运回墓地，放置在墓地西北角的空地上。

据Jean Lartigue提供的平面图和马子云先生的现场记录，以及后来新的发现，位于封土斜坡上的石雕作品共4件：

卧牛，在封土东面中腰处（图5-71）。

怪兽吃羊，据马子云记录，这件作品在封土东面中腰一处较平坦的地方，相隔卧牛两丈许。

卧象和石蟾，1957年陕西省文管会人员发现。发现地点未见披露，估计原在封土斜坡上，但具体方位无法推测。

马子云先生说："霍墓与各石雕，自汉至明初，大约完整无损。以后至嘉靖年地震，墓上竖立之薄而高者，即倾倒墓下，厚而大者仍在原处。如石马（立马）、初起马（跃马）、卧牛、蝙蝠（石蛙）等均为原置之处；卧虎、卧马、残野人（石人）、野人抱熊（人与熊）、卧豕（野猪）等均由原处倾倒于墓下；异兽食羊（怪兽吃羊）在原处置。霍墓石刻由此损坏过甚，乡人亦不重视，故随意破坏。后至万历年，在墓顶与墓之东北脚下，建立二小庙，庙前之二石鱼，可能是建筑好庙以后移去。卧豕被乡人搬移使用，可能亦是此时之事。"[107]他对这组群雕原来布局状况的初步推测，有合理之处，但还需要做进一步分析和推论。

先说墓前的一组作品。《史记索隐》（卫将军骠骑列传）引姚氏语：

图5-70（左）
用作榨油重压石的野猪
（20世纪初）

图5-71（右）
封土东面中腰的卧牛
（20世纪初）

冢（霍去病墓）在茂陵墓东北，与卫青冢并。西者是青，东者是去病。冢上有竖石，前有石马相对，又有石人也。

又据《汉书•卫青霍去病列传》颜师古注：霍去病墓“在茂陵旁，冢上有竖石，冢前有石人马者是也”。顾铁符先生认为，《史记索隐》中所称的姚氏可能是南朝时期陈代的姚察（553年至606年），他曾着有《汉书训纂》三十卷，今已失传。据《陈书•姚察传》记载，他曾出使北周，到过关中渭水一带，写有《西聘道里记》，所以他所说的霍去病墓前一组石雕及其布局状况，可能经过实地踏察所获，并非虚语。[108]而细读颜师古的注文，则像似姚察所说的复述，未必是他实地踏察的记录。除石雕群外，在霍去病墓封土上还放置了大量的天然巨石，东西两面最多，所以地方志书中称其为“石岭子”（图5-72）。

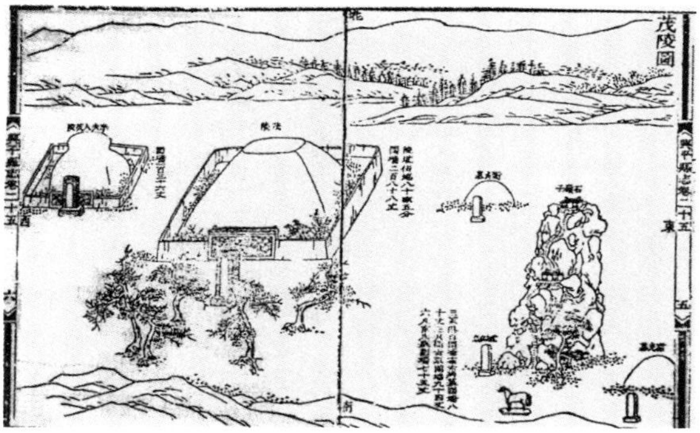

图5-72
茂陵图
采自《乾隆兴平县志》

讨论霍去病墓石雕布局状况，其墓葬情况不可忽视。霍去病墓位于茂陵东司马道西段的北侧，西距陵园东园墙约120米，卫青墓约50米。据近年考古勘察简报所披露的材料，霍去病墓封土为南北向长方形，底边东94.1米、南59.2米、西93.4米、北57.6米，顶部南北15.1米、东西8.8～9.9米，封土高19.3米。封土四周筑有围墙，大部分压在茂陵博物馆下，仅对博物馆北侧进行了钻探，得知围墙平面为南北向长方形，东西105米，南北探明长度56.8～63.7米。封土下墓室情况不明，仅在封土北侧偏东位置发现斜坡墓道一条，平面呈梯形，封土外部分长55.3米，坑宽3.2～15.5米。[109]2003年钻探时，在封土南面偏东处发现一座东西向从葬坑，坑宽6.5米，伸出封土外面13米；封土西面23米处有一座南北向的从葬坑，坑长74.8米，坑宽3～4米。[110]在霍去病墓的北边100米处，今茂陵博物馆宿舍区内，有传说是霍去病的“衣冠冢”（M14），今封土不存，墓地有清康熙二十六年（1687年）督邮使者程兆麟所立碑刻一通，题铭“汉霍去病墓”。经考古研究人员钻探，得知该墓的墓道位于西边，墓室呈东西向长方形，四周筑有垣墙。[111]我们认为，M14在霍去病墓的北部，而且规模不小，推测它可能是霍去病之子霍嬗的墓葬。霍去病死后，“子嬗代侯。嬗少，字子侯，上爱之，幸其壮而将亡。居六岁，元封六年（前106年），嬗卒，谥哀侯”。[112]霍嬗死后应陪葬茂陵，其墓冢当在父亲墓冢附近。

霍去病的西边是卫青墓。卫青墓封土四周筑有垣墙，也是南北向长方形，在南、西、北三面垣墙正中发现门址，东门在博物馆内，情况不明。[113]

推想霍去病四周垣墙的正中设置有园门。又据《汉书》记载，霍光去世，宣帝诏令“起冢祠堂”，后来霍光之子霍禹袭位博陆侯，霍光妻霍显“盛饰祠室”。[114]考古调查发现霍光墓封土周围有夯土墙遗迹，封土东侧发现一条斜坡墓道，东北部有建筑遗址。据当地村民讲，原来平整土地时，曾在霍光墓周围发现大面积的壁画，可能是祠堂内的装饰。[115]据此推测，霍去病墓也应建有祠堂，而且祠堂很可能在封土北面墓道的东部。

综合上述情况判断，霍去病墓石雕的发现地点——墓顶、墓地和封土斜坡，与其原来的设置与布局有一定关系。

先说墓地上的一组石雕。在墓地发现的石雕有立马、卧马、跃马、人与熊和石人。它们分两组摆放，立马和跃马在封土南，卧马、人与熊和石人位于封土北。从形制上看，位于封土南部的立马和跃马石雕形体大小接近，对称性特征比较明显；石人和人与熊石雕的高度相当，造型上又有许多相似之处——鼓腹，右臂举至胸前，这些特点在人与熊石雕中都有表现，很可能对称性地摆放在一起。但是，石人和人与熊石雕的下端均未凿出平面，不具有站立列置的可能性。我们推测，这两组石雕或分别设置在南、北两座园门附近，或者都设置在封土北部的园门一带，用于配饰建造在墓道旁边的祠堂。相较之下，后一种可能性要大些。因为它们与祠堂配合协调，更能体现纪念性意义。这大约就是姚察所说的“前有石马相对，又有石人也”。清乾隆四十一年（1776年），兴平县知事顾声雷在霍去病墓的南面立碑，这是当地的一个大事件，或许立马和跃马石雕于是年由封土北部迁移到封土南部，用以配饰新刻立的墓碑。

再说墓顶、封土斜坡及周围的一组作品。霍去病墓冢上曾建有三座小庙，分布在墓顶和墓脚。早年墓上还有一棵柏树，加上三座庙，乡民谓之“一百（柏）单三庙”。[116]当年马子云先生造访时，在墓顶小庙的砖座西面北头发现一块小条石，上面刻有“万历二十三年（1595年）十一月初一日发心人董仲仓”18字题铭。[117]墓顶小庙已于1985年塌毁，墓脚北的小庙至今尚存（按：人与熊石雕曾置于这座庙的东部），但它不像是明代遗构，建筑年代比较晚。

石蛙和两件石鱼都发现于墓顶。马子云先生判断石蛙在原置处，两件石鱼可能是明代建庙时从其他地方移去的。石蛙形体巨大，但两件石鱼却比较小，与墓地大型石雕不匹配，其外形呈条石状，可能为后来再次雕刻所为。我们推测这两件石鱼的原置处就在墓顶，与石蛙构成有既定象征含义的石雕组群。

除去上述石雕作品外，还有卧牛、怪兽吃羊、卧象、石蟾、伏虎和野猪等。卧牛和怪兽吃羊的形体都特别巨大，不易挪动，故发现处——封土斜坡的东面中腰即其原置处，或原置处的附近。在封土斜坡上还有卧象和石蟾，可惜不知其所置具体方位。发现于墓地东南角的伏虎和后来放置在西北空地上的野猪，其形体都比较小，与置于墓前形体硕大的石马、石人不匹配，尤其是野猪。所以，我们判断这两件作品的原来位置不会在墓地，很可能也在封土斜坡上。除去人为扰动因素，考虑自然扰动如长年雨水冲刷，以及像明代嘉靖年间关中的大地震，一些石雕会发生移位。但是，它们移位前的位置只能在移位后所处的方位，不会在其他方位。总之，当初放置在封土斜坡上的石雕，可能主要集中在北面和东面。这是因为北面有祭祀建筑，而东面则为墓冢的朝向。茂陵陵园面东，而霍去病墓的封土的南北边长大于东西边长，也应当是面东的。从艺术视觉经验方面观察，用形体相对较小、数量较少的石雕作品去配饰体积庞大的墓冢，客观上也要求它们相对集中地布局在一两个方位或区间，以适应祭祀者的视角可能“扫描”到的范围。

二、题材与主题

元狩六年（前117年）抗击匈奴名将霍去病逝世，年仅24岁。为表彰和纪念这位战功卓著的年轻将领，武帝为他举行了隆重的葬礼，诏令陇西、北地、上郡、朔方、云中五属国铁甲军为其送葬，“军陈自长安至茂陵”，并且“为冢象祁连山”。[118]举世闻名的霍去病墓石雕群大约于当年或此后数年内雕刻完成。

关于这组大型石雕群的题材与主题，可以按其布局与分组来讨论。墓前一组石雕中，立马是一件纪念碑式的作品，表现一匹久经沙场的战马形象，其腹下仰卧一位头披长发、下巴垂须、手持弓箭、脚穿长靴者（图5-73）。从图像学的角度看，人物处于动物躯体之下，具有动物所代表一方取得胜利，人物所代表一方处于失败的寓意。所以，作为英雄乘骑的立马形象，具有深刻的现实意义。它不仅是正义的化身，同时也是国家军事力量强大的象征，以及战争与和平思想的体现。立马高168厘米，体量不大，但它是全部石雕中唯一作站立姿态的作品。由于立马的腹下有手持弓箭挣扎的失败者作对比和

图5-73
立马（马踏匈奴）
霍去病墓

图5-74
跃马 霍去病墓

衬托，因而显得特别伟岸和高大。跃马为腾跃而起的造型（图5-74），它以全身力量瞬间爆发之美，讴歌将士浴血沙场的英雄主义气概，显示国家军队抗击侵略的信心。它的外形与石坯料融为一体，因而显得更加坚固、稳定和强大。这件高150厘米，长240厘米，体量虽不算宏大，但气势非凡，与立马相对而列置，亦属于纪念碑式的作品。

人与熊石雕塑造一位徒手与熊进行格斗的猛士形象（图5-75）。猛士头披发，深目直鼻，大嘴裂开，露齿，双手如钳，腰间系窄带，腿向后屈，作踞坐状，造型风格与同时期立置在昆明池畔的牵牛、织女石像相异。石人的体量不及前者，头后仰，双目立而圆睁，直鼻，张口露齿，怀中抱物，臂粗掌大，下巴处和左手均有残损（图5-76），推测原来的形状应与人与熊石雕相近，表现的也是猛士搏兽形象。收藏单位的研究人员认为，人与熊石雕是对环境的描写，为了表现祁连山深处险象环生、危机四伏的形势，而石人描写的是被缴械后的匈奴人形象等等。[119]我们则以为，猛士徒手搏击野兽是西汉时期皇家校猎活动中的经常性项目，这两件作品所表现的题材，可能与此项活动内容有关。

西汉皇帝每年冬季都要在长安郊外的上林苑中举行大规模的校猎活动，“尔乃盛娱游之壮观，奋泰武乎上囿。因兹以威戎夸狄，耀威灵而讲武事”。[120]校猎既是游乐和军事训练，又可以向戎狄炫耀武功，显示西汉帝国的声威。关于校猎活动中猛士搏兽情景，司马相如《上林赋》、班固《西都赋》和张衡《西京赋》中都有精彩描写。如《上林赋》云：

图5-75（左）
人与熊 霍去病墓

图5-76（右）
石人 霍去病墓

生貔豹，搏豺

狼。手熊罴，足野羊。

又如《西都赋》云：

> 平原赤，勇士厉，猿狖失木，豺狼慑窜。尔乃移师趋险，并蹈潜秽。穷虎奔突，狂兕触蹶。许少施巧，秦成力折。掎僄狡，扼猛噬。脱角挫脰，徒搏独杀。挟师豹，拖熊螭。曳犀犛，顿象罴。

图5-77
漆绘铜盆上的猛士搏兽图像
广西贵县罗泊湾1号汉墓

辞赋不免有虚语和夸张的词汇，但猛士徒手搏兽则应该是当时真实的事情。在西汉铜器上的彩绘画面中，也有类似的题材表现。例如广西贵县罗泊湾1号汉墓出土的漆绘铜盆，[121]外壁绘一组连贯的故事画，其中有表现猛士搏兽的图像（图5-77）。在汉画像石上，人与猛兽相斗的情景更是多见，仅南阳汉画像石中就有几十处，如斗虎、斗牛、斗犀等。据《三辅黄图》（卷五）记载，长安上林苑中有“射熊观，在长杨宫”。扬雄《长杨赋•序》云：

> 以网为周阹，纵禽兽其中，令胡人手搏之，自取其获，上亲临观焉。

胡人徒手搏猛兽成为天子游乐观赏的一个活动内容。据记载，武帝年壮时曾有过与猛兽搏斗的经历。所以，从西汉帝王校猎活动和向戎狄炫耀武功方面来理解人与熊、石人所表现的内容含义，应该不会有偏误。霍去病墓是茂陵陵园的一个组成部分，将人与熊、石人置其墓前，意在通过塑造校猎活动中猛士徒手搏兽形象，来为帝王和国家耀武扬威。它们与立马、跃马一起，共同烘托出战争与和平的主题意义。

祁连山曾经是霍去病抗击匈奴并取得决定性胜利的地方，而用墓冢象征祁连山，并在封土上放置大量巨石，是对英雄的一种特殊纪念方式。建筑艺术表达象征含义的方式有二：一是追求“图式”上与象征对象同构或契合；二是在第一种方式的基础上，再增加提示说明。墓冢（封土）作为陵墓建筑的一个类型，当然不会例外。本案霍去病墓采用的是第二种象征方式，即通过在墓冢上摆放大量巨石并列置石雕作品，对其象征的对象——祁连山做进一步的提示和说明。

在霍去病墓的群雕中，发现于墓顶的石蛙和两件石鱼可归于水族动物题材。林梅村先生说：“汉代祁连山非今甘肃祁连山，而是唐代祁罗

图5-78
石鱼
霍去病墓

漫山（今新疆巴里坤山）。巴里坤山顶有湖，汉代称‘蒲类海’，今称‘巴里坤湖’。那么霍去病冢上列石鱼石蛙似乎寓意着祁连山蒲类海中鱼蛙。”[122]这两件石鱼都只刻画了头部（图5-78），圆眼，扁长嘴，环形鳃（按：表现手法与阳陵陪葬墓出土的陶鱼一致），躯体呈矩形，大约为后来再次雕刻所为，并失去上翘的鱼尾，我们推测，它们原来可能表现的是大海中鲸鱼的形象。石蛙的形如磐石，背、腹部平展，只是在巨石的一端突出的部位上刻出细小的嘴、眼、耳（图5-79）。这件作品实际上具有灵龟的造型特征，或说它刻画的就是一只海中灵龟的形象。

在战国秦汉的美术题材中，鲸鱼和灵龟都被视为祥瑞之物，同归属于海上神山图像系统。湖南长沙子弹库出土的战国人物驭龙帛画和马王堆汉墓出土的铭旌上，都绘有这类水族动物的形象。在长安，鲸鱼和灵龟又都是皇家园林装饰雕塑中经常性表现的题材。如元狩三年（前120年）武帝发谪吏凿昆明池，除在池两岸列立牵牛、织女石像外，还安置有大型石鲸，作为象征天河中的祥瑞之物。据《西京杂记》（卷一）记载：“昆明池刻石为鱼，每至雷雨，鱼常鸣吼，鬣尾皆动。”《三辅黄图》（卷四）引《三辅故事》曰：“（昆明）池中有豫章台及石鲸，刻石为鲸鱼，长三丈。”在昆明池西岸，今西安市长安区马营寨尚存一件石鲸，用火成岩雕成，刀法简洁，风格粗犷，尾部稍弯曲，鲸体鳞纹仍然依稀可辨。[123]太液池在建章宫前殿以北处，池中筑垒神山和渐台。《史记索隐》（孝武本纪）引《三辅故事》云：“殿北海池北岸有鱼，长二丈，广五尺，西岸有石龟二枚，各长六尺。”《三辅黄图》（卷四）引《汉书》曰：“（太液池）刻金石为鱼龙、奇禽、异兽之属。”早年当地村民在西安市三桥镇高堡子村西发现一件长近5米的大型石鱼，被认定为当年太液池中的石鲸。[124]刻置石鲸是对传说中的海中神山的

图5-79
石蛙（龟，局部）
霍去病墓

模拟，以表达长生不死的愿望，其做法可追溯到秦代。[125]而池中列置石龟的意图，源自灵龟首戴蓬莱神山在海中抃舞的传说，[126]亦属于海中神山图像系统。霍去病墓的石鱼、石蛙（龟）与昆明池、太液池的石鲸、石龟，同属于武帝时期所雕造，时代风气使然，它们的造型风格不仅相近，而且在题材含义方面亦有共同之处。我们以为，置于霍去病墓顶的这两件石鱼，表现的是鲸鱼，而所谓的石蛙，无论从造型上观察，还是从它与石鱼的配置功能分析，它都不会是蛙的形象，应当是一只灵龟。

图5-80
“左司空”文字刻石
霍去病墓

在霍去病墓冢先后发现三件“左司空”文字刻石。1957年陕西省文管会发现的一件最大（图5-80），“左司空”三字镌刻在石头的侧面。但它是件残石，一半被乡民凿去他用，整齐的凿痕尚存。从残石推测，它的原来形状和大小均与石蛙（龟）接近，循石造型，大约也表现的是一只灵龟形象。它与石蛙（龟）相对列置，合乎列置“石龟二枚”的规制。总之，石鱼和石龟列置在墓冢上，意在提示和说明霍去病墓象征的祁连山，是一座像太液池渐台上蓬莱三岛那样的神山或仙山。

战国秦汉时期，伴随着对山海的大开发，以及神话传说借助方术逐渐演变为一种宗教信仰，一些自然山脉或山峰成为祥瑞的象征，并为人们所崇拜。汉代神山的内容构成有两个来源，“一个是从汉代以前的信仰继承下来的”，如燕、齐、楚等地区曾经流行的；“另一个来源是汉代现实生活本身”，如武帝时军事扩张的胜利带来“殊方异物”，以及由此激发出来的艺术想象。[127]除此之外，神山的内容构成中还应当包括表现军事训练及炫耀武功的校猎活动题材。西汉神山概念下的祥瑞图像，内容异常丰富，其特点就是艺术作品中所表现的飞禽走兽，以及狩猎、校猎题材。代表性的作品如河北满城中山靖王刘胜墓的错金博山炉（图5-81），炉盘和炉盖铸成错落有致的山峦状，峰峦间点缀虎、豹、熊、猿等野兽和花草树木，另外还有狩猎的场面。又如王后窦绾墓的骑兽人物博山炉，炉盖分两层，上层铸成云雾缭绕的山峦形，山间刻画有猛虎噬羊、人兽搏斗、人牵牛车，以及虎、熊等猛兽形象，下层

图5-81
错金博山炉及炉盖展开图
采自《满城汉墓发掘报告》

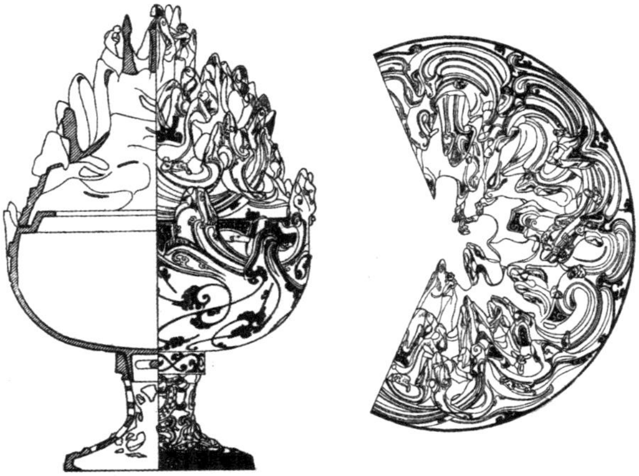

图5-82
卧象 霍去病墓

一圈饰龙、虎、朱雀、骆驼等。另外还有河北定县三盘山、朝鲜平安南道大同江畔汉墓中出土的错金银车饰上的动物纹，山西右玉出土的河平三年（前26年）鎏金筩形铜尊、鎏金银筩形铜尊上的动物纹，以及各地出土的汉代陶制品上的动物纹、狩猎纹等，都是当时祥瑞思想弥漫全社会的具体表现。综合这些因素，我们更倾向于“去自然化”地理解霍去病墓所象征的祁连山，并视之为一座充满祥瑞物的神山或仙山，而不是像先前许多研究者所说的那样——渲染英雄当年征战于山地的艰苦环境，还有许多猛兽、野人出没，等等。

列置在霍去病墓封土斜坡上石雕作品中，卧象所表现的题材属于“四面而至”的“殊方异物”。它的形制不大，头部微微侧转，小眼露出狡黠的目光，长鼻耷拉，个性特征比较鲜明（图5-82）。据《汉书•武帝纪》记载，元狩二年（前121年），“南越王献驯象、能言鸟”。应劭曰：“驯者，教能拜起周章，从人意也。”陈直先生说：“茂陵霍去病墓，于1957年掘出石象一，长鼻垂在左足之上，去病卒于元狩六年（前117年），墓石所刻，盖即在本文所云之驯象对照写真者。”[128]象是当时蛮夷遣译使所致福贡，故视之为祥瑞。《汉书・礼乐志》收录武帝时宫廷歌诗《安世房中歌》（第十二章）云：

> 硙硙即即，师象山则。呜呼孝哉，案抚戎国。蛮夷竭欢，象来致福。兼临是爱，终无兵革。
>
> 李奇曰：象，译也。蛮夷遣译致福贡也。

霍去病墓冢上设置卧象即有此意。卧马亦属于“四面而至”的“殊方异物”。据《汉书•武帝纪》记载，元狩二年，“马生余吾水中”。应劭曰：“在朔方北也。”《汉书•礼乐志》收录《郊祀歌》中“太一况”一首，系“元狩三年（前120年）马生渥洼水中作”。歌曰：

> 太一况，天马下，沾赤汗，沫流赭。志俶傥，精权奇，籋浮云，晻上驰。体容与，迣万里，今安匹，龙为友。
>
> 苏林曰：“籋音蹑，言天马上蹑浮云也。”

我们推测，列置在墓地的卧马很可能是按照当年出自余吾水或渥洼水的天

马形象创作的，意在表达祥瑞。一般认为，卧马表现的是战马休息后的一个瞬间——头部上仰，一只前蹄紧扣地面，另一只则微微抬起，在警觉中即将起身，寓意在战斗中的警惕与准备。但仔细观察，它的前肢作向前伸出状（按：马作卧姿时四肢应当内屈），并且还作了夸张处理与细致的刻画（图5-83），或有表现天马“笭浮云，晻上驰”之意。

图5-83（左）
卧马 霍去病墓

图5-84（右）
石蟾 霍去病墓

与鲸鱼、灵龟一样，蟾、虎亦属于神灵之物。霍去病墓的石蟾利用一块暗绿色的辉石岩雕成（图5-84），阔嘴，有一排犀利的牙齿露出，尻后的长尾贴附在背部。蟾即蟾蜍、虾蟆，战国秦汉以来一直被视为神灵之物。蟾蜍除象征太阴——月亮之外，又有辟五兵、助长生、主富贵之功用。《抱朴子内篇•仙药》云：“肉芝者，谓万岁蟾蜍。”在西汉晚期以后形成的西王母图像系统中，蟾蜍常与玉兔、九尾狐等神物伴出。如洛阳卜千秋墓、浅井头壁画墓中，都画有一只拖着长尾在云气中遨游的蟾蜍。霍去病墓的石蟾属于传统祥瑞题材，寓意长生不死。

虎是灵兽，作为四神之一，制以西方，被视为祥瑞之物。据《汉书•郊祀志下》记载，宣帝时“南郡获白虎，献其皮牙爪，上为立祠”。《宋书•符瑞志》云：“白虎，王者不暴虐，则白虎仁不害物。”在汉帝陵园出土的四神纹画像砖中，虎的形象并不鲜见。茂陵“瓦渣沟”遗址出土一方白虎纹画像砖，用于砌筑陵园建筑中的踏步，白虎纹装饰在空心砖的侧面。在咸阳任家嘴附近汉墓中出土的白虎纹空心砖中，有单虎和双虎，姿态威猛，相向双虎的中间装饰神树或玉璧纹。[129]汉代墓地上列置的石虎，多用以镇墓祛凶，如山西安邑杜村老坟的西汉石走虎。[130]霍去病墓的伏虎堪称石虎作品中的杰作（图5-85），它的吻部方阔，两颐硕大，两眼突出，长尾搭在背上，身上长条斑纹清晰而疏朗，神态威严而又神秘。此外，虎也

图5-85
伏虎 霍去病墓

图5-86
野猪 霍去病墓

是狩猎题材中经常表现的对象，石雕伏虎或有此性质及含义。

除“威戎夸狄”之外，“汉代校猎是讲武活动中进行的、具有军事训练性质的一项礼仪制度”，[131]并且成为国家强盛、人民生活富足安宁的象征。所以，校猎活动中猎取的对象如野兔、野羊、野猪、野牛、鹿、虎、熊等，也成为祥瑞图像中的重要题材和内容。霍去病墓的石雕野猪（图5-86），重点刻画部位在其吻部和眼睛，吻部尖而长，深陷的双眼呈三角形，野性十足。卧牛形制巨大，眼圆睁，鼻孔粗，双唇肥厚，头上双角弯曲，躯体厚重。怪兽吃羊采用一块天然岩石依势雕刻而成（图5-87）。收藏单位研究人员认为，该作品“刻画了一个触目惊心的生死搏斗场面。怪兽为一个庞然大物，显得贪婪而凶残，它正在吞吃一只活羊，羊的一只角尚在怪兽的嘴边，小羊正在用尽力量作殊死的挣扎”。[132]但仔细观察，所谓的怪兽实际上是一只长着弯曲双角的食草类动物，形象类似牛或羊。表现动物厮打咬斗多属于草原艺术风格，并在器物装饰中表现得异常突出（图5-88）。在北方草原出土的金属制品中，这类题材的作品差不多都是虎、狮、熊等食肉动物，以及怪兽扑咬牛、马、羊、鹿等食草动物。而以牛、马、羊、鹿等食草类动物为主体形象的作品，多表现它们舐护幼子的亲昵关系。我们以为，将怪兽吃羊定名为母牛舐犊较为妥当。从发现时的位置上看，它与卧牛同处封土东面半中腰的平坦处，间隔距离仅五六米，原本与卧牛“相对”列置。

图5-87（上、下左）
怪兽吃羊（母牛舐犊）
霍去病墓

图5-88（下右）
金带扣上的动物纹
徐州狮子山汉墓

三、造型源流

图5-89
新疆石人（青铜时代）
阿尔泰喀依纳尔1号墓地

汉武帝时期是一个开放与进取的时代，新兴的大型石雕艺术在宫殿（包括祭祀性建筑）、园林、陵墓等建筑装饰方面都取得了显著的艺术成就，呈现出多元化发展和融合外来文化的特点。在陵墓石雕方面，霍去病墓石雕群的年代最早，之前无先例，属于新的创制，并且呈现出若干草原文化风貌。因此，它的源流问题就一直备受美术史界的关注。如林梅村先生就认为，“石人石兽在中原突起，与欧亚草原文化，尤其是阿尔泰语系游牧人古代艺术不无联系”。又说：“霍氏墓前立石可能来自匈奴习俗。”而那些“带有浓郁草原艺术风格的石雕也许是匈奴工匠的作品”。[133]

欧亚草原又称亚欧草原，生活在这片广袤土地上的游牧先民，留下了岩画、墓葬、墓地石人和鹿石等文化遗迹。其中，墓地石人和鹿石在我国新疆和内蒙古地区有大量的遗存。据王博、祁小山先生的调查与研究，新疆早期石人（青铜时代、早期铁器时代）主要分布于阿尔泰地区（图5-89）。其中，早期铁器时代（前7世纪至汉代）石人的雕刻风格与斯基泰石人（指同期南俄草原石人，有手执角杯、佩剑，或上唇胡髭、胸部双乳等特征）差异很大。它们的分布范围也有限，只是相当于不大的一个部族领地而已。早期铁器时代石人文化可统称胡人（包括丁令人、呼揭、匈奴、月氏、坚昆等）文化，但其族属大约是狄人分支丁令人，故可以认为是丁令人一支的文化现象。但是，“从对匈奴本部族或民族的考古调查和发掘中看来，他们并没有在墓地立石人的习俗”。[134]采纳他们的这些意见并推断，霍去病墓设置石雕作品不会是承袭匈奴人的做法。据统计，霍去病墓还有巨型花岗岩石150余块，[135]这些巨石原来都散置在墓冢上，属于“为冢象祁连山”的一个组成部分，其做法与后来建章宫太液池中堆垒神山一致，主要为象征对象做提示说明，与相传匈奴人“尝杀一人，则立一石”习俗无关。

霍去病石雕作品已发现的有14件（不包括4件文字刻石），依据它们的基本形态，可划分为复合体类型与单体类型两种。属于复合体类型的有立马（马踏匈奴）、人与熊、石人（猛士搏兽）、怪兽吃羊（母牛舐犊）等。属于单体类型都是动物题材，有卧象、卧马、跃马、卧牛、野猪、伏虎、石蟾、石鱼（鲸）、石蛙（龟）等，它们当中除3件水族动物外，1件

图5-90
古巴比伦石雕狮子扑人
伊拉克境内西图（situ）

食肉动物和5件食草动物皆作伏卧姿势，而这种伏卧姿势看上去，与亚欧草原金属器物上装饰的动物纹多少有些相似。

早在20世纪初，就有欧美学者对霍去病墓石雕受外来文化影响问题发表过意见。比如说立马（马踏匈奴）与伊拉克境内西图（situ）的公元前6世纪左右古巴比伦石雕狮子扑人（图5-90）的造型手法一致。再如说立马、人与熊等作品中人与动物搏斗作风是属于斯基泰的，而卧牛、卧马等作品的蹲踞样式，也与斯基泰的一些动物造型样式相似，等等。在过去他们这些意见曾受到国内学者的严词反驳，[136]而在今天看来仍有些偏颇，但就作者将研究对象纳入亚欧草原艺术的系统中进行比较研究的方法而言，还是有一定学术意义的。

古巴比伦的石雕狮子扑人与霍去病墓立马（马踏匈奴）的造型手法确有相似之处，两件作品都是动物与人，而且置于动物腹下的人物皆为仰面屈腿之状。雄狮和战马代表胜利一方，仰面于动物腹下的人物代表失败一方。但是，造型手法的相似并不意味着它们的构思与立意相同，更何况二者的创作时间前后相差400年之久。西亚地区的狮子扑人题材后来形成一种固定样式，但它始终未在我国北方草原地区流传。在我国北方草原的青铜饰件中，倒是表现猛兽踩踏弱小动物的作品多见，故不排除作者在雕造立马（马踏匈奴）时借鉴这类图式的可能性。创作霍去病墓立马的构思与立意则十分明确——作者将英雄率领强大的骑兵军团击败匈奴的战斗事迹，“定格”在一个具有情节性的场景中，从而获得成功。

从公元前8世纪到纪元初期，包括我国北方草原在内的广袤亚欧草原地区，造型艺术作品中流行动物纹（animal style），并且在青铜器物装饰方面有着突出表现。我国北方草原青铜器上的动物纹，有独立性和装饰性的圆雕作品、浮雕和透雕饰牌等多种表现形式，题材则以马、牛、羊、鹿、驴、虎、羚羊为大宗。它们既有来自商周的传统作风，又受斯基泰、阿尔泰等民族和地区艺术风格的影响，于公元前4世纪以后进入鼎盛时期。乌恩先生指出，斯基泰人作为一个民族，有它一定的活动区域，斯基泰艺术也只是一个特定历史时期的产物。在我国北方草原的动物纹中，以表现真实动物形态的透雕牌饰和圆雕作品，属于该区域的传统作风。它们种类繁多，制作精细，是斯基泰和阿尔泰艺术品所不能比拟的。[137]针对霍去病墓石雕受北方草原动物纹的影响问题，阎文儒先生提出了自己的看法，他说：“这批石刻的风格及题材，与一般关中汉墓中所出的陶塑、石雕不尽相同，但与鄂尔多斯北方草原青铜文化的艺术品相似。如以森林草原的常见动物为主要题材，多表现动物嘶咬扭斗的场面，强调动物的动态等等；而且在用线技巧上有相互承袭的因素。”[138]

阎文儒先生的意见有合理可取之处，但也需要做进一步的讨论与分析。首先是题材方面的相似性问题。霍去病墓石雕中的虎、马、牛、野猪等题材，都在北方草原动物纹中经常出现，但它们在形象塑造以及表达思想含义方面有很大不同。比如马，霍去病墓石马表现的是军旅中的战马和“殊方异物”中的天马；而北方草原青铜器中的马则表现的只是一般牲畜意义上的马匹或祭祀的神马形象（图5-91）。再如虎，霍去病墓的伏虎或刻画的是灵兽，突出其祥瑞意义；或是狩猎中被射杀的对象，表现猛兽为人所征服。而北方草原青铜器塑造的猛兽，主要表现其凶残本性，如扑咬弱小动物。另外还有野牛、野猪等题材，前者主要表现帝王的狩猎活动，宣扬的是祥瑞思想；后者则洋溢着草原游牧和狩猎的生活情调。总之，霍去病墓的动物石雕属于神山上的祥瑞之物，它们与北方草原青铜文化作品中的“森林草原的常见动物”貌合神离。

其次是早期美术品中动物的蹲踞姿势的表现问题。在北方草原的动物纹中，食肉动物的蹲踞姿势，其前后肢大多为向前屈伸状；而食草动物则不然，它们的蹲踞姿势大多作前肢后屈、后肢前屈状（图5-92），表现形式与其生理习性保持一致。霍去病墓的石雕动物的蹲踞姿势，无论是刻画食肉动物的猛虎，还是表现食草动物的马（除立马和跃马外）、牛、野猪、象等，皆作前后肢向前屈伸状。显然，这种表现形式主要受制于大型石雕在初兴时期的雕造经验，而与北方草原动物纹影响无关。将动物处理为蹲踞姿势，也是商周以来石雕和玉雕的传统做法。

俞伟超先生指出：“我国现存古代的大型圆雕，以西汉武帝时期的遗物为最早。这些石雕，如西安昆明池畔的牵牛织女像、太液池畔的石鲸、霍去病墓前的石雕群等，都只是就大块岩石的原状来雕出物像的轮廓，然后对细部稍予加工，颇近似通体浮雕形式。汉代的圆雕艺术因为是以此为基础而发展起来的，在相当时间内，动物雕像是不把四肢之间雕空的。”但“要雕穿四肢之间，必须解决好力点平衡。大约到东汉晚期，许多天禄、辟邪、狮子及石马，开始把四足凿成前后交叉分立、尾部下垂至地的样式，以五个

图5-91（左）
青铜马形杖头饰
内蒙古准格尔旗速机沟汉墓

图5-92（右）
青铜马鹿饰
内蒙古准格尔旗速机沟汉墓

支点来撑住庞大的身躯。”[139]杨泓先生的分析更为细致，他说：“首先是因当时缺乏足够锐利的工具和方法将巨大的石料镂雕成设计出的物像造型，以致作品的形貌在相当程度上受石材原来形状的限制。”“其次是大轮廓雕出以后，将加工的重点放在刻画动物头部，以及可以突出表明该动物体态特征的一些部位。”“又由于还没能掌握镂雕巨石的技艺，所以对马、牛等四足的动物，只是将腿蹄在石面浮雕成形，并不能镂空而使四足分立。也许是为了弥补技法稚拙的不足之处，当时常将动物造型选用伏卧的姿势，由于四肢均伏于地，而巧妙地避免了腿与腿之间的空隙应予雕镂的难题，现存的石雕中就多卧虎、卧牛、卧马和卧猪等形象。”[140]总之，霍去病墓石雕动物作蹲踞姿势，在很大程度上还取决于雕刻对象因凿空四肢而难以支撑庞大身躯的技术难题而做出的必然选择。立马（马踏匈奴）和跃马造型虽有不同，但它们面对的是共同的技术难题。为了化解艺术与技术间的矛盾，立马四肢雕出，但其间不凿空，并巧妙地将腹下余料部分处理成手持弓箭仰卧者形象；跃马的颈、腹下保留石坯的原状，既克服了技术难题，又增强了对象跃起的动势和体量感。又据研究人员的辨别，霍去病墓石雕的材质有花岗伟晶岩（跃马、伏虎、石蛙、怪兽吃羊）、片麻状花岗岩（卧马、卧象、人与熊、石人）、中粒二长花岗岩（立马、石鱼、卧牛、野猪）、辉石岩（石蟾）等四种岩石学类型。它们的硬度较高，但矿物颗粒呈镶嵌结构，在外力的撞击下易破碎。[141]而这些石材的选取，又与当时铁制工具所能达到的硬度有着直接的关系。

再者是表现打斗情节及用线技巧的问题。在霍去病墓石雕群中，立马（马踏匈奴）、人与熊、石人（猛士搏兽）、怪兽吃羊（母牛舐犊）为复合体类型。这四件作品表现的是人与动物的搏斗、动物之间的恃强凌弱或母幼亲昵的情节，并采用线条作为刻画细节的主要手段。特别是怪兽吃羊采用俯瞰式构图，“怪兽”身体接近翻转形态，与斯基泰动物纹的造型风格十分近似。而这种造型风格及用线技巧，在商周以来的传统雕塑作品中比较少见。

元狩六年（前117年），霍去病卒，年仅24岁。为表彰和纪念这位战功卓著的年轻将领，武帝为他举行了隆重的葬礼。《汉书•卫青霍去病传》记载：“上悼之，发属国玄甲，军陈自长安至茂陵，为冢象祁连山。”文献中所说的“属国玄甲”，即陇西、北地、上郡、朔方、云中等塞外五属国的铁甲部队。匈奴浑邪王降汉之后，武帝“乃分处降者于边五郡故塞外，而皆在河南，因其故俗为属国”，[142]那么这五支属国铁甲部队应主要由降汉匈奴士兵组成。西汉时期，名将重臣去世后，朝廷有派国家军队及将作机构营建墓冢的制度。我们不排除这支送葬部队参加霍去病墓冢营建活动的可能性，但若要说他们当中有石雕工匠参与墓冢石雕的创作，[143]其可能性又比较小。

西汉时期，大型石雕艺术初兴。由国家建筑职能部门领导的石作工匠，及其雕刻技艺与经验，都直接孕育并成长于长安宫苑及大型石雕装饰的营造活动之中。如汉武帝时期在昆明池畔雕造牵牛、织女像和石鲸，太液池畔“刻金石为鱼龙、奇禽、异兽之属”，以及甘泉宫泰一石坛列立的石熊、石鼓等。换言之，当时只有专门的石作工匠队伍才有能力来承担这些大型石雕工程。

在霍去病墓发现“左司空”文字刻石三件（图5-93），一大两小。1957年陕西省文管会人员先发现一件大的，可能在封土上；1987年和1989年茂陵博物馆人员在封土南侧及柏树旁先后发现两件件小的。这三件“左司空”文字刻石，是确定石雕作品雕造者的重要物证。《汉书•百官公卿表》记载：少府属官，有左右司空令丞。据陈直先生考释，汉瓦中有“右空”铭文，为右司空省称。秦代少府属官有左司空令丞，秦始皇陵园出土了“左司空”瓦片及“左司显瓦”“左司高瓦”两砖，铭文中的“左司”为左司空的简称。秦代的左司空主要是造砖瓦，西汉时又兼制石刻。他还认为，霍去病墓石上题有“左司空”三个大字，表示此石的雕刻出自左司空官署工匠之手。依此类推，其他雕刻也当为他们所刻。[144]

图5-93
“左司空”题铭及刻石
霍去病墓

具有北方草原艺术风格的石雕作品出现在汉帝陵园的陪葬墓上，并非个别或偶然现象，它是那个时代民族文化交流与融合的一种具体表现。在长安上林苑一处战国末到西汉前期墓葬中，出土两件角抵透雕饰牌，[145]从题材到造型样式都具有典型的北方草原青铜艺术特征。在长安城武库遗址出土玉佩上刻有带翼山羊形象，[146]其造型与蒙古匈奴贵族墓出土的银质圆形饰件上的带翼山羊比较接近。[147]景帝阳陵南区2号从葬坑出土的彩绘骑兵俑，颧骨突出，立眼，具有草原民族的人物形象特征；阳陵陪葬墓出土的圆筒形陶仓，底部装饰胡人头像。[148]考古工作者对昭帝平陵的三座从葬坑进行发掘，发现有大量的殉葬骆驼遗骸外，还有四匹双峰骆驼驾木车，[149]在长安的其他墓葬中，还出土有陶骆驼。[150]具有草原文化特征的金属饰件，在刘氏集团成员的墓葬中也有发现。江苏徐州狮子山楚王墓出土一副金带扣，浮雕的主体纹饰为猛兽咬斗场面：一只熊与一只猛兽贪婪地撕咬一匹马，周围为勾喙鸟首纹。这件作品“虽然以草原猛兽搏斗纹为题材，但从铸造工艺、带扣结方式看，应为中原内地制品”。[151]大量美术作品表明，在武帝执政前后，中原地区与北方草原文化的互动与融合处于繁荣与兴盛阶段。而在两种文化和谐发展与长安大型石雕艺术初兴的背景下，由左司空领导的石作工匠在雕造霍去病墓大型石雕时，吸收或借鉴草原金属艺术品中的一些造型风格及样式，是合乎情理之事。

四、石刻题铭

在霍去病墓冢上共发现4件文字刻石。其中1件题铭“平原乐陵宿伯牙霍巨孟”（图5-94）。这件文字刻石长218厘米，最大宽度115厘米，厚约80厘米。该石正面和右侧面錾刻齐整，右上部有两个穿孔（俗称“牛鼻子”），“平原乐陵宿伯牙霍巨孟”文字刻在石头正面下部偏右处，隶书体，笔画不带挑法，结字方正。其中，“平原乐陵宿伯牙”7字竖排，幅高56厘米，宽8厘米左右，“霍巨孟”3字横排，幅高8厘米左右，宽17厘米（图5-95）。《汉书•地理志上》记载，平原郡下辖有乐陵县，关于“宿伯牙”“霍巨孟”，徐森玉先生认为皆系私人名，身份不明，赵超先生认为这两个人是来自乐陵的石刻工匠。[152]

我们判断，在题铭的下端尚留有大量的空白处，而作者采用竖与横两种章法的用意，在于造成这两行文字不能连读。具体说来，它所要表达的是“平原乐陵宿伯牙”与“霍巨孟”两层含义，即“平原乐陵”是“宿伯牙”的定语，而与“霍巨孟”无关。关于“宿伯牙”，过去有将其释读为“宿伯耳”“宿伯年”的，分歧在“牙”字上。仔细观察字形，它很像“直”字。“直”在这里当作动词使用，有当、临及值守、值班之意，属于竖排七字题铭中的谓语部分，全句大意是：平原郡乐陵县宿伯在此奉祠守冢。“霍巨孟”三字或可释读为“霍巨益”，分歧可以忽略，重要的是它所采用横式章法布局，明显有别于竖式七字题铭的意图。我们以为，“霍巨孟（益）”很可能是霍氏家族中的一位成员，题铭表明他就是奉祀霍去病的继承者，而“宿伯”大概是霍巨孟（益）从自己的食邑——平原乐陵派来的守冢吏卒。汉时有朝廷为功臣或重要人物墓冢置守邑并派吏卒奉祠制度，如文帝时为赵佗先人墓置守邑，岁时奉祀；成帝时为霍光“置守冢百家，吏卒奉祠焉”。[153]

图5-94
“平原乐陵宿伯牙霍巨孟”刻石
霍去病墓

霍去病生前以外戚幸贵，战功卓著，封冠军侯，死后又得以厚葬，其子霍嬗袭父侯位。《史记•卫将军骠骑列传》

云："嬗少，字子侯，上爱之，幸其壮而将之。居六岁，元封元年（前110年），嬗卒，谥哀侯。无子，绝，国除。"但《汉书•外戚传上•孝宣霍皇后》云："初，霍光及兄骠骑将军去病皆以功伐封侯居位，宣帝以光政，封去病孙山、山弟云皆为列侯，侯者前后四人。"在《汉书•霍光传》中还有"从昆弟子冠阳侯云、乐平侯山"记载。霍去病元狩六年（前117年）去世，年仅24岁，据之推算霍嬗亡卒时的年龄至多十二三岁，尚未成年，所以"无子，绝，国除"。那么《汉书》记载的霍去病孙霍山、霍云又是怎么回事呢？我们不妨做一些推测：霍去病或有一女，后来出嫁，霍山、霍云为其所生并从霍姓，以维系家族荣耀；或者霍山、霍云原为霍光之孙，后来过继给霍去病家以续后嗣。相比之下，前者的可能性要大些。

霍光字子孟，权倾昭帝、宣帝两朝。霍去病之孙霍山、霍云皆倚仗从祖父霍光权势而领兵封侯。《汉书•霍光传》云：

> 自昭帝时，光子禹及兄孙云皆中郎将，云弟山奉车都尉侍中，领胡越兵……
>
> 光秉政前后二十年，地节二年春病笃，车驾自临问光病，上为之涕泣。光上书谢恩曰："愿分国邑三千户，以封兄孙奉车都尉山为列侯，奉兄骠骑将军去病祀。"事下丞相御史，即日拜光子禹为右将军。
>
> ……
>
> 既葬，封山为乐平侯，以奉车骑都尉领尚书事。……复下诏曰："宣成侯光宿卫忠正，勤劳国家。善善及后世，其封光兄孙中郎将云为冠阳侯。"

从文献记载可知，乐平侯霍山为奉祀霍去病的继承者。我们推测，石刻题铭中的"霍巨孟（益）"很可能是霍山，"巨孟（益）"是他的表字。

《汉书•外戚恩泽侯表》记载，霍光封博陆宣成侯，食邑北海、河间，后益封又食邑东郡。按照霍光生前意愿，应将其食邑的一部分给予霍山。据《水经注•浊漳水》引褚先生语，河间国乐成县系霍山食邑。杨守敬、熊会贞疏云："今按《汉表》，霍山封乐平，非乐成也。《表》云，东郡。"又云："《地理志》东郡清县，颜师古注引应劭曰，章帝更名乐平，则何以宣帝即有此封，不可晓也。"或许，霍光生前给予霍山"分国邑三千户"的遗愿没有被采纳。乐平侯霍山的食邑不在河间，也不在东郡，我们怀疑刻石题铭文中的"平原乐陵"大约是他食邑。平原郡属县乐陵为都尉治所，乐平侯之名大约因此而得。宣帝地节四年（前66年）霍氏家族因谋权被诛，"侍中史高与金安上建发其事，言无入霍氏禁闼，卒不

图5-95
"平原乐陵宿伯牙霍巨孟"题铭

得遂其谋，皆雠有功”，[154]史高因事先告发霍氏而封乐陵侯。[155]

综上所述，“平原乐陵宿伯牙霍巨孟”是一件具有碑碣性质的守冢刻石，题铭有“平原乐陵宿伯直（值）”与“霍巨孟（益）”两层文意。“宿伯”是奉祀守冢的吏卒，“霍巨孟（益）”大约是霍去病之孙霍山，是奉祀霍去病的继承者。“平原乐陵”是乐平侯霍山的食邑，也是“宿伯”的家乡。这件守冢刻石完成于地节二年（前68年），具有碑碣性质，它与元狩六年（前117年）所刻“左司空”篆书题铭有别。《说文•石部》云：“碑，竖石也。”《史记索隐》（卫将军骠骑列传）引姚氏语“冢上有竖石”，或许就指此石。

五、石雕群的意义

霍去病墓石雕群是中国古代最早的一组具有纪念碑性质的大型群雕，它纪念抗击匈奴的年轻将领，同时彰显汉武帝的政治抱负，寄予国家强盛、四海安宁的理想。解读这组石雕作品的题材内容，关键在于要“去自然化”地理解“为冢象祁连山”的含义，并且将它们中占大多数的动物题材，与当时占主导地位的祥瑞图像中的动物纹及狩猎纹联系起来。其中，发现于墓顶的石鱼（鲸）、石蛙（龟），属于战国秦汉时期海上神山图像系统中的题材。它们所表达的含义十分明确——霍去病墓冢所象征的祁连山是一座类似蓬莱三岛那样的神山或仙山。在汉代祥瑞图像中，动物纹及狩猎纹具有普遍性和代表性。内容有“四面而至”的“殊方异物”，还有各种飞禽走兽，它们都是祥瑞之物，并且通过山地或狩猎场景作集中展现。霍去病墓封土斜坡上列置诸多动物石雕，如卧马、卧象、伏虎、野猪、卧牛、怪兽吃羊（母牛舐犊）等，其用意不会例外。列置在墓地上的立马、跃马，代表英雄率领的骑兵军团，同时象征国家强大的军事力量；人与熊和石人表现校猎活动中猛士徒手搏兽情景，其用意在于向戎狄炫耀武功及军事力量，表现战争与和平的主题。霍去病墓群雕是由国家职能部门“左司空”属下的石作工匠雕造完成的，其造型风格与同时期长安城宫殿、园林的装饰石雕一致，反映出大型石雕在初兴时期的艺术风貌。它们当中的一些复合体类型作品，借鉴了北方草原艺术品的一些形式和做法，而大多数单体类型动物的造型，则与早期大型石雕技艺与经验积累，以及石材与工具等因素影响有关。霍去病墓石雕群虽属特例，但它的一些造型要素，诸如多重性的主题思想表达，人物与多种动物题材的组合，对称性的列置方式等，都对后来陵园墓地的大型石雕艺术产生了影响。

注 释

[1] 本章原名《论汉代长安的陵墓美术》，载于汤池主编：《中国陵墓雕塑全集2·西汉》，陕西人民美术出版社2009年版。此次收入拙作，内容有增补和调整。

[2] 陕西省考古研究所、秦始皇兵马俑博物馆：《秦始皇帝陵园考古报告》（1999年），科学出版社2000年版。

[3] 《史记·高祖本纪》

[4] 刘庆柱、李毓芳：《西汉诸陵调查与研究》，《文物资料丛刊》（6），1982年；《西汉十一陵》，陕西人民出版社1987年版。

[5] 《史记•孝文本纪》。

[6] 韩伟：《陕西文物考古五十年》，《磨砚书稿——韩伟考古文集》，科学出版社2001年版，第6页；陕西省考古研究院：《2010年陕西省考古研究院考古调查发掘新收获》，《考古与文物》2011年第2期，第36～37页。

[7] 咸阳市文物考古研究所：《汉武帝茂陵钻探调查简报》，《考古与文物》2007年第6期，第29页；陕西省考古研究院：《2010年陕西省考古研究院考古调查发掘新收获》，《考古与文物》2011年第2期，第7～8页。

[8] 咸阳市文物考古研究所：《西汉昭帝平陵钻探调查简报》，《考古与文物》2007年第5期；咸阳市文物考古研究所：《西汉帝陵钻探调查报告》，文物出版社2010年版，第73～74页。

[9] 汉平陵考古队：《巨型动物陪葬少年天子——初探汉平陵从葬坑》，《文物天地》2002年第1期。

[10] 中国社会科学院考古研究所汉城工作队：《汉长安城一号窑址发掘简报》《汉长安城址发掘报告》，《考古》1991年第1期，《考古学报》1994年第1期。

[11] 中国社会科学院考古研究所汉城工作队：《汉长安城23～27号窑址发掘简报》，《考古》1994年第11期。

[12] 已公布阳陵出土文物的有发掘简报、大型画册和论著三种。陕西省考古研究所汉陵考古队：《汉景帝阳陵南区从葬坑发掘第一号简报》，《文物》1992年第4期；陕西省考古研究所汉陵考古队：《汉景帝阳陵从葬坑发掘第二号简报》，《文物》1994年第6期；陕西省考古研究院：《汉阳陵帝陵东侧11～21号外藏坑发掘简报》，《考古与文物》2008年第3期；陕西省考古研究所汉陵考古队：《中国汉阳陵彩俑》，陕西旅游出版社1992年版；陕西省考古研究所：《汉阳陵》，重庆出版社2001年版；汉阳陵考古陈列馆：《汉阳陵考古陈列馆》，文物出版社2004年版；马永赢、王保平：《走近汉阳陵》，文物出版社2001年版；杨林仁：《汉阳陵》，三秦出版社2003年版；王学理：《汉代雄风——汉景帝与阳陵》，三秦出版社2003年版；胡芳：《汉景帝阳陵揭秘》，西北大学出版社2006年版。

[13] 王学理：《汉代雄风——汉景帝与阳陵》，三秦出版社2003年版，第81～82页。

[14] 王学理：《汉代雄风——汉景帝与阳陵》，三秦出版社2003年版，第82页。

[15] 王学理：《汉代雄风——汉景帝与阳陵》，三秦出版社2003年版，第82～84页。

[16] 陕西省考古研究所汉陵考古队：《汉景帝阳陵南区从葬坑发掘第一号简报》，《文物》1992年第4期。

[17] 陕西省考古研究所汉陵考古队：《汉景帝阳陵南区从葬坑发掘第一号简报》，《文物》1992年第4期。

[18] 陕西省考古研究所汉陵考古队：《汉景帝阳陵南区从葬坑发掘第二号简报》，《文物》1994年第6期。

[19] 中国社会科学院考古研究所：《中国考古学•秦汉卷》，中国社会科学出版社2010年版，第203页。

[20] 陕西省考古研究所汉陵考古队：《汉景帝阳陵南区从葬坑发掘第二号简报》，《文物》1994第6期；王学理：《汉代雄风——汉景帝与阳陵》，三秦出版社2003年版，第78～81页。

[21] 杨林仁：《汉阳陵》，三秦出版社2003年版，第80页；汉阳陵考古陈列馆：《汉阳陵考古陈列馆》，文物出版社2004年版，第76页。

[22] 陕西省考古研究所：《汉阳陵》，重庆出版社2001年版，第2～3页。

[23] 焦南峰：《汉阳陵从葬坑初探》，《文物》2006年第7期；陕西省考古研究院：《汉阳陵帝陵东侧11～21号外藏坑发掘简报》，《考古与文物》2008年第3期。按：下述诸坑情况主要依据焦南峰文及考古简报，不另注释。

[24] 胡芳：《汉景帝阳陵揭秘》，西北大学出版社2006年版，第62页。

[25] 陕西省考古研究所：《汉阳陵》，重庆出版社2001年版，第3页；马永赢、王保平：《走近汉阳陵》，文物出版社2001年版，第26～27页；杨林仁：《汉阳陵》，三秦出版社2003年版，第57～61页。

[26] 杨林仁：《汉阳陵》，三秦出版社2003年版，第62页。

[27] 杨林仁：《汉阳陵》，三秦出版社2003年版，第62页。

[28] 杨林仁：《汉阳陵》，三秦出版社2003年版，第62～63页。

[29] 马永赢、王保平：《走近汉阳陵》，文物出版社2001年版，第27页。

[30] 杨林仁：《汉阳陵》，三秦出版社2003年版，第63页。

[31] 陕西省考古研究所：《汉阳陵》，重庆出版社2001年版，第3～4页；杨林仁《汉阳陵》，三秦出版社2003年版，第62页。

[32] 杨林仁：《汉阳陵》，三秦出版社2003年版，第63～64页。

[33] 杨林仁：《汉阳陵》，三秦出版社2003年版，第64页。

[34] 陕西省考古研究所：《汉阳陵》，重庆出版社2001年版，第3页。

[35] 杨林仁：《汉阳陵》，三秦出版社2003年版，第44页。

[36] 俞伟超：《汉代诸侯王与列侯墓葬的形制分析——兼论“周制”“汉制”与“晋制”的三阶段性》，《先秦两汉考古学论集》，文物出版社1985年版，第119页。

[37] 刘庆柱：《关于西汉帝陵形制诸问题探讨》，《古代都城与帝陵考古学研究》，科学出版社2000年版，第227～228页。

[38] 陕西省考古研究所：《汉阳陵》，重庆出版社2001年版，第2页。

[39] 陕西省考古研究所汉陵考古队：《中国汉阳陵彩俑》，陕西旅游出版社1992年版。

[40] 王学理：《汉代雄风——汉景帝与阳陵》，三秦出版社2003年版，第74、105～106页；

[41] 胡芳：《汉景帝阳陵揭秘》，西北大学出版社2006年版，第54页。

[42] 焦南峰：《汉阳陵从葬坑初探》，《文物》2006年第7期，第54页。

[43] 袁仲一：《秦始皇陵与西汉帝陵异同的比较分析》，秦兵马俑博物馆论丛编委会：《秦文化论丛》（第8辑），陕西人民出版社2001年版，第27页。

[44] 焦南峰：《汉阳陵从葬坑初探》，《文物》2006年第7期，第55页。

[45] 焦南峰：《宗庙道、游道、衣冠道——西汉帝陵道路再探》，《文物》2010年第1期，第76页。
[46] 巫鸿：《新石器时代至汉代雕塑》，李松、安吉拉•法尔科•霍沃、杨泓、巫鸿：《中国古代雕塑》（陈云倩等译），外文出版社、耶鲁大学出版社2006年版，第76页。
[47] 刘骁纯：《致广大与尽精微——秦俑艺术略论》，《美术史论》1982年第3期，第158页。
[48] 中国社会科学院考古研究所杜陵工作队：《1982～1983年西汉杜陵的考古工作收获》，《考古》1984年第10期。
[49] 中国社会科学院考古研究所杜陵工作队：《1984～1985年西汉杜陵的考古工作收获》，《考古》1991年第12期。
[50] 杨泓：《西汉俑的造型特征》，《汉唐美术考古和佛教艺术》，科学出版社2000年版，第14页。
[51] 《梁带村考古发现中国最早木俑》，西部网2007年6月9日。
[52] 张朋川：《中国汉代木雕艺术》，辽宁美术出版社2003年版，前言部分第2页。
[53] 湖南省博物馆、中国科学院考古研究所：《长沙马王堆一号汉墓》，文物出版社1973年版；《长沙马王堆二、三号汉墓发掘简报》，《文物》1974年第7期。
[54] 长江流域第二期文物考古工作人员训练班：《湖北江陵凤凰山西汉墓发掘简报》，《文物》1974年第6期；湖北省文物考古研究所：《江陵凤凰山一六八号汉墓》，《考古学报》1993年第4期。
[55] 庄天明、吴为山：《泗水王陵出土的西汉木雕》，天津人民美术出版社2003年版。
[56] 连云港博物馆：《连云港博物馆文物精粹》，荣宝斋出版社2006年版，第55～62页。
[57] 绵阳博物馆、绵阳市文化局：《四川绵阳永兴双包山一号西汉木椁墓发掘简报》，《文物》1996年第10期。
[58] 陈少丰：《中国雕塑史》，岭南美术出版社1993年版，第115页。
[59] 杨林仁：《汉阳陵》，三秦出版社2003年版，第90页。
[60] 袁仲一：《秦陵兵马俑的作者》，《文博》1986年第4期。
[61] 中国社会科学院考古研究所汉城工作队：《汉长安城窑址发掘报告》，《考古学报》1994年第1期。
[62] 秦始皇陵园出土的陶钵上刻有“东园”二字。袁仲一：《秦代金文•陶文杂考三则》，《考古与文物》1982年第4期。
[63] 陕西省咸阳市文物局：《咸阳文物精华》，文物出版社2002年版，第77页；李朝阳、王晓谋：《汉高祖长陵》，三秦出版社2005年版，第164～165页。
[64] 杨林仁：《汉阳陵》，三秦出版社2003年版，第72页。
[65] 郑洪春：《陕西新安机砖厂汉初积炭墓发掘报告》，郑洪春、韩国河：《试论汉初“利成”积炭墓》，《考古与文物》1990年第4期。
[66] 《西安晚报：长安区发现汉代高级别墓葬为张安世家族墓》（记者吕华），中国长安网，2010年1月28日。
[67] 河南省商丘市文物管理委员会、河南省文物考古研究所、河南省永城文物管理委员会：《芒砀山西汉梁王墓地》，文物出版社2001年版，第81～274页。
[68] 王学理：《汉南陵从葬坑的初步清理——兼谈大熊猫头骨及犀牛骨骼出土的有关问题》，《文物》1981

年第11期。

[69] 王学理、吴镇锋：《西安任家坡汉陵从葬坑的发掘》，《考古》1976年第2期，第132页。

[70] 岳起、刘卫鹏：《由平陵建制谈西汉帝陵制度的几个问题》，《考古与文物》2007年第5期，第8页。

[71] 中国社会科学院考古研究所：《新中国的考古发现和研究》，文物出版社1984年版，第41～42页。

[72] 秦俑坑考古队：《秦始皇陵东侧马厩坑钻探清理简报》，《考古与文物》1980年第4期；赵康民：《秦始皇陵东侧发现五座马厩坑》，《考古与文物》1983年第5期；赵化成、高崇文等：《秦汉考古》，文物出版社2002年版，第21～23页。

[73] 巫鸿：《说“俑”——一种视觉文化传统的开端》，《礼仪中的美术——巫鸿中国古代美术文编》，生活·读书·新知三联书店2005年版，第599页。

[74] 王仁波主编：《秦汉文化》，学林出版社、上海科技教育出版社2001年版，第229页。

[75] 陕西省考古研究所：《汉阳陵》，重庆出版社2001年版，第5页；杨林仁：《汉阳陵》，三秦出版社2003年版，第71～72页。

[76] 陕西省文管会、省博物馆、咸阳市博物馆杨家湾汉墓发掘小组：《咸阳杨家湾汉墓发掘简报》，《文物》1977年第10期，第16页。按：石兴邦先生主持当年的发掘，他认为长陵4、5号汉墓是夫妇同茔合葬墓。杨秉礼、史宇阔、刘晓华：《西汉三千彩绘兵马俑》，陕西人民美术出版社1996年版，第3页。

[77] 陕西省文管会、咸阳市博物馆杨家湾汉墓发掘小组：《陕西省咸阳市杨家湾出土大批西汉彩绘陶俑》，《文物》1966年第3期。

[78] 杨秉礼、史宇阔、刘晓华：《西汉三千彩绘兵马俑》，陕西人民美术出版社1996年版，第48页。

[79] 陕西省文管会、省博物馆、咸阳市博物馆杨家湾汉墓发掘小组：《咸阳杨家湾汉墓发掘简报》，《文物》1977年第10期。

[80] 杨树达：《汉代婚丧礼俗考》，上海古籍出版社2000年版，第73页。

[81] 陕西省咸阳市文物局：《咸阳文物精华》，文物出版社2002年版，第70页。

[82] 晨力、周世曲：《试谈杨家湾汉墓兵马俑——对西汉前期骑兵问题探讨》，《文物》1977年第10期，第26页。

[83] 杨秉礼、史宇阔、刘晓华：《西汉三千彩绘兵马俑》，陕西人民美术出版社1996年版，第14页；刘晓东：《咸阳杨家湾兵马俑及相关问题初探》，《文博》2009年第2期。

[84] 《华阳国志•巴志》。

[85] 陕西历史博物馆：《三秦瑰宝——陕西新发现文物精华》，陕西人民出版社2001年版，第71页。

[86] 李库：《西汉早期骑兵陶俑的发现和研究》，《文博》2005年第3期；石宁：《汉阳陵博物馆藏陶俑概述》，《文博》2009年第2期。

[87] 咸阳市博物馆：《汉安陵的勘察及其陪葬墓中的彩绘陶俑》，《考古》1981年第5期。

[88] 陕西省文物局编制：《中国文物地图集·陕西分册》（下册），西安地图出版社1998年版，第81页。

[89] 高曼：《西安地区出土汉代陶器选介》，《文物》2002年第12期。

[90] 韩保全、程林泉、韩国河：《西安龙首原汉墓》，西北大学出版社1999年版，第113、135页。

[91] 王刚、邓敬毅：《西安市北郊出土陶辟邪等汉代文物》，《考古与文物》1992年第5期。

[92] 韩保全、程林泉、韩国河：《西安龙首原汉墓》，西北大学出版社1999年版，第230页。

[93] 刘敦愿：《〈考工记·梓人为笋虡〉篇今译及所见雕刻装饰理论》，《美术研究》1985年第2期。

[94] 刘敦愿先生认为，“嬴属”中的人用于钟虡装饰，只能是人类中的健者、强者，那些力能扛鼎、生擒猛兽的壮士，甚至是介于英雄与神、人物与动物之间的理想人物或神物。《〈考工记·梓人为笋虡〉篇今译及所见雕刻装饰理论》，《美术研究》1985年第2期，第63页。

[95] 陕西历史博物馆：《三秦瑰宝——陕西新发现文物精华》，陕西人民出版社2001年版，第66页。

[96] 《汉书·诸侯王表》。

[97] 李银德：《徐州西汉楚王陵墓考古的发现与收获》，中国国家博物馆、徐州博物馆：《大汉楚王——徐州西汉楚王陵墓文物辑粹》，中国社会科学出版社2005年版，第20页。

[98] 王守功：《危山汉墓——第五处用兵马俑陪葬的王陵》，《文物天地》2004年第2期。

[99] 王学理：《墟落遗珍，汉室光华——再论阳陵著衣式木臂陶俑与塑衣式彩绘陶俑的艺术价值》，陕西省考古研究所：《远望集——陕西省考古研究所华诞四十周年纪念文集》，陕西人民美术出版社1998年版，第583页。

[100] 本文的初稿《西汉霍去病墓雕刻群的三个问题》，是作者在中央美术学院美术史系读研究生期间写成的，写于1989年，导师汤池教授审阅并有批语。初稿后来经修改与补充，并择要在《美术观察》2009年第3期发表。参考近年考古研究人员对霍去病墓钻探调查所获材料，此次收入拙作时有修改和补充。

[101] 在国内学术界，滕固、顾铁符最早对早期国外学者的研究进行评介。参见滕固：《霍去病墓上石及汉代雕刻之试察》（原载《金陵学报》第四卷第2期，1934年），《滕固艺术文集》，上海人民美术出版社2003年版；顾铁符：《西安附近所见的西汉石雕艺术》，《文物参考资料》1955年第11期。

[102] 除滕固、顾铁符的研究文章外，重要的还有王子云：《西汉霍去病墓石刻》，《文物参考资料》1955年第11期；傅天仇：《陕西兴平县霍去病墓前的西汉石雕艺术》，《文物》1961年第2期；金维诺：《秦汉雕塑艺术》，《中国美术》1981年第1期；程征《纪功的丰碑——西汉霍去病墓及其石刻》，《中国美术》1981年第1期；王志杰：《茂陵石刻的主题思想和艺术风格》，《文化艺术报》1988年第16、17期合刊。

[103] 阎文儒：《关中汉唐陵墓石刻题材及其风格》，《考古与文物》1986年第3期；林梅村：《秦汉大型石雕艺术源流考》，《古道西风——考古新发现所见中西文化交流》，生活·读书·新知三联书店2000年版。按：关于近百年来霍去病墓石雕群的研究情况，参见沈琍：《霍去病墓及其石雕研究的回顾及思考》，《考古与文物》2010年第6期。

[104] 色伽兰：《中国西部考古记》（冯承钧译），商务印书馆1932年版，第3～6页； Carl Hentze *Les influences etrangers dans le monument de Houo-K'iu-ping,* Artibus Asiae,Vol.1,No.1(1925),pp.31-36；Heinrich Glück *Die entwcklungsgeschichtliche Stellung des Grabmales des Huo K'iu-ping,* Artibus Asiae,Vol.2,No.1(1927),pp.29-41； Jean Lartigue *Au tombeau de Houo K'iu-ping,* Artibus Asiae,Vol.2,No.1(1927),pp.85-94； Car W. Bishop *Notes on the Tomb of Ho Ch'ü-ping,* Artibus Asiae,Vol.3,No.1(1928),pp.34-46；John C. Ferguson *Tomb of Ho Ch'ü-ping,* Artibus Asiae,Vol.3,No.4(1928-1929),pp.228-232；水野清一：《前漢代における墓飾石彫の一群に就て——霍去病の坟墓》，《东方学

报》（京都第3册），1933年版，第324～350页。

［105］马子云：《西汉霍去病墓石刻记》，《文物》1964年第1期。按：该文系作者1933年冬的调查记录，发表时文物杂志编辑部加有按语。

［106］陈直：《汉书新证》，天津人民出版社1985年版，第322页；韩若春：《西汉霍去病墓侧新发现两块“左司空”题记石》，《考古与文物》1993年第1期。按：1957年11月陕西省文管会在霍去病墓调查、钻探，新发现的作品实际上只有4件（原称发现9件），即卧象、石蟾，以及“左司空”“平原乐陵宿伯牙霍巨孟”文字刻石，其他作品早年马子云都有记录。

［107］马子云：《西汉霍去病墓石刻记》，《文物》1964年第1期，第46页。

［108］顾铁符：《西安附近所见的西汉石雕艺术》，《文物参考资料》1955年第11期，第4页。按：在此之前，水野清一先生考证姚氏可能是姚察。

［109］陕西省考古研究院、咸阳市文物考古研究所、茂陵博物馆：《汉武帝茂陵考古调查、勘探简报》，《考古与文物》2011年第2期，第10页。

［110］咸阳市文物考古研究所：《汉武帝茂陵钻探调查简报》，《考古与文物》2007年第6期，第27页；咸阳市文物考古研究所：《西汉帝陵钻探调查报告》，文物出版社2010年版，第54页。

［111］陕西省考古研究院、咸阳市文物考古研究所、茂陵博物馆：《汉武帝茂陵考古调查、勘探简报》，《考古与文物》2011年第2期，第10～11页。

［112］《史记・卫将军票骑列传》。

［113］陕西省考古研究院、咸阳市文物考古研究所、茂陵博物馆：《汉武帝茂陵考古调查、勘探简报》，《考古与文物》2011年第2期，第10页。

［114］《汉书•霍光传》。

［115］咸阳市文物考古研究所：《西汉帝陵钻探调查报告》，文物出版社2010年版，第55页。

［116］陕西省地方志编纂委员会：《茂陵志》，三秦出版社1999年版，第37页。

［117］马子云：《西汉霍去病墓石刻记》，《文物》1964年第1期，第46页。

［118］《史记•卫将军骠骑列传》《汉书•卫青霍去病传》。

［119］王志杰：《茂陵与霍去病墓石雕》，三秦出版社2005年版，第39页。

［120］《西都赋》。

［121］中国国家博物馆、广西壮族自治区博物馆：《瓯骆遗粹——广西百越文化文物精品集》，中国社会科学出版社2006年版，第79～81页。

［122］林梅村：《秦汉大型石雕艺术源考》，《古道西风——考古新发现所见中西文化交流》，生活・读书・新知三联书店2000年版，第125页。

［123］刘庆柱、李毓芳：《汉长安城》，文物出版社2003年版，第197页。陈直说：“鲸鱼刻石今尚存，原在长安县开端庄，现移陕西省博物馆。”《三辅黄图校正》，陕西人民出版社1985年版，第94页。按：据当地村民说，石鲸断为两截，马营寨保存的是石鲸的尾部。早年修水库时，将石鲸的头身部分运到客省庄（开端庄）。有说今陕西历史博物馆水景池中安放的石鱼即昆明池石鲸，有误。

［124］黑光：《西安太液池出土一件巨型石鱼》，《文物》1957年第6期。

[125] 《史记•秦始皇本纪》张守节《正义》引《括地志》云："兰池陂即古之兰池，在咸阳县界。《秦记》云：'始皇都长安，引渭水为池，筑为蓬、瀛，刻石为鲸，（池）长二百丈。'"

[126] 《列子•汤问》云："渤海之东……其中有五山焉：一曰岱舆，二曰员峤，三曰方壶，四曰瀛洲，五曰蓬莱。……其上禽兽皆纯缟。珠玕之树丛生，华实皆有滋味，食之者皆不老不死。"

[127] 巫鸿：《三盘山出土车饰与西汉美术中的"祥瑞"图像》，《礼仪中的美术——巫鸿中国古代美术史文编》，生活·读书·新知三联书店2005年版，第152～153页。

[128] 陈直：《汉书新证》，天津人民出版社1979年版，第30页。

[129] 咸阳市文管会、咸阳市博物馆：《咸阳市空心砖汉墓清理简报》，《考古》1982年第3期。按：这批画像空心砖属于皇家祭祀性建筑专用制品，可能属于废弃物的再利用。

[130] 林梅村先生认为，汉代祭祀场所常列石兽，安邑石虎原来大概是安邑供厨宫之物，后被移置安邑城关镇墓地当作镇墓兽使用。《西汉帝国大型石雕艺术的发展》，《古道西风——考古新发现所见中西文化交流》，生活·读书·新知三联书店2000年版，第118页。

[131] 曹胜高：《汉赋与汉代制度——以都城、校猎、礼仪为例》，北京大学出版社2006年版，第131页。

[132] 王志杰：《茂陵与霍去病墓石雕》，三秦出版社2005年版，第39页。

[133] 林梅村：《秦汉大型石雕艺术源流考》，《古道西风——考古新发现所见中西文化交流》，生活·读书·新知三联书店2000年版，第157页。

[134] 王博、祁小山：《丝绸之路草原石人研究》，新疆人民出版社1996年版，第216～220页。

[135] 陈直：《汉书新证》，天津人民出版社1979年版，第322页。

[136] 当年顾铁符据日本水野清一《关于西汉墓饰雕刻——霍去病墓石刻》一文，获知欧美学者的这些观点并撰文批评。《西安附近所见的西汉石雕艺术》，《文物参考资料》，1955年第11期。

[137] 乌恩：《论我国北方古代动物纹饰的渊源》，《考古与文物》1984年第4期。

[138] 阎文儒：《关中汉唐陵墓石刻题材及其风格》，《考古与文物》1987年第3期，第91页。

[139] 俞伟超：《孔望山摩崖造像的年代考察》，《先秦两汉考古学论集》，文物出版社1985年版，第173～174页。

[140] 杨泓：《美术考古半世纪——中国美术考古发现史》，文物出版社1997年版，第118页。

[141] 刘丹龙、孙平燕：《霍去病石雕艺术探微》，《文博》2004年第6期。

[142] 《汉书•卫青霍去病传》颜师古注："不改其本国之俗而属于汉，故号属国。"

[143] 林梅村：《秦汉大型石雕艺术源流考》，《古道西风——考古新发现所见中西文化交流》，生活·读书·新知三联书店2000年版，第157页。

[144] 陈直：《陕西兴平县茂陵镇霍去病墓新出左司空石刻题字考释》，《文物参考资料》1958年第11期，第63页。

[145] 中国科学院考古研究所沣西发掘队：《1955～1957年陕西长安沣西发掘简报》，《考古》1959年第11期。

[146] 中国社会科学院考古研究所汉城工作队：《汉长安城武库遗址发掘的初步收获》，《考古》1978年第4期，第256页。

[147] 安纬、奚芷芳：《蒙古匈奴贵族墓地初步研究》，《考古学报》2009年第1期，第85～86页。

[148] 汉阳陵考古陈列馆：《汉阳陵考古陈列馆》，文物出版社2004年版，第54页；陕西省考古研究所：《汉阳陵》，重庆出版社2001年版，第109～110图。

[149] 汉平陵考古队：《巨型动物陪葬少年天子——初探汉平陵从葬坑》，《文物天地》2002年第1期。

[150] 高曼：《西安地区出土汉代陶器选介》，《文物》2002年第12期。

[151] 中国国家博物馆、徐州博物馆：《大汉楚王——徐州西汉楚王陵墓文物辑萃》，中国社会科学出版社2005年版，第247页。

[152] 徐森玉：《西汉石刻文字初探》，《文物》1964年第5期；赵超：《石刻史话》，中国大百科全书出版社2000年版，第35页。

[153] 《史记•南越列传》《汉书•霍光传》。

[154] 《汉书•霍光传》。

[155] 据《汉书•地理志》，乐陵县有二，其一为平原郡所辖，都尉治；其一为临淮郡所辖，侯国，史高食邑或在临淮郡乐陵县。录此存疑。

第六章　宫廷绘画和墓室壁画

宫廷绘画一直在中国古代绘画艺术中占有主导地位，尤其是在南北朝道释画流行及唐宋文人画兴起之前。

早在20世纪70年代，考古研究人员对秦咸阳宫1、2、3号遗址进行考古发掘，陆续发现了不晚于秦代的秦国宫殿壁画残迹。这些壁画绘制在宫殿回廊的墙壁上，除3号遗址西廊的壁画保存较好，大都成为难以拼对的壁画碎片。内容有人物车马、台榭建筑、动植物、神灵怪异、装饰图案及杂画等七类，采用朱砂、赭石、石黄、石青、石绿及蛤粉等多种颜料绘制而成。[1]汉长安城是在秦咸阳宫渭南旧址上建立起来的，宫殿壁画必然受到秦的影响。

近年考古人员在长乐宫4号遗址清理出一处半地下建筑（编号F2），在主室之南室和楼梯间内，发现了许多装饰壁画残块（图6-1）。壁画原来装饰在这处居室的屋顶，内容以几何花纹为主，色彩非常鲜艳，有黑、白、红、蓝、黄等。装饰壁画的居室面积特别大，除屋顶彩绘几何纹饰外，地面还涂朱。考古研究人员判断，该室北侧有套间，东侧有侧室，北通道以北又有附室，应是重要人物日常生活的居所。[2]长安城北宫中有甲观（馆），内有画堂。《汉书·成帝纪》云：“孝成皇帝，元帝太子也。母曰王皇后，元帝在太子宫生甲观画堂。”应劭注：“画堂画九子母。”颜师古云：“画堂，但画饰耳，岂必九子母乎？霍光止画室中，是则宫殿中通有彩画之堂也。”在长乐宫4号遗址发现的这处彩绘壁画的居室，大约也属于“画堂”或“画室”。

图6-1
长安宫殿壁画残块
长乐宫4号建筑遗址

长安城建有宗庙和明堂，陵园中建有陵庙，这些庙堂建筑中应当绘有内容丰富、设色瑰丽的壁画。西汉立国以后，为巩固刘氏皇权的现实政治需要，即位汉帝诏令各郡国为先帝建立宗庙。高祖十年（前197年），令诸侯王皆立太上皇庙；惠帝即位（前195年），诏令郡诸侯王各立高庙；景帝元年（前156年），诏令郡国诸侯宜各为孝文皇帝立太宗之庙；宣帝本始二年（前72年）复尊武帝庙为世宗庙，行所巡守亦立焉。[3]各地郡国庙的建筑样式未必一致，但礼仪制度出自长安宗庙无疑，内中的壁画也应以长安宗庙堂壁画作为范本。有美术史家对山东孝堂山画像石中的“朝拜图”进行讨论，认为“这一构图形式密集在微山湖一带，说明其源于此地——很可能是汉代开国皇帝刘邦在沛地的‘原庙’”。[4]惠帝时将高祖在沛地的行宫改建为高庙，庙中壁画的图本应来自长安城中的高庙或长陵附近的原庙。

景帝之子鲁恭王刘馀好治宫室苑囿，在其国都建造了灵光殿。据东汉王延寿《鲁灵光殿赋》描述，殿壁上“图绘天地，品类群生”，除杂物奇怪、山神海灵外，还有传说中的远古帝王圣贤，历史上因荒淫残暴而亡国的三代末主，以及忠臣、孝子、烈士等楷模。鲁灵光殿可能是一座郡国庙，壁画题材应先流行于长安，后来才流传到王侯国都。又据《汉书·景十三王传》记载，景帝之子广川惠王刘越之孙广川王刘去，其宫殿门绘有古代勇士成庆的肖像，“短衣大绔长剑”，重视刻画勇士的个性。刘去宠姬陶望卿的居室，有“画工画”。至迟在景帝时期，西汉宫殿壁画开始兴盛起来。

迄今发现的先秦时期墓葬绘画，主要是漆绘的木制葬具和与葬仪有关的帛画。个别墓葬出现的用彩绘图案装饰土坑壁面或椁室板墙，属于例外情况，尚不具有普遍意义。如考古发掘的陕西扶风杨家堡西周4号墓，在墓圹的二层台土壁的四周，有用白色颜料绘制的菱格纹带状壁画。[5]河南洛阳小屯村北1号战国墓的墓圹四壁和墓道西壁有彩绘痕迹，墓圹四壁四角绘红色宽带，黑黄两色线条勾边，讲究对称，壁面中部脱落太甚，仅见红色斑点；墓道西壁残留红、黄、白、黑四色构成的“门”字形几何图案。考古研究人员认为，“这种彩绘应该是有着帷幕和画幔作用的圹壁装饰”。[6]又如在湖北江陵天星观发现的一座战国中期大型木椁墓，在分隔椁室的板墙面上，绘有菱形纹、田字纹和卷云纹彩色图案多幅，用以象征贵族宅第的豪华门户。[7]

据《史记·秦始皇本纪》记载，秦始皇陵不仅“宫观百官奇器珍怪徙臧满之”，而且还特别注重对地宫进行装饰，使之“上具天文，下具地理”。考古研究人员对秦始皇陵封土下的地宫进行钻探，“发现石板层，深度不一，周围石板层低于中部。这一现象大约反映了地宫顶盖是穹庐状的”。[8]石材构筑的地宫需要进行装饰，而采用绘画形式可能是一种比较可行有效的方式，想来秦陵中“上具天文”的巨幅天象图就绘制地宫的穹庐顶上。

据考古发掘所获材料，西汉墓室壁画兴起与“以山为藏”崖洞墓和斜坡墓道竖穴砖室墓流行同步。现已发现的崖洞墓壁画为中期之作，墓主人系王侯一级贵族，如梁共王刘买或梁孝王的嫔妃，南越国文帝赵胡等，壁画内容只有天象四神、云气纹等。斜坡墓道竖穴砖室墓壁画集中出现在晚期，墓主人皆为两千石以下等次的官吏及富豪，出土地点集中在当时的长安和雒阳，壁画内容丰富，有天文、升仙、祥瑞辟邪、现实生活和图案装饰等，真实和形象地展现了当时上流社会的生活面貌和思想追求。其中，长安的墓室壁画尤为精彩。

第一节　宫廷绘画

张彦远《历代名画记·叙画之兴废》云：“图画之妙，爰自秦汉，可得而记。”汉代美术繁盛，宫廷绘画活动多与朝政大事相关联，因之被史官记录在案。长安宫殿大型壁画的创作，在史书中已有明确记载，题材有寓意性质的动植物（承明殿）、当代名臣（麒麟阁）、历史故事和人物（明光殿），以及天、地、泰一诸鬼神（甘泉宫）等，用以整肃朝纲，表彰勋烈，纪念圣贤以及与天神沟通。

武帝时活跃在宫中的方士文成有高超的绘画技艺，他策划并装饰了云气车，主持绘制了甘泉宫台室中的鬼神题材壁画。当时宫廷中已有专门从事绘画创作的黄门画者，著名的周公辅成王朝诸侯图就出自他们之手。《西京杂记》（卷二）记载，元帝时宫廷画工有杜陵邑的毛延寿、安陵邑的陈敞、新丰的刘白和龚宽、下杜的阳望及樊育等。他们都是长安人，各怀绘画绝技，或擅长各类人物写真、牛马飞鸟众势，或善于布色。宫廷画工的大量涌现，是长安绘画艺术趋于成熟和繁盛的一个标志。

一、承明殿、麒麟阁和明光殿壁画

文献记载未央宫壁画有两处，分别绘制在承明殿和麒麟阁。其中，承明殿的是寓意性壁画，绘制于文帝时；麒麟阁的为汉时十一名臣图，为宣帝时诏令创作而成。麒麟阁功臣肖像具有现实政治和特殊的纪念意义，堪称中国早期宫廷壁画中的鸿篇巨制，对后来宫廷纪念性绘画创作的影响很大。明光殿在桂宫，殿中的古烈士画像有向嫔妃教育和劝诫的意义。

1. 承明殿壁画

文帝三年（前177年），在未央宫承明殿画屈轶草、进善旌、诽谤木、敢谏鼓、獬豸等。此事出自宋代《文苑英华》（卷二六二）录《画鉴》记载，后来被美术史著述中广泛征引，成为证明早期宫殿壁画的依据。如黄宾虹《古画征》、秦仲文《中国绘画学史》、朱杰勤《秦汉美术史》、史岩《东洋美术史》、郑午昌《中国画学全史》及日本大西村崖《中国美术史》等都有引述。据《史记·孝文本纪》记载，文帝即位后为整顿朝纲，广纳群言，于二年（前178年）下诏：

> 古之治天下，朝有进善之旌，诽谤之木，所以通治道而来谏者。今法有诽谤妖言之罪，是使众臣不敢尽情，而上无由闻过失也。将何以来远方之贤良？其除之。民或祝诅上以相约结而后谩，吏以为大逆，其有他言，而吏又以为诽谤。此细民之愚无知抵死，朕不取。自今以来，有犯此者勿听治。

《汉书·文帝纪》记载同。汉初实行黄老之治，但也兼容儒家思想的治国理念。从叔孙通制定礼仪，到陆贾撰写《新语》讨论“行仁义，法先圣”，可以看作刘氏集团为巩固自己的统治地位而对儒家思想的兼收并取。文帝即位后不久，诏令废除诽谤妖言罪，给予“通治道而来谏者”以法律制度上的保障。承明殿的寓意性壁画可能由此而来。

屈轶草又叫屈草、屈轶，传说此草能辨善恶指认佞人。《文选·三月三日曲水诗序一首》李善注：“《田俅子》曰：‘黄帝时，有草生于帝庭阶，若佞臣入朝，则草指之，名曰屈轶，是以佞人不敢进也’。”《博物志·异草木》云：“尧时有屈轶草，生于庭，佞人入朝，则屈而指之。一名指佞草。”

余英时先生说：“黄帝传说尤其与齐国有关，而方士出于齐国。”[9]《田俅子》是齐人著作，文中所说的“帝庭”可能指黄帝“明廷”（明堂）。山东临淄1号东周殉人墓出土一件圆形漆器上的宫殿图，引起研究者的关注。曹春平先生说，它应是明堂图的一个缩影；[10]杨鸿勋先生则持谨慎态度，认为不能用此图作为明堂形制的证据，但它有佐证作用。[11]值得注意的是，该图中四边三间式大殿的交界处，各置有一株植物，枝条向上弯曲，上面的碎小叶片呈对称排列状（参见第104页图1-51），可能与传说中生长于“帝庭阶”的屈轶草有关。秦宫3号遗址回廊第八间东壁绘有两株草本植物，由云气纹的两边而出，形成一个完整画面（图6-2）。刘庆柱先生将其释为麦穗图，认为与秦的重农思想有关。[12]我们以为此说欠妥，从画中植物的叶片对称排列、长茎弯曲的形状及其与云气纹的组合关系推测，或许它表现的是屈轶草。

图6-2
秦宫壁画植物图（摹图）
咸阳宫3号建筑遗址
采自《秦都咸阳考古报告》

进善旌，又叫告善旌，传说为尧舜时所设置，用以激励进善言者。《管子•桓公问》曰：“舜有告善之旌，而主不蔽也。”《大戴礼记·保傅》云：“于是有进善之旌，有诽谤之木，有敢谏之鼓。”庐辩曰：“尧设之，令进善者立于旌下。”《汉书·文帝纪》应劭注：“旌，幡也。尧设之五达之道，令民进善也。”

诽谤木，亦传说尧舜时所置，《史记索引》（孝文本纪）按：“《尸子》云‘尧立诽谤之木’。韦昭云‘虑政有阙失，使书于木，此尧时然也，后代因为饰。今宫外桥梁头四植木是也。’”《淮南子·主术训》云：“舜立诽谤之木。”

敢谏鼓，传说上古时期为欲谏者所击之器，又称谏鼓。《淮南子•主术训》云：“尧置敢谏之鼓。”《管子•桓公问》曰：“禹立谏鼓于朝而备讯矣。”

我们以为，上述进善旌、诽谤木、敢谏鼓三种物品，很可能是置于承明殿廊上的实物，未必采用绘画形式表现之。

獬豸，传说中能断狱讼、性别曲直、专触奸佞的神兽。司马相如《上林赋》云：“椎飞廉，弄獬豸。”郭璞引张揖语：“獬豸，似鹿而一角，人君刑罚得中，则生于朝廷，主触不直者。” 表现独角兽的汉代美术作品并不少见，长安城武库遗址出土的一件玉佩上刻有带翼的独角山羊，有研究者认为它就是獬豸，[13]但在蒙古匈奴贵族墓（M20）出土的银质圆形饰牌上可见到类似的神兽形象。[14]我们认为，这种带翼的独角山羊可能表现的是麒麟形象。还有一种专门用于镇墓辟邪的木雕独角兽，在甘肃、青海一带汉墓出土较多（图6-3）。它们身饰彩色条纹，长尾翘举，四肢迈开，俯首向前冲刺，充满凌厉与威猛的气势，与玉佩上带翼的独角山羊形象有别。在豫西、关中和陕南的东汉三国墓中出土的陶塑独角兽，造型与木雕独角兽相同。而在陕北和晋西北东汉画像石墓中，则将这种猛兽的图像直接刻绘在门扉上。所以，用于镇墓辟邪的独角

图6-3
木雕独角兽
甘肃武威磨嘴子汉墓

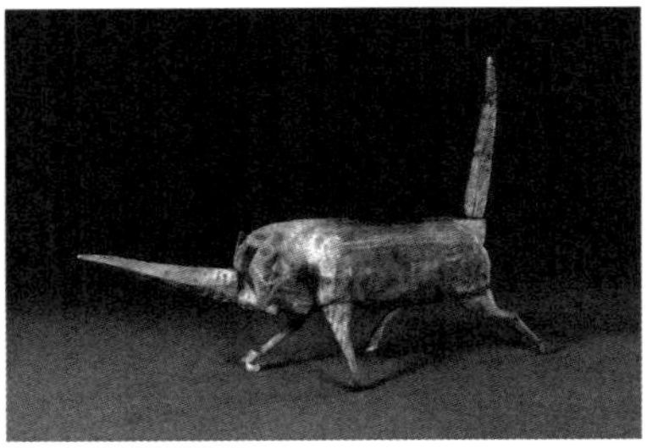

兽，大约才是传说中的獬豸。

《三辅黄图》（卷三）云："未央宫有承明殿，著述之所也。班固《西都赋》云：'又有承明、金马，著作之庭。'即此也。"何清谷先生注："《汉书》卷七十五《翼奉传》云：文帝时未央宫已有承明殿，可见此殿建于汉初。《汉书》卷六十八《霍光传》云：霍光与众臣合谋废除即位后淫乱无度的昌邑王刘贺，'皇太后乼车驾幸未央承明殿'，听取群臣对刘贺的控告。《汉书》卷八十七《扬雄传》：成帝诏扬雄'待诏承明之庭'。"[15]承明殿是群臣议政、上述奏折之处，文帝诏令在殿壁上图绘屈轶草、獬豸，在殿廊上设置进善旌、诽谤木和敢谏鼓，目的在于激励群臣为朝廷敢于仗义执言。据考古研究人员对未央宫的全面勘察，承明殿在未央宫前殿之北，石渠阁以东。

2. 麒麟阁名臣图

麒麟阁与未央宫的天禄、石渠阁齐名，它是当时国家重要藏书之处，传武帝时因瑞兽麒麟出现而建此阁。但该建筑遗址的具体位置目前尚不能确定。甘露三年（前51年）宣帝诏令图画十一名臣于麒麟阁。《汉书·李广苏建传》云：

> 甘露三年，单于始入朝。上思股肱之美，乃图画其人于麒麟阁，法其形貌，署其官爵姓名。唯霍光不名，曰大司马大将军博陆侯姓霍氏，次曰卫将军富平侯张安世，次曰车骑将军龙额侯韩增，次曰后将军营平侯赵充国，次曰丞相高平侯魏相，次曰丞相博阳侯丙吉，次曰御史大夫建平侯杜延年，次曰宗正阳城侯刘德，次曰少府梁丘贺，次曰太子太傅萧望之，次曰典属国苏武。皆有功德，知名当世，是以表而扬之，明著中兴辅佐，列于方叔、召虎、仲山甫焉。凡十一人，皆有传。自丞相黄霸、廷尉于定国、大司农朱邑、京兆尹张敞、右扶风尹翁归及儒者夏侯胜等，皆以善终，著名宣帝之世，然不得列于名臣之图，以此知其选矣。

这11位人物皆有文武之功，辅佐宣帝重兴汉室，功绩堪比周宣王时功臣方叔、召虎、仲山甫，所以入选麒麟阁十一名臣图。名臣图中人物旁各榜书其官爵姓名，到"成帝时，西羌尝有警，上思将帅之臣，追美充国，乃召黄门郎扬雄，即充国图画而颂之"（《汉书·赵充国传》），安羌功臣赵充国画像加题了扬雄撰写的画赞。十一名臣图在汉代的政治生活中占有举足轻重的位置，王充《论衡·须颂篇》曰："宣帝之时，图画汉烈士。或不在其图上者，子孙耻之。何则？父祖不贤，故不图画也。"

汉时在长安宫中绘制当代纪念性人物肖像，并非宣帝时创制。武帝时在甘泉宫中画有宠妃李夫人和休屠王阏氏的肖像。又据《史记·留侯世家》记载，司马迁看见开国功臣张良的画像后感叹道："余以为其人计魁梧奇伟，至见其图，状貌如妇人好女。"可知当时的人物肖像追求写实风格，重视表现对象的个性风貌。推想后来麒麟阁十一名臣图亦不乏这一艺术表现特征。关于张良画像，有美术史家说它绘制在未央宫前殿的宣室，[16]但不知何据。

近年发现的西安曲江翠竹园西汉晚期墓室壁画，[17]是长安人物画艺术取得巨大成就的有力见证，并为我们窥探麒麟阁十一名臣图的风格及样式提供了帮助。绘制在该墓四壁的人物，皆作全身并四分之三侧面造型，个别人物头顶右侧有榜题。人物中高者达2米，一般的也在1.4米左右，浓墨重彩，风格粗犷，为迄今发现的汉代墓室壁画所罕见。说该墓壁画受到宫廷壁画的影响，不仅因为它们的体裁一致，更重要的是在大型人物肖像画表现形式方面，宫廷壁画积累的创作经验优于墓室壁画。

麒麟阁十一名臣图对后来的纪念性人物绘画创作影响很大。明帝效法宣帝，永平中"追感前世功臣，乃图二十八将于南宫云台，其外又有王常、李通、窦融、卓茂，合三十二人"。[18]这是继麒麟阁十一名臣图后规模更大的一次纪念性人物绘画创作。到唐代，著名画家阎立本于贞观十七年（643年）奉诏图绘长孙无忌、李勣、魏徵、房玄龄、杜如晦等二十四开国功臣像于唐长安城太极殿中凌烟阁殿壁，太宗亲自为赞。《凌烟阁功臣图》原画早已不存，宋时曾根据其画本摹刻上石，现有部分碑刻画像保存于陕西麟游。又据《历代名画记·述古之秘画珍图》记载：《汉麒麟阁图》图本有二，武帝一，宣帝一，皆"散逸人间"。

3. 明光殿壁画

明光殿在桂宫中，《三辅黄图》（卷二）引《三秦记》："未央宫渐台西有桂宫。中有明光殿，皆金玉珠玑为簾箔，处处明月珠，金陛玉阶，昼夜光明。"省中，宫禁之中。门阁有禁，非侍御之臣不得妄入。《汉书·昭帝纪》："帝姊鄂邑公主益汤沐邑，为长公主，共养省中。"颜师古注："省，察也。言入此中皆当察视，不可妄也。"明光殿壁画见于蔡质《汉官典职》[19]记载，文曰：

> 尚书奏事于明光殿，省中画古烈士，重行书赞。
> 省中皆以胡粉涂壁，紫素界之，画古烈士。

古烈士，指上古时期的帝王和名臣。《汉书·杨恽传》记载：宣帝时"恽上

图6-4
汉画像石中的帝王图
武梁祠西壁

观西阁上画人，指桀纣画谓乐昌侯王武曰：‘天子过此，一二向其过，可以得师矣。’画人有尧舜禹汤不称，而举桀纣”。可知西阁的“画人”有尧、舜，禹、汤等贤圣，还有桀、纣等亡国之君。明光殿古烈士应包括这些人物。《汉书•班倢伃》云：“成帝游于后庭，尝欲倢伃同辇，倢伃辞曰：‘观古图画，贤圣之君，皆有名臣在侧；三代末主，乃有嬖女，今欲同辇，得无近似乎？’”当初班倢伃所见古图画，或许就是明光殿的古烈士图。桂宫是后妃之宫，在桂宫中绘制古烈士壁画，具有向众嫔妃教育和劝诫的意义。

重行书赞，即在画的旁边重行书写画赞。赞是一种文体，赞颂画像中人物的称画赞。如前述成帝诏令扬雄“即充国图画而颂之”，就是为赵充国画像撰写画赞。

胡粉即铅粉，《抱朴子·论仙》：“愚人乃不信黄丹及胡粉乃化铅所作。”胡粉可以敷面，《后汉书·李固传》：“固独胡粉饰貌，搔首弄姿。”胡粉也用于涂壁，《邺中记》：“石虎以胡粉和椒涂壁，曰椒房。”

紫素界之，“素”指画的白底，或白色生绢，《说文解字》云：素，白致缯也。但“素”也有纯净、素净之义。我们理解“紫素界之”说的是采用素净的紫色绘出界格，以便在界格内安排和布局壁画内容。

《汉官典职》的这段文字不多，但它记录了壁画所在的宫殿，壁画的内容题材和样式，以及绘制壁画的材料和过程，值得我们重视。

汉时采用界格的形式安排和布局画面内容，常用于由多个历史人物组成的大型壁画，山东嘉祥武梁祠中的帝王图采用的就是这种形式（图6-4）。位于该祠西壁上层的帝王图，刻画了由11位人物形象，即三皇（伏羲和女娲、祝融、神农）、五帝（黄帝、颛顼、喾、尧、舜）及夏代的禹、桀。画像为长卷式构图，伏羲和女娲蛇身，相互缠绕，置于方形界格中，其余的依次置于9个长方形的界格内，各有不同的动作和姿势，画赞铭刻在左边的界框上。

最后还需要检讨《汉书•杨恽传》记载“上观西阁上画人”的问题。从字面理解，杨恽“上观西阁”即登上西阁观看阁上的“画人”。我们以为这个“西阁”可能指未央宫通往建章宫的飞阁，或是桂宫明光殿土山通向建章宫神明台的飞阁。《文选·西都赋》云：“辇路经营，修除飞阁。自未央而连桂宫，北弥明光而亘长乐。凌隥道而朝西墉，掍建章而连外属。”李善注：“如淳曰：辇道，阁道也。司马彪《上林赋注》曰：除，楼陛也。”《文选·西京赋》云：“属长乐与明光，径北通乎桂宫。”李善注引《汉武帝故事》：“上起明光宫、桂宫、长乐宫，皆辇道相属，悬栋飞阁，北度从宫中西上城，至神明台。”《三辅黄图》（卷二）云：“帝于未央宫营造日广，以城中为小，乃于宫西跨城池作飞阁，通建章宫，构辇道以上下。”原注：“辇道为阁道，可以乘辇而行。”又引《关辅记》云：“桂宫在未央北，中有明光殿土山，复道从宫中西上城，至建章神明台、蓬莱山。”值得注意的是，这条通往神明台的飞阁东端连接的是明光殿土山。如果此飞阁即杨恽观画的西阁，那么《汉官典职》所说的明光殿壁的古烈士图，或许就是“西阁上画人”。但邢义田先生说：“西阁位置，今已无确证可考，据《杨敞传》里杨恽的故事，西阁是天子经常出入之地，应在未央宫。”[20]此备一说。

二、武帝时期的人物画

武帝时期宫廷画工创作的人物画，见于文献记载的有三宗。其一，画宠妃李夫人肖像。《汉书·外戚传上》记载：

> 李夫人蚤卒，上怜悯焉，图画其形于甘泉宫。

其二，图绘休屠王阏氏画像，纪念一位伟大的外族女性人物。《汉书·金日磾传》云：

> 日磾母教诲两子，甚有法度，上闻而嘉之。病死，诏图画于甘泉宫，署曰‘休屠王阏氏’。日磾每见画常拜，鄉之涕泣，然后乃去。

其三，为保刘氏江山社稷计，征和二年（前91年）诏令黄门画者绘制周公负成王朝诸侯图赐予霍光。《汉书·霍光传》云：

> 是时上年老，宠妃钩弋赵倢伃有男，上心欲以为嗣，命大臣辅之。察群臣唯光任大重，可属社稷。上乃使黄门画者画周公负成王朝诸侯以赐光。

此三宗人物画皆由黄门画者创作，对后来影响最大的是休屠王阏氏画像和周公负成王朝诸侯图。前者大约是一幅壁画，绘于甘泉宫中；后者体裁不详，但它置于未央宫无疑。这两幅作品都是在武帝直接指令下完成的，政治意义重大。当时统治集团对于绘画教育功能的重视与运用，以及宫廷绘画创作活动，由此可见一斑。

1. 休屠王阏氏画像

元狩二年（前121年），休屠王与昆邪王共谋降汉，后因反悔为昆邪王所杀，其部随昆邪王部降汉。金日磾“以父不降见杀，与母阏氏、弟伦俱没入官，输黄门养马，时年十四矣”。虽然阏氏是匈奴人，被杀休屠王的妻子，但她教诲金日磾、金伦二子，“甚有法度，上闻而嘉之。病死，诏图画于甘泉宫，署曰‘休屠王阏氏’。日磾每见画常拜，鄉之涕泣，然后乃去”。[21]但休屠王阏氏画像没有图绘于长安宫中，却在远离长安的甘泉宫。

甘泉宫位于雍州云阳县西北（今陕西淳化县北），特殊的地理位置决定了它成为西汉政府联系匈奴部族的纽带。这一带曾是义渠部族的宗教圣地。《史记集解》（匈奴列传）引《汉书音义》曰：“匈奴祭天处本在云阳甘泉宫山下，秦夺其地，后徙之休屠王右地。故休屠有祭天金人，象祭天人也。”《史记索引》云：“得休屠金人，后置之甘泉也。”又据《汉书•地理志上》右扶风云阳县注：“有休屠金人及径路祠三所。”元狩二年汉军在河西一带击败匈奴之后，武帝将祭天金人安置于甘泉山下，恢复了匈奴部族在这里祭天的习俗。甘泉地区接近北地、上郡、陇西，而这三地又是当时安置昆邪和休屠部众之处，与朔方、云中并称五属国。甘泉宫还是西汉政府举行外交活动的重要场所。太始三年（前94年）春正月，武帝行幸甘泉，宴飨外国宾客。武帝以后，甘露三年（前51年）和黄龙元年（前49年）春正月，匈奴呼韩邪单于两次至甘泉宫朝觐宣帝。[22]由此可见，武帝诏令图绘休屠王阏氏画像于甘泉宫并署名的动机非常明确，除宣扬重公义、贤能有智的母仪精神之外，还有树立汉王朝威望、化解民族之间仇恨，以及用德治来降服匈奴部族的政治意图。

西汉立国之后，刘氏集团虽以“黄老无为”的道家思想作为治国的指导方针，但儒家思想在礼仪制度和社会伦理道德领域还是发挥着比较大的作用，特别是武帝执政后，儒学在社会意识形态领域的统治地位得以确立，影响遍及社会生活的各个方面。在宫廷绘画中，依据儒家伦理道德标准建构起来的人物画题材开始流行，“图象之设，以昭劝戒，欲令人君动鉴得失”。[23]

图绘休屠王阏氏画像的另一个现实政治意义，在于树立当代的母仪形象。刘向作《列女传》，将先秦时期的女性代表人物事迹归纳为母仪、贤明、仁智、贞顺、节义、辩通、孽嬖等七种，并撰有传论。《母仪传序》云：“惟若母仪，贤圣有智。行为仪表，言则中义。贻养子孙，以渐教化。既成以德，致其功业。始母祭此，不可不法。”休屠王阏氏事迹符合这一评判标准。汉时母亲在家庭乃至社会结构中占有重要地位，在长安宫中，吕太后、窦太后、王太后都曾以母后的身份干预甚至操纵过朝政。后来东汉学者所作《续列女传》，书中列举的母仪典范，差不多都是西汉时代的人物，如陈婴之母、王陵之母、张汤之母、隽不疑之母、严延年之母等。她们的共同特点是“广于德教”，有着高尚的道德情操，宽广的胸襟气度。崇敬母亲、赞颂母仪精神成为汉时的社会风尚，武帝表彰一位刚去世的匈奴王妻子，绘制其画像于甘泉宫殿壁，可谓引领时代风气之先。关于休屠王阏氏的故事，王充在《论衡•乱龙篇》亦有记载：

> 金翁叔，休屠王之太子也，与父俱来降汉。父道死，与母俱来，拜为骑都尉。母死，武帝图其母于甘泉殿上，署曰“休屠王焉提”。翁叔从上上甘泉，拜谒起立，向之泣涕沾襟，久乃去。夫图画，非母氏实身也，因见形象，泣涕辄下，思亲气感，不待实然也。

山东嘉祥武梁祠刻绘有休屠王阏氏故事的画像（图6-5），但它“因石断裂残缺，故画面残甚，现仅存一屋，屋中左边一人仅存上半身，榜题‘骑都尉’。屋外左边一人拱手右向立，头残。据《隶续》《金石索》记载，骑都尉为右向拱手跪，屋中右边一像左向坐，其左上榜题‘休屠像’（今全泐）。因此，此组画像应是休屠的故事”。[24]对照洪适《隶续》摹绘的画像（图6-6），画面中的房屋有二柱，屋后右面有一兽。屋内金日磾作右向拱手跽坐姿，身前倾，头著胡帽。其右是母亲休屠王阏氏，头梳高髻并横插一支笄，身着右衽长袍，跽坐姿，双手拢于胸前，身稍向左侧，榜题“休屠像”。屋外左边有一人右向而立，但仅见其侧身少部分。冯云鹏、冯云鹓《金石索》摹绘的画像（图6-7），不见屋后一兽，金日磾头戴进贤冠，屋外左边的人物可见其侧身大部分。

图6-5（上）
休屠王阏氏故事画像
武梁祠后壁

图6-6（中）
休屠王阏氏故事画像
《隶续》摹图

图6-7（下）
休屠王阏氏故事画像
《金石索》摹图

较早对东汉武梁祠画像做深入研究的是清代道光年间的学者瞿中溶。他在《汉武梁祠画像考》中著录了休屠王阏氏故事画像，并做了比较详细的考证。如说："且考史传与功臣侯表，竝以日磾为驸马都尉，而石刻作骑都尉正与《论衡》之文合"；"又考《汉书•苏建传》，贤为骑都尉，宋祁曰南本骑作驸马，可见当时所传骑都尉与驸马都尉往往相混"；"像为日磾之母，当题休屠王阏氏，不当但云休屠像"；再按："《隶续》此图一榜题休屠王之下，其右一像似坐而向左者，乃其母之像也。骑都尉榜下一人乃向右像而跪者，即日磾也，今多残缺。"[25]容庚先生在《汉武梁祠画像考释》著录这幅画像，并录有《论衡•乱龙篇》所载休屠王阏氏事迹，认为"以《论衡》所载与图为近"。[26]

按照《列女传》分类，休屠王阏氏的事迹应属于母仪类。但在武梁祠的石壁上，这个题材则是作为孝子类画像来处理和布局的。该画像列位于后壁第二层，同层的其他五幅故事画像，即伯俞伤亲年老、邢梁哺父、董永佣耕养父、朱明与章孝母、李善抚孤等都是孝子题材，而同壁的列女题材画像均被安排在第一层。石祠东壁和西壁的画像布局亦然，即孝子题材画像被安排在第二层，列女题材被安排在第一层。所以，武梁祠这幅画像所表现的主题内容应是金日磾在甘泉宫见像下跪哭泣的故事。[27]巫鸿先生据榜题判断："金日磾所拜的画像描绘的是他已故的父亲"，而且"这种改变似乎是故意的"，"画像和榜题十分清楚，即后代应向已故的父亲表现出最大的悲伤和尊敬"。"《金石索》中的复原图是根据文献而非根据雕刻本身"。[28]但我们以为，原来的榜题应与《汉书 • 金日磾传》记载"属曰：'休屠王阏氏'"相同，洪适摹绘时可能漏掉"阏氏"二字；或原题为"休屠王"，即"休屠王阏氏"的省称。原画表现金日磾拜见其父休屠王的可能性不大。

从甘泉宫壁画到武梁祠石刻，休屠王阏氏画像流传有200多年，列女题材转换为孝子题材，故事主人公由母亲阏氏转换为儿子金日磾。究其原因可能有二：一是这个故事本身的意义具有多重性，武梁祠画像的主题突出其中的孝行，而不是母仪；二是画像图本在流传过程中可能被误读，即将原图本表现休屠王阏氏教诲金日磾、金伦二子，阐释为金日磾在甘泉宫母亲像前跪拜哭泣。我们以为后一种可能性比较大些，这从武梁祠的画像的细节亦可看出，如设有两柱的房屋点明故事发生的地点在主人公的居室内，儿子与母亲在室内的同一个视平线上，母子二人沉浸于交谈之中等。对于屋外左边的右向而立人物，先前研究者未曾做过解释。我们推测，这个人物应当与画像内容有关，它很可能刻画的是金日磾兄弟金伦的形象。[29]全图中的故事情节是围绕"金日磾母教二子，甚有法度"（《汉书 • 金日磾传》）

这个主题而展开的。

武梁祠的这幅画像有榜题，画面内容与文献记载基本吻合，它对我们认识甘泉宫休屠王阏氏画像的形式风格及画像图本的流传，有一定的参考价值。

2. 周公负成王朝诸侯图

东周时期雒阳明堂中绘制有周公负成王朝诸侯图，《孔子家语·观周》[30]云：

> 孔子观乎明堂，睹四门墉，有尧舜之容，桀纣之象，而各有善恶之状，兴废之诫焉。又有周公相成王，抱之负斧扆，南面以朝诸侯之图焉。孔子徘徊而望之，谓从者曰："此周公所以盛也。"

引文中的四门墉，即明堂四面朝向大门旁的墙壁。斧扆，绣有斧形的屏风。《礼记•曲礼下》："天子当依而立，诸侯北面而见天子，曰觐。"孔颖达疏："天子当依而立者，依，状如屏风，以绛为质，八尺，东西当户牖之间，绣为斧纹也。"周公负成王朝诸侯图绘制在明堂北面门旁的墙壁上，图中周公旦抱着年纪尚小的成王，背靠装饰着斧形图案的屏风，面南接受诸侯朝拜。

征和二年（前91年），武帝诏令宫廷黄门画者绘制周公负成王朝诸侯图赠予霍光，四年后即后元二年（前87年）春，他向霍光再次申明绘制此图的用意。《汉书•霍光传》有记载：

> 后元二年春，上游五柞宫，病笃，光涕泣问曰："如有不讳，谁当嗣者？"上曰："君未谕前画意邪？立少子，君行周公之事。"光顿首让曰："臣不如金日磾。"日磾亦曰："臣外国人，不如光。"上以光为大司马将军，日磾为车骑将军，及太仆上官桀为左将军，搜粟都尉桑弘羊为御史大夫，皆拜卧内床下，受遗诏辅少主。

根据周公负成王朝诸侯图的画题并参照雒阳明堂壁画推测，武帝时绘制的这幅作品，人物应当有成王、周公和诸侯，成王背后有斧扆，画面情节应为成王在周公旦的辅佐下，面南接受诸侯的朝拜。

周公辅成王故事在《史记·周本记》《史记·鲁周世家》都有记载，流传广且影响很大。可能因周公旦曾被封为鲁国国公的缘故，在山东地区出土的画像石中表现这一故事题材的特别多，已收入《中国画像石全集》就有六幅。张道一先生说：它们的"画面都不复杂，最少的只有两人或三人，即成王和周公，再加上一个持伞者；人物较多的则是侍从人员或

图6-8
汉画像石中的周公辅成王图
山东嘉祥纸坊镇

晋见者”。[31]山东嘉祥纸坊镇敬老院出土的一件画像石上，周公辅成王图被安排在画面的中层，图中三人皆有榜题：中者矮小，正面，双手下垂，榜题“成王”；右者侧面，榜题“召公”，左者侧面并持一把伞，榜题“周公”（图6-8）。由此图可知，位左并持伞者为周公旦，右者是召公。嘉祥宋山出土的小型画像石祠，在西壁的第二层刻绘有周公辅成王图，图中年幼的成王站在榻上，正面造型，其左右各三人皆作侧面造型，左一人持伞即周公旦，右一跪者是召公，其他的人物应为前来拜谒的诸侯（图6-9）。江苏邳州庞口村出土的一件画像石，周公辅成王图安排在画面左边的中层，其构图与山东的有所不同。图中九位人物皆作侧面造型，左面二人皆有榜题，分别是“周公”“成王”。周公拢袖站立在成王的后面，成王前面是前来朝拜的五位诸侯，皆作跪姿，其后是两位双手持羽葆的侍者（图6-10）。这些画像的构图及人物造型，可能与东周明堂中的壁画、长安宫廷黄门画者创作的作品有异，但其主题及基本情节不会有太大差别。

据《汉书·百官公卿表》记载，黄门为少府属官，有黄门令、丞，中黄门归属黄门令。黄门画者可能在该机构供职，领取俸禄。《汉书·艺文志》收录的诸诗赋家，有黄门书者假史王商及黄门书者王广、吕嘉等，可见西汉时的黄门并非专门的宫廷绘画机构。当时的黄门也泛指门禁，在宫禁之中供职者，可以称为“其官给事于黄门之内”。于宫禁中听候皇帝差遣，称黄门侍郎。[32]至于《后汉书·百官三》记载，少府属下有“黄门署长、画室署长、玉堂署长各一人。丙署长七人。皆四百石”，其中的画室署长可能是专门负责宫廷绘画的机构。但这是东汉时的事情，不宜与西汉宫廷的黄门机构混为一谈。

图6-9（上）
汉画像石中的周公辅成王图
山东嘉祥宋山

图6-10（下）
汉画像石中的周公辅成王图
江苏邳州庞口村

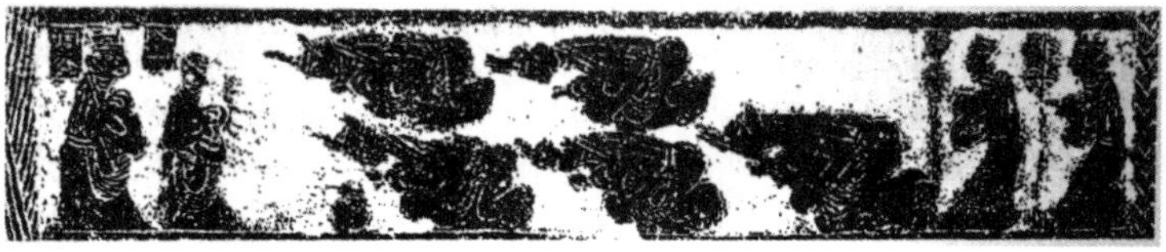

三、文成画鬼神图

秦代迷信本深，擅长神仙事的方士渐多。西汉建朝后，各地尤其是燕齐一带方士纷纷向长安聚集，一场神仙运动在都城兴起，武帝时规模及影响尤甚。《汉书·郊祀志下》云：

汉兴，新垣平、齐人少

翁、公孙卿、栾大等，皆以仙人、治黄、祭祀、事鬼使物、入海求神采药贵幸，赏赐累千金。大尤尊盛，至妻公主，爵位重絫，震动海内。元鼎、元封之际，燕齐之间方士瞋目扼腕，言有神仙祭祀致福之术者以万数。

文中的齐人少翁，即后来的文成将军。《史记•孝武本纪》云：

其明年，齐人少翁以鬼神方见上。上所幸王夫人，夫人卒，少翁以方盖夜致王夫人及灶鬼之貌云，天子自帷中望见焉。于是乃拜少翁为文成将军，赏赐甚多，以客礼礼之。文成言曰："上即欲与神通，宫室被服不象神，神物不至。"乃作画云气车，及各以胜日驾车辟恶鬼。又作甘泉宫，中为台室，画天、地、泰一诸鬼神，而置祭具以致天神。

《史记 • 封禅书》记载相同。文成是一位有装置和绘画才能的方士，他所绘制的王夫人（按：《汉书 • 郊祀志上》记载的是李夫人）的肖像及灶鬼图能在夜间显现，可能采用了一种特殊的方法或材料。

1. "作画云气车"

关于文成"作画云气车"，《史记索隐》（封禅书）曰：乐产云"谓画青车以甲乙，画赤车丙丁，画玄车壬癸，画白车庚辛，画黄车戊已。将有水事乘黄车，故下云'驾车辟恶鬼'是也"。《汉书 • 郊祀志上》服虔注："甲乙五行相克之日。"如淳注："如火胜金，用丙丁日，不用庚辛也。"

我们的理解是，文成"作画云气车"是指他策划并装饰了"胜日驾车辟恶鬼"的云气车，供武帝出行时使用，以便"与神通"，而不是在宫室中画了云气车图。这些云气车可能分别涂有青、赤、玄、白、黄五种颜色，上面还绘有与之匹配的灵物如龙、鸟、虎、龟蛇、麒麟等形象，寓意能行驶于云气之中并与天神沟通，故曰云气车。它是阴阳五行观念下的产物，与明堂舆服制度相似。相关的内容在《吕氏春秋•十二纪》《淮南子•时则训》《礼记•月令》等中都有记载，择其要点如下：

春季：其日甲乙，天子乘鸾辂，驾苍龙；
夏季：其日丙丁，天子乘朱辂，驾赤骝；
中央土：其日戊己，天子乘大辂，驾黄骝；
秋季：其日庚辛，天子乘戎路，驾白骆；
冬季：其日壬癸，天子乘玄辂，驾铁骊。

图6-11
车马图
咸阳宫3号建筑遗址壁画

引文中的辂、路，皆车也。鸾辂即青色车；朱辂即赤色车；大辂即木质车，可理解为黄色车；戎路，后作戎辂，即白色车；玄辂即黑色车。这五种车舆分别配以青、红、黄、白、黑五种颜色骏马。

秦咸阳宫3号遗址壁画绘制在回廊的东、西墙垣上，有车马、仪仗人物、建筑和植物图像。其中的车马尚存七套，每套为四马一车（图6-11）。据刘庆柱先生描述：“在七套马中，枣红色三套，黄色和黑色各两套。廊东壁南、北两组车马的第一套，均以枣红马为先导，南组其后两套分别为枣红马和黑马；北组其后两套均为黄马。廊西壁仅见一套车马，马为黑色，这套马从其所在画面位置分析，应为三套车马一组中的最后一套，该组第一、二套车马已毁，马色无从谈论。”[33]由于壁画残损太甚，可辨识的只有三色套马，但东墙尚存11个仪仗人物，他们皆着长袍，其颜色有褐（黄）、红、绿（青）、白、黑五种。我们推测，秦宫3号遗址回廊壁画中的车马、仪仗人物，大概受到了阴阳五行观念及明堂舆服制度的影响。

文成是文献中明确记载“作画云气车”者，对后来应有不小的影响。他所策划并装饰的云气车，可以与后来汉画中的云气车图像联系起来理解。只是汉画中牵引车舆的，由先前五种颜色的驾马，演变为龙、虎、鹿、鸟、龟蛇（鱼）等灵物。其中的龙：色青，代表甲乙；鸟：色赤，代表丙丁；麟：色黄，代表戊己；虎：色白，代表庚辛；龟蛇：色黑，代表壬癸。它们同样是阴阳五行观念下的产物，目的在于“与神通”，其造型理念与文成策划并装饰的云气车并无二致。如陕西绥德延家岔汉墓的前室东壁上嵌有门框式画像石，[34]在横额石上从左到右分别刻出鲸车、虎车、鹿车、龙车向左奔驰，另有前呼后拥的仙人骑鹿、虎、凤鸟等（图6-12）。又如，在山西离石马茂庄3号墓后室门横额下栏的仙车出行图中，依次排列御虎导骑者、虎车、雁车、狐车、豹车、鱼车、狗车、龙车等，[35]车舆下面皆饰有云气纹，场面颇为壮观。再如，江苏徐州单集区洪楼村出土祠堂画像石数件，其中天顶构件有二。其一右部有三鱼驾车、三龙架车，车舆下为云气纹组成的四轮；其二上部有三虎驾车，车舆下有两只神龟相托前行。[36]隔梁石两件，右石右侧有三鹿驾车，车舆下为云气组成的四轮。近年来发现的陕西靖边杨桥

图6-12
汉画像石中的云气车
陕西绥德延家岔

畔新莽前后的墓室壁画，[37]其中就绘有五龙牵引的云气车（图6-13）。

图6-13
汉墓壁画中的云气车
陕西靖边杨桥畔

2. “画天、地、泰一诸鬼神”

我们理解的甘泉宫台室是一座具有祭祀功能的建筑物，它建于元狩四年（前119年），[38]因其在高大的夯土台之上，故名台室。

从画题看，文成绘制的这幅壁画的主体形象有泰一神及阴、阳二神，其中的泰一神为画中的主神。战国秦汉时的文献如《吕氏春秋•大乐》《淮南子•本经》《礼记•礼运》等，凡论及泰一，大都强调这位至尊天神生阴阳、育万物及主宰宇宙的无限神力。如《礼记•礼运》云：

> 是故夫礼，必事于太（泰）一，分而为天地，转而为阴阳，变而为四时，列而为鬼神。

泰一为武帝时郊祀的新神祇，最为尊贵，地位在五帝之上。在文成来到长安之前，武帝曾采纳亳人谬忌的建议，在长安城的东南郊修建了西汉王朝第一座泰一坛。泰一坛祭祀泰一，同时配祭五帝，后来又增加了天一和地一。[39]顾颉刚先生说：“这种天神，无疑地发生于阴阳说：天一是阳神，地一是阴神，泰一更在阴阳之前，为阴阳所从生，所以谓之最贵。《易传》里说：‘易有太极，是生两仪。’泰一便是天极，天一和地一便是两仪。至高无上之谓泰，绝对不二谓一，本来是一个哲学里的名词，却给宗教家取去作为神灵的称号了。从此以后，泰一就是上帝之名，上帝就是泰一之位，终汉一代再也分不开来。”[40]《汉书•礼乐志》收录有汉时宫廷乐府创作的《郊祀歌•惟泰元》，反映了当时的执政者对这位天神的无限崇拜。歌曰：

> 惟泰元尊，媪神蕃釐，经纬天地，作成四时。精建日月，星辰度理，阴阳五行，周而复始。

歌中的天地、日月、四时、星辰等，可以看作是对泰一图像系统的一个描述。又据《史记•孝武本纪》记载：

> 其秋，为伐南越，告祷泰一。以牡荆画幡日月北斗登龙，以象天一三星，为泰一锋，命曰“灵旗”。为兵祷，则太史奉以指所伐国。
>
> 〔集解〕徐广曰：“《天官书》曰天极星明者，泰一常居也。斗口三星曰天一。”骃按：晋灼曰“画一星在后，三星在前为太一锋

图6-14
铭旌上部的天象图（摹图）
采自《长沙马王堆一号汉墓》

也”。

〔正义〕李奇云：“画旗树泰一坛上，名灵旗，画日月北斗登龙等。”

据李家浩先生的解释，画幡“用牡荆为幡杆，幡上画日、月、北斗、升龙，又画天一三星为太一之锋，这种幡名曰灵旗”。[41]画幡为武帝用兵时所制，插设在泰一坛上向泰一告祷。日、月是泰一派生出的阳神和阴神，北斗则为这位至尊天神的常居之地，登龙是作为天神沟通天地的交通工具而出现的，它们都是泰一图像系统中的主体形象。想来文成绘制的天、地、泰一诸鬼神壁画的题材内容，大抵不会超出这个范围。

值得庆幸的是，近几十年发现了大量的汉代绘画作品，使我们求证泰一图像系统及其形象成为可能。湖南长沙马王堆1、3号汉墓出土的两幅铭旌为文景时期的作品，时间较文成在甘泉宫台室绘制壁画早几十年。铭旌的上面部分较宽，表现的是奇幻的天界景象（图6-14），其中有四组图像值得重点关注：其一是居于中央最高处的人身龙躯主神；其二是位于主神左边的太阳；其三是位于主神右边的月亮；其四是居于日月之下的两只腾龙。关于这位天神的定名，据统计有八种说法之多，但“从太一的位置、功能、地位综合观之，似乎可以断定，帛画上端位居天庭中央，列显日月之间、凌驾万物之上的天神非太一莫属”。[42]左右两边的太阳和月亮分别象征泰一“精建”的阳神和阴神。下面的两只腾龙是作为沟通天地的交通工具而出现的，这也与文献记载神人乘两龙（蛇）遨游天地间的传说基本吻合。[43]可以说马王堆汉墓铭旌上面部分所表现的天界景象就是泰一图，或者说是以泰一为主题的鬼神图。

马王堆3号汉墓出土一件帛书，上面绘五天神和三龙，并有墨书“太一将行，何日神从之”等题记（图6-15），其中的主神对我们认识泰一形象有一定参考价值。学术界对于这件帛书的研究讨论尚未取得一致意见，问题主要集中在中央上方的主神、下面的三龙及左侧的墨书题记，并且牵出对战国“兵避太岁”戈上神像的争论。[44]

图6-15
帛书上的“太一将行”图
长沙马王堆3号汉墓

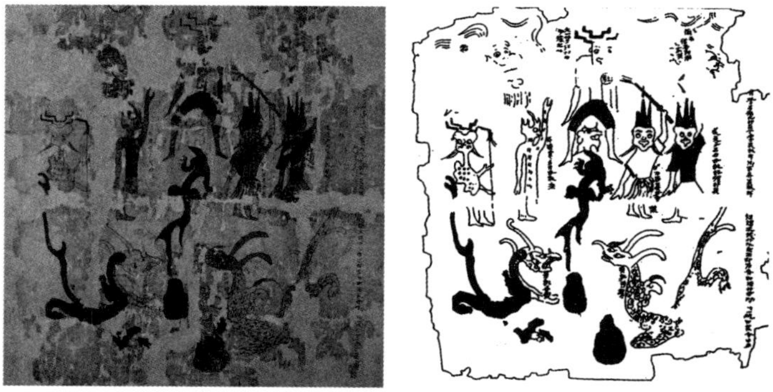

“兵避太岁”戈出土于湖北荆门漳河车桥战国墓，[45]神像铸在戈援的正背两面，头戴冠冕，两侧饰羽，珥蛇，身有鳞，腰系带，左

右手和胯下之动物合为三龙，左脚踏月，右脚踏日。铭文在戈的穿孔两侧，正面为“兵避”，背面为“太岁”（图6-16）。抛开诸家观点是与非不论，从帛书和青铜戈上日、月、登龙、主神及其组合关系看，战国以来的天神图像系统有一个比较固定模式。帛书和青铜戈上主神的冠饰都有羽翅，而这一特征在后来东汉画像石天帝的冠饰上亦有表现。

图6-16
战国“兵避太岁”戈
湖北荆门漳河车桥

东汉画像石中表现天帝形象的有两例。一例出现在山东嘉祥武氏祠前石室（武荣祠）天顶西坡西段的画像中。画像分四层，在第四层中央偏左的位置是一辆由北斗七星组成的云气车（图6-17）。此车即《史记·天官书》中所说的“斗为帝车”，车舆中端坐着一位天帝，头戴进贤冠，冠的前后各饰一条羽翅，两手前伸，作接纳状。信立祥先生说：“端坐在帝车中的神祇只能是天帝太一，而不是北斗君。”[46]另一例出现在河南南阳麒麟岗汉墓前室顶部的天象图中（图6-18）。此图“由九块石材组成。中部刻有前朱雀后玄武，左青龙右白虎，天帝居中端坐。左刻日神人首蛇躯，胸部日轮内有阳乌；北斗七星相连，斗口斗柄分明。右刻月神亦人首蛇躯，胸前有一满月；南斗六星相连，与北斗遥遥相对，期间饰以云气。全画布局严谨，对称均衡，气势宏大”。[47]显然，这位居于中心位置的天帝非泰一神莫属，[48]而泰一神的冠饰状若“山”字形，可能是冠上插饰的羽翅。从战国“兵避太岁”青铜戈到马王堆汉墓帛书，再到武氏祠和南阳麒麟岗画像石，羽翅冠饰可看作是泰一神的一个形象特征。马王堆1号汉墓铭旌上的天帝无冠饰，鳞身，这大约与传说天帝泰一即太昊有关，而太昊就是鳞身的伏羲。总之，探讨汉画中的泰一图像及其图像系统，有助于我们理解文成在甘泉宫台室“画天、地、泰一诸鬼神”的基本内容及形式。

文成在长安的活动只有两三年时间，因伪造天书于牛腹而被武帝诛杀。

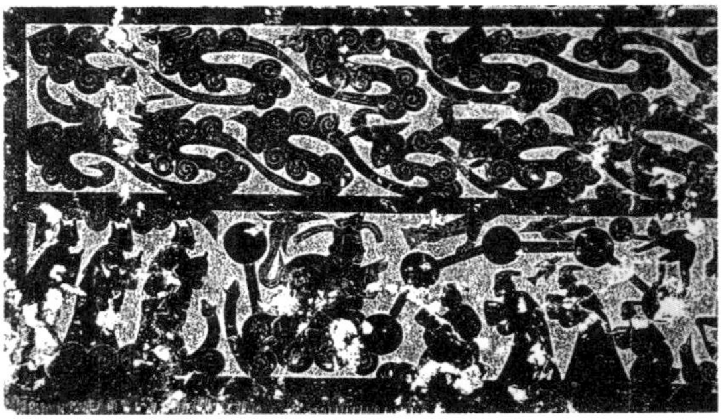

图6-17（上）
汉画像石中的泰一形象
武氏祠前石室天顶

图6-18（下）
汉画像石中的泰一形象
河南南阳麒麟岗

第二节 墓室壁画

已发现并披露材料的西汉中期墓室壁画有两例，均出自王侯一级的崖洞墓。其一为河南永城芒砀山柿园梁王墓壁画，墓主可能是梁共王刘买或梁孝王的嫔妃，墓葬年代大约在武帝建元六年（前136年）至元狩五年（前

图6-19
梁王墓壁画天象图（摹图）
采自《芒砀山西汉梁王墓地》

118年）间。该墓西北朝向，由墓道、甬道、主室、巷道和八个侧室组成，壁画绘制在主室顶部、南壁和西壁。主室顶部壁画东西宽3.27米，南北长5.14米，四周是菱格穿璧纹边框，画面主体为一条腾飞的青龙，周围有白虎、朱雀、玄武（蛇），以及仙山和灵芝，其间有云气纹穿绕（图6-19）。在南壁上部的穿璧纹边框下，可见仙山、神豹、朱雀、灵芝等，西壁残留一段穿璧纹。[49]该墓壁画主题鲜明，画面动感强烈，线条流畅，设色艳丽高贵，造型风格与长沙马王堆、砂子塘汉墓漆棺装饰相似之处甚多，西汉时期丧葬美术的时代共性由此可见一斑。根据柿园汉墓壁画的表现形式，一些美术史家提出了楚地漆绘木制葬具向墓室壁画转变的看法。[50]柿园汉墓主人身份特殊，地位显赫，与长安皇室关系密切。墓葬“凿山为藏”，明显效法文帝霸陵的做法，[51]而墓道中出土的陶俑与景帝阳陵从葬坑的陶俑如出一个模具，陶俑及车马配置也与阳陵的相似。墓室顶部壁画中的四神，亦见于长安陵庙的四神纹画像空心砖，其样式及构图手法，又与武帝茂陵出土的四神纹玉铺首有异曲同工之妙。我们认为，柿园汉墓壁画的设置及造型风格，既有模仿宫室装饰的因素，又受到来自长安丧葬制度的影响。

其二是广州象岗山南越王墓壁画，[52]墓主很可能是南越国文帝赵胡，墓葬年代大约在武帝元朔末年至元狩初年间（前126年至前121年）。此墓亦属于“凿山为藏”形制，墓室采用石材构筑而成。在前室周壁、室顶及南北两道石门上，采用朱、墨两色云气纹作为室内装饰（图6-20），寓意墓主所在仙界的环境。

现已发现的西汉晚期（含新莽时期）墓室壁画，大多集中在当时的长安（今西安）和雒阳（今洛阳）两地。由于配合国家大规模基本建设之故，在20世纪80年代之前发现的西汉（包括新莽时期）壁画墓多集中在洛阳一带。而对于西汉墓室壁画艺术的讨论，过去只能以洛阳的遗存作为范例，学术研究受到局限。后来在西安郊区陆续发现数座西汉晚期大型壁画墓，极大地拓宽美术史研究的视野，改变了以前对西汉墓室壁画的认识。结合宫廷大型壁画及画家的记载，汉长安城的绘画艺术面貌大致可以描述。

图6-20
南越王墓壁画云气图
广州象岗山

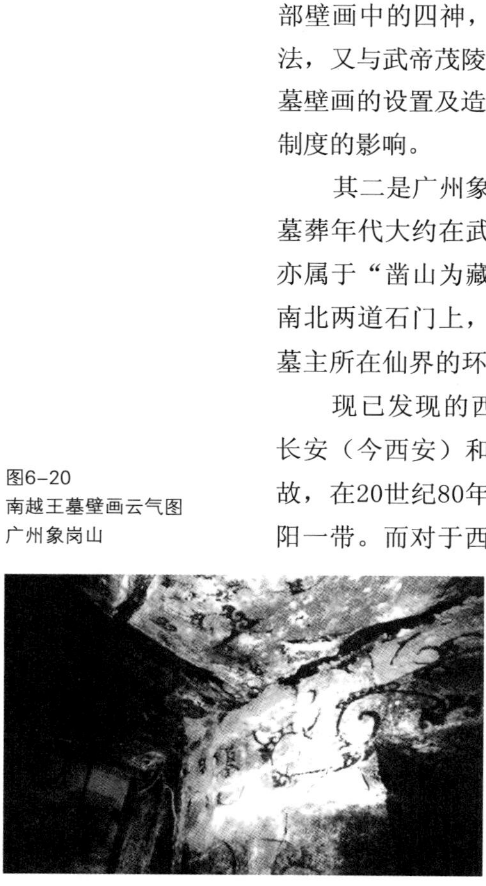

经考古发现和发掘的西安郊区西汉晚期（包括新莽时期）的墓室壁画有：西安交通大学汉墓、西安理

工大学汉墓、西安曲江翠竹园汉墓（M1）、西安曲江池汉墓（M1）、咸阳龚家湾汉墓（M1）等五座。它们中的前四座墓西北距汉长安城约10～14千米，东南距宣帝杜陵约4.5～8千米（图6-21）；后一座位于渭北咸阳原上，距元帝渭陵和哀帝义陵2千米有余，可能是渭陵或义陵的陪葬墓。[53]除此之外，因保存极差、内容难以辨认而未正式报告的有两处。其一，文帝霸陵附近一座陪葬墓因被盗而发现，在墓道壁上残留彩绘痕迹，可能是壁画，内容不详，年代大约在西汉。其二，西安市灞桥区新筑村取土场发现一座古墓，在剩余的后壁及少部分券顶有残存壁画，能辨识的仅为云气纹，但有考古研究人员说在墓室南壁残存一彩绘白虎尾。经清理发掘，出土钱币“大泉五十”，故判断此墓葬时代为新莽时期。[54]

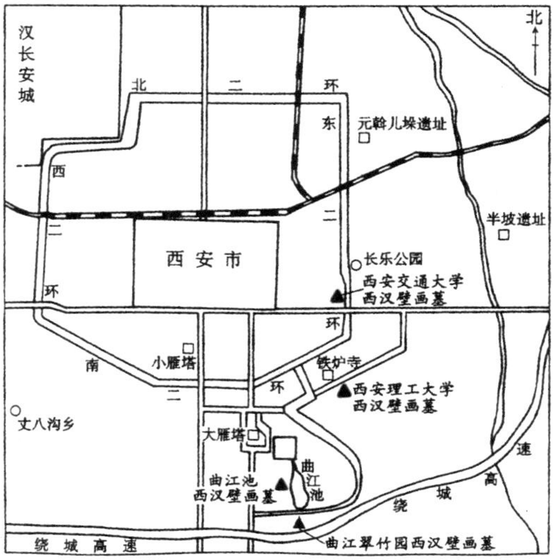

图6-21
长安西汉壁画墓位置示意图
采自《文物》2012年第1期

一、西安交通大学西汉墓室壁画

1987年西安交通大学附小建教学楼时发现一座西汉晚期壁画墓。墓葬形制为斜坡墓道中型砖室墓，坐北朝南，平面呈“早”字形，由斜坡墓道、东西耳室和主墓室三部分组成。斜坡墓道，东西耳室各一座，主墓室呈长方形，长4.55米，宽1.83米，高2.25米，面积约8.3平方米。该墓曾被盗掘，墓内遗留的铜器主要是五铢钱，次为铜镜、车马饰、兵器等。另外还有少量陶器、铺地砖、玉九窍塞等。在主室发现了盆骨和两枚牙齿，初步鉴定死者是一位55～65岁之间的男性。从出土的昭明镜、五铢钱、釉陶壶，以及墓葬形制和建筑风格等方面判断，此墓的埋葬时间应在西汉中晚期，即在王莽之前的宣帝与平帝之间。[55]

1. 内容布局和艺术形式

壁画绘制于主室并保存较好，共有24平方米。墓壁中部有一道由两排红色菱形纹组成的宽带，将全墓壁画分成上下两个部分。

上面部分壁画包括墓室券顶及后壁上部。在墓室券顶绘有两个大同心圆，内圆直径2.2～2.28米，外圆直径2.68～2.7米，形成宽约0.3米的环带，环带中的四向以青龙、白虎、朱雀、玄武四神定位，其间有星宿及象征星宿的人物和动物，表现的是二十八宿为主题的天象图（图6-22）。在内圆之内，南北两边分别布局日和月，日中有展翅飞翔的金乌，月中藏

图6-22
天象图（摹图）
西安交通大学
西汉壁画墓
采自《壁上丹青——陕西出土壁画集》
《自然科学史研究》
1991年第3期

以玉兔和蟾蜍，日月周围是彩云和飞翔的仙鹤；在外圆之外，布满云气和飞翔的仙鹤，位于北边东西两侧夹角处分别绘有蹒跚爬行的蟾蜍和立于云端的三足乌。后壁上部的半圆形区间绘升仙图，云气中有白色神物，可惜中间大部分残损（图6-23）。报告说可见其杈角、长嘴、长卷尾等，面向西，右前爪举起一株三叶状植物，神物两侧各有一只向上飞的鹤，下边有一只卧鹿。但仔细辨认，这个白色神物图像表现的应是羽人形象（图6-24）。羽人的长耳可辨，所谓头上杈角，是羽人头上的双耳，长卷尾是羽人前伸的左前肢，右手托举起的三叶状植物是一株“三秀”灵芝。

图6-23（上）
升仙图
西安交通大学西汉壁画墓

图6-24（下）
升仙图中的羽人
西安交通大学西汉壁画墓

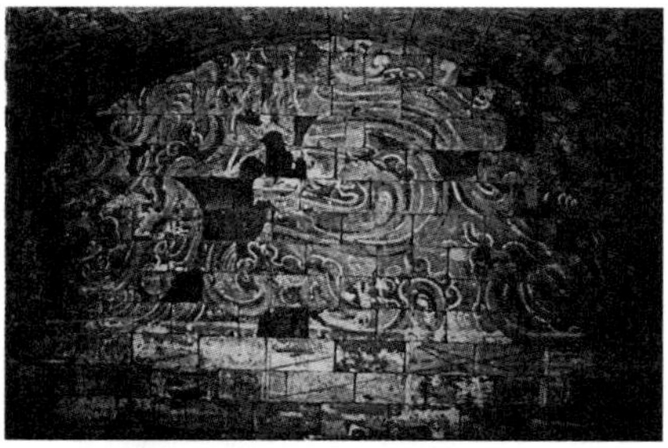

下面部分壁画包括墓室后（北）壁下部及东、西、南三壁。在“S”形彩绘流云纹中（按：由于泥浆灌入墓室，下半部壁画损毁，推测原来画有起伏的山川），虎、野猪、狼（狐）、鹿、天鹅、雉鸡、仙鹤等飞禽走兽穿插其间。[56]

壁画由三个部分组成，分别表达不同的主题意义：

其一是券顶壁画，以日月及二十八宿表现全天星图（盖图），特意绘出的环带寓意“天圆”，缭绕的云气纹及飞翔的仙鹤为星图增添了动感。在外圆之外北边东西两侧夹角处的蟾蜍和三足乌，象征日月交替和阴阳转换。

其二是后壁的上部壁画，表现羽人导引墓主升仙。彩云中的羽人头向左侧，右手擎一株灵芝，左臂伸开，作踏云向上腾升状。流云、相向而飞的仙鹤和卧居下面的小鹿，渲染出升仙过程中的奇幻景象。羽人形象在长安并不少见，如汉长安城遗址出土的坐姿捧物铜羽人；元帝渭陵祭祀建筑遗址出土的羽人驭天马玉雕，羽人右手擎一株“三秀”灵芝；西安理工大学西汉壁画墓的北壁上部，绘有导引墓主升仙的羽人形象。

其三是四壁菱形纹宽带下的祥瑞图，猛虎和珍禽穿插在流云间，寓意天降祥瑞于大地（图6-25）。西汉时期祥瑞思想炽盛，祥瑞图像异常发达，其造型特点是神山及云气纹中穿插珍禽异兽。如河北满城中山靖王刘胜墓出土的错金博山炉，炉盖呈错落有致的山峦状，山峦间点缀虎、豹、熊、猿等野兽，以及花草树木及狩猎的场面；王后窦绾墓出土的骑兽人物博山炉，炉盖上层作云雾缭绕的山峦形，山峦间有猛虎噬羊、人兽搏斗、人牵牛车，以及虎、熊等猛兽，下层一圈装饰龙、虎、朱雀、骆驼等。又如河北定县三盘山、朝鲜平安南道大同江畔汉墓中出土的西汉错金银车饰，上面装饰的云气纹和多种动物纹。再如山西右玉出土的河平三年（前26年）鎏金筩形铜尊、鎏金银筩形铜尊上的动物纹，以及各地出土的西汉陶制品上的神山及动物纹等。

图6-25
祥瑞图（摹图）
西安交通大学西汉壁画墓
采自《壁上丹青——陕西出土壁画集》

墓室四壁的中部是一道由两排红色菱形纹组成的宽带，它起到分割整个墓室画面的作用，又表达了上天下地的寓意。这种在壁间装饰宽带的形式，还见于前述河南永城柿园梁王或其嫔妃墓壁画，可能是对宫室厅堂内横梁或壁带装饰的模拟。

壁画的内容是根据墓室的自身结构进行布局的，并赋予天、地、升仙于天地之间的三个不同层次的象征意义。在天圆地方概念下，穹庐状的券顶绘出天文星图，并且采用环带的形式将二十八星宿纳入其中；北壁是墓室的正壁，上部为半圆形，寓意天地之间的衔接，故安排羽人导引墓主升仙画面于此；菱形格纹宽带下是方正的四壁，是布局天降大地祥瑞图最适合的地方。

发掘报告撰稿人对该墓壁画的绘画技法及风格有初步总结，择取其要点如下：（1）先在墙面涂一层白粉，然后刷涂一层赭石色，没有发现起稿的痕迹。画工在对画面作大体布局后，即刻挥毫，中锋用笔线条粗放有力，格调洒脱，使用毛笔应有多个规格。（2）布局井然，构图饱满。人物、动物等情态生动，景物间的关系处理得当。绘制顶部的天象图，先绘出日、月及二十八宿，然后再画云彩。（3）颜料全部是矿物质，质地纯正，研磨精细。采取多层次设色手法。画云彩先平涂石绿，后加染石青、青莲等色，其间或侧面再用黑、白色勾勒。除平涂法外，兼施“没骨法”，如龙鳞似用晕染法绘成。（4）制作方式与洛阳西汉墓壁画不同。洛

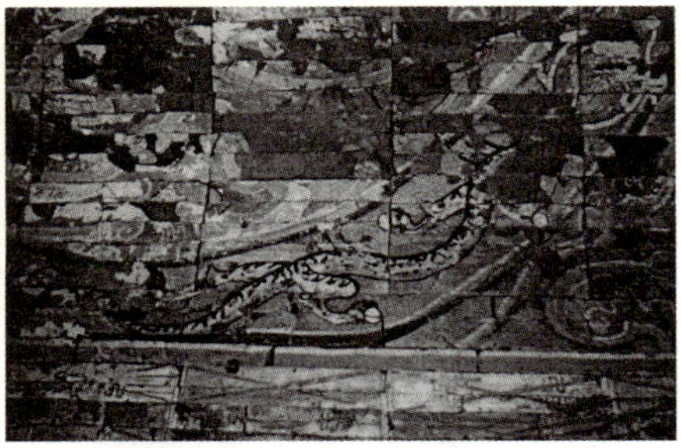

图6-26（上）
天象图中的青龙
西安交通大学西汉壁画墓

图6-27（下）
天象图中玄武
西安交通大学西汉壁画墓

阳的是事先设计，画在特制的空心砖上，然后编号搬入墓内拼接安装。而该墓是直接绘制并一次性绘就，显得浑然一体。[57]

2. 二十八宿星图

壁画中的星图，是我国迄今为止发现的二十八宿星图中内容最为丰富，且年代最早的示意性的圆式全天星图，也是目前所见二十八宿与四神相配的比较完整的天象图。它为我们探讨当时的星名及其原意、星宿的变化及排列、星象图的绘制和传播等提供了重要的实物资料，在天文学史中占有重要的学术地位。关于这幅星图的性质和特征，以及其中存在的一些问题，研究人员有专门的分析和论述。[58]

雒启坤先生较早对这幅星图进行了考释，认为此图是一幅示意性质的圆形全天星图，是汉代天人之学盛行、神仙思想弥漫下的产物。它从属于升仙的壁画主题，表达死者对天上世界的向往。这幅全天星图是按照传统二十八宿体系绘制的，即将二十八宿分为四组，每组七宿，并与四宫（东、北、西、南）、四色（青、黑、白、红）、四象（青龙、玄武、白虎、朱雀）相对应。如画东宫青龙，先用墨线勾勒轮廓，再用渲染法在龙身上涂一层淡青色（图6-26）；北宫玄武则省略了神龟，仅用一条黑色的小蛇来代表（图6-27）；西宫白虎完全画成白色；唯一不同的是南宫朱雀并未画成红色，而画成一只淡青色的头向西方的大鸟，形象似凤鸟。在表现方法上，这幅星图也有许多独到之处。首先是天文知识与神话传说融合，即把各个星宿融合于人物、动物之中。其次是用小圆圈代表恒星，并用直线连接之，让人一目了然。而此种图绘方法以该星图为最早范例。作者还将星图中的二十八宿逐个加以解读，如说角宿可能是天门和天田星二星、牛宿六星与河鼓三星、女宿四星与织女星混淆，虚宿和危宿、室宿和壁宿的合并等。他还说："这幅星图是出自当时民间画工之手，是一种装饰品，是墓葬装饰壁画的一部分，故而它是一幅示意性质的星图，不可能对各个星宿作十分精确的表达。星图中的一些非正常现象，如略画、不同星宿之间的不必要连接（如角、轸；毕、觜、参）等也就不足为怪了。"[59]

参与此墓发掘的考古研究人员，对这幅星图也有细致考证和初步结论。他们提出的星图再现《史记·天官书》成书前人们对二十八宿认识、图中环带表示赤道圈的意见等，[60]也值得关注。

冯时先生着重讨论了这幅星图的性质，认为它的发现可部分地印证东汉蔡邕星图的真实性。但"与蔡邕星图相比，图中的两个同心圆不能视为

图6-28（左）
天象图中的箕宿
西安交通大学西汉壁画墓

图6-29（右）
天象图中的斗宿
西安交通大学西汉壁画墓

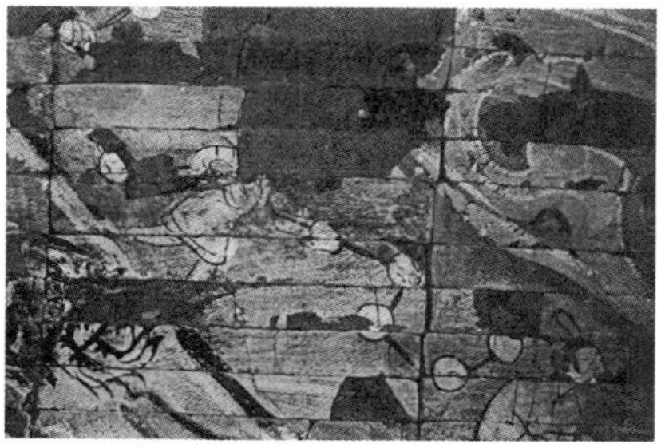

有与内外规相同的含义，由于它明确勾勒出了二十八宿的区域，因此更合理的解释是将其看作二十八宿宿带，也就是黄赤道混合带。然而，星图虽然只绘有日、月和二十八宿，但作者力图以此象征全天星宿这一点是不容怀疑的。所以，我们完全有理由将这幅星图视为具有示意性的圆式全天星图”。他还分析了这幅星图在绘制和表现方法方面的特色：其一，星图作者将天文知识与神话传说巧妙地结合在一起，将各个星宿融入相关的人物、动物之中，使画面完整，准确生动；其二，星图使用直线连接相关恒星的方法来表示星官，在中国古星图的绘制历史上，这是一个极其重要的开端；其三，星图的重要性在于它所表现出星宿本身的古老含义，这对于探索二十八宿宿名及四象的来源与演变线索很有帮助。此外，他还解析了过去未被释读的星宿，如星图中箕宿四星之后绘有盘坐的一人，象征商代武丁时的重臣傅说；个别星宿的古老含义，如牛宿绘成一人牵牛，女宿绘成织女，使人明显看出牛、女两宿有自牵牛、织女二星转化的痕迹；四象中苍龙的古老形态——它从角宿开始，至尾宿结束，而箕宿与另一个星官傅说绘在一起，使苍龙原来只有六宿而不是七宿的形象重新得以展现等。[61]

图6-30
天象图中的牛宿
西安交通大学西汉壁画墓

用人物形象表现星宿，源于古老的神话传说。受秦时“象天设都”观念的影响，元狩三年（前120年）武帝穿凿昆明池，雕刻牵牛、织女石像于池的东西岸，象征天汉无涯，可谓引领时代风气之先。在西安交通大学西汉墓壁画的二十八宿星图中，采用人物形象表现星宿的有七处之多。如箕宿四星之左边，画一位头戴冠、身着长襦、跽坐姿的男子，双手执箕踵（图6-28）。斗宿六星，画一位身体略向前倾的男子，右手一星表执斗柄之意（图6-29）。牛宿六星，画一位男子牵一条牛，作回头张望状。牛腹之上绘三星，以表河鼓三星之意（图6-30）。《史记·天官书》对牛宿六星与河鼓三星有明确区分，但传说中的牵牛星却是河鼓三星而非牛宿。牛宿之后是女宿四星（图6-31），画一位袖手跽坐的女子。汉代以前女宿

图6-31
天象图中的女宿
西安交通大学西汉壁画墓

图6-32
天象图中的毕宿
西安交通大学西汉壁画墓

图6-33
天象图中的鬼宿
西安交通大学西汉壁画墓

称婺女，也叫须女，与织女星有别，但此图中人物则有表现织女星之意。毕宿八星像捕鸟兽的长柄小网，故名。图中画一人执毕跨步向前追赶奔跑的兔子，情节十分生动（图6-32）。鬼宿画成两人抬舆，舆上有一个怪物，颇有意趣（图6-33）。受到圆形环带宽度的局限，这些人物画面都很小，但画工善于进行艺术想象和提炼，通过简明的故事情节处理和人物动态的刻画，清楚明白地表达出星官的含义。除表现四神的四种动物外，星图中还有用其他动物形象与星宿相配的画面，如娄宿配一只奔跑动物，昴宿配马和觜宿配鸱鸮等。

3. 墓主问题

由于墓葬中未发现可以确定墓主的遗物，所以发掘报告就没有涉及这个问题。据后来孙民柱先生的初步研究，墓主可能为御史大夫、太子太傅萧望之。他的理由主要有四点：其一是该墓的地理位置，与《长安志》《类编长安志》记载唐代长安城东大门——春明门外的道南有汉太子傅萧望之墓一致，也与《大明一统志》《咸宁县志》等记载萧望之墓在西安府城东南五里吻合。其二是主室发现了盆骨和两枚牙齿，经初步鉴定，死者是一位55～65岁之间的男性，与萧望之死亡年龄相仿。据《汉书·萧望之传》记载，萧望之因罪自杀，死时年逾六十。其三是墓葬与萧望之身份符合。该墓系中型墓葬，墓址所在地是一块四周低中间高的土冈。据作者调查，在20世纪50年代时土冈上的封土尚有丈余。萧望之乃戴罪之人，墓葬规格可能略低一些。其四，萧氏家族由东海兰陵徙杜陵邑，萧望之死后葬于迁居处新的茔地上。[62]

我们以为此说需要再讨论。《汉书·萧望之传》等记载，萧望之先任丞相司直，复为左冯翊，后迁大鸿胪，代替丙吉为御史大夫，再后迁太子太傅。甘露三年（前51年）宣帝下令在未央宫麒麟阁绘制十一名臣图，萧望之在列。黄龙元年（前49年）宣帝寝疾，拜萧望之为前将军光禄勋，遗诏辅政，领尚书事。元帝即位封萧望之关内侯，食邑八百户，给事中，朝朔望，座次将军，备受尊重。萧望之死后，元帝追念不忘，有诏加恩，每岁遣使者祠祭望之冢，长子萧伋嗣关内侯。萧望之是宣帝时重臣，官秩在中二千石以上，金印紫绶，元帝时又享受特殊待遇，按规制他是应当陪葬宣帝杜陵的，而且墓葬等级规格也比较高。据《汉书》《太平寰宇记》等记载，宣帝的重臣张安世、丙吉、金安上和中山哀王刘竟死后都陪葬杜陵。在杜陵陪葬墓区，封土尚存的有62座，封土被平掉的有45座，可分东南和东北两大区，[63]推测萧望之墓可能在这两大陪葬墓区之内。

宋敏求的《长安志》是以唐代韦述《两京新记》为本，又博采群书，搜罗旧闻，补缀而成的。该书撰于北宋熙宁年间（1068～1077年），除叙述唐长安城的坊里、宫室、宅第和寺观外，还上溯周、秦及京兆府所属万年、长安等县，详记其历史沿革、山川、名胜、古迹等，为后来学者称道。但作者在引用前人著述时，并未进行细心考辨，有些史料的可信度降低。加之该书的宋朝刻本久已失传，长期辗转抄录，错误在所难免。而传世的明朝成化、嘉靖两本又与元李好文的《长安志图》合刻，造成不少文字脱误。后来南宋程大昌、清初毕沅都曾摘其谬而析之。

关于唐长安城春明门外有汉萧望之墓的说法，最早出自北宋钱易《南部新书》（卷己）的一段记述：

> （长安城）春明门外当路墓前有堠，题云“汉太子太傅萧望之墓”。有达官见而怪之曰：“春明门题额趑方，从加‘之’字。只如此堠，幸直行书止，但合题萧望墓，何必加‘之’字。”

堠，记里数的土堆，文中指封土，但在封土前立置“汉太子太傅萧望之墓”的标识物，不会是汉时的做法。《南部新书》作者钱易，字希白，宋真宗时官至翰林学士，该书写成于大中祥符年间（1008～1016年），行世时间早于《长安志》60年。《南部新书》以十干标以卷次，记事凡800余条，多为唐时轶事，间以五代趣闻。书中所说萧望之墓在唐长安城春明门外，应取自当时的杂史传言，不足信，与宋初官修《太平寰宇记》记载长安汉墓的可信度不能等同。宋敏求《长安志》记述萧望之墓位置时，大约参考并摘取了钱易的这段文字材料，如卷七“长安外郭城”条云：“东面三门：……中春明门，当门外有汉太子太傅萧望之墓。”卷十一“万年县”条又云：“萧望之墓在县东南五里，古城春明门外。”后来元代骆天骧《类编长安志》（卷八）沿袭之，说“萧望之墓在咸宁县（按：元时万年县为咸宁县）东南五里，古城春明门外，道南”。再后来《大明一统志》《咸宁县志》再沿袭《类编长安志》之说。

我们认为，西安交通大学西汉壁画墓的规模属于中型墓葬，且又不在宣帝杜陵陪葬墓区内，与当时朝中大臣陪葬帝陵制度及萧望之的身份和地位都不相符。《长安志》《类编长安志》等志书记载的萧望之墓位置，又源自《南部新书》记录唐时达官的轶事，可作为参考，但不宜作为判断该墓墓主的一个主要证据。

二、西安理工大学西汉墓壁画

西安理工大学西汉壁画墓发现于2004年，墓址在西安市南郊岳家寨村西北乐游原上。据当地村民回忆，此墓原有高大的封土，后来平整土地时被夷平。该墓由墓道、耳室、甬道、墓室四部分组成，坐北朝南。斜坡墓道位于墓室南面，呈三级二层台式。墓道北端靠近封门处有东西两个子母砖券顶耳室。东耳室盗扰严重，出土有“长承永福”封泥、小陶盆等遗物；西耳室大些，放置前后排列漆木车马两乘，惜已朽成灰，仅存漆皮及车马饰件。墓道与墓室之间有0.6米长的甬道，用条砖封实。墓室南北长4.6米，东西宽2.08米，子母砖券顶，壁高1.25米，通高2.1米。墓室东北部发现了木棺朽痕，出土玉九窍塞数件，铜饰品、弩机、印章等数十件，以及五铢钱400余枚等。其中的两枚铜印章，一件龟纽，印面无文字，一件纽为半球形，中腹穿孔，印面有“宜子孙”篆文三字。考古研究人员据墓葬形制及出土物判断，此墓的下葬年代在西汉晚期。又据墓葬的规模和规格，以及随葬品如漆木车马、玉九窍塞、龟纽铜印章、封泥等物，判断墓主身份和地位相当于二千石以上官秩的列侯、郡太守级别。[64]

1. 内容布局和艺术形式

壁画绘制在墓室的四壁及券顶，内容十分丰富，有天象图、龙虎护卫图、升仙图、车马出行图、宴乐图和斗鸡娱乐图等。

墓室券顶上绘天象图。画面中有日、月、龙、朱雀、仙鹤和鸿雁，诸禽兽皆朝向墓门方向，其间布满云气纹。券顶南端正中绘出一只展翅飞翔的朱雀（图6-34），其东侧有一条龙（图6-35），龙的前面有日，日中有金乌，西侧一条龙，中部有月，内中可见玉兔和蟾蜍。券顶北端的东西两侧有两只并飞的仙鹤，西侧仙鹤之下有两只鸿雁。

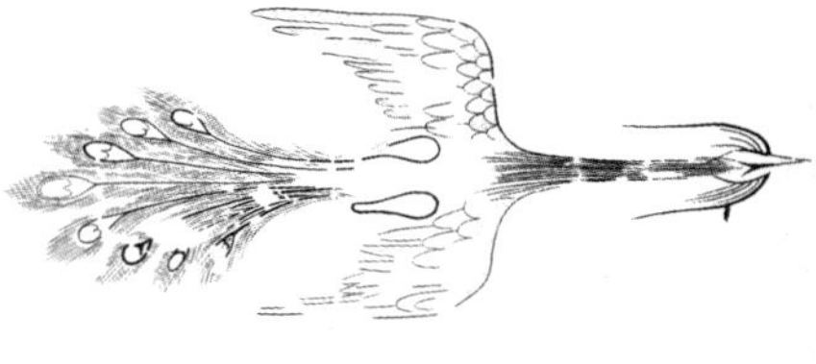

图6-34（左）
天象图中的朱雀（摹图）
西安理工大学西汉壁画墓
采自《文物》2006年第5期

图6-35（右）
天象图中的青龙
西安理工大学西汉壁画墓

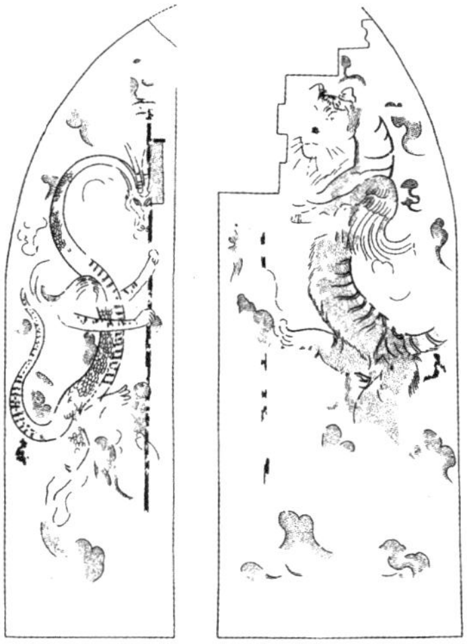

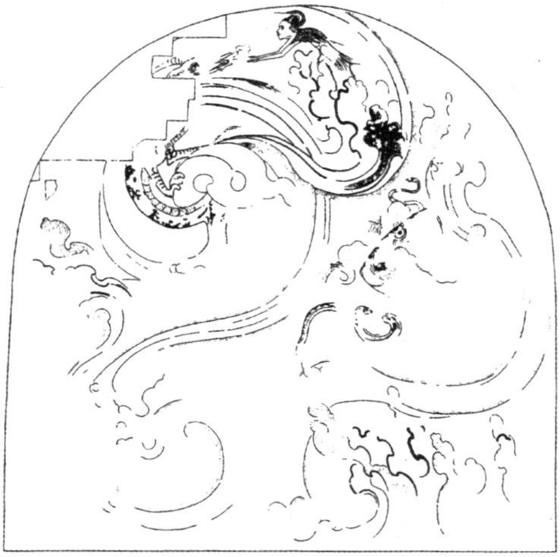

图6-36（左）
南壁龙虎护卫图（摹图）
西安理工大学西汉壁画墓
采自《文物》2006年第5期

图6-37（右）
北壁升仙图（摹图）
西安理工大学西汉壁画墓
采自《文物》2006年第5期

墓门内东西两侧墙壁（南壁）绘龙虎护卫图（图6-36）。画面中有翼龙、翼虎，其前爪各持一长细柄的旌幡，作站立相对状，四周布满云气纹。翼龙身躯呈“S”形，背部鳞片密集，张翼曲颈，头部依靠在旌幡柄上；翼虎面部似人面，两腮胡须猬张，背上长条形斑纹清晰，右下足作向上腾踏状。

墓室北壁（后壁）绘升仙图（图6-37）。画面中有缭绕的云气纹，诸灵物腾跃其间。上部为升龙和羽人，羽人面向升龙，双耳过头顶，头发向前飘举，浓眉，圆目，高鼻，吻部突出，躯干长，羽翼生于肩及背部，臀部有稀疏的长毛，双臂前伸戏龙（图6-38）。青背红腹的长龙正在蟠蜿腾升，其头部面东，与羽人相对。羽人之下有黄蛇、青蛇各一条，另有一兽，仅存双目，可能是白虎。

墓室东壁绘车马出行、狩猎等场景，场面开阔，构图疏朗。画面分南、中、北三个部分：南部前端上下共三组人物，作站立或踞坐状，皆面向北；人物后面上有两匹奔马，下为出行车马，其前两人驭马开道，中间一人骑飞马狂奔，后面一人乘二马驾车。北部为车马出行图，在壁面偏下处，马的臀部、车辕、双轮可见，一绿衣驭手在车上，执辔驱驰车马（图6-39）；壁面偏上处有三个人物，身着长袍，或举臂，或伸手，其意不明。中部主要是狩猎场面，由南而北可辨识的狩猎活动有九组：第一

图6-38（左）
北壁升仙图中的羽人
西安理工大学西汉壁画墓

图6-39（右）
东壁车马出行图
（部分，摹图）
西安理工大学西汉壁画墓
采自《文物》2006年第5期

图6-40（左）
东壁狩猎图（部分）
西安理工大学西汉壁画墓

图6-41（右）
东壁狩猎图（部分）
西安理工大学西汉壁画墓

组，一位红衣猎手骑白马追射两只奔跑的小鹿（图6-40），右下方有骑马人物，仅奔马可辨。第二组，二人眉目清秀，并驾驱驰，神态安然，似在轻松交谈。第三组，一位红衣猎手骑黑马，转身满弓射杀小鹿。第四组（第二组左下方），一位灰衣红面猎手骑枣红马，射杀猎物。第五组，一位青衣猎手下马拾取猎物，身后枣红马回首嘶鸣。第六组（第三组前），一位猎手骑白马，扬鞭执辔狂奔。第七组，一位红衣猎手徒步追逐奔逃的野猪（图6-41）。第八组，一位白衣猎手骑白马，手执长矛刺杀猎物。第九组，一黄衣猎手骑枣红马，回身射杀奔跑的野兽。

墓室西壁画面为宴乐图和斗鸡娱乐图。宴乐图画在壁面的南部，女主人与宾客并排跽坐于围屏之前的木榻之上，欣赏面前的乐舞表演（图6-42）。围屏由正、右两屏组成，右屏前折，两侧各有一女子探出半身。木榻后似站立一位女子，木榻上坐七位女子，右面第三人形体高大，身着红领袖深衣者，可能是宴乐主人。前方的两侧各有一组席地而坐的女子欣赏乐舞，左右各五人，面前有圆案，案上有漆尊、耳杯等。中间两位女子翩翩起舞，位前者双手扬起红色长袖，舞姿轻盈优美；后一舞者的动作不明。在其北面有一组画面，可辨识有八人，活动内容不详。中部为一幅斗鸡娱乐图（图6-43），画面中有众人围聚一圈，主人席地而坐，作攀谈交流状，侍者站立旁边，或拱手，或怀抱斗鸡等候。北部画面剥落严重，可能表现的是乐舞场景。

壁画的做法是先刷一层白膏泥，然后用墨线起稿，再用红、蓝、黑等

图6-42
西壁宴乐图
（右为局部，左为摹图）
西安理工大学西汉壁画墓
采自《文物》2006年第5期

颜料设色，最后用墨线勾勒与整理。画面中留下初稿及修改稿的淡墨线，成为画工在绘画过程中起稿及定稿的见证。

图6–43
西壁斗鸡图（摹图）
西安理工大学西汉壁画墓
采自《文物》2012年第1期

考古研究人员对壁画的内容布局及艺术特点做了初步总结，择其要点如下：（1）戍守墓门内东西两侧的翼龙和翼虎，爪持旌幡，具有镇墓辟邪作用。券顶上的青龙、白虎、朱雀与后壁的双蛇应为天上的四灵，分别代表东西南北四方，它们又与仙鹤及后壁的羽人和升龙等，组成一支规模宏大的引魂升天队伍，导引墓主人的灵魂进入仙界。东壁狩猎图和车马出行图，西壁的宴乐图和斗鸡图，为目前发现年代较早的反映现实生活题材的墓葬壁画。（2）壁画构图类型多样，整体上采用分层构图，即上层为天境仙界，下层为现实生活，前为镇墓辟邪，后为升天羽人。局部采用独幅构图和长卷式构图相结合的方法，造成宏大壮观的场面。运用散点透视，券顶上的仙禽瑞兽正视平列；东西两壁狩猎及乐舞采用鸟瞰方式，物象错落有致，远近比例协调。（3）线条自然流畅，准确简洁，通过对各种线条的灵活运用，把对象的形态和神情刻画得真实而生动。画风细腻，色彩丰富，有黑、白、朱、紫、蓝、黄、绿、青、赭石等，有工笔重彩的韵味，与以往发现的汉代壁画粗犷朴拙的风格迥异。[65]

需要补充的是，墓葬北壁即正壁，其位置重要，将羽人戏龙画面安排在后壁上方的半圆形壁面，布局及构图上有与券顶天象图衔接的意义，意在突出墓主升仙的主题。与侧壁的画面相比，羽人戏龙的画面较大，羽人形象刻画得细致生动，为其他汉墓壁画所不见。

2. 壁画中的两个问题

壁画中有两个问题需要提出来讨论。其一是戍守墓门内东西两侧的翼龙、翼虎所持旌幡问题；其二是东西两壁画面的题材和主题问题。

考古研究人员判断，画在墓门内东西两侧的翼龙和翼虎前爪所持之物是旌幡。但我们认为，它不是旌幡而是棨，或称棨戟，画面所表现的龙虎仪卫，以保佑和导引墓主升仙。棨戟是一种戴赤或黑色缯衣的木戟，汉代官员出行时的仪仗之物，是官秩及身份的象征。《汉书·韩延寿传》云：

> 延寿衣黄纨方领，驾四马，傅总，建幢棨，植羽葆，鼓车歌车。
>
> 李奇曰："戟也。"晋灼曰："傅，著也。总，以缇缯饰镳辖也。建，立也。幢，旌幢也。棨，戟也。"师古曰："幢，麾也。棨，有衣之戟也。其衣以赤黑缯为之。"

王先谦《汉书补注》（卷七十八）引沈钦韩语：

> 《古今注》曰：棨戟、殳之遗像也。以木为之，后世滋伪，无复典刑，以赤油韬之，亦谓之油戟，王公以下通用之，以前驱。

出行时执棨戟骑吏的人数多寡，标志主人官秩品级的高低。《后汉书·舆服志上》记载：

> 公以下至二千石骑吏四人，千石以下至三百石县长二人，皆带剑、持棨戟为前列。

李发林先生说："汉代画像上常可见到棨戟的图像。其中滕县万庄一石上，棨戟以缯包裹，不露锋芒，是诸石中棨戟最清晰的图像。"[66]壁画中的棨戟上端有一红色物呈长条状，大约是以赤缯包裹或"赤油韬之"的形态。沈从文先生曾举例汉画像砖上亭长手执的戟，说它"为汉式定型卜字形铁戟，上加搭彩帛（或油绸）一片，下结双缨。《说文》谓'有衣之戟曰棨'，是汉代一般戟常用式样。惟上部如风信子，汉初实物似未发现。后来大官僚'门列棨戟十二制度'，据记载已改为木制，上罩油绸加朱漆，仅具兵杖式样"。[67]其说甚确。吏属持棨戟的图像在河南、四川汉画像砖中也比较多见，如骑吏棨戟和门吏棨戟（图6-44）。翼龙持棨戟的图像，在后来陕北绥德延家岔汉画像石墓的左竖石上也有表现（图6-45），可见这种图样流传有绪，并非孤例。

图6-44（左）
汉画像砖上的吏属持棨戟
河南新密

图6-45（右）
汉画像石上的翼龙持棨戟
陕北绥德延家岔

主室的东西两壁各长4.6米，高1.25米，在东壁前后共安排了4组人物活动、2架车马、5位驭马者，以及8位狩猎者和一些奔跑的野兽；西壁自南向北依次布局了宴乐、斗鸡、乐舞（按：剥落严重，推测是乐舞活动）3组活动场景。其中，宴乐图有观者17人（榻中7人，榻前两侧各5人），侍者3人（屏风两侧2人，榻后1人），表演者2人，共22人，另外还有屏风、木榻等居室设施；斗鸡图有23人呈环形围坐状，各有姿态和动作。在面积并不大的东西两壁，要安排大量的人事活动场景于其中，只能采取压缩画面的办法，但又造成它们与前后壁和券顶画面的比例不大协调，缺乏整体统一的安排和布局。这一现象恰恰反映出表现现实生活题材的墓室壁画在长安刚刚兴起，尚未形成程式化和模式化。而画面中留下初稿及修改稿的淡墨线，又说明绘画工匠在作画时没有完全依据粉本，凭借“腹稿”并即兴发挥。

绘制在主室东壁的狩猎图最引人注目。该图以长卷式构图展开叙事，场景开阔，以情节取胜，猎手或扬鞭策马追逐猎物，或纵骑中回身引弓欲射，或手握尖刃利器刺杀猎物，或徒步奔走追逐野兽，人与动物处于激烈冲突之中，显示出绘画工匠对这一题材的熟练把握和高超的造型能力。该图与其他含有狩猎内容的祥瑞图有所不同，[68]可以看作是长安上林苑狩猎活动的一个缩影。

狩猎类图像最早出现在春秋之际，兴起于战国时期，流行于西汉时期，在青铜器、陶器及画像砖装饰纹样上多有表现。长安墓室壁画吸纳了这一流行题材，不仅为丧葬美术注入了新鲜的生活内容，而且在细节刻画、人物情感的表达、环境氛围的营造和色彩渲染等方面，发挥出自身体裁的长处。

图6-46
东壁车马出行图中的女骑者
西安理工大学西汉壁画墓
下图采自《文物》
2006年第5期

但是，该墓东壁画面所表达的主题意义不是狩猎，而是车马出行，即通过狩猎活动来展现车马行进的状态。在墓室的西耳室中有两乘从葬的漆木车马，代表着墓主的身份和地位。在东壁共绘有三乘车马，南部两乘（一乘仅见车轮），北部一乘，皆象征墓主生前的身份和地位。在车马出行图中，狩猎情节被安排在画面的中部，即三乘车马之间，它所表达的意义是为车马出行开辟道路。陈松长先生就持这种看法，他说：“这里的所谓狩猎并不是这幅东壁壁画要表现的主题，其主题是车马出行，狩猎的目的主要是为保护出行者的安全，清理搏杀不祥之物而已。这种车马出行的图像，从战国一直到东汉时期的墓葬资料中都有，其中很大一部分就与送葬和表现墓主人羽化升天的母题有关。”他还注意到第二组的两位女骑者（图6-46），判断她们是闲适的贵妇人，不是狩猎者而是狩猎者的保护对象，与北部上边的车马形成前后呼应状态。画面中的八组狩猎图像，实际上都是为这两组车马出行服务的。[69]值得注意的是，画面中的南北三乘车马，皆由南向北即朝着绘有羽人和升龙的北壁方向行进，与券顶画面中飞龙、朱雀、仙鹤、鸿雁等皆朝向墓门的方向不同。可以肯定，东壁车马出行图表现的是一支送葬的队伍，它们在北壁的羽人和升龙导引下正驶入升仙之路。

在出行图中第二组的两位女性骑者旁边，有淡墨线勾勒出两位男性形象，未涂色彩，应为废弃的草稿，后来才定稿为这两位女性骑者的。她俩的身后是一乘二马架车，而此车很可能是主车（按：北部的两乘车为导车），其间只有一组狩猎活动将之隔开。位于前面的骑马女子作回首顾盼状，右手持一物，上尖而宽，下窄，不像是马鞭。我们以为，此物或许是一件棨信，或称信幡、传信，即一种通关凭证。[70]《汉书·文帝纪》记载十二年（前168年）事：

> 三月，除关无用传。
>
> 张宴曰："传，信也，若今过所也。"如淳曰："两行书缯帛，分持其一，出入关，合之乃得过，谓之传也。"李奇曰："传，棨也。"师古曰："张说是也。古者或用棨，或用缯帛。棨者，刻木为合符也。"

画中骑马女子手持棨，传令开启关门，寓意墓主的车马队伍在升仙之路上畅行无阻。

三、西安曲江翠竹园西汉墓壁画

曲江翠竹园西汉壁画墓发现于2008年，墓址在西安市南郊曲江池以南的翠竹园小区。这里共发现四座西汉墓，其中1号墓（M1）规模较大，墓室内有彩绘壁画。该墓由墓道、甬道、墓室、耳室四部分组成，平面呈"早"字形，坐南朝北（图6-47）。斜坡墓道位于墓室北面，墓道与墓室之间有6米多长的甬道。墓室平面呈长方形，双层条砖砌壁，双层楔形子母砖券顶。墓室南北长5.8米，东西宽3.15米，壁高2.2米，通高3.5米。墓室已盗扰，出土有葬玉、玉人、玉璧、玉雕动物数件，以及瓦当、陶器、五铢钱等。东西两个子母砖券顶耳室，位于墓室的北部。耳室内盗扰严重，出土两件大陶瓮。考古研究人员据墓葬竖穴土圹、砖砌墓室及子母砖券顶结构形制，出土的五铢钱、釉陶器等物以及壁画中妇女形象判断，此墓的下葬年代在西汉晚期。又据墓葬的规模、规格以及随葬品如葬玉、玉璧等，判断墓主身份和地位相当于二千石以上官秩的高级官吏或贵族。[71]

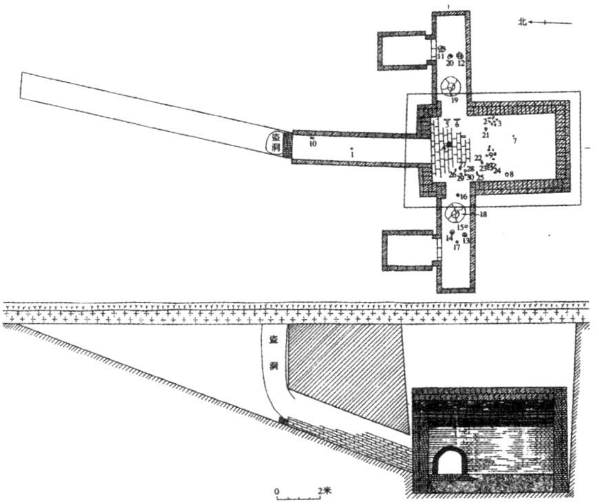

图6-47
曲江翠竹园西汉壁画墓（M1）平、剖面图
采自《文物》2012年第1期

1. 内容布局和艺术形式

壁画绘制在墓室四壁及券顶，面积共62平方米。做法是先在内壁刷一层白灰，再在之上用墨线起稿，最后填以色彩。壁画内容主要是人物和天象图。人物绘于四壁，共有人物20个。天象图绘在券顶，有云气、星宿、青龙、白虎、人物等。在人物与天象图之间画有一周帷幔象征天与地相隔。

北壁墓门两侧各绘一门吏，高2米，面向墓门拱手侍立（图6-48）。头顶圆髻，浓眉大眼，阔鼻红唇，有胡须，着褐色袍服及长裤，腰佩长剑，足穿黑履。

东壁自北向南共绘5个人物，有执杯婢女、捧漆盒婢女和贵妇人等，另外还有围屏。人物一位于东壁耳室北侧，形象不清。人物二位于东耳室南侧的执杯婢女（图6-49），高1.1米，面向围屏侍立，头绾三环髻，面部圆润，叶眉大眼，钩鼻朱唇，身着红色锦缘的绿色袍服，双臂屈举于胸前，双手执黑底红彩漆杯。人物三为捧漆盒婢女，面向围屏跽坐，高0.7米，头饰高髻，面部圆润，浓眉，目斜视，圆鼻朱唇，身着有绿色锦缘的红色袍服，双手捧漆奁盒，头顶右上方榜书“小婢□”（图6-50）。人物四为贵妇人形象，高1.3米，拢袖端立，面向北，头绾三环髻，右鬓系红色蝴蝶结，面部圆润，细眉大眼，双唇红润，身着雪青色襦裙，下摆及地，有褐、红色衣缘，腰束白色宽带，高领，宽袖下垂。人物五为贵妇人形象，高1.3米，拢袖站立状，面向北，头绾三环髻，面部圆润，细眉大眼，双唇

图6-48（左）
北壁墓门两侧的门吏
曲江翠竹园西汉壁画墓

图6-49（中左）
东壁执杯婢女
曲江翠竹园西汉壁画墓

图6-50（中右、右）
东壁“小婢□”
曲江翠竹园西汉壁画墓

红润。着褐色襦裙，下摆及地，袖缘及裙底饰绿色，高领，腰束褐色宽带。围屏置于两婢女间，近方形，黑底上绘白红两色云气纹，有绿色边框。

图6-51（左）
南壁背包袱侍女
曲江翠竹园西汉壁画墓

图6-52（右）
南壁仕女
曲江翠竹园西汉壁画墓

南壁下部绘有5个人物，从东向西依次为捧漆奁小婢、背包袱侍女、仕女、妇人、侍女。人物一为捧漆奁婢女，高1.1米，面东站立，束发，圆脸短眉，双眼斜视下方，唇微启，身着褐色袍服，领袖饰褐色，双臂屈举于胸前，双手捧漆奁。人物二为背包袱侍女（图6-51），高1.12米，面东站立，身背包袱，头饰高髻，面部丰润，叶眉丹凤眼，钩鼻红唇，身着襦裙，领袖饰绿色。人物三为一仕女（图6-52），人物高1.25米，拢袖面东站立，胸前有一熏炉，头饰高髻，面部丰满，短眉细眼，钩鼻红唇。身着浅褐色襦裙，腹部及袖缘饰褐色。人物四为一妇人形象，高1.25米，面东拢袖站立，头发绾于脑后，面部圆润，长眉细眼，圆鼻红唇身着浅褐色襦裙，领袖及裙缘饰绿色。人物五为一侍女，高1.4米，拢袖面东站立，目视下前方，束发，圆脸长眉，钩鼻红唇，身着浅褐色襦衣，领袖及襦衣缘饰绿色。

图6-53（左）
南壁抱婴儿妇女及儿童
曲江翠竹园西汉壁画墓

图6-54（右）
西壁执刀者（局部）
曲江翠竹园西汉壁画墓

西壁共绘有8个人物，从南向北依次为怀抱婴儿妇人、儿童、仆人、执环首刀男士、佩剑男士、胡人等。除怀抱婴儿妇人、儿童及胡人面朝南，其余人物均面朝北。人物一为怀抱婴儿的妇人（图6-53），高1.4米，面南站立，高髻垂鬓，尖圆脸，短眉圆眼，唇微启，身着绿色襦裙，领及裙缘饰褐色，怀中抱婴儿并目视之。人物二为妇人怀中婴儿，其面部圆润，眼望上方，身裹红色锦褥。人物三为儿童，高0.75米，面部丰满，仰头上望，着红色袍服。人物四为男仆，高0.8米，身材矮小，拢袖站立，头饰矮髻，圆脸，双眉外撇，细眼红唇，身着浅黄色襦衣。人物五为男仆，高1米，面北站立，头饰高髻，面部白皙，细长眉，钩鼻红唇，有八字须，身着浅褐色袍服，腹前及袍服下缘饰淡黄色。人物六为执刀男子（图6-54），高1.36米，拢袖面北而立，怀抱环首刀，圆髻束发，长脸宽眉，圆眼高鼻，有胡须，身着褐色襦衣，领襦衣下

图6-55（左）
西壁佩剑者
曲江翠竹园西汉壁画墓

图6-56 （中、右）
券顶天象图
曲江翠竹园西汉壁画墓

缘饰深褐色，白色宽裤隐于衣底。人物七为佩剑男子（图6-55），高1.45米，拢袖面北站立，腰间斜挎长剑，头饰圆髻，长脸，粗眉细长眼，有胡须，身着褐色襦衣，领袖及襦衣下缘饰绿色。人物八为胡人，高1.4米，拢袖面南站立，头饰圆髻，方脸，粗眉圆眼，高鼻红唇，身着褐色襦衣，领袖口饰绿色。

人物与天象图之间饰以帷幔，上面有彩绘云气纹。

墓室南壁上半部为云气纹，券顶为天象图（图6-56）。天象图中有云气纹、星宿、青龙、白虎、人物等。太阳在券顶南部的东侧，内有金乌。月亮在券顶南部的西侧，内有蟾蜍。其他星宿经辨认的有毕、轸、北斗等。青龙在券顶中部偏东，可见其前半身，张牙舞爪。白虎在券顶中部略偏西北处，仅见头和前爪，作张口回首状，后半身隐于云气纹之中。另外在券顶中部偏东处绘一人物，仅见上半身，作拱手状，头饰圆髻，面容圆润，有胡须，身着青绿色袍服。

考古研究人员对壁画的艺术特征作初步总结，择其要点如下：（1）壁画面积达到62平方米，是目前发掘西汉时期墓室壁画面积最大的。壁画中的人物形象高大，一般都在1米以上，个别高2米，为国内发现同时期壁画墓所仅见，在两汉壁画墓的发展史上有着重要的地位。（2）壁画主要表现贵族生活场景，是西汉京畿地区上层社会真实生活真实写照。（3）壁画中的人物服饰分襦裙、袍服和襦衣三个等次，穿着襦裙的女性是地位较高的贵妇人，穿着襦衣和袍服的则是侍女、婢女、仆人等。通过身高的差异和姿态表现人物的高低贵贱，身高者均为贵妇人及男士的形象，神形怡然，身低者均为侍女、婢女及男仆形象，姿态谦恭。（4）人物刻画自然真实，生动传神，绘画技法娴熟，具有粗犷拙朴、浓墨重彩的风格，显示出当时长安人物画艺术的发展和成就。[72]

2. 壁画中人物肖像画的艺术特征和意义

虽然“汉墓壁画在题材方面受丧仪的局限，技法方面也仅能反映当时绘画艺术的一般情况，绝非代表汉画艺术的佳作”。[73]但在目前缺乏其他能代表当时绘画水平的真迹情况下，曲江翠竹园西汉墓壁画中的这些大幅和超大幅人物画像，对于我们研究早期人物肖像画的发展和演变，以及西汉宫廷纪念性人物壁画具有十分重要的意义。

墓室的四壁上方画有一周帷幔，它将地面人事活动与天空中奇幻景象分开，同时又象征墓主生活的府邸，起到营造人物活动环境的作用。在帷幔之下的20个人物都是墓主的吏属和侍者，构图采取了分散罗列的方式排开，单个独立，不设背景，也没有故事情节，人与人之间无直接的关系。人物形象的塑造主要依靠富有个性的面部表情、适合各自身份的姿态、不同等次的服饰、持拿的物品，以及各自在象征墓主生活的府邸中所处的位置等。这些人物的画幅尺寸都特别的大，最高者2米，一般的也在1.4米左右，为其他墓室壁画所不见。采用超大尺寸的人物画像，主要目的是表现墓主生前的显赫地位，与刻意塑造属吏和侍者伟岸庄重的艺术形象无关。该墓人物画像的另一个特点，就是采用四分之三的侧面造型。这种造型不仅便于刻画对象面部五官及表情，头上的发饰或帽饰，而且还有利于充分表现全身的衣饰及动态，非常适合人物肖像画的创作。

我们所能见到年代最早的人物肖像画作品，是湖南长沙楚墓出土的帛画人物龙凤图和人物御龙图。这两幅作品中的人物形象，皆作正侧面造型，可知战国时期的人物肖像画尚未摆脱剪影式图案的影响。长沙马王堆1、3号汉墓出土的两件铭旌，画面的中部分别绘出轪侯夫人及其女侍，长沙国丞相轪侯利苍之子及其男侍。其中，1号墓铭旌中轪侯夫人及其女侍，人物形象处理都采用的是正侧面的造型（图6-57）。3号墓铭旌中人物与1号墓的有所不同，帛画中长沙国丞相利苍之子作四分之三的造型（图6-58），[74]旁边的男侍则为正侧面的造型。同墓出土的一件帛画导引图，上面绘有40多个全身式人物，除少数正侧面和正面的造型外，大多数则为四

图6-57（左）
轪侯夫人及女侍图
（局部，摹图）
采自《长沙马王堆一号汉墓》

图6-58（右）
利苍之子及侍从图（局部）
长沙马王堆3号汉墓铭旌

分之三的造型。由此看来，战国到西汉前期人物画的造型变化，与其所表现的内容题材密切相关。情节性的人物故事画，主要采用侧面造型，而个体独立的、淡化了情节性的人物肖像画，多采用四分之三的造型。

杨泓先生说：“从曲江墓那些与真人等身高的人物图像，仍能令我们推想当时长安宫廷中那些名臣画像的风貌，为西汉绘画史研究提供了有重要参考价值的考古标本，其意义是值得肯定的。”[75]当时的宫廷人物画创作备受汉帝重视，成为表彰功臣、树立母仪形象和追忆前哲先贤的最有效手段。如未央宫中的开国功臣张良肖像、甘泉宫中的休屠王阏氏画像，以及由黄门画者创作的周公负成王朝诸侯图。另外还有西阁中的尧、舜、禹、汤、桀、纣等“画人”（《汉书·杨恽传》），桂宫明光殿中“以胡粉涂壁，紫素界之，画古列士，重行书赞”（《汉官典职》）等。西汉宫廷绘画最重要且影响巨大的是，甘露三年（前51年）宣帝诏令在麒麟阁绘制的霍光、张安世、赵充国、苏武、萧望之等十一名臣图。长安宫中少府属下的黄门官署机构，其下有画者供职。元帝时宫廷画工有毛延寿、陈敞、刘白、龚宽、阳望和樊育等，大多擅长人物画和肖像画。西汉政府吸纳专职画家供职于宫廷，推动宫廷绘画活动的开展，同时也有利于绘画人才的竞争和绘画技艺的积累与提高。这些黄门画者及画工是当时绘画领域中的领军人物，他们绘画创作代表着西汉绘画艺术的最高成就，其画风首先惠及长安的墓室壁画。

曲江翠竹园西汉墓壁画受宫廷壁画影响，不仅因为墓室壁画的载体与宫廷壁画一致，而且它所选取的内容题材、表现形式也与前者有共同之处。如《汉书•景十三王传》记载，景帝重孙广川王刘去的“殿门有成庆画，短衣大绔长剑”。在曲江翠竹园西汉墓北壁墓门的两侧，各绘有一位身材高大魁梧、身着袍服长裤及佩长剑的门吏，仿佛是王侯殿门成庆画像的“再现”。画在东壁的人物三，头顶右上方有“小婢□”题铭。这种在人物肖像加榜题的形式，又与未央宫麒麟阁名臣图中“署其官爵姓名”、桂宫明光殿省中画古烈士“重行书赞”的形式相若。

四、西安曲江池、咸阳龚家湾汉墓壁画

1985年发现的曲江池汉墓（M1）位于西安市南郊曲江池西边，其南不远处是后来发现的曲江翠竹园壁画墓。1983年清理的龚家湾汉墓（M1）位于咸阳市秦都区渭城乡龚家湾村，即咸阳北的头道原上，西北距元帝渭陵约2千米，东北距哀帝义陵2.5千米，可能是渭陵或义陵的陪葬墓。这两处汉墓壁画与上述三处汉墓壁画有所不同，曲江汉墓壁画直接绘制在墓圹的

生土壁上，用白色线条画成，未施色彩；龚家湾汉墓壁画绘制在后室的石门额上，线条勾勒，未见设色。

1. 西安曲江池汉墓壁画

西安曲江池汉墓的规模比较大，由墓室、墓道、甬道、耳室四部分组成，平面成“早”字形，墓向朝东，修筑细整。墓室土圹平面为长方形，剖面呈上大下小的梯形。墓道位于墓室东侧，前部有阶梯，下为斜坡土道。墓道与墓室间的甬道较长，单砖砌壁，楔形砖砌券顶，甬道内有两个南北对称大小相等的砖砌耳室。墓室砖砌而成，高4.9米，长7.4米，楔形子母砖券顶。该墓曾被盗掘，没有出土器物。根据墓葬的形制、使用的砖及砌券方式，考古人员推测其年代大约在西汉晚期，最迟到东汉早年，墓主可能是官秩二千石左右的高级官员。[76]

图6-59
圹壁上的动物图（摹图）
曲江池1号汉墓
采自《考古与文物》
1987年第6期

壁画采用白粉直接绘于墓圹生土壁上，题材全部是动物（图6-59），集中布局在两个地点。其一在墓室之上第一级二层台阶以上四壁。东壁南侧画一头犀牛，作姿态昂头翘尾状，长3.4米，高1.75米。白粉勾出犀牛的全身轮廓，线条简练、流畅。其北侧有画，因盗洞破坏，只留少许线条，具体内容已不清楚。西壁的中部画一条大鱼，头大身细，嘴微张，尾部直挺，长4米，高0.75米，鱼头前有白色线条，鱼腹下有水波纹一道。南壁绘有四五头牛，皆为直立状，其中两头向西，两头朝东。牛的头部线条较细腻流畅，身部线条简单，尾部交错有些模糊不清，下肢省略。在其北侧下方见一只动物后半身，像似奔走。北壁中部画一匹卧马，高1.4米，长2.25米。马头昂起并侧向左后方，神采奕奕，双耳直竖，额前鬃毛前飘，脖颈斜直，胸脯隆起，身体浑圆，线条简洁，但能传神入胜。在卧马的两端有白色线条若干。

其二在墓道第一级二层台阶上西壁，画一只体格高大的四肢动物，长3.1米，形象似牛或猪，尾部平伸，做行走状，头部线条不清。

墓圹壁画的特点是：轮廓清晰，线条洗练，细节省略，形象生动，与西汉石刻粗犷豪放的造型风格相似。壁画的位置布局、内容题材及绘制手法等，别具一格，为其他汉墓壁画所不见。关于壁画的作者有两种推测，一种意见是一般民间艺人所为，因参与造墓活动，在工余时随意挥笔而成；另一种意见认为，从画中传神入胜的笔法和生动的造型来看，应出自有一定造诣的画匠之手。我们倾向于后一种意见。

不在墓室而是在墓圹的生土壁上绘制犀牛、马、牛、鱼等动物形象，布局方式和题材为其他汉墓壁画所不见。后来考古研究人员将画在墓圹西壁的大鱼改释为鲸，同时探讨了壁画的表现手法及意义。说：“以赭黄色的生土壁为底子，且表现的全是动物形象，故选择显赫夺目的白色线条才最为恰当。”壁画中的动物与男性及狩猎活动有关，是当时推崇尚武精神的体现。[77]程林泉、张翔宇先生就其题材进行了指认和归类。[78]张翔宇先生认为，这种单纯动物内容目前在国内尚属孤例，可能是墓主生前拥有大量财富的象征。[79]

墓圹壁画的动物中，犀牛、鲸是珍稀动物，牛和马是家畜，不在狩猎对象之列。我们以为，在墓圹生土壁上绘出这些动物图像，可能是从葬习俗的一种特殊表现，即采用虚拟的图像来替代从葬的活物。据王学理先生的考古报告及研究，在薄太后南陵从葬坑中发现犀牛的遗骸，而从葬的犀牛来自皇家苑囿——上林苑。[80]司马相如《上林赋》列举上林苑豢养的珍兽，其中就有犀牛。《汉书·平帝纪》记载，元始二年(2年)“黄支国献犀牛”，在当时的长安犀牛并不鲜见。绘制在墓圹东壁上的犀牛虽是瑞兽，但它与南、北壁上绘出的牛、马等家畜没有多少差别，也是用来替代活物的。墓圹西壁绘一条4米长的鲸，腹下有一道水波纹，意表现鲸在大海中游弋。秦之兰池置有石鲸，到武帝时在昆明池和太液池列有石鲸，霍去病墓上的两件石鱼所刻画的也是鲸的形象。在墓圹壁上图绘形体巨大的鲸，大约取喻祥瑞。

2. 咸阳龚家湾汉墓壁画

咸阳龚家湾汉墓为砖石结构的积石积沙墓，规模很大。墓葬内由墓道、甬道和前后室组成。斜坡墓道位于甬道以东，西部用砖砌壁并券顶，甬道位于墓室与墓道之间。墓室位于甬道以西，分前室和后室，呈长方形，用青砂石构筑，方石板铺地。该墓被盗掘多次，残存的随葬品多集中于前室的前半部，后室的棺椁残迹内仅有一些小件器物，其中铜器以车马饰、漆器附件为主，陶器多已残破。考古研究人员综合墓中出土的“大泉五十”货币和一件陶壶的形制，以及陷坑内的瓦当上残存“无常”二字，判断此墓年代在王莽时期，但不会晚至东汉。又据墓内出土的漆器装饰物、墓葬的规模和形制，判断墓主不是侯封，也是略低于侯的三公九卿一级官吏。[81]

该墓第三重门即后室的入口的石门额，长2.68米，宽0.54米，上面有用单纯墨线绘制、未着色的图像。其两端的线条细而淡，又经泥水侵蚀，多已模糊不清，中间部分的画面线条较粗，墨色较浓，引人注目。画面中心处画一怪兽头，似羊头，两长角向下弯曲呈弧形，两眼圆睁，周围饰云气纹。羊头的右侧有三条横线将画面分成上下两部分，下部绘绵延的高山，上部有一高柄烛灯，烛灯左侧为一怪兽，嘴尖，两耳上竖，身后有

图6-60
门额上的仙界图（摹图）
龚家湾汉墓
采自《考古与文物》
1987年第1期

翼，作侧身蹲坐状，前爪前伸按在器物上；右侧画一人面向烛灯，头戴山字形冠，凭几而坐，身着圆领、宽袖上衣，右手前伸，左手下垂，身后有一树状物。羊头左侧的画面模糊不清，隐约能辨出有两人正面端坐，其中左边一人的头巾下披，身后有一树状物（图6-60）。另外，还有刻于石门扉正面的画像，可惜已被砸成碎块。画像内容似朱雀，先用墨线条勾出轮廓，再用减地平雕的手法进行凿刻，最后在画像上涂红、绿、黑三色。

门额上的这幅墨线仙界图是我们讨论的重点。根据石门扉上的画像推测，门额上绘画作品实际上是一件“半成品”，即未经雕刻的画像石的墨线稿，说它是墓室壁画有些勉强。

汤池先生较早关注这幅作品所表达的含义，他说：画面“中央绘象征吉祥的羊头，右侧绘一人头戴三山冠，凭几而坐，身后画一株仙树，面前画玉兔捣药，下方画起伏的山峦，笔者认为此乃东王公的形象，左侧画面与右侧对称，形象比较模糊，推测为西王母形象”。[82]信立祥先生则认为，“东王公形象绝不可能出现在新莽时期”，画面“左侧形象当为西王母，右侧两个正面人物可能是墓主人，图像表现的是升仙的场面”。[83]我们同意后者的意见。

西王母形象在西汉末及新莽时期的美术作品中出现，其社会原因比较复杂。当时人们信仰西王母，除追求长寿和升仙的终极目标外，还含有对现实社会的强烈诉求。哀帝建平四年（前3年），信仰西王母的一般民众活动，迅速发展为一场声势浩大的宗教运动，并在首都长安集中爆发。《汉书·哀帝纪》记载：

> 四年春，大旱。关东民传行西王母筹，师古曰：西王母，元后寿考之象。行筹，又言执国家筹策行于天下。经历郡国，西入关至京师。民又会聚祠西王母，李奇曰：皆阴为阳之象。或夜持火上屋击鼓号呼相惊恐。

《汉书补注》（哀帝纪）云：

> 天子将出，一人前行清道，呼曰“传筹”，今制尚有之，盖昉自汉世。此讹言王母将至，为之传行诏筹，即其意也。元后临朝，成莽

篡窃，此其先兆，而师古以谓元后寿考之之象，殆不然也。

《汉书·天文志》记载：

> 哀帝建平元年正月丁未日出时，有著天白气，广如一匹布，长十馀丈，西南行，讙如雷，西南行一刻而止，名曰天狗。传曰："言之不从，则有犬祸诗妖。"到其四年正月、二月、三月，民相惊动，讙哗奔走，传行诏筹祠西王母，又曰"从目人当来"。

《汉书补注》（天文志）叶德辉曰：

> "从"读如纵横之纵。人为横目之类，纵目则为妖。

《汉书·五行志下之上》记载最为详细：

> 哀帝建平四年正月，民惊走，持稿或棷一枚，如淳曰：棷，麻干也。师古曰：稿，禾秆也。传相付与，曰行诏筹。道中相过逢多至千数，或披发徒践，师古曰：徒践，谓徒跣也。或夜折关，或逾墙入，或乘车骑奔驰，以置驿传行，历经郡国二十六，至京师。其夏，京师郡国民聚会里巷阡陌，设祭张博具，师古曰：博戏之具。歌舞，祠西王母。又传书曰："母告百姓，佩此书者不死。不信我言，视门枢下，当有白发。"至秋止。是时帝祖母傅太后骄，与政事，故杜邺对曰："《春秋》灾异，以指象为言语。筹，所以纪数。民，阴，水类也，水以东流为顺走，而西行，反类逆上。象数度放溢，妄以相予，违忤民心之应也。西王母，妇人之称。博弈，男子之事。于街巷阡陌，明离阑内，师古曰：阑，门橛也。与疆外。临事盘乐，炕阳之意。白发，衰年之象，体尊性弱，难理易乱。门，人之所由；枢，其要也。居人之所由，制持其要也。其明甚著，今外家丁、傅并侍帷幄，布于列位，有罪恶者不坐辜罚，亡功能者毕受官爵。皇甫、三桓，诗人所刺，《春秋》所讥，亡以甚此。指象昭昭，以觉圣朝，奈何不应!"后哀帝崩，成帝母王太后临朝，王莽为大司马，诛灭丁、傅。一曰丁、傅所乱者小，此异乃王太后、莽之应云。

在首都长安集中爆发的这场民间宗教运动，是被当作刘氏亡嗣、元后王政君临朝，以及王莽篡权之灾异应验的大事件而载入正史的。究其原因，一是丁太后、傅太后相继专权，刘氏集团的政治地位受到严重挑战；二是当年大旱，百姓的生存问题恶化，社会发生动荡和危机。事情于年初先在关东二十六郡国间酝酿，逐渐形成一场声势浩大的群众运动。人们一路传行诏筹，呼喊西王母将降临人间，纵目人（按：指域外民族）当来，至夏天传到长安后，得到京师民众的积极响应。大家聚集于都城的街巷，大张旗鼓地祭祀西王母，渴望这位女神能主持公平和正义，解救众生的现实苦难。运动显然带有与傅太后控制的哀帝政权对抗性质，参与者未必都是下层流民，中上阶层贵族应占有一定比例。在此期间，以元后王政君一派的政治势力不会袖手旁观，很可能对这场运动起到推波助澜的作用。在王莽摄政之后颁布的诏书中，就将这一事件视为姑母（王政君）临朝之瑞兆。《汉书·翟方进传》记载：

> 惟居摄二年十月甲子，摄皇帝若曰：……太皇太后肇有元城沙鹿之右，阴精女主圣明之祥，配元生成，以兴我天下之符，遂获西王母之应，神灵之征，以祐我帝室，以安我大宗，以绍我后嗣，以继我汉功。

又据《汉书·元后传》记载：

> （王）莽乃下诏曰：“……予伏念皇天命予为子，更命太皇太后为‘新室文母太皇太后’，协于新故交代之际，信于汉氏。哀帝之代，世传行诏筹，为西王母共具之祥，当为历代母，昭然著明。于祗畏天命，敢不钦承！谨以令月吉日，亲率群公诸侯卿士，奉上皇太后玺绂，以当顺天心，光于四海焉。”太后听许。

外戚政治势力的更替，客观上为民众营造了信仰西王母的宽松社会环境。王莽的诏书似乎暗示这场民间运动得到最高统治集团的认可和支持，而所谓元后王政君临朝兴汉，无形中又给西王母崇拜增添了新的理念——她是人们心目中最亲近的女神，能助人长寿并进入仙界，同时也是众生企盼的救世主和社会公平与正义的化身，“不但能在日常生活中赐福于人，而且还能在特殊情况下消灾禳难，救百姓于倒悬”。[84]人们相信这位女神具有不同于其他神祇的亲和性，寄希望于她能够解决现实生存和将来归宿的一切问题。

在此之前的升仙图像中，有天象奇幻之景、渤海上蓬莱仙境和西方昆仑山，但不见西王母的形象。只是在西汉晚期的美术作品中，如偃师辛村新莽墓壁画、[85]郑州出土的西汉晚期至东汉早期的画像砖、[86]成都青白江区跃进村西汉末至东汉初年墓出土的人马陶灯和陶制龟蛙斗拱座，[87]以及新莽时期的规矩镜等，[88]我们才见到这位女神的形象。洛阳卜千秋汉墓壁画被认为是昭宣时期的作品，内中的西王母及衔禾的玉兔、舞蹈的蟾蜍和飞奔的九尾狐，为目前所见年代最早的西王母及天庭仙灵图像。但它可

图6-61（左）
汉墓壁画中的浮雕羊头
洛阳烧沟61号汉墓

图6-62 （右）
汉画像石上的浮雕羊头
济南大观园

能属于特例，或是当初考古工作者对该墓年代的推定有误差。[89]

咸阳龚家湾汉墓的门楣画像的时代虽然稍晚些，但它的画面内涵比较丰富，其中的一些细节颇值得玩味。

画面中心绘一羊头，周围有云气纹。羊是汉代丧葬美术中运用最多、最广泛的动物题材。“羊”与“祥”二字通假，铜器铭文中有“吉羊”一词，即表吉祥之意。在当时人们观念中，羊也是一种恶兽，《史记·项羽本纪》引俗语云：“狠如羊。”另外还有一种称作“羵羊”的土怪，《国语·鲁语下》：“丘闻之，木石之怪曰夔、蝄蜽，水之怪曰龙、罔象，土之怪曰羵羊。”在墓门额上雕绘羊头形象，其用意在于祛凶祈祥，护卫死者亡灵永久安宁。西汉末到东汉时期，在墓室的门额上装饰羊头，主要流行于关东地区。先期的例证主要见于河南洛阳的西汉晚期壁画墓，如烧沟61号汉墓的门额背面正中，有彩绘高浮雕的羊头（图6-61）；[90]传出自八里台、今藏美国波士顿博物馆西汉壁画墓的梯形空心砖上，也有彩绘高浮雕的羊头。[91]类似的羊头图像在山东地区的画像石墓的门额石上亦有表现（图6-62）。[92]而在长安乃至关中地区的汉墓中，门额上装饰羊头图像仅见此墓一例。我们怀疑它属于个例，由于某种特殊机遇而接受了京畿以外地区墓葬习俗所致。

在羊头的右面隐约可见有两人端坐，左边一人大些，应是墓主人。此人头发下披，与《汉书·五行志》中所说西王母信众“被发徒践”吻合，报告描述其“头巾下披”，可能有误。其身后有一枝花草，或是“传行诏筹”所使用的禾或麻秆，或是尚未生成菌冠的灵芝。右边一人小些，可能是与墓主相关的亲属或侍从。羊头的左面，有三条横线将画面分成上下两部分，下部的山峦应为昆仑山，上为西王母及天庭仙灵。在郑州一带出土的西汉末至东汉早期的画像空心砖上，西王母端坐于山巅（图6-63），旁边有天庭仙灵。西王母与昆仑山结

图6-63
汉画像砖中的西王母
郑州

合是公元1世纪前后的一种流行样式，画中的昆仑山，接近自然山形，到东汉后半期演变成为山字形的图案。[93]《山海经》中说西王母“梯几而戴胜”，壁画中这位女神身旁置一长几，头饰中间低两边高，是为戴胜与发髻的形状。报告者判为“山”字形冠，不妥。女神身着圆领宽袖上衣，右手前伸，左手下垂，与同期规矩镜上西王母的姿态相近。在她的前后各有一株植物，前一株上细下粗，上部各有左右对称的枝叶，顶端有一花蕾。后一株端直，下端有对称的枝叶，顶端有一珠状物。报告者将其判为“一支正燃着的高烛”，也不确。这两株植物很可能是传说中“食之乃寿”的不死树。[94]与西王母面对的是玉兔，“在大多数情况下，玉兔都是亲密地陪伴着西王母，持杵于臼中为其捣药”。[95]

在这幅门楣画像中，正面造型的羊头将画面划分成两个部分。右面为墓主的肖像画，正面造型，属于偶像型构图方式，具有纪念性；左面的西王母为四分之三造型，与西王母面对玉兔作侧面造型，为情节型的构图方式，具有故事性。

造型艺术中的人物造型，按其朝向可分侧面、四分之三侧面、正面三种。情节型中的人物多为侧面和四分之三侧面造型，偶像型中的人物则为正面造型。遵循这一法则，有研究者提出了汉代西王母图像类型由情节型（式）向偶像型（式）转变的观点和意见。早期的西王母图像为情节型的，它延续了传统人物画的水平式的构图，而到公元1世纪左右逐渐被一种新的模式——偶像型所替代，而偶像型构图方式来自印度佛教艺术[96]。我们以为，美术作品的表现形式还与采用何种体裁密切相关。所谓汉代西王母图像形式由情节型向偶像型转变的规律，对于解读具有二维性质的壁画、画像砖石及铜镜上的人物图像是成立的，但对三维性质的人物雕塑作品，有时则是失效的。前举成都青白江区跃进村西汉末至东汉早期墓出土的人马陶灯（M5）和陶制龟蛙斗拱座（M6）上，都有浮雕式的装饰，上面的西王母形象皆作正面造型（图6-64），属于偶像型。所以，我们怀疑后来的绘画性作品出现偶像型的西王母形象，可能受到同题材雕塑作品的影响。“偶像神是至上神出现的一种标志或一个前提，在艺术表现上的体现就是神灵人物正面像的出现。”[97]这说明人们崇拜西王母的宗教情结更加强烈了。

图6-64
陶器上的西王母浮雕
（摹图）
成都青白江区跃进村汉墓
采自《文物》1999年第8期

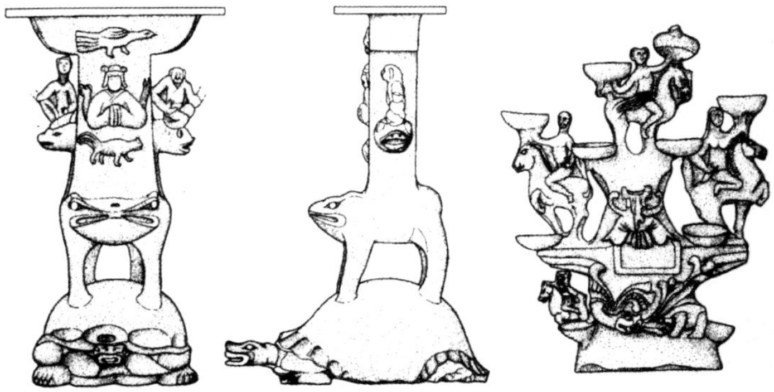

五、长安汉墓壁画的时代特征

从考古发掘所获的实物材料看，汉代墓室壁画起于西汉中期，发展于西汉晚期（包括新莽时期），到东汉晚期走向兴盛。自20世纪50年代以来，已发现的汉代壁画墓不少于70处，[98]但属于西汉时期的只有14处。其中，西安（包括咸阳）共5处，广州1处，河南永城1处，洛阳7处（不包括早年被盗掘后流失到国外、今藏美国波士顿和大英博物馆的2处[99]）。西安地区发现的这5处壁画墓的地点，全部集中在都城长安的郊区。它们不仅浸润于京畿地区丧葬礼俗风气，而且也折射出当时长安绘画的艺术水平，对于我们认识汉墓壁画的演变和汉代绘画艺术的发展状况，具有重要的学术价值和意义。

“关中在西汉时期为首都所在地，一些新的丧葬礼俗与制度首先在这里兴起，尔后才传播至雒阳及关东地区。”[100]广州南越王墓和河南永城柿园汉墓“凿山为藏”，仿效文帝霸陵的做法，墓室仿照宫室装饰，如设置木制框架挂落帷幔、壁面涂色或绘制壁画等。柿园汉墓的主人是梁共王刘买或梁孝王的嫔妃，身份和地位特殊，与刘氏皇室关系密切，墓室壁画的设置及造型风格，应更多受到长安丧葬习俗与制度的影响。

西汉中期墓室壁画的出现是崖洞墓的产物，而晚期墓室壁画的兴起与发展，则与当时砖室墓的流行密切相关。在发现西汉壁画墓的两个集中地点——雒阳和长安，雒阳一带多为空心砖墓和小砖券椁墓，墓主为一般官吏及其眷属，如卜千秋墓、浅头井墓、烧沟61号汉墓等；长安地区的则为长斜坡墓道竖穴土圹砖室墓，墓址接近汉帝陵园或陵邑，随葬品的规格等级比较高，发现有漆木车马，出土有玉璧、玉衣片、玉九窍塞、玉握，以及封泥、龟纽印章等，墓主身份可能是二千石左右的官吏，如西安交通大学墓、西安理工大学墓和曲江翠竹园墓等。长安作为全国政治经济中心，引领当时文化艺术的潮流。杨泓先生说：“所以当西汉时砖筑墓室开始流行，砖筑墓墙的壁面为墓室壁画提供了载体以后，墓室壁画开始出现，也应是在当时绘画艺术的中心都城长安。”[101]此言甚确。

参与西安交通大学西汉壁画墓发掘的考古研究人员首先注意到，由于砌筑墓室所使用的建筑材料及方式不同，导致长安与雒阳两地在壁画绘制方式上的差异：长安的直接在墓壁上一次性绘就，壁画浑然一体；雒阳的则事先画在编号的空心砖上，然后搬入墓内安装拼接起来。[102]程林泉、张翔宇先生通过与关中以外地区的汉墓壁画进行比较的方法，从题材、布局、风格三个方面，总结了以长安为代表的关中汉墓壁画的区域特征：一是在壁画题材方面，大型动物不见于其他地区，反映墓主享乐生活的内容早于雒阳和其他地区，天象仙境的图像特殊，内中有飞翔的仙鹤；雒阳墓室壁画的神话传说和历史故事题材，则不见于关中地区墓室壁画中。二是在壁画的布局方面，同时期雒阳的壁画，主要布局在墓顶平脊、门额、后山墙及隔梁上方；长安壁画除一例在墓圹壁外，其余全部绘制在墓室的顶部及四壁。三是造型风格方面，长安墓壁画既有简洁大气、雄浑质朴的汉代壁画的一般特征，又有构图准确严谨、画面细腻写实的工笔特点。[103]后来张翔宇先生从多个方面对长安汉墓壁画的特点进行了深入分析，主要意见和观点有五点：第一，壁画墓集中在汉代杜陵邑附近，年代主要在西汉晚期。第二，墓主身份与地位相对单一，均为两千石左右的高级官吏。第三，壁画分布与布局方面表现出多样性，有的在门额上，有的在墓圹上，有的在墓室四壁及券顶上。第四，壁画内容多样，既有祥禽、瑞兽、天象、升仙等西汉壁画常见的题材，也有狩猎、乐舞、斗鸡、宴乐等反映墓主人现实生活的内容。第五，壁画风格独特，既有汉代常见的粗犷朴拙，也有罕见的工笔重彩。总之，与其他地区相比，长安汉墓壁画表现出明显的成熟性与先进性，是汉代文化艺术的重要体现。[104]我们赞同他们的这些观点和意见，同时就长安汉墓壁画艺术的特征，提出以下几点补充看法：

其一，反映传统敬天意识及天文学成就的天象图，是长安汉墓壁画的一大亮点。墓葬中设置天象图，最早见于河南濮阳西水坡仰韶文化45号墓的蚌塑龙虎二神及北斗星象图，象征墓主与天沟通。《史记·秦始皇本纪》记载，秦始皇地宫“上具天文，下具地理”，其中的“上具天文”应指在地宫的穹顶装饰天象图。汉承秦制，墓葬制度不会例外。在中国古代天文学史上，从著述《史记·天官书》，到制定并颁布太初历，以及继传统盖天说之后，落下闳又提出浑天说，西汉时期天文学成就卓著。在长安壁画墓中，绘制在西安交通大学壁画墓券顶的二十八宿星图最具代表性，是迄今所见年代最早的一幅圆形式二十八宿星图，可以视为《史记·天官书》中四宫列宿的图解。它是基于传统盖天说绘制而成的，图中的人事及动物图像，保留着先民赋予星宿的古老含义。这幅星图内容丰富、形象生动、画面完整，是当时天文学成就及其对社会影响的具体反映。

其二，汉墓中的天象图是当时天人之学盛行、祥瑞及神仙思想弥漫的产物。在长安的五座壁画墓中，有三座绘有天象图，而这些天象图又都与后壁上部的画面，如擎灵芝腾踏向上的羽人（西安交通大学壁画墓）、羽人飞升戏龙（西安理工大学壁画墓）、大团的云气纹（曲江翠竹园壁画墓）交接呼应，营造出升仙主题及氛围，表达墓主对天上世界的向往。

其三，反映贵族现实生活是长安汉墓壁画的一个显著特征。西安理工大学壁画墓的东西两壁，分别绘出车马出行、狩猎、宴乐舞蹈、斗鸡娱乐等贵族生活场景。曲江翠竹园壁画墓的四壁，绘有象征贵族府邸的帷幔，其下列置众吏属及男女侍者，场面十分阔绰。长安是都城所在，城内的北阙甲第、郡国官邸和闾里居住着众多的王侯将臣，周边的诸陵邑有从关东迁徙来的大批豪门富户。他们拥有权利、地位和财富，生活讲究奢华和时尚，却淡化对道德标准的追求。这两处墓室壁画，从一个局部或侧面反映出这些官僚贵族的生活态度及状况。而这类都市生活题材在同期雒阳汉墓壁画中却未出现。

其四，壁画中巨大的人物肖像画最引人入胜。曲江翠竹园壁画墓的四壁绘制的人物，皆作四分之三侧面造型，高者达2米，一般也在1.4米左右，个别还有榜题，为已发现的汉墓壁画所罕见。当时长安宫中绘制纪念性人物肖像画盛行，如未央宫中某殿阁内的张良肖像，麒麟阁中的十一名臣图，甘泉宫中的李夫人、休屠王阏氏画像，以及西阁上绘制的尧、舜、禹、汤、桀、纣等“画人”，桂宫明光殿的古烈士等。长安宫中还设有黄门画者及画工，武帝时创作的周公负成王朝诸侯图，就出自他们之手。又据《西京杂记》（卷二）记载，元帝时的宫廷画工毛延寿，擅长人物画，“丑好老少必得其真”；陈敞、刘白及龚宽等“亦肖人形”，阳望及樊育“善布色”，都是名噪一时的宫廷画工。长安汉墓壁画中出现尺幅巨大且造型成熟的人物肖像画，应是受当时宫廷画风浸润所致。

其五，西汉中期以后祥瑞思想炽盛，祥瑞图像异常发达，内容有神山、云气纹及珍禽异兽。西安交通大学壁画墓四壁的菱格纹宽带下面绘出猛虎、珍禽在流云间穿插，寓意天降祥瑞于大地，亦为同时期其他地区汉墓壁画所不见。

注 释

[1] 陕西省考古研究所：《秦都咸阳考古报告》，科学出版社2004年版，第714～720页。

[2] 中国社会科学院考古研究所汉城工作队：《西安市汉长安城长乐宫四号建筑遗址》，《考古》2006年第10期，第38～39页。

[3] 《汉书·韦贤传附韦玄成传》。

[4] 巫鸿：《徐州古代美术与地域美术考古观念》，《礼仪中的美术——巫鸿中国古代美术史文编》（下），生活·读书·新知三联书店2005年版，第583～585页。

[5] 罗西章：《陕西扶风杨家堡西周墓清理简报》，《考古与文物》1980年第2期。

[6] 中国科学院考古研究所洛阳发掘队：《洛阳西郊一号战国墓发掘记》，《考古》1959年第12期，第654页。

[7] 汤池：《汉魏南北朝墓室壁画》，宿白主编：《中国美术全集·绘画编12·墓室壁画》，文物出版社1989年版，第3页；湖北省荆州地区博物馆：《江陵天星观一号楚墓》，《考古学报》1982年第1期。

[8] 杨鸿勋：《破解中华土木大金字塔——秦始皇九层之台的陵上享堂和负"九层之台"的地宫》，《杨鸿勋建筑考古学论文集》（增订本），清华大学出版社2000年版，第228页。

[9] 余英时：《东汉生死观》，上海古籍出版社2005年版，第34页。

[10] 曹春平：《明堂初探》，《东南文化》1994年第6期，第78页。

[11] 杨鸿勋：《宫殿考古通论》，紫禁城出版社2001年版，第112页。

[12] 刘庆柱：《秦都咸阳第三号宫殿建筑遗址壁画考释》，《古代都城与帝陵考古学研究》，科学出版社2000年版，第113页。

[13] 刘云辉：《武库遗址出土的玉雕怪兽为貘豸考》，《文博》2007年第1期。

[14] 安纬、奚芷芳：《蒙古匈奴贵族墓地初步研究》，《考古学报》2009年第1期，第85～86页。

[15] 何清谷：《三辅黄图校释》，中华书局2005年版，第159页。

[16] 顾森：《秦汉绘画史》，人民美术出版社2000年版，第34页。

[17] 西安市文物保护考古所：《西安曲江翠竹园西汉壁画墓发掘简报》，《文物》2010年第1期。

[18] 《后汉书·朱景王杜马刘傅坚马列传附传论》。

[19] 蔡质，蔡邕的叔父，曾撰《汉官典职仪式选用》，杂记汉代官制及上书、谒见等仪式。

[20] 邢义田：《汉代壁画的发展和壁画墓》，《画为心声——画像石、画像砖与壁画》，中华书局2011年版，第14页。

[21] 《汉书·金日磾传》。

[22] 《汉书·宣帝纪》。

[23] 《后汉书·阳球传》。

[24] 蒋英炬、吴文祺：《汉代武氏墓群石刻研究》，山东美术出版社1995年版，第57页。

[25] 瞿中溶：《汉武梁祠画像考》（希古楼刊影印本），北京图书馆出版社2004年版，第318～320页。

[26] 容庚：《汉武梁祠画像考释》，中央美术学院美术史系教学资料印本，第35页。

[27] 朱锡禄：《武氏祠画像石》，山东美术出版社1986年版，第107页。

[28] 巫鸿：《武梁祠——中国古代画像艺术的思想性》（柳扬、岑河译），生活·读书·新知三联书店2006年版，第201、307页。

[29] 《汉书·金日磾传》记载："初，日磾所将俱降弟伦，字少卿，为黄门郎，早卒。日磾两子贵，及孙则衰矣，而伦后嗣遂盛，子安上始贵显封侯。"

[30] 按：关于《孔子家语》的真伪，学术界有较大争议。据该书所附孔安国后序，可知书中的材料是由孔子弟子"各自记其所问"而成。出土文献也证明该书保存了比较准确可靠的文献资料。参见杨朝明：《〈孔子家语〉的成书与可靠性研究》，《故宫学术季刊》第26卷第1期，2008年秋季。

[31] 张道一：《汉画故事》，重庆出版社2006年版，第29页。

[32] 陈维昭：《汉代“黄门”考》，《南京师大学报》（社会科学版）2010年第3期，第76页。

[33] 刘庆柱：《秦都咸阳第三号宫殿建筑遗址壁画考释》，《古代都城与帝陵考古学研究》，科学出版社2000年版，第113页。

[34] 李贵龙、王建勤主编：《绥德汉画像石》，陕西人民美术出版社2001年版，第54～55页。

[35] 山西省考古研究所、吕梁地区文物工作队、离石县文物管理所：《山西离石马茂庄东汉画像石墓》，《文物》1992年第4期，第33页。

[36] 王德庆：《江苏铜山东汉墓清理简报》，《考古通讯》1957年第4期，图版拾肆2图。

[37] 壁画例图见于《文物》2010年第7期，封二图2。

[38] 顾颉刚先生将文成在甘泉宫行事时间定在元狩三年（前120年），《秦汉的方士与儒生》，上海世纪出版集团2005年版，第15页。

[39] 《史记·封禅书》记载：“亳人谬忌奏祠太一方，曰：‘天神贵者太一，太一佐曰五帝。古者天子以春秋祭太一东南郊，用太牢，七日，为坛开八通之鬼道。’于是天子令太祝立其祠长安东南郊，常奉祠如忌方。其后人有上书，言‘古者天子三年壹用太牢祠神三一：天一、地一、太一’。天子许之，令太祝领祠之于忌太一坛上，如其方。”

[40] 顾颉刚：《秦汉的方士与儒生》，上海世纪出版集团2005年版，第14～15页。

[41] 李家浩：《再论“兵避太岁”戈》，《考古与文物》1996年第4期，第31页。

[42] 贺西林：《从长沙楚帛画到马王堆一号汉墓漆棺画与帛画》，中山大学艺术史研究中心：《艺术史研究》（5），中山大学出版社2003年版，第160页。

[43] 神人乘两龙（蛇）在《山海经》中有记载，如《大荒西经》：“有人珥两蛇，乘两龙，名曰夏后开。”《海外东经》：“东方句芒，鸟身人面，乘两龙。”《海外南经》：“南方祝融，兽身人面，乘两龙。”《海外西经》：“西方蓐收，左耳有蛇，乘两龙。”《海外北经》：“北方禺疆，人面鸟身，珥两青蛇，践两青蛇。”张光直先生认为，《山海经》中两龙数现，每次露面都似与民神之间沟通有关系。《商周青铜器上的动物纹样》，《考古与文物》1981年第2期。

[44] 周世荣：《马王堆汉墓的“神祇图”帛画》，《考古》1990年第10期；李学勤：《“兵避太岁”戈新证》，《江汉考古》，1991年第2期；李零：《马王堆汉墓“神祇图”应为辟兵图》《湖北荆门“兵避太岁”戈》，《考古》1991年第10期，《文物天地》1992年第3期；李家浩：《再论“兵避太岁”戈》，《考古与文物》1996年第4期，第31页。

[45] 王毓彤：《荆门出土一件铜戈》，《文物》1963年第1期；俞伟超、李家浩：《论“兵辟太岁”戈》，《出土文献研究》，文物出版社1985年版。

[46] 信立祥：《汉代画像石综合研究》，文物出版社2000年版，第181页。

[47] 王建中主编：《中国画像石全集6·河南画像石》，河南美术出版社2000年版，图版说明第44页。

[48] 韩玉祥、牛天伟：《麒麟岗汉画像石墓前室墓顶画像考释》，《南阳汉代画像石研究》，民族出版社1995年版，第24页。

[49] 河南省商丘市文物管理委员会、河南省文物考古研究所、河南省永城市文物管理委员会：《芒砀山西汉梁王墓地》，文物出版社2001年版，第115～120、233～239页。

［50］郑岩先生说："准确地说，作为墓葬装饰中一种新的艺术形式，柿园墓壁画可能受到了传统更为久远的葬具装饰系统的影响。"《关于墓葬壁画源问题的思考——以河南永城柿园汉墓为中心》，《故宫博物院院刊》2005年第3期，第63页；贺西林、邹清泉先生说："单就形式而言，早期墓室壁画基本上全盘照搬了此前的漆木葬具绘画，可谓棺椁葬具绘画在墓室葬具空间中的复制。"《永生之维——中国墓室壁画史》，高等教育出版社2008年版，第6页。

［51］贺云翱、郭怡：《古代陵寝》，文物出版社2008年版，第143页。

［52］广州市文物管理委员会、中国社会科学院考古研究所、广东省博物馆：《西汉南越王汉墓》，文物出版社1991年版，第28页。

［53］张翔宇：《西安地区汉代壁画墓特点浅析》，《文物》2012年第10期，第72页。

［54］程林泉、张翔宇：《关中地区汉代壁画墓浅析》，《考古与文物》2006年第3期，第53页注释①；后晓荣、陈晓飞：《关中地区两汉壁画墓初探》，《中国历史文物》2006年第4期，第19页。

［55］陕西省考古研究所、西安交通大学：《西安交通大学西汉壁画墓发掘简报》，《考古与文物》1990年第4期；《西安交通大学西汉壁画墓》，西安交通大学出版社1991年版。

［56］陕西省考古研究院：《壁上丹青——陕西出土壁画集》（上），科学出版社2009年版，第3～46页。

［57］陕西省考古研究所、西安交通大学：《西安交通大学西汉壁画墓》，西安交通大学出版社1991年版，第51～53页。

［58］陕西省考古研究所、西安交通大学：《西安交通大学西汉壁画墓》，西安交通大学出版社1991年版；雒启坤《西安交通大学西汉墓葬壁画二十八宿星图考释》，《自然科学史研究》（第10卷）1991年第3期；冯时：《中国天文考古学》，社会科学文献出版社2001年版。第309～310、322～323页。

［59］雒启坤：《西安交通大学西汉墓葬壁画二十八宿星图考释》，《自然科学史研究》（第10卷）1991年第3期，第245页。

［60］呼林贵：《西安交大西汉墓二十八宿星图与〈史记·天官书〉》，《人文杂志》1989年第2期；陕西省考古研究所、西安交通大学：《西安交通大学西汉壁画墓》，西安交通大学出版社1991年版，第24页。

［61］冯时：《中国天文考古学》，社会科学文献出版社2001年版。第309、322～323页。

［62］孙民柱：《西安交大校园西汉壁画墓及其墓主人考证》，《西安交通大学学报》（社会科学版）1998年第2期。

［63］中国社会科学院考古研究所：《汉杜陵陵园遗址》，科学出版社1993年版，第98页。

［64］国家文物局：《2004中国重要考古发现》，文物出版社2005年版，第107～113页；西安市文物保护考古所：《西安理工大学西汉壁画墓发掘简报》，《文物》2006年第5期；孙福喜、陈林泉、张翔宇：《西安理工大学西汉壁画墓初探》，《西北大学学报》（哲学社会科学版）2005年第3期。

［65］西安市文物保护考古所：《西安理工大学西汉壁画墓发掘简报》，《文物》2006年第5期，第43～44页；孙福喜、陈林泉、张翔宇：《西安理工大学西汉壁画墓初探》，《西北大学学报》（哲学社会科学版）2005年第3期，第48～49页。

［66］李发林：《汉画考释和研究》，中国文联出版社2000年版，第146页。

［67］沈从文：《中国古代服饰研究》，上海书店出版社2002年版，第136～137页。

[68] 巫鸿先生说："战国与汉代狩猎纹饰的另一个区别在于人和动物的关系不同。如前所说，战国时代的画家经常描绘人和兽的激烈冲突，在一些绘画、雕刻和青铜器上，人被刻画成征服野兽的英雄。张光直曾经指出：东周时期，人若不是动物的主宰，至少也是它们的挑战者。然而在汉代，我们可以从当时的艺术表现中清楚地看到人与动物之间冲突的消失，表现人类以暴力征服动物的纹饰逐渐被一种新的人兽和谐的纹饰所取代。动物不再威胁人类，其形象所表现的是与人类命运的和谐一致。"《三盘山出土车饰与西汉美术中的"祥瑞"图像》，《礼仪中的美术——巫鸿中国古代美术史文编》（上卷），生活·读书·新知三联书店2005年版，第158页。按：作者此处所说的狩猎纹，实为祥瑞纹。

[69] 陈松长：《马王堆锥画漆奁盒上的狩猎纹图像解读》，中国汉画学会、南阳师范学院汉文研究中心：《汉画研究——中国汉画学会第十届年会论文集》，湖北人民出版社2006年版，第131～132页。

[70] 李学勤：《谈"张掖都尉棨信"》，《文物》1978年第1期。

[71] 国家文物局：《2008中国重要考古发现》，文物出版社2009年版，第11～115页；西安市文物保护考古所：《西安曲江翠竹园西汉壁画墓发掘简报》，《文物》2010年第1期。

[72] 西安市文物保护考古所：《西安曲江翠竹园西汉壁画墓发掘简报》，《文物》2010年第1期，第38～39页。

[73] 杨泓：《汉代墓室壁画和汉代绘画史研究》，汉代考古与汉文化国际学术研讨会论文集编委会：《汉代考古与汉文化国际学术研讨会论文集》，齐鲁书社2006年版，第323页。

[74] 有研究指出：在马王堆3号墓铭旌中，"男性主人的头部造型上却有了划时代的新突破——采用了四分之三侧面，改变了以往中国美术史中一贯的正侧面人物造型，标志着汉代人物画从此走向较为具象的阶段"。彭卫、张道森：《中国美术史》，河南大学出版社2005年版，第59页。按：铭旌中男主人为四分之三侧面的造型，但我们不赞同研究者夸大其艺术成就和美术史意义的观点。

[75] 杨泓：《观陕西汉唐墓室壁画札记》，《文博》2011年第3期，第5页。

[76] 徐进、张蕴：《西安南郊曲江池汉唐墓葬清理简报》，《考古与文物》1987年第6期；张翔宇：《西安地区汉代壁画墓特点浅析》，《文物》2012年第10期，第73页。

[77] 徐进、张蕴：《西安曲江池汉墓白垩线描壁画探析》，陕西省考古学会：《庆祝武伯纶先生九十华诞论文集》，三秦出版社1991年版，第171、174～175页。

[78] 程林泉、张翔宇：《关中地区汉代壁画墓浅析》，《考古与文物》2006年第3期，第50、52页。

[79] 张翔宇：《西安地区汉代壁画墓特点浅析》，《文物》2012年第10期，第74页。

[80] 王学理：《汉南陵从葬坑的初步清理——兼谈大熊猫头骨及犀牛骨骼出土的有关问题》，《文物》1981年第11期。

[81] 孙德润、贺雅宜：《龚家湾一号墓葬清理简报》，《考古与文物》1987年第1期。

[82] 汤池：《汉魏南北朝的墓室壁画》，宿白主编：《中国美术全集·绘画编12·墓室壁画》，文物出版社1989年版，第7页。

[83] 转见贺西林：《古墓丹青——汉代墓室壁画的发现与研究》，陕西人民美术出版社2001年版，第109页。

[84] 巫鸿：《武梁祠——中国古代画像艺术的思想性》，生活·读书·新知三联书店2006年版，第144页。

[85] 洛阳市第二文物工作队：《洛阳偃师县新莽壁画墓清理简报》，《文物》1992年第12期。

[86] 俞伟超、信立祥主编：《中国画像砖全集·河南画像砖》，四川美术出版社2006年版，第46～47页。

[87] 成都市文物考古工作队、青白江区文物管理所：《成都市青白江区跃进村汉墓发掘简报》，《文物》1999年第8期；宋治民：《成都市青白江跃进村西汉墓三题》，《四川文物》2002年第1期；苏奎：《成都跃进村汉墓出土的人马陶灯》，《中国历史文物》2009年第1期。

[88] 孔祥星、刘一曼：《中国铜镜图典》，文物出版社1994年版，第303页。

[89] 洛阳博物馆：《洛阳西汉卜千秋壁画墓发掘简报》，《文物》1977年第6期；陈昌远：《关于洛阳西汉卜千秋墓室壁画的几个问题》，《中原文物》1987年特刊。按：同地浅头井壁画墓的年代在西汉晚期，墓室脊顶的空心砖上也绘有壁画，编号方式、题材及造型、画面构成、用笔和设色等，均与卜千秋汉墓壁画相近。参见洛阳市第二文物工作队：《洛阳浅头井西汉壁画墓发掘简报》，《文物》1993年第5期。

[90] 河南省文化局文物工作队：《洛阳西汉壁画墓发掘报告》，《考古学报》1964年第2期。

[91] Jan Fontein and Tung Wu, *Unearthing China's Past*, Museum of Fine Arts Boston, 1973（按：参见汤池先生译文：《今藏美国波士顿的洛阳汉墓壁画》，《当代美术》1986年第3期）；黄明兰、郭引强：《洛阳汉墓壁画》，文物出版社1996年版，第101～102页。

[92] 焦德森、杨爱国主编：《中国画像石全集 3·山东汉画像石》，山东美术出版社、河南美术出版社2000年版，第132～211页。

[93] 巫鸿先生则认为，所有“表现西王母坐于昆仑山巅的画像形式都出现在公元2世纪下半叶的画像石上。在此之前，它们全部都是分开刻画的”。《武梁祠——中国古代画像艺术的思想性》，生活·读书·新知三联书店2006年版，第142页。

[94] 《淮南子·坠形训》：“（昆仑虚）上有木禾，其修五寻。珠树、玉树、旋树、不死树，在其西。”《博物志》（卷八）：“有员丘山，上有不死树，食之乃寿。”

[95] 李淞：《论汉代艺术中的西王母图像》，湖北教育出版社2000年版，第252页。

[96] 巫鸿：《武梁祠——中国古代画像艺术的思想性》，生活·读书·新知三联书店2006年版，第150页。

[97] 汪小洋：《汉墓绘画宗教思想研究》，上海大学出版社2010年版，第129页。

[98] 据黄佩贤博士的统计数据，时间截止于2007年10月。《汉代墓室壁画研究》，文物出版社2008年版，第4页。

[99] 今藏美国波士顿博物馆、大英博物馆的两组空心砖壁画，皆为西汉墓室隔梁构件。波士顿博物馆的藏品传出自洛阳“八里台”，1916年发现；大英博物馆的藏品出自洛阳，具体地点不详，20世纪二三十年代发现，1927年被盗运到英国。

[100] 赵化成、高崇文等：《秦汉考古》，文物出版社2002年版，第108页。

[101] 杨泓：《观陕西汉唐墓室壁画札记》，《文博》2011年第3期，第4页。

[102] 陕西省考古研究所、西安交通大学：《西安交通大学西汉壁画墓》，西安交通大学出版社1991年版，第53页。

[103] 程林泉、张翔宇：《关中地区汉代壁画墓浅析》，《考古与文物》2006年第3期，第52页。

[104] 张翔宇：《西安地区汉代壁画墓特点浅析》，《文物》2012年第10期，第76页。

第七章　青铜器和玉器

与先秦时期青铜器相比，汉代青铜器虽然失去了先前那种居于礼仪文化中心的地位，但也有属于自己时代耀眼的光彩。俞伟超先生指出：“在中国古代青铜艺术的发展总过程中，夏、商、西周三代和秦汉时期，特别是汉武帝以后，分属两大阶段。中间的东周时期，其实还应包括汉初，是过渡阶段。”而后一阶段的“西汉中期至东汉早期（即西汉武帝至东汉章帝时）是汉代青铜器最发达的时期，也是汉代青铜艺术最典型的时期”。[1]这就是说，西汉时期的青铜器实际包含着前代遗风和汉代典型作风两种不同的风格。

战国时期秦国青铜礼器不像春秋时期那般严格，初步显露出衰落迹象，而且在形态上主要受三晋铜器的影响。秦统一中国后，秦始皇诏令集中天下兵器，聚之咸阳销毁，铸造成“重各千石”的十二钟虡铜人。这组大型青铜人像具有纪念碑式的内涵和重大的历史意义，标志着曾经辉煌近两千年的青铜礼器从此走向衰落，新的青铜艺术气象开始兴起。秦始皇陵园出土的两乘铜车马、一批铜仙鹤和铜雁，以及秦都咸阳出土的青铜武士头像等，可谓是这一新艺术气象的具体表现。

西汉前期的文化呈多元化态势，秦文化的继承与山东六国文化的复苏交织在一起，青铜器呈现出多样性的面貌。传统礼器中的许多器种消失，只有鼎、壶、钫等流行，而在墓葬中它们又与铜制日用器具混杂在一起，礼器使用制度已不复存在。

在武帝时代，运用大型青铜雕塑装饰宫观建筑蔚然成风。如未央宫、建章宫和甘泉宫中的捧露盘仙人铜像，建章宫南宫门、东阙和北阙上的相风铜乌和铜凤，上林苑飞廉观上的铜飞廉和未央宫金马门前的铜马等。大量的铜料用于制造室内摆设品和生活器具，前者可举鎏金铜马、铜羽人及铜俳优镇（图7-1）；后者如鉴、沐缶、筩形尊、盘、榼、蒜头瓶、鐎斗、熨斗、取暖炉、熏炉、灯、镜（图7-2）等，可谓品种繁多，花样翻新。它们中的大部分是在宫廷少府机构和地方工官的直接掌控中进行生产的，而且产量大得惊人。私工作坊逐渐参与其中，将自己制作的产品作为商品出

图7-1
铜俳优镇
西安未央区第二砖瓦厂

卖。市场经济带来竞争机制，也使得青铜制品的装饰日益考究，一方面素面器物流行，另一方面富丽堂皇的鎏金、镶错成为新的时尚。长安出土的青铜器就是这个时代典型作风的代表。

中国的琢玉历史悠久，玉器在新石器时代时期遗址中每每都有惊人的发现。在北方地区的红山文化和东南沿海一带良渚文化的遗址中，圆雕玉器多为龙、猪龙、神人等虚拟的神灵；几何式玉器以琮、璧、璜、三叉形器及冠饰等为大宗，并数以十计、百计地放置墓葬中，有的还相互连接成与人体长宽相近的弧形，形成早期的“玉殓葬”。它们不仅是物质财富聚集的表现，同时也显现出新兴的权力阶层对宗教礼仪活动的掌控和运用。

在已发现的先秦时期玉器中，商代遗存最为可观。仅殷墟妇好墓出土的玉器近600件，分礼器、仪仗器、用具、装饰艺术品等四大类，代表了当时琢玉工艺的最高水平。在殷墟小屯西北的宫殿区范围内，还发现一处商王室制造玉石器的作坊。陕西关中地区是周王朝的发祥地和政治文化中心，在此发现的玉器数量可观。在长安沣西张家坡墓地、沣镐遗址和宝鸡茹家庄強国墓地出土的玉器，差不多都是西周前中期之作；在陕西韩城梁带村芮国墓地以及河南三门峡上岭村虢国墓地出土的玉器，属于西周晚期至东周早期的遗存。它们当中的礼器不多，装饰品和佩饰品则为大宗。装饰品中的柄形饰、龙凤人物、玉鱼、玉鹿等，形简意赅，生动活泼；佩饰品中的项饰、串饰，采用多种饰件相配而成，样式大方，色彩瑰丽。从春秋中期到战国时期，礼器中的圭、璋、琮等品种逐渐减少，玉璧受到特别重视。战国时期的玉璧工艺考究， 纹样繁缛华贵，影响延续至秦汉。装饰玉器更加盛行，据统计，这类器物占全部出土玉器数量的三分之二，尤其以玉佩饰表现得最为突出，成为玉器中的主流。[2]从祀神、礼仪天地到装饰人自己，玉石之美朝着理性方向演进。“君子比德于玉”“君子无故，玉不去身”等影响后来的儒家玉文化，亦于此时萌生。

图7-2
光耀七乳禽兽镜
西安

汉代的玉器大体可划分礼器、葬玉、实用器具、装饰品、陈设品等五个大类别。夏鼐先生指出：“西汉初年的玉器继承了战国时代的传统，但开始有变化。西汉中期以后变化更大。”[3]具体说来，前代盛行的璧、圭、琮、璋、璜等礼器中，只有璧、圭保留下来，而考古发现最多的是玉璧。汉代玉璧在直接继承战国传统的基础上有所创新，肉部分区装饰，外缘上方装饰双龙、双螭及卷云纹等。葬玉特别盛行，有玉衣、玉九窍塞、玉含、玉握等。其中，玉衣为新式葬具，投料用工极多，又用金、银、铜、丝缕编缀。实用器具中有玉印、玉杯、玉卮等，显示出贵族的权力和生活的奢靡。装饰品分玉组佩与器物装饰两类。玉组佩的变化出现在西汉前期，先前流行的那种玉组佩逐渐消歇，由璧（环）、珩（图7-3）、璜、觿及玉舞女连缀而成的玉组佩流行；器物装饰中的玉剑饰引人注目，携身的武器演变为炫耀权力与财富之物。陈设品中表现动物和人物形象最有特色。从题材内容上讲，这类作品是升仙不死思想流行的一种反映；从工艺上看，它们中有圆雕、高浮雕、透雕等，刻线富有韵律，造型逼真而不失大气。汉代玉器在中国玉器史上是承前启后的一环，汉代以后的各朝代，便成为一个新时代了。[4]

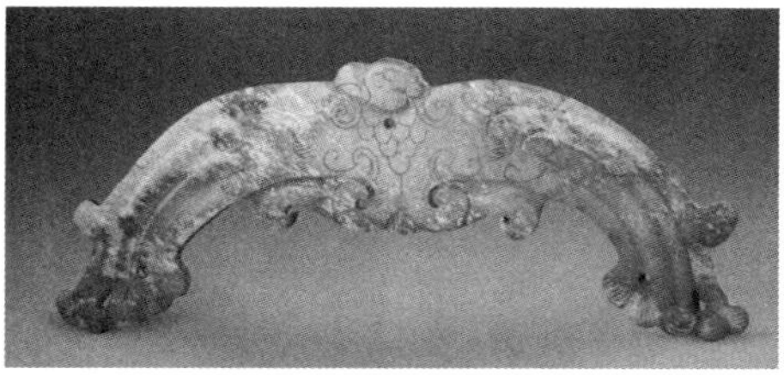

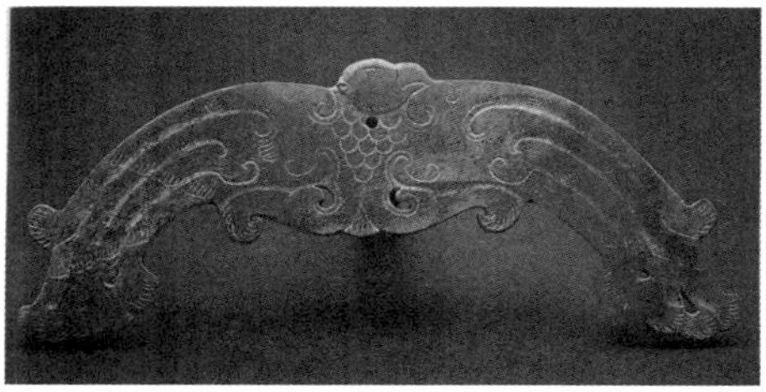

图7-3
鹰形玉珩
西安大白杨汉墓

第一节 青铜器

1968年从河北满城陵山汉墓出土一批精美华贵的青铜器，其中有长安宫中用器。如中山靖王刘胜墓出土的长乐宫乳丁纹铜壶（图7-4），通高45厘米，壶身饰以两道鎏金银宽带，通体饰斜格乳丁纹，斜格内镶嵌绿琉璃，腹两侧有鎏金铺首衔环。壶上铭文有“长乐飤官”等字样，可知此壶原为长安长乐宫中之物，后来由皇室主人赐给刘胜。此壶纹饰华美，格调高贵典雅，制作工艺及装饰风格延续并发展了战国时期的传统。最为精美华贵是中山靖王后窦绾墓出土的长信宫灯（图7-5），通高48厘米，通体鎏金，外观为一位温顺的宫女捧灯跪坐的形象，左手执灯盘，右臂上扬袖口下垂成为灯罩，灯盘中心可插置蜡烛，灯罩安装有可以转动开合的弧形屏板，

图7-4（左）
长乐宫乳丁纹铜壶
河北满城中山靖王刘胜墓

图7-5 （右）
长信宫灯
河北满城中山靖王后窦绾墓

用以调节灯光的照明方向和幅度；宫女体内中空，烟炱可通过右臂通道收入，以保持住室环境的清洁。灯上刻有多处铭文，有“阳信家”“长信尚浴”“今内者卧”等字样，可知此灯原为刘胜祖母窦太后居处长信宫中尚浴府之物，后来归阳信长公主家，再后转属窦绾所有。窦绾与窦太后是什么亲缘关系尚无法考证，但她是窦太后家族人却是可以肯定的。

长安出土的青铜器，以茂陵阳信冢从葬坑、西安市三桥镇高窑村窖藏中出土的一批皇家遗物最具有代表性。前一地点出土的青铜器为武帝姊阳信长公主家的用器，后一地点出土的青铜器是上林苑宫馆的专属之物。

一、“阳信家”青铜器

“阳信家”青铜器，1981年出土于茂陵阳信冢（按：俗称“羊头冢”，后编号M14，新编号M23）1号从葬坑。[5]此坑为带过洞的长方形竖穴坑室，南北长2.45米，东西宽2.3米，高1.95米，从葬器物分布在坑的东西两侧，东侧放置木车、木马和鎏金铜马；西侧南部放置实用器，北部为漆器；中部是一些马饰具。出土的青铜器多为实用器具，有鎏金银竹节熏炉，以及锺、鼎、甗（包括釜、甑、盆）、提链炉、温酒器（两套，包括炉、耳杯）、温手炉、斗、灯、铫、盆、虎镇等20余件（套），它们从一个侧面反映出当时皇室贵胄的家居生活。

1. 鎏金铜马

鎏金铜马高62厘米，长76厘米，四肢直立，体态矫健，肌肉和骨骼合乎解剖比例，外轮廓线舒展匀称。头长而窄，口微张，露六齿，双耳尖而挺，眼突鼻阔，颈上鬃毛短而齐整。上翘的尾巴与生殖器是另外铸铆或焊接的，肛门处开有一个小孔。通体经过打磨后鎏金，更增添了骏马的高贵庄重气质（图7-6）。

图7-6
鎏金铜马
茂陵阳信冢

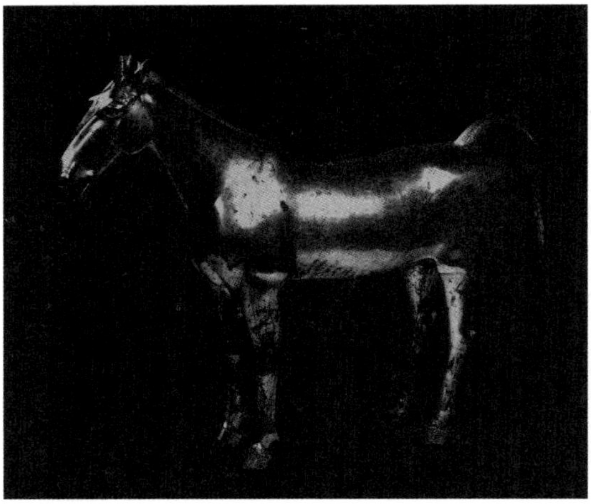

迄今所发现西汉以前的青铜马屈指可数。陕西眉县李村出土的西周晚期的盠驹尊（图7-7），高32.4厘米，体貌特征及结构比例把握得比较准确，胸前及盖上有铭文，可知此尊为器主盠参加周王执驹礼并接受两匹马驹赏赐而作，具有纪念意义。在洛阳唐宫西路东周墓出土的小型青铜马，[6]高10余厘米，颈部短，腹部平直，四肢粗壮敦厚。洛阳西工区出土的战国青铜马也比较小，高17.8厘米，作昂首静立状，无鞍和辔具装

图7-7
西周盠驹尊
陕西眉县李村

图7-8
战国小型青铜马
邯郸赵王陵2号陵

饰，尾巴打结，造型厚重。[7]在邯郸赵王陵2号陵出土的小型青铜马，[8]高15～18.7厘米，或伸颈前行，或低头觅草，造型朴拙生动（图7-8）。这些小型青铜马虽是专门为丧葬所制作的明器，但艺术水平颇高。这种从葬小型青铜马的状况，一直持续到秦代才有了较大的改观。秦始皇陵封土旁边出土的两乘铜车马，为真车马二分之一大小，属于专门制作的从葬品。两乘车各有驾马四匹，两骖马两服马。其中，2号车的驾马高90.2～93.2厘米，造型敦厚，挽具佩饰齐全（图7-9），反映出秦代工匠在青铜铸塑方面达到的最高技艺水平。这些青铜马和兵马俑坑中出土的陶马一样，“清楚地显露出当时的马的形体特点，仍是体矮、头大而腿短，与西周的驹尊和战国铜马的特点完全一致”，并非“由于铸造者的艺术水平低，故此无法创作出传神佳作”。[9]

从高祖长陵和景帝阳陵陪葬墓出土的陶马（图7-10），到武帝茂陵霍去病墓前列置的石雕立马、跃马、卧马，其头部和耳朵渐小，腮部宽大，体格雄壮，四肢粗且长，形态与前代的青铜马和陶马已大不相同。林梅村先生认为，霍去病墓的石雕马似为《周礼•夏官》中所说的七尺以上的“駥”，也就是蒙古马。[10]汉时随着通往西域的道路开通和新的养马政策实施，西域的优良马种不断引进长安。武帝时先得乌孙马，称其为天马，后得大宛国汗血马，改称乌孙马为西极马，汗血马为天马。《汉书•礼乐

图7-9（左）
秦始皇陵2号铜车马

图7-10（右）
彩绘陶马
阳陵陪葬墓

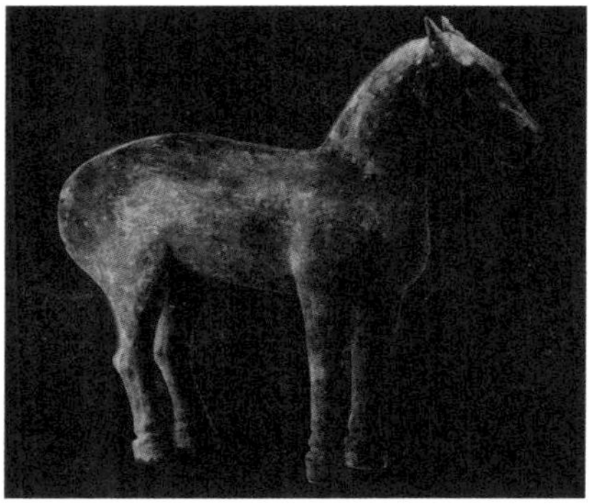

志》收录《郊祀歌》十九章，其中第十章《天马》二首，前一首“元狩三年（前120年）马生渥洼水中作”，后一首“太初四年（前101年）诛宛王获宛马作”（按：此次汉军获得大宛国汗血马“善马数十匹，中马以下牡牝三千馀匹”），可知当时引进西域良马的政治和军事意义之重大。据张延皓先生研究，鎏金铜马不仅是以大宛国出产的汗血宝马为对象铸塑而成的，而且还是一件专门鉴定大宛马的铜马式。[11]

从马的品种分析雕塑作品中马的造型变化，只是问题的一个方面。像鎏金铜马这样的杰出作品问世，与当时涌现的一批相马名家及其所“铸作铜马法”有着直接的关系。《后汉书•马援传》记载，武帝时未央宫金马门立置的铜马，依据的是东门京所献“铸作铜马法”（参见第四章第一节）。在东门京之前，还有“西河子舆，亦明相马法。子舆传西河仪长孺，长孺传茂陵丁君都，君都传成纪杨子阿”。其中的茂陵丁君都，也是当时活动在长安的相马高手。东汉初年马援平定交阯得骆越铜鼓，铸成一件名马式，立于雒阳宣德殿下。他这件名马式“谨依仪氏輢，中帛氏口齿，谢氏唇鬐，丁氏身中，备此数家骨相以为法”铸成，茂陵丁君都的“丁氏身中”法为之所采纳。

鎏金铜马虽出自茂陵阳信冢从葬坑中，但它不是专门用于丧葬的明器。它很像是文献中所说的“金马”，既是皇宫中的观赏品，又是国家对外交往中的馈赠礼品。在太初元年（前104年）李广利征伐大宛国之前，武帝曾派遣外交使团出使该国，所携带的礼品中就有“金马”。《史记•大宛列传》云：

> 天子既好宛马，闻之甘心，使壮士车令等人持千金及金马以请宛王贰师城善马。……（宛王）遂不肯予汉使。汉使怒，妄言，椎金马而去。

鎏金铜马的尺寸及体量适中，非常适合用作礼品，而且可以进行批量生产。它的“母本”可能出自像丁君都和东门京那样的长安相马高手的“铸作铜马法”。

西汉时期铸铜雕塑技艺大幅度提高，尤其在武帝时期，长安城有一大批铸铜雕塑作品相继问世。如前文所述捧露盘仙人像、铜龙、铜凤、铜马及铜飞廉等，都是以往所没有的。西汉铜马在长安以外的地区也有出人意料的表现。广西贵县风流岭31号汉墓出土的大铜马（图7-11），高115.5厘米，为此前铜马中形体最大的一件。它由躯干、头、四肢、尾等套合而成，雄性，肌肉丰满，四肢

图7-11
大铜马
广西贵县风流岭31号汉墓

劲健，昂首翘尾，右蹄前伸，张口嘶鸣，情态激扬恣肆。从外貌特征看，它不像是汗血马，与茂陵阳信冢鎏金铜马有别。其他如西林普驮粮站铜鼓墓出土的鎏金铜骑马俑、合浦风门岭26号汉墓出土的大铜马（图7-12），也都是西汉铜马中的上品。[12]前者为牡马，高59厘米，由马、鞍、骑俑组合而成，身躯矫健，四肢粗壮，尾巴弯曲上翘，一位英武骑士跨骑在马鞍上；后者高94.8厘米，由头、身、尾、四肢等七部分套装而成，体态粗壮，肌肉劲健，作昂首嘶鸣。广西出土的这些大铜马，表明当时铸制铜马的技艺水平不仅有质的飞跃，而且普遍提高了。它们“已显露出一种时代的新风尚。如专就艺术风格来说，凡类似于独立的青铜雕像，最能体现出造型艺术的特点。其形象，都是工匠们观察客体的逼真模拟。如和先秦的同类形态作比较，立即能感到已从神秘的想象转化为现实的写照；换言之，也就意味着此时青铜器艺术出现的最深刻变化，就是已从天上世界降到了地上人间”。[13]

图7-12
大铜马
广西合浦风门岭26号汉墓

鎏金又称“金黄涂”或“金涂”，具体工艺是先用金粉和汞进行合成，然后将合金液均匀地涂抹在器物的表面上，再经过低温烘烤使汞蒸发。经过鎏金的器物不仅外观光亮好看，具有一种高贵感，而且对器物本身也有抗氧化的保护作用。青铜鎏金工艺最早出现在战国中期，流行于两汉时期。茂陵阳信冢的这件鎏金铜马，埋入地下两千年后仍保持着金灿灿的光泽，足见当时鎏金技术之高超与精湛。

2. 鎏金银竹节熏炉

鎏金银竹节熏炉高58厘米，炉盖作山峦形，炉盘和炉身分铸铆合，通体鎏金银（图7-13）。器座为圈足形，内透雕两条蟠龙，翘首张口，龙身满饰鎏金细纹鳞甲，眼、须、爪等局部鎏银。竹节形柄自龙口而出，分五节，节上刻有竹叶。竹节柄的上端又铸出三条蟠龙，龙头承托炉盘，龙身

图7-13
鎏金银竹节熏炉
茂陵阳信冢

鎏金，爪鎏银。盘下部的十组三角形内雕饰蟠龙，蟠龙底色鎏银，龙身鎏金；盘中部有鎏银带一圈；盘上部浮雕四条金龙，龙首回望，龙身从波涛中腾出，口沿鎏银宽带纹一圈。炉盖透雕多重山峦，加以金银勾勒，宛如一幅云气缭绕的山景。[14]熏炉的盖口与器座圈足一周都有铭文，除标记重量有些差异外，内容完全相同。盖口外侧铭文共35字："内者未央尚卧，金黄涂竹节熏卢一具，并重十斤十二两，四年内官造，五年十月输，第初三。"底座圈足外侧铭文共33字："内者未央尚卧，金黄涂竹节熏卢一具，并重十一斤，四年寺工造，五年十月输，第初四。"

其中，"金黄涂竹节熏卢"为该器物名。"内者未央尚卧"，据《汉书•惠帝纪》"宦者尚食比郎中"颜师古注引应劭语："尚，主也。旧有五尚，尚冠，尚帐、尚衣、尚席亦是。"引如淳语："主天子物曰尚，《汉仪注》'省中有五尚，而内官妇人有诸尚也'。"故铭文指该器为未央宫熏卧具的专用器具，并由内宫机构所督造或调配。"内官""寺工"皆为西汉造器官署机构名。"四年""五年"为西汉纪年。武帝以前的汉帝无年号，而武帝即位始有年号，但建元至元鼎年号为后来所补。负安志先生认为，熏炉为建元四年（前137年）制造，建元五年（前136年）十月因武帝赐赏阳信公主而流出未央宫。[15]我们理解铭文中的"四年""五年"应为武帝建元至元鼎中某个年号的第四、五年；"输"，交出也，该字没有赠送、赏赐之义；"第初三""第初四"，是内官、寺工造器官署的产品序号。

熏炉是古人生活中的一种实用器具，它的用途是燃点蕙草、茅香等香料，熏香卧具、衣物，或改善室内空气，提神避秽。据铭文可知，该器汉时称名"熏炉"。长沙汤家岭西汉晚期墓出土的两件熏炉，炉盖形如山，器腹分别刻有隶书"张端君错卢一""□端君熏卢一"铭文。[16]《艺文类聚》（卷七十）引西汉刘向《熏炉铭》语："嘉此正器，崭岩若山，上贯太华，承以铜盘，中有兰绮，朱火青烟。"说的是熏炉犹如仙山——华山。而东汉李尤《熏炉铭》曰："上似蓬莱，吐气委蛇，芳烟布绕，遥冲紫微。"则说熏炉像似海上仙山——蓬莱、方丈和瀛洲。东汉以后文献始见博山炉一名，"博山"意为多重的广通博大的神山，如《西京杂记》（卷一）记载，汉时有"九层博山香炉""五层金博山香炉"。博山炉的特征是炉盖作多重山峦形状，有的上面还装饰点缀奇禽怪兽、羽人以及云气纹。焚香时炉中的轻烟从山峰间的孔洞中飘出，顺着山势改变腾升的速度与方向，造成一种变化无穷的仙山奇幻景象。俞伟超先生说：汉时"熏炉常做得很讲究，并皆从汉初的豆形变为博山炉式。这是因为神仙思想流行起来以后，就把熏香之器和海上有神洲之说结合起来，将香炉做成想象中的神洲仙山状，多为山峦重叠，异兽奔腾”。[17]

博山炉是熏香文化和汉代神仙思想艺术结合的产物，它既是实用品和装饰品，也成为人们渴望长生不死的一种精神寄托。鎏金银竹节熏炉引领时代风气之先，圈足、竹节柄、炉盘铸出多组龙纹，簇拥着炉盖上的海上仙山，五节竹的长柄寓意海上仙山崇高而又遥远。

从考古出土的实物材料看，博山炉大约初兴于西汉中期，为王室、诸侯王等上层贵族用器。其构思奇巧，制作工艺精湛，有的还采用错金银或鎏金银进行装饰，如河北满城中山靖王刘胜墓出土的错金博山炉（图7-14），王后窦绾墓出土的人驭兽博山炉。前者为柱柄式，圈足上透雕出两蟠龙，翘首衔炉柄；后者为人驭兽柄式，承盘上驭兽力士托举或头顶炉体，兽为神兽，像似飞廉。有美术史家评价：“公元前2世纪开始流行的博山炉明显表现的是海中仙山”。[18]“以刘胜墓所出之九层错金银博山炉为例，其下部表现波涛汹涌的大海，上部表现奇峰耸立的仙山，这类器物生动反映了当时方士对海上仙山的幻想。”[19]

图7-14
错金博山炉
河北满城中山靖王刘胜墓

当时活动在长安城的“巧工”房风、丁缓，以制作卧褥香炉和九层博山香炉而闻名天下。据《西京杂记》（卷一）记载：

> 长安巧工丁缓者，为常满灯，七龙五凤，杂以芙蓉莲藕之奇。又作卧褥香炉，一名被中香炉，本出房风，其法后绝，至缓始更为之。为机环转运四周，而炉体常平。可置之被褥，故以为名。又作九层博山香炉，镂为奇禽怪兽。穷诸灵异，皆自然运动。

周天游先生说：“卧褥香炉是一种奇特的熏香器，它采用了回转运动和常平支架的原理而制成。戴念祖《中国力学史》中指出：它的核心结构应由几个轴心线相互垂直的金属环构成，即常平支架。其央轴上装置的盂形或半圆形容器，内盛香料。由于相互垂直的各环转轴彼此制约以及半圆形容器本身的重心影响，致使容器内置放的东西都不会倾倒而出。”[20]后来的丁缓不仅继承和改制了房风的卧褥香炉，而且还设计制作出九层博山香炉，并在炉盖上精心雕镂装饰奇禽怪兽。南朝傅纬《博山香炉赋》云：“器象南山，香传西国。丁缓巧铸，兼资匠刻。”长安“巧工”丁缓为博山炉的创制做出了贡献。

3.“阳信家”青铜器的问题

“阳信家”铜器中有铭文的18件（见第421页附表），铭文涉及器物名

图7-15
“阳信家”铜器及铭文
茂陵阳信冢

称、重量、容量、产地，以及制作或购买时间等（图7-15），其中有“阳信家”署名的15件。考古研究人员指出：“结合器物造型特征、类型、质地分析，这批遗物当属西汉中期的武帝时期”，墓主是“皇家眷属或朝廷重臣”。[21]负安志先生认为，在武帝时期，称“阳信”者，唯其姊阳信长公主，铜器上的铭文“阳信家”当为阳信长公主之家。[22]黄展岳先生持相同观点，理由有四：其一，铜器造型及铭刻书体，具有文、景、武帝时期的特征；其二，阳信夷侯刘揭家的财物属于另作朝廷处理的逆产，故有“阳信家”铭文的青铜器不属于刘揭家；其三，有馆陶公主和敬武公主传世铜器佐证，可信“阳信家”铭文就是武帝姊阳信长公主的名号；其四，可假设公主先葬阳信冢，后迁葬卫青墓处，器物在原处未作搬迁。[23]

在“阳信家”青铜器出土之前，河北满城中山靖王后窦绾墓出土的长信宫灯上亦刻有“阳信家”三字。参与发掘考古研究人员认为，长信宫灯原系阳信夷侯刘揭家的器具，景帝六年（前151年），刘揭子中意“有罪国除”，此灯被朝廷没收后调配给长信宫尚浴府使用，再后由窦太后送给她的亲族女窦绾。[24]大概受这一观点影响，秦进才先生认为，史书上多称武帝姊阳信长公主为平阳主、平阳公主、平阳长公主，故“阳信家”青铜器的最初所有者不是阳信长公主，而是阳信夷侯刘揭父子。但不否认这批铜器有经过皇帝或皇后等人转赠给平阳公主或大将军卫青的可能性。[25]

赵化成先生赞同负安志和黄展岳先生的意见，并提出自己的看法：其一，汉代公主一般不随其丈夫改称封号，史家记述从世人习惯，故书史中既有其原封号，也有随夫的称号；其二，铭文中的离宫名“黄山”“函池”及“阳信尚卧、尚从”等，表明器主身份高于列侯。他还推测，外形呈两头高中间低的阳信冢，或许是卫青与阳信长公主的合葬墓。阳信长公主先薨，葬于此处，元封五年（前106年）卫青卒，在其旁边又起一冢，两冢并列。时过境迁合为一冢，说它“象庐山”未尝不可。[26]韩若春先生认为，这批铜器应是阳信长公主的旧物，与阳信夷侯刘揭父子无关。阳信长公主改嫁长平侯卫青时，旧物留在她的前夫平阳侯曹寿家，最后成为曹氏家的陪葬品。所以，阳信冢的主人“不是生前与汉武帝过从甚密、常常双双游猎于上林苑的平阳侯曹寿，就是其子后将军曹襄”。而阳信长公主墓即茂陵陪葬墓中的“次冢”。[27]对于后者推测“次冢”为阳信长公主墓，岳起先生提出了否定意见。[28]

我们倾向于负安志、黄展岳、赵化成等先生的意见。需要补充的是，编号K1：010温酒器由炉、耳杯组合，器物上铭刻有“阳信家”“三年曹孟所买”“函池”等字样（图7-16）。铭文中的曹孟很可能是曹寿家族的人，而这套温酒器可能在阳信长公主嫁曹寿之后为平阳主时所购。编号K1：011铜斗上面刻有“□平浥家斗重二斤”铭文（图7-17）。据负安志先生考释，第一字“□”可能是“霍”字，第三字“浥”通“邑”字，前三个字“霍平邑”应指皇后或公主所食的采邑。“霍光与卫青又是亲眷。因此，‘霍平邑家斗’和‘阳信家’铜器出于同一从葬坑，可能就是这种关系的反映”。[29]遗憾的是作者没有做进一步的解释和说明。

图7-16（左）
“阳信家”铜耳杯铭文
茂陵阳信冢

图7-17（右）
“□平浥家”铜斗及铭文
茂陵阳信冢

在武帝时期能称得上“家”的霍氏，只有霍去病及其家属，不会是他的同父异母兄弟霍光。据《史记》《汉书》记载，霍去病战功卓著，元朔六年（前123年）封冠军侯，元狩二年（前121年）春“益封去病二千二百户”，其夏“益封去病五千四百户”。元狩六年（前117年）霍去病薨，谥景桓侯，其子霍嬗（字子侯）嗣。元封元年（前110年）霍嬗从武帝封泰山而薨，无子，国除。我们怀疑“霍平邑家”可能是霍去病家，或者平邑是霍去病子霍嬗去世后武帝特许给其母的食邑。阳信长公主为平阳主时，霍去病父亲霍中孺在其家供事，母亲卫少儿（卫子夫姊，后嫁詹事陈掌）为其家侍者。阳信公主家与霍家关系最为亲近，而“霍平邑家”铜斗流入其处是最正常不过的事情。至于阳信家的主人究竟是何人，只能等待将来的考古发掘了。

附表：“阳信家”青铜器及铭文（据考古发掘简报整理）

编号	器名	尺寸	铭文
K1：003	鎏金银竹节熏炉	高58 cm	内者未央尚卧，金黄涂竹节熏卢一具，并重十斤十二两，四年内官造，五年十月输，第初三；内者未央尚卧，金黄涂竹节熏卢一具，并重十一斤，四年寺工造，五年十月输，第初四。
K1：002	锺	高44.3 cm	阳信家铜锺，容十斗，重卌九斤。
K1：004	提链炉	高37.4 cm	阳信家铜钅，容斗五升。
K1：012	温手炉	高12 cm	阳信家铜温手钅盖；阳信家铜温手炉。

（续表）

编号	器名	尺寸	铭文
K1：007	温手炉承盘	高2.6 cm 长29.8 cm	阳信家常卧铜温手铲承槃，重二斤四两。
K1：014	温手炉承盘	高8.7 cm 长30 cm	阳信家铜温手铲承槃。
K1：005	锭（灯）	高37.1cm	阳信家铜锭，高尺六寸，重九斤。
K1：006	甗 （釜、甑、盆）	高21.8 cm	
	釜	高14.5 cm	阳信家鏖復，容一斗，并重三斤六两，五年奉主买邯郸，夷二。
	甑	高9 cm	阳信家鏖甗，容一斗，并重三斤六两，五年奉主买邯郸，夷二。
	盆	高8.1 cm	阳信家鏖盆，容一斗，并重三斤六两，五年奉主买邯郸，夷二。
K1：025	鼎	高19.5 cm	阳信家铜二斗鼎，盖，并重十四斤四两，四年二月工官得指造， 第十二，函池；阳信家 ，容二斗，并重十六斤，六年，第十七，黄山。
K1：010	温酒器 （炉、耳杯）	高10.3 cm	
	炉	高7.9 cm	阳信家铜铲，重二斤七两，三年曹孟所买，第六，函池。
	耳杯	高4.1 cm	阳信家铜杯，容二升，重十五两，三年曹孟所买，第五，函池。
K1：009	温酒器 （炉、杯）		
	炉		阳信家，重二斤七两，第十，函。
	杯		阳信家，容一升半升，重十五两，第九，函池。
K1：015	温酒樽	高14.5 cm	阳信尚卧尚从。
K1：011	斗	高16 cm	□平浥家斗，重二斤。
K1：016	铫	高4.8 cm	阳信家熨铫，容二升。

二、上林苑铜器

1961年在西安市三桥镇高窑村西北侧发现一处汉代窑藏，出土西汉铜器22件，诸器在窑中排列整齐，疑为王莽兵败时为宫廷官署上林令所埋藏。[30]窑藏铜器的地点位于汉长安城西南角2000米处，在上林苑范围之内。这批铜器有鉴、鼎、锺、钫、铜等，除一件铜锺外，其余铜器上都刻有篆书或隶书铭文，内容涉及器物的重量、容量、编号、年款、制器机构及制器者等。其中不少铜器上还明确标有“上林”字样，表明它们归属于上林苑宫馆所有。另外，1969年在西安东郊延兴村出土的上林苑荣宫铜方炉，[31]1977年在三桥镇高窑村（三桥车辆厂动力车间工地）出土的上林铜鼎亦都有铭文[32]（见第426页附表），也是上林苑宫馆用器。这些铜器都是皇家日常生活用器，造型样式具有相当的典型性和代表性，是汉代青铜器华丽与朴素两种风格中朴素风格的具体表现。

图7-18
上林铜鉴
西安三桥镇高窑村

鉴是一种盛水或盛冰的器皿，形似深腹大盆，流行于春秋战国时期。著名遗例有河南辉县出土的吴王夫差铜鉴、汲县出土的水陆攻战纹铜鉴等。上林苑铜鉴共出土10件，分两种类型。第一种类型8件，深腹，直口，直立双耳，圈底，断面半圆形，腹部有凸棱一周，铭文刻在接近口沿的外壁上（图7-18）。第二种类型2件，造型与第一种略同，口沿平向外折，腹部饰宽带一周，宽带的中部有突棱，另外还有两个对称的鼻梁。其中，9号铜鉴为昆明池豫章观的用器，它和10号铜鉴都是从东郡征调而来的。

铜鼎共6件，形体粗壮，器腹较深，双腹耳，蹄足，圆鼓腹，腹上有凸棱一圈，半球形盖，上有环纽，纽顶突起一圆，形态上较多保留着三晋及秦器的作风。1961年出土的11号铜鼎腹部有“昆阳乘舆铜鼎”“阳翟守令当时守丞千秋佐乐工国造”等铭文，可知此鼎为昆阳上贡之物（图7-19）。昆阳，汉时颍川郡属县，颍川郡阳翟有工官，昆阳地近阳翟，故此鼎出自阳翟工官之手，并由地方官员督造。关于“乘舆”，蔡邕《独断》云：“乘舆出于律。律曰：敢盗乘舆服御物，谓天子所服食用者也。天子至尊，不敢渫渎言之，故托之于乘舆。”可知此器是汉帝的御用品。12号铜鼎的造型与前者大致相同，有铭文“泰山宫”字样。此器原为泰山宫之物，后调入上林苑。据黄展岳先生推测，泰山宫应为宣帝时在泰山郡博县建造的泰山庙。[33]14号鼎腹部有“上林宣曲宫初元三年（前46年）受东郡白马宣房观鼎”铭文，可知此器原为东郡白马县宣房观（宫）用器，后征调到上林苑宣曲宫。白马宣房观即武帝元封二年（前109年）塞瓠子河决口

图7-19
上林铜鼎
西安三桥镇高窑村

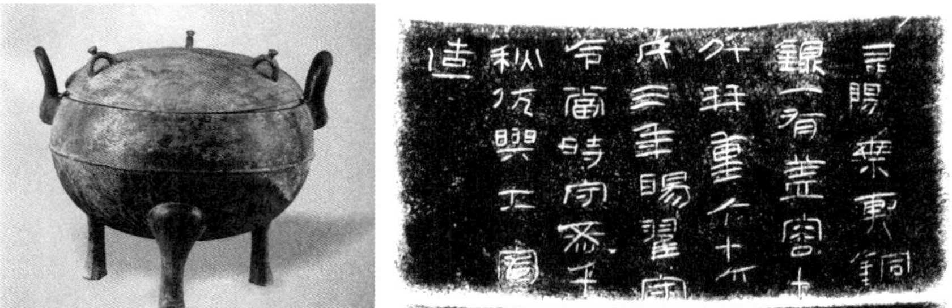

后在东郡白马县建造的宣房宫。上林苑宣曲宫位于昆明池以西，《汉书•东方朔传》记载：建元三年（前138年）武帝微服出行，“从宣曲以南十二所，……宣曲尤幸”，此宫应建于武帝即位之前。1977年高窑村出土的上林铜鼎，系成帝延元二年（前11年）制品，监造者为啬夫褒。

图7-20（左）
上林铜锺
西安三桥镇高窑村

图7-21（右）
上林铜钫
西安三桥镇高窑村

锺是汉时对圆形壶的专门称谓。汉代铜锺颈短，腹鼓，腹上饰一对衔环辅首。上林苑铜锺共出土5件，只有20号铜锺无铭文。17号铜锺为武帝天汉四年（前97年）制品，有“南宫锺”铭文（图7-20）。南宫即雒阳南宫，可知此器是从雒阳征调的。黄展岳先生说：“上林令所铸供器，首皆冠‘上林’二字；郡国所铸供器，则具地名。本器无，故疑非上林供器，亦非郡国供器，推测原系雒阳南宫旧物，调入上林后未补刻，有如同出之泰山宫鼎。”[34]此说可从。18、19号铜锺铭文有“九江共”字样，表明它们是九江郡的贡品。

铜钫和铜铜各出1件。钫是一种方形壶，战国时期流行，汉代时才专名钫。铜是一种小盆，《急状篇》云：“铜锺鼎铚铜铫铫”注云：“铜，亦温器也”。21号钫造于宣帝神爵三年（前59年），器腹铭文有“上林共府初元三年（前46年）受东郡东阿宫钫”字样（图7-21），可证此器原为东郡东阿宫之物，元帝初元三年调入上林苑供府。东郡治所在濮阳（今河南濮阳南），东阿宫为设置在该郡的一处离宫。22号铜铜铭文中有“上林昭台厨”字样，表明此器为上林苑昭台宫供厨所用。

上林荣宫铜方炉（图7-22），1969年发现于西安市东郊延兴村。此器分上下两层。上层是四足长槽形炉身，底部有12个条形镂孔，下层为浅盘式四足底座。据刻在口沿上的铭文可知，此器原为弘农宫之物，宣帝甘露三年（前51年）弘农工官下属工匠铸制，元帝初元三年（前46年）调入上林荣宫。上林苑荣宫未见记载，推测铜方炉出土地点一带可能是该宫所在。关于弘农宫，陈直先生认为是弘农郡的宫观。[35]

图7-22
上林荣宫铜方炉
西安东郊延兴村

铭文显示，这批上林苑铜器的制

作年代，自天汉四年（前97年）至元延二年（前11年），跨武帝、宣帝、元帝及成帝四个时期。它们中的大多数都是在长安铸造的，少数是从泰山郡、东郡及雒阳宫观等处征调的，个别的则是颍川郡、九江郡等地方官署的贡品。这批铜器虽然都是宫廷所用的器物，但都是素面的，没有什么花纹和装饰。王仲殊先生认为："这可能是由于精巧、美观的漆器，作为日常生活中所用的容器，有时要比青铜器更具有优越性，从而使统治阶级的爱好从青铜器转向漆器。但是，从另一方面来说，铜器纹饰的简素，也可能是当时的一种新风。"[36]除无纹饰外，它们的造型也十分简约。这种艺术新风发端于战国中期，兴盛于西汉中期到东汉前期，它既是对青铜本质的显示，同时又意味着时代审美水平的进步。

汉代青铜器的主流是实用器物。大量汉墓的出土物证明，当时人们使用青铜器已相当普遍，而且形式上也有自己时代的特点。器种除鉴、鼎、锺、钫、铜等容器外，还有尊、盘、釜、甑、鐎斗等饮食器和炊事用具。其他生活器具，如灯、博山炉、案、熨斗、漏壶等，造型新颖，名目繁多，则为前代未见或少见。

汉时制作铜器的作坊有三类：一是中央朝廷少府属下的考工、尚方、上林苑三官作坊；二是设置在郡县由中央政府任命官吏的工官作坊；三是私营手工业作坊。这些作坊铸造铜器的能力很强，产量都特别大，尤其是前者，上林苑铜器铭文向我们提供了这方面的诸多信息。陈直先生说："此次铜鉴所记铸造数字如杨放、周霸所造各三百器，李骏、左谭所造各二百四十器，黄通、周博所造各八十四器，杨政所造十器，统计共达一千一百五十八器。冷藏之铜器，为用器之一部分，数字已相当庞大，鼎、锺之类，亦必相称。"[37]俞伟超先生的统计与之略有出入，他说："据西安三桥镇所出上林铜鉴铭文，又知在阳朔元年（前24年）至鸿嘉三年（前18年）还同时铸出各重一百数十斤的大铜鉴一千四百九十八件。"另外，"据传世铜器铭文可知，在成帝阳朔元年至鸿嘉二年（前19年），即曾铸出重九斤十两至六十斤不等的上林铜鼎一千八百五十件"。仅就上林铜鉴和铜鼎而言，"在六七年期间少府作坊至少铸出三千三百四十八器，青铜铸造业至西汉晚期时又已得到巨大新发展是非常明显的"。[38]

《汉书•百官公卿表》记载，元鼎二年（前115年）武帝置水衡都尉，负责管理上林苑，并有属官负责铸钱币，称上林三官。所谓上林三官指钟官、技巧、辨铜三令丞。[39]杜廼松先生说："近年发现的一些铜器看，上林三官不但铸钱币，而且还负责制作宫廷贵族所用的铜器。"[40]大批量的铸造青铜器，需要充足的铜料。当时长安城所用的铜料，除来自中央政府控制的铜矿及冶铜作坊外，从民间购买铜材也是一个重要渠道。1955年在汉长安城遗址附近发现紫铜质铜锭10块，[41]铜锭长方形，各重34.25千克，纯铜率为99%。这些铜锭都刻有重量和编号，其中一块还刻有“汝南富波宛里田戎卖”字样，证明这批铜料是从汝南郡富波县宛里的商人田戎处购得的。

附表：上林苑青铜器及铭文

器名	尺寸	铭文
1号鉴	高44cm　口径63cm 腹深37.4cm　径33.5cm	上林铜鉴容五石重百卅二斤，鸿嘉三年四月工黄通造八十四枚，第卅三。
2号鉴	高45cm　口径63cm 腹深37.7cm　底径33cm	上林铜鉴容五石重百五斤，鸿嘉三年四月工周博造八十四枚，第十四。
3号鉴	高48cm　口径65cm 腹深36.5cm　底径34cm	上林铜鉴容五石重百卌四斤，阳朔四年五月李骏造二百卌枚，第廿四。
4号鉴	高48cm　口径65cm 腹深36.5cm 底径33.8cm	上林铜鉴容五石重百廿五斤，阳朔四年五月工周博造二百卌枚，第八十二。
5号鉴	高47.5cm　口径68cm 腹深39.2cm 底径34.3cm	上林铜鉴容六石重百卅三斤，鸿嘉二年六月工杨放造三百枚，第百卅一。
6号鉴	高44cm　口径63cm 腹深38cm　底径34.3cm	上林铜鉴容六石重百卌二斤，鸿嘉二年六月工周霸造三百枚，第百五十八。
7号鉴	高44cm　口径63cm 腹深34.8cm　底径34cm	上林铜鉴容五石重百卅斤，阳朔元年九月工杨政造十枚，第十。
8号鉴	高48cm　口径65cm 腹深37.7cm　底径33.5cm	上林铜鉴容五石重百廿一斤，阳朔四年五月工左谭造二百卌枚，第百六。
9号鉴	高45cm　口径70.5cm 腹深34.6cm 底径32.3cm	上林豫章观铜鉴容五石重九十九斤，初元三年受东郡；第四百九十五。
10号鉴	高44cm　口径68cm 腹深35cm　底径32.8cm	囗石重九十斤，初元三年受东郡；第六百六十；弍政。
11号鼎	高40.5cm　口径32cm 腹径40cm　腹深24cm	昆阳乘舆铜鼎一有盖，容十斗并重六十六斤，三年阳翟守令当时守丞千秋佐乐工国造。
12号鼎	高35.2cm　口径32cm 腹径29cm　腹深22cm	泰山宫鼎容一石具盖并重六十二斤二两，甘露三年工王意造，第百一十六；第廿六。
13号鼎	高36cm　口径33cm 腹径39cm　腹深23cm	上林铜鼎容一石并重六十斤，鸿嘉二年六月工李音造五十合，第十一。
14号鼎	高31cm　口径27cm 腹径32.5cm　腹深11cm	上林宣曲宫初元三年受东郡白马宣房观鼎容五斗重十九斤六两，神爵三年卒史舍人工光造，第十五；第五百一十一；上林第九。
15号鼎	高26.5cm　口径21cm 腹径27cm　腹深14.6cm	上林铜鼎容三斗并重卄四斤，鸿嘉二年六月工左恽造二百合，第五；上林第百七十二。
16号锺	高45.5cm　口径17.5cm 腹径34cm　腹深39cm	上林。
17号锺	高43.7cm　口径17.5cm 腹径35cm　腹深39cm	南宫锺容十斗重五十一斤，天汉四年造。

（续表）

器名	尺寸	铭文
18号锺	高45.5cm 口径18.3cm 腹径33.5cm 腹深40.6cm	九江共；上林。
19号锺	高45.5cm 口径18.3cm 腹径33.5cm 腹深40.6cm	九江共；上林。
21号钫	高36cm 口径11cm 腹径35cm 腹深32cm	上林共府初元三年受东郡东阿宫钫容四斗重廿一斤，神爵三年卒史舍人工光造，第一。
22号铜	高19.8cm 口径49.7cm 底径24.5cm	上林昭台厨铜铜容一石重廿斤；第七百廿六。
弘农宫方炉 1969年出土	高17cm 口横47.2cm 口纵23.5cm	上林荣宫初元三年受弘农铜方卢（炉），广尺，长二尺，下有承灰，重卅六斤，甘露三年工常造，守属顺临，第二。
上林鼎 1977年出土	高20cm 口径18.8cm 腹径24.1cm	上林铜二斗鼎并重十六斤八两，元延二年四𦈡工孙敞造百卌四枚，啬夫褒省，第五十七；上林第廿六。

三、其他青铜器

长安出土的汉代青铜器，比较重要的还有城郊墓葬出土的鎏金铜沐缶、错金银云纹铜钫、鎏金凤鸟铜锺和彩绘车马人物镜，以及由当地文博部门征集的铜连鼎、成山宫鼎和奇华宫五足炉等。除此之外，在茂陵出土的错金银云纹铜犀尊、长乐宫遗址附近出土的铜羽人，也值得我们关注。

1. 鎏金铜沐缶和铜连鼎

鎏金铜沐缶和铜连鼎皆有铭文，为刘氏皇室成员用器。

鎏金铜沐缶（图7-23），1992年发现于西安市灞桥区席王乡唐家寨村东马王庙附近，共两件，大小相仿，高37厘米，腹围 110厘米，口径15.5厘米，重9.87公斤。陕西历史博物馆收藏其中一件，另一件暂置西安市公安局，现在收藏处不详[42]。著录者曾将之称为罍，现据器上铭文定为此名。沐缶系盥洗用的盛水器，一般作圆形，鼓腹、短颈，腹肩饰双耳。孙机先生认为，鎏金铜沐缶器形与河南淅川下寺2号墓出土的“倗之浴缶”、1号墓出土的孟縢姬“浴缶”，以及安徽寿县蔡昭侯墓出土的铜“盥缶”基本相同，其造型乃源于楚器。[43]

图7-23
鎏金铜沐缶
西安灞桥区席王乡唐家寨村

鎏金铜沐缶器形别致时尚，通体鎏金，装饰考究。器身呈八瓣瓜棱状，隐约可见被土锈覆盖的细密纹饰，八条鋈银

细长三角形装饰带，很像瓜蒂上的叶片；器盖外缘处铭文有“太后家重六斤十三两第巳”“元成家沐缶盖重七斤”“太后”等字样，器腹鎏银细长三角形装饰带上的铭文有“元成家沐缶六斗六升重卅二斤”“容六斗六升”“第二”“尚浴”等字样。[44]它的出土地点席王乡唐家寨村东马王庙，接近文帝霸陵，故推测铭文中“太后”可能是窦太后，“尚浴”即长乐宫尚浴府，此器为皇室用器。而“元成家”可能是窦太后，或与馆陶长公主刘嫖有关。

汉时皇太后、皇后、公主皆以食邑名加“家”自称，以示尊贵。馆陶长公主刘嫖的食邑在馆陶，而“元成家”的食邑当在“元成”。据《汉书•地理志上》记载，在魏郡辖县中，除馆陶外，还有元城，而且两县北南地域相接。[45]我们推测铜缶上的“元成”可能就是位于馆陶以南的元城，此地大概是窦太后的食邑。建元六年（前135年）窦太后崩，“合葬霸陵。遗诏以东宫金钱财物赐长公主嫖”，[46]赐物中可能包括鎏金铜沐缶。或是武帝执政以后，姑姑刘嫖由馆陶长公主尊窦太主，袭母亲食邑元城并以“元成家”自称。

刘嫖为堂邑侯陈婴孙子陈午所尚，陈午死后刘嫖私近董偃。《汉书•东方朔传》：董偃“至年三十而终。后数岁，窦太主卒，与董君合葬于霸陵”。刘嫖与董偃的墓葬或许就在唐家寨村东马王庙一带，鎏金铜沐缶是她的从葬之物。

铜连鼎（图7-24），又称四连铜鼎，系咸阳市博物馆征集的藏品，出土地点不详。此器为四鼎相连，敛口，子母唇，圆底，外侧有一矮蹄足，盖隆并置三环纽，鼓腹两侧各置环形耳，中部饰弦纹一道。其中一鼎腹部刻铭文20字：“铜连鼎四合，容各三斗，并重九十三斤，馆陶家，霸田。”可知此鼎称“铜连鼎”。汉时馆陶公主，一是刘嫖，二是宣帝长女刘施。李光军、张子波先生认为，铭文中的“霸田”是器主所有之地，可能在长安霸陵附近。[47]若是，此鼎应为馆陶长公主刘嫖的用器。

图7-24
铜连鼎

铜连鼎造型别致，传世及出土的汉代青铜器中少见。在两越地区汉墓中多出土三连罐、四连罐、五连陶罐等，具有浓郁的地方特色及时代风格。铜连鼎的造型或受它们的影响。

2. 成山宫鼎和奇华宫五足炉

西安博物院收藏成山宫铜鼎和奇华宫五足炉皆有铭文，[48]具有较高的史料价值，也值得关注。

早年由西安市文物商店移交的成山宫铜鼎（图

7-25），鼎盖失，出土地点失载。高15.5厘米，口径13.2厘米，腹径19厘米，足高7厘米。器体扁圆体，附耳微曲，底承三兽形足，腹部正中一道凸弦纹。铭文刻在器腹上部，共3处49字。其一为“第十六陈仓成山共金鼎一合，容一斗并重十斤十四两”，铭文下原来文字已磨掉，但能辨认“一斗九斤”字样；其二为“斄成山宫，容一斗重八斤十五两名曰十”；其三为“容一斗一升，□重七斤五两”。

图7-25
成山宫铜鼎

铭文中的“陈仓”为右扶风属县，县城故址在今宝鸡市以东的戴家湾一带。“斄”，据《汉书•地理志上》右扶风斄县注：“周后稷所封。”颜师古曰：斄“读与邰同，音胎”。斄为古封邑名，后在斄邑设亭，称邰亭。东汉初撤销斄县，并入郿县。《后汉书•郡国一》（右扶风）云：“郿有邰亭”。[49]可以肯定，此鼎为汉代成山宫用器。

成山宫遗址在宝鸡市眉县第五村乡，从这里出土有“成山”瓦当。后经考古试掘，在该遗址还发现有“长乐未央”文字瓦当，以及夔凤（云气）纹大半圆瓦当、饕餮纹半圆瓦当、葵纹和大量云气纹圆瓦当。[50]成山宫为秦宫汉葺，是秦汉皇帝离宫和祭日之处。[51]

成山宫铜器并不少见。近年发现的成山宫鼎，刻有“陈仓成山共金鼎”铭文。[52]成山宫甗，铭文有“夷五陈仓成山共金鏖甗一容三升重九斤十二两”字样。[53]早年发现于山西平朔的一件宣帝时成山宫铜灯，灯盘外壁有篆书阴刻铭文“成山宫行灯，重二斤，五凤二年造。第卅三”，鋬面篆刻“扶”字。[54]“扶”即右辅扶风的省称。

奇华宫五足炉（图7-26）为征集品，出土地点不详。器高14厘米，口径20厘米，足高8厘米，平口折沿，直腹，平底，腹外壁饰四道凸弦纹，五个狮首衔环绕腹壁，腹下有五个狮面足，狮面作怒目张口吐舌状，足部的关节分明。口沿下刻铭文29字：“奇华宫铜熥炉，容一斗二升，重十斤四两，天汉二年工赵博造，护守丞贤省。”《三辅黄图》（卷三）记载：“奇华殿在建章宫旁，四海夷狄器服珍宝，火浣布、切玉刀，巨象、大雀、师（狮）子、宫（宛）马，充塞其中。”陈直先生认为，此器为奇华殿之物。[55]林梅村先生说：铭文中的“熥”即“鍮”字，“《西京杂记》记汉武帝‘得贰师天马，帝以玫瑰为鞍，镂以金、银、鍮石’。鍮石是中国古代对西方传入的黄铜制品的泛称。域外传入的鍮石艺术品毕竟有限，只有汉代帝王

图7-26
奇华宫五足炉

才有资格享用”。又说：“铜揄炉就是鍮石造的铜炉”“奇华殿的鍮石炉大概是中国目前所见最早的鍮石艺术品。”[56]

奇华宫五足炉铸制于武帝天汉二年（前99年），铭文明确记载此器出自于朝廷工官机构领导下的工匠赵博之手，并由官员进行监造。铸造此器使用的鍮石属黄铜或自然铜，这种原料来自域外或是国内自产，我们不得而知，但要说它的装饰题材受外来艺术影响，则是肯定的。炉体造型属于传统青铜器风格，但装饰在器腹及腹下的两组共十个兽面皆作狮面造型，则为以前青铜器装饰所不见。狮子是外来动物，武帝时始有域外狮子入贡长安。建章宫奇华殿中豢养有狮子或收藏有狮子标本，[57]在茂陵陵区及长安城南郊祭祀建筑遗址出土的画像空心砖上，可以见到狮子的艺术形象。[58]奇华宫五足炉不仅是武帝时期采用鍮石铸造青铜器的见证，更为重要的是，它表明中国的造型艺术开始吸纳外来的狮子文化。

3. 错金银云纹铜钫和鎏金凤鸟铜锺

错金银云纹铜钫（图7-27），1964年在西安市西关南小巷窖藏中出土，同时出土的还有博山熏炉、铜釜、豆形灯等。[59]铜钫高61.5厘米，重34千克，方口，深腹，方圈足，腹肩两侧有铺首衔环耳，通体饰错金勾连云纹，随口沿、四脊棱、腹部及圈足等位不同有所变化。[60]现已发现的西汉铜钫多为素面，较少装饰，而且形体也不太大，如上林苑铜钫、河北满城陵山中山靖王刘胜墓铜钫等。与它们相比较，此器具有形体厚重大方、错金银纹饰细密典雅的特点。

图7-27
错金银云纹铜钫
西安西关南小巷

嵌错工艺始兴于春秋中期，成熟于战国时期，到西汉时流行并有所创新。其工艺是用其他物质材料的细丝或薄片，在铜器表面上镶嵌出纹饰或文字，再用错石将其打磨平整。镶嵌材料一般有绿松石、红铜、金、银等。主要工序有：（1）通过母范预制或用利器刻出凹槽（线）。（2）对凹槽（线）进行錾凿或刻缕，使其剖面呈覆斗状形，底面粗糙，以便嵌入物能牢固附着在凹槽中。（3）用捶打或碾压的方式将装饰材料嵌入凹槽（线）内。（4）用错石打磨，使嵌入物与器表自然平滑，然后再进行抛光处理。这种装饰手法改变了青铜器外表的单调与呆板，产生色彩对比和光彩斑斓的艺术效果。西汉时的嵌错工艺具有更加成熟和精湛的特色，装饰纹样受同时期髹漆和织绣品的影响较多。西安西关南小巷窖藏出土的这件错金银云纹铜钫，可谓是嵌错工艺代表之作。

2003年在西安市北郊枣园村西汉墓（M1）出土的鎏金凤鸟铜锺（图7-28），共2件，形制完全相同。此器出土时放置在侧室，另外还有铜钫4件、铜鼎4件、铜勺2件、铜匜2件、铜盆2件、铜鉴1件及陶茧形壶5件。主墓室盗扰严重，发现有红色漆皮多处。出土的101件玉饰散片，与河北满城汉墓出土的玉片形制相同，可能是玉衣或漆棺上的装饰。考古研究人员初步判断，此墓为西汉早期偏晚的贵族墓葬。[61]

图7-28
鎏金凤鸟铜锺
西安北郊枣园村汉墓

鎏金凤鸟铜锺高78厘米，口径25厘米，腹径42厘米，侈口，束颈，鼓腹，圈足，通体鎏金，腹上有对称铺首衔环和三道凸起带状箍；盖顶捉手为一只站立姿的凤鸟，口衔火珠，头胸趋前，长尾上扬，线条流畅，制作精致，造型生动。该器是已发现的西汉时期最大的鎏金铜锺，河北满城汉墓出土的鎏金铜锺高45厘米，广州南越王墓出土的鎏金铜锺高37厘米，陕西兴平出土的两件“太初中私官”铜锺分别高45厘米和43.5厘米，茂陵阳信冢从葬坑出土铜锺高44.3厘米，西安市长安区出土的鎏金铜锺高48.9厘米，[62]均不及这件鎏金凤鸟铜锺形体高大。

鎏金凤鸟铜锺的盖顶装饰一只亭亭玉立的凤鸟，既有替代捉手的作用，又有特定的象征含义。它所表现的应是当时流行的瑞禽朱雀形象，寓意顺应阴阳四时，取喻吉祥。在青铜器的顶部装饰凤鸟属于传统做法，如陕西岐山贺家村出土的商代凤柱斝，湖南湘潭船形山出土的商代豕尊，山西曲沃天马——曲村晋侯墓地出土的西周方座筒形器，陕西扶风齐家村西周窖藏出土的它盉，河南新郑李家楼出土的春秋立鹤方壶，江苏涟水三里墩西汉墓出土的立鸟铜壶等。

图7-29
博山熏炉
西安西关南小巷

汉代出现大量构思奇巧、造型别致的日用青铜器具，其中有不少作品采用凤鸟作为装饰题材。河北满城中山靖王后窦绾墓出土的朱雀灯，高30厘米，灯体为一只昂首翘尾、展翅欲飞的凤鸟，口衔灯盘，站立在蟠龙座上。凤鸟的羽翅用阴线刻出，繁简有致，生动大方。同墓出土的朱雀衔环豆，高11.2厘米，凤鸟衔玉环矗立在两高足杯之间的兽背上，身姿矫健，羽翅用金丝错出，颈、腹部镶嵌绿松石，显得更加富丽华贵。在西安西关南小巷窖藏中出土的博山熏炉（图7-29），炉柄采用凤鸟作装饰。凤鸟的头部顶托熏炉，双翅舒展，长尾平折上翘，粗壮的双足踩在玄武背上，象征意义明确，造型和装饰颇具匠心。

长安城建章宫的多处建筑物，如南宫门、东阙和北阙上，装饰有大型鎏金铜凤，景象十分壮观（参见第四章第一节）。建章宫北阙又叫圆阙，古歌曰：“长安城西有双圆阙，上有双铜雀，一鸣五谷生，再鸣五谷熟。”铜雀鸣五谷来自“赤乌衔谷于武王之屋”的传说。《史记索引》（封禅书）云：“有火自天止于王屋，流为赤乌，五至，以谷俱来。”汉为火德，“故高祖始起，神母夜号，著赤帝之符，旗章遂赤，自得天统矣”。[63]武帝在建章宫北阙上立置大型铜凤的动机，在于应验火德之瑞，求得五谷丰饶。就造型理念而言，铜锺上的凤鸟与建章宫建筑物上的铜凤应有相通之处。

4. 错金银云纹犀尊

今藏中国国家历史博物馆的错金银云纹犀尊（图7-30），1963年发现于陕西兴平西吴乡豆马村北的一处断崖旁，出土时放置在一个大陶瓮之中。[64]铜犀尊高34.1厘米，长58.1厘米，宽20.4厘米，重13.3千克，背上的素面器盖非原物，应是后来重新装配的。出土地点在茂陵陵区内，器腹中装有东汉五铢，故推定它为茂陵祭器，到东汉时因遇突变而瘞埋地下。“这就是说，其铸造年代大概就在武帝时期。一旦时代确定，就可以把此器作为说明青铜艺术至西汉中期又进入一个新阶段的典型例证。”[65]

这件犀尊生气郁勃，孔武有力，头部微微抬起，似在凝视远方，尖锐的鼻角和额角呈弧状隆起，角座大而稳固，双耳翘立，用黑料珠镶嵌的两眼炯炯有神，显得格外有灵气。颧骨和腮部结构十分明确，下唇前端垂悬，起伏变化有致，毫无生硬之感。身躯各部位的比例关系也十分恰当，前、后胛突出，腹部丰满，颈部及前胸处有数道粗大的褶皱，显得特别厚重。四肢粗壮，骨关节乃至脚趾都刻画得清清楚楚，丝毫不含糊。吻部左侧有一管状短流，便于倾注。腹腔中空，背上开尊口并覆以器盖，口沿处有革带缚于腹下，仿佛是背上的一件负物，不碍器物的整体形象。总之，它代表了战国时期以来鸟兽尊所达到的新水平。

图7-30
错金银云纹犀尊
茂陵陵区

先秦时期青铜器上的动物纹饰，展现的是一个多神的世界。《左传•宣公三年》王孙满语：“昔夏之方有德也，远方图物，贡金九牧，铸鼎象物，百物而为之备，使民知神奸……固能协于上下，以承天休。”联系商周青铜器实物作对照理解，包括六畜和珍禽瑞兽在内的动物形象，大约就是王孙满所说的“百物”，以及“神奸”中的“神”，其作用在于“协于上下，以承天休”，即与上天沟通。春秋战国时期以来，随着社会观念的变化，青铜器的形制出现了新的变化。一方面，青铜器上表现人间礼乐活动以及日常生活的图像开始出现；另一方面，那些过去充满神灵意味的动物形象虽然不占主要地位，但在它们身上孕育着一种艺术新风。李松先生说："酒器类的鸟兽尊，在新的时代条件下，有的更趋向于精丽，有的追求造型的概括和洗练。人们更多关注的是模拟物象的真实性、结构的巧思、铸造工艺的精湛等，却在精神内涵上显得有些淡漠了。"[66]它的年代虽晚些，但仍保持着青铜时代晚期的艺术精神，可谓是鸟兽尊演变声浪中的绝唱。据孙机先生考证，茂陵犀尊所表现的是苏门犀的形象，它和山东寿张出土的商代晚期小臣艅犀尊（图7-31）造型相似，遥相辉映，"可称我国北方产犀时代中的一早一晚两个闪光的纪念杯"。[67]

图7-31
商代小臣艅犀尊
山东寿张

犀牛属于奇蹄目动物，主要分布在非洲和亚洲南部，现在我国境内未发现其踪迹。犀牛的头部厚重，颈部短，身体肥硕，皮呈褐色或灰青色，被毛少而稀，有许多皱褶，头部有空心独角或双角。苏门犀为双角犀（图7-32），形体较小，它与独角的、形体较大的印度犀和爪哇犀有区别。我国境内原本出产犀牛，新石器时代和商代的遗址中已多次发现犀骨。如浙江余姚河姆渡遗址出土大量的野生动物遗骨，其中就有属于温热地带动物苏门犀的遗骸。[68]早年杨仲健、刘东生先生对殷墟所出的动物遗骨进行鉴定，认为其中有犀牛。[69]先秦时期人们利用坚韧厚实的犀革制铠甲防身，《考工记•函人为甲》中有"犀甲七属""犀甲寿百年"之说。犀角是制作贵重的饮酒器觥的绝好材料，并且还能入药，具有强心、解毒及止血之功效。据《华阳国志•蜀志》记载，战国时秦国蜀郡太守李冰"作石犀五头，以厌水精"，犀牛又被视为瑞兽，用以厌胜辟邪。

1975年考古工作者在西安市东郊白鹿原薄太后南陵西北200米处发现一批从葬坑，其中，"第20号从葬坑所出犀牛骨骼，虽经出土压断裂，整体结构和大骨节保留得还较为清楚。犀牛体长2.4米，尾部宽1.6米"。[70]经鉴定，"南陵殉犀是爪哇独角犀，产地应是距黄河流域较远的中国南部地区"。[71]《汉书•地理志下》云："平帝元始中，王莽辅政，欲耀威德，厚遣黄支王，令遣使献生犀牛。"《汉书•平帝纪》颜师古注引应劭语，黄支国地望在"日南之南"。孙机先生依据周连宽、张荣芳先生考证

图7-32
双角犀

图7-33
唐献陵石犀
陕西三原徐木乡

黄支国在今苏门答腊西北部的意见，认为其地是苏门犀的故乡。[72]林梅村先生则说："黄支国在今天印度南部现代港口城市马德拉斯西南的康契普腊姆市附近。那么，黄支国使臣献的犀牛当系印度犀牛。"[73]但迄今所出土的秦汉以前文物中未曾见到独角犀的形象。独角犀（印度、爪哇犀）的艺术形象问世，则是在汉代以后。典型的例证是位于陕西三原徐木乡唐高祖献陵神道上列立的一对大型石犀（图7-33）。石犀的座子上刻有"□祖怀□之德"六字，直接点明石雕的主题意义——颂扬大唐王朝恩威天下、四夷宾服的政治伟业。

秦汉时期艺术作品中的犀牛都是双角苏门犀，如四川昭化宝轮院秦或汉初的巴蜀船棺葬中出土的错金银犀形铜带钩，涪陵西汉早期墓出土的犀牛灯等。[74]联系秦国蜀郡太守李冰雕刻五件石犀牛，可知战国晚期到西汉时期犀牛艺术作品多出现在巴蜀一带，带有秦文化的因素和特征。所以当初考古研究人员判断"（茂陵）这件铜犀尊属战国末期遗物，即秦文化的遗物"，[75]还是有一定道理的。

铜犀尊采用了错金银工艺作装饰，通体装饰变形云纹，流畅并变化多端，其间再嵌镶细如毫发的金银丝，既表现出对象皮肤坚韧和粗糙的质感，又能增强全器珍贵华美的品质，彰显皇家气派。

5. 铜羽人

图7-34
铜羽人
汉长安城遗址

1966年在西安市未央区南玉丰村以南汉长安城遗址内，出土一件铜羽人（图7-34），据报告者称：发现铜羽人的地点南距长乐宫北宫墙遗址数米，"从其造型和出土地点看，可能是西汉宫廷内的供物"。[76]其高15.3厘米，跽坐姿，直鼻，阔嘴，大耳冲顶，眉弓突而弯曲，面部呈微笑状，身着圆颈紧袖交襟长衣，腰间束带，通体饰卷羽，下摆两边各饰有九组长缕状羽毛，背部有卷起的长羽翅，双手前伸作抱物状，双膝间有用以安装器物的半圆形插槽。严格地讲，此物应是一件器座。

铜羽人构思奇巧，造型严谨，制作考究，可谓西汉时期小型青铜人像的精品之作。无独有偶，1987年在河南洛阳机车厂东汉砖石墓中

出土一件鎏金铜羽人（图7-35），[77]高15.5厘米，通体鎏金，羽人的体量、造型、衣饰及羽翼与西安出土的铜羽人完全相同，像似同一模具所铸。此物虽出自东汉墓葬中，但其制作年代应定为西汉时期。[78]值得注意的是，洛阳铜羽人的双手捧抱一件圆形筒与长方形筒组合的器物，圆形筒的下端嵌入羽人双膝间的半圆形插槽之中。由此推测，西安铜羽人的双手原来捧抱的也是一件圆形筒与长方形筒组合的器物。孙华先生认为，从羽人姿态和所持器具形态来看，它们应是用来插放案头用品之类的文具。[79]但我们认为，铜羽人与祀神求仙有关，其所持器具可能是用来盛放仙药的药箱。

图7-35
鎏金铜羽人
洛阳机车厂东汉墓

羽人就是仙人，即当时人们想象中能“遥兴轻举，登遐倒景，览观县圃，浮游蓬莱”（《汉书•谷永传》），沟通人间与神仙世界的使者。羽人的外形特征是“深目而玄鬓，泪注而鸢肩，丰上而杀下”（《淮南子•道应训》）；“体生毛，臂变为翼，行于云”（《论衡•无形篇》）；“邛疏之双耳，出乎头巅”（《抱朴子・论仙》）。据《汉书•郊祀志上》记载，武帝授予方士栾大“天道将军”印时，“使使衣羽衣，夜立白茅上。五利将军（栾大）亦衣羽衣，立白茅上，受印，以示不臣也”。颜师古注：“羽衣，以鸟羽为衣，取其神仙飞翔之意也。”羽人能飞升，长寿不死，故为人们所崇拜和敬仰。

汉代以前的羽人形象，见于商代晚期和战国时期的玉雕和木雕，如江西新干大洋洲商墓中出土的小型玉雕羽人，湖北荆州天星观2号楚墓出土的木雕羽人。它们的具体含义费考，但探究其源头，似乎可追溯到上古时期东方夷族对鸟图腾的崇拜。孙作云先生说：古人“虽然在实际上的飞失败了，可是在理想上或想象上的飞终于成功了，那就是由‘能飞’发展而成的‘羽化’和‘登仙’的思想。这种想象上的灵魂上的飞，随着人文的发达而发达，后来竟融合抟聚形成中国人特殊的思想（飞仙游仙）之一”。[80]秦汉时期作为仙人的羽人出现，其历史背景是秦始皇尤其汉武帝时掀起的声势浩大的神仙运动。洪迈《容斋随笔•谤书》（卷四）云：“司马迁作《史记》，于《封禅书》中述武帝神仙、鬼灶、方士之事甚备。”《汉书》中的《武帝纪》《郊祀志》亦然，大量篇幅叙述武帝行神仙诸事。从武帝时开始，神仙思想在汉代文化中占有重要地位，并深刻地影响了西汉中晚期乃至后来东汉的造型艺术。

在长安的美术作品中，羽人形象并不鲜见。其一是画像空心砖上的羽人图像（参见第三章第一节）。在茂陵“瓦渣沟”遗址出土的一件龙虎纹画像空心砖，[81]主体纹饰为菱格云气纹和菱格与玉璧纹组成四方连续的几何图案，边栏纹饰为龙虎（飞廉）与羽人组合的二方连续图案，空处填

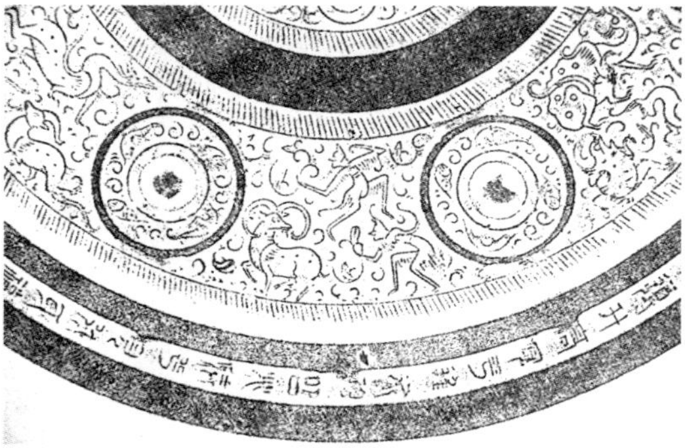

图7-36
羽人图像
（光耀七乳禽兽镜局部）

以云气纹；在茂陵以南约1500米的上官道遗址，考古研究人员采集的编号茂采59a画像砖残件，边栏装饰有羽人与狮、虎、龙及云气纹；[82]早年出土于长安城南郊礼制建筑遗址的“长生未央”画像砖残件，上边栏纹饰与之相同，右边栏纹饰有羽人与独角兽。[83]其二是墓室壁画中的羽人图像（参见第六章第二节）。在西安交通大学西汉壁画墓的后壁（北壁），绘出羽人导引墓主升仙的画面。彩云中的羽人头向左侧，右手持一株灵芝，左臂伸开，作腾踏向上腾升状；在西安理工大学西汉壁画墓的后壁（北壁），上部为缭绕云气纹中的升龙和羽人，羽人双耳过头顶，头发向前飘举，浓眉，圆目，高鼻，吻部突出，躯干长，羽翼生于肩及背部，臀部有稀疏的长毛，作双臂前伸导引升龙状。其三是玉雕中的羽人形象（参见本章第二节）。在元帝渭陵祭祀建筑遗址出土一件羽人驭天马玉雕，羽人肩生翼，高鼻深目，羽人右手持一株“三秀”灵芝。其四是铜镜背纹上的羽人图像。早年西安市文物管理处收藏一件西汉晚期光耀七乳禽兽镜，[84]七乳间有一组二羽人及羊组成的图像。一羽人作手舞足蹈状，另一羽人躬身戏羊，形象刻画得生动而精致（图7-36）。

在长安以外地区发现的西汉美术遗迹中，表现羽人形象也不少见。如前期的湖南长沙马王堆1号汉墓出土的漆棺，在第三重棺壁上绘有仙山、腾龙和羽人；中期的长沙砂子塘1号汉墓出土的漆棺，在足挡板上绘有羽人驭神豹图像；晚期的洛阳卜千秋墓、烧沟61号汉墓和浅头井汉墓壁画中，可以看到羽人持节、羽人驭龙的形象。贺西林先生对汉代艺术中的羽人图像有专题研究，[85]可资参考。综之，西汉时羽人形象有两个主要特征：一是羽人与灵兽相伴，二是羽人手持不死之药——灵芝。

在想象的神仙世界之中，最令人们仰慕并渴望得到的是仙山上的不死之药。《史记•封禅书》说蓬莱、方丈、瀛洲三神山，“诸仙人及不死之药皆在焉”。《乐府诗集•相和歌辞九•董逃行之四》：“教敕凡吏受言，采取神药若木端，玉兔长跪捣药虾蟆丸，奉上陛下一玉柈，服此药可得神仙。”汉乐府诗《长歌行》：“仙人骑白鹿，发短耳何长。导我上太华，揽芝获赤幢。来到主人门，奉药一玉箱。主人服此药，身体日康强。发白复更黑，延年寿命长。”前首诗中的“玉柈”，盛物之器，同玉盘。两首诗中描述仙人奉药的“玉柈”“玉箱”，对我们理解西安及洛阳两地出土铜羽人的造型含义有帮助。

在洛阳鎏金铜羽人捧抱的器物上，分栏装饰有云山图案，中栏为云气纹，上下栏处各有一列二方连续的山形纹并云气纹，借以提示器物中盛放的仙药出自遥远的仙山。该器物为长方形筒和圆形筒的组合式，推测长方形筒盛放仙药，而圆形筒则是用来捣制仙药的器具，像似后来西王母图像系统中玉兔捣药所使用的臼（图7-37）。西安出土的铜羽人塑造的也是一位来自仙界的使者，它原来所捧抱的器物应与洛阳鎏金铜羽人捧抱的器物相同，而该器物是专门用来盛放和捣制仙药的。

图7-37
汉画像砖上的玉兔捣药图
郑州局部

6. 彩绘车马人物镜

东周、汉代和唐代是中国古代铜镜的三个重要发展阶段，其中以汉镜尤盛。汉镜背纹装饰奇丽考究，铭文充满了生活哲理及生命意识，艺术成就卓著。

西汉初期的铜镜直接沿袭战国及秦代的优秀传统，流行禽兽纹、蟠螭纹等。大约到文景时期，具有“汉式”背纹特征的铜镜才见端倪，如草叶纹镜、星云纹镜等。此后的显著变化依次出现在武帝时期、西汉晚期（包括新莽时期）和东汉中期，形成汉镜的典型风格。[86]考古研究人员对洛阳烧沟汉墓的排序和分期，使得汉镜的演变轨迹基本清晰。[87]

长安是西汉时期的制镜中心之一。《汉书•百官公卿表》中少府下有“尚方”。颜师古注：“尚方主作禁器物。”由尚方机构管理并制作的铜镜具有典范性的意义，其产品往往为其他作坊所效仿。铜镜铭文中大量出现“尚方作竟真大好”“尚方御镜大毋伤”“尚方作竞四夷服”等文句，真实地反映了人们崇尚朝廷工官制作铜镜的一种社会普遍心理。当时的首都长安是铜镜最大的消费市场，那些制作精巧、装饰考究和领风气之先的铜镜，率先为皇亲国戚、文武百官及豪强贵族所使用，而他们的共同喜好又常常影响并决定了铜镜造型及装饰风格的变化。据杨平先生的统计：从1949年10月至1990年1月，长安地区（西安、咸阳）出土汉镜共126面；[88]又据程林泉、韩国河先生提供的数据，从1991年到1999年西安、咸阳两个地点共出土汉镜85面。[89]当然，这仅仅是在一个有限范围内的并不完全的统计数字。据悉，西安市文物保护考古所收藏汉镜有1000余面，其中发掘出土的约占三分之一。另外，陕西历史博物馆和陕西省考古研究院收藏汉镜的数量亦相当可观。考古研究人员指出：“长安地区出土的汉镜，除画像镜外，基本囊括了目前所见的所有汉镜种类，不仅出土数量大，而且有很强的代表性。也就是说许多西汉镜的源流也许都始于长安地区。”例如日光镜、草叶纹镜以及博局镜（图7-38）的使用，长安地区

图7-38
博局镜
西安

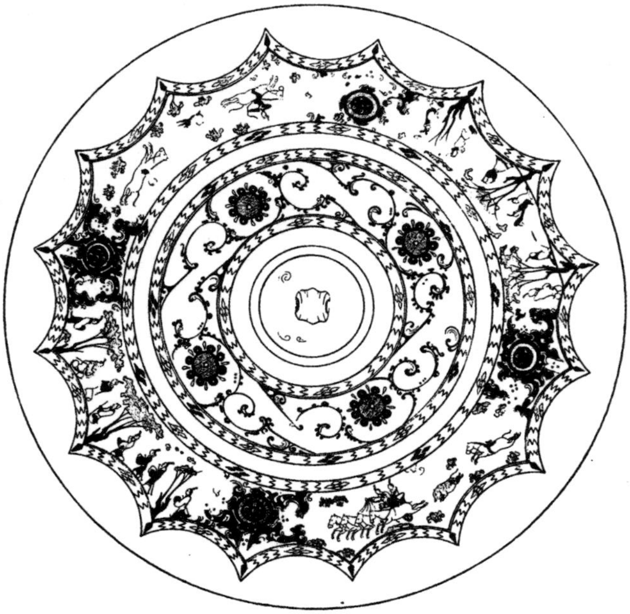

图7-39
彩绘车马人物镜（摹图）
采自《长安汉镜》

一是数量多，二是开始使用时间早，表现出京畿地区文化的先进性和创新性。[90]

用色漆或其他颜料在镜背绘制图像的铜镜，称之为彩绘镜。彩绘镜不便经常使用，很可能是专门为丧葬而制作的明器，由于背纹上面的图像不易保存，故而发现的数量罕少。汉代彩绘镜主要流行于西汉前中期，在形式上继承和发展了战国时楚镜的传统。

1963年西安市西北郊红庙坡出土的一面西汉早期彩绘车马人物镜，[91]背纹上图像及色彩保存基本完好，故而显得十分珍贵。此镜直径28厘米，重1.47千克，三弦纽，镜缘为内向十六瓣连弧纹，彩绘图像用胶质颜料绘制而成，与一般的漆绘有别。彩绘纽座（内区）施以红彩地，上面绘出四朵黄色四瓣花及云气纹。纽座外为中区和外区。中区施绿彩地，上面绘出四朵八瓣花及云气纹。外区施以红色地，四个柿蒂及云气纹将画面分割成四个区间，区间内分别绘出车马出行、谒见、射猎、宴饮等四组富于变化而又连贯的图像，其间穿插大树和灌木丛。这面彩绘镜出土后，傅嘉仪先生对背纹的内容有著录，岳珏先生摹绘了背纹彩图，[92]后来程林泉、韩国河先生公布了更为清晰的线描图（图7-39），但他们在画面的顺序及一些细节的识读上与前者有一些出入。先举傅嘉仪先生的描述：

谒见：三棵枝叶茂盛的树木，将画面分为三段，左起一、二树下有一绿衣人，戴危冠、扶杖面左而立，当是此画面中的主人。在他的足前，有一褐衣危冠者，拱手恭立，主人身左有一持杖女子，穿白衣，绕髻两匝于双耳上方，发上佩有一朵小花。二、三树间，有三个着绿衣白裤和一个穿白衣绿裤的人，皆危冠持杖蹦跚而来。

宴享：三树绿荫之下，宾主畅怀，一、二树间，有一危冠白衣人，坐树下，绿衣危冠两人，跽坐对面，拱手施礼，面前置有黑、白色的三个酒杯，主人身后有一绿衣人恭立侍奉。二、三树间，有两个身穿绿色短褐和一个身穿白色短褐的人，从左而右，第一人偏首捧物，第二人腰弯前躬，依“击鼓”状，第三人低首跪坐，两手置于胸前，似为吹奏笛、箫之类的管乐，三人的形态，很像是在演奏乐器。此图与秦代画像中“击瓮叩缶”的场面极似。

射猎：在绿色的原野上，短衣束发的猎手，骑马疾驰，正反身弯弓射一惊慌逃窜的野猪，猪后腿已被猎犬紧紧咬住。后有一骑手，束缰挥鞭，围猎野猪。

归游：四马曳引一车在绿色的草地上，飞驰向前，一位偏髻绿衣的御手，在衡轭上一手握辔，一手挥鞭，目视前方，野猪随车后奔跑，另一骑手，扬鞭围猎野猪。它生动地描绘出射猎获胜，凯旋归游的场面。[93]

再说程林泉、韩国河先生的识读：

第一组为人物谒见图。三棵树（扶桑？柳树？）中间绘八人，第二、三棵树之间站立一人，比较高大，应为主人公。其身前的两人，一人挂剑作揖礼状，一人站立笼手作礼。身后的五人，靠近主人公的一人扶剑站立，另外四人似走向主人公的位置，急待谒见，其中一人回首，作催唤状。

第二组为射猎图。两匹马之间有野兽一头，马上骑者回首持弓作射状，另一骑者不清楚。两侧画有簇簇野草和植物。

第三组为宴饮图。共七人，主人公面对五人坐饮，前面有两人作宴饮答谢状，后三人似送食物的侍者，主人公身后的一人和主人公一样的面向，当为家臣之属。

第四组为车马出行图。四匹马驾车作奔驰状，上有驭手和乘车主人，后有一兽（似猪？）和骑马侍从，侍从之人已不清楚。[94]

除个别细节有些差异外，他们的分歧主要在第四组图像上，相比之下，后者对画面内容的识读要妥当些。外区画面中第二组图像即射猎图，在此前发现的绘画遗迹中不见，属于新的题材，应当引起我们的关注。参考西安理工大学西汉壁画墓东壁的车马出行图中穿插的狩猎场面（参见第六章第二节），铜镜背纹中第二组的射猎图与第四组的车马出行图，应有一定的逻辑关系。描绘射猎情景的目的在于清理和搏杀道路上的不祥之物，以便是后面的车马得以安全、顺利的行进。所以我们判断，第二、四两组图像重在刻画主人重获新生之后的出行活动，第一、三组图像主要表现的是他在新世界中的礼仪生活场面。

画家绘制铜镜背纹图像时，先用淡线起稿，然后平涂颜色，个别地方再用墨线、淡线勾勒或点色提神，用笔已有粗细、轻重、刚柔的变化。彩

图7-40
战国漆画奁上的聘礼行迎图（摹图）
采自《中国考古学·两周卷》

绘中的颜色为绿、红、白、黑诸色。若将外区画面展开，高约3～4厘米，长度接近60厘米。在如此狭小的画面上，绘出众多的人物、动物、事物以及树木，并呈现出清新自然的写实风范和连贯变化的情节性，可见其绘画技艺非凡。

西安红庙坡村出土的这面彩绘镜，内容丰富，色彩悦目，图像比较清晰，确实难得一见，对我们认识西汉早期小型装饰画的题材及艺术水平，具有一定的价值和意义。它的外区画面与湖北荆门包山2号楚墓出土漆奁盖壁的漆画有些相似，或说它秉承了战国时期楚国的绘画作风。包山2号楚墓漆奁盖壁上绘有一幅聘礼行迎图（图7-40），画幅高5.2厘米，通幅长87.4厘米，画面表现的是出行与迎宾内容，[95]有男女人物开道、迎谒和行进中的车马，其间有树木将画面分割为四个部分，树木枝条随风摆动，空中大雁飞翔，饶有田园生活情趣。

汉代之前铜镜背纹表现人事活动的遗例可举两例，其一是早年在河南洛阳孟津金村发现的战国错金银狩猎纹镜；其二是后来在湖北云梦睡地虎9号秦墓出土的狩猎纹镜。但它们在造型上尚未脱离图案化的束缚，直到西汉时期这种状况才有了改观和突破。

广州南越王墓出土三件彩绘镜，[96]其中彩绘保存较好的一件（编号145-73）亦为三弦纽，镜缘为内向十六连弧纹。纽座（内区）绘有勾连云纹，外区中由植物状物组成的博山将画面分成四个部分，每个部分绘一组人物，能辨识出的有站立状和击剑者。1954年西安市北郊白家口汉墓中出土一面彩绘镜（中国国家博物馆收藏），直径28.2厘米，三弦纽，柿蒂及圈带组成纽座，纽座外的彩绘剥落较重，尚能辨识出人物、马匹等图像，似为一组故事画。[97]1994年徐州北郊西汉宛朐侯刘埶墓出土的人物画像镜，也具有一定的代表性。该镜出土时置于墓主腰部右下方，在背纹主体纹饰带上有四组人物画像，其间以不规则菱形（似树叶纹）组成的博山纹作分隔。四组人物画像的内容及形式相同，构图分两层，下层博山纹两旁有人物抚兽及驭兽，上层由左向右分别为人物、驯兽、人物抚琴及听琴、人物相对拱手站立，其间有树木相隔。[98]据李银德、孟强先生研究，相同的画像镜见于著录的尚有两件，“一是刘体智《小校经阁金文》十六著录，其形制、尺寸、主题人物画像与刘埶墓人物画像镜完全相同，可能是同模铸造”；“二是黄濬编《尊古斋古镜集景》图版一八四，该镜直径略小，仅15厘米，但其人物画像、形制、纽式完全相同”。[99]总之，表现人事活动是西汉前中期铜镜背纹出现的一个新气象。

第二节 玉器

在汉长安城遗址内发现的皇家玉器很少，比较重要的有动物纹玉佩饰和新朝王莽玉牒。[100]动物纹玉佩饰出土于武库遗址，上面浮雕一只带翼独角山羊（图7-41），回首，颔下垂须，右前蹄抬起，尾似马尾，翘举。但在蒙古匈奴贵族墓（M20）出土的银质圆形饰牌（图7-42），上面也有类似的带翼独角山羊形象，[101]说明这种瑞兽应属于北方草原动物纹题材及风格，并非传统的内容和形式。李零先生说：“汉代艺术形象中的麒麟，多数是作带翼鹿，一角，角端有肉，这是中国风格的麒麟，但也有作这种形象，即与西亚风格更为接近。例如东汉以来的‘五灵纹’，其中的‘麒麟’，很多就是山羊式。”[102]所以，武库遗址这件玉佩饰上的透雕，刻画的是瑞兽麒麟。但有研究者认为，它表现的是獬豸形象。[103]獬豸是传说中能断狱讼、性别曲直、专触奸佞的神兽。文帝时为整顿朝纲，广纳群言，在未央宫承明殿壁绘制獬豸图像。司马相如《上林赋》郭璞注“獬豸”引张揖语：“獬豸，似鹿而一角，人君刑罚得中，则生于朝廷，主触不直者。”在甘肃、青海、陕西一带汉墓出土的木雕和陶塑独角兽（参见第361页图6-3），身饰彩色条纹，长尾翘举，四肢迈开，俯首向前冲刺，充满凌厉与威猛的气势，与带翼独角山羊形象有区别。这种独角兽大约就是传说中的獬豸，汉时主要用来镇墓辟邪。

玉牒是古代帝王封禅祭天时瘗埋的书板。《史记•封禅书》云：武帝“封泰山下东方，如郊祀太一之礼；封广丈二尺，高九尺，其下则有玉

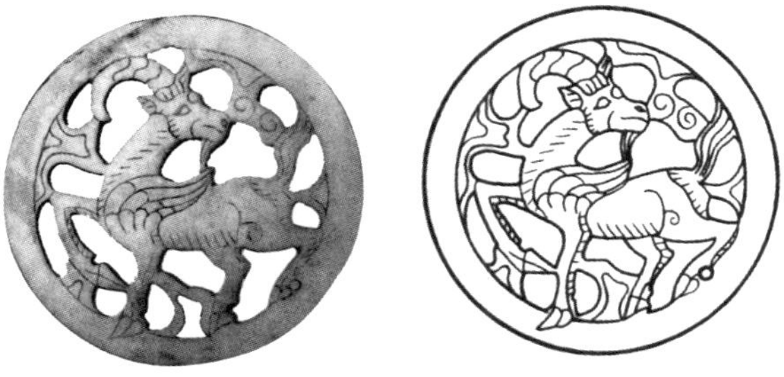

图7-41（左）
玉佩饰
汉长安城武库遗址

图7-42（右）
银饰牌
蒙古匈奴贵族墓（M20）

图7-43
新朝王莽玉牒
桂宫4号建筑遗址

牒书。书秘”。玉牒上的文字是皇帝对上天的祷告，内容秘而不宣。出土于桂宫4号建筑遗址的新朝王莽玉牒（图7-43），以石代玉，石板为青石质地，通体磨光，呈黑色，残长13.8厘米，宽9.4厘米，厚为2.7厘米，上面阴刻着涂以朱砂的篆文，尚存29字，如“万岁壹纪”“封亶（禧）泰山新室昌”等，可知“此物当为新朝王莽封禅祭天之玉牒，因而具有重要的学术价值”。[104]

一、玉璧、玉圭和玉衣

汉代用于礼仪的玉器主要是玉璧，从嫁娶到入葬，从朝贺到入贡、进献、征聘等，都离不开此物。在西安市北郊枣园南岭一座西汉早期墓出土玉璧7件，其中1件直径43.2厘米，肉部上分区刻饰有夔凤纹和谷纹，内外缘的凸棱上装饰有阴线刻夔纹，为迄今所发现琢纹玉璧中最大的一件。这件大型玉璧被打碎25块，其中19块放置在墓主头部，其余的放在腹部。另外6件玉璧出土时都覆盖在墓主尸体上，系典型的“玉敛葬”形制。[105]

汉帝祭陵使用的是传统“六器”中的玉璧和玉圭。现已发现的有高祖父亲万年陵玉圭，景帝阳陵“罗经石”遗址汉白石璧和石圭，武帝茂陵10号建筑遗址（“白鹤馆”遗址）玉圭和李夫人墓旁汉白石圭，昭帝平陵玉璧和玉圭，宣帝杜陵祭祀建筑遗址的残石璧及石圭，成帝延陵玉圭等。在平陵帝陵和后陵之间，考古研究人员发现有一条东西向的路，“在路两旁，各有一东西向排列的成组玉饰，各组间距2米。每组玉饰中间为一玉璧，外有七或八个玉圭围绕着，尖端均朝向玉璧”。[106]近年经刘云辉先生努力，对其出土时摆放情形进行了复原（图7-44）。[107]在延陵南门附近出土的玉圭，亦作排列布局，颇似平陵的做法。[108]

玉衣又称珠襦玉匣，文献中屡见记载。《汉书•董贤传》：“东园秘器，珠襦玉柙，豫以赐贤，无不备具。”《汉书•霍光传》：“光薨，赐金钱缯絮绣被百领，衣五十箧，璧珠玑玉衣。”又据《后汉书•礼仪志下》注引《汉旧仪》：“帝崩，晗以珠，缠以缇缯十重。以玉为襦，如铠状，连缝之，以黄金为缕。腰以下以玉为札，长一尺，（广）二寸半，为柙，下至足，亦缝以黄金缕。”完整的玉衣由襦（上衣）和柙（裤）两个部分组成，腰以上部分称襦，以下部分称柙。

图7-44
平陵玉圭、玉璧组合
（刘云辉复原）

玉衣为汉帝倡导并使用。《后汉书•刘玄刘盆子列传》云：赤眉军发掘汉帝诸陵，“取其宝货，遂污辱吕后尸。凡贼所发，有玉匣殓者率皆如生”。《西京杂记》（卷一）云：“汉帝送死皆珠襦玉匣。匣形如铠甲，连以金缕，武帝匣上皆缕为蛟龙鸾凤龟麟之象，世谓为蛟龙玉匣。”玉衣的渊源可以追溯到史前的“玉殓葬”，而玉衣制度在商代晚期似有端倪。《逸周书•世俘》记载：“时甲子夕，商王纣取天智玉琰五，缝身厚以自焚。”周代流行玉面罩，先前在洛阳中州路（西工段）春秋晚期至战国墓葬中，出土有缀玉（石）面罩。后来在河南三门峡、山西曲沃县天马——曲村西周墓地也发现了这种玉制葬具。[109]《吕氏春秋•节葬篇》云：“国弥大，家弥富，葬弥厚。含珠鳞施……”高诱注：“鳞施，施玉匣于死者之体，如鱼鳞也。”《吕氏春秋》成书于战国晚期，所言“鳞施”葬仪习俗可能影响到秦代。近年在秦始皇陵出土的非实用性的石甲胄和石铠甲（图7-45），从其样式和制作技术方面讲，它为我们推测秦代实行玉衣制度提供了一个佐证。

图7-45
石铠甲
秦始皇陵

卢兆荫先生认为：“封建贵族以玉衣作为殓服应该是从武帝时期开始盛行的，玉衣的出现可能是在文景时期。”[110]他的这个推论得到考古发现的证实，如徐州北洞山和狮子山楚王墓出土的金缕玉衣，火山刘和墓出土的银缕玉衣，其年代都在文景时期。狮子山楚王墓出土的金缕玉衣现已复原，由头罩、面盖、上衣、裤、手套、足套等部分组成，全长174厘米，共用玉4000多片。据不完全统计，目前所知各地汉墓出土的20多件玉衣，其中西汉玉衣占一半以上，著名的如河北满城汉墓刘胜夫妇的金缕玉衣、广州南越王墓赵昧的丝缕玉衣等。山东临沂刘疵墓的年代大约也在文景时期，该墓出土有玉面罩、玉手套和玉袜等6件，皆用金缕编缀而成（图7-46）。它与玉衣不同，没有躯干部分，或是早期玉殓服的一种形式。[111]制作玉衣耗费大量人力和物力，作坊规模应该相当大，恐非一般王、侯国所能兴办的。所以，玉衣应出自朝廷管理的手工业作坊。[112]

汉帝的寝宫没有发掘，使用玉衣情况仅见上述文献记载。但在长陵4、5号陪葬墓中，发现了可能用于编缀玉衣的玉石片。两墓各出土玉石片200余枚，其形状不一，有三角形、梯形、长方形、菱形等，系玉衣的不同部位的玉片，材质有白玉、青玉、墨玉等。4号墓为夫墓，在妻墓即5号墓出土的玉石片上发现了残存的银缕，说明墓主的玉衣等级为银缕玉衣。这两座陪葬墓的年代推定为

图7-46
金缕玉罩
山东临沂刘疵墓

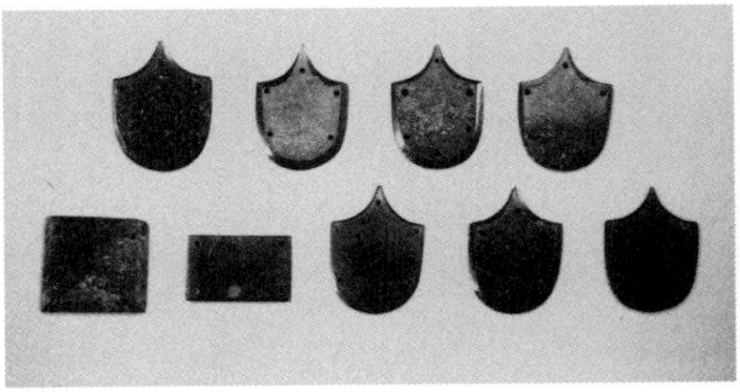

图7-47（左）
玉衣片
西安北郊张家堡汉墓

图7-48（右）
东汉王晖石棺（前挡局部）
四川芦山沫东镇先锋村

文景时期，墓主可能是汉初名将周勃或周亚夫。[113]除汉帝陵园的陪葬墓外，在长安其他大中型汉墓中出土玉衣片的，如西安市北郊枣园村南西汉早期墓、张家堡西汉晚期至新莽墓（图7-47），南郊曲江翠竹园西汉壁画墓（M1），以及咸阳市西郊大泉西汉晚期墓等。[114]另外在西安市南郊财政干校西汉晚期至新莽墓葬中，出土刻有花纹的玻璃仿玉衣片80余枚。[115]这说明玉衣制度在长安非常流行。

巫鸿先生说，虽然文献中将这种葬具称之为玉衣、玉匣（柙），但他“实际上都是当作一个玉人（jadebody）来设计制作的”，而“玉衣的使用则实现了对身体的完全转化”，象征死者已得道成仙。[116]玉衣制度是神仙思想与玉石文化结合下的产物。例如武帝生前服食用甘露与玉屑调和的玉液，以求得长寿，死后身着“蛟龙玉匣”入殓，使尸骸不朽，得以羽化成仙。四川芦山东汉王晖石棺的前挡上刻画一位女仙形象（图7-48），女仙肩生羽翼，从一扇半启的天门探身，其腿部的片状图案大约表现的是玉衣“鳞施”形态，而不是羽毛。[117]

二、长陵和茂陵玉器

出自汉帝陵园的实用器具、装饰、陈设类玉器最精彩，如高祖长陵陵区内出土的皇后玉玺，武帝茂陵10号建筑遗址附近“瓦渣沟”遗址出土的四神纹青玉铺首，杜陵陵区出土的金扣玉杯（三件）、玉舞人，渭陵礼制建筑遗址出土的羽人驭天马、玉辟邪（两件）、玉熊、玉鹰和玉人像等。它们大多采用蓝田、和田上等美玉雕琢而成，立意及造型出人意表，堪称中国古代玉器中的旷世杰作。此外，西安市南郊山门口汉墓出土的玉猪，[118]卧姿，体肥膘壮，四肢收于腹下，小尾贴于臀部，头上扬，形象生动可人（图7-49）。其用材虽非上乘，但以形神兼备取胜，是肖生玉中的代表之作。其他如西安市东郊窦氏墓、北郊大白杨汉墓出土的组玉佩，[119]由鹰纹玉璧、鹰纹玉珩、玉舞人（图7-50）、凤纹玉觿等组成，可谓汉代

图7-49
玉猪
西安南郊山门口汉墓

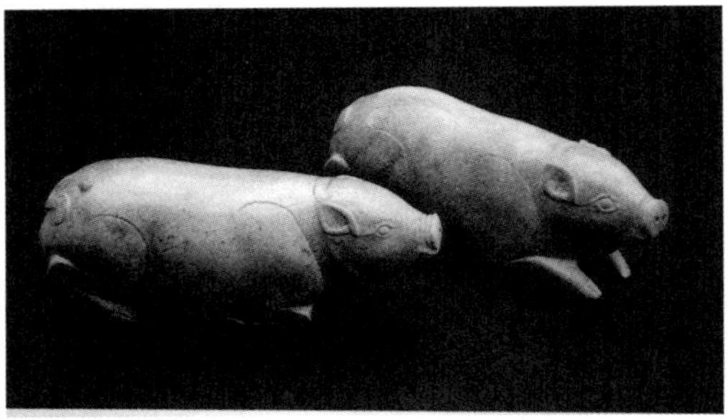

组玉佩的精品。先说长陵皇后玉玺和茂陵四神纹青玉铺首。

图7-50（右）
玉舞人
西安北郊大白杨汉墓

1. 皇后玉玺

1968年在咸阳市窑店乡狼家沟村附近土沟中发现的皇后玉玺，是迄今所发现年代最早、等级最高的玉玺（图7-51）。其边长2.8厘米，高2厘米，重33克，玉质纯净无瑕，晶莹润泽，没有受沁迹象。玺体为正方形，浮雕螭虎纽，螭虎作俯卧姿，形态矫健凶顽，腹下有穿绶系带的钻孔。玺台的侧面碾琢长方形阴线框，内饰勾连云气纹。玺面阴刻篆书“皇后之玺”四字，结体庄重，笔画工整，粗细均匀，深度一致。

据秦波先生记录并考证，这方玉玺的出土地点位于长陵西南1000多米的土沟里，周围有汉代残存砖瓦。按汉代陵寝制度，帝、后陵园中的便殿、寝内园放置他们生前的衣冠。所以，玉玺可能原为长陵吕后陵便殿内的供祭之物，后因赤眉军盗掘长陵，便殿被焚，玉玺遗落土中，后被水冲至山沟里。[120]杨鸿年先生则认为，这方玉玺不是便殿内供祭品，而是“吕后怀中的陪葬物品”，后因赤眉军盗掘吕后陵而散失。[121]

王人聪先生依据史书无汉陵寝放置玉玺的记载，以及汉时佩印于腰际习俗，对上述意见提出质疑。他说：“史书明载吕后在惠帝时期已尊为太后，又前后自立鲁阳公主女和吕禄之女为皇后，那么，在她死后，断无将‘皇后之玺’带入棺中随葬之理。把这方玉玺推定为吕后之印，这与汉代的礼仪制度也是完全违背的。”而且玉玺系偶然捡获，缺乏考古学方面的证据。但从西汉玉玺的印文风格演变及这件玉玺的印文特点考察，可以作初步推断：其年代的“上限不会早于西汉文景时期，下限当在武帝前后”。[122]王人聪先生的意见虽有一定道理，但他过分拘泥于史书记载，忽略了玉玺的发现地点这一事实。玉玺既然是西汉之物，且又出自长陵陵区内，说它是吕后陵的从葬之物或供祭品，并非误判。孙祖慰先生认为，玉玺的时代还可及至汉初。近年虎溪山沅陵侯墓出土的“吴阳”玉印，时代下限为文帝后元二年（前162年），上限可在高后时期，其文字体势及琢治风格与之相比，颇为接近，说明汉初玉印的工艺已经成熟稳定。玺文与高祖卒年前后所颁制的“高寝丞印”封泥文字比较，年代亦不至为晚。再与陈介祺旧藏秦“皇帝信玺”封泥相衡，除有无界

图7-51
皇后玉玺
长陵陵区

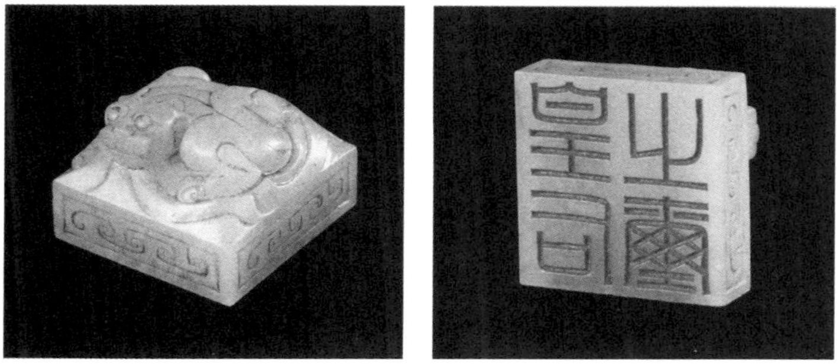

格之别外，印文更为近似。而且“皇后之玺”为累世传授之物，不为某代皇后专属，故从逻辑上分析，它的制作也当在立国之初。那么，此玺曾为吕后所佩也是完全可能的。[123]我们倾向于孙祖慰先生的意见。

这方皇后玉玺的出土，对于研究汉代官印制度具有重要的意义。据《汉官旧仪》（卷上）云：“皇帝六玺，皆白玉螭虎纽。文曰：‘皇帝行玺’‘皇帝之玺’‘皇帝信玺’‘天子行玺’‘天子之玺’‘天子信玺’，凡六玺。”《汉旧仪》（卷下）云：“皇后玉玺，文与帝同。皇后之玺，金螭虎纽。”其中“金螭虎”，大约是对玉印螭虎造型如铸铜的比喻。皇后玉玺形制与印文正与汉制相合。

皇后玉玺质地洁白细腻如凝脂，系采用新疆和田白玉仔料琢成。自古以来人们就十分推崇新疆和田玉，并视为至宝。至迟到商代后期，和田玉就输入到中原。据鉴定，河南安阳殷墟妇好墓中就有采用和田玉琢制的玉雕作品，如玉怪鸟、玉羊头等。商代甲骨文中还有“取玉”“正（征）玉”的记载，新疆和田玉当在其中。

《西京杂记》（卷三）云：“高祖初入咸阳宫，周行库府，金玉珍宝，不可称言。其尤惊异者，有青玉五枝灯，高七尺五寸，作蟠螭，以口衔灯。灯燃，鳞甲皆动，焕炳若列星而盈室焉。”据记载，高祖逃离鸿门宴时密令张良留谢项羽，“持白玉璧一双，欲送项王，玉斗一双，欲送亚父”（《史记·项羽本纪》）。后来，“未央宫成。高祖大朝诸侯群臣，置酒未央前殿。高祖奉玉卮，起为太上皇寿”（《史记·高祖本纪》）。汉初长安宫廷使用的玉器，大约都取自秦宫库府。皇后玉玺是吕后之物，其琢制年代当在西汉早期，玉材或许是秦宫库府中的旧存。《史记·大宛传》记载，张骞为汉使出使西域，“而汉使穷河源。河源出于阗（今和田一带），其山多玉石，采来，天子案古图书，名河所出山曰昆仑云”。从武帝开始，西域交通打开，首都长安成为新疆和田玉输入内地后最大的集散地和加工使用地。

2. 四神纹青玉铺首

今藏陕西历史博物馆的四神纹青玉铺首（图7-52），高34.2厘米，宽35.6厘米，厚14.7厘米，重10.6千克，工艺精致考究，造型特别厚重，代表着汉代琢玉工艺的最高水平，弥足珍贵。铺首大眼突兀，下部露出一排整齐的方齿，鼻梁粗而长，两边有凸棱，四神纹布局在兽面的四周，并构成云气纹形态的装饰纹样。青龙位左（以兽面为坐标），身躯绕动，昂首翘尾，向上腾跃。白虎在右，向上奔爬，与青龙形成呼应之势。钩喙的朱雀在青龙右侧，兽面左眉之上，作倒“C”字形，长尾伸至兽面额中。玄武为灵龟口衔小蛇造型，在白虎之下，兽面右眼右下方处，与左上方的朱雀形成呼应之势。作者匠心独运，在遵循四神既定方位基础上，有意作不对称布局和安排，并且对其进行个性化处理，使得庄重威严的兽面变得生动和华丽。在雕琢工艺方面，综合运用圆雕、浮雕、透雕、线刻等手法，局部造型有圆形、方块形、长条形、弯曲线形等，灵活多变但不失整体性和统一性。

图7-52
四神纹青玉铺首
茂陵“瓦渣沟”遗址

长安是发现四神题材美术作品最集中的地方。除用于祭祀建筑装饰的四神纹青玉铺首外，还有四神纹画像砖和瓦当。其中，四神纹瓦当多为西汉晚期之作，而四神纹画像砖年代最早的作品出现在景帝时期，如阳陵“罗经石”遗址出土的青龙、玄武画像砖。但是，画像砖和瓦当上的四神纹图像都是单个的，使用时按其所象征方位进行铺砌或安装。所以，茂陵出土这件四神纹青玉铺首，不仅成为迄今所发现组合性四神纹中年代最早的美术作品，也为我们考订西汉时期四神纹定型化和风格化提供了一个重要物证。文献记载武帝入殓的玉匣上刻有“蛟龙鸾凤龟麟之象”，大约也是组合式的四神纹。

四神纹青玉铺首的背面有突起的长方形鼻纽，中有方孔，可以穿榫。孔内还残存着两端经过切削的金属，应是原在门扉上镶嵌留下的遗迹。

茂陵10号建筑遗址位于帝陵陵园外的东南部，遗址内正中的覆斗形夯土台，即过去传名“白鹤观”遗址的夯土台。在其东部100米左右处有“瓦渣沟”遗址，四神纹青玉铺首出土于此处，与之叠压一起的还有一件蒲纹琉璃璧（图7-53）。在该遗址还曾出土有白虎纹、玄武纹、朱雀纹、羽人驭龙虎纹空心砖，以及“与民世世天地相方永安中正”文字瓦当等。[124]徐萍芳、杨宽、刘庆柱先生等曾推测该遗址可能是茂陵的寝园废墟，出土的砖瓦和玉器可能是茂陵寝园中的建筑遗物。[125]后来有研究者认为，从这里出土的四神画像砖，在阳陵“罗经石”遗址和杜陵陵庙遗址中都有发现，而且它所处的位置又与阳陵“罗经石”遗址大体一致，都位于帝陵的东南，所以该遗址有可能就是茂陵的陵庙——龙渊宫所在。[126]我们倾向于后者的意见，判断四神纹青玉铺首为装饰陵庙殿门之用。又据《汉书·哀帝纪》记载：元寿元年（前2年）“孝元庙殿门铜龟蛇铺首鸣”，可知汉帝陵庙殿门设置四神纹铺首，是一个既定制度。

图7-53
蒲纹琉璃璧
茂陵“瓦渣沟”遗址

四神纹青玉铺首表面呈苹果绿色。据朱捷元先生披露的相关鉴定材料，其矿石成分是蛇纹石化大理石，即由方解石矿组成，属于软玉。位于陕西蓝田县玉川山一带，蕴藏着丰富的玉料矿石。这里出产的玉石依颜色、构造可分五种：呈苹果绿色蓝田玉的主要矿物成分为方解石（70%）、蛇纹石（25%）以及少量的云母，粒状变晶结构，块状构造。推测这件玉铺首采用蓝田玉料琢制而成，是完全有可能的。[127]蓝田位于长安的东南部，《汉书·地理志上》京兆尹蓝田县注："山出美玉。"《西都赋》云："陆海珍藏，蓝田美玉。"《汉书•外戚传下》记载，成帝时赵昭仪所居昭阳舍，"白玉阶，璧带往往为黄金釭，函蓝田璧"。蓝田美玉应是长安皇室用玉的主要材料来源。

与四神纹青玉铺首同时出土的蒲纹琉璃璧，直径23.4厘米，呈深蓝色，半透明体，经光谱分析，其成分是以金属铅为主的铅玻璃。它应是玉璧的替代品，可能也用于装饰陵庙殿门。《史记•封禅书》记载，武帝建造的建章宫，"其南有玉堂、璧门、大鸟之属"。用玉璧装饰的门扉或门墙称璧门，璧门象征天门。想来武帝陵庙殿门的奢华程度，不亚于建章宫的璧门。

三、杜陵玉器

2010年8月，西安市长安区村民在杜陵王皇后陵东南300米处发现三件金扣玉杯和一件玉舞人。这批极其珍贵的汉代皇家玉器出土后被多次非法买卖，后经公安机关查获，现收藏于西安博物院。刘云辉先生曾到实地踏勘，并据《汉旧仪》关于高庙内"高祖面南……曲几，黄金扣器"的记载，以及这一带出土的"石室朝神宫"瓦当，判断发现玉器的地点是杜陵陵庙遗址，金扣玉杯和玉舞人为宣帝的御用之物。[128]

图7-54
金扣玉杯
杜陵陵区

1. 金扣玉杯

三件玉杯采用和田玉雕琢而成，各高13.4厘米、12.8厘米、12.3厘米，口径6.7厘米、6.6厘米、6.4厘米，口径4.6厘米、4.7厘米、4.7厘米，重375克、335克、250克。它们的形制基本相同，平口，深腹，上大下小，外壁琢磨出三组九道弦纹，短柱柄，圈足。玉杯一的口沿、圈足各箍束一道金圈；玉杯二的口沿、圈足及杯身共箍束四道金圈（图7-54），玉杯三则无金圈箍束。

汉时的玉杯被赋予承接天露并用之

延寿的特殊功能。文帝时方士新垣平使人献“人主延寿”玉杯。《史记·封禅书》云：

> 其明年，新垣平使人持玉杯，上书阙下献之。平言上曰：“阙下有宝玉气来者。”已视之，果有献玉杯者，刻曰“人主延寿”。

《汉书·郊祀志》记载同。玉杯铭刻“人主延寿”，正说明此器的性质有别于一般的玉制饮酒器具。

武帝时先后在未央宫柏梁台、建章宫神明台和甘泉宫通天台上立置捧露盘仙人铜像，仙人掌擎承露铜盘，铜盘上置玉杯。《三辅黄图》（卷三）云：

> 《庙记》曰：神明台，武帝造，祭仙人处，上有承露盘，有铜仙人，舒掌捧铜盘玉杯，以承云表之露。以露和玉屑服之，以求仙道。

广州南越王墓出土的铜承盘高足玉杯，由铜承盘、托架和高足玉杯三部分组成（参见第256页图4-13）。高足玉杯由杯、杯座两部分组成，通高11.75厘米，深腹，腹壁外饰云气、花瓣和谷丁勾连云纹；杯托为三大叶花瓣、三小叶花萼形。铜承盘之上三条金头银身龙以口衔住杯托。徐琳博士认为，这样的器物如做普通饮器频繁使用，着实取之麻烦。它的实际用途当与武帝时承接云露铜盘玉杯相同，是其微缩，精致小巧，能摆放于宫中罢了。[129]仙人铜像所擎承露盘可能很大，但置于铜盘中的玉杯应比较小，参考出土的秦汉玉杯，推测其高度不会超过20厘米。

制作玉杯的工艺难度极大，所以迄今发现的早期高足玉杯很少。重要的如西安市三桥镇车张村阿房宫遗址出土的一件玉杯（图7-55），被定为秦代作品。[130]此杯高14.5厘米，青玉琢成，直口，深腹，高足呈喇叭形，口沿下饰柿蒂叶纹和云纹一周，腹部饰谷丁勾连云纹、几何形勾云纹及花瓣纹，圈足饰“S”形纹。后来的南越王玉杯与之有一定的渊源。[131]广西贵县罗泊湾1号墓出土的西汉前期玉杯，[132]高11.3厘米，器形及纹饰也与秦代玉杯相近。陕西咸阳马泉汉墓出土的高足玉杯，为西汉晚期制品，高9.5厘米，器形与上述三件基本相同，但杯身无纹饰。[133]杜陵玉杯不见柿蒂纹和云纹、谷丁勾连云纹等传统纹饰，采用的则是多组弦纹，并辅以金圈箍束，属于新的装饰风格。当时人们视黄金为长寿之物，用其作为玉杯装饰，黄金白玉相互映衬，最能显示出皇室用器之高贵，使得杯具的延寿意义更加突出。

图7-55
秦代玉杯
阿房宫遗址

图7-56
玉舞人
杜陵陵区

2. 玉舞人

玉舞人用料也是和田玉，塑造出一对年轻舞女并列舞蹈的形象（图7-56）。左者高10.5厘米，右者高10.2厘米，其下宽皆为7.8厘米，重250克。玉舞人面目清秀，身材修长，头顶发髻呈圆盘状，脑后一束头发下垂，内着多重长袍，外穿长袖曲裾深衣，腰间系宽带，长摆曳地，脚穿翘头履。左者双手将长袖提起并置于腹部，为抛袖前的瞬间；右者左手甩动长袖，右手收于腹部，长袖向外曲摆，再现了宫廷舞女表演时扭腰、踏步、甩袖的动人形象。

将玉舞人作为贵族妇女的组玉佩，大概源于战国时期。[134]传出自洛阳金村战国墓的玉舞人，有双人连体式和单身式两种。[135]汉代的组玉佩盛行配饰玉舞人，但其形体都比较小，高不过四五厘米，且多为片状加刻阴线形式，一般为两件，多作对称优美的翘袖折腰造型。广州南越王墓出土扁平圆雕和圆雕式单身玉舞人各一件（图7-57），造型婀娜多姿，上下可见纵向穿孔，说明它们是组玉佩中的饰件。杜陵玉舞人为双人连体，造型上受传统玉舞人的影响，但它属于圆雕式，而且形体比较大，没有可供连缀的穿孔，故不会是佩饰品。刘云辉先生判断它“是皇帝曲几上的陈设器”[136]，可采纳。

据《史记•孝文本纪》记载，孝景元年（前157年）十月，制诏御史：

> 盖闻古者祖有功而宗有德，制礼乐各有由。闻歌者，所以发德也；舞者，所以明功也。高庙酎，奏《武德》《文始》《五行》之舞。孝惠庙酎，奏《文始》《五行》之舞。……明象乎日月，而庙乐不称，朕甚惧焉。其为孝文皇帝庙为《昭德》之舞，以明休德。

图7-57
玉舞人
广州南越王汉墓

当时，伴随着隆重的庙祭活动有盛大的乐舞表演。又据《后汉书•礼仪上》记载，东汉皇帝沿袭西都上陵礼，在寝殿上举行祭祀活动时，“太常乐奏食举，舞《文始》《五行》”。阳陵1号建筑遗址可能是景帝寝园所在。[137]在该遗址发现了一批彩绘乐舞陶俑，出土时舞俑居中，立姿，扭腰甩袖起舞；奏乐俑在其外围，作跽坐奏乐状。[138]杜陵玉舞人与阳陵彩绘女舞俑的性质相同，也是寝庙祭祀乐舞的写照。

位于杜陵园东北的8号建筑遗址，有东西73米、南北70米、深5米的方形夯土台基，并出土了大量的龙、凤纹画像砖残块，该遗址被认为是杜陵陵庙遗址。[139]杜陵寝园分别在帝、后陵的南部，遗址经考古发掘并得到确认。[140]金扣玉杯和玉舞人的出土地点，则位于大陵园东南部。关于该地点出土的“石室朝神宫”瓦当，我们理解“石室”可能指石殿，意为祭奠陵主的永久性建筑，《古今注》记载东汉明帝显节陵、章帝敬陵、和帝慎陵、安帝恭陵“石殿、钟虡在行马内”可以佐证；“朝神宫”即陵主日常起居的地方，犹如皇宫中的“路寝”“正寝”。但要确定此处究竟是陵庙、寝殿，或是其他礼制建筑所在，目前尚缺乏有说服力的证据。

四、渭陵玉器

从1965年到1973年，咸阳市周陵乡新庄村的村民先后四次在元帝渭陵陵园的同一地点内发现六件玉器，即玉奔马、玉熊、玉鹰、玉人头像各一件，玉辟邪两件，同时还发现的有一件微型鎏金铜鼎和两件微型鎏金编钟，这批珍贵文物后来由咸阳市博物馆征集并收藏。当地的文博部门曾到现场进行勘察，确定出土玉器地点在元帝陵园以北360米、王皇后陵以东200米、南北相距12米的范围内，并对这一地点进行了清理，揭露出墙基、平铺方砖居住面、路面以及大量的瓦砾堆积层等，出土有“长生无极”“长乐未央”文字瓦当，以及回纹和菱形纹方砖多件。[141]近年考古研究人员对渭陵进行了钻探调查，并将出土玉器地点以南处初步确定为帝陵寝园遗址[142]，其范围南北长300米，东西宽180米。关于渭陵礼制建筑，见于文献记载的有孝元庙和长寿宫，《汉书•元后传》云：

> 初，莽为安汉公时，又谄太后，奏尊元帝庙为高宗，太后晏驾后当以礼配食云。及莽改号太后为新室文母，绝之于汉，不令得体元帝。堕坏孝元庙，更为文母太后起庙，独置孝元庙故殿以为文母篹食堂，既成，名曰长寿宫。以太后在，故未谓之庙。莽以太后好出游观，乃车驾置酒长寿宫，请太后。既至，见孝元庙废彻涂地，太后惊，泣曰：“此汉家宗庙，皆有神灵，与何置而坏之？且使鬼神无知，又何用庙为！”

《汉书•王莽传下》云：

> （地皇二年正月）莽妻死，谥曰孝睦皇后，葬渭陵长寿园西，令

永侍文母，名陵曰亿年。

王莽辅政时堕毁元帝孝元庙，并在孝元庙故址上建王皇后庙——长寿宫，位于王莽妻亿年陵之东的王皇后陵园，因长寿宫而得园名。刘庆柱、李毓芳先生判断，孝元庙与长寿宫之间距离应比较近，孝元庙就在元帝陵的西北边。[143]早年李宏涛、王丕忠先生推测，出土玉器的这片建筑遗址恐应是立于陵旁的庙，即长寿宫的所在地。[144]但杨宽先生判断，这里应当是寝殿或附属建筑所在，而出土的玉器和铜器应该是寝中的陈设品。[145]刘云辉先生认为，当年这批玉器很可能置于孝元庙内，估计王莽当年堕毁孝元庙时，它们被掩埋在建筑废墟中，从而不为后人所知。[146]我们倾向于后者的意见。又据《汉书•张释之传》记载："人有盗高庙座前玉环，得，文帝怒，下廷尉治。案盗宗庙服御物者为奏，当弃市。"可知帝庙中陈设玉器是西汉时的一个制度。

1. 玉羽人驭天马

1965年发现的玉羽人驭天马（图7-58），高7厘米，长8.9厘米，重170克，质地纯白晶莹，采用新疆和田羊脂玉琢成。

羽人头披长发，高鼻直通额际，下巴较大，翘首凝视前方，双肩生翼，腰挺直，腰下长羽呈喇叭形并至膝盖处，双腿紧贴天马两肋，双手扶住天马脖颈，右手执一株"三秀"灵芝草，表明从遥远的仙界而来。天马曲颈挺胸，双耳立，鼻隆眼鼓，张口露齿作嘶鸣状，前足腾起，后足下屈，尾长而粗，呈拱形，腹下凿空，四足及尾端与托板相连。在托板的底部特意雕出云气纹，寓意天马具有蹑浮云、游沧海的非凡能力。

图7-58
玉羽人驭天马
渭陵礼制建筑遗址

羽人是汉代美术作品中表现神仙世界不可或缺的艺术形象。汉代羽人的特征、性质及其演变过程，前文已有论述，这里主要讨论羽人手中的灵芝与骑乘的天马。

灵芝属菌类植物，现代植物分类学将其列入真菌门多菌科。灵芝又名芝、芝草、菌芝等，传统医书多说它有壮阳补阴之功效。在汉时人们的观念中，灵芝不仅是食之长生不老的仙药，而且也是天降祥瑞之物。据《汉书•武帝纪》记载，元封二年（前109年）甘泉宫生灵芝，并视其为祥瑞之兆：

> 六月，诏曰："甘泉宫内中产芝，九茎连叶。上帝博临，不异下房，赐朕弘休。其赦天下，赐云阳都

百户牛酒。”作《芝房之歌》。

《汉书·礼乐志》中收录的《郊祀歌》十九章，《芝房之歌》列第十三章，歌曰：

> 齐（斋）房产草，九茎连叶。宫童效异，披图案谍。玄气之精，回复此都，蔓蔓日茂，芝成灵华。
>
> 齐房十三　元封二年芝生甘泉齐房作。

灵芝是当时人们最渴望得到的一种仙药。汉代辞赋中所描绘的仙境生活，自然也少不了此物。如扬雄《太玄赋》：“茹芝英以御饿兮，饮玉醴以解渴。”桓谭《仙赋》：“吸玉液，食华芝。”张衡《思玄赋》：“容瀛洲而采芝兮，聊且以乎长生。”汉镜铭文：“尚方作镜真大巧，上有仙人不知老，浮由（游）天下遨四海，翡（飞）回名山采之（芝）草。”等等。

玉雕中羽人手持的灵芝有三茎，菌冠呈蘑菇形，这大约就是楚辞中所说的“三秀”。屈原《九歌·山鬼》曰：“采三秀兮于山间，石磊磊兮葛蔓蔓。”王逸《楚辞章句》云：“三秀谓芝草也。”《论衡·初禀篇》云：“芝草一岁三华,食之令人眉寿庆世，盖仙人之所食。”萧兵先生说：“‘一岁三华’的芝草是巫山神女瑶姬所化的‘媚草’。它具有性刺激或性诱惑功能。”又说：“汉画中常见结有三‘果’的神树或仙草，高曲者疑是三珠树，矮壮者或为‘三秀’之灵芝。”[147]在西安交通大学西汉壁画墓的后壁（北壁），绘有羽人手持灵芝，在云气中腾踏向上的画面（详见第六章第二节）。江苏扬州甘泉老虎墩东汉某代广陵侯墓出土的玉辟邪丹药瓶（图7-59），瓶身雕一坐姿的辟邪，背有双翼，张口露齿，右前掌托一枝“三秀”灵芝。

图7-59
玉辟邪丹药瓶
扬州甘泉老虎墩汉墓

再说天马。《史记·大宛传》云：

> 初，天子发书《易》，云“神马当从西北来”。得乌孙马好，名曰“天马”。及汉大宛汗血马，益壮，更名乌孙马曰“西极”，名大宛马曰“天马”云。

《郊祀歌》中咏颂天马的歌诗有两首，一首为“元狩三年（前120年）马生渥洼水中作”，另一首为“太初四年（前101年）诛宛王获宛马作”。余英时先生说：“汉武帝征大宛在很大程度上是因其痴迷求仙而促成的。他对‘天马’的过分喜爱似乎不能完全用获得军用良马的实际考虑来解释，更不能简单地视为对那种马的特别迷恋。相反，更深层的一个原因是因为汉武帝坚定地相信

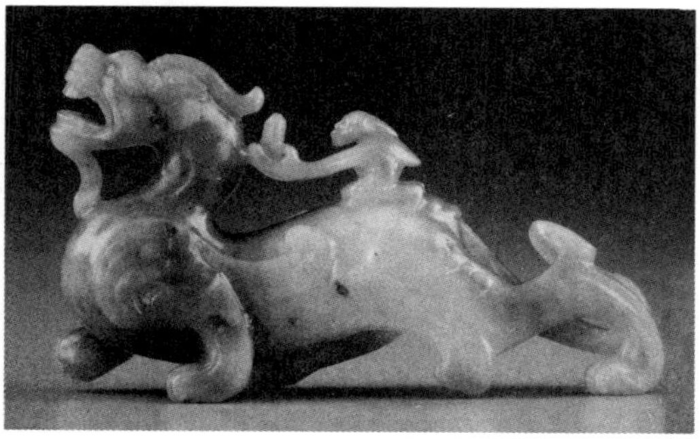

图7-60（左）
汉代玉羽人驭辟邪
美国华盛顿赛克勒美术馆藏

图7-61（右）
战国玉马
曲阜鲁国故城乙组3号墓

‘天马’是沟通人世与仙界的媒介。汉武帝对东海求仙的失败多少感到失望，但还没有从神仙道徒的巧妙骗术中解脱出来，他现在相信大宛的‘天马’属于龙种，最终将载他与昆仑山的西王母相会。”[148]武帝至元帝数十年，时间不长，其影响当然存在。

在西汉美术作品中，羽人所驾驭的动物多为龙、虎，其次是有翼神兽。今藏美国华盛顿赛克勒美术馆的汉代玉羽人驭辟邪（图7-60），造型意匠与渭陵玉羽人驭天马颇为相似。这两件玉雕作品的年相近，[149]所表达的升仙主题思想也是一致的。

玉羽人驭天马显现出西汉时琢玉工艺的成熟和进步，玉雕工匠采用加托板的方式，使得凿空的四足及长尾五个支点牢固地连接一体。相似的做法，见于山东曲阜鲁国故城乙组3号墓出土的战国玉马（图7-61），而它的四肢短直且粗，不及玉羽人驭天马表现得如此成功和突出。俞伟超先生指出：“大约东汉晚期，许多天禄、辟邪、狮子及石马，才开始把四足凿成前后交叉分立、尾部下垂至地的样式，以五个支点来撑住庞大的身躯。”[150]玉雕与石雕在材质上有区别，体量上也存在着巨大的差异，但二者的力学原理及表现形式则是相通的。西汉玉羽人驭天马在先，大型石雕天禄、辟邪、狮子及石马继后，认识汉代雕塑技艺的演进与变化，前者是一个重要的佐证。

2. 玉辟邪、玉熊和玉鹰

玉辟邪两件，在不同时间发现于同一地点。[151]1966年发现的玉辟邪（图7-62），高 5.5厘米，长7厘米，重154克。它头饰双角，体态硕壮，昂首挺

图7-62
双角玉辟邪
渭陵礼制建筑遗址

胸，臀部抬起，四肢前屈作行进状，吻部方阔，腮毛紧收，颌下垂须，胸毛呈绺状，下端分开并向上卷曲，两肋紧贴两排三列羽片组成长翼，背部和臀部装饰卷毛纹，下垂的长尾呈弯曲状并收于臀部。1973年发现的玉辟邪（图7-63），高2.5厘米，长5.8厘米，重49.3克。它头饰独角，端部呈花瓣状，头部向右前方探伸，情态凶顽，两肋羽翼向上收卷，背部卷毛纹粗大，四肢作蹬踞状。据刘云辉先生调查并复原，独角玉辟邪出土时与两枚大小不同的套在一起的鎏金微型编钟，放在一件通高仅8厘米的带盖鎏金的微型铜鼎内（图7-64）。[152]这个材料十分重要，它有助于我们理解这件玉雕作品的用途及意义。

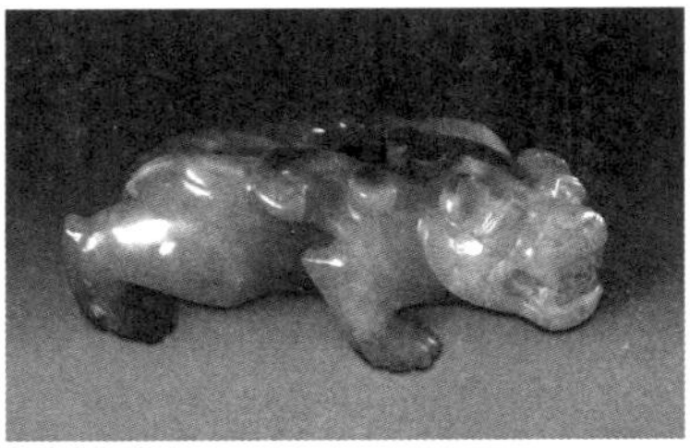
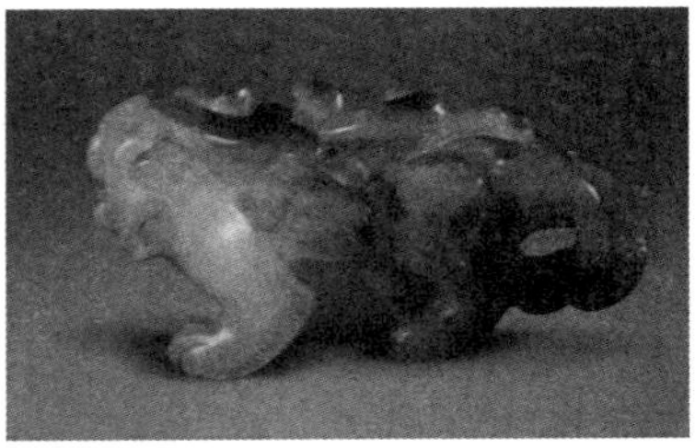

图7-63（上）
独角玉辟邪
渭陵礼制建筑遗址

图7-64（下）
独角玉辟邪出土情景
（刘云辉复原）

我们以为，渭陵出土的玉辟邪即文献中所说的飞廉，它与鎏金微型编钟构成一组悬乐，而非独立的陈设品。

前文有述，在西安市郊区的四个地点先后共出土12件西汉早期陶翼兽，[153]其颈背处皆有方形插座（参见第五章第一节）。其中，有三个墓葬同时伴出陶编钟和陶编磬，考古研究人员将它们确定为悬挂乐器支架的座子。[154]汉时长安宫中悬有大钟，承托悬钟的笋部（横梁）的虡（立柱），装饰的是有翼神兽形象，《西京赋》说其“负笋业而余怒，乃奋翅而腾骧”。又据《旧唐书•音乐二》记载：“乐悬，横曰簨（笋），竖曰虡。饰簨以飞龙，饰趺以飞廉，钟虡以挚兽，磬虡以挚鸟，上列树羽，旁垂流苏，周制也。”出土实物与文献互证，可知称名飞廉的有翼神兽，主要用于装饰礼乐器支架中虡部的座子，其规制由来已久。渭陵独角玉辟邪出土时，与两件鎏金微型编钟同时放置在带盖鎏金的微型铜鼎内，正说明了它们之间存在着配饰与被配饰的关系。玉辟邪的形体太小，未能在其背上凿出插置立柱的孔洞，推测它原来摆放在微型鎏金编钟的旁边。在陕西宝鸡东汉吕仁墓出土的东汉早期玉辟邪（图7-65），形体很大，[155]背及头部都有插座，说明它原本就是一件器座。

图7-65
玉辟邪
宝鸡北郊东汉吕仁墓

汉代以前的有翼神兽，可分为外来的（griffin）的和

图7-66
玉熊
渭陵礼制建筑遗址

传统的两种样式。到西汉中期以后，有翼神兽呈现出两种样式融合和风格化的态势。飞廉作为一种流传有绪的有翼神兽，在它的演变过程中，吸收了来自域外狮首格里芬（lion griffin）或带翼狮（winged lion）的造型元素，长安飞廉观上的铜飞廉可视为其中的标志性作品。在山东滕州发现的一件东汉石翼兽，胸部镌刻篆书“龙爵”二字，龙爵即龙雀，亦即飞廉，它为我们窥探西汉铜飞廉的形象特征提供了物证（参见第四章第一节）。汉明帝时将长安铜飞廉东迁雒阳，为东汉石翼兽（按：又称天禄、辟邪）的兴起提供了一个契机。[156]渭陵玉辟邪造型与东汉的石翼兽相似，风格化特征显著，其造型很可能受到飞廉观上铜飞廉的影响。

玉熊（图7-66）发现于1966年，长8厘米，高4.8厘米，重136克。它身躯肥大，脖颈向上耸起，头硕颈短，吻部尖而细，双眼圆睁有神，前双肢立，后双肢微屈，作交错踱步状；外轮廓线圆浑，整体感极强，而局部如鼻、眼圈、颈、腿胛等处施以线条，收到较好的细节刻画效果。

熊与西汉皇家生活有直接的联系，上林苑长杨宫内建有射熊馆，专门供汉帝在秋冬季节校猎行乐，以张声威。武帝“好自击熊豕”，[157]而且能“手格熊罴”。[158]元延二年（前11年）成帝不惜劳费民力，兴师动众地将秦岭山中的熊、野猪等猛兽放入上林苑馆内，“令胡人手搏之，自取其获”。

熊是汉代美术作品中的常见祥瑞题材，在长安宫苑配置的大型石雕，陵园出土的陶器中，都可以见到熊的艺术形象。如茂陵霍去病墓前的人与熊石雕，设置在甘泉宫泰一坛周围的石熊等，在茂陵陵区内还出土有采用立熊形象装饰的陶插座。在长安之外，如江苏徐州北洞山楚王墓出土的玉熊镇（图7-67），作伏卧状，身体肥壮，颈部带有嵌贝项圈。“熊罴多力”（《淮南子·兵略训》），是力量的象征，故常用来装饰器物的足部和压席的镇。渭陵玉熊作低头行走造型，与“玄熊蚺錟以齗齗，却负载而蹲跠”（《鲁灵光殿赋》）的传统造型有别，也与玉熊镇相异，属于创新样式。

图7-67
玉熊镇
徐州北洞山楚王墓

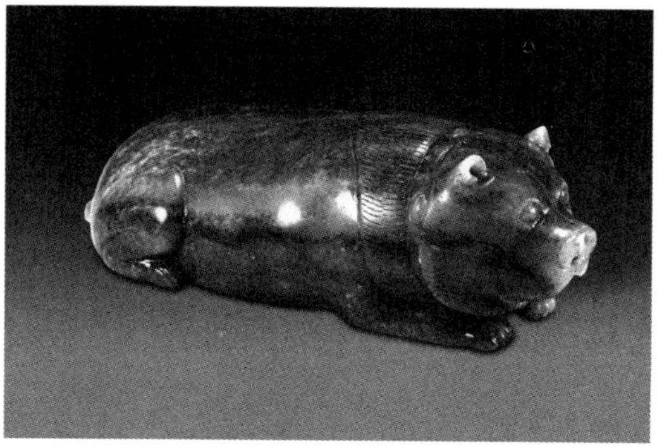

玉鹰（图7-68）发现年代与玉熊同，长7厘

米，宽5厘米，高2.5厘米，重83克。作振翅高飞状，颔首，吻部短而向下勾，蹼爪紧收腹下；背上长羽排列整齐，尾翼平展而短，阴线刻出的羽纹疏朗；羽翼及额头泛出几处红璞，与洁白的下腹形成对比。早年殷墟妇好墓出土一件玉鹰为片状佩饰（图7-69），鹰首扭向一侧，作展翅飞翔状，极富装饰性。鹰是猛禽，长安宫中豢养猎鹰，供天子狩猎行乐。鹰的形象在汉代美术作品中并不少见。西安市北郊大白杨西汉墓出土的一组玉佩，其中的玉璧和玉珩上刻画有鹰纹。渭陵玉鹰的题材可能受其影响，但它所表现出的写实性则是史无前例的。

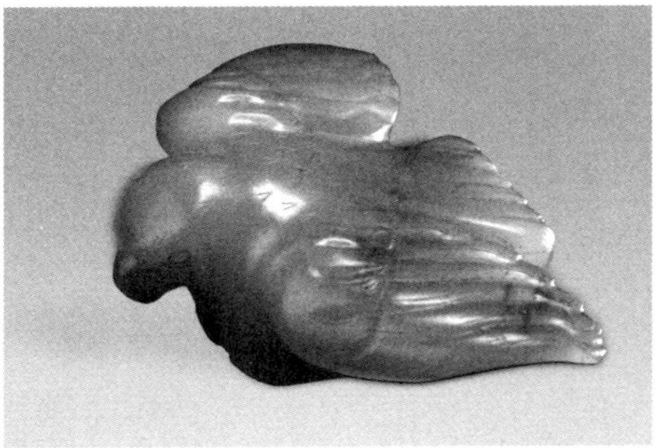

图7-68（左）
玉鹰
渭陵礼制建筑遗址

图7-69（右）
玉鹰
安阳殷墟妇好墓

渭陵玉鹰圆头勾喙，似鹰；羽翼及尾短，像雀，而收于腹下的蹼爪宽大，又犹如雁。所以，我们不妨将之宽泛地理解为一种取喻祥瑞的神禽。

3. 玉人头像

1973年发现的玉人头像（图7-70），高8.5厘米，宽4厘米，重328克，玉色呈浅绿，质地晶莹细腻。收藏单位称其为“玉俑头”，[159]古代俑有特定含义，这个称谓并不准确。

玉人头像堪称玉雕人物肖像中的杰作。其面部消瘦，双眼细而长，眼角上挑，上唇的一抹髭须，嘴紧闭，鼻宽而平直，神情庄重严肃；头上四周戴帻，顶部露髻，头发向上折并贴于脑后，中部收成长束，其间两处系有笄，最后收于头顶处作纽状盘结；颈部凸起并有明显残断痕迹。

李洪涛、王丕忠先生认为：玉人头像“头上有代表束发的布围，冠顶凸起中有一小孔，阴线刻出头发、眉须，恐是头戴方山冠的乐舞俑”。[160]徐琳博士认为它属于侍俑类作品。[161]

刘云辉先生说：“由于该俑头颈部已残断，颈下是否为玉身，已不可知，但该俑头较大，颈下为玉身的可能性较小，有可能是木身玉头，从巾冠看，其身份不会太高，但具体身份还难以准确判断，故暂

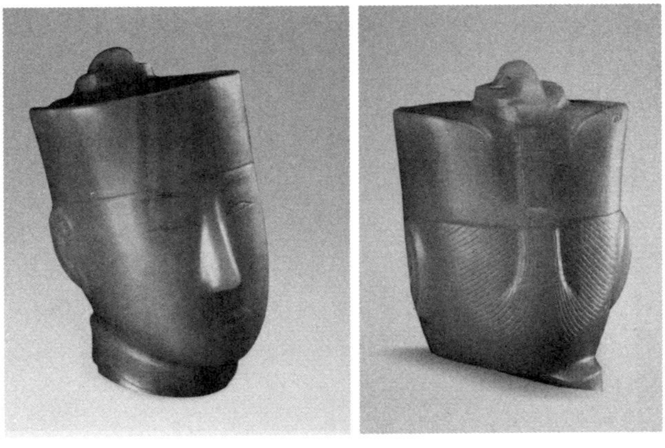

图7-70
玉人头像
渭陵礼制建筑遗址

图7-71
玉人
河北满城中山靖王刘胜墓

将其列入陈设玉器中。”[162]

河北满城中山靖王刘胜墓发现一件玉人（图7-71），对我们认识渭陵玉人头像有一定的借鉴意义。玉人系白玉琢成，通高5.4厘米，刻画一位男性长者凭几而坐的形象。其面目清癯，长眉短须，头戴小冠，发髻绾于脑后，身着右衽宽袖长衣，腰间系菱格纹宽带，双手扶在几案上。玉人的底部阴刻“维古玉人王公延十九年”五行十字。《汉书•郊祀志》记载，文帝时方士新垣平“使人持玉杯，上书阙下献之。平言上曰：‘阙下有宝气来者’。已视之，果有献玉杯者，刻曰‘人主延寿’”。据此解读玉人底部铭文，“维”是助词，“古玉人”即仙人，“王公”是对墓主尊称，“延”为“延寿”省语，“十九年”为纪年，一般认为系武帝之前文帝或景帝时的年号。铭文的大意是：王公像古玉人（仙人）一样长寿延年。巫鸿先生认为：这件玉人是一位仙人，置于两棺之间，“所在的位置很像马王堆帛画的位置，但它没有表现刘胜实际的（即暂时的）容颜，而似乎是象征了他的永恒存在”。[163]“维古玉人”即仙人，象征墓主得道成仙。中山国接近燕地，受神仙方术影响甚重，刘胜墓中放置“维古玉人”并非偶然。

我们以为，曾陈设在孝元庙中的这件玉人头像应是一件用于供奉的雕像，它既不是乐舞者，也不是侍俑，很可能刻画的是元帝刘奭的形象，象征神主已得道成仙，长寿延年。元帝生于元凤五年（前76年），卒于竟宁元年（前33年），享年43岁，而玉人头像所表现的正是一位中年男子的形象。它的颈部以下部分残失，我们推测原件可能为跽坐姿全身像，像刘胜墓玉人那样。刘胜墓玉人的头身比例约为1∶3，若这个比例“复原”，其高度（跽坐姿）大约在25厘米。雕琢如此硕大的玉人史无前例，刘云辉先生判断它有可能为木身玉头，[164]是有一定道理的。

《汉书•元帝纪》为班固父亲班彪所作，班彪外祖兄弟曾为元帝侍中，传末赞语为其所言，文曰：

> 元帝多材艺，善史书。鼓琴瑟，吹洞箫，自度曲，被歌声，分刌节度，穷极幼眇。少而好儒，及即位，征用儒生，委之以政，贡、薛、韦、匡迭为宰相。而上牵制文艺，优游不断，孝宣之业衰焉。然宽弘尽下，出于恭俭，号令温雅，有古之风烈。

赞文说元帝“宽弘”“恭俭”“温雅”，正是玉人头像所表现的人物个性特征。除此之外，头像的冠饰，也是我们判断玉雕为元帝肖像的一个重要依据。蔡邕《独断》（卷下）云：

元帝额有壮发，不欲使人见，始进帻服之，群臣皆随焉。尚无巾，如今半帻而已。王莽无发乃施巾。故语曰：“王莽秃，帻施屋。”

《后汉书•舆服下》注引《独断》语，无上文“如今半帻而已”一句。周锡保先生说：“至元帝时因其额有壮发，不欲使人见，因而进帻戴之，于是群臣亦随而戴之。此时的帻式，大抵即《释名》中所说的：‘下齐眉颐然也。’王莽顶秃，又将帻屋上施巾而戴之，至此大抵帻已可以覆冒整个头部了。”[165]孙机先生说：“施屋之帻即介帻，这是一顶上部呈屋形的便帽。”[166]渭陵玉人头像所表现的冠饰，不作屋形，自然不是介帻，而是《独断》中所说的“半帻”。元帝刘奭额有壮发，“帻服之”，但“尚无巾”，与玉人头像的冠饰吻合。

图7-72
腰配宽柄器的玉人
殷墟妇好墓

在已发现的商周玉雕中，表现人物形象的作品不多。殷墟妇好墓出土的腰配宽柄器玉人（图7-72），“神态倨傲，衣着上乘，像以贵族形象，也可能是墓主妇好的雕像”。[167]玉石是极其珍贵的材料，琢制颇费工力，因此不大可能雕刻身份低下的侍从者肖像用于陈设。汉代神仙思想兴盛，人们又特别崇玉，故采用玉雕人像刻画仙人，或直接表现死者形象，寓意其得道成仙。渭陵出土的玉人头像大概属于这种情况。

注　释

[1] 俞伟超：《秦汉青铜概论》，中国青铜器编辑委员会编：《中国青铜器全集12·秦汉》，文物出版社1998年版。第1、9页。

[2] 贾峨：《春秋战国时代玉器综探》，《中国玉器全集》（下），河北美术出版社2005年版，第269页。

[3] 夏鼐：《汉代玉器》，《中国大百科全书•考古学》，中国大百科全书出版社1986年版，第176页。

[4] 夏鼐：《汉代玉器——汉代玉器中传统的延续和变化》，《考古学报》1983年第2期，第143页。

[5] 咸阳地区文管会、茂陵博物馆：《陕西茂陵一号无名冢一号从葬坑的发掘》，《文物》1982年第9期。

[6] 洛阳市文物工作队：《洛阳市唐宫西路东周墓发掘报告》，《文物》2003年第12期，第15、17页。

[7] 洛阳博物馆：《洛阳西工区战国初期墓葬》，《文物资料丛刊》（3），文物出版社1980年版，第118～119页。

[8] 邯郸文物研究所编：《邯郸古代雕塑精华》，文物出版社2007年版，第4、208页。

[9] 杨泓：《是何意态雄且杰——中国古代雕刻中的骏马》，孙机、杨泓：《文物丛谈》，文物出版社1991年版，第320、323页。

[10] 林梅村：《西汉帝国大型石雕艺术的发展》，《古道西风——考古新发现所见中西文化交流》，生活·

读书·新知三联书店2000年版，第121页。

[11] 张延皓：《论西汉鎏金铜马的科学价值》，《西北大学学报》（社会科学哲学版）1983年第3期。

[12] 汤池主编：《中国陵墓雕塑全集2·西汉》，陕西人民美术出版社2009年版，第86、88、92页。

[13] 俞伟超：《秦汉青铜概论》，《古史的考古学探索》，文物出版社1998年版，第14页。

[14] 咸阳地区文管会、茂陵博物馆：《陕西茂陵一号无名冢一号从葬坑的发掘》，《文物》1982年第9期，第2～3页。

[15] 负安志：《谈“阳信家”铜器》，《文物》1982年第9期，第18～20页。

[16] 湖南省博物馆：《长沙汤家岭西汉墓清理报告》，《文物》1966年第4期，第185页。

[17] 俞伟超：《秦汉青铜概论》，《古史的考古学探索》，文物出版社2002年版，第211页。

[18] Susan Erickson, *Boshanlu-Mountain Censers of the Western Han Period: A Typotogical and Iconographicat Anatysis,* Archives of Asian Art XLV，1992. pp. 6-28.

[19] 巫鸿：《汉代道教美术试探》，《礼仪中的美术——巫鸿中国古代美术史文编》（下），生活·读书·新知三联书店2005年版，第463～464页。

[20] 周天游校注：《西京杂记》，三秦出版社2006年版，第61页。

[21] 咸阳地区文管会、茂陵博物馆：《陕西茂陵一号无名冢一号从葬坑的发掘》，《文物》1982年第9期，第2～3页。

[22] 负安志：《谈“阳信家”铜器》，《文物》1983年第6期，第18页。

[23] 黄展岳：《汉茂陵“阳信家”铜器所有者的问题》《再论汉茂陵“阳信家”铜器所有者问题》，《先秦两汉考古论丛》，科学出版社2008年版，第44～53页。

[24] 中国科学院考古研究所满城发掘队：《满城汉墓发掘纪要》，《考古》1972年第1期，第11页。

[25] 秦进才：《汉“阳信家”铜器最初所有者的问题》，《考古与文物》1987年第3期。

[26] 赵化成：《也谈汉“阳信家”铜器最初所有者的问题》，《考古文物》1992年第1期。

[27] 韩若春：《汉茂陵“阳信家”铜器权属问题研究综述及其意见》，陕西省考古研究所：《远望集——陕西省考古研究所华诞四十周年纪念文集》（下），陕西人民美术出版社1998年版，第611页。

[28] 岳起：《〈汉茂陵“阳信家”铜器权属问题研究综述及其意见〉商榷》，咸阳市文物考古研究所：《文物考古论集——咸阳市文物考古研究所成立十周年纪念》，三秦出版社2000年版，第161～163页。

[29] 负安志：《谈“阳信家”铜器》，《文物》1983年第6期，第19页。

[30] 西安市文物管理委员会：《西安三桥镇高窑村出土的西汉铜器群》，《考古》1963年第2期；陈直：《古器物文字丛考》，《考古》1963年第2期，第80～82页。

[31] 梁彦民主编：《神韵与辉煌——陕西历史博物馆国宝鉴赏·青铜器卷》，三秦出版社2006年版，第212～213页。

[32] 西安市文物保护考古所：《西安文物精华·青铜器》，世界图书出版公司西安分公司2005年版，第21页。按：该书收录上林铜鼎2件，其中“鼎一”为1961年高窑村窖藏所出13号鼎。

[33] 黄展岳：《西安三桥高窑村西汉铜器群铭文补释》，《先秦两汉考古论丛》，科学出版社2008年版，第125～126页。

[34] 黄展岳：《西安三桥高窑村西汉铜器群铭文补释》，《先秦两汉考古论丛》，科学出版社2008年版，第126～127页。

[35] 陈直：《考古炳烛谈》，《文史考古论丛》，天津古籍出版社1988年版，第566页。

[36] 王仲殊：《汉代考古学概论》，中华书局1984年版，第56～57页。

[37] 陈直：《古器物文字丛考》，《考古》1963年第2期，第82页。

[38] 俞伟超：《秦汉青铜概论》，《古史的考古学探索》，文物出版社2002年版，第206页。

[39] 陈直：《汉书新证》，天津人民出版社1979年版，第117页。

[40] 杜廼松：《中国青铜器发展史》，紫禁城出版社1995年版，第92～93页。

[41] 贺梓城：《西安汉城遗址附近发现汉代铜锭十块》，《文物参考资料》1956年第3期。

[42] 韩建武、赵峰、朱天舒：《陕西历史博物馆新征集文物精粹》，《陕西历史博物馆馆刊》第1辑，三秦出版社1994年版，第156～157页。

[43] 孙机：《汉代物质文化资料图说》，上海古籍出版社2008年版，第299页。

[44] 梁彦民主编：《神韵与辉煌——陕西历史博物馆国宝鉴赏·青铜器卷》，三秦出版社2006年版，第170～171页。

[45] 参见谭骐骧主编：《中国历史地图集》（第二册）冀州刺史部，地图出版社1982年版，第26页。

[46] 《汉书•外戚传上》。

[47] 李光军、张子波：《西汉馆陶家铜连鼎及王氏一斗鼎》，《文物》1984年第10期，第52页。

[48] 西安市文物保护考古所：《西安文物精华·青铜器》，世界图书出版公司西安分公司2005年版，第18、181页。

[49] 《后汉书·郡国一》右扶风"郿有邰亭"。李贤注："《史记》曰封弃于邰，徐广曰今斄乡。又案：《王忳传》，郿之邰亭，为冤鬼报戮故亭长者也。"

[50] 赵从苍、刘怀君：《陕西眉县成山宫遗址的调查》，《考古》1998年第6期；宝鸡市考古工作队、眉县文化馆：《陕西眉县成山宫遗址试掘报告》，《文博》2001年第6期。

[51] 赵从苍：《成山考》，西北大学秦汉史研究室：《陈直先生纪念文集》，西北大学出版社1992年版。

[52] 陕西凤翔县博物馆收藏。

[53] 鲍吉：《宝鸡出土西汉青铜器铭文首现"陈仓"二字》，华商网（www.hsw.cn）2007年6月16日。

[54] 平朔考古队：《山西朔县秦汉墓发掘简报》，《文物》1987年第6期，第39页。

[55] 陈直：《三辅黄图校正》，陕西人民出版社1980年版，第65页。

[56] 林梅村：《古道西风——考古新发现所见中西文化交流》，生活·读书·新知三联书店2000年版，第206～207、210页。

[57] 李零先生认为，奇华殿内的狮子不是活物，可能是标本。《入山与出塞》，文物出版社2004年版，第67页。

[58] 咸阳市文物考古研究所：《西汉帝陵钻探调查报告》，文物出版社2010年版，第66～67页；王世昌：《陕西古代砖瓦图典》，三秦出版社2004年版，第264～265页。

[59] 西汉市文物管理委员会：《西安市发现一批汉代铜器和铜羽人》，《文物》1966年第4期，第7页。

[60] 西安市文物保护考古所：《西安文物精华·青铜器》，世界图书出版公司西安分公司，2005年版，第71页。

[61] 西安市文物保护考古所：《西安北郊枣园大型西汉墓发掘简报》，《文物》2003年第12期。

[62] 梁彦民主编：《神韵与辉煌——陕西历史博物馆国宝鉴赏·青铜器卷》，三秦出版社2006年版，第152～155页。

[63] 《汉书·郊祀志赞》。

[64] 陕西省考古研究所：《陕西兴平县出土的古代嵌金铜犀尊》，《文物》1965年第7期。

[65] 俞伟超：《秦汉青铜概论》，《古史的考古学探索》，文物出版社2002年版，第211页。

[66] 李松、贺西林：《中国古代青铜器艺术》，陕西人民美术出版社2002年版，第153～154页。

[67] 孙机：《古文物中所见之犀牛》，孙机、杨泓：《文物丛谈》，文物出版社1991年版，第286页。

[68] 任式楠：《河姆渡文化》，《中国大百科全书·考古学》，中国大百科全书出版社1986年版，第189页。

[69] 杨仲健、刘东生：《安阳殷墟之哺乳动物群之补遗》，《中国考古学报》1949年第4期。

[70] 王学理：《汉南陵从葬坑的初步清理——兼谈大熊猫头骨及犀牛骨骼出土的有关问题》，《文物》1981年第11期，第26页。

[71] 孙机：《古文物中所见之犀牛》，孙机、杨泓：《文物丛谈》，文物出版社1991年版，第286、291页。

[72] 孙机：《古文物中所见之犀牛》，孙机、杨泓：《文物丛谈》，文物出版社1991年版，第286页。

[73] 林梅村：《西京新记——汉长安城所见中西文化交流》，《古道西风——考古新发现所见中西文化交流》，生活·读书·新知三联书店2000年版，第187页。

[74] 中国青铜器全集编辑委员会编：《中国青铜器全集12·秦汉》，文物出版社1998年版，第110页

[75] 陕西省考古研究所：《陕西兴平县出土的古代嵌金铜犀尊》，《文物》1965年第7期，第19页。按：孙机先生认为，这件犀尊“背上覆以汉铜杅，腹内所装之小物件，凡能明确断代者，均为汉物，故尊的时代亦应属汉。发掘简报将其时代定为秦，然而证据不足，兹不从”。《汉代物质文化资料图说》，上海古籍出版社2008年版，第373页。

[76] 西安市文物管理委员会：《西安市发现一批汉代铜器和铜羽人》，《文物》1966年第4期，第7页。

[77] 王绣：《洛阳文物精粹》，河南美术出版社2001年版，第48～49页。

[78] 巫鸿：《新石器时代至汉代雕塑》，李松、安吉拉·法尔科·霍沃、杨泓、巫鸿：《中国古代雕塑》（陈云倩等译），外文出版社、耶鲁大学出版社2006年版，第72～73页。

[79] 孙华：《洛阳机车厂鎏金羽人铜器筒》，王然主编：《中国文物大典》（上），中国大百科全书出版社2001年版，第337页。

[80] 孙作云：《说羽人——羽人图羽人神话及其飞仙思想之图腾主义的考察》，《孙作云文集·中国古代神话传说研究》（下），河南大学出版社2003年版，第609页。

[81] 王志杰、朱杰元：《汉茂陵及其陪葬冢附近新发现的重要文物》，《文物》1976年第7期。

[82] 咸阳市文物考古研究所：《西汉帝陵钻探调查报告》，文物出版社2010年版，第66～67页。

[83] 王世昌：《陕西古代砖瓦图典》，三秦出版社2004年版，第264～265页。

[84] 傅嘉仪：《西安市文管处所藏两面汉代铜镜》，《文物》1979年第2期；程林泉、韩国河：《长安铜镜》，陕西人民出版社2002年版，第143～144页。

[85] 贺西林：《汉代艺术中的羽人及其象征意义》，《文物》2010年第7期。

[86] 孔祥星、刘一曼：《中国古代铜镜》，文物出版社1984年版，第106～111页。

[87] 中国科学院考古研究所洛阳区考古发掘队：《洛阳烧沟汉墓》，科学出版社1959年版，第235～238页。

[88] 杨平：《陕西出土汉镜研究》，《文博》1993年第6期。

[89] 程林泉、韩国河：《长安铜镜》，陕西人民出版社2002年版，第191～289页。

[90] 程林泉、韩国河：《长安铜镜》，陕西人民出版社2002年版，第23、43页。

[91] 傅嘉仪：《西安市文管处所藏两面汉代铜镜》，《文物》1979年第2期。

[92] 岳珏先生摹绘的彩图发表于《中国美术》1980年第2期，第57页。

[93] 傅嘉仪：《西汉人物车马画像镜》，《中国美术》1980年第2期。

[94] 程林泉、韩国河：《长安铜镜》，陕西人民出版社2002年版，第54页。

[95] 胡雅丽：《包山2号墓漆画考》，《文物》1988年第5期。

[96] 广州市文物管理委员会、中国社会科学院考古研究所、广东省博物馆：《西汉南越王墓》，文物出版社1991年版，第84、228页。

[97] 王仁波主编：《秦汉文化》，上海学林出版社、上海科技教育出版社2001年版，第172页。

[98] 徐州博物馆：《徐州西汉宛朐侯刘埶墓》，《文物》1997年第2期。

[99] 李银德、孟强：《试论徐州出土的西汉早期人物画像镜》，《文物》1997年第2期，第24页。

[100] 中国社会科学院考古研究所汉城工作队：《汉长安城武库遗址发掘的初步收获》，《考古》1978年第4期，第265页；中国社会科学院考古研究所、日本奈良国立文化财研究所中日联合考古队：《汉长安城桂宫四号建筑遗址发掘简报》，《考古》2002年第1期，第3页； 西安市文物保护考古所：《西安文物精华•玉器》，世界图书出版公司西安分公司2004年版，图版39。

[101] 安纬、奚芷芳：《蒙古匈奴贵族墓地初步研究》，《考古学报》2009年第1期，第85～86页。

[102] 李零：《论中国的有翼神兽》，《入山与出塞》，文物出版社2004年版，第99～100页。

[103] 刘云辉：《武库遗址出土的玉雕怪兽为貘豸考》，《文博》2007年第1期。

[104] 冯时：《新莽封禅玉牒研究》，《考古学报》2006年第1期，第31页。

[105] 王望生：《西安北郊南岭汉墓玉器浅析》，远望集编委会：《远望集——陕西省考古研究所华诞四十周年纪念文集》（下），陕西人民美术出版社1998年版，第632～638页。

[106] 咸阳市博物馆：《汉平陵调查简报》，《考古与文物》1982年第4期，第47页。

[107] 刘云辉：《陕西出土汉代玉器》，文物出版社、众志美术出版社2009年版，第71页。

[108] 刘庆柱、李毓芳：《西汉十一陵》，陕西人民出版社1987年版，第114页。

[109] 河南省文物研究所：《三门峡上村岭虢国墓地M2001发掘简报》，《华夏考古》1992年第3期；山西省考古研究所、北京大学考古学系：《天马——曲村遗址北赵晋侯墓地第四次发掘》，《文物》1994年第8期。

[110] 卢兆荫：《试论两汉的玉衣》，《考古》1981年第1期，第52页。

[111] 临沂地区文物组：《山东临沂西汉刘疵墓》，《考古》1980年第6期。

[112] 卢兆荫：《试论两汉的玉衣》，《考古》1981年第1期，第55页。

[113] 陕西省文管会、陕西省博物馆、咸阳市博物馆杨家湾汉墓发掘小组：《咸阳杨家湾汉墓发掘简报》，《文物》1977年第10期。

[114] 西安市文物保护考古所：《西安曲江翠竹园西汉壁画墓发掘简报》，《文物》2010年第1期，第30页。

[115] 刘云辉：《陕西出土汉代玉器研究》，《陕西出土汉代玉器》，文物出版社、众志美术出版社2009年版，第33页。

[116] 巫鸿：《“玉衣”或“玉人”——满城汉墓与汉代墓葬艺术中的质料象征意义》，《礼仪中的美术——巫鸿中国古代美术史文编》（上），生活·读书·新知三联书店2005年版，第136～142页。

[117] 按：王晖石棺头档（北）为玄武，足档（南）为启门探身的女仙，侧面分别刻出青龙、白虎。巫鸿先生认为，女仙腿部刻出的是“羽状图案，可能表明艺术家试图将这一人物与朱雀形象结合”。《四川石棺画像的象征结构》，《礼仪中的美术——巫鸿中国古代美术史文编》（上），生活·读书·新知三联书店2005年版，第174页。

[118] 西安市文物保护考古所：《西安文物精华·玉器》，世界图书出版公司西安分公司2004年版，图版113。

[119] 西安市文物保护考古所：《西安东郊窦氏墓（M3）发掘报告》，《文物》2004年第6期；刘云辉：《陕西出土汉代玉器研究》，《陕西出土汉代玉器》，文物出版社、众志美术出版社2009年版，第9页。

[120] 秦波：《西汉皇后玉玺和甘露三年铜方炉的发现》，《文物》1973年第5期，第27页。

[121] 杨鸿年：《我对吕后玉玺的一点看法》，《考古与文物》1981年第2期，第105页。

[122] 王人聪：《论咸阳出土“皇后之玺”的年代》，《古玺印与古文字论集》，香港中文大学文物馆2000年版，第90～94页。

[123] 孙祖慰：《从“皇后之玺”到“天元皇太后玺”——陕西出土帝后玺所涉印史二题》，《上海文博》2004年第4期，第92～93页。

[124] 王志杰、朱捷元：《汉茂陵及其陪葬冢附近新发现的重要文物》，《文物》1976年第7期。

[125] 徐萍芳：《秦汉魏晋南北朝时期的陵园和茔域》，《考古》1981年第6期，第523页；杨宽：《中国古代陵寝制度史研究》，上海古籍出版社1985年版，第202～203页；刘庆柱、李毓芳：《西汉十一陵》，陕西人民出版社1987年版，第50～51页。

[126] 咸阳市文物考古研究所：《西汉帝陵钻探调查报告》，文物出版社2010年版，第204页。

[127] 朱捷元：《茂陵发现的两汉四神纹玉铺首》，《考古与文物》1986年第3期，第10页。

[128] 刘云辉、刘思哲：《汉杜陵陵区新出土的玉杯和玉舞人》，《文物》2012年第12期。

[129] 徐琳：《两汉用玉思想研究》，《故宫学刊》第4辑，紫禁城出版社2009年版，第417页。

[130] 王长启主编：《中华国宝——陕西珍贵文物集成·玉器卷》，陕西人民教育出版社1999年版，第254～255页。

[131] 卢兆荫：《秦汉——南北朝玉器述要》，《中国玉器全集4·秦汉——南北朝》，河北美术出版社1993年版，第9页。

[132] 杨伯达主编：《中国玉器全集》（中），河北美术出版社2005年版，第325页。

[133] 咸阳市博物馆：《陕西咸阳马泉西汉墓》，《考古》1979年第2期，第134页。

[134] 卢兆荫：《翘袖折腰玉舞人——汉玉漫谈》，《玉振金声——玉器·金银器考古学研究》，科学出版社2007年版，第24页。

[135] 梅原末治：《洛阳金村古墓聚英》，京都小林写真制版所出版部1937年版，图版一〇六、一一一。

[136] 刘云辉、刘思哲：《汉杜陵陵区新出土的玉杯和玉舞人》，《文物》2012年第12期，第79页。

[137] 焦南峰：《宗庙道、游道、衣冠道——西汉帝陵道路再探》，《文物》2010年第1期，第76页。

[138] 杨林仁：《汉阳陵》，三秦出版社2003年版，第80页；汉阳陵考古陈列馆：《汉阳陵考古陈列馆》，文物出版社2004年版，第76页。

[139] 中国社会科学院考古研究所：《汉杜陵陵园遗址》，科学出版社1993年版，第75页。

[140] 中国社会科学院考古研究所：《汉杜陵陵园遗址》，科学出版社1993年版，第104～105页；刘庆柱、李毓芳：《汉宣帝杜陵陵寝建筑制度研究》，中国社会科学院考古研究所：《中国考古学论丛——中国社会科学院考古研究所建所40年纪念》，科学出版社1993年版，第364～365页。

[141] 咸阳市博物馆：《近年来咸阳发现的一批秦汉遗物》，《考古》1973年第3期；张子波：《咸阳市新庄出土的四件汉代玉雕》，《文物》1979年第2期；李宏涛、王丕忠：《汉元帝渭陵调查记》，《考古与文物》1980年第1期；刘云辉：《陕西出土汉代玉器研究》，《陕西出土汉代玉器》，文物出版社、众志美术出版社2009年版，第15页。按：关于这批玉雕的出土时间、地点及经过，刘云辉先生的著文中有综述。

[142] 咸阳市文物考古研究所：《西汉帝陵钻探调查报告》，文物出版社2010年版，第102～103页。

[143] 刘庆柱、李毓芳：《汉宣帝杜陵陵寝建筑制度研究》，中国社会科学院考古研究所：《中国考古学论丛——中国社会科学院考古研究所建所40年纪念》，科学出版社1993年版，第366、369～370页。

[144] 李宏涛、王丕忠：《汉元帝渭陵调查记》，《考古与文物》1980年创刊号。

[145] 杨宽：《中国古代陵寝制度史研究》，上海古籍出版社1985年版，第207页。

[146] 刘云辉：《陕西出土汉代玉器研究》，《陕西出土汉代玉器》，文物出版社、众志美术出版社2009年版，第15～16页。

[147] 叶舒宽、萧兵、郑在书：《山海经的文化寻踪——“想象地理学”与东西文化碰触》（下），湖北人民出版社2004年版，第1615页。

[148] 余英时：《东汉生死观》，上海古籍出版社2005年版，第31页。

[149] 李零：《论中国有翼神兽》，《出山与入塞》，文物出版社2004年版，第99页。

[150] 俞伟超：《孔望山摩崖造像的年代考察》，《先秦两汉考古学论集》，文物出版社1985年版，第174页。

[151] 张子波：《咸阳市新庄出土的四件汉代玉雕》，《文物》1979年第2期。

[152] 刘云辉：《陕西出土汉代玉器研究》，《陕西出土汉代玉器》，文物出版社、众志美术出版社2009年版，第15页。

[153] 高曼：《西安地区出土汉代陶器选介》，《文物》2002年第12期。

[154] 韩保全、程林泉、韩国河：《西安龙首原汉墓》，西北大学出版社1999年版，第113、135页。

[155] 王红武：《宝鸡市金河砖厂汉墓》，《文物资料丛刊》（4），文物出版社1981年版，第236页。

[156] 林通雁：《从长安铜飞廉到洛阳石翼兽——对中国古代有翼神兽问题的一个讨论》，《美术研究》2010年第3期。

[157] 《汉书·司马相如传》。

[158]《汉书·东方朔传》。

[159] 刘云辉主编：《玉器》（咸阳市博物馆），文物出版社2001年版，第4页。

[160] 李洪涛、王丕忠：《汉元帝渭陵调查记》，《考古与文物》1980年第1期，第40页。

[161] 徐琳：《汉代王侯墓葬出土玉器研究》（博士论文），第138页。

[162] 刘云辉：《陕西出土汉代玉器研究》，《陕西出土汉代玉器》，文物出版社、众志美术出版社2009年版，第32页。

[163] 巫鸿：《"玉衣"或"玉人"——满城汉墓与汉代墓葬艺术中的质料象征意义》，《礼仪中的美术——巫鸿中国古代美术史文编》（上），生活·读书·新知三联书店2005年版，第141页。

[164] 刘云辉：《陕西出土汉代玉器研究》，《陕西出土汉代玉器》，文物出版社、众志美术出版社2009年版，第32页。

[165] 周锡保：《中国古代服饰史》，中国戏剧出版社1984年版，第79页。

[166] 孙机：《中国古舆服论丛》（增订本），文物出版社2001年版，第163页。

[167] 杨伯达主编：《中国玉器全集》（上），河北美术出版社2005年版，第144页。

插图征引出处

（实景、实物摄影图片，拓片）

彩图

1. 王仁波主编：《秦汉文化》，学林出版社、上海科技教育出版社2001年版。
2. 咸阳市文物考古研究所：《西汉帝陵钻探调查报告》，文物出版社2010年版。
3. 陕西省考古研究所：《汉阳陵》，重庆出版社2001年版。
4. 汤池主编：《中国陵墓雕塑全集2•西汉》，陕西人民美术出版社2009年版。
5. 陕西省考古研究所、西安交通大学:《西安交通大学西汉壁画墓》，西安交通大学出版社1991年版。
6. 西安文物保护考古所：《西安文物精华•青铜器》，世界图书出版公司西安分公司，2005年版。
7. 《文物》2006年第5期、2010年第1期、2012年第12期。
8. 《中国美术》1980年第2期。

第一章　长安城

1. 陕西省文物局编制：《中国文物地图集·陕西分册》（上），西安地图出版社1998年版。
2. 王仁波主编：《秦汉文化》，学林出版社、上海科技教育出版社2001年版。
3. 刘庆柱、李毓芳：《汉长安城》，文物出版社2003年版。
4. 中国社会科学院考古研究所：《中国考古学·秦汉卷》，中国社会科学出版社2010年版。
5. 《考古学报》1977年第1期。
6. 《考古》2006年第10期。
7. 《考古学集刊》第17集。

第二章　陵园

1. 陕西省考古研究所：《汉阳陵》，重庆出版社2001年版。
2. 汉阳陵考古陈列馆：《汉阳陵考古陈列馆》，文物出版社2004年版。
3. 咸阳市文物考古研究所：《西汉帝陵钻探调查报告》，文物出版社2010年版。

第三章 画像砖和瓦当

1. 陕西省考古研究所秦汉研究室：《新编秦汉瓦当图录》，三秦出版社1986年版。
2. 徐锡台、楼宇栋、魏效祖：《周秦汉瓦当》，文物出版社1988年版。
3. 黄明兰、郭引强：《洛阳汉墓壁画》，文物出版社1996年版。
4. 中国社会科学院考古研究所：《汉长安城未央宫——1980～1989年考古发掘报告》，中国大百科全书出版社1996年版。
5. 赵力光：《中国古代瓦当图典》，文物出版社1998年版。
6. 姚生民：《新中国出土瓦当集录•甘泉宫卷》，西北大学出版社1998年版。
7. 王仁波主编：《秦汉文化》，学林出版社、上海科技教育出版社2001年版。
8. 傅嘉仪：《中国瓦当艺术》，上海书店2002年版。
9. 西北大学文博学院：《百年学府聚珍——西北大学历史博物馆藏品选》，文物出版社2002年版。
10. 姚生民：《甘泉宫》，三秦出版社2003年版。
11. 中国社会科学院考古研究所：《西汉礼制建筑遗址》，文物出版社2003年版。
12. 刘怀君、王力军：《秦汉珍遗——眉县秦汉瓦当图录》,三秦出版社2003年版。
13. 陕西省考古研究所：《秦都咸阳考古报告》，科学出版社2004年版。
14. 王世昌：《陕西古代砖瓦图典》，三秦出版社2004年版。
15. 汉阳陵考古陈列馆：《汉阳陵考古陈列馆》，文物出版社2004年版。
16. 陈直：《关中秦汉陶录》，中华书局2005年版。
17. 中国画像砖全集编辑委员会：《中国画像砖全集·全国其他地区画像砖》，四川美术出版社2006年版。
18. 韩建武主编：《神韵与辉煌——陕西历史博物馆国宝鉴赏·玉杂器卷》，三秦出版社2006年版。
19. 咸阳市文物考古研究所：《西汉帝陵钻探调查报告》，文物出版社2010年版。
20. 《考古》1978年第4期。
21. 《考古与文物》2000年第3期、2004年第2期。

第四章 宫苑雕塑

1. 中国社会科学院考古研究所、河北省文物管理处：《满城汉墓发掘报告》，文物出版社1980年版。
2. 王子云：《陕西古代石雕刻》（Ⅰ），陕西人民美术出版社1985年版。
3. 穆舜英主编：《中国新疆古代艺术》，新疆美术摄影出版社1994年版。
4. 陕西省文物局编制：《中国文物地图集·陕西分册》（上），西安地图出版社1998年版。
5. 张占民、程学华主编：《秦陵文物精华》，陕西人民美术出版社2000年版。
6. 王仁波主编：《秦汉文化》，学林出版社、上海科技教育出版社2001年版。
7. 刘庆柱、李毓芳：《汉长安城》，文物出版社2003年版。
8. 杨伯达主编：《中国玉器全集》（上），河北美术出版社2005年版。

9. 汤池主编：《中国陵墓雕塑全集2•西汉》，陕西人民美术出版社2009年版。

10. 林通雁主编：《中国陵墓雕塑全集3•东汉》，陕西人民美术出版社2009年版。

第五章　陵墓雕塑

1. 田广金，郭素新：《鄂尔多斯式青铜器》，文物出版社1986年版。
2. 王仁波主编：《秦汉文化》，学林出版社、上海科技教育出版社2001年版。
3. 陕西省考古研究所：《汉阳陵》，重庆出版社2001年版。
4. 陕西省咸阳市文物局：《咸阳文物精华》，文物出版社2002年版。
5. 汉阳陵考古陈列馆：《汉阳陵考古陈列馆》，文物出版社2004年版。
7. 中国国家博物馆、徐州博物馆：《大汉楚王——徐州西汉楚王陵墓文物辑萃》，中国社会科学出版社2005年版。
8. 汤池主编：《中国陵墓雕塑全集2•西汉》，陕西人民美术出版社2009年版。
9. Artibus Asiae, Vol. 1, No. 1(1925)；Vol. 2, No. 1(1927)；Vol. 3, No. 1(1928)；Vol. 3, No. 4(1928-1929).
10. 《考古》1976年第2期。
11. 《文物》1981年第11期、2002年第12期。
12. 《考古学报》1994年第1期。

第六章　宫廷绘画和墓室壁画

1. 洪适：《隶续》，中华书局1986年版。
2. 冯云鹏、冯云鹓：《金石索》，书目文献出版社1996年版。
3. 宿白主编：《中国美术全集・绘画编12・墓室壁画》，文物出版社1989年版。
4. 广州市文物管理委员会、中国社会科学院考古研究所、广东省博物馆：《西汉南越王汉墓》，文物出版社1991年版。
5. 陕西省考古研究所、西安交通大学：《西安交通大学西汉壁画墓》，西安交通大学出版社1991年版。
6. 黄明兰、郭引强：《洛阳汉墓壁画》，文物出版社1996年版。
7. 蒋英炬主编：《中国画像石全集1・山东汉画像石》，山东美术出版社、河南美术出版社2000年版。
8. 赖非主编：《中国画像石全集2・山东汉画像石》，山东美术出版社、河南美术出版社2000年版。
9. 焦德森主编：《中国画像石全集3・山东汉画像石》，山东美术出版社、河南美术出版社2000年版。
10. 王建中主编：《中国画像石全集6・河南汉画像石》，山东美术出版社、河南美术出版社2000年版。
11. 李贵龙、王建勤主编：《绥德汉代画像石》，陕西人民美术出版社2001年版。
12. 河南省商丘市文物管理委员会、河南省文物考古研究所、河南省永城市文物管理委员会：《芒砀山西汉梁王墓地》，文物出版社2001年版。
13. 陕西省考古研究所：《秦都咸阳考古报告》，科学出版社2004年版。
14. 巫鸿：《武梁祠——中国古代画像艺术的思想性》（柳扬、岑河译），生活・读书・新知三联书店2006

年版。
15. 陕西省考古研究院：《壁上丹青——陕西出土壁画集》（上），科学出版社2009年版。
16. 国家文物局：《2008中国重要考古发现》，文物出版社2009年版。
17. 《文物》1974年第11期、2006年第5期、2010年第1期、2010年第7期。
18. 《考古》2006年第10期。

第七章　青铜器和玉器

1. 卢兆荫主编：《中国玉器全集4・秦汉—南北朝》，河北美术出版社1993年版。
2. 中国青铜器全集编辑委员会：《中国青铜器全集12・秦汉》，文物出版社1998年版。
3. 张占民、程学华主编：《秦陵文物精华》，陕西人民美术出版社2000年版。
4. 王仁波主编：《秦汉文化》，学林出版社、上海科技教育出版社2001年版。
5. 王绣：《洛阳文物精粹》，河南美术出版社2001年版。
6. 陕西省咸阳市文物局：《咸阳文物精华》，文物出版社2002年版。
7. 程林泉、韩国河：《长安铜镜》，陕西人民出版社2002年版。
8. 戴吾三：《考工记图说》，山东画报出版社2003年版。
9. 西安文物保护考古所：《西安文物精华•青铜器》，世界图书出版公司西安分公司2005年版。
10. 杨伯达主编：《中国玉器全集》（上、中），河北美术出版社2005年版。
11. 梁彦民主编：《神韵与辉煌——陕西历史博物馆国宝鉴赏・青铜器卷》，三秦出版社2006年版。
12. 邯郸文物研究所：《邯郸古代雕塑精华》，文物出版社2007年版。
13. 山东省文化厅、山东省博物馆：《山东文物精品大展》，2007年印制。
14. 汤池主编：《中国陵墓雕塑全集2・西汉》，陕西人民美术出版社2009年版。
15. 刘云辉：《陕西出土汉代玉器》，文物出版社、众志美术出版社2009年版。
16. 《考古》1963年第2期。
17. 《文物》1982年第9期、2012年第12期。
18. 《考古学报》2009年第1期。

后　记

从20世纪初足内喜六、V.C.Ségalen（色伽兰）等国外学者到古都西安调查文物古迹到今天将近有110年的时间，而对汉长安城美术史迹展开研究，则是以20世纪二三十年代介绍和讨论茂陵霍去病墓石雕群作为开端的。此后又有长安文字瓦当的收藏及著录，将宋清两代实物证史学问发扬光大。20世纪50年代以来，随着考古学在汉长安城遗址、西汉陵园、西安及周边地区汉墓的调查和发掘中的运用并取得丰硕成果，才使得汉长安城美术史迹研究真正具有现代学术意义。

在这部书稿写作中，笔者试图更多地学习和吸纳前人的研究成果，并将重点放在具体事迹或实物的考释和讨论上。涉及的主要问题有：长安城“览秦制”和“跨周法”的内涵，长乐、未央、建章、甘泉诸宫的重点建筑，自然地貌、“象天设都”与长安城的规划布局，京庙、陵庙和长安明堂的建筑形制，上林苑功能景区的划分和苑中苑，“一池三山”与海上神山，陵园建筑体系的形成与模式的建构，秦画像砖年代质疑，四神纹画像砖的变化，瓦当云气纹及当心纹饰的分类，文字瓦当中部分宫殿、官署名的考释和吉语的文学意义，钟虡铜人、捧露盘仙人铜像的形象特征，铜飞廉的造型及其对东汉有翼神兽的影响，昆明池牵牛、织女石像和石鲸的功能和意义，阳陵从葬坑的性质及含义，长安墓俑与秦楚两制的关系，陶翼兽的功能，霍去病墓石雕群的主题思想、题材及风格，宫廷绘画创作活动及题材内容，长安汉墓壁画的时代特征，西王母崇拜的社会原因及其图像系统再认识，茂陵鎏金铜马与“铜马法”，博山熏炉与求仙时尚，渭陵玉辟邪与微型鎏金编钟的配饰关系，玉人头像刻画的对象等。限于学力和识见，行文不免浅薄、缺漏和谬误，希望前辈和学术同好不吝指教。

需要说明的是，为降低印制成本和减轻读者的经济负担，书中略去了参考文献，好在这些专著和论文都不出各章注释之外。

拙作能够顺利出版，得到陕西人民美术出版社总编辑雷波先生、副总编辑杨西婷女士的不断督促和支持，以及邱晓宇副编审参与前期的选题事务，后来张化梅副编审的辛苦、细致的编辑工作。远在大洋彼岸的王迎博士也不断给予鼓励，并亲自为书名翻译了英文，在此一并致谢。

2012年岁末作者写于含光南路西安美术学院宿舍

图书在版编目（CIP）数据

西都：汉长安城美术史迹的发现与研究 / 林通雁著.
— 西安：陕西人民美术出版社，2012.12
ISBN 978-7-5368-2976-3

Ⅰ. ①西… Ⅱ. ①林… Ⅲ. ①汉长安城－美术考古－研究
Ⅳ. ①K879.04

中国版本图书馆CIP数据核字(2013)第001108号

策　　划：杨西婷
责任编辑：张化梅
封面设计：张小畹
版式设计：童　彦

西 都
汉长安城美术史迹的发现与研究
作　　者：林通雁

出版发行：陕西出版传媒集团
　　　　　陕西人民美术出版社
经　　销：新华书店经销
印　　刷：陕西博文印务有限责任公司
规　　格：787毫米×1092毫米
开　　本：16
印　　张：30　插页4
字　　数：480千字
版　　次：2012年12月第1版
印　　次：2013年7月第1次印刷
印　　数：1-3000
书　　号：ISBN 978-7-5368-2976-3
定　　价：86.00元
地　　址：西安市北大街147号
邮　　编：710003
网　　址：http://www.mscbs.cn
发行电话：029-87262491　传真：029-87265112